BUSINESS ADMINISTRATION CLASSICS 工商管理经典译丛·创业与创新管理系列

SMALL BUSINESS
AN ENTREPRENEUR'S BUSINESS PLAN

创业计划

小型企业与创业管理

（第**9**版）

盖尔·希杜克（Gail P. Hiduke）
J.D. 瑞安（J.D. Ryan） 著

朱仁宏 李新春 译

中国人民大学出版社
·北京·

译者序

纸上得来不觉浅,一本真正实用的好教材!这是我们拿到本书原著时的第一反应。惊叹于作者的精心编排、细致务实的分析和独到的见解,我们希望不仅要翻译好更要用好这本书。

作为专门探讨"谁如何识别和开发商机"(斯科特·谢恩语)的学科,创业管理不仅强调商机管理知识的系统性,也注重商机识别和开发技能的实践性。一般教材往往很难平衡好这两个方面,要么知识性过强,从理论到理论,不能真正指导实践,让人感觉隔靴搔痒,说教的成分太重;要么实操性太强,简直就是一本操作手册,从现象到现象,缺乏理论高度,知识零碎,不成系统。从本书的内容编排和创业指导看,很显然,希杜克(Hiduke)和瑞安(Ryan)是平衡理论与实践的高手。在阐述与指导如何"从0到1"(彼得·蒂尔语)的创业过程时,本书至少有三点特别值得称赞。其一,有更为完善和合理的知识体系。除了包括如何优化和检验创业想法、找准目标客户和市场商机、有效使用营销工具、合理进行财务管理、高效获得创业融资、组建优秀创业团队、构筑共赢的劳资关系等内容外,本书还特辟章节讨论创业中面临的知识产权、保险、税收和道德困境问题,以及收购与加盟等创业行为。本书建议以商业计划书的形式整合所有的行动步骤,在附录中提供了两个商业计划书范例。其二,实用性强。书中介绍了很多化繁为简的专业性分析方法,如第1~3章介绍如何根据趋势判别和把握商机,第4~6章介绍如何确定目标客户、找准市场缺口和找到市场定位,第7章介绍创业营销方法,第8~9章介绍创业财务与融资。其中很多方法对于一个经验老到的投资经理来说也是非常宝贵的。各章除设有"创业资源""创业热情""地球村"专栏外,还提供了许多励志的创业故事,方便创业者活学活用。可以说,这本书非常适合指导大学生和MBA等创业新人上路。其三,可读性强。本书语言形象生动,有丰富的典型案例,带给人启发,不像传统教材那么晦涩。

当然,对于中国读者来说,捧着这本书也许会有一点遗憾,资料信息和学习案例都是美国的。但我们相信,有心的读者一定会做对比分析,思考中国情境下的创业实践应该如何,通过这种批判性学习往往会获得更大的收益。

翻译是一项艰辛的工作,特别是翻译这本有关美国本土创业实践的教材,需要付出的心血和时间更多。本书由朱仁宏和李新春负责统筹和审校,中山大学管理学院的学生积极参与了翻译工作,具体的分工是:孙心怡(前言,附录A、附录B)、张鹏翔(第1、2章)、吕咏诗(第3章)、叶文平(第4、5章)、陈思齐(第6章)、邱姗姗(第7章)、韩剑(第8、9章)、唐嘉宏(第10、12章)、黄哲(第11章)、刘嘉琦(第13、14章)、陈伟(第15章)。各章译者还交叉校对了其他章节。参与校译的还有卞振华、梁家俊、肖宵、殷鹏煜、曾晓莉,以及东北财经大学工商管理学院的研究生黄剑和广东外语外贸大学商学院的研究生齐婷婷。

最后，恳请各位读者将使用本教材时发现的不足之处反馈给我们，以便修订完善。

朱仁宏　李新春
于中山大学

前　言

欢迎阅读本书！本书旨在为众多和你一样心怀创业梦想的人提供帮助。大多数创业者在起步时几乎只有一个商业想法。我们将向你展示，如何通过可操作的方式整合你的才能、激情和想法，将你的商业想法转变成创业计划并获得成功。

每一个伟大的冒险都始于一张地图，本书将充当你的地图和导航者。行动步骤为你提供方向和沿途所需完成的任务。通过本书，你可以直接了解其他创业者经历过的磨炼、艰难和成功。

通过完成行动步骤，你将学会如何从一个商业想法开始，撰写商业计划书，然后识别并确定目标客户，接着决定如何成功发起营销活动。系紧你的安全带，开始伟大的创业探险之旅吧！

本书结构

关注你所需的章节

从第1章到第15章，行动步骤贯穿其中。

- 第1~3章要求你将重点放在你自己和你的想法上，同时研究趋势和未来的机会。如果你正处在创业的探索阶段，首先聚焦于这些章节以及相应的行动步骤。谨记，你设计的不仅是一份创业计划，而且是你的人生计划。
- 第4~6章帮助你锁定小企业成功的关键：确定目标客户，了解你的竞争对手，找到市场缺口，找到合适的定位。
- 第7章帮助你利用多种促销工具接触目标客户。
- 第8章将你带入数字的世界——它将让你了解启动资金和运营资金。第9章"撼动摇钱树"帮助你筹集能将你的梦想变为现实的资金。
- 第10章关注版权、商标和专利，帮助你管理好自己的知识产权。当你是一个富有创造力的人并试图出售一项发明或出版一本图书时，这一点尤为重要。
- 第11章帮助你建立一个制胜团队来成就梦想。
- 第12章在保险、税收和道德困境等方面给予你指导。
- 第13章向你提供购买正在运营的企业的技巧和建议。如果你想选择特许经营方式，可先阅读第14章。美国有很多特许经营商，但不是每一个特许经营商都对自己的投资感到满意。如果你的目标是成为一个幸福的特许经营商，先完成一份关于特定特许经营定位的商业计划书，再来看你能不能实现目标。

- 第15章要求你将所有的行动步骤整合在一起，为撰写商业计划书（你的企业启动文件）奠定基础。
- 附录A是一份适用于小企业的快速启动型商业计划书，这些小企业一般只有一个所有者，没有或者只有少数员工，或是额外的工作已被外包出去，即使投资失败也不会一败涂地。考虑完成一份快速启动型商业计划书，来决定你的商业想法能否保证企业持续运营。
- 附录B展示了安妮公司在海洋世界经营巧克力和糖果店的商业计划提案的案例。

主要特征

行动步骤

本书提供了70多个行动步骤，涉及企业初创时期的每个阶段，从最初产生梦想到开发市场营销和渠道战略，最终制定并实施完整的商业计划书。

创业轶事

我们将在书中呈现丰富的战略实战案例，让读者洞悉创业思维和具体的创业活动。为使叙述简单明了，我们修改了部分故事，这些都是创业者分享的发生在过去几年的故事。

商业计划书

本书着重描述的商业计划书中，有些适用于规模较小、启动资本要求低的企业，如快速启动型商业计划书（见附录A），以及安妮公司准备在海洋世界经营巧克力和糖果店的深入详尽的商业计划提案（见附录B）。

创业联系

创业生活有时会令人感到寂寞和提心吊胆，我们鼓励你接触一些社区、政府和企业资源，以寻求帮助、指导和方向。从斯坦福大学的创业者播客到天使投资协会，我们鼓励你找到怀揣着和你同样梦想的人，以及可以培育你的梦想的组织。

全球资源

为了鼓励创业者接触美国以外的市场，本书提供了全球统计资料和资源。

创业激情

我们在每章都会重点介绍一位对产品、定位或市场充满激情的创业者。不是所有的创业者都只对钱充满激情；事实上，只有少数创业者是这样。许多创业者的精神动力是帮助别人。因此，我们重点介绍了像 Cabana Life 品牌创始人梅利莎·帕波克（Melissa Papock）这样的创业者，她在被确诊患上恶性黑色素瘤之后，为女性和儿童开发了一系列防晒服。另外一个富有激情的创业者艾琳·帕克（Eileen Parker）是 Cozy Calm 的创始人，她创办了一家为感觉处理障碍患者提供加重毛毯的公司。

第 9 版的新亮点和改进之处

每章都增加了新的资源和网站。本书对约 40% 的创业轶事以及"创业资源""创业热情"和"地球村"等专栏进行了更新，或者添加了新的信息。

为了反映社会的变化，在整本书中我们都强调社会型和混合型创业者。

第 2 章和第 3 章向创业者重点介绍了一些新的趋势和机会。我们特别关注了热点话题，如水资源短缺、不断攀升的自然资源价格，以及大量使用移动终端设备的一代人。我们还探索了一些大规模、有较强影响力的市场，如年纪渐长的"婴儿潮"一代、千禧一代和我世代。

第 4 章和第 6 章扩展了数据在产品定位和选址决策方面的运用。我们在第 5 章拓展了竞争分析和战略的内容，以便让读者利用在第 2~4 章中获得的研究信息，制定更加全面、更有竞争力的计划书和战略，以更好地满足目标客户的需求。

我们将促销、分销和选址决策结合在一起讨论，因为当下网络的影响几乎存在于所有创业决策中。

第 10 章是关于专利、商标和版权的最新信息。

第 13 章和第 14 章识别并描述了一大批决定购买正在运营的企业或特许经营权的创业者。在特许经营经纪人以及社交网络特许经营网站方面，本书都提供了更有深度的信息。

为成功做计划

我们写作本书的目的是采用商业计划书形式向你提供一本创业指导手册。我们提供步骤，你付出努力和艰辛的工作，一起为你的创业梦想绘制行动路线。撰写一份商业计划书可以强化你的重点，重点越突出，你的视野也就越清晰。看得更清晰会提升你的自信心。在小企业的大世界里，正如在生活中，信心会帮助你克服困难继续前进。在商业领域有一句格言：如果你没有好好计划，那你就准备后事吧。

在撰写商业计划书之前，你应该研究一下格式。从外观看，一份商业计划书就是一叠纸：简短的计划很薄；长篇的计划很厚，装订后像本书。不管商业计划书有多厚，必须包括开头、中间和结尾。但实际上，你的计划没有终点；因为当今世界发展如此迅速，以至于你的商业计划书将变成一份富有生命力、不断变化的文件。

本书提供了两份优秀的计划书作为指南，互联网上有更多优秀的商业计划书等待你去仔细研读，我们将提供指引。我们尽力向大家提供较新的材料，但互联网变化太迅速，政府项目也不断推陈出新。由于当下商业活动瞬息万变，大家可浏览一些网站（包括我们的网站 http：//academic.cengage.com/management/ryan）来获得大量资源。本书或任何网站上的表格都只作为范例，未经许可请不要用作他途。

本书提及了三种创业方式：白手起家创建自己的企业、特许经营和买下一家企业。我们希望你可以打开其中的一扇大门，并同遵循了本书中行动步骤的创业者一起追寻成功。祝你好运！

教师资源材料

教师手册和试题库

教师手册包括教学辅助材料，如学习目标、课程大纲、给特邀发言人的建议和课程项目等。试题库中有很多判断题、多选题和简答题。

幻灯片

幻灯片的设计丰富多样，在努力保持学生兴趣的同时强调每章的要点。幻灯片只能从网站上获得。

目　录

第 1 章　伟大旅程：探索最合适的形式 · 1
　　1.1　绘制路线图 · 2
　　1.2　以创业链接开启创业之路 · 5
　　1.3　创业时代 · 8
　　1.4　加速旋转 · 10
　　1.5　你当前的家庭和财务状况 · 13
　　1.6　成为创业者的代价 · 14
　　小　结 · 23
　　制胜关键 · 23
　　另一个视角 · 24

第 2 章　把握趋势和识别机会：开阔你的眼界 · 25
　　2.1　开阔眼界，发现机会 · 25
　　2.2　环境变量 · 30
　　2.3　变化的家庭结构和人口统计特征 · 31
　　2.4　"婴儿潮"爆炸 · 35
　　2.5　千禧一代的崛起 · 38
　　2.6　我世代始终在线 · 40
　　2.7　大众市场的分化 · 40
　　2.8　响应社会和文化变化的特许经营商 · 43
　　2.9　信息大爆炸 · 44
　　2.10　技术革命 · 45
　　2.11　信息无处不在 · 49
　　2.12　总体构想 · 53
　　2.13　构想自己创业的方法 · 54
　　2.14　头脑风暴 · 55
　　2.15　生命周期 · 56
　　小　结 · 57
　　制胜关键 · 57

第 3 章　机会选择：思维过滤 · 59
　　3.1　欢迎了解机会选择 · 60
　　3.2　行业研究 · 62
　　3.3　为你所选择的行业进行二手调研 · 65
　　3.4　对你所选择的行业进行一手调研 · 72

3.5　行业细分与缺口分析 ⋯⋯⋯⋯⋯⋯⋯⋯⋯⋯⋯⋯⋯⋯⋯⋯⋯⋯⋯⋯⋯⋯⋯ 73
3.6　设计思维 ⋯⋯⋯⋯⋯⋯⋯⋯⋯⋯⋯⋯⋯⋯⋯⋯⋯⋯⋯⋯⋯⋯⋯⋯⋯⋯⋯⋯⋯ 77
3.7　明确你的业务 ⋯⋯⋯⋯⋯⋯⋯⋯⋯⋯⋯⋯⋯⋯⋯⋯⋯⋯⋯⋯⋯⋯⋯⋯⋯⋯ 78
3.8　开始你的电梯游说 ⋯⋯⋯⋯⋯⋯⋯⋯⋯⋯⋯⋯⋯⋯⋯⋯⋯⋯⋯⋯⋯⋯⋯ 80
3.9　可行性分析 ⋯⋯⋯⋯⋯⋯⋯⋯⋯⋯⋯⋯⋯⋯⋯⋯⋯⋯⋯⋯⋯⋯⋯⋯⋯⋯⋯ 82
小　结 ⋯⋯⋯⋯⋯⋯⋯⋯⋯⋯⋯⋯⋯⋯⋯⋯⋯⋯⋯⋯⋯⋯⋯⋯⋯⋯⋯⋯⋯⋯⋯⋯ 83
制胜关键 ⋯⋯⋯⋯⋯⋯⋯⋯⋯⋯⋯⋯⋯⋯⋯⋯⋯⋯⋯⋯⋯⋯⋯⋯⋯⋯⋯⋯⋯⋯ 84

第4章　分析目标客户：寻找客户需求 ⋯⋯⋯⋯⋯⋯⋯⋯⋯⋯⋯⋯⋯⋯⋯ 85
4.1　分析的力量 ⋯⋯⋯⋯⋯⋯⋯⋯⋯⋯⋯⋯⋯⋯⋯⋯⋯⋯⋯⋯⋯⋯⋯⋯⋯⋯⋯ 86
4.2　我们可以从公开出版物中学到什么 ⋯⋯⋯⋯⋯⋯⋯⋯⋯⋯⋯⋯⋯⋯ 89
4.3　开展分析 ⋯⋯⋯⋯⋯⋯⋯⋯⋯⋯⋯⋯⋯⋯⋯⋯⋯⋯⋯⋯⋯⋯⋯⋯⋯⋯⋯⋯ 92
4.4　B2B客户分析 ⋯⋯⋯⋯⋯⋯⋯⋯⋯⋯⋯⋯⋯⋯⋯⋯⋯⋯⋯⋯⋯⋯⋯⋯⋯⋯ 97
4.5　一手调研的必要性 ⋯⋯⋯⋯⋯⋯⋯⋯⋯⋯⋯⋯⋯⋯⋯⋯⋯⋯⋯⋯⋯⋯⋯ 98
4.6　实地访谈 ⋯⋯⋯⋯⋯⋯⋯⋯⋯⋯⋯⋯⋯⋯⋯⋯⋯⋯⋯⋯⋯⋯⋯⋯⋯⋯⋯⋯ 98
4.7　观察目标客户 ⋯⋯⋯⋯⋯⋯⋯⋯⋯⋯⋯⋯⋯⋯⋯⋯⋯⋯⋯⋯⋯⋯⋯⋯⋯⋯ 99
4.8　调研法 ⋯⋯⋯⋯⋯⋯⋯⋯⋯⋯⋯⋯⋯⋯⋯⋯⋯⋯⋯⋯⋯⋯⋯⋯⋯⋯⋯⋯⋯ 100
4.9　将客户分析作为习惯性思维 ⋯⋯⋯⋯⋯⋯⋯⋯⋯⋯⋯⋯⋯⋯⋯⋯⋯ 101
4.10　形象化目标客户 ⋯⋯⋯⋯⋯⋯⋯⋯⋯⋯⋯⋯⋯⋯⋯⋯⋯⋯⋯⋯⋯⋯⋯ 103
小　结 ⋯⋯⋯⋯⋯⋯⋯⋯⋯⋯⋯⋯⋯⋯⋯⋯⋯⋯⋯⋯⋯⋯⋯⋯⋯⋯⋯⋯⋯⋯⋯ 105
制胜关键 ⋯⋯⋯⋯⋯⋯⋯⋯⋯⋯⋯⋯⋯⋯⋯⋯⋯⋯⋯⋯⋯⋯⋯⋯⋯⋯⋯⋯⋯ 105
另一个视角 ⋯⋯⋯⋯⋯⋯⋯⋯⋯⋯⋯⋯⋯⋯⋯⋯⋯⋯⋯⋯⋯⋯⋯⋯⋯⋯⋯⋯ 106

第5章　了解和击败竞争对手：寻找市场缺口 ⋯⋯⋯⋯⋯⋯⋯⋯⋯⋯⋯ 108
5.1　谁是你的竞争对手 ⋯⋯⋯⋯⋯⋯⋯⋯⋯⋯⋯⋯⋯⋯⋯⋯⋯⋯⋯⋯⋯⋯ 109
5.2　竞争触点分析 ⋯⋯⋯⋯⋯⋯⋯⋯⋯⋯⋯⋯⋯⋯⋯⋯⋯⋯⋯⋯⋯⋯⋯⋯⋯ 111
5.3　竞争情报 ⋯⋯⋯⋯⋯⋯⋯⋯⋯⋯⋯⋯⋯⋯⋯⋯⋯⋯⋯⋯⋯⋯⋯⋯⋯⋯⋯ 113
5.4　继续侦察竞争 ⋯⋯⋯⋯⋯⋯⋯⋯⋯⋯⋯⋯⋯⋯⋯⋯⋯⋯⋯⋯⋯⋯⋯⋯⋯ 114
5.5　二手调研来源和报告 ⋯⋯⋯⋯⋯⋯⋯⋯⋯⋯⋯⋯⋯⋯⋯⋯⋯⋯⋯⋯⋯ 117
5.6　调查制造商和科技公司 ⋯⋯⋯⋯⋯⋯⋯⋯⋯⋯⋯⋯⋯⋯⋯⋯⋯⋯⋯ 118
5.7　竞争与产品生命周期 ⋯⋯⋯⋯⋯⋯⋯⋯⋯⋯⋯⋯⋯⋯⋯⋯⋯⋯⋯⋯⋯ 121
5.8　在成熟的市场竞争与定位 ⋯⋯⋯⋯⋯⋯⋯⋯⋯⋯⋯⋯⋯⋯⋯⋯⋯⋯ 123
5.9　通过改变打造独特性 ⋯⋯⋯⋯⋯⋯⋯⋯⋯⋯⋯⋯⋯⋯⋯⋯⋯⋯⋯⋯⋯ 126
小　结 ⋯⋯⋯⋯⋯⋯⋯⋯⋯⋯⋯⋯⋯⋯⋯⋯⋯⋯⋯⋯⋯⋯⋯⋯⋯⋯⋯⋯⋯⋯⋯ 128
制胜关键 ⋯⋯⋯⋯⋯⋯⋯⋯⋯⋯⋯⋯⋯⋯⋯⋯⋯⋯⋯⋯⋯⋯⋯⋯⋯⋯⋯⋯⋯ 129

第6章　选址和产品分销：备选方案评估 ⋯⋯⋯⋯⋯⋯⋯⋯⋯⋯⋯⋯⋯ 130
6.1　分销渠道 ⋯⋯⋯⋯⋯⋯⋯⋯⋯⋯⋯⋯⋯⋯⋯⋯⋯⋯⋯⋯⋯⋯⋯⋯⋯⋯⋯ 131
6.2　家庭办公室 ⋯⋯⋯⋯⋯⋯⋯⋯⋯⋯⋯⋯⋯⋯⋯⋯⋯⋯⋯⋯⋯⋯⋯⋯⋯⋯ 133
6.3　联合办公区 ⋯⋯⋯⋯⋯⋯⋯⋯⋯⋯⋯⋯⋯⋯⋯⋯⋯⋯⋯⋯⋯⋯⋯⋯⋯⋯ 135
6.4　孵化器 ⋯⋯⋯⋯⋯⋯⋯⋯⋯⋯⋯⋯⋯⋯⋯⋯⋯⋯⋯⋯⋯⋯⋯⋯⋯⋯⋯⋯⋯ 136

6.5	零售和服务性企业的传统实体店选址	137
6.6	筛选零售位置	138
6.7	零售和服务性企业选址信息	142
6.8	代理商和经纪人扮演的角色	143
6.9	签订租约之前	145
6.10	针对制造商的额外选址决策	147
6.11	备选的零售店铺位置	148
6.12	互联网	149
小 结		150
制胜关键		151

第7章 联系和吸引客户：市场营销与促销 · 152

7.1	市场营销概述	153
7.2	促销战略	156
7.3	通过优质的客户服务促销	157
7.4	公众免费宣传	159
7.5	社交网络	160
7.6	其他促销要素	162
7.7	作为连接桥梁的销售代表	169
7.8	小型商业网站	171
7.9	在促销战略中应用价格标签	173
小 结		174
制胜关键		174
另一个视角		175

第8章 创业初期的注意事项与财务预测：财务数据的研究与准备 · 177

8.1	用财务数据勾画企业的未来	178
8.2	启动成本和一些关注点	181
8.3	自给自足	185
8.4	产品或服务定价	186
8.5	季节性方案	191
8.6	经济周期	193
8.7	销售预测和假设情境分析	195
8.8	损益表和现金流预测	195
8.9	资产负债表	202
8.10	盈亏平衡分析	203
8.11	书面记录和应用软件	205
8.12	财务比率	206
小 结		208
制胜关键		209
另一个视角		209

第9章 撼动摇钱树：寻找资金 ... 211
- 9.1 投入资金之前 ... 213
- 9.2 征信机构：他们了解你什么 ... 214
- 9.3 首先摇动最多产的摇钱树分枝 ... 217
- 9.4 自我融资 ... 218
- 9.5 家人和朋友 ... 219
- 9.6 银　行 ... 220
- 9.7 小企业管理局项目 ... 224
- 9.8 卖方融资 ... 227
- 9.9 天使投资人 ... 228
- 9.10 风险投资公司 ... 230
- 9.11 社会创业资金 ... 236
- 小　结 ... 237
- 制胜关键 ... 237
- 另一个视角 ... 238

第10章 法律问题：远离法庭 ... 241
- 10.1 放眼未来 ... 241
- 10.2 在公司成立之初聘请经验丰富的律师 ... 243
- 10.3 选择最适合的企业组织结构 ... 245
- 10.4 评估企业结构 ... 246
- 10.5 家族企业 ... 253
- 10.6 商标、版权以及专利 ... 255
- 10.7 注册商品 ... 262
- 小　结 ... 263
- 制胜关键 ... 263

第11章 团队建设与共赢：精诚合作，遵纪守法 ... 264
- 11.1 创业团队 ... 265
- 11.2 虚拟组织与外包 ... 266
- 11.3 与其他企业合作 ... 268
- 11.4 独立合同工 ... 268
- 11.5 员工租赁 ... 271
- 11.6 筹备招聘工作 ... 271
- 11.7 面试的注意事项 ... 274
- 11.8 员工的实际成本 ... 277
- 11.9 遵守劳动法律 ... 278
- 11.10 团队成员 ... 281
- 小　结 ... 288
- 制胜关键 ... 289

　　　　另一个视角 ··· 289

第12章　保护你的企业和你自己：保险、犯罪、税收、退出策略与伦理道德 ········ 291
　　12.1　保险和管理风险 ·· 291
　　12.2　员工犯罪：做好准备——采取预防措施 ································ 296
　　12.3　网络问题 ·· 298
　　12.4　纳税人 ·· 300
　　12.5　退出策略 ·· 302
　　12.6　道德标准 ·· 304
　　小　结 ·· 305
　　制胜关键 ··· 305
　　另一个视角 ··· 306

第13章　购买企业：避开误区 ··· 308
　　13.1　为什么要购买企业 ··· 309
　　13.2　如何购买/不购买 ·· 311
　　13.3　开始调查机会 ·· 314
　　13.4　调查经纪人和待售列表 ·· 317
　　13.5　如何对企业进行内部调查 ··· 320
　　13.6　权衡要价 ·· 325
　　13.7　保护自己 ·· 331
　　13.8　购买决策 ·· 334
　　13.9　准备谈判 ·· 335
　　小　结 ·· 336
　　制胜关键 ··· 337
　　另一个视角 ··· 337

第14章　探索特许经营：多听多看 ··· 341
　　14.1　特许经营的范围 ··· 341
　　14.2　探索第三条途径 ··· 344
　　14.3　提防诈骗 ·· 347
　　14.4　加盟商可以得到什么 ··· 348
　　14.5　特许经营商可以得到什么 ·· 351
　　14.6　加盟商的其他问题与关注点 ··· 352
　　14.7　购买特许经营权所涉及的程序 ··· 357
　　14.8　购买一项现有的特许经营权 ··· 361
　　14.9　购买一项新的特许经营权 ·· 362
　　14.10　特许经营权的另一面：不购买的理由 ································ 363
　　14.11　你能成为一个特许经营商吗 ·· 363
　　14.12　特许经营趋势以及最后的特许经营想法 ····························· 365
　　小　结 ·· 367

　　　　制胜关键 ··· 368

第 15 章　整合你的计划：投入热情 ································· 369
　　15.1　准备写商业计划书 ··· 370
　　15.2　商业计划书的要素 ··· 374
　　15.3　第Ⅰ部分：企业描述 ·· 377
　　15.4　企业分析和服务 ·· 378
　　15.5　行业、市场概况及目标客户 ····································· 379
　　15.6　竞争分析 ·· 381
　　15.7　营销策略 ·· 382
　　15.8　选址和运营 ··· 384
　　15.9　管理和人员 ··· 385
　　15.10　退出策略 ·· 387
　　15.11　第Ⅱ部分：财务部分 ··· 387
　　15.12　预计损益表 ··· 388
　　15.13　资产负债表 ··· 391
　　15.14　结　语 ··· 393
　　小　结 ··· 393
　　制胜关键 ··· 394
　　另一个视角 ·· 394

附录 A　快速启动型商业计划书 ·· 396
附录 B　安妮公司商业计划提案 ·· 408

术语表 ·· 422

第 1 章

伟大旅程：探索最合适的形式

> **学习目标**
> - 发现最合适的创业形式。
> - 为了制定商业计划，从现在起把好的商业想法和信息记录在创业笔记中。
> - 了解如何利用文章获取大量创业资源。
> - 了解创业的三种方式。
> - 识别多种创业类型。
> - 判断当下的经济和技术环境是不是创业的好时机。
> - 评估你的家庭和经济状况。
> - 对你的优缺点作出大胆的评价。
> - 通过头脑风暴勾画一幅清晰的小企业成功图像。
> - 探究当地社区财务成功的企业，注意观察什么因素会导致财务成功，什么因素会导致失败。
> - 通过访谈小企业主，扩展你对小企业的认识。
> - 设计你自己的创业生活方式，包括你愿意为创业投入多少时间和精力。

人生苦短，每个人都想实现自己的愿望，成为最好的自己。通往梦想的路有很多，有些人选择了创业。如果你也想拥有自己的企业，那么本书正是为你量身打造的。

试想一下：你希望自己 2020 年在做什么？2030 年呢？你现在最应该采取的行动是什么？哪个行业最适合你？你的强项是什么？你的梦想是什么？最让你兴奋激动的是什么？

这是属于**创业者**（entrepreneur）的时代。根据小企业管理局（Small Business Administration，SBA）的调查，全球现有 2 700 万~3 000 万小企业。根据考夫曼基金会（Kauffman Foundation）的报告，每年都有超过 50 万家新企业诞生。

如果你想创办一家属于自己的小企业，那么你就是渴望成为创业者的 600 万人中的一分子。创业研究联盟（Entrepreneurial Research Consortium）的数据显示，每三个美国家庭中有一个会参与创办小企业。私营企业中大多数的工作机会都是由员工少于 20 人的小企业提供的。根据小企业管理局的调研，小企业雇用的员工中约 40% 是高新技术工人，并且平均每名员工申请的专利数高达大企业的 13 倍。

这是创业的黄金时期，把握住你的命运。

1.1 绘制路线图

如果你采取本书中所列的**行动步骤**（action steps），就可以在成功创业的路上走得更远。本书从"行动步骤1"开始，将带你穿过喧闹的市场。我们不仅讨论趋势、目标客户、推销，也讨论大卖场、电子表格和网站及肃静的灰色银行建筑，还会讨论待售的独立企业和特许经营机会等。一路下来，指引你为新创企业撰写**商业计划书**（business plan）（见图1—1）。

行动步骤1

创业笔记

如果你是个热爱思考并且富有创造力的创业者，一定会把自己90%的思想写在信封背面或者记录在手机里。在过去，这招还可行，但现在，由于你致力于创业，使用什么样的工具就显得十分重要。利用电脑上的一个文件夹就可以记录下你的新想法和商业计划，这些内容构成你的**创业笔记**（adventure notebook）。记录下所有的小事项，比如文章、广告和名片。你的创业笔记将成为商业计划书的核心，它主要包括：

1. 12个月的日历
2. 会议日历
3. 事情的优先级
4. 所有行动步骤都从第5条开始
5. 想法列表——可以不断更新
6. 发现列表——记录下你所遇见的成功或失败的企业，并且找到它们成功或失败的原因
7. 团队成员列表
8. 为创业准备的文字和数据信息
9. 有帮助的网站
10. 专家列表——包括律师、注册会计师、银行家、成功的企业家等
11. 潜在客户列表
12. 供应商列表

我们提供行动步骤，而你需要努力给圆梦之旅设计规划图。撰写一份商业计划书可以锻炼你的专注度。当你更加专注时，你看问题就会更加清晰，这会提升你的自信。商业活动与人生很像，自信往往能够支撑你走到最后。

在写商业计划书之前，你应该留意它的样式。从外观看，商业计划书更像一本书；短期计划（如附录A）就是一本薄薄的册子，长期计划（如附录B）则厚得像字典。不管商业计划书有多厚，都应该包括开头、中间和结尾，更重要的是，它可能需要不断修改。即使你已经制定了计划，并开始付诸实施，也千万别把商业计划书束之高阁，要随着创业的进程不断地查看和修改。

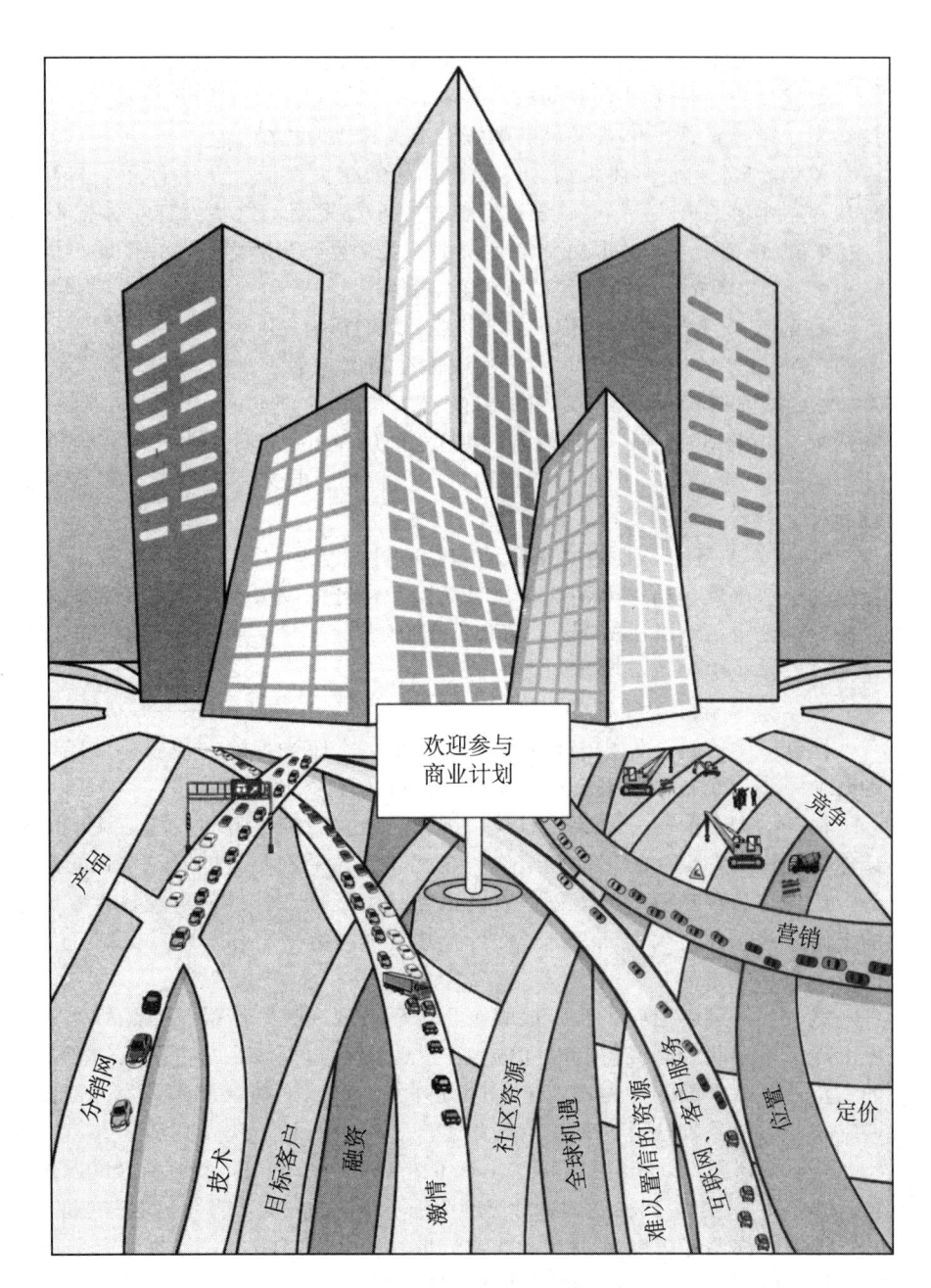

图 1—1 创业路线图

1.1.1 本书各章的目标

行动步骤贯穿所有章节,从第 1 章到第 15 章。

● 第 1~3 章可以帮助你专注于自己的想法,它们会告诉你在投入大量资金前如何在市场中提出并检验自己的想法。如果你在探索创业,那么请关注这些章节。请记住,你不只是在规划自己的商业梦想,更是在规划自己的人生。

● 第 4~6 章帮助你找准小企业成功的关键:目标客户、正确的定位和市场缺口。

- 第 7 章教你使用营销工具，帮你更快地找到目标客户。
- 第 8 章带你走进企业的数字世界，知道自己究竟需要多少钱才能创立企业、维持运营。第 9 章帮助你获得足够的资金支持来实现梦想。
- 第 10 章主要讲述版权、商标和专利的相关知识，帮助你了解知识资产。如果你想写一本书、开发一个 APP 或者尝试一个小发明，这些内容对你就十分重要。
- 第 11 章介绍自由从业者和雇员的相关信息，帮助你打造一个属于自己的团队。
- 第 12 章介绍保险、税收和道德困境。
- 第 13 章和第 14 章为你可能的收购和加盟行为提供一些有用的建议。如果你想通过其中一种方式来创办小企业，我们建议你在阅读完第 1 章后，接着阅读第 13 章和第 14 章，然后阅读剩下的内容。美国的特许经营商有很多，但并不是所有人都认为加盟是最好的选择。如果你也想开一家加盟店，在这之前最好先完成商业计划书，看看是否值得做。
- 第 15 章要求你把前面所有的行动步骤结合起来，形成你的商业计划书（包括创办和运营新企业的文件）的基础。
- 附录 A 是小企业的快速启动型商业计划书，它适合雇员较少的企业主，或者额外的工作都外包出去的情况，这种情况下可能的损失会降到最低。如果你想建立一家**微型企业**（microbusiness），可以先看第 1 章，然后看附录 A，再阅读剩余内容，这样可以避免你阅读一些不需要的内容。
- 附录 B 介绍了安妮的商业计划提案——在海洋世界开一家巧克力和糖果店。

在创业的道路上你会遇到很多有梦想的人，感受惊险和快乐。如果按照行动步骤的要求一步步实施，你将有机会实现自己的人生梦想。

在开始创业前，一定要先自我审视，分析自己的优势和技能。从事哪种工作可以让你感到快乐？现在的工作能给你安全感吗？如果创业，你要花多长时间进行前期准备？让你相信自己可以成为创业者的内在动力是什么？你最重视什么？你想选择怎样的工作方式？你喜欢和谁一起工作？你想和哪类客户合作？你的天赋是什么？你最终的成就会是什么？

然后，你可以退后一步，放眼观察市场。现在哪些产品销量最好？哪些产品的热度下降了？哪些产品经得起时间的考验？人们在购买什么？可持续的商业模式是怎样的？企业在哪方面的能力将竞争者区分开？你可以通过**头脑风暴**（brainstorm）想象一家企业如何找到合适的利基市场，生产、销售产品，获得利润。

接下来，你可以确定目标客户，评估市场的竞争情况，找到有效的营销手段，测试自己的产品，选择厂址。这时，你已经明确了企业的方向，将命运牢牢把握在自己手中。

随后，你要考虑定价机制、现金流量表和分销策略，并且打造一个冠军团队。那时，你可以翻阅第 15 章，利用已有的资料撰写一份完整的商业计划书，以此向银行家、风投、天使投资人、重要雇员、家人和朋友展现你可能创造的商业价值。

你的商业计划不是一成不变的，它将随着你的创业过程逐渐得到完善。它将使他人了解你的目标行业，激发潜在投资人的热情。有了它，你将以一个有思想的管理者的形象展示自己的能力，并且把客户吸引到你将提供的产品或服务上。你的商业计划是你的创造力的不竭源泉。

我们都听说过某些知名创业者在餐馆吃饭时将想法写在餐巾纸上，随后得到风投青睐的传奇故事，他们甚至连商业计划都没有。但是客观来讲，大多数创业者都需要在创业前做好充分的调研。

在高科技领域，许多企业在尚未盈利、价值链还未完全形成时就被其他企业以高价收购。事实上，这些高科技企业的**盈利模式**（revenue model）每天都在发生改变，企业间的竞争也变化很快，对商业计划书的撰写提出了很高的要求。如果我们打算进入高科技领域，就必须每天了解最新行业动态，并且愿意经常修改商业计划书。

尽管商业计划书涵盖了营销、选址和定价等诸多方面，但其更重要的价值在于，撰写计划书时，你可以提出不成熟的想法并在现实的市场情境中验证其有效性。行动步骤的操作程序较为分散，而你要做的是将这些分散的信息整合到商业计划书中。在计划书中，将你的战略用数字和文字表述，并在创业启动阶段频繁修改。

我们将计划书称为路线图。想象有一张洛杉矶的地图，它一定是不断变化的，有可能堵车和出现路障（竞争者太多），也有可能新增道路（新机会）。我们要做的就是找到新道路！本书将为你详细介绍商业计划书的构成，提醒你要经常接触的外界信息，随时了解最新的道路在哪里。

你读本书的一大原因是你具有创新精神。你想播下创业的种子，然后看着它成长、发展，最后结出果实。当你开始进入思考状态时，可能会产生太多的想法，以至于你都应付不过来。这就是你需要一份计划书来确保自己坚持正确方向的原因。也许你一直都梦想着自己成为老板，那么为了实现这个梦想，你需要做好充分的准备。

要做好充分的准备，需要花费大量时间、精力，还要有进入更大商业社区的决心。一旦你了解了所处行业和市场的基本知识，就可以接触更多创业者、协会、投资者论坛和相关网站。

在本书中，我们设计了"创业资源"专栏，介绍相关网站、图书、协会及免费或收费的提供优质信息的项目等，这些都只是冰山一角而已。本章的"创业资源"专栏会重点介绍一些学生的创业组织，它们为学生提供学习和交流创业的机会。坚持不懈，你将找到最适合自己的资源。

章末的"另一个视角"专栏将提供对你很有帮助的创业见解，这些特色内容和重点都与每章的主题密切相关。

"地球村"专栏强调全球信息为读者带来国际化的思考。机会是数不清的，但只有少数创业者选择了跨国路线。成为自己行业里敢于吃螃蟹的人吧！应用今天的科技，想要跨越大洋并不难。好好完成课后作业，你可能会找到一条合适的全球化之路。

你要做好长时间孤军奋战的准备。作为一个创业者，你将很少有时间休息。匮乏的资源导致你很难雇用额外的人员。你需要应对身体和心理的双重压力，机器故障、贷款遭拒等将成为家常便饭。如果你想成功，个人愿景将帮助你渡过困难时期。

因此，在本书尤其是"创业热情"专栏中会介绍创业者对其产品、服务、雇员、市场、想法和梦想的热情。阅读他们的故事后再来实现自己的理想。相信自己的能力和创业激情，因为那些信念和努力将带来创业的成功。回答本章"创业热情"专栏中的问题，并问问自己：我真的拥有这些特质吗？我愿意承担风险追逐梦想吗？

1.2 以创业链接开启创业之路

互联网上的资源非常丰富，只是你的时间有限。阅读本书时，你将接触很多信息，向专家提问，与创业者交流并且在网上发现市场和融资机会。在本书中，我们会提供很多有用的网站，并鼓励你用推特（Twitter）、脸书（Facebook）和领英（LinkedIn）来深入了解。

为创业者提供的资源每天都会更新，下面列出了最常用的网址。

1.2.1 网站链接

- 《快公司》（*Fast Company*）（http：//www.fastcompany.com）
- 《公司》（*Inc.*）（http：//www.inc.com）
- 《创业者》（*Entrepreneur*）（http：//www.entrepreneur.com）
- Sprouter（http：//www.sprouter.com）
- Ewing Marion Kauffman Foundation（http：//www.kauffman.org）
- Under30Ceo（http：//www.under30ceo.com）
- 小企业管理局（http：//www.sba.gov）
- National Federation of Independent Business（http：//www.nfib.com）
- Startup America Partnership（http：//www.s.co）
- Alltop（http：//www.alltop.com）

当你专注于评估自己和市场、开发产品、撰写商业计划书时，我们鼓励你浏览这些网上资源来拓展视野，这有助于你完成商业计划书的每一步。

网上有很多免费或付费的商业计划书模板，对你规划商业蓝图有帮助。

本书、网上资源和创业的同道中人都将协助你完善商业计划书，以适应瞬息万变的时代。表1—1显示了商业计划书的基本提纲。为了解最新动态，你最好每天都关注一下上述网站，并聚焦与你相关的行业动态。你也可以看看网站上对创业者的采访报道，这有助于你的创业思考。

表 1—1　　　　　　　　　　商业计划书的基本提纲

商业计划书中的小企业管理局（SBA）要素

计划书中应该包括执行摘要、支撑文件和财务项目。尽管没有开发商业计划的公式，但有些要素是必备的。下面列出了这些要素。

1. 联系函
2. 目标陈述
3. 内容表格

Ⅰ．业务
    A．业务描述
    B．营销
    C．竞争
    D．运营步骤
    E．员工
    F．商业保险

Ⅱ．财务数据
    A．申请贷款
    B．资本配置和供应列表
    C．资产负债表
    D．盈亏平衡分析

    E．盈亏预测
    F．3年摘要
    G．第一年，每月情况
    H．第二年、第三年，每季情况
    I．预测的前提假设
    J．预测的现金流

Ⅲ．支撑文件
    A．所有人过去3年的纳税申报单和个人财务说明（所有银行都有这些表格）
    B．对于一家特许经营店，由授予特许者提供的一份特许经营合同和所有的支撑文件
    C．工作场所的租赁或者购买合约文件
    D．执照和其他法律文件
    E．全部所有者的简历
    F．供应商的意向书

计划样本

学习撰写商业计划书的最好方法之一就是研究你所在行业的现有企业的计划书。

资料来源：For more information, see http://www.sba.gov/smallbusinessplanner/plan/writeabusinessplan/SERV_WRRITINGBUSPLAN.html (Accessed January 10, 2008).

本章的"创业资源"专栏都会介绍斯坦福大学史蒂夫·布兰克（Steve Blank）教授的创业工具，这些工具来自他的著作《创业者手册：教你如何构建伟大的企业》（*The Startup Owner's Manual*：*The Step-by-Step Guide for Building a Great Company*）和他在斯坦福大学的"精益创业"（lean start-up）课程。特别是他在课程中强调互联网创业企业的客户发展速度与实体产业不同，因为网络产品能更快得到客户反馈。

1.2.2 叩敲创业之门

一般情况下有三种创业途径。第一种是在做好市场调研的情况下买下一家你看中的正在运营的企业。这听起来很简单，从经纪人的嘴里说出来更轻松，但是你一定要谨慎！

第二种方法是选择加盟特许经营。你可以找自己喜欢的具有全国视野的品牌，然后买下它。特许经营商会为你提供库存、建议、员工培训、购买力，让你更快地了解它的运作模式以及热销的产品。这听起来也很棒！一个聪明的经销商会让这些听起来更美好。除了加盟特许经营，许多人愿意尝试**多层次营销**（multilevel marketing）。

第三种方法是创办一家新企业，通过严谨的市场调研，找到与你的兴趣、技术和激情相适应的行业。

通过上述三种方法中的任意一种创办小企业都需要一份经得起推敲的完整的商业计划书。

1.2.3 分析三种创业方式

很多创业者都通过收购或加盟的方式踏上创业之路。他们会在积累了丰富的商业经验后选择自己创建新的企业，并且不满足于只创建一家公司，他们创建一家，卖出一家，接着继续创业。

不论你选择哪种方式，都需要一份完整的商业计划书。如果你买下了一家运营多年的企业，就需要延续之前的商业计划。但是，我们强烈建议你也为自己写一份商业计划书。询问前任创业者得到足够多的信息，并在交易结束前写下你自己的计划。不要轻信所有的数字，你需要亲自做一次调研，以验证卖主承诺的巨大的盈利潜力。

如果你选择了加盟，就相当于向特许经营商购买了一份商业计划书。但是在认真研究它之前，你不知道这样的加盟店是否会得到当地社区消费者的喜爱。

撰写商业计划书比投资一家企业成本低得多。如果你打算通过上述任意一种方法创业，那么你必须先拥有一份商业计划书，它关系到你创业成功与否。

人生的道路需要明确的前行方向。追寻安全感、信任、激情、物质和成功都可能是你的目标。你需要在前进的过程中吸收更多的知识和信息，以作出最合适的选择。

在大型企业就职所能获得的财务保障已经越来越弱。更多的人希望通过上述三种创业方式过上自给自足的生活。本书的写作目的就是帮助你了解创业方式，进而掌控自己的企业和人生。

> **创业资源**
>
> **史蒂夫·布兰克的创业工具@steveblank.com**
>
> 数以百计宝贵的资源和链接在等着你！以下列出的只是布兰克工具中的冰山一角！
> - 建立/运营创业企业的建议
> - 市场调研
> - 网站原型构建、测试和建设工具
> - 创业小组
> - 商业模型画布/客户发展工具
> - 网址设置
> - "市场究竟有多大"工具
> - "我如何接触消费者"工具
> - 产品发布工具
> - 传统媒体
> - 搜索引擎优化和分析教程
> - 分析工具
> - 搜索引擎最优化工具
> - 在线市场配套
> - 邮箱轰炸
> - 访谈
> - 合作
> - 在线社区
> - 网站工具
> - 云服务和工具
> - 项目管理
> - 找到合伙人
> - 市场调研资源在线
> - 创业企业成长建议
>
> 布兰克的链接对想要创办基于网页或者云计算的企业的读者非常有用。

1.3 创业时代

  如果商业世界的变化越来越快，你会怎么做？当你发现生活并不像你高中时预想的那样，你会怎么做？如果你一直梦想加入的大企业正在裁员，如果你当初精心准备的技能已无用武之地，如果你的职场人生陷入办公室政治的泥潭，你会怎么做？

  如果你有一个很好的商业想法，但你的员工并不欣赏，你会怎么做？如果你上次去太阳谷度假的路上发现了一个可以开餐馆的好位置，你会怎么做？如果你在匈牙利发现了一个可能在美国艾奥瓦州锡达福尔斯市畅销的产品，你会怎么做？

  答案是：创业。思考你究竟是谁，你想追求什么。你愿意为你梦想的生活付出多少时间、多少金钱和多少努力？你能承担多大的风险？

1.3.1　你想成为哪种类型的创业者

有些人把创业视为终生的事业，有些人把创业当作花钱买的一份工作。这是一份可以让你再也不为生计发愁的工作，这是一个不再有上司，自己当老板的梦想。创业可以为世人创造独特的价值，生产最完美的产品，也让你有机会改变世界。创业能彰显你自己对梦想的追求与热情。

VentureGiant.com 的创始人兼执行董事里什·阿南（Rishi Anand）提出了三种创业者类型[①]：

1. 追求生活方式的创业者。这类创业者为了生存或者满足个人动机而决定创业。这类创业者想要创造成功的企业，但绝不是为了能在纳斯达克上市。与其他创业者相比，他们只是想要有富足的生活，因此他们更倾向于选择现金交易的行业，而非规模型行业。

2. 帝国建造者。这类创业者更看重企业的资产负债情况。他们更倾向于买入、并购企业，而非出售、转手自己的投资。这类创业者从不考虑退出自己的企业，除非迫不得已（董事会要求他离职）。

3. 连续创业者。这类创业者更看重退出企业时的获利情况，以保证他们能够继续打造下一家企业。

除了上述三种类型，还存在许多其他类型的创业者，比如被动创业者，他们在没有任何其他选择的情况下被迫创建了企业，例如 Bernard's Creole 厨房的创始人伯纳德·麦格劳（Bernard McGraw）。伯纳德一家在卡特里娜飓风中生还，由于新奥尔良的基础设施被严重破坏，他们举家迁移至圣安东尼奥。在当地他们缺乏谋生手段，为了养活六个嗷嗷待哺的孩子，伯纳德开了这家餐馆。

还有人是意外创业者，比如许多人通过开发一个 APP 解决了某个问题，于是成为创业者。乔丝·里特凯尔克（Josie Rietkerk）是 Caterinas 的创始人，开设第一家零售店是为了照看自己的三个孩子。如今，已有两个孩子成年并开始参与公司的运营。克里斯·麦科马克（Chris McCormack）在为父母搭建了一个菜园之后，迅速拓展业务，提供菜园建设服务。这些都是意外创业的例子，即使他们的盈利水平参差不齐。

致力于通过创业改善社会交换方式来解决社会问题的创业者，我们称为**社会创业者**（social entrepreneur），像 Sevenly 的创始人戴尔·帕特里奇（Dale Partridge）和阿伦·查维斯（Aaron Chavez），他俩为了帮助贫困居民，创办了社会企业——Sevenly，旨在解决饥饿、缺水、奴役、救助、灾难、药品和贫穷等七大问题。他们坚信，只要给予贫穷的人一种改变生活的方式，他们就会摆脱现有的生活状况。

还有一种创业者是**内部创业者**（intrapreneur），他们产生于组织的内部。例如 3M 公司的员工阿特·弗赖（Art Fry）和斯潘塞·西尔弗（Spencer Silver），他们发明了即时贴。他们受益于 3M 公司的"私自开发"（bootlegging）计划，即公司鼓励员工每天用 15% 的工作时间开发自己有创意的想法。

---

① 资料来源：Rishi Anand, "What Type of an Entrepreneur Are You?" Under30CEO, March 27, 2012, from *http://under30ceo.com/what-type-of-an-entrepreneur-are-you*. Reprinted with permission.

工作状况变化很快，人生处境可能因此而改变，个人愿望也会因之改变。因此，你有机会成为以上任何一种创业者。现在花一点时间完成"行动步骤2"，深入探究自己的创业动机。

行动步骤 2

我为什么想成为创业者

1. 重新审视自己现在的工作情况。你快乐吗？你面对每一天要做的工作感到兴奋吗？你愿意尝试其他事情吗？如果你的目标不是赚钱，那么你追求的是什么？
2. 在你的创业笔记中写下自己想成为创业者的所有原因。
3. 衡量一下这些创业动机是否与你的性格、家庭、财务状况、职业生活方式及你的社交需求、精神需求、自我需求相匹配。在接下来的几个月里花大量时间考虑自己的创业清单，哪些合适，哪些不合适。
4. 列出自己不想成为创业者的所有原因。重新审视这份列表，你可以减少哪些麻烦？当你仔细权衡成为创业者的利弊时，会发现它们就像硬币的两面。比如，有些人的创业动机是想成为老板，创业后却发现自己有了更多的"老板"——员工、顾客、供应商和投资者。
5. 真诚地对待这份列表，在追寻梦想的道路上不断完善。当你开发更多的商业活动时，要不停地回到自己的答案上，聚焦于你的商业想法是否可以实现你的个人目标和创业梦想。

1.4 加速旋转

不足百人的小企业所雇员工数占全美私营企业员工数的一半以上。创业企业为劳动力市场提供了新的岗位，这些岗位在要求你敢于承担风险、努力奋斗的同时，也可能为你创造数不尽的财富。创业的启动资金最初可能来自存款、朋友、家人、银行、二次按揭、天使投资或风险投资。

勤奋、信念和激情是创业的不竭动力。创业在生物科技、纳米科技、有机种植、绿色科技等领域都炙手可热，你需要做的是尽早创业。

你生于创业时代，金钱和年龄不再是障碍。事实上，根据《全球创业观察》(Global Entrepreneurship Monitor)，年龄在35岁以上的创业者的创业活动占到2009年创业活动的80%。

1.4.1 准备好了吗？

首先，你得有计划地从"行动步骤1"中的创业笔记开始。有些人认为计划和秩序会扼杀创造力。简·威尔克斯（Jan Wilkes）在利用创业笔记创办网上旅游企业——浪漫加州之旅（Romantic California Escapes）——之前，也是这么认为的。

浪漫加州之旅——从创业笔记到互联网旅游

在过去的五年里，简先后就职于三家旅游中介，一直从事与旅游相关的工作。简记录了旅游中介的核心元素，包括她的联系人、新闻杂志、创意、竞争者广告、网站和名片。她的资深网友帕特·珀克（Pat Perk）不想再为别人卖力工作，鼓动简合伙开一家属于她们自己的公司。

在回顾了自己的笔记后，简找到了一处市场缺口。她发现自己的很多客户都是在工作间隙安排短期旅游，比如全职夫妻很难有长达一周的假期。为此，简建议合伙人利用互联网发布一些周末加州地区的租车、宾馆和机票折扣信息。

在做了深入调研后，简和帕特把这些信息整合成了加州周末之旅。通过增加晚餐、鲜花、戏剧演出门票和豪华租车服务，"浪漫加州之旅"诞生了。这项服务为旅游增添了乐趣，同时为游客消除了因忙碌而无法安排旅游活动的困扰。

接下来，简和帕特大力拓展市场。简保留了她过去工作时大量客户的联系方式，她们通过邮件发送加州美景的照片，宣传自己的项目。通过邮件注册成功的客户有机会获得在加州最豪华的私人别墅入住一晚的大奖。令人惊喜的是，30%的人回复了邮件。回复者在网上填写了关于自己理想的周末度假地点的详细信息。

在获得大部分客户的个人信息后，简决定花三周的时间打电话和客户交流。客户们都显得很兴奋，并且愿意提供反馈，这也激发了她的创业动力。在如今高科技使得沟通更加便捷的时代，私下交流却更受欢迎，时常收到意想不到的效果。

每周二下午五点，浪漫加州之旅都会通过邮件、推特和脸书发布本周周末的旅游信息。因此，周三到周五，简和帕特都在忙于预订餐馆和酒店。在六个月的时间里，她们实现了盈利，并且拥有了很多回头客。由于较好的口碑，销售量急速攀升，客户们也在脸书上疯狂晒照。浪漫在空中弥漫，而帕特和简的存款也逐渐增加。

通过完成本书的行动步骤，我们希望你能像帕特和简一样找到商机。

1.4.2 为什么今天创业

当今的科技给了创业者一个与商业巨人平起平坐的机会，利用诸如云计算、网站开发工具、网上分析和项目管理软件，人们可以在一夜间创办企业。进入市场的壁垒降低了，对于很多行业来说几乎不存在壁垒。

利用Skype软件和智能手机，我们提高了生产力并且可以随时随地工作。一个创业者可以陪伴家人在欧洲度假六周，每天趁着游玩间隙进咖啡店要一杯拿铁，通过网络工作几个小时。

有了社交网络的帮助，口碑这个最重要的营销工具开始向初创企业倾斜。客户接触与开发都可以通过网上的双向互动完成。在网上发布广告、网站运营优化、留住客户都变得更加简单，因为全球的设计者和编程员都只有一键之隔。

PayPal和Square等支付工具十分便捷，创业者可以随时随地得到资金支持。

变化的世界和经济为创业者打开了无数的机会之门，让我们看看下面这位作家是如何利用科技、努力和直觉成为创业者的。

从营销者到作家

而立之年的萨莉·哈尼科特·宾颂（Sally Honeycutt Binson）认真地回顾

了她的人生。萨莉住在南卡罗来纳州的查尔斯顿，那里依山傍水，日照充足。她在一家餐饮企业做营销，薪水较高，但是每天都要面对无穷无尽的会议，飞往各地开会，还要应对来自老板的压力。

萨莉给自己画了一张思维导图来重新规划生活（如图1—2所示）。当她把自己放在图中心的圆圈中时，仍找不到方向。在圆圈中写下"写作"这两个字时，她找到了新的事业：作家。萨莉有英国文学学位，并且经常阅读。发现自己最想做的事情是写作后，她在家里设立了工作室开始写作，然而中介和出版商都拒绝了她的投稿。

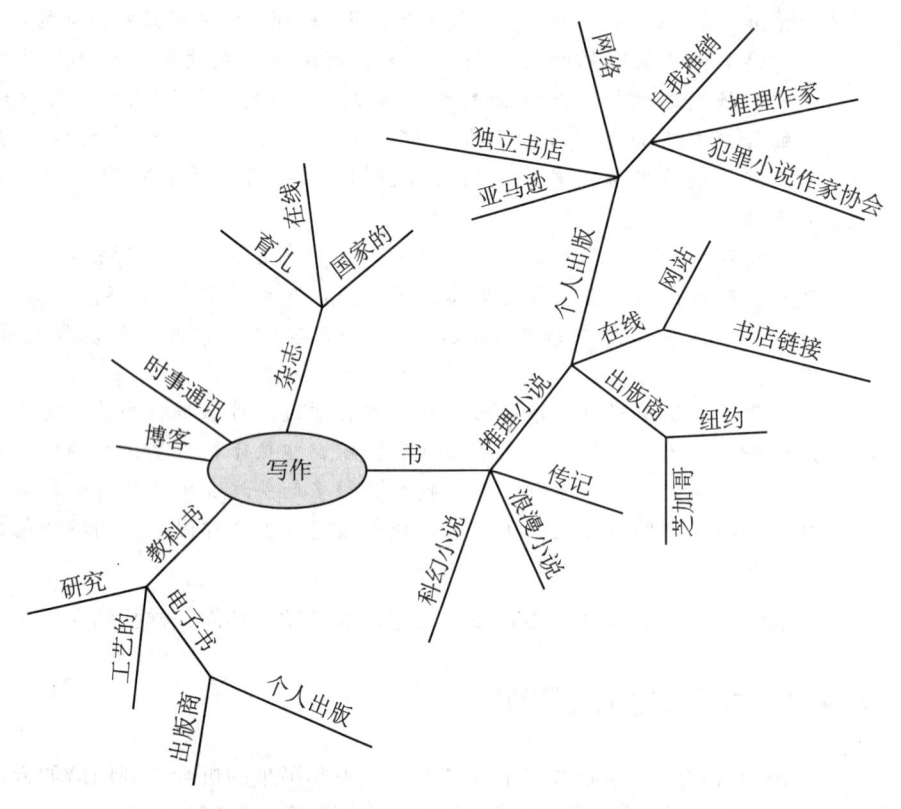

图1—2　推理作家萨利·哈尼科特·宾颂的思维导图

于是，萨莉研究了当地的书店和亚马逊畅销书排行榜，她发现大多是爱情、科幻和推理小说。利用自己的营销背景，她和一些书商共进午餐，并询问：时下最畅销的图书是什么？读者和出版商究竟想要什么样的书？她自己也花了很长时间在亚马逊和Powell上研究书籍、评论和相关数据。

在了解了图书销售信息和目标客户后，萨莉在当地社区大学进修了一门写作课，指导老师是一位作家。在他的指导下，萨莉学习了推理小说的写作方法。

在创作新的小说前，萨莉在网上查阅了所有与推理相关的素材。在Mystery-Net.com网站上，她发现了有关推理小说创作的许多信息。萨莉加入了两个组织Mystery Writers of American和Sisters in Crime，并且得到了推荐的出版商名单。

书也是产品

在开发自己的产品前，萨莉花了很多精力调研，分析了十部推理小说。利用课上学习的分析方法，萨莉发现了推理小说的创作秘诀：隐藏线索，然后揭露真相。在指导老师的帮助下，她把第一部推理小说的背景设定在自己非常熟悉的一个场景：南卡罗来纳州海岸附近的一个小岛。鉴于自己的性别，萨莉的小说的主人公（包括侦探、被害人和嫌疑犯）基本都是女性。

不到一年的时间，萨莉完成了手稿。尽管她通过 Sisters in Crime 联系中介并不奏效，但她还是在网上找到了一家中介公司，并且把书里的大致情节和前三章发送过去。中介把书卖给了出版商。当版权税可以保证自己接下来六个月衣食无忧后，萨莉提交了辞职申请。接着，她开始了第二部推理小说《阿米莉亚岛上的凶杀案》的创作。

1.5 你当前的家庭和财务状况

你已经找到在这个快速变化的年代成为创业者的理由，现在，你还需要通过"行动步骤3"来衡量自己当前的财务状况。你价值几何？你的资金来源如何？你的家人是否支持你实现梦想？如果是，那最好不过。如果不是，问问他们愿意提供什么帮助，他们愿意放弃什么。

行动步骤3

评估你的财务和家庭状况

与家人坐下来一起商讨，创业会如何影响家庭未来的财务状况。你可以通过个人财务说明和个人预算来确定自己的财务需求，衡量自己可以为企业带来的财务贡献。

在完成上述步骤后，考虑以下问题：

1. 你可以接受更少的启动资金吗？比原来减少了多少？
2. 你可以从预算中削减什么开支？仔细考虑预算中的每一项是否必要。
3. 你可以最多削减多少预算而不让你或者家人感到太拮据？
4. 你的个人财务说明将展示你的资产和负债状况。如果你的那些资产可以很容易地转化为现金，你愿意拿出多少净资产去冒险？
5. 和家人探讨创业所需的时间和金钱成本。
6. 如果有需要，你可以与专业的财务规划师及你的会计师一起讨论企业独特的财务问题。

企业是有生命的个体，需要时间成长。请耐心等待。

以下网站可以帮助你准备预算，并且可以回答很多有关财务计划的问题。

LearnVset
Mint
Kiplingers
Money

家庭的支持是创业成功的关键。你需要从时间和经济的角度好好考虑自己和家人的实际需求。

重新审视你的财务状况。与你的家人坐下来商量如何削减开支。在某些事情上，我们可以克服一些短期的经济困难来换取长期的盈利，但在某些事情上不能这样。

如果你在用家人的钱冒险或者放弃了一大笔工资，那你应该考虑先和专业的财务规划师商量。收费的财务规划师会认真地与你交谈，提出建议而不是推销自己的理财产品。除此之外，和你的会计师多交流可以帮助你的企业有效避税。

创业的最大风险是你可能支付不了自己和家人的健康保险费用。你在创业前一定要认真审视这件事。从你的现任雇主处了解你的COBRA保险*、你配偶的保险、行业协会的保险，并通过HMO（健康维护组织）和PPO（优先医疗服务提供者组织）等了解自己的私人健康保险。

你还可以查阅相关政策，看看是否有意外人身险的补贴。eHealthInsurance在线提供相关信息。如果你年满25岁且身体健康，那么你每个月的保费为100～200美元。

少数企业也为兼职员工办理保险，很多创业者发现在这些企业每周工作20小时就可以享受相应的保险。有些创业者的配偶也有相应的家庭保单。你肯定想有所成就，努力地工作以保护自己与家人。未来几年会有健康保险方面的新法案发布，所以一定要紧跟医改步伐，阅读本书第12章会对你有所帮助。

坚定自己的创业信念对于创业者而言十分重要。你的目标和对事业的热爱会让你的付出得到回报。在现任职位上多干一年，找一份兼职工作来支撑你刚刚起步的事业，或者搬去生活水平较低的地区，这些都是可选的方案。

阿米尔雅·安东尼蒂（Amilya Antonetti）是清洁用品生产商Soapworks的创始人，她与丈夫辞去了工作，变卖房产，用所有的积蓄来实现销售无毒清洁产品的梦想。请记住，大部分创业企业都因缺乏充足的现金流而失败。所以，为了有足够的资金来运转新企业，你愿意为你的梦想放弃什么？

除了保险和财务计划，你还要注意你的信用积分以及借贷事宜。请阅读第9章有关内容。

1.6 成为创业者的代价

请你先阅读"行动步骤4"，完成"创业热情"专栏中的问卷，你可以由此判断自己是否适合成为创业者。如果分数不高也别灰心，任何一个人都不可能完全符合问卷中的所有要求。

行动步骤4

自我评价

完成表1—1和"创业热情"专栏中的问卷。开始创业了，你需要上网访问小企业管理局的小企业准备评价工具（Small Business Readiness Assessment Tool）和宾州大学的真实幸福网（Authentic Happiness），完成不同的性格和优势测试。在此之后，你可以回答下列

---

* COBRA是一种失业后的健康保险。——译者

问题：
1. 你的个人优势是什么？
2. 你在过去几年获得了什么技能？
3. 你擅长做什么？
4. 什么让你感到最幸福？
5. 什么样的企业可以让你获得满足感？
6. 你的哪种个人特质会帮助你创业？
7. 你的哪种个人特质会妨碍你创业？
8. 你最在意什么？
9. 你的财务梦想是什么？
10. 你的热情在何处？

在行动步骤 5 中，你将整合自己所有的信息。保证自己获得最新的信息，不断完善商业计划，多与人交流。

创业热情

你有成为创业者的热情吗？

现实中并不存在最完美的创业特质，但肯定有部分特质会使你更相信自己、更有热情。这些特质对创业成功非常重要。花点时间回答下列问题：
1. 你真的相信自己的想法吗？
2. 你有计划了吗？
3. 你可以承受压力吗？
4. 你是个理性的风险承担者吗？
5. 你是否有创造力，你能否和周围的人分享一些有创造力的激动瞬间？
6. 你可以盈利吗？
7. 你害怕一成不变的生活吗？
8. 你是否自信？
9. 你是否值得依靠，并且做好了努力工作的准备？
10. 你愿意为自己相信的事情而奋斗吗？
11. 你可以自己作出决定吗？
12. 你对与新人沟通和共事感到自然吗？
13. 你是白手起家吗？
14. 遇到挫折，你能不屈不挠吗？
15. 你可以控制自己的情感和脾气吗？
16. 你有获得成就的欲望吗？
17. 你会嘲笑自己吗？
18. 你是否自律？
19. 你对问题是否有很多解决方法？
20. 你可以不追求完美和无视外界评价吗？

对自己的产品或服务充满热情，你就离成功更近了一步。

除了需要拥有较强的工作原则和处理压力的能力，创业者也需要基本的商业技能。你需要对自己在销售、营销、财务、会计、员工管理和个人商务技能等方面的优劣势作出全面的评价，如表1—2所示。

表1—2　　　　　　　　　　　　优劣势技能清单

下面的表可以帮助你确定自己的优势和劣势，并且告诉你是否做好了成为小企业主的准备。检验表中的每项技能，看看自己是否拥有。给自己的技能掌握情况打分，1分最低，2分为较低，3分为中等，4分为较高，5分为最高。

技能	评分				
	1	2	3	4	5
销售					
定价					
记录对手销售情况					
销售计划					
协商					
直接卖给消费者					
售后服务					
管理其他销售代表					
监视竞争者					
营销					
广告/推销/公共关系					
年度营销计划					
媒体计划和购买					
广告撰写					
大众媒体营销战略					
分销渠道计划					
定价					
包装					
财务计划					
现金流计划					
月度财务					
银行关系					
信用额度管理					
会计					
簿记					
开具账单、应付账款、应收账款					
每月盈亏/资产负债表					
季度/年度税收准备					
行政管理					
日程安排					
工资发放					
盈余管理					
员工管理					
雇用员工					

续前表

技能	评分				
	1	2	3	4	5
辞退员工					
激励员工					
基本管理技能					
个人商务技能					
口头展示技能					
书面沟通技能					
电脑技能					
文字处理技能					
传真和邮件处理经验					
组织技能					
无形资源					
长时间认真工作的能力					
承担风险和压力的能力					
家庭支持					
应对失败的能力					
独自工作的能力					
管理他人工作的能力					
总计					

在对各项技能评分后，将上述分数加总，根据以下分值范围评估自己：

- 如果总分低于 20 分，你应该重新审视自己，创业可能不是最正确的选择。
- 如果总分在 20～25 分之间，你可能已经做好了创业准备，但你最好再多花些时间弥补自己的弱项。
- 如果总分高于 25 分，你已经做好了创业准备。

资料来源：Reproduced with permission from CCH Business Owner's Toolkit™，*http*：//*www.toolkit.cch.com*，published and copyrighted by CCH Tax & Accounting.

如果你发现自己在某一方面不达标，可以通过大学进修、看书、学习网上课程和找老师来提升能力。章末的"另一个视角"探讨了成为一个创业者所需的各种技能。

创业者在公司起步阶段都会异常辛苦。一家工业产品公司的创始人伍迪·斯丁雷（Woody Stingley）提到，自己在创业的第一年每晚都在研发新产品，只能在办公室睡一会儿，第二天起来洗把脸，换件衬衫，就去见客户。这样过了一天又一天，多年以后，伍迪很高兴自己之前这么努力地工作过。

在第 1 章中发现自己的创业激情和需求可以帮助你撰写商业计划书。完成行动步骤可以帮助你更好地理解本书内容。即使最终没有完成商业计划书，你也大致了解了这样一个过程。

我们无法猜测你何时会拥有强烈的创业愿望，但你需要掌握创业的方法，然后静候机会的到来。

哈佛大学商学院教授阿玛尔·彼杰德（Amar Bjide）认为，"创业者可能善于交际，也可能不喜言谈，可能追随直觉，也可能偏重分析，可能规避风险，也可能偏好风险。"她还认为，并不存在最适合创业的性格特征。所以你会发现，诸如马克·扎克伯格、史蒂夫·乔布斯、理查德·布兰森和比尔·盖茨等性格迥异的企业家都获得了巨大的成功。

　　成功的创业者必然付出了比别人更多的汗水。但是杰夫·贝佐斯（Jeff Bezos）曾拿亚马逊来开玩笑，他认为亚马逊的成功一半归结于创业时机，一半归结于运气，剩下的都靠自己的才能。事实上，创业的成功与否确实会受到运气和时机的很大影响。

1.6.1　创业成功

　　创立企业使你有机会规划自己的生活方式，如"行动步骤5"中所要求的。《组织天才》（*Organizing Genius*）的作者沃伦·本尼斯（Warren Bennis）和帕特里克·沃德·比德曼（Patrica Ward Biederman）开发了针对渴望成功的创业者的四个问题。问题如下[①]：

　　1. 你知道自己想要的和自己擅长的有何区别吗？
　　2. 你知道什么在驱使你向前走，什么能给你带来满足吗？
　　3. 你知道自己的价值观和偏好吗？你知道自己企业的价值观和偏好吗？你能分清楚两者之间的区别吗？
　　4. 在清楚地认识到上述三种差异后，你可以应对吗？

行动步骤5

"销售自己"

　　思考你成为心目中最好的自己的方法。这个最好的自己就是你的产品之一。没有哪个想法是完全错误的。你已经了解自己的创业动机、成功的意义以及自己的技能、成就和创业热情。现在是时候为你的生活构建思维导图了。

　　1. 回顾你对行动步骤2中问题4的回答，并且通过查看以下清单，加入更多象征成功的项目来帮助你定义成功。

　　成功清单

　　A. 你使用美元衡量成功吗？如果是，那么有多少美元才算成功？
　　B. 你还有其他衡量成功的标准吗？
- 能够享受一种特定的生活方式；
- 消费者赞赏自己的服务；
- 权力、认可和名声；
- 可以在自己想要的地方生活和工作；
- 为他人提供工作和培训；
- 成为你所在地区最好的企业；
- 有时间陪伴家人或者投入业余爱好；
- 参加团队活动；
- 创造一份有价值的遗产；
- 尽早退休；
- 使人们的生活更安全、更美好；

[①] 资料来源：Fast Company，*http*：//*www.fastcompany.com*/*magazine*/09/*one.html*（Accessed May 9，2012）.

- 直接或间接地帮助他人。

2. 在白纸中间画一个圆圈，把自己的名字写在圆圈里。闭上眼睛几分钟，让自己发挥想象力。把自己当作一种产品。在5~10年的时间里，你想去哪里？想成为什么样的人？从个人角度、社会角度、精神层面、财务层面和生活方式来看，你想要什么？你对物质的要求有哪些？

你可以像其他人一样预测自己的未来；用想象力驾驭你所了解的一切，然后追求它！其他人或许可以作出预测，但是只有你能让它发生。你最终的思维导图应该可以呈现你渴望的创业和个人生活方式。

本尼斯总结说，成功的关键是找到自己独特的天赋，然后把它用到正确的场合。很多创业者认为，成功的企业建立在我们的创业热情与客户需求和购买力相匹配的基础上。

成功是主观的，而收入和回报是可以客观衡量的。成功可以有很多方式，在创业前你要考虑清楚，因为创业很有可能是你人生中最好的定义自己和职业成功的机会。

地球村

值得深思的世界经济数据

数据来自世界发展指标数据库，为世界银行2010年数据。

国家和地区（215个在列）	按购买力平价换算的人均国内生产总值（美元）*	世界排名
卢森堡	63 850	4
美国	47 020	18
日本	34 790	35
捷克	23 620	62
智利	13 890	85
中国	7 570	118
印度	3 560	153
苏丹	2 020	176
海地	1 110	196
马拉维	850	206

*购买力平价：一种根据各国不同的价格水平计算出来的货币之间的等值系数，以对各国的国内生产总值进行合理比较。

世界银行发展数据集团（World Bank Development Data Group）的数据显示，全球约1/6的人口生产了世界上78%的产品和服务，并且获得了全球78%的收入——日均约70美元。全球50%的人口日均收入不足2.5美元。

作为一名潜在的全球创业者，你得时刻关注当地的经济状况是否不允许你出售中高档的物品。分析上述数据，你会发现全球对基础的产品和服务、清洁的水、电力、通信和基础设施都存在大量需求。

全球创业者会把上述数据看作一种机会，而不是威胁。你该怎样利用乌干达、印度尼西亚、印度或者肯尼亚的机会？美国有一半的出口企业只雇用了不到5名员工，你可以发现最适合你的商机。可能性是无穷无尽的。

以上论述都基于2010年的数据。

资料来源：http://www.data.worldbank.org（Accessed May 9, 2012）.

> **创业资源**

和他人分享你的创业激情

创业学生校园组织

加入学生组织可以帮助你建立有价值的人脉并且拓宽自己的商业知识。更重要的是它可以让你找到志同道合者。如果你所在的学校没有相应的组织,那么发挥你的创造精神,在学校创建组织。下面介绍三种组织:

- 学生会创业组织(http://www.c-e-o.org)
  致力于传播、支持和鼓励大学生的新创企业,服务240多个学院的30 000多名学生。
- 非营利组织学生会(http://www.sife.org)
  来自39个国家超过1 600所高校加盟的国际非营利组织,每年发放奖金100多万美元。
- 国际创新创业者联盟(http://wwww.NCIIA.org)
  该组织致力于帮助学生将技术导向的产品推向市场实现商业化。该联盟的参与者包括高校的理工科教授,每年提供200万美元帮助学生实施项目。同时,该联盟向学生讲授在未来创业过程中所需的基本技能和商业知识。

上述三种组织只是一个开始。你可以寻找其他相关组织,尤其是与工程和医药项目相关的组织。

1.6.2 定义商业成功并且作出又快又好的盈利预测

想到商业成功会令人备受启发和鼓舞。是什么决定了成功?你如何衡量成功?你的朋友怎么衡量?"行动步骤6"将会帮助你探索什么样的企业才算成功。

> **行动步骤6**
>
> **与你的朋友探讨企业成功**
>
> 1. 下次你参加聚会或者和一群同事在一起,请抓住机会询问他们认为最成功的3~5家小企业是谁。然后讨论什么是成功的标志,成功背后的原因又是什么。如果不能面对面访谈,你可以通过电子邮件将问题发送给10~20人。
> 2. 把善于思考的人聚在一起参加"恶魔推介会",让他们列出最不成功的企业,并且指出这些企业失败的原因。
>
> 在不断评价你所在行业的其他企业时,你将会对企业成功和失败的因素有更深刻的理解。紧跟成功的企业。不要抗拒现实,要持续关注别人的优点。

你和你的朋友可以推测企业是否运行良好或实现了**可扩展业务**(scalable business)。只有对商业计划细致研究,才能给出较为准确的评价,但是我们希望你可以锻炼自己的市场直觉。比如下次去餐馆吃饭,你可以尝试估计:

1. 餐馆的顾客人数;
2. 餐馆每天接待的人数;
3. 每餐饭的平均价格;

4. 在前台接待和在厨房工作的雇员数；
5. 不同时段停车场的车辆数；
6. 食物的成本；
7. 广告费用；
8. 日常管理费用，包括租金、维护费用等。

接下来，把每餐饭的平均价格乘以当天的顾客人数。在每周不同时段得出估计值，然后在自己光顾不同的餐馆时都如此尝试。很快，你就能培养自己的判断能力，发现哪些企业在流失顾客，哪些运营良好。如此往复，你可以识别出成功因素，并将之应用到你所在的行业中。

现在，开始培养对企业盈利模式的敏感度。在你采访的过程中（见"行动步骤7"），尝试找出关键数字，比如总销量、**销货成本**（cost of goods sold，COGS）、租金、工资以及市场营销费用（广告、佣金、宣传费用）。预测其他费用，估计一个大致范围。当你自己创业时，这种做法有助于你准确估计自己的费用。

比如，假设一家企业有50万美元的销售收入，产品成本大概占53%，租金是每月2 000美元，总薪酬是销售额的15%，企业把销售收入的6%投入到与营销相关的活动中。基于上述数字，你可以大概估算一下利润率，考虑社会保险费用、20%~30%的员工薪酬，以及3%~8%的其他费用（如设施维护、会计、法律事务、福利等费用）。结合这些数据，你就可以推断出大致的利润率。

在情形较好时，该企业利润率略高于10%（约51 000美元）。然而，在较差的情况下，也可能略低于5%（约23 500美元）。其中不包括纳税。

	情形好	情形差
销售额	500 000 美元	500 000 美元
销货成本（占销售额的53%）	265 000 美元	265 000 美元
总利润	235 000 美元	235 000 美元
营销费用（6%）	30 000 美元	30 000 美元
薪酬（15%）	75 000 美元	75 000 美元
社会保险/救济金	15 000 美元	22 500 美元
租金（每月2 000美元）	24 000 美元	24 000 美元
其他费用	40 000 美元	60 000 美元
税前净利润	51 000 美元	23 500 美元

对于任何企业来说，利润率都是至关重要的，然而很多创业者沉浸在自己对产品或者商业想法的执念中，对企业盈利缺少思考。如果不能实现盈利，那么企业可能会很早破产。

不要等到你开发出产品、制定战略之后再思考盈利的事情。很多创业者说，他们不喜欢"抠数字"。但是那些数字可帮你渡过困难时期，所以一定要重视！我们鼓励你在创业的过程中像前文所述快速而粗略地计算利润率。

你可能需要经常作出调整。如果数据支持这一调整，就不要害怕改变。你的目标是盈利，而不是维护自尊。

1.6.3 采访成功的企业家

"行动步骤7"鼓励你采访所在行业的企业家。我们也建议你采访自己的竞争者、潜在客户、分销商、供应商和批发商。信息总是越多越好,但是请记住,在采访较多人后,当面对有些问题你百思不得其解时,就该停止采访了,你需要在实践中寻找答案。

行动步骤7

采访企业家

1. 采访至少三名白手起家的创业者,并且至少有一人与你是同行。如果你是个潜在竞争者,可能需要找一个对你有所帮助的访谈主题。

成功的企业家乐于分享自己的成功经历。时刻注意你想要什么类型的信息,你为什么需要这类信息。和他们约定访谈时间。寻找他们成功背后的创业热情。面对面的采访总能产生最好的信息。但是,如果你不能面对面采访,也可以选择电话或电子邮件完成采访。

2. 在访谈前列出你关心的问题。比如:
- 你创业的第一步是什么?
- 你如何安排融资?
- 如果可以从头再来,你会作出不同的选择吗?
- 创造性在你的企业中扮演着怎样的角色?
- 你的有形和无形回报是什么?
- 你最好的营销技巧是什么?
- 你的广告费用占销售收入的多大比重?
- 你的雇员数是否超出了预期?
- 什么让你的企业独一无二?
- 你如何使用社交媒体?
- 你是否写过商业计划书?如果没有,你后悔当初没这样做吗?
- 你对总利润满意吗?
- 你愿意再创业一次吗?

根据你所选的主题,将对这些企业家的采访当作市场经验的来源。他们可能会提供给你律师、会计师、银行家、保险代理等的联系方式。

在访谈中做好笔记很重要。信息将会很快形成模式。请一定在访谈后亲手写一份感谢信。他们会感到震惊而记住你!

创业者喜欢谈论他们的企业,并且会透露很多信息。

如果你身处技术行业,请登录斯坦福大学的创业角,每天观看对前沿技术大师的访谈,比如 Square 创始人杰克·多尔西、Instagram 创始人凯文·斯特罗姆,以及领英创始人里德·霍夫曼。你会受到极大鼓舞!

小　结

在本章中，你了解了自己的财务状况、个人目标、激情、优势和劣势，开始探索自己渴望的创业生活是什么样的。请和了解自己的人多探讨"行动步骤"中的问题，他们的建议对你来说是无价的，他们能帮你发现现实和未知的挑战。

《基业长青》（*Built to last*）的作者吉姆·柯林斯（Jim Collins）认为，最好在以下三个集合的交汇处创业：(1) 你擅长的；(2) 你热爱的；(3) 人们需要的。你已经通过阅读"行动步骤"，在考虑自己和家人的需求后回答了前两个问题。在第 2 章，你会在这个迅速变化的世界中寻找机会。在之后的章节中，你会发现一个合适的目标市场：拥有购买力并且愿意购买你的产品或服务的人群。

你的创业笔记应该记录了大量信息、问题和想法。创业很困难，但是回报也很大，而且这些对于每个人来说都是无法衡量的。

《黑人企业》（*Black Enterprise*）杂志的创始人厄尔·格雷夫斯（Earl Graves）爵士说过，创业的成功需要一种斗牛犬式的永不放弃的精神，你得表现得像个废品站的看门狗一样。在创业前，你要了解自己的业务，并且扪心自问到底有没有这种精神。

除了韧性，乐观的精神也能帮你渡过难关。亚马逊的创始人杰夫·贝佐斯被《公司》杂志评选为 25 名最具魅力的创业者之一，最主要的原因就是他乐观开朗。他在接受采访时说："我认为乐观是做任何难事的必备品质——不仅包括创业，也包括任何其他事情。"

"这并不意味着你在不切实际地追求疯狂的梦想，这表明你会在降低风险、调整战略方面不断付出努力，直到你对这个战略充满信心。

"人们认为创业者都热爱不确定性。但你会发现，成功的创业者都希望最小化风险，他们在创业之初将仅有的资源和少量资本投入企业，并且从最大的风险开始考虑，逐一解决这些危险因素。"

贝佐斯还强调："不是你选择了激情，而是激情选择了你。"

制胜关键

请记住以下几点：
- 我们是创业者，工作就是乐趣，我们不需要过多的睡眠。
- 保持灵活性。
- 改变无处不在，带给你追求梦想的机会。
- 找到最好的方法，收集数据，不断质疑，最后作出选择。
- 销量可以帮助你的事业蒸蒸日上。
- 在进行市场运作前先与别人讨论方案的可行性。
- 进行头脑风暴。
- 画思维导图。
- 用数字和语言描述自己企业的现状。

- 撰写一份商业计划书。
- 追随你的激情。
- 跳跃吧,如果摔倒了,不要怕,爬起来从头再来!

另一个视角

你所承担的角色

以下是你在企业中应当承担的角色:

收税者——如果你身处零售业,那么你需要向政府部门缴纳销售税;如果你有雇员,那么还要缴纳工资税。

管理者——如果你有雇员,那么你将负责所有人力资源相关工作,包括招聘、雇用、解雇和跟踪利润信息;你将为每个人填写保险合同,听着雇员的建议和抱怨,并且对雇员的福利政策作出相应改变。

销售/营销/广告执行人员——除了必须制定市场营销和广告方案外,你还将负责最终的执行。你需要确定广告用语,进行市场调研,拜访潜在客户,并且确保现有客户的满意度;根据所从事行业的特点,你还有可能需要加入商会,多与同行接触,尽可能与他们保持联系。

会计——即使你有一名会计,你也需要了解会计相关知识,知道如何记录各个项目;如果你没有聘请会计,就要自己准备所有的纳税申报表和财务报表。

律师——即使你有一位律师,你也需要了解基础的法律知识;如果你没有聘请律师,就要自己准备所有的合同和其他文件,如果你想雇用员工,那么你还要熟悉相关的法律。

商业策划人员——由于你是企业主,必然想要作出一些改变,例如拓展业务,增加产品线;你也将为你的决策承担责任。

收账人——如果客户没有按期付款,你将负责追讨账款;你必须清楚自己在收账过程中什么可以做、什么不能做,你将自己决定什么时候继续追讨,什么时候选择放弃。

市场调研人员——在创建企业之前,你可能已经找到自己的目标客户,但是你必须在企业生命周期的不同阶段分别进行市场调研,例如在你引进新产品之前。

技术专家——作为一个小企业主,你可能要依赖自己的电脑;在设备出现故障时负责维修,平时负责维护和升级;你还需要及时了解最新产品知识和技术的变化情况。

职员/接待员/打字员/秘书——即使有员工的帮助,你也要处理一些文件,接听电话,管理整个组织。如果你让其他人帮忙,那么你得负责教会他们怎样做这些琐碎的事情。

不要低估了企业运营所需投入的时间。一般人每周工作40小时完成自己的任务,但是企业主的工作时间远不止于此,还要花40小时来为顾客提供商品或服务。在创业初期,你会经历一段最繁忙的时期。

你一定要熟练地掌握上述不同的角色,这样你的企业才有可能成功运营。

资料来源:Adapted from http://www.toolkit.com/small_business_guide/sbg.aspx?nid=P01_0250 (Accessed January 10, 2008 May 8, 2012). Reproduced with permission from CCH Business Owner's Toolkit™ (http://www.toolkit.cch.com) published and copyrighted by CCH Tax and Accounting.

第 2 章

把握趋势和识别机会：开阔你的眼界

学习目标

- 培养你的商业嗅觉，锻炼自己对未来客户需求的判断力。
- 了解宏观趋势以及随之产生的机会。
- 学会规划企业的未来。
- 了解家庭结构的变化及其对商业的影响。
- 培养对文化变化的感知以及对大众市场的嗅觉。
- 关注会影响你所在行业的技术变化。
- 开始接触大量二手资源。
- 因头脑风暴感到兴奋并且拥抱改变。
- 通过审视你的环境学会进行"新视角"调研。
- 以企业生命周期来衡量小企业成功的可能性。

什么样的商业想法可以成为一笔成功的投资，激发你的热情，让你富有，在业内闻名，实现人生梦想？如今你最想创办什么企业？

只有你可以回答上述问题，因为你的最佳选择是那个你享受其中，并且能为你提供短期和长期经济支持的想法。你独特的经验、激情、技能以及你的性格都是需要考虑的重要因素。第 1 章中的"行动步骤"是为了发现你的独特性：你是谁？你的技能是什么？你拥有什么独特的知识、技能和经验？第 2 章、第 3 章中的"行动步骤"重点关注评估市场中存在的机会与你自身独特性的匹配情况。

2.1 开阔眼界，发现机会

你可以在居住地或网上考察新创企业。在你所在的行业有哪些新企业取得了成功？有哪些新开发的**目标市场**（target market）？你可以在网上卖什么？你如何满足逐渐变老的"**婴儿潮**"一代（baby boomers）美国人的需求？那么**回声潮一代**（echo boomers）、**千禧一代**（millennials），以及**我世代**（iGeneration）的呢？你对产品或服务有什么设想？你的朋友有什么需求？有没有你可以重新利用的产品？你是否可以组合某些产品从而产生更高的附加价值？有没有产品符合"可持续发展"的环保要求？是否有新的渠道销售你的产品？

在你深入研究**人口特征**（demographic）、经济和技术趋势前，我们希望你注意到资源、知识和想法都是创业的必要条件。

并不是每个人都拥有充足的家庭资金。大多数百万富翁依靠的是自己的努力，而不是继承财富。由此可见，大多数创业者还是受到时间、精力和财务的限制。

在完成"行动步骤8"后，你可能会发现一个自己之前从未发现的机会；至少，你会拥有一些商业机会的列表，等着有朋友想创业时一起讨论。

行动步骤8

1 000 美元和一辆车

你能不能想到只需要很少启动资金并且不需要雇员的生意呢？假设你只有1 000美元，一辆工作用车（小汽车或小货车），一间公寓、车库或者寝室，以及一部手机，必须在一周内使新创企业实现盈利。记住，必须开展合法的业务！在开始创业前，你该做些什么呢？

1. 询问朋友们他们需要什么。开车穿过本地社区和小镇。上网浏览信息，阅读各地报纸，看看别人的小型投资都投向何处。你发现了什么？你可以开发哪些机会？
2. 你能从仓库购买产品，然后在网上转卖吗？如果你有时间，参加一些旧货交换活动，然后在eBay, Craigslist或者雅虎网上转卖。
3. 你的某项技能是否有用武之地？比如你能成为一名外语家教吗？
4. 把你发现的商业机会整合到一张清单上，和你的朋友、同事及潜在客户共享。他们是否愿意为你的产品或服务买单？他们会多久购买一次？你最大的竞争者是谁？
5. 使用附录A中的快速启动型商业计划书来迅速发起创业活动。

附言：苹果公司起步于1 350美元，戴尔公司起步于1 000美元，耐克公司起步于1 000美元。

再附言：迪士尼公司起步于车库中！

你的列表有很高的创业价值。初出茅庐的创业者可以创造很多有趣的产品。一个学生以低于1 000美元的启动资金开办了一家异常成功的窗户清洗公司。两个学生利用自己的室内设计技能向客户提供室内设计服务，以及每月一次陪同客户前往家居卖场的服务。还有人针对肥胖症青少年提供个人锻炼和聊天减压的服务，这种锻炼加聊天的方法被证实非常有效。

随着本章内容的深入，你将可能为另一家企业设计一份商业计划书。完成行"动步骤8"，你会发现自己离实现梦想更近了一步，至少你现在不会害怕丢掉自己的工作了。

第2章致力于培养你在**细分市场**（market segments）中发现机会的能力，这样你就能找到自己的目标市场。首先你要确定自己的产品或服务是人们所需要的，其次要确定人们愿意为之付钱，最后你得在这个商业活动中发挥自己的长处。

现在，是时候观察我们所处行业的新趋势和机会了。

关注趋势能帮助你实现商业的成功，但是也别忘了为你的想法付出汗水、泪水、能量、激情和金钱。25 年前，创业者中就流传着一句名言："找到需求，然后满足它。"

现在，我们会说："要全面地查找市场的机会和弊端，再利用技术持续关注消费者需求的变化。"过去，我们说："如果你现在做生意的方式和两年前一样，那么你可能正在犯许多错误。"现在，我们会说："如果你现在做生意的方式和三个月前一样，那么你必须赶快修改计划。"

我们要在行业内找到新的增长点，并且利用好成长的机会。有时，机会来得快去得也快。

如果你已经拥有一家小企业或者正在考虑开办一家，那么请先寻找行业**生命周期**（life cycle）的增长点。我们建议你使用"市场侦探"。

20 年前，你可以把握 5～10 年的发展趋势；而现在，时间大幅压缩，企业可能在短期内就盈利。许多企业愿意在实际进入市场前进行一些测试，我们建议你在创业前也测试一下市场。

当你专注于一项特别的业务时，觉得它将长期增长，还是正处于衰退期？就创业而言，你需要找到一个可以快速积累新客户、处于上升阶段的行业，这有助于形成顾客重复购买的基础。

作为一家小企业的所有者，你必须快速改变，这是你在市场中最有力的武器。但是为了做到这一点，你要具备丰富的知识，对市场保持敏锐。我们建议你既要关注微观的企业竞争，也要留意社会和技术方面的宏观变化。

开始创业前，请关注各方面信息。与自己的家人、朋友、同事、竞争者以及潜在客户一起交流，研究市场，阅读行业期刊，注册微博，使用推特、RSS 订阅源和时事通讯等。充分利用本地创业中心的资源来帮助你寻找信息（参见"创业资源"专栏）。

创业资源

创业中心

全美有超过 200 个创业中心愿意也能够帮助你创建企业或者扩大你的企业。很多中心的总部设在大学，包括小企业发展中心（SBDC）、小企业创新研究计划（SBIR）、孵化器、加速器、创新机构和特许经营管理机构。

创业中心为各自的社区服务，所提供的服务各不相同，包括价格低或免费的工作坊、咨询、短期课程、竞赛、学位项目和专业项目。

为了找到你所在区域的创业中心，你需要登录网站搜索创业中心或机构等。下面列出了几个创业中心。

科尔曼创业中心（Coleman Entrepreneurship Center）
商学院
德保罗大学
芝加哥，IL60604

项目和活动：提供一个可定制的项目"蓝图"来连接你和芝加哥创业社区，或者帮助你迅速创业。创业的每一步，他们都会在你身边。该中心位于芝加哥市中心，那里有最好的创业者可作为学生的创业导师，随时准备指导每个步骤。该中心的"DePaul Net Impact"是一个创业交流群，专注于可持续业务。中心还下设创造和创新中心。

> **创业中心（Entrepreneurship Center）**
> 米勒商学院
> 波尔州立大学
> 曼西市，IN 47306
> 项目和活动：居住项目、"从军队到市场"（Military 2 Market）民用化项目、国内和国际商业计划书竞赛、创业迪士尼体验等。该中心的"大学生创业组织"为成长中的企业提供咨询。
>
> **创业中心（Center for Entrepreneurship）**
> 交通创业中心
> 阿巴拉契亚州立大学
> 布恩市，NC 28608
> 项目和活动：学生创业者协会，每年有40名创业者参加的 The Carole Moore Mcleod 创业者峰会，在当地创业者指导下举办的有关企业创立的免费研讨会、资本形成和智力资产研讨会。

开发和使用你的**新视野**（new eyes）。之后，你会看到更远的未来。为了激发你的想法，请完成"行动步骤9"。在读完本书或上完相关课程之后，你可能不会创业。但是，乐于接受新信息有助于你在接下来的几年里锻炼个人直觉，也许会有一个巨大的机会出现在你的面前，请做好准备。让自己敢梦敢想。

行动步骤 9

敞开思维，关注新信息

要跳出思维定式！

你所在的社区和工作地点是你的常规营销实验室，但现在是时候尝试接受不熟悉的地方和其他新的信息了，这可能会给你带来新的机会。是时候前进了！不要上网，走出去扩展你的眼界吧！

1. 第一站：有许多杂志的大型书店（如果你可以找到一个！）。选读五本你从未读过的杂志，你从中学到了什么？有没有发现以前从来没听说过的目标市场和产品？还有什么其他机会？接下来，找出以下几类排名前十的畅销书：科幻小说、非科幻小说、儿童读物、商务图书和平价图书。人们怎样理解现在的世界？你有没有发现以前不知道的世界？

2. 第二站：推特和iTunes。什么最火？什么不火？哪些趋势正在上升，哪些在下降？有什么适合你的机会？

3. 第三站：当地超市。新开了哪些分店？哪家门店服务最好？哪家门店价格最高？最热销的产品是什么？哪些餐馆最受欢迎？哪里排队的人最多？你想进入这些哪个行业？

4. 第四站：你最爱的店。列出一年前还未出现的产品和服务；如果你光顾了一家电脑店，列出2~3个月前未出现的产品和服务。你能猜出**货架流动速率**（shelf velocity）吗？哪些最热销？哪些不是？这家店在网店的竞争中能否存活？

5. 第五站：你的电视机。花一小时看CNN全球报告，列出所有故事的清单，有没有什么让你感到惊奇？你有没有发现什么机会？还有什么问题需要解决？

6. IDEO，TrendHunter，TechCrunch和Science：登录这些网站并且探索新的技术。什么最有创新性？哪些问题是企业开始解决的？还有哪些问题亟待解决？

7. 最后一站：保持登录状态。花费至少 2～4 小时寻找你从未涉猎的内容。你学到了什么？你发现了什么机会？有什么令你感到惊奇？

你的大脑现在应该难以接受如此大的信息量！在发现机会的同时运用自己所学，每几个月重复上述步骤，你将会得到新的想法！

2.1.1 这是一个不断变化的世界

- 卫星和手机通信创造了"地球村"，也带了无数的机会。移动手机在非洲越来越普及，创造了数月之前还不曾有的商机。
- 健康技术日新月异。大多数科技致力于延长寿命。但是，我们必须应对慢性病：心脏病、高血压、糖尿病等。你在帮助这些人改善生活时发现了什么商机？
- 企业应该全天候运行。商店始终在线。消费者也始终在线。是否存在商机可以让人们逃离这种永远在线的状态？
- 技术的发展为制造业和物流提供了很多可能。
- 到处都充满了激烈的竞争，在手机查询物价的软件兴起后形势更加严峻。
- 世界总人口将会从现在的 70 亿增至 2050 年的 90 亿（参见"地球村"专栏）。威胁与机会并存！

地球村

为什么要国际化

看看下面这些数字：

各大洲的总人口数

	人口（千人）					
	1950 年	1975 年	2000 年	2010 年	2025 年	2050 年
非洲	227 270	418 765	819 462	1 033 043	1 400 184	1 998 466
亚洲	1 402 887	2 379 374	3 698 296	4 166 741	4 772 523	5 231 485
欧洲	547 460	676 207	726 568	732 759	729 264	691 048
南美洲	167 307	323 323	521 228	588 649	669 533	729 184
北美洲	171 615	242 360	318 654	351 659	397 522	448 464
大洋洲	12 807	21 286	31 160	35 838	42 507	51 338
世界	2 529 346	4 061 317	6 115 367	6 908 688	8 011 533	9 149 984

资料来源：UN Statistics Division, Department of Economic and Social Affairs. "World Population Prospects: The 2008 Revision".

各大洲的总人口数（百分比）

	人口					
	1950 年	1975 年	2000 年	2010 年	2025 年	2050 年
非洲	8.99	10.31	13.40	14.95	17.48	21.84
亚洲	55.46	58.59	60.48	60.31	59.57	57.17
欧洲	21.64	16.65	11.88	10.61	9.10	7.55
南美洲	6.61	7.96	8.52	8.52	8.36	7.97

续前表

	人口					
	1950年	1975年	2000年	2010年	2025年	2050年
北美洲	6.78	5.97	5.21	5.09	4.96	4.90
大洋洲	0.51	0.52	0.51	0.52	0.53	0.56
世界	100.00	100.00	100.00	100.00	100.00	100.00

资料来源：UN Statistics Division, Department of Economic and Social Affairs. "World Population Prospects: The 2008 Revision"。

在短短的45年间，全球人口由30亿增长到70多亿。预计到2050年，亚洲和非洲的人口总和将占到全球人口总数的80%！《经济学家》杂志的数据显示，全球增长最快的10个经济体包括埃塞俄比亚、莫桑比克、坦桑尼亚、刚果、加纳、赞比亚和尼日利亚。

"在接下来的40年里，全球人口的增长量将等于1950年全球的人口总量。"如今，全球每20人中不足1人生活在北美洲，但到了2050年，每25人中将会有1人。你还会对大型跨国公司迁至世界的其他地方感到惊讶吗？你也可能需要这样做！

什么产品和服务是生活在发达国家以外的消费者所需要的？什么资源是可用的？需要克服什么样的文化、金融、环境和法律障碍，以满足2050年大约90亿人口（其中2/3生活在都市）的需求？

每分钟都会有潜在的国际化消费者出生，也会有潜在的国际化企业家出生。尼尔森认为，"在过去的3年里，新兴市场创新增加了100%，主要由非洲（增长率131%）和金砖国家（巴西、俄罗斯、印度和中国）（增长率173%）驱动。"

尼尔森还指出，"根据国际货币基金组织的数据，超过一半的全球购买力来自新兴市场，2011—2016年，新兴市场的国内生产总值以50%的预期水平增长，超过了发达市场的增速。"

当前是不是前往海外寻找机会的最佳时刻？如果是，请利用以下两个联邦政府网站的资源对特定国家和地区展开调研：

- 美国国务院。事实真相正取代背景信息：事实类出版物包含世界范围内与美国建立联系的其他国家和地区的信息，内容包括每个国家和地区的领土、人口、历史、政府、政策条件、经济以及美国与其的关系。
- 中央情报局世界概况。为267个国家和地区提供特定的地理、政府、经济和基础信息。

除了互联网资源外，还可以从联邦和州贸易办公室、拥有国际化项目的当地大学、领事馆、大使馆和贸易组织的国际商会查找资料。

资料来源：http://www.geohive.com/earth/pop_continent.aspx.

2.2 环境变量

商业和社会环境中的变化可以归纳为五个主要的环境变量。你面临着三个挑战：(1) 始终对大局保持敏锐（包含五个变量）；(2) 观察到每个变量的变化；(3) 当变化发生时，找到应对的方法。下面介绍这五个主要变量。

1. 技术：生物科技、可持续技术、能源、纳米技术、人类基因组、水资源改善。

2. 竞争：规制与反规制、超级市场（如好市多（Costco）和家得宝（Home Depot））的影响、互联网、移动科技和全球化（第5章有详细论述）。

3. 社会/文化：移民、单亲家庭、独居、地区、信仰变化和人口年龄变动（第3章、第4章有详细介绍）。

4. 法律/政治：谁在执政、税法和法律（国际、联邦、州/省和当地）的变动（本书都有涉及）。

5. 经济：衰退、通胀、中产阶级的变化、家用支出、食物和能源。

每一个环境变量的变化都会影响产品生产、营销和运送的方式。你该如何利用这些变化呢？

为了紧跟环境变量的变化，你需要阅读重要的新闻报纸和杂志。订阅行业期刊，浏览相关网站，然后学会发现这些变化。除此之外，世界未来协会（World Future Society，WFS）会经常观察环境趋势并作出预测。

2.3 变化的家庭结构和人口统计特征

你生活的世界和你的父母感受到的一样吗？你的弟弟妹妹感受到的一切和你一样吗？你的孩子们是什么样的感受？你可能已经察觉到你与家人的感受并不一样。但是，假如你能专注于这些差异，你就可以发现商机。图2—1展示了不同年龄的人之间存在的代际差异。在分析这些差异前，思考一下这些代际间的行为差异是如何产生的，你可以考虑交流方式、教育水平以及他们如何看待技术、生活、爱情、工作和家庭等方面。

传统的美国家庭（已婚夫妇并且育有至少一个孩子）如今只占所有家庭的1/5，并且以女性为主导的家庭在30年内翻了一番。单身家庭的比例已上升到历史最高值。

服务这些家庭结构截然不同的客户群体存在大量机会：日常保姆、课后照料、老人照料、娱乐活动、食物准备、繁杂事务，以及大学规划项目。

如果你总结《摩登家庭》（Modern Family）里出现过的所有家庭事务，就会发现现在已经有很多机构为客户提供类似的服务，人们可以通过外包家庭事务来减轻自身负担。

还有谁需要类似的家政服务呢？有老年人的家庭、单亲家庭、有病人的家庭、隔代家庭、双职工家庭？所有这些家庭都有能力或者时间上的缺陷。事实上，很多人认为当今社会最重要的财富是时间。2011年美国的GDP中，服务业占46%，政府服务占20%，制造业占12%。因此，人们会尽可能购买时间。但是，我们必须认识到，以上有些人群受到时间和金钱的双重制约。比如，美国49%的人没有6个月以上的积蓄，并且有1/6的人接受食物救济。因此，这为许多社会创业者创造了大量提供帮助和解决问题的机会。又如，对于缺钱的个体来说，建立多代的家庭结构可以帮助个体分摊一部分生活开支，这也是社会创业者可以有效利用的机会。

你有没有发现某种服务需求？你的朋友或同事有相同的需求吗？人们愿意为此消费吗？如果愿意，他们想消费哪些服务？你可以提供这种服务并且大力宣传推广吗？如果是，那就快行动起来！

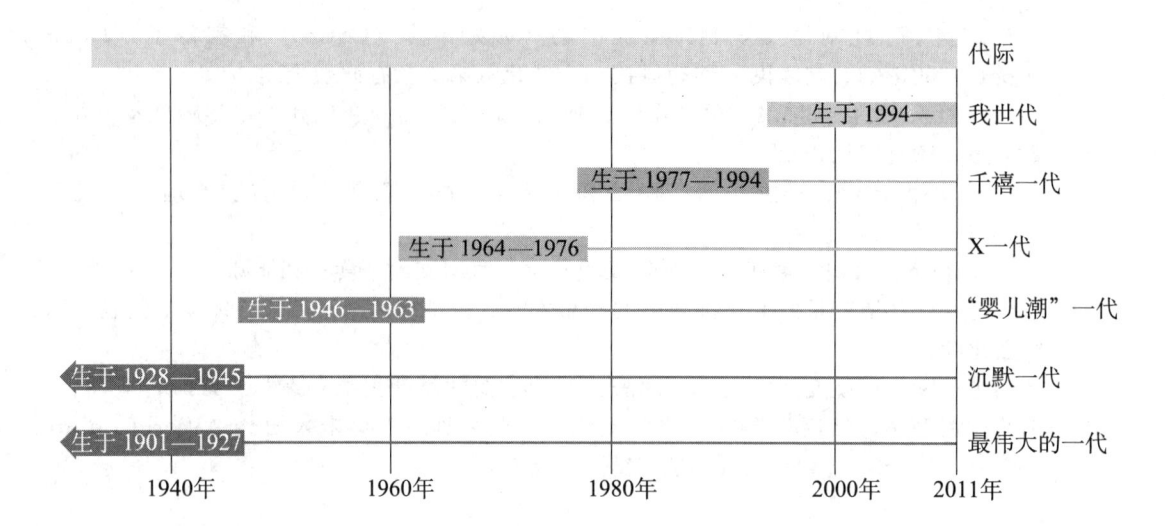

```
代际
                                      生于 1994—    我世代
                        生于 1977—1994            千禧一代
              生于 1964—1976                      X一代
      生于 1946—1963                              "婴儿潮"一代
生于 1928—1945                                    沉默一代
生于 1901—1927                                    最伟大的一代
1940年       1960年      1980年        2000年    2011年
```

思考这些变化如何影响消费者的购买行为、生活方式以及产品和服务需求。

1. 2012年，51%的成年人（18岁以上）已婚。1960年，72%的成年人已婚。
2. 1960年，男性首次结婚的平均年龄是22.8岁，女性是20.3岁。2010年，男性首次结婚的平均年龄是28.7岁，女性是26.5岁。
3. 2011年，美国的出生率降到有史以来最低。1950年，一个家庭有4个或4个以上的孩子很常见，而如今，大多数家庭只有1个孩子或没有孩子。
4. 2010年，美国新生儿中有42%为非婚生。
5. 1985年，大学毕业生的男女比例几乎相等。然而，2009年，男性大学毕业生为685 000人，女性大学毕业生为918 000人。
6. 1940年，25岁及25岁以上的人中只有5%大学毕业。2010年，该比例上升至24%。如今，25岁以上人口中80%毕业于高中，而在1940年，该比例只有24.5%。

上述人口变动将会对你未来的客户和员工产生深远影响。你在推进创业计划时需要考虑这些变化。

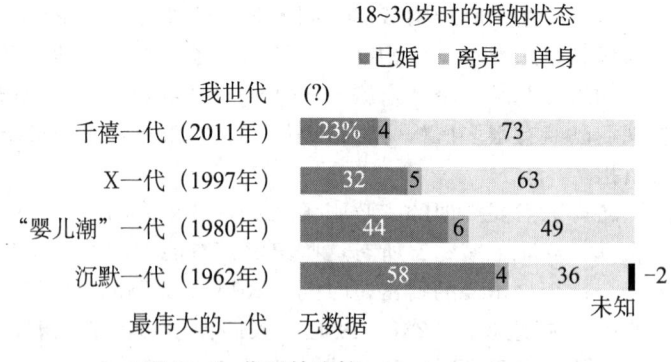

```
                      18~30岁时的婚姻状态
                      ■已婚  ■离异  ■单身
我世代           (?)
千禧一代（2011年）  23%  4        73
X一代（1997年）    32   5        63
"婴儿潮"一代（1980年） 44   6        49
沉默一代（1962年）  58   4    36    -2
                                  未知
最伟大的一代    无数据
```

图 2—1　代际的比较

资料来源：© Cengage Learning 2014. Based on data from U. S. Census and *www.pewsocialtrends.org*.

在许多情况下，服务导向的企业可以在投入较少的情况下创建，有很少的雇员或者没有雇员，同时拥有一个满足某种需求的绝妙想法。就像卡耐基所说，"赚钱不应该是你的第一目标。如果你可以满足一种需求，那么钱自然会来。"

如今，人们更晚结婚，更少生育，更晚生育，重组家庭的频率也更高。有21%的家庭由单身女性组成，30年前这几乎不可想象。图2—2显示了2010年人口普查得到的家庭组成结构数据。

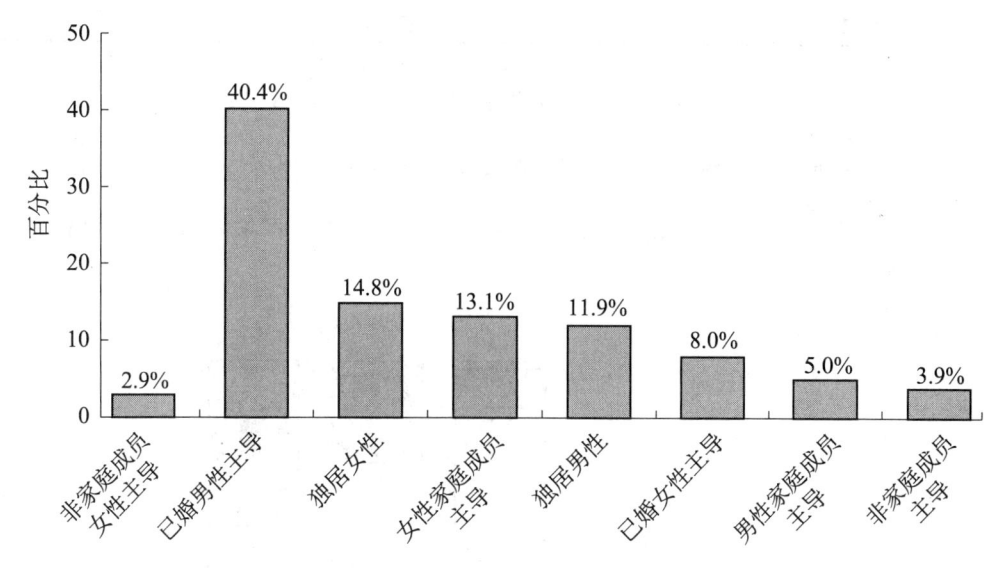

图 2—2　2010 年美国家庭组成

资料来源：Data from Advertising Age, October 17, 2011, page 36.

2010 年与 2000 年相比发生了较大的变化。家庭结构与我们的职业和生活方式一起发生了变化。

《纽约时报》(New York Times) 撰稿人克里斯托弗·考德威尔 (Christopher Caldwell) 强调，我们并不是正在迈向服务经济，而是已经置身其中："根据劳工局的统计，全美的舞者比心理治疗师还多，并且更多人靠在赌场里摇色子挣钱，而不是在车间里操作车床。保安的人数是机械师的 3 倍多。而在 1950 年，有 30% 的美国人从事制造业，现在却不到 9%。"

教育和培训在劳动力储备中发挥了巨大作用，因此，涌现出许多培训服务人员、导师、教育软件开发者、职业生涯设计师以及备考服务人员。随着越来越多的人发现很难参加或者支付不起传统的教学项目，在线教育项目应运而生。免费的在线教育将会和大学争抢生源。Udacity，edX 和 Coursera 是在线教育领域的前三名，它们与普林斯顿大学、斯坦福大学、密歇根大学、哈佛大学、宾夕法尼亚大学和麻省理工学院都有合作。世界各地有超过 100 000 名学生参加了斯坦福大学第一次免费开放的三堂电脑课程！可以查询这些免费的在线创业课程。

据估计，**Y 一代** (Generation Y) (1977—1994 年出生的人) 将拥有超过 10 种不同的职业经历。培训与再培训会成为日常生活的一部分，这些培训可能来自有创造力的创业者或者优质的学习媒体。

"婴儿潮"一代的研究专家肯·戴奇沃德 (Ken Dychtwald) 预测，"每一代人都将遵循一个后人可以借鉴的可循环的生活周期：学习，工作，休息，再学习，换份工作，有个性地玩乐，回到学校，准备开始一个新的职业。"

移民将在美国未来的发展中起到重要作用。皮尤研究中心 (Pew Reasearch Center) 发现，"如果按照当前趋势，美国人口将从 2005 年的 2.96 亿增至 2050 年的 4.38 亿，并且 82% 的增长是由 2005—2050 年的移民及其后裔所致。"机会来自不断变化的消费者和劳动力的社会与商业需求。种族和宗教群体的人口变化参见表 2—1。你从这些变化中看到了什么机会？

表 2—1　　　　　　　　　　　　　　　美国在改变

皮尤研究中心出版物
移民在美国未来发展中的重要角色（2008年2月11日）

执行摘要

按照目前的趋势发展，美国人口将在 2050 年增至 4.38 亿，且 82% 的增加都是由移民及其后裔引起的。

在此期间由于移民新增的 1.17 亿人中，0.67 亿是移民本身，0.50 亿是移民在美国生下的后裔。

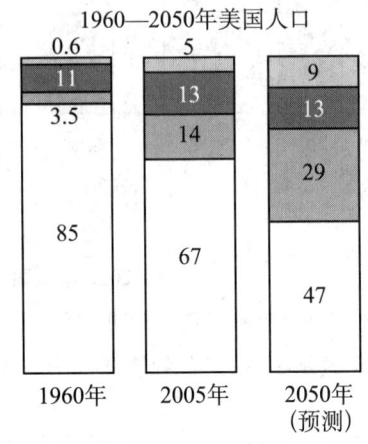

1960—2050年美国人口

年份	白人	西班牙裔	黑人	亚裔
1960年	85	3.5	11	0.6
2005年	67	14	13	5
2050年（预测）	47	29	13	9

其他重要的人口预测包括：

- 2050 年有 1/5 人口是移民，2005 年该比例只有 12%。到 2025 年，移民所占比例将超过一个世纪前移民浪潮的峰值。
- 移民将在国家发展的过程中扮演重要角色是因为移民所占比重急剧增加。移民的重要性也随着美国本地女性生育率跌至最低而相应提高。
- 作为全美最大的少数族裔，拉丁裔人口将在 2005—2050 年增长 2 倍，并且占到移民增长中的大部分。西班牙裔人口将从 2005 年占美国人口的 14% 上升到 2050 年占美国人口的 29%。
- 美国的西班牙裔和亚洲裔人口增长非常迅速，但这两类人口的移民相对较少。
- 非西班牙裔白人的增长远低于其他种族，白人到 2050 年将成为少数族裔（47%）。
- 全美的老人在 2005—2050 年会翻番，因为"婴儿潮"一代已经正式退休。劳动年龄人口的增速远低于老年人口，并且劳动年龄人口的比重会进一步下降。

皮尤研究中心的预测是基于有关出生、死亡和移民的具体假设得到的。出生、死亡和移民是人口变化最重要的三个部分。这些假设都是基于近期的趋势提出的，但并不意味着这些趋势不会改变。所有的人口预测都有内在的不确定性，特别是对未来的预测，因为这会受到人的行为、新移民政策或其他事件变化的影响。无论如何，这些预测为了解和分析未来人口变化提供了一个起点。

资料来源："Immigration to Play Lead Role In Future U. S. Growth," by Jeffrey Passel and D'Vera Cohn, Pew Research Center, February 11, 2008. http://pewresearch.org/pubs/729/united-states-population-projections (accessed April 25, 2008).

皮尤研究中心 2005—2050 美国人口项目注意到美国未来的一个重要现实情况——"依赖率"，即孩子和老人的数量与劳动年龄人口数量之比。2005 年每 100 个劳动年龄人口需要赡养 59 个孩子和老人。2050 年，该比率会上升至 72/100。根据这项研究，我们可以推断出未来的劳动力短缺，并由此推测应用科技提高生产率将是解决这一问题的核心。谁可以在照料这么多老人和孩子的同时,弥补生产力的缺口呢?

你能找到属于自己的机会吗?社会中的每个变动和趋势都代表着对当今和未来企业的威胁和机会。如果当今的企业不扩张或者改变,新的企业会进入。企业的成功建立在你对变化的理解和利用的基础上。

从上述信息中你看到了什么机会?在如今的市场上你可以填补什么空缺?你如何才能帮助这些家庭?

你可以为他们提供什么样的服务和产品?家庭结构的变化只是社会变化之一,还有很多其他变化,比如人类寿命的延长、收入增加、低龄人口消费的增加以及对家庭消费习惯的影响,等等。你还观察到了哪些变化?有哪些机会向你敞开?

请看一名创业者如何将他对国际象棋的热爱与课后照料儿童的创业项目结合,以帮助那些没有时间照料孩子的职场父母。

将军!

国际象棋改变了萨米·多伊尔(Sammy Doyle)的生活,他也想以此改变别人的生活。在大多数高中,国际象棋并不流行。但是萨米知道自己能够让国际象棋看起来更酷。大学毕业后,他和当地小学合作,自愿每周免费教授四次、每次半小时的国际象棋课程。在为小学生带来了无穷乐趣后,萨米决定对课后的课程收费,每人每节课10美元。在一些小学,有30%以上的学生上他的课,目前已经有几千名学生参与进来。

是的,萨米真正做到了把孩子们从索尼的PS3游戏机、互联网和手机中拉进现实生活!父母们都震惊了。他们曾经试图寻找一项不需要键盘或手柄,并且能锻炼孩子思维的活动。很少有人想到国际象棋,而萨米掀起了孩子们学习国际象棋的热潮。

在萨米居住的高档小区里有许多父母是程序员、工程师和科学家,他们从小都会下棋,可是苦于挤不出时间教孩子一起玩。萨米拯救了他们。除此之外,萨米还听取了自己的客户——父母和孩子的意见,举办了周五晚国际象棋锦标赛、旅行国际象棋班、国际象棋训练营和国际象棋冠军赛等活动。

萨米创业用了不到1 000美元,你能做到吗?"行动步骤8"要求你在只有1 000美元、一辆车(可以是货车)和一部手机的情况下开发商机。不论在什么时代,总有机会可以挣钱。

2.4 "婴儿潮"爆炸

沙滩男孩、甲壳虫乐队、越南战争、柏林墙、登月、和平、开大众甲壳虫和福特野马汽车,这些都是"婴儿潮"一代的标记。现在,65岁以上人口占总人口的13%。接下来的19年,每天都会有10 000人超过65岁!因此,到2031年,全美将有20%的人超过65岁。

"婴儿潮"一代——一支在美国存在了几十年的经济和社会力量(见表2—2),正在慢慢变老。在即将年过50岁和60岁时,他们重新定义了老龄化和退休。他们需要什么产品和服务?他们会在哪里购买?你在哪里可以接触到他们?

表 2—2   "婴儿潮"一代的影响

"婴儿潮"一代做了什么
- "婴儿潮"一代不只是吃饭——他们改变了零食、餐馆和超市。
- "婴儿潮"一代不只是穿衣——他们改变了时尚行业。
- "婴儿潮"一代不只是买车——他们改变了汽车行业。
- 他们不只是约会——他们改变了性别角色和实践。
- 他们不只是工作——他们改变了工作场所。
- 他们不只是结婚——他们改变了婚姻关系和婚介机构。
- 他们不只是借钱——他们改变了债务市场。
- 他们不只是看病——他们改变了医疗领域。
- 他们不只是使用电脑——他们改变了互联网技术。
- 他们不只是投资股票——他们改变了投资市场。

"婴儿潮"一代正向何处去

正在掀起的"年龄浪潮"将在消费者市场产生很多由人口特征引起的革命。当"婴儿潮"一代逐渐走向老年,五种关键因素将重塑供应与需求:

1. 开始关注慢性病的治疗,"婴儿潮"一代愿尽一切可能来延缓衰老。
2. 随着赚钱能力的增强、财产继承和投资回报的增加,部分人的可支配支出大大增加。
3. 步入新的成年人生活阶段,出现空巢、照料家人、成为祖父、退休和寡居等情况,不同情况有其独特的挑战和机遇。
4. 心理上的转变是,从追求更多的物质转向渴望愉快和满意的购物经历。
5. 由于复杂的生活方式而很少有可支配的时间。

资料来源:Ken Dychtwald,"The Age Wave Is Coming," *http*：//*www. agewave. com/agewave. shtml* (Accessed February 8, 2005). Courtesy of Age-Wave.com, 2004.

  在第二次世界大战结束到 1965 年期间,7 800 万婴儿诞生,他们控制了超过 70%的经济资产。除此之外,他们的收入占总收入的 50%。他们有钱有势,影响着每个行业。他们购买了超过 41%的汽车和超过 48%的豪华车。看看旅游、保健、投资、储蓄、退休计划、购买第二套房和重塑退休生活等领域,他们的存在和经济实力提供了不计其数的机会。表 2—2 强调了"婴儿潮"的变化过程。你的目标是发现和利用未来的改变和机会。《菲尼克斯商业期刊》(*Business Journal of Phoenix*)转载了罗伯特·哈夫(Robert Half)对美国最大公司的 150 名高级经理进行的问卷调查,他发现经理们普遍认为,"'婴儿潮'一代的退休浪潮将会对下一代人产生巨大影响"。尽管很多"婴儿潮"时期出生的人因在房地产和股票市场中亏损,而在退休年龄从事全职或兼职工作。

  到 2030 年,半数美国成年人将会在 50 岁以上。据多种消息来源,"婴儿潮"一代不愿意平静地老去,他们会倾其所有延缓衰老。Agewave 的创始人肯·戴奇沃德为财富 500 强企业和政府提供关于"婴儿潮"一代的咨询,解释"婴儿潮"一代做了什么,正向何处去。"婴儿潮"一代正步入暮年,他们明确表示,自己对频繁进入医院的恐惧是对死亡的恐惧的 3 倍。所以,你会发现家庭健康监护和援助领域的业务发展迅猛,家政服务领域商机无限。

  各大公司正通过不断改进包装、调整色彩和货架、重新设计设备等各种方式来跟进"婴儿潮"一代。风格是这一代最看重的,不会随着年龄的增大而改变。比如 Chico 的女性服装就满足了她们的这一需求。

  我们不能通过观察过去几代人的行为来预测这代人的购买习惯。"婴儿潮"一代更富有，受教育程度更高，拥有的孩子更少，并且形成新的家庭结构，许多人仍然独居。公司都会直奔主题，询问他们的需求。

Pulte Homes/Del Webb（一家高端退休社区的建造者）对"婴儿潮"一代所作的调研显示，人们不仅希望在气候温和的地方修建退休社区，而且希望在东部和中西部离家近的地方修建退休社区。许多"新家"都使用了独特的设计，比如不同的桌面高度、站立式沐浴器、有轮椅通道的走廊，这些都使得人们可以更久地待在家里。利用这些市场机会，印第安纳州皇冠角的瓦特建筑公司（Vater Construction）的安妮·瓦特（Anne Vater）成为一名 CAPS 专家（经过认证的地区老龄化专家），公司获得国家房屋建造协会（National Association of Home Builders，NAHB）的绿色认证。安妮和埃里克·瓦特（Eric Vater）希望对这些新家的设计兼顾美观与功能。瓦特建筑公司也提供重新装修的服务，方便那些想改造自己住处的人们。

除了大型退休社区，有些地产商还打造富有创造性的生活环境来满足"婴儿潮"一代对共同居住的要求。一些人甚至打算去从未到过的地方，365 天每天在船上度过！有些船每天每人的开销不到 100 美元，比一些老年人居住中心还便宜。

现在请从头到脚好好地审视"婴儿潮"一代，然后决定是否要利用机会开发相关的产品和服务。如果你现在 20 出头，那么请好好观察父母；如果你现在 40 多岁，请照镜子看看自己。要做到尽可能有创造力。下面的例子可能对你有帮助。

- 头发：植发、假发、染发帽子和遮阳镜。
- 眼睛：眼药水、激光治疗、眼皮拉伸、睫毛种植、墨镜、除污剂和维生素。
- 脸：整容、面霜、激光治疗、皮肤癌检查、脸部按摩、抵抗衰老专用护肤品和老年斑祛斑霜。

每一个医生、律师、会计、旅行社和财务规划师都在等候"婴儿潮"一代来光顾。房地产开发者、信托律师、养老院等也在各地展示自己的工作室以吸引"婴儿潮"一代的注意。

那些上有老下有小的"三明治一代"，在巨大的时间和金钱压力下急需帮助。那些看到父母的健状况变差的"婴儿潮"一代，一定也会对健康问题更加重视。

除了要承担为人父母为人子女的责任之外，"婴儿潮"一代许多人甚至有了孙辈，这就带来了新的商机。遗憾的是，这些已经成为爷爷奶奶的"婴儿潮"一代经济拮据，很难支付得起像样的服务。

寿命延长带来的另一个增长点在于老人对健康日益重视。由于很多老人不与子女居住在一起，生活上得不到他人的帮助，使他们对生活护理服务存在大量需求。

85 岁以上人口是增长速度最快的一部分。当今世界有 50 000 多名百岁以上老人，并且每年增长 7%！他们对生活护理的需求很广，但是一定要谨记，在向"婴儿潮"一代宣传时千万不要使用"老"这个字眼！

AARP The Magazine 是面向 50 岁以上人群发行量最大的杂志，可能拥有日后最火的网站之一。该杂志向美国退休职工协会（American Association of Retired Persons，AARP）成员免费发行。从声誉、政治权力和经济实力来讲，50 岁以上的人群始终是很强的生力军。在互联网的影响下，社会、政治和经济发生变化不仅是可能的，而且是不可避免的。

在不同年龄群体中，"婴儿潮"一代创业最活跃。企业的小型化和退休金的减少使得许多人更有动力去赚钱养家。但是，保持生产力的前提是健康地活着。不断提高的社保年龄要求也促使更多人选择创业。

在过去五年里，美国的中产阶级失去了 40% 的财富，并且被要求在岗位上工作更久，这极大超出了中产阶级的心理预期。发现这一点之后，阿特·科夫（Art Koff）创办了 RetiredBrains.com 网站。

随着"婴儿潮"一代的老去，他们的行为会越来越像吗？根据扬克洛维奇（Yankelovich）的思想库（MindBase）中的调研资料，如今美国的老年人群主要分为两类。一类是复兴大师，"有足够的财力，并且与社区生活紧密相关，对更好的个人发展仍有兴趣"。另一类是维持者，"成熟的个人以自己的过去作为参照，维持者较为守旧且资源受限"。除此之外，扬克洛维奇根据态度、性格、价值观和动力进一步细分了这两类人。这些老年人群可被开发的商机很多，尽管有 35% 的 65 岁以上老人只能依靠社保生活，但并不意味着他们都一样。退休老人中收入占前 10% 者的需求并不一样，其中仍然有很多机会。

不只是美国老年人口急速增长，放眼世界，大部分国家都面临人口老龄化问题。现在已经有一些项目专注于解决老人独居和低收入的问题[①]：

- 澳大利亚的 Mensheds 是一个慈善组织，它专门为独居的老人提供流动帐篷。
- 日本的 Fureal Kippu（以劳动时间作为支付手段的一项协议）正在开发一种当地货币，以使人们更好地关爱老人。比如，邻居每看望一次周边的老人就可以获得一个货币，这个货币可以用来支付一次他人对自己老年亲属的看望。
- 英国的 The Good Gym 活动将跑步者与独居老人两两配对，进行一场长跑，并且中途进行一次时长五分钟的交谈。
- 葡萄牙的 Aconchego 项目帮助独居有风险且有空余房间的老年人和需要住宿的学生建立联系。

你还能找到什么机会？拓宽自己的眼界，多做调研，多看统计和预测资料，善于提问和倾听。浏览各种社交媒体，看人们在抱怨什么。找出解决他们的问题的办法，答案就在那里。

2.5 千禧一代的崛起

"这是第一代成长于数字时代的孩子，他们出生于一个被电脑、互联网、电子游戏和智能手机包围的世界，在这里，他们学会了如何利用这些媒介表达自我。基于此，这些年轻人还会像以前的人一样思考、行动和学习吗？这对未来社会的教育又有怎样的影响？"这是麦克阿瑟基金会（MacArthur Foundation，美国最大的私人慈善基金会之一）的主席乔纳森·范东（Jonathan Fanton）提出的疑问。我们想问你：这对创业者来说意味着什么？

千禧一代最不可缺少的电子设备是智能手机。你的挑战就是满足千禧一代在购

---

① 资料来源：Financial Times (UK) magazine 23-24 July 2011, Special Report on the Future (Accessed June 17, 2012).

物、搜索、旅游、娱乐和学习等方面的需求。

千禧一代正在经历大萧条之后历时最长、影响最大的经济衰退，这对他们的工作和消费方式有所影响。2012 年，18～29 岁人群中有 37% 仍未找到工作。因此，千禧一代虽然有很多想要的东西，但是没钱满足这么多需求。"共享经济"可以帮助千禧一代解决这一问题。

根据《你的就是我的：协同消费的兴起》（*What's Mine is Yours：The Rise of Collaborative Consumption*）一书的作者雷切尔·波茨曼（Rachel Botsman）所述，共享经济来源于对技术的追求。物物交换、租赁、借贷和共享是实现共享经济最重要的组成部分。

除此之外，邻里之间的共享也是普遍的现象，但是此前从来没有技术能够为互不相识的双方提供合作交换的平台。现在有了 Pinterest、脸书和领英的帮助，我们可以清楚地知道这些网上"邻居"的可信程度。千禧一代对分享个人信息持较开放的态度，他们对共享物品也并不介怀。《快公司》最近列出了一份致力于共享经济的公司名单。以下是一些例子：

Zimride. com：为不同组织的学生或雇员提供可以共享的跑步机的项目。

Thredup. com：专门为父母交换孩子的玩具的市场。

AirBnB. com：可以租借他人的房间、家、沙发和船的市场。

Gobble. com：为硅谷地区提供当地厨师，帮助烹饪饭菜。

Relayrides. com：在全国范围内提供租车服务，包括保险。

千禧一代愿意分享什么呢？如果你可以回答这个问题，恭喜你，你有可能创办一家 10 亿美元的企业！

并不是所有千禧一代都有以下特点，但大部分如此：他们很少读报纸，在固定的时间看电视、听广播，没有家庭电话，他们主要通过笔记本电脑、平板电脑和手机来看电影和电视节目，每天在社交媒体上花费数小时；这一代人更少信教，受过更好的教育，警惕性也很高（由于"9·11"事件）；只有 60% 的人是由父母一起养大的，但是他们与父母之间的交流更加平等；他们有处理多任务的能力，住在都市中，更晚结婚，有更少的孩子，与手机共眠，在起床前查看脸书和短信。

在看了上述信息后，你可以想到在千禧一代进入大学、工作、组建家庭和购房时为他们提供什么产品和服务。Grubwithus 是一家很有创意的企业，它邀请用户浏览其网页，查看提供固定价格饭菜的餐馆，可以先在网上支付，然后与陌生人一起进餐。对线上交流感到厌烦吗？那就快来和其他人一起吃饭吧！

Nickelodeon 调研显示，千禧一代可能是有更多选择、更多自由、更大权力的一代。由于有这么多选择和信息，因此困惑和犹豫不决也随之而来。问题＝机会＝解决办法——可以看看一家公司是如何通过建立网站 www.justbuythisone 来解决问题的。

除此之外，迈阿密大学创业学教授杰伊·凯恩（Jay A. Kayne）认为千禧一代拒绝平凡。对千禧一代进行市场营销时一定要向他们证明，你所提供的产品或服务与当前生活的相关性大大高于过去的一代。你必须持续关注变化的技术和沟通方式。千禧一代不仅在职场独领风骚，而且在创业领域展现出很强的实力。

2.6 我世代始终在线

Agency Insights 的市场总监芬利森（Finlayson）女士认为，我世代是指出生于 1994 年之后的孩子，"他们并不是喜爱技术，而是离不开技术。一个人对他人的影响至关重要，而社交软件放大了这一作用。现在他们可以在社交媒体上从其他人那里找到乐队、牛仔品牌或者零食"。

我世代，也称 GenZ 或 C 一代，他们对父母和朋友的购买行为有巨大影响。尽管针对他们的市场估值为 300 亿美元，但是考虑到他们对家庭购买行为的影响，该估值可能高达 1 500 亿美元。

他们通过短信和 APP 处理生活中的各种事情。根据尼尔森的调研，我世代花在网上的时间是其他年代的人的两倍多，他们平均每天花 8 小时上网，时刻在线，很少下线。他们在社交网络中宣扬"这就是我"的态度。隐私保护已不那么重要，因为他们小时候的点点滴滴都被父母放在了网上。

他们也知道自己无时无刻不被营销信息包围着。他们对移动营销并不陌生，却不了解没有营销的生活。因此，创业者必须变得更有创造力，持续推出独特的产品和服务。

创业热情

打造自己的未来
重塑生命，激情生活

帕蒂·莫伊尔（Patti Moir）多年前就想创业了，她渴望拥有自己的工作室、自己的员工和客户。55 岁时，帕蒂知道是时候放飞自己的梦想了，她不再是那个只能帮助高中生的老师，这一次她将实现自己的梦想。未来，她将有时间做自己想做的事，有时间陪孙辈、做运动、打高尔夫球，大部分时间她将享受俄勒冈州奥斯威戈湖畔阳光灿烂的日子。

帕蒂对寻找生活中的平衡充满激情。在长达 30 年的教书生涯结束后，她获得了稳定的养老金，丰富的执教经历让她萌生了创办一家教育资源服务公司的想法。

致力于帮助千禧一代和我世代的激情促使她踏上了创业之路。美国高校招生咨询协会（National Association for College Admission Counselling）的数据显示，学生与咨询师的比例为 315∶1，面对越来越高的入学要求和日益激烈的竞争，许多学生都需要一名咨询师帮助他们申请高校。

学生和父母都很感谢帕蒂为他们提供了服务，他们还在互联网上表达了对她的感激。

2.7 大众市场的分化

如今的消费者有知情权，强调个性，并且要求苛刻。他们的消费习惯很难分析得到，因为他们会在不同层次的市场上购物。比如说，注重时尚的高收入消费者可能会光顾一些高端门店享受优质服务，但是也在沃尔玛购买家具电器。他们可能在美国高端零售店 Williams-Sonoma 购买糕点制作器具，同时在好市多大卖场采购制作蛋糕所需的面粉。

对于消费者来说，有三个重要因素造成了市场的分化。

1. 不断缩水的中产阶级。过去的五年里，美国中产阶级损失了 40% 的财富。他们的收入停滞不前，绝大部分收入的增长是双收入家庭带来的，而双收入家庭的数量也在不断减少。2012 年，大概有 22% 的孩子生活在联邦最低收入的贫困线之下，这一标准大约是四口之家年收入 22 300 美元。对于大多数人来说，他们的收入在 1997 年就已经停滞不前（见图 2—3）。美国家庭平均债务为税后年收入的 109%。49% 的美国人没有用于支付超过 3 个月开销的储蓄，28% 的美国人甚至没有 1 个月的储蓄。然而，收入最高的 0.1% 的美国人财富急速增长。随着中产阶级的缩水，我们能看到不断分化的市场策略分别面向人口的两极。

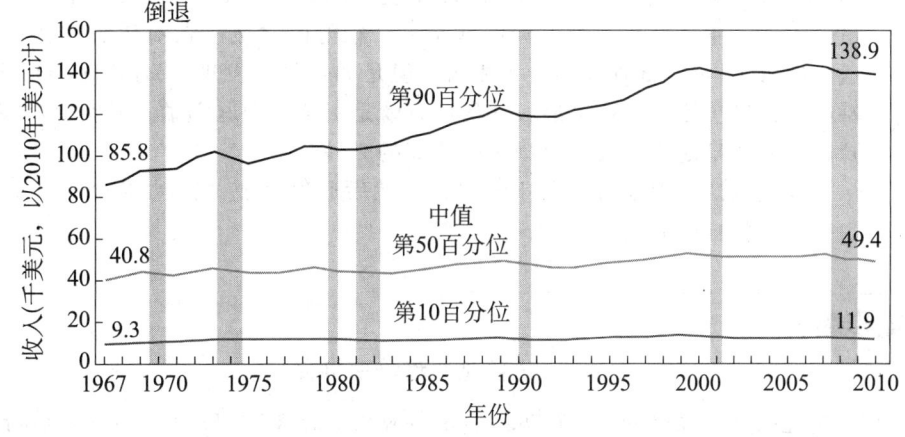

图 2—3 美国家庭收入

资料来源：U. S. Census Bureau, Current Population Survey, 1968 to 2011 Annual Social and Economic Supplements. From http：//www.census.gov/newsroom/releases/pdf/2010_Report.pdf（Accessed December 4, 2012）.

2. 美国少数族裔人口的成长与迁移。据统计，3 600 万西班牙裔人口的 50% 都居住在加利福尼亚州和得克萨斯州。夏威夷、纽约和加利福尼亚州是半数以上亚洲裔美国人的定居地。超过 70% 的黑人居住在美国的东北部和南部。洛杉矶地区已经成为世界上种族最混杂的地区，它提供韩语、西班牙语、中文、波斯语和越南语的电视频道。在加利福尼亚州橙县的某个校区，学生们使用的语言有 50 多种。以前少数族裔在地域上非常集中，然而，现在在美国很多地区种族日趋多样化。

3. 生活方式在不断变化和改进。如今只有 51% 的成年人已婚，有 28% 的家庭只有一个人。独居人口自 1960 年以来增长了一倍。在像亚特兰大和丹佛这样的城市里，40% 的人选择独居，在华盛顿有 48% 的人独居。

如今有 41% 的孩子由未婚妈妈所生，30 岁以下的未婚妈妈中，这一比率高达 53%。只有 1/3 的这类家庭得到孩子父亲的帮助。

无子女的未婚夫妇占到家庭总数的 6%，财务规划师和律师都尽可能为他们提供服务。

另一个巨大变化是年龄在 25～34 岁之间、与父母一起居住的年轻人的数量：19% 的男性和 10% 的女性。住房和经济衰退的双重压力使得很多人选择与父母一起居住，以降低开支。

　　有超过 400 万家庭是三代甚至四代同堂。有些房地产商针对这种家庭模式建造专门适合多代共住的房子，包括面向各阶层家庭的房子。这种房型的需求源于年轻人巨大的就业压力以及老年人的看护问题。

　　同时，490 万孩子（7%）是被祖父母带大的，190 万孩子（2.5%）是被其他亲戚养大的。这种由非亲生父母带大孩子的现象同样是经济压力和个人因素所致（见图 2—2）。

　　如果你用更开阔的视野观察市场，就会发现更多的细分市场不断出现、发展并产生重大影响，比如 90 岁以上健康活跃的老人和上升中的西班牙裔中产阶级。你的目标是发现和利用这些变化的市场中的机会。

　　当今的科技可以帮我们定位更小更特别的利基市场。借助互联网和软件，我们可以实现点对点营销。如果你下单购买产品 B，有 50% 购买产品 B 的客户还购买了产品 Z，那么有关产品 Z 的广告会自动出现在你的显示器上，这是销售人员或者营销人员的杰作。亚马逊的点对点营销就是一个很好的案例，它对传统的实体店发起了挑战。尽管 15 年前就有人唱衰实体店，但是如今你会发现 eBay, Social Living 和谷歌都计划开设实体店。苹果最成功的地方就是引诱它们这样做。事实上，相对于观看图片，我们还是期望真实地触摸想要购买的产品。

　　现在请认真观察市场变化的趋势，然后通过完成"行动步骤 10"和"行动步骤 11"来寻找自己的机会。

行动步骤 10

变化＝趋势＝机会

　　找到最近六期《经济学人》（*The Economist*）、《时代》（*Time*）和《华尔街日报》（*The Wall Street Journal*）（当地图书馆都有）。在阅读时，牢记行动步骤 9 中调研所得。你在网上阅读，但是在阅读纸质材料时，你更容易集中精力。如果你购买了这些杂志，保存好。世界上在发生什么？填写表格，在相应区域填上每个环境变量的变化。

　　如果你够幸运并且已经做了调研，你会在趋势出现前发现变化。站在趋势的最前沿可以让商人获利。生物科技行业是何时开始出现的？智能手机呢？脸书呢？如果你当时从这些技术中发现了机会，抓住机会取得成功，你今天将身在何处？

　　在以下因素中都存在许多变化和趋势，也隐藏着对某些行业和机会的威胁。你需要做的就是找到一个机会！

社会/文化
　变化：
　趋势：
　　机会：

竞争
　变化：
　趋势：
　　机会：

科技
　变化：

　趋势：
　　机会：

法律/政治
　变化：
　趋势：
　　机会：

经济
　变化：
　趋势：
　　机会：

行动步骤 11

在你选择的目标市场观察发展趋势

1. 寻找你选择的目标市场——千禧一代、健康积极的中年人、虚弱的老人、爱橄榄球的孩子、我世代或者其他。在网上查找数据和信息。可以从查阅 http://www.census.gov 上的人口普查信息入手。

2. 使用你的数据、直觉和对目标市场的认知，体验"婴儿潮"一代的生活环境，并且花一整天来了解你的目标市场。接下来，与他们所用的社交媒体互动。发现了什么趋势？他们渴望什么产品和服务？你如何满足他们的需求？向目标客户提问并认真倾听他们的回答。不断地询问"为什么"，以便更接近他们的真实动机和行为。

3. 列出"婴儿潮"一代特有的产品、想法和服务清单。为你的目标客户也列出类似的清单。在阅读本书的过程中，你将学习如何进一步明晰你的目标市场，发现问题和商机。

2.8 响应社会和文化变化的特许经营商

查看《创业者》杂志上 2012 年十大新特许经营商，了解随着人们的健康和爱美意识逐渐增强，这些新的特许经营商是如何满足不断变化的社会需求的。

2.8.1 《创业者》杂志 2012 年十大新特许经营商[①]

1. No Mas Vello（激光脱毛）
2. Complete Nutrition（瘦身和营养产品）
3. Yogurtland Franchising Inc.（自制冻酸奶）
4. ShelfGenie Franchise Systems LLC（为衣柜和餐具定制橱柜和配套产品）
5. The Senior's Choice Inc.（辅助的生存和健康人员服务）
6. CPR-Cell Phone Repair（个人电子产品维修和销售）
7. Get in Shape for Women（女性健身锻炼）
8. Signal 88 Security（私人保安和巡逻服务）
9. Menchie's（冻酸奶）
10. Smashburger Franchising LLC（汉堡）

下面列出的是《创业者》杂志根据第 33 届年度特许经营商 500 强的认证，参考特许经营商的增加数量选出的 2012 年成长最快的十大特许经营商。其中有两家涉及税务服务，说明美国的税务系统十分复杂。前十名中出现了三家专业清洁服务公司，我们不禁好奇，难道企业都裁掉了自己的清洁人员？

《创业者》杂志指出，"以下列表并不是为任何特许经营商背书，只是为调研提供

---

① 资料来源：Entrepreneur Magazine's 2010 Franchise 500, http://www.entrepreneur.com/franchises/rankings/topnew-115520/2012,-1.html (Accessed June 10, 2012).

一个起点。"

2.8.2 《创业者》杂志2012年成长最快的十大特许经营商[①]

1. Stratus Building Solutions（专业清洁）
2. Subway（三明治和沙拉）
3. CleanNet USA Inc.（专业清洁）
4. Vanguard Cleaning Systems（专业清洁）
5. H&R Block（税务准备和电子表格的填报）
6. Dunkin' Donuts（咖啡、甜甜圈和烘烤食品）
7. Chester's（鸡肉快餐店）
8. Libery Tax Service（个人所得税和在线税务准备）
9. 7-Eleven Inc.（便利店）
10. Anytime Fitness（健身中心）

2.9 信息大爆炸

如果有一天你感觉信息量太大，请不要怀疑自己，我们就生活在这样一个时代！现在每个人一天从各种媒体所接收的信息可能比中世纪的人一辈子接收到的还多。美国消费者的欲望与需求是"再快一点！"

千禧一代不喜欢带着帐篷爬山，然后在山上度假放松。他们喜欢用山地自行车和登山装备武装自己，在旅游规划网站上找到最佳登山点，在 Prius 上找同伴，在 Yelp 上找食物，用 GPS 导航。任何时刻都不能偷懒。REI 就是为了迎合这些需求而创办的新兴企业。

现在我们倾向于在 iPhone 而不是纸质地图上查看路线。我们不再需要给朋友打电话询问餐馆的招牌菜，而是在脸书和推特上查询。我们不再打电话给旅游中介安排出行，而是登录 Fodor's 或者 Couchsurfing。我们不再打电话预约医生，而是登录 Web MD。现在这些信息就在手边，我们有太多的信息、太多的选择。如果我们有问题，就上 Quora。如果我们想约人，就上 Meetup。如果我们想让他人评价自己的想法，EdisonNation 就是最好的选择。我们需要个人信息管理者，这能形成一个有潜力的服务性行业吗？

我们的个人生活与工作不断交织在一起。不论我们身在何处，当今的科技发展使我们能够全天候与同事保持联系。我们会花更多的时间工作，随时随地可能面临工作压力。

创业企业面对环境的变化和压力都能找到合适的机会。你怎么帮助你的客户应对工作和生活的压力？你怎么帮助你的客户处理信息超载？你怎么帮助客户管理合适的联系人和中介？

现在就联系自己的好友，完成"行动步骤12"。记住，你发现的问题越多，机会

[①] 资料来源：Entrepreneur Magazine's 2012 Franchise 500，http://www.entrepreneur.com/franchises/rankings/fastestgrowing-115162/2012,-1.html (Accessed June 10, 2012).

也就越多。每解决一个问题,你的商业计划书就更完美一点。

行动步骤 12

享受发现问题和机会的乐趣

1. 将一群朋友或同事聚在一起,询问他们的需求。你很可能发现市场缺口。不要随意评价你得到的答案,你只是在寻找信息,你得到的想法越多越好。针对你所在的市场提出以下问题:
- 你日常生活中感到最沮丧的事情是什么?约会、买车、去杂货店购物、买衣服、买本子、报名读书、出去吃饭、放松自己还是健身?
- 你需要却始终没有找到的产品或服务是什么?
- 哪些产品或服务可以提高你的生活质量?
- 你如何在不增加工作时间的情况下提高产出?
- 什么会使你感到幸福?

2. 如果你在处理一个缺少消费者的产品或服务,改变问题来适应你的市场。列出团队找到的市场缺口,然后依次做出计划,看如何进入市场以应对你朋友的需求和沮丧。

3. 这些需求是当地的、国内的还是国际的?

2.10 技术革命

提起技术革命,我们该从何处说起?技术革命又将把我们带向何处?不管技术革命的浪潮走向何处,机会都是无处不在的。当我们展望未来时,很少关注技术本身,而是更多地关注它在哪些方面提高了我们的生活质量、健康水平和企业效率。查看图2—4,我们可以发现风险投资现在更看好卫生保健、信息技术和清洁技术。这些领域可能在未来引领技术潮流。看看这些公司如何解决问题可以激发灵感。想象一下你的技术将如何帮助解决诸如清洁水源、食物短缺和未来新增的10亿人口的住所等社会问题。

我们每天有22%的收入花在卫生保健上,而在1950年,该比例只有8%。随着人类寿命的延长,该比例仍在持续上升。2012年阿尔茨海默症的相关消费大概是2 000亿美元。因此,如果你可以帮助美国540万阿尔茨海默症患者,为他们提供护理、产品、科技或食物,会给他们的家人减轻很大的负担。

监控血压、血糖和体重等都可以通过可穿戴设备在家中完成,从而减少了拜访医生的次数,同时也产生了更多家庭个人护理需求。在接下来的几年,技术不仅可以帮助我们延长寿命,也能帮我们管理健康状况。在某些情况下,我们甚至会发现一些第三世界国家的低成本药品在美国热销。

人类基因组计划记录了人类DNA的30 000个基因。现在,最重要的是发现人类身体里成千上万的蛋白质和10 000个细菌的作用。

产品和服务的变化层出不穷。会不会有一天我们可以利用DNA来判断自己的未来、职业发展或个性?以后我们会不会不再需要婚姻咨询,而通过DNA测试来判断夫妻是否般配?健康保险公司是否会因为我们的DNA信息拒绝向我们提供保险或给予折扣?我们可以在多大程度上按照自己的需求"定制"自己的孩子?这种服务是否

46 创业计划（第9版）

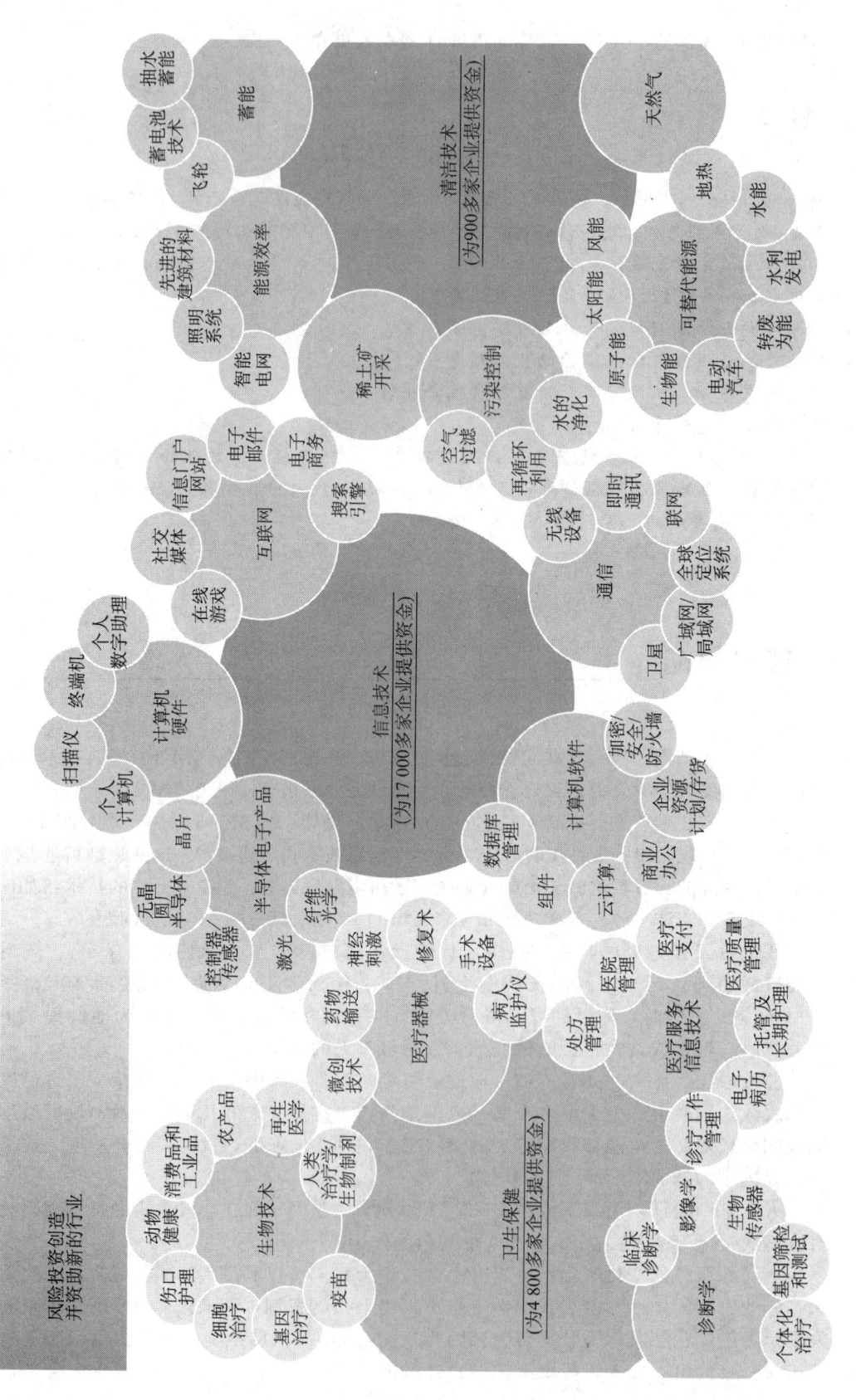

图2—4 风险投资创造并资助新的行业

会发展到大街小巷到处都是?

微芯片在兽药中十分常见,兽医可以据此了解宠物的用药历史。那么给人配备微芯片还需要多久才面市? 这类芯片在服装和医疗器械中更加常见,甚至有餐厅推出随身佩戴的用于自动结账的芯片。这类芯片可以开发出哪些新用途? 在家用电器、服装、家具和运动设备中是否可以有所应用?

电脑和智能手机改变了现代生活的方方面面。我们在生意洽谈中并不需要面对面接触。感到沮丧时,我们可以通过短信和邮件倾诉。机对机交流成为一种生活方式。手写文字似乎已经成为过去。随着技术对生活的影响进一步增大,我们可以设想谷歌眼镜究竟有多大影响力。不久的将来,在第三世界国家也将有成千上万的人手持移动设备与他人沟通。如今,有些人没有水源、缺少药品,却有 iPhone 手机。指尖一触即可阅读信息,这将为新的创业者带来巨大商机。

设计、创业、科学、出版和研究等领域的在线合作都促使创业者开动脑筋。这一实现资源和想法共享的做法在几年前还不可想象。

在美国,对这股技术浪潮也有反对之声,主要是因为担忧隐私和安全问题。此外,有没有可能在技术浪潮之后,人类反而渴望真实接触? 我们可以怎样利用这些趋势?

社会科学家和作家雪莉·特克尔(Sherry Turkle)在她的新书《群体性孤独》(*Alone Together*: *Why We Expect More from Technology and Less From Each Other*)中提到:我们越来越依赖技术进行人与人之间的沟通,这将导致何种问题,又将如何影响你的企业?

我们可以通过关注技术导向的项目来紧跟技术变化的步伐,阅读《财富》科技版(*Forbes ASAP*)和《科学美国人》(*Scientific American*)杂志,时常浏览麻省理工学院(MIT)、斯坦福大学和加州理工大学的网站。同时关注 TED 和 Big Think 中关于技术的讲座。

MIT 媒体实验室的网站把研究项目做了细致的分类,这有助于我们更好地理解技术能解决的问题。阅读以下清单,浏览网站查找更多信息,然后问自己两个问题:(1) 这些对未来意味着什么?(2) 我怎样利用这些信息?

MIT 媒体实验室研究团队和项目

MIT 媒体实验室为探索基础研究之间的交叉提供最好的环境支持,涉及的领域包括电脑技术、社会行为、科学、医药和艺术以及其他。以下是正在进行的 20 多项研究中的一部分:

- 新技术如何帮助人们更便捷地沟通、理解并对信息作出反应。
- 技术如何用来提高人类的身体机能。
- 如何利用建筑设计、移动系统、网络智能领域的新技术解决生活中的复杂问题。
- 如何建立技术和社会系统以使社区内的居民共享和交流市民信息。
- 数字技术如何改变物体、房屋的建造和设计。
- 新技术是否会引发健康革命。
- 新的感知技术和交互技术将如何改变我们的日常生活。
- 如何利用技术开发社交机器人,帮助人们得到长期的社会和情感支撑。
- 感知技术如何影响人类的经验、互动和感知。
- 软件是否可以成为人类的助手而非工具,从交流中学习,并积极预测用户需求。

- 便携设备和语音技术如何提升沟通能力。
- 如何通过智能神经科学修复人类情感缺陷和认知。
- 如何在自然环境、数字信息和人类间建立无缝连接。

资料来源：MIT Media Lab, http://www.media.mit.edu/research/group-projects (Accessed June 10, 2012).

未来科技将更加交互和融合，这将极大提高我们的生活质量。全世界所有大学都在努力将纯科学转化为产品。

随着人造移植器官的普及，癌症、帕金森病、阿尔茨海默症和心脏病都将成为历史吗？如果能够治愈这些疾病，那么还需要医生、医疗建筑和设备吗？如今，手术时甚至可以进行实时远程遥控。而且，微创手术和激光手术都可以降低住院率。此外，技术将在未来持续改善残疾人的生活质量。

随着水资源和能源危机的逼近，绿色清洁科技公司正在世界范围内迅速成长。以下是部分关键绿色科技：

- 能源：太阳能、风能、蓄能和公共设施。
- 材料和制造：生物材料、绿色建造材料和可回收材料。
- 特殊供应商和支撑行业：环境测试和环境保护、合同制造、工程和设计服务。
- 交通：双动力或纯电动汽车、高级电池、电气化铁路和交通基础设施。
- 水资源：节能的海水淡化设备、水回收，以及新型过滤膜。

在图 2—4 中观察上述行业和其他行业，你能预见到哪些机会可以在自己所在社区实践？你可以为高端企业提供什么服务和产品？哪些产品和服务将失去市场？你的工作环境是否会改变？我们希望你不仅洞悉技术的走向，而且抓住创业的机会。

有些人以观察趋势谋生。比如，伊藤穰一（Joi Ito）——MIT 媒体实验室的董事；安·马克（Ann Mack）——JWT 广告公司的董事；肯·戴奇沃德——AgeWave 的创始人。除此之外，在每个前沿技术领域都有专家在观察趋势变化。

寻找自己所在行业的大师，多阅读他们所写的文章。除了各行业的咨询机构，麦肯锡和尼尔森这类大的市场咨询公司也会关注行业动态。现在完成"行动步骤 13"，深入了解你最关心的新技术。

行动步骤 13

探究新技术

如果你是一名技术专家，请和他人分享你的远见来加速他们的创业。技术每天都在影响小企业的方方面面——物流、营销和产品等。如果你不懂技术，快作出改变吧。

1. 阅读几期《连线》（Wired）、《快公司》、《未来派》（The Futurist）、《科学》（Science）或者其他技术领域的杂志。找到 5~10 篇有关技术的让你震惊的文章。观看一些 TED 讲座。你找到了哪些新技术？你发现了哪些新机会？
2. 和他人分享你的发现。记住，一个行业的技术突破会引起其他行业的变化。
3. 登录研究型大学的网站，比如本章所提的 MIT 网站。如果你选定了一个行业，找到该领域的相关网站，阅读它们正在进行的研究。你发现了什么？接下来，你会有什么想法或研究？

有了手头的这些信息，同时聚焦于技术变化，当机会来临时，你就可以做好更充分的准备。

当你进一步探索自己的商业想法时，不要停止阅读。时刻保持警惕并持续关注技术的发展。

2.11 信息无处不在

希望我们现在所讲的内容能够激发你的灵感。如果你想要学习和发现更多市场机会，你必须下功夫进行**市场调研**（market research）。有了大数据中心——互联网，我们可以利用二手数据做一些有意义的调研。

在过去只有大公司花费大量研发投入才能获取调研数据，但现在几乎每个人都可以免费或者花较少钱在网上获取。许多大公司都会发布白皮书，内容包括它们现在的研究情况，它们也希望以此吸引你购买其更深入的研究信息。这些白皮书能帮助你对行业和市场有更深入的了解。如果你保持开放的眼界，那么你的直觉和创造力也会提升。

2.11.1 二手调研

对市场和行业进行调研有三种形式：二手调研、一手调研和"新视野"调研。**二手调研**（secondary research）是你的起点，当你了解别人的调研结果时，你就是在进行二手调研。

你不仅要了解自己所在的行业，还要对其他行业有所认识。在企业某个职能部门进行的调研可能对其他部门也有用。我们并不需要创造轮胎，只要提升轮胎的外观、速度、功能或者降低成本，就可以打造一款盈利的产品了。

在完成二手调研后，你可以开展一手调研。这时你已经找到重要问题，可以少走弯路。随着你继续收集相关信息，你也培养了自己的行业直觉，这为你的"新视野"调研做好了准备。

联系一些**贸易协会**（trade association），比如国家餐馆协会，以了解供应商、分销商和顾客信息。贸易协会进行营销和产品调研，举办会议，出版**贸易期刊**（trade journals）、书籍，开设在线课程。许多协会都有受训人员为你在本行业内创业提供信息。

它们也会提供数据，帮助你编制创业预算。我们希望你在调研时测试你的所有假设。协会的数据将帮助你判断自己的方向是否正确。好的调研技术可以让你节约很多成本，千万不要轻视协会提供的信息。协会的目标是使会员尽可能成功，它们会听取会员的需求，然后尽可能满足。

在调研的前期，国家级协会和当地协会都可以提供给你一些有助于一手调研的他人联系方式。许多协会愿意招聘实习生帮助他们获取网上资料，进行调研。你也可以询问同行的人属于哪些协会，他们看什么杂志、推特、新闻和网站。

接下来，登录 ipl2，寻找最能接触你的目标客户的杂志。杂志会开发**媒体资料包**（media kits），在网上向广告商提供读者的数据。阅读杂志和网上信息将使你了解最有竞争力的产品和消费者的兴趣点，以及行业趋势；这会提供很多关于人口特征和**心理特征**（psychographic）的信息。

有时高科技杂志并不容易获取。如果出现这种情况，你可以询问当地的图书馆是否有此资源。许多企业的图书馆允许个人访问这些宝贵的资源。如果你的附近没有好的图书馆，可以询问 ipl2 的在线管理员。

为了获取政府的数据，可以登录 USA.gov（参阅"创业资源"专栏）查看人口信息、环境信息等。

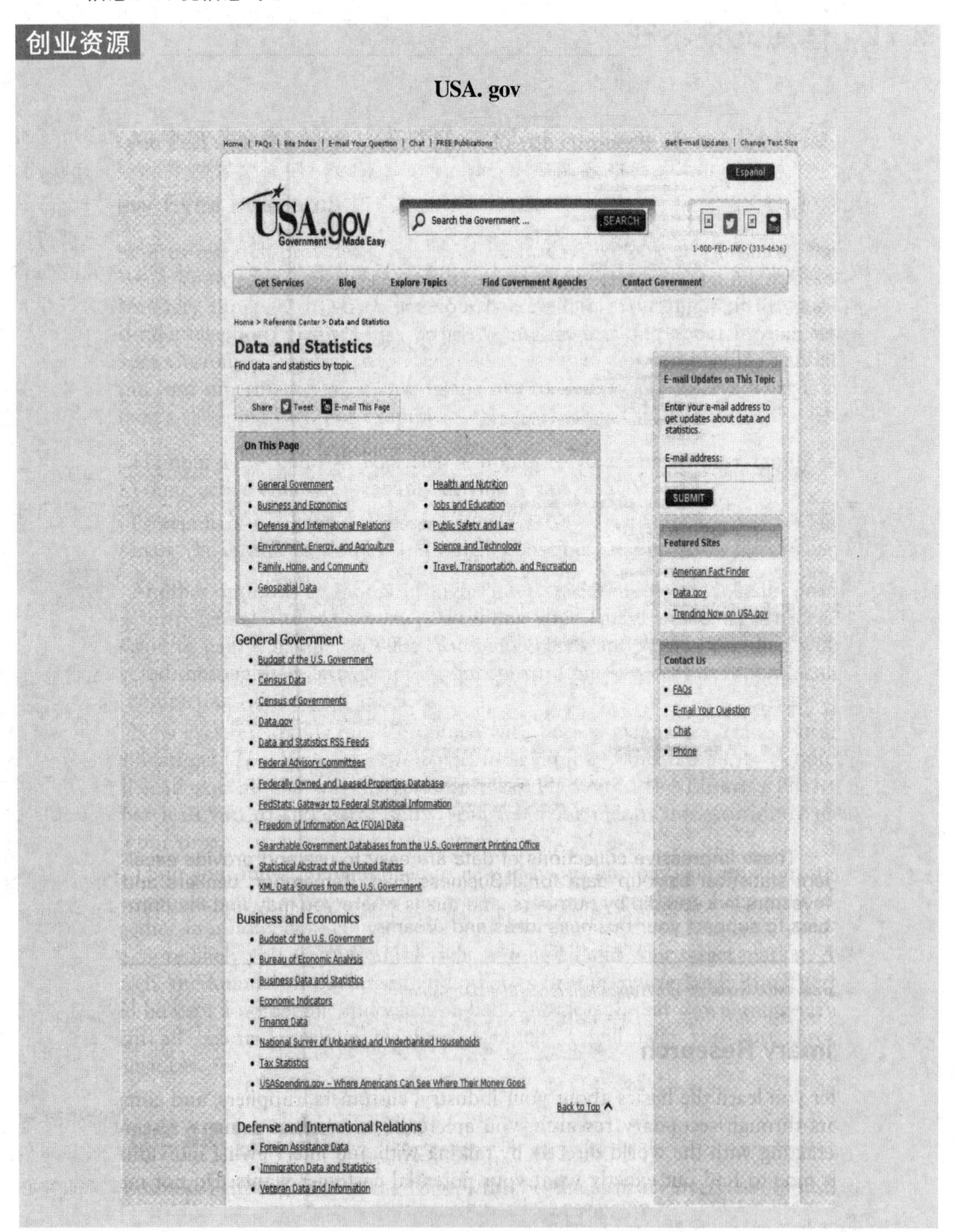

创业资源

USA.gov

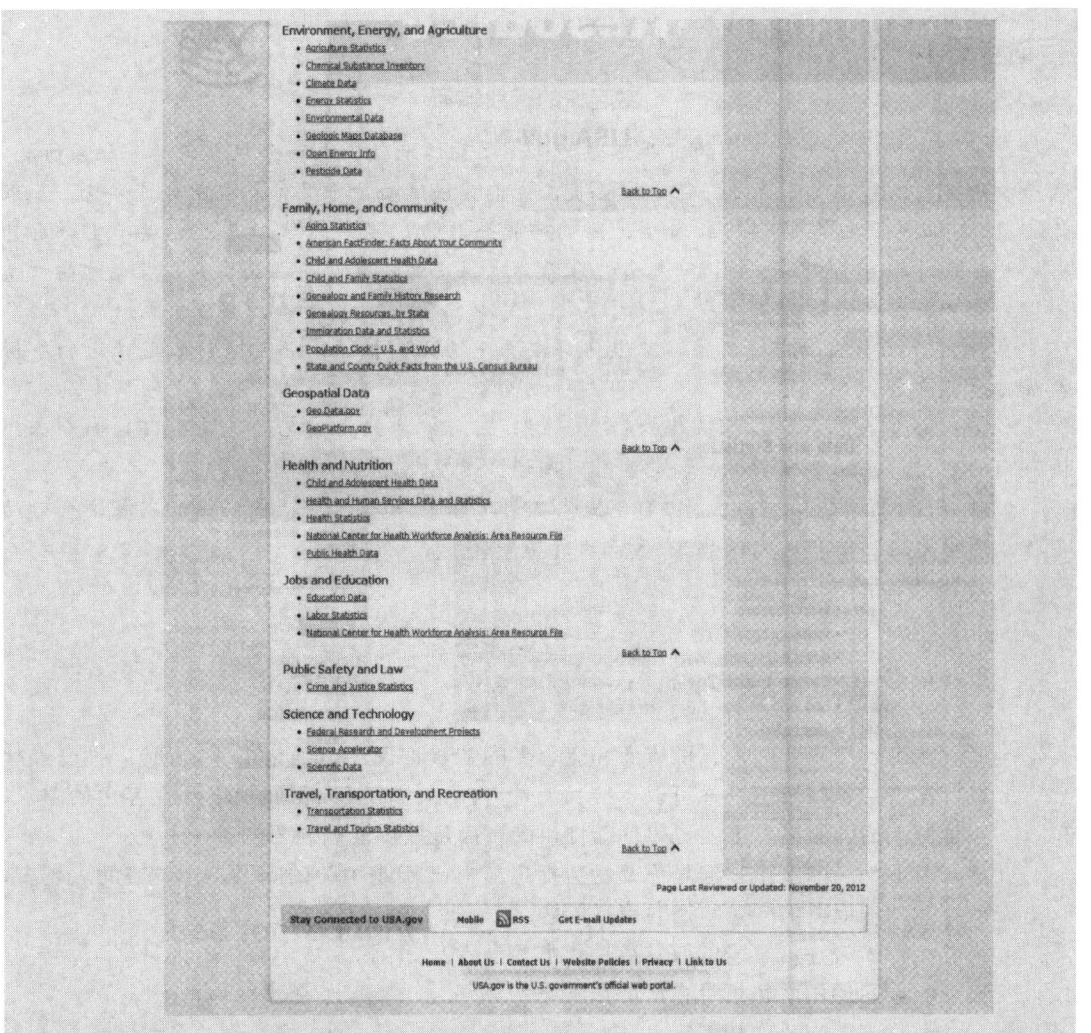

可以在该网站找到过去和现在的经济和财务数据，包括消费者价格指数（CPI）、住房、雇佣、制造业、经济政策和总的经济形势等。

除了上述优质资源外，登录 http://catalog.gdp.gov 可找到你所在地的联邦寄存图书馆，在那里你可以在受过培训的图书管理员的帮助下在线上或线下查阅一些政府出版物。

这些令人印象深刻的数据使用方便并且为商业计划书提供了极好的数据支撑。记住，银行家和投资人都十分看重数据，数据能支撑起你的商业想法和梦想。

资料来源：*http://www.usa.gov/Topics/Reference-Shelf/Data.shtml.*

事实上，在开始收集相关数据时，你也可以找到当地最好的图书馆。在很多大学都有个人图书馆，比如医药专家的个人图书馆。在城市也会有许多商业研究图书馆。

你也可以登录大学网站，查看教员个人的研究信息，这也许对你的创业有用。事实上，你会发现大学为新创企业提供了孵化器，你的想法可能是他们感兴趣的。在本章中，我们将介绍很多二手资源，但是现在你可以按照"行动步骤14"进行行业二手信息调研。

> **行动步骤 14**
>
> **发起你的行业调研**
>
> 1. 确定你的企业所在行业的贸易协会名称，记录其地址、电话号码和网站。联系协会，然后申请获取信息。由于你是一位潜在会员，他们会发送给你很多信息以及会员详情。如果你提及自己是一名正在做调研的学生，他们可能会非常乐意给予帮助甚至提供学生会员资格。与此同时，为了提高你的调研质量，联系你的供应商或客户所在的协会。综合这些信息会得到大量数据供你筛选。
>
> 2. 确定你的企业所在行业的国家级协会在当地的分支机构，并且以访客或学生的身份参加当地会议。
>
> 3. 确认以下信息：(1) 你选择的行业；(2) 目标客户经常浏览的期刊；(3) 面向你的供应商的期刊。一旦找准了材料，花些时间阅读！信息就是力量！
>
> 4. 在网上阅读媒体资料包。它们会提供良好可信的基本信息。在创业前完成这个行动步骤；你需要这些信息来完成第 3~5 章的行动步骤。

2.11.2 一手调研

在了解行业、客户、供应商和竞争者的初步情况后（通过二手调研），你已经准备好进行一手调研了，你可以直接和消费者对话。你可以据此找出潜在客户的需求，不再做无谓的假设！不要提供你能提供的，而是提供他们想要的。

以下是一些例子。但是你要学会提出与自己行业相关的问题。你调查的人越多，就越能精准地提出问题。请看以下问题：

- 你希望你最喜爱的服装店销售哪些品牌？
- 你希望用手机记录自己的饮食吗？
- 你多久吃一次快餐？
- 你最理想的汽车经销商是什么样的？
- 你在网上不会购买什么？为什么？公司能做什么以弥补这一点？

询问供应商：我们的生意用哪种广告形式最奏效？哪些产品/服务最火？行业内的供应商面对的最大问题是什么？

询问小企业主：你的资金来源是怎样的？你首次融资来源于何处？你在广告上的投入占销售收入的比例为多少？你怎么处理运输费用？你如何激励回头客？

2.11.3 新视野调研

新视野调研为了解企业提供了很多新的想法。基于你的知识、经历和直觉，你可以扮演侦探。你可以去竞争对手的店里充当"神秘顾客"。你可以不断观察你想并购的企业；当目标客户出现时，先记录他们的信息，然后回去慢慢研究。你可以站在超市的柜台旁，查看每个人购物车内的物品。比如：购买汉堡、薯条、棒冰、苹果和红皮书的是有孩子的繁忙家庭，他们可能开 SUV 或者小货车；购买蛋白棒、三文鱼、跑者世界、GQ、芦笋、香蒜沙司的可能是爱好跑步、健身及烹饪的单身族。

另一种方法是登录 Pinterest、脸书或者领英，然后寻找你的潜在目标客户。为确定你的客户，可以先完成"行动步骤 15"。

行动步骤 15

为了乐趣而解译

1. 通过分析超市购物车中的物品，使用你的"新视野"来发现客户的生活方式。下次进入超市时扮演侦探角色，对你观察的购物者做出一些有关生活方式的推理。

2. 给每个主题起一个特别的名字，也许与某个产品（如 Chad Cereal, Steve Steak 和 Sally Sugar）有关，这样你就可以记住你的想法。你可以对每个购物者推断出什么？他们的鞋子说明了什么？他们的衣服、珠宝、发型或汽车呢？

3. 把这些推演整合在一个人口特征清单中（包括性别、年龄、收入、职业和社会经济水平），然后判断在这些购物者中哪些可能是目标客户。

4. 受过培训的市场人员寻找一种称为"重度爱好者"的买家。一个极喜爱苹果的人每周吃 7~10 个苹果。一个对苏打水严重依赖的人每天喝 4 瓶苏打水。一个对乘飞机上瘾的人每年飞行 10~30 次。你能判断哪些人属于你的业务的重度爱好者吗？

5. 如果你不想出去，也可以通过 Pinterest、脸书或者领英里的个人信息来完成上述步骤，在网上每个人都像一本摊开的书！

新视野调研充满趣味。有了书籍、杂志和报纸等出版物，然后面对面与人沟通，将帮助你完善商业计划书。你可能发现了计划书的价值，也可能发现它一文不值。

锻炼自己的思维。对新想法、技术、信息、数据、人群和这个快速变化的世界保持开放的心态。观察所有事物。把想法记录在笔记本、电脑或者手机里。你产生的想法越多，越可能找到最正确的战略。瑞典最大的有声书籍销售商 RuschVerlag 的创始人亚历克斯·鲁施（Alex Rusch）说过，他有一个笔记本，当他有 200 个想法后，就坐下来回顾所有的想法，并且考虑可行性。第 3 章将帮助你梳理你的想法。

2.12　总体构想

一份商业计划书要先介绍行业概况。行业有高潮有低谷。行业内的产品和服务也会经历类似的生命周期：诞生、成长、成熟、衰退。同时，目标市场也在经历周期变化。行业概况可以帮助你找到细分市场，帮助投资者读懂你的商业计划书、了解你为什么选择此时进入该市场。

为了让小企业取得成功，你需要知道该企业在其生命周期中处于何处。创业者总是太匆忙。他们想要推动、适应、了解消费者——这些并非都不可行。但是在行动前，你一定要认真思考企业在行业中的定位。

哪里有新创企业集聚？什么最火？什么在衰退？哪些细分市场在未来 3 年内能继续蓬勃发展？如果你现在开业，你的产品/服务的生命力如何？

让我们先浏览一下总体构想。在工业革命前，大多数人都是个体经营。农民和牧羊人都不得不承担风险。那时的选择很少。家庭是最普遍的创业单位。

如今虽然存在很多巨型企业，但它们并没有对小企业产生威胁，反而提供了机遇。首先，大多数大型企业都依靠小企业提供产品和服务。其次，企业并非越大越好。很多小企业都不受大企业重视，即便它们发展很迅速，这也为小企业提供了机会！如果你够幸运，你可能会创建一家好企业，然后被扎克伯格以百万美元的价格收购，你甚至可能成为下一个亿万富翁！

所以一定要先想好再做。与家人、朋友、同事和供应商一起商谈。采访潜在客户，他们会告诉你他们想要什么。如果你已经做了充分的调研，你的眼界将会提升，你能发现更多机会，了解其中的风险。继续用你的新视野了解市场，不要停止阅读和交流。在市场调研之后，是时候跟随自己的同伴追求梦想了。

2.13 构想自己创业的方法

滑雪快车

安妮（Annie）和瓦莱丽（Valerie）热爱滑雪运动。她们抓住所有机会滑雪，并希望以此为生。她俩在学校时偶尔接触到思维导图的方法（见图1—2）——一种用簇状图和圆圈记录想法的方法。她们也想据此找到做滑雪生意的方法。

她们在一张大白纸上写下"滑雪"。在"滑雪"旁的圆圈里写上"旅行"。她们继续写下"分类""初学者""儿童""青少年""大学生"和"家庭"，以及"服装和配套装备""手套""长裤""夹克衫""护目镜""长靴"和"袜子"。接着，她们发挥自己的想象力，写下"阿尔卑斯山""佛蒙特州""加利福尼亚州""犹他州""智利""竞赛""课程""旅游""乐趣""诀窍""兴奋""滑雪者""交通"和"公交车"。

"这真是太有趣了！"安妮说道。

"这似乎既能盈利又有趣！"瓦莱丽大喊。

她俩又继续思考了一会儿，直到想到了一个新想法——"滑雪快车"——周末班车往返于滑雪区和盐湖城的五个搭乘地点，并且每周末更换一个滑雪地点。

在预订行程两三周之后，她们回顾思维导图，发现服装和配套装备显得格外醒目。她们去拜访了最大的滑雪服装制造商之一，并且将这些衣服以高于成本一倍的价格转卖给搭乘"滑雪快车"的客户，这些衣服在四周内就被卖完。

在创业两个月后，一些女性顾客询问她们是否可以在工作日提供班车服务，以便孩子去滑雪。

这是一个未开发的市场，她俩听取意见后，推出了"滑雪星期四"的服务，填补了这一市场缺口。

到了4月份，有些滑雪者询问她俩在夏天准备做什么。她俩反问道："你这个夏天打算做什么？"她们听到最多的回答是："我们要去山上骑单车。"她俩立即赶去当地的单车行采购。之后，她们询问司机用班车运送单车的方法。有了这些答案、市场情况和购入的单车，"山地单车特快"便诞生了。安妮和瓦莱丽发现，听取消费者的意见才是成功之道。

2.14 头脑风暴

除了与合伙人一起画思维导图，你还可以找一群人一起交流想法，帮你构图。如果你找的伙伴们富有创造力、知识，拥有积极的态度和良好的商业直觉，那么所得到的思维导图往往会超出你的预期。

将拥有不同想法、背景和经验的人们聚在一起，总能找到很好的问题处理方法。不要担心谁会不按常理出牌，你要做的就是在他们偏离话题时控制局面。多鼓励不一样的思考方式。

感激提供想法的人，有主意的人是宝贵的。尽可能与他们多交谈，你可能是那个不断把他们带回现实中，以保证他们不脱离团队的人。在头脑风暴时你要训练自己避免出现可能影响合作的负面反应。

头脑风暴的宗旨就是最大化创造力。你要使大家鼓励，发散思维，不要恶性竞争。

你需要有能够进行批评指正、给出客观意见的伙伴，这样才能够得到经受住质疑的好的解决方案。千万不要让头脑风暴变成一人领导其他人的群体思维，这是你最不想看到的情况。

以下还有一些建议。

在召集大家开会时：

1. 寻找最有想象力的人。
2. 记住你并不是在实施一项计划。问题远比判断重要。
3. 找到中立的位置并且最小化干扰。如果不能面对面沟通，也可以通过 Skype 或者 GotoMeeting.com 交流。
4. 鼓励团队成员互信互助，并且互相挑战。
5. 记录下整个过程，至少要把团队的想法记录在笔记本电脑里。
6. 寻找一个让每个人都方便的时间。
7. 邀请5～10人。可能会有人不能参加，你要做好准备。
8. 安排开始的时间。可以在大家放松半小时后开始。
9. 给自我介绍留些时间，让大家不必拘谨，他们都是赢家，也想成为赢家。
10. 鼓励每个人倾听他人意见。
11. 沉默是好的。它意味着人在思考。不要让大家一直不停地说话。
12. 笑着享受这个过程。

附加建议：

- 让每个人在来之前想好一个方案。
- 在第一次会面结束前，让大家投票选出最受欢迎的两到三个方案，并让参与者准备一份一页纸的报告，总结并分析这些想法。让他们分享。要求大家回去思考一周，然后再讨论。
- 头脑风暴那些最受欢迎的想法。让它们主旨清晰，更有依据。
- 当你让人们充分发挥创造力时，头脑风暴达到最好的效果。大脑的能量是真实存在的，你要尽可能多锻炼它。
- 准备好零食！

2.15 生命周期

世界经济、社会和技术都在飞速变化。世界在经历一场革命。卫星将信息传递到亚非最遥远的地区。智能手机改变了我们购物消费的方式。中国、印度和印度尼西亚涌现出许多创业者。机会无处不在。

回顾前面的行动步骤，列出所发现的产品、服务和市场的变化趋势。将它们按照现在的生命周期阶段放入图2—5。如果一个趋势才刚刚开始流行，我们将它称为萌芽期；如果它在急速扩张，我们称之为成长期；如果它不再成长，已有下滑趋势，我们称之为成熟期；如果它远超成熟，并呈逐步下滑之势，我们称之为衰退期。经常思考生命周期的这些阶段。产品、需求、营销、销售渠道、目标市场、技术和邻居都会变化。完成"行动步骤16"来发现生命周期。

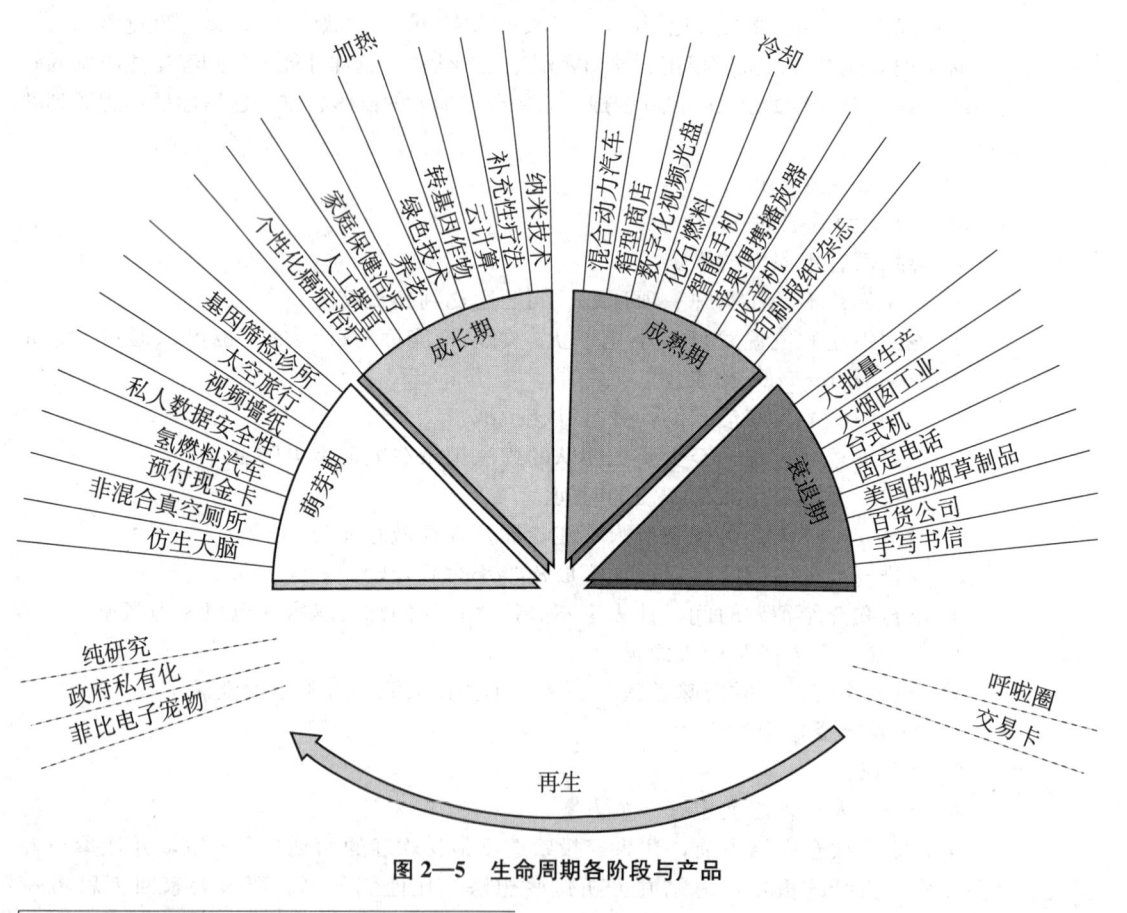

图2—5 生命周期各阶段与产品

行动步骤 16

匹配趋势和生命周期阶段

1. 在本章中，你发现了很多趣事、新产品和服务以及待解决的问题。打开你的笔记本查看过去的行动步骤。回顾图2—5并且画一幅生命周期图，然后把趋势、产品和服务放在合适的阶段。有多少处于萌芽期？有多少处于成长期？有多少处于成熟期？

2. 是时候往前走，在萌芽期或成长期中寻找可能的机会了。还存在什么新的机会？你想进一步开发什么？

如果你打算进入一个处于萌芽期的行业，一定要准备好为新企业打开市场。如果你打算进入一个成熟或衰退的市场，请准备好迎接和挫败即将到来的竞争。

市场信号到处都有：在剧院的排队处，在圣诞节过后的大减价里，在优惠券和团购里，在上市成功或失败里，在开幕式里，等等。

你经历过哪些事物的兴衰？或者只看到它的上升期？观察生命周期的示意图，你会发现汽车行业已经非常成熟。但是其中的某些细分领域仍然很有前景，比如共享汽车和迷你车、电动车和混合动力车等。

现在我们不再以十年和代际来衡量产品的生命周期，取而代之的是月和年。我们很难想象没有手机的生活是什么样的，接下来我们生命中的重要变化是什么。

快速变化的技术和社会中蕴藏着大量机会，但也增大了犯错的风险。现在的市场不会给你十年的时间测试产品的设计理念是否正确。

小　结

我们始终在强调趋势的重要性，希望你可以从中发现机会。几乎每个行业都在变化之中。我们不能只通过新闻了解医疗、教育、制造、零售、汽车和能源等领域的变化。如果你真想开阔自己的眼界，就要愿意倾听，你会发现有一个领域能提供成功创业的良机。

有关潮流趋势的信息每天都围绕着你，它们来自电视、互联网、高速公路和新闻头条，以及政府机构和很多商业协会。这些信息将让你了解行业概况。我们也向你提供了收集信息的方法。

你需要在商业计划书中展示你对商机的把握和了解。投资者希望找到成长行业中的成长部分，你也应该如此。投资者会查看充分支持你的商业想法的数据。你一定要找到所有数据，然后附在你的商业计划书后面。

你在第 1 章中审视自我并知道自己想要的是什么。在本章中，你成为趋势的观察者。现在你应该发起你的调研活动，继续在第 3 章中寻找创业机会。

制胜关键

- 你观察趋势的最好的调研方法是新眼界调研，辅以一手和二手调研方式。
- 始终接受新的信息，不仅关注所在行业，而且关心其他可能影响你的行业，这将使你领先他人一步。
- 生命周期图可以帮助你发现成长中的行业，确定你身处何处，并且挖掘潜在的细分市场。

- 趋势不是一夜之间形成的，数月甚至数年前就会有迹象。
- 尽量抓住一个可以让你生存3~5年的行业趋势。
- 不要认为因为你抓住了一个趋势，另一个趋势就不会跟随而至。
- 一旦你确定了细分市场，专注于调研。先从行业协会、期刊、网站和博客获取有价值的资源。
- 阅读所有你能找到的信息，和任何你能找到的人交流。机会是数不胜数的。
- 趋势就像客户。你可以在外部看到一些，也可以透过玻璃看到一些。但是，总有一部分在你进入行业摸爬滚打之后才会发现。
- 你现在是个好的趋势观察者，是时候分析你发现的商机了。

第 3 章

机会选择：思维过滤

> **学习目标**
> - 首先将你的企业目标与个人目标相结合，然后寻找合适的市场机会。
> - 为你的企业建立一种积极的、独一无二的推动力。
> - 利用生命周期特征来洞察市场。
> - 学会如何把危机转化成为机会。
> - 明白如何使用北美产业分类系统（NAICS）。
> - 学会使用一手或二手资料来研究你感兴趣的行业。
> - 寻找你身边的行业协会及展销会的资源。
> - 针对行业和目标市场进行深入研究，等待机会的到来。
> - 通过头脑风暴与思维导图构建有创意的解决方案。
> - 利用矩阵网格将你的目标与你的研究发现结合起来，勾画出企业的框架图。
> - 倾听客户的需求并根据他们的需求来确立你的业务，开发 IDEO 的"设计思维"。
> - 开展你的"电梯游说"。
> - 完成可行性分析。

当你沿着三条途径之一去发展你的小企业时，也许会意识到有许多解决问题的思路与方法。我们期望你在经营企业的过程中能有所启发，积极努力地去做好迎接挑战的准备。

你无法很早就察觉到机会的存在，在某些情况下甚至在 24 小时之前都无法察觉到。要知道变化的速度是势不可挡的。如果你已经完成了第 2 章中的研究，可能会遇到信息超载的问题。即使你是一个智慧的、积极的、时刻准备迎接挑战的人，也会难以跟上迅速变化的趋势、市场以及不同的想法。因此，本章会指导你如何面对机会进行选择。

你需要一个过滤系统、一个像榨汁机或者 Mouli mill（使苹果变成苹果酱的厨具）的机器，来帮助你过滤皮（不会增长的细分市场）、茎秆（过高的市场准入门槛），以及种子（不符合个人目标的机会）。

当你完成了第 2 章和第 3 章中所有"行动步骤"专栏的学习，就可以筛选并得到非常宝贵的信息，识别一些明确的商机，以此来推进你实现商业计划的步伐。

3.1　欢迎了解机会选择

调研除了能够帮助你发现市场缺口（即市场中未被发掘的机会），还能让你认识到自己需要获取哪些新的技能。它能够帮助你认识世界的发展与变化，并且帮助你将精力集中在特定的细分市场和机会上。同时，我们建议你保持一种开放的态度去探索全球性机会，就像 Gabriele Palermo 公司的 G3Box 项目一样，它是为非洲贫困地区的诊所创造的一种创新的、极具成本效益的运输容器。

如果你完成了本书的所有"行动步骤"专栏的学习，你就已经在这场"游戏"中领先了。如果你还没有完成这些步骤，就需要回过头来完成它们。为了实现有效的机会选择，你需要做到如下七点：

1. 在过滤思维的过程中，将你的个人目标与企业目标牢记于心。
2. 加强对你感兴趣的行业的研究，并关注其中增长的领域。
3. 确认 3~5 个有发展前景的概念。
4. 通过研究，确认需要解决的问题。
5. 对产品设计、分销、目标客户、技术以及竞争等需要改进的领域进行头脑风暴。
6. 把可行的方案与你的个人经济目标相结合。
7. 快速完成一个可行性分析来决定哪些想法应该保留，并专注于那些最有前景的机会。

完成以上步骤后，你就开始实施你的计划了。市场是开放的，充满了机遇与挑战，最重要的是坚持，你的信心会随着你的学习逐步建立起来，而你的信心会帮助你成为最后的赢家。

机会识别就像是由一系列过滤器组成的一个巨大漏斗（见图 3—1），你可以将诸如目标、个性、问题、希望、担忧、行业资料、市场变化、直觉等放入漏斗，当你排除了不适合的选项之后，可行的商业想法就会通过过滤器到达漏斗底部，利用这种方法能够给予你前进的知识与力量。

这种过滤方法可以贯穿你的整个商业计划。通过你的研究，加入相关的额外变量，当你完成每一章的信息收集后，将整体信息重新放入过滤器，看看你的想法是否仍然能够过滤出来。在你寻找最优方案时，这个过滤器还可以用来提醒你：并非所有想法都是可行的、有利可图的。

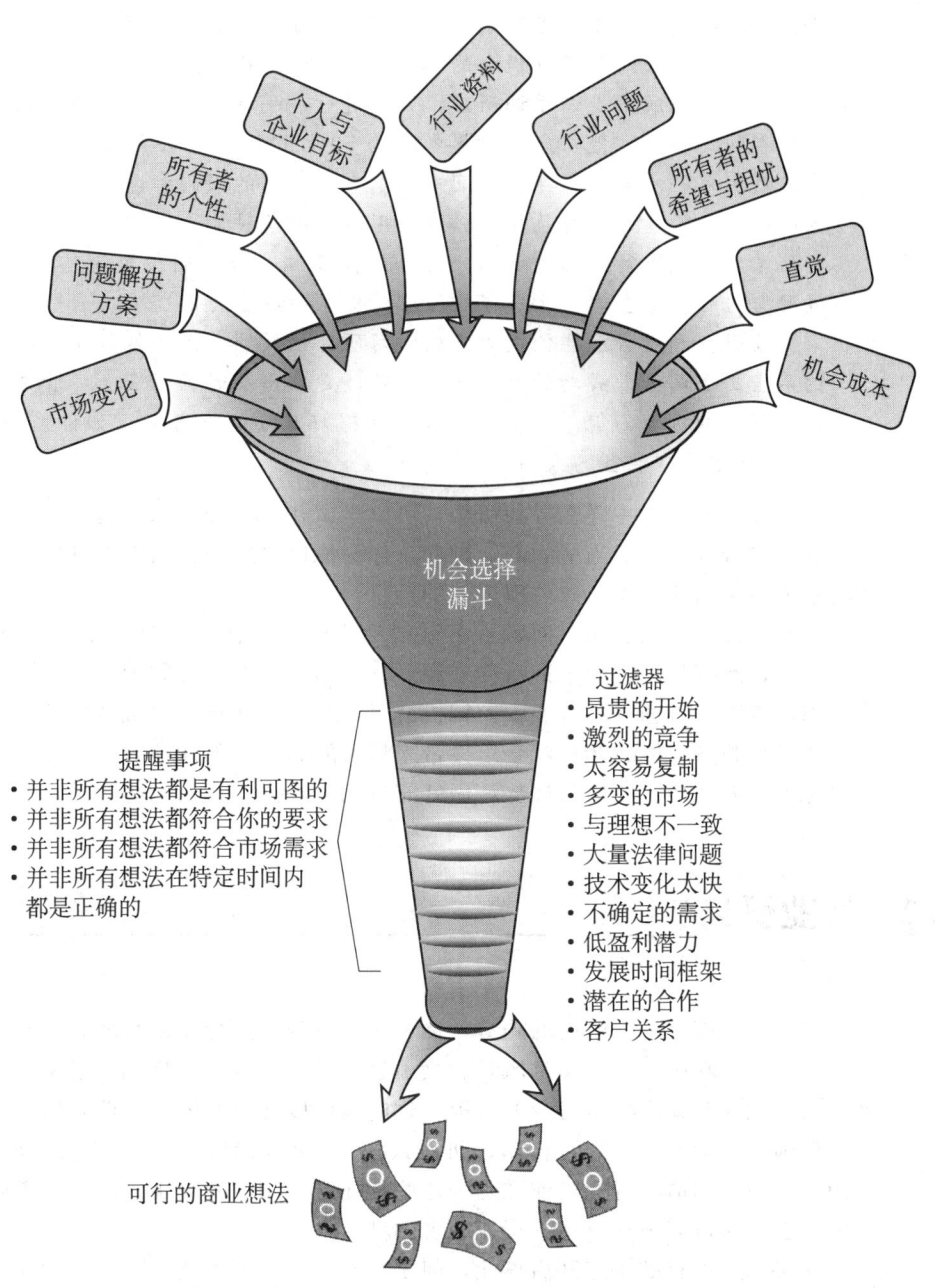

图 3—1 机会选择漏斗

国际自由职业者、独行者

埃里克·杜克（Eric Duke）从法学院毕业后成为一名自由职业者——律师，而他的未婚妻维罗妮卡（Veronica）刚从明尼苏达大学获得工程学士学位。当他们计划婚礼以及为期一年的欧亚蜜月旅行时，发现自己真正的梦想是在海外生活几年。他们意识到现在是体验海外生活的最好的时机——没有小孩，没有汽车贷款，没有抵押贷款。

对海外职业市场进行研究后，埃里克和维罗妮卡发现，继续当自由职业者也许是最好的选择。埃里克花了很多时间上网寻找机会，一天，他发现了一篇关于私人投资者寻求海外投资机会的研讨会的文章。埃里克花2 500美元报名参加了研讨会，在完成网上二手调研后，开始进行一手调研并为下一阶段做准备。

在研讨会上，他与来自世界各地的50位投资者和公司进行了交流。埃里克充分利用每一次会议和休息时间来了解每一个人的兴趣和需求。他天生拥有使别人心平气和的能力，并且能充分地利用自己的这种能力。在研讨会快结束时，他已经与其他人进行了三次会面。另外，他还和一位希腊投资者达成了一项协议，并且与另一位潜在客户形成了在巴黎设立国际办公室的想法。

埃里克利用自己在伦敦大学的学习研究以及周游列国的经验，结合会前所做的网上二手调研，成功地对潜在客户的问题作出及时的回应。尽管许多人都能够遇到不少的机会，但"幸运"的人往往都有充分的准备。正如许多企业家所说，"成功是留给有准备的人的！"

如果你像埃里克一样在寻找机会，可以尝试在Meetup.com搜索一下有一定规模的社群，或者查看一下当地的商业期刊，你会惊讶地发现自己发掘到机会。我们鼓励你与别人面对面地交流，以获得最好的信息。

在开展行业研究之前，回顾一下"行动步骤5"中的"销售自己"。像埃里克·杜克一样，回顾并且时刻牢记对你来说重要的信息，把精力集中在生活和事业的追求上。当你着手在所选择的行业中挖掘机会时，就会发现有一些机会更适合自己。让你的企业为你服务，你的客户就会给你带来最大的满足。不断地开展研究，坚持你的商业目标、个人技巧、热情与优势，做好充分的准备。

3.2 行业研究

回顾一下第2章中所说的趋势，你可能会发现一些行业很有趣。在本章中，你需要对一些想法和机会进行头脑风暴、画出思维导图、过滤并且建立模型。通过对本章的学习，加深对某个特定行业的了解，你应该可以确立主要的商业想法。

你最感兴趣的或许是遗传学、机器人技术、娱乐信息、食品服务、旅游、教育、出版、建筑、制造等行业，或许是为这些行业开发相应的应用程序。你需要挑选一个能够让自己保持兴趣和热情的行业或者领域。

如果你还没有准备好开启事业，但是已经在学习并且希望有一天能够实现目标，那么可以通过识别当前最吸引自己的想法来采取所有的行动步骤，学习制定商业计划是关键。数年之后，当你准备开始商业冒险时，就会清楚这些步骤和过程。尽管技术、网站、分销渠道与营销媒介会发生变化，但是创业的基本要素与赚钱这一目的是不变的。

当你从之前的行动步骤中收集到感兴趣的行业信息后，会发现什么问题？解决问题的方法是什么？你怎样更进一步地研究？

第2章关注的是一幅更广阔的画面——趋势与问题，第3章关注的则是你所挑选的行业与机会。Cabana Life公司的创始人梅利莎·帕波克（Melissa Papock）（参见"创业热情"专栏）希望找到一种既能让自己享受阳光，又可以保护皮肤不受伤害的解决方案。在寻求方案的过程中，她发明了一种利用专利技术的防晒面料制成的100％防晒的服装，并创立了 Cabana Life。

创业热情

被恶性黑色素瘤驱动的创业者

"当我 26 岁被诊断出患有恶性黑色素瘤（一种致命的皮肤癌）时，我意识到拥有一种可以保护自己的服装多么重要，因为一般服装的防晒指数是 5。医生告诉我有防晒服装，但我想弄明白为什么自己没有听说过，在看到可供选择的服装之后，我就知道原因了。

"防晒服装只有在你需要穿它的时候才起作用，这让我意识到有必要为追求时尚的朋友生产一种防紫外线的服装。

"因此，在我挚爱的丈夫（他也在与皮肤癌搏斗）的帮助下，我们成立了 Cabana Life。随着规模的增大，我们期望能够保护和教育小孩及家长。

"相信我，我并不希望听到'癌症'这个词，尤其是在这么年轻的时候！但如果我们可以用经验去帮助你保护自己和你爱的人，那我们的目标就实现了。

"Cabana Life 把时尚和应用专利技术制造的拥有 50+ UV 保护功能的服饰结合起来。我们的产品包括各种沙滩必备品——适合男女老少的防晒泳衣、帽子、遮挡物、束腰外衣、衬衣以及裤子。

"Cabana Life 是一家拥有良好社会意识的企业，它致力于与癌症研究所、皮肤癌基金会、黑色素瘤研究协会、女性皮肤病协会、遮阳基金会等非营利机构建立战略合作伙伴关系，以此来促进有关皮肤癌的教育。"

资料来源：$http://www.cabanalife.com$ (Accessed June 22, 2012).

梅利莎把她之前在商品推销中所形成的时尚敏感、对不同的防晒服装的期望以及创业动力结合在一起。行业调研令她发现了关于服装与配饰的一条完整产业链。梅利莎清楚地了解到目标市场的需求，并对行业进行了深入研究，据此作出如何在现有及潜在的竞争中更好地满足这些需求的决策。

在完成行业研究后，你会进入第 4 章——识别特定的目标市场，以及第 5 章——分析竞争环境。第 5 章中，你还会了解到什么是触点——你的客户与你的产品或服务直接或间接的每一次接触。当你完成"行动步骤 28"后，市场缺口或许会产生于这些触点之中。

患黑色素瘤的人尤其是年轻人迅速增加，梅利莎发现了这个问题并明确了自己的目标市场。正如 Kleiner Perkins Caufield & Byers 公司的维纳德·科斯拉（Vinad Khosla）所说，"任何大问题都是一个大机会。如果没有任何问题，企业就会失去存在的理由。没有人会付钱给你去解决不存在的问题。"

你正在所选择的行业中寻找合适的机会。如果你正在所选择的行业中进行深入的技术研究，小企业创新研究计划（Small Business Innovation Research，SBIR）办公室（参见"创业资源"和第 9 章）或许会拨款资助你的研究并对你的产品进行商业化生产。

创业资源

小企业创新研究计划与 Touch Graphics

双赢情况

像很多企业家一样,斯蒂芬·兰多(Steven Landau)毕业于一个与他最终的追求毫无联系的专业。从哈佛设计学院毕业后,他成为一名建筑师,工作于纽约。在这里,他"发现自己天生热爱发明创造"。兰多遇到了一名来自纽约城市大学的教授,这名教授双目失明。1997年,一家专门为视觉障碍患者制造学习工具的公司成立了。

鉴于市场的小规模以及目标客户有限的消费能力,从事残疾人事业的公司并不是风险投资者的理想对象。兰多转而求助于小企业创新研究计划(SBIR)。这个计划被他称为"投资与研发的注射剂"。这个计划被证明是非常必要的。"如果没有SBIR,我们不可能存在。"他说,"毫无疑问,它是我们获得知识产权最主要的助力,是我们完成所有事情的关键。"

有了来自教育部门的 SBIR 的支持,Touch Graphics 公司在市场上推出了一系列产品,这些产品在美国和其他地方得到了广泛的使用。其旗舰发明、拥有专利的触摸发声片已经成为浮雕图形和图解——无论是华盛顿地图还是神经元图——的"眼睛"。当使用者触摸这些东西后,就会听到对这些东西的描述和解释。

到 2010 年,销售的产品超过 800 件,许多应用得到了发展。现在,公司正在为巴西、印度、土耳其、俄罗斯、印度尼西亚等新兴市场研发一些较为便宜的产品,例如触摸发声笔,它被誉为"音频触觉交互的一个新系统"。

"我们的一些使用者非常聪明和勤奋。"兰多指出,"他们只是需要工具去克服困难。"生产和销售这些工具,证明兰多在他的职业生涯中作出了正确的选择。

SBIR 是一项具有高度竞争力的计划,它鼓励国内的小企业投入到有潜力的联邦研究/研发中。基于有奖竞争计划,SBIR 激发了小企业的技术潜力,并推动它们的商业化。在国家研发的舞台上,高科技创新往往能够被激发出来,而美国也因此形成了良好的创业氛围,满足了其特定的研发需求。

资料来源:*sbir.gov/success-story/sbir-and-touch-graphics-win-win-situation*(Accessed June 22,2012)。

进行一手和二手调研并不能消除风险,却一定能降低风险。你必须明白什么情况下会遇到风险,还必须意识到即将到来的、肯定会发生的行业变化。第 2 章的"行动步骤 14"要求你在开始研究前,必须至少找到一个行业协会以及一份与你所选择的行业相关的期刊。现在,是时候更进一步地研究你所选择的行业了:

- 技术在这个行业中扮演着什么角色?
- 技术的哪些变化会影响行业的未来?
- 谁扮演着最关键的角色?
- 哪些趋势既有积极的一面又有消极的一面?
- 有进入的门槛吗?如果有,是什么?
- 利基市场是什么?
- 市场缺口在哪里?
- 进行**定位**(positioning)的成本是多少?
- 分销渠道有变化吗?
- 谁是行业中的领导者?是什么让他们成功的?

- 成功需要什么条件？
- 市场能够操控其他参与者吗？
- 行业受法律约束吗？有新的法规出现吗？
- 在市场上推出一项新产品需要多久？
- 网络在行业营销和分销中扮演着什么角色？
- 能接触到目标客户吗？
- 社交媒体在行业中有什么作用？
- 我的企业能够提供客户愿意购买的其他产品或服务吗？
- 国际竞争在行业中扮演着什么角色？

当你收集到资料后，就可以利用这些资料以及其他新出现的问题充当机会识别漏斗的过滤器（见图3—1），同时为你的商业计划书准备背景信息和统计资料。记住，银行家和投资者想看到的是背景资料；你的研究应该包括对你所选择行业或领域的产品或服务需求的详细的事实和图表说明。

让你关注第2章的原因之一是确保你以开放的视野去关注商业世界中的技术与变化。例如，出版商会留意电子书和应用程序的发展。随着平板电脑和智能手机越来越便宜，打印机的打印速度越来越快，图书市场面临更多不确定因素。教材出版商、本地书店和连锁书店、作家、平面设计师、造纸商的未来会是怎样的呢？变化是势不可挡的，只能把威胁看作机会。保持眼界开阔，否则会被潮流抛弃！

找出行业中具有成长空间的领域。不仅要有成长，还要有**突破**（breakthrough）。在你选择的行业或领域中，什么才是真正的突破？早期的计算机内存利用穿孔卡存储和读取数据。第一个行业突破是印刷电路的发明，第二个是微芯片处理器，第三个是网络，第四个是移动技术。

第五个突破会是什么？你所在的行业正在发生的突破是什么？你的商业理念利用最新的技术、创新和构想了吗？

3.3　为你所选择的行业进行二手调研

第2章介绍了二手调研、一手调研以及新视野调研。利用你新的视野，或许会偶然发掘到一个好的机会，因此现在是时候丰富你对某个行业的知识了。是否有其他人开展类似的业务？有市场吗？你是在一个**成长行业**（growth industry）中吗？是否有足够多的人去购买你的产品或服务？在进入这个行业前你需要了解什么？创业的第一步就是进行二手调研。如果你足够幸运，二手调研会为你进行一手调研收集到良好的、免费的背景信息。当你对行业进行研究时，需要了解如何使用北美产业分类系统（NAICS）/美国标准产业分类体系（SIC）编码。

> **行业研究中使用 NAICS/SIC 编码**
>
> 几乎所有的政府数据、商业研究及跟踪调查都使用了北美产业分类系统（NAICS）。NAICS 代替了美国标准产业分类体系（SIC），并为北美的企业提供了可比较的统计资料。你可以通过图书馆查阅政府的 NAICS 手册，或者登录 http://www.naics.com 进行查询，为你所选择的行业、你的潜在客户和供应商找到 NAICS

编码。

NAICS是一个数字化系统，它几乎为每一个可识别的行业分配了一个数字编码。这个新系统的结构与例子如下：

XX　行业板块（20个主要板块）

XXX　行业子板块

XXXX　行业组

XXXXX　行业的特别类型

XXXXXX　美国、加拿大或墨西哥的具体行业

北美产业分类体系

编码体系的例子如下：

31　制造业

315　服装制造

3151　针织服装厂

31511　制袜厂

315111　纯粹的制袜厂

315119　其他制袜厂

31519　其他针织服装厂

315191　外衣针织服装厂

315192　内衣与睡衣针织服装厂

3152　服装缝制

31521　服装承包商

315211　男性服装承包商

315212　女性服装缝制

31522　男性服装缝制商

315221　男性内衣与睡衣缝制

315222　男性西装、上衣、外套缝制

315223　男性衬衣（除工作服）缝制

315224　男性裤子、宽松裤、牛仔裤缝制

315225　男性工作服缝制

315228　男性其他外衣缝制

NAICS和SIC编码能够帮助你：

- 识别你需要做统计调查的行业。
- 区分行业。
- 定位客户、供应商、制造商和竞争对手。
- 得到潜在客户和潜在市场的数量。
- 完整系统地联系其他行业。
- 通过行业或细分市场跟踪客户销售。

当你确定了所需的NAICS编码后，就可以开始进行行业研究了。在本章中，你应该阅读"行动步骤17""行动步骤18"。但如果你正处于一个快速增长的领域，NAICS编码或许没有什么大的用处。因此，你需要把这些步骤融入你所选择的行业。

行动步骤 17

通过二手资料来研究你所选择的行业细分市场

1. 哪个行业细分市场吸引了你?

2. 结合你的优势来看,哪个方面最吸引你?可先回顾一下你在行动步骤 8,9,11,12,13,15 中学到的知识。保持开放的态度,密切关注 2~3 个你觉得特别领先和有趣的行业细分市场。

3. 当你选择行业细分市场后,对它进行深入的研究。分析趋势、目标市场、**竞争**(competition)、行业突破、**市场占有率**(market share)等。在寻找机会的同时,更重要的是关注行业细分市场及其变化,并确保及时对所有外部信息数据进行整理和分类,为即将采取的行动步骤做好准备。

4. 如果你独自一人工作,那么写一篇行业综述。如果你和团队一起工作,那么让每一位团队成员都写一篇行业综述,在分享和讨论各自的观点后,形成你们的最终草案。

这是一个永远没有终点的行动步骤,当你开始创业旅程后,必须持续、用心地对目标市场进行追踪。现在,你的业务已经步入正轨,这对于企业的成功而言至关重要。

行动步骤 18

确认 NAICS 编码

1. 找出行业的 NAICS 编码:
   a. 行业细分市场(例如,糖果零售店)
   b. 供应商
   c. 批发商
   d. 客户(合适的话)

2. 通过研究,以美元或数量来界定你所选市场的规模。

3. 你需要占有多少市场份额才能盈利?
   a. 可能吗?
   b. 可行吗?

4. 为你所处的行业进行未来的销售预测。
   a. 增长率是多少?
   b. 你是处在一个可利用的、**增长的细分市场**(growth segment)吗?

3.3.1 行业协会

如第 2 章所介绍的,你的二手调研最重要的关注点之一就是所选择行业的贸易协会以及客户和供应商所在行业的贸易协会。在本章中,我们强调通过一个协会可以获得很多资源,例如国家餐饮协会(National Restaurant Association)代表了餐馆和酒店行业。我们这样做是为了提醒你寻找行业协会,它们会带给你低成本的信息和资源。你的投资成功对它们来说是很重要的,因为它们希望通过帮助并刺激新的投资来促进行业发展。

你想知道行业的专家们对行业新趋势的看法吗?你想要一份关于行业的深度分析

报告吗？抑或是关于劳动力趋势和新兴餐饮消费的信息？你需要一个餐饮集团的销售统计资料吗？国家餐饮协会会很乐意以 200 美元向你出售一份年度餐饮行业预测。你也可以交纳 75 美元的学生会费加入协会，从而免费获得这份预测报告。你必须找到行业协会，熟悉关于这个行业的内外部知识，以实现企业飞跃式发展。

二手信息（例如预测报告）通常会为你开展研究提供一个起点。例如，当你阅读了一份关于食物和菜单价格的国内与州际趋势的报告后，开展关于本地具体趋势和定价的一手调研将会变得更加容易，而且你提出的行业问题会更集中、更有针对性。二手信息也能锐化直觉。根据下面列出的国家餐饮协会 2012 年年度预测报告的重点，你会对未来的机会有所洞察：

● 作为国内第二大私营企业雇主，餐饮行业在接下来的一年中会继续为美国提供大量就业机会。餐饮行业在 2012 年提供的岗位将达到 1 290 万个，占整个美国就业市场的 10%。

● 2012 年，国家餐饮协会希望餐饮行业所提供的岗位增加 2.3%，占美国就业岗位的比重上升 1.3 个百分点。他们希望餐饮行业就业的增长能够连续 13 年超过整体经济增长。

● 到 2011 年，食物批发价格已经连续 30 年快速增长。2012 年，预测某些商品的价格会继续上涨，另一些商品的价格压力则会得到缓解。酒店 1/3 的销售额来源于食物和饮料消费，因此，食物价格的波动对餐馆的最终利润有着极其重要的影响。

● 如今市场上仍然存在大量被压抑的餐饮服务需求，5 位消费者中就有两位表示他们并非像自己所期望的那样频繁去餐馆就餐。如果有适当的推动力，这种需求能够转化成消费。

● 几乎 10 位消费者中就有 4 位表示，他们在餐馆更倾向于使用平板电脑的电子下单系统和电子菜单。超过半数的人喜欢使用餐桌即时结账系统，以及使用餐馆的智能手机应用程序来查看菜单和进行预订。

● 在快餐店中，10 位消费者中有差不多 4 位称，他们会在网上下单后打包拿走，或者使用店内自主服务下单，或者使用智能手机应用程序查看菜单和点外卖。

● 几乎 3/4 的消费者表示他们更喜欢去提供本地菜式的餐馆就餐，而现在已经有超过半数的餐馆供应本地菜式了。

● 几乎 3/4 的消费者表示，与前两年相比，他们现在在餐馆更倾向于吃健康食品，而大多数餐馆都赞同这个观点，表示消费者会比以前消费更多的健康食品。

根据以上信息，你在餐饮和食品行业中看到了什么机会？阅读这些信息，提出问题，与协会总部的人进行讨论，向其他人明确地表达自己的问题和观点。

国家餐饮协会作为一个面向数百万就业人员和众多企业的行业协会，与其他大型协会一样，需要花费大量的金钱和时间为会员开发产品、信息和服务。例如，它们会向会员提供专业的信息服务，其中包括帮助会员寻找劳工信息，了解法律法规的变化，收集统计数据和财务信息。作为交换，一个年销售额达到 50 万～100 万美元的爱达荷州的餐馆需要向国家餐饮协会和爱达荷州住宿与餐饮协会（Idaho Lodging and Restaurant Association）缴纳每年 500 美元的会费。

回顾这份预测报告中的信息，你会从中发现一些未开发的甚至是你不知道的利基市场，例如社区活动中心、大学、酒吧、监狱和一些康乐营。你关注过旅途餐饮服务或自助餐服务吗？你对市场进行定位和开发的关键或许在于这些协会的数据和人力资源。

对于一些特别的培训项目，协会会提供网络课程，举办培训班或者研讨会，这些服务能帮助创业者迅速成长起来，更有效、更省时间、更省成本、更轻松地进行创业。

协会会在当地、各州乃至全美范围内举办一些研讨会。另外，许多协会会为新创企业提供十分详尽、有良好调研基础的建议和信息。也许一些准创业者十分自大，听不进别人的意见，可你千万不要犯这种错误，培养专长需要花费大量的时间、精力和金钱，要时刻保持开放的眼光和积极的态度去学习。想法和解决方案往往来源于多种途径，你从别人的成功和失败里可学到许多知识。

你只需要以 60 美元的会员价或 125 美元的非会员价向 Restaurant.org 购买一份年度行业运营报告，即可研究并估算企业的销售总额、利润和运营成本。另外，在国家餐饮协会的网站上，你可以浏览一些主题（如餐饮、装修、食品安全、技术等）来了解如何开办一家餐馆。只需要点击几下，你就可以得到一系列操作程序指引，一本买家指南，行业协会、杂志、图书和网站的清单，这些都可以帮助你开展研究。如果你开办餐馆没有利用这些资源，可能会令你的创业历程更艰辛。

你了解 Juice and Smoothie 协会吗？知道 American Correctional Food Service 协会吗？如果你生产速冻食品，美国速冻食品机构（American Frozen Food Institute）或许能为你提供服务。现有超过 100 个食品协会通过 Restaurant.org 相联系。

除了行业协会，外部出版物也是了解零售商、批发商、顾客以及竞争者情况的重要的信息来源。Restaurant.org 联系着超过 100 家有关饭店、餐饮服务和住宿行业的出版物，例如 *El Restaurant Mexicano*，这是一本专门为墨西哥、得克萨斯-墨西哥、西南部和拉丁美洲的饭店出版的双语杂志。又如 *Restaurant Startup and Growth*，这是一本主要关注新开饭店的月刊。

在 Restaurant.org 网页上，你能更容易地追踪食品行业的最新动态，如关于小企业健康计划、有机/自然食品、小众餐饮运营者的信息。你需要时刻关注食品安全、食物营养和商品价格等信息，并且要保证从网站大量的信息中获得最新的消息。由于政府和法律问题会对食品服务产生重大的影响，网站同样会帮助你及时了解雇佣方面的法律和可能的法规变化趋势。网站上也有与各个州和地区资源的直接链接。

对于许多新开的餐馆而言，寻找合适的供应商是一大挑战。通过 Restaurant.org，你可以与 800 多个类别中的上千个供应商取得联系。与其他组织机构一样，国家餐饮协会努力帮助会员企业做大做强，鼓励它们积极应对环境的变化，持续地发展和盈利。现在是时候让你通过行动步骤 17~19 更深入地探索你所在的行业，并同与你的企业密切相关的优秀协会一起开始研究，或许你能幸运地找到像 Restaurant.org 一样的"金矿"。

3.3.2　展销会

研究你所选择行业的另一种方法就是参加展销会——这是一个制造商和服务提供者向潜在经销商、批发商和零售商展示产品的活动。在那里，你要了解竞争对手，领取一些印刷资料，尽可能地与每个人交流。大多数展销会只向业内人士开放，如果你不能以展销会会员的资格进入，看看能否以游客或学生的身份付费进入；如果还不能，就寻求一下朋友或熟人的帮助，让他们带你进去。

超过 500 家公司参加了 2012 年 5 月的废品处理会议与贸易展（The WasteExpo 2012 Conference and Trade Show）并展示了它们的产品和服务，与会者超过 8 000 人。在 4 天中，拉斯维加斯会展中心与一众推销者都力图吸引来自世界各地买家的目光。产品和服务提供商看重价值超过 450 亿美元的固体废弃物与再回收市场,那里充满机会。参加一个展销会,应该与每一个人交流,并向他们提问,最重要的是倾听他人的意见和想法。

除了上述展销会,还有 20 多个大范围的、免费的教育研讨会,相关主题如下:
- 在可持续发展报告中避免"绿色涂粉"*企业的出现;
- 熔化和粉碎塑料、玻璃与金属市场;
- 有害垃圾:如何处理员工接触问题;
- E-效率与 E-回收;
- 混合动力卡车:市场分析与预测。

为了找到行业的展销会,你可以登录展销会新闻网络数据库(Trade Show News Network database);使用展销会名称、行业、日期、城市、州以及国家等关键词进行搜索,网站可以为你联系每年在世界各地举行的上千场展销会。另外,如果你准备在展销会上设立自己的展位,网站还能帮助你在超过 50 个产品类别中找到展销会用品供应商,例如帐篷、照明、赠品、手提包的供应商。

3.3.3 收集关于研究及机会整合的其他二手资源

- 报纸:一些趋势观察者关注超过 6 000 家地区日报,你可以跟随他们的步伐从本地报纸中了解商业知识和其他新闻。上千家日报、周刊、国家和大学刊物、杂志共同组成了一个新闻互联网。如果你在探讨一项商业服务,可以阅读一下其他城镇的报纸,看看最近是否有人提供同样的服务;打电话给发行者,询问一些有用的问题。
- 杂志和交易期刊:看杂志能够使你与时俱进。广告会告诉你最近流行什么、目前的投资热点是什么,当然还有一些文章是关于未来的展望的。若想了解世界范围内的资讯,建议你阅读《经济学人》和《华尔街日报》。
- 银行:银行通过贷款赚钱。大型银行拥有经济学家、市场专家,以及专门研究、撰写经济趋势预测报告的雇员,而这些报告在网上都能查到。
- 经纪公司:这种以服务为导向的公司拥有调查具体行业的分析师。这些分析师收集盈利统计资料、参加公司和股东会议、阅读年度报告,并发布对某个公司与行业看法的报告。这些报告预测了一个行业的走向,并向公司的客户公开,有时也可以在图书馆中查到相关资料。你可以联系报告的作者,获得更进一步的信息,因为他们通常是带着乐观的想法去写这份报告的,所以通过挖掘,你也许能获得一些其他的东西。如果幸运,也许会有专家为你寻找新机会指明方向。
- 企划室:城市和县政府会聘请一些规划师规划未来的发展。查看一下城市与县办公室的有关资料来找到这些企划室。为了得到最好的服务,你需要拜访这些企划室,并且要礼貌耐心地与其员工交朋友。如果你计划开设一家零售店或者制造厂,这些拜访是很重要的。你也应该参加市政会议,或者至少看完所有的会议纪要,为即将到来的变化和长远规划做好准备。
- 大学与学院报告:州立大学会对它们所在州的经济情况做年度或半年度报告。由特殊利益集团开办的私立高等教育学校也会发布它们的研究报告。研究领域的领军人物会在世界各地的大学中开展研究。另外,你也可以在网上寻找相关领域的专家,

---

* 绿色涂粉(greenwashing)是指表面上为环境发展做贡献,实际上却给环境造成很大破坏的企业行为。——译者

通过电子邮件向他们请教问题。
- 房地产公司：大型的商业与工业房地产公司都能获得开发商的现场研究信息。你的要求越具体，这些公司就能够越容易地帮助你。你需要熟悉这个领域的动态，例如哪家公司要进入商业领域、哪家公司在重新定位、扩张表现在哪些方面等，与业内人士交朋友能够帮助你获得这些信息。
- SBA：小企业管理局的网站提供了丰富的资源，其中包括特许经营、融资、开业成本、联邦与国家计划等信息。
- 商会：研究和联系本地商会。
- 劳工统计局：你可以通过获取复印资料、从网上下载的方式得到经济与就业统计的有关数据。
- 网站：你可以在网上持续检索以更新你所需的行业信息，深入研究竞争对手、供应商以及潜在客户的网站信息。本书的第5章介绍了如何研究竞争对手。
- 标准普尔的行业调查：可在其网站上得到50个北美行业以及10个全球性行业群的总体情况。
- 公司名录：通过胡佛公司、邓白氏公司、托马斯黄页等名录来查找竞争对手、来源和客户。
- 信息数据库与来源：经济管理全文数据库（ABI/INFORM）、标准普尔的NetAdvantage、华尔街日报索引（Wall Street Journal Index）、小企业资料读物（Small Business Sourcebook）等都是很好的起点。
- 私人数据库供应商：Gfk MRI，EASI和Claritas是其中的一些供应商，还有很多其他供应商。
- 网上社区和留言板：与那些利用博客、网络通讯、YouTube、脸书、推特、RSS订阅源、Quara、领英以及谷歌等进行工作的人保持联系并追踪了解相关信息。这些网站与其他相关的网站能让你提出问题以及想法，并找到答案和反馈。
- 其他：Main Street和斯坦福大学的Steve Blank's是两个能够找到额外的最新资源的优秀网站。

你永远无法知道你在收集信息时会遇到什么。今天，当你看到一篇文章时，能够很容易地找到作者以及他在文章中所提到的人。你还可以通过网站和杂志找到大学学者的前沿研究与关于行业发展的文章。不要害怕去联系，打个电话或者亲自拜访能够帮助你获得更多信息。有时，我们也许会忘记一对一的、个人或专业的联系的重要性。

3.3.4　虚拟社区

Foodonline.com为食品设备与原料的行业内专业人士及供应商提供服务的虚拟垂直社区与市场，这个网站为人们查找产品、供应商和行业法规节省了时间，它还提供聊天室供用户之间进行交流，以便用户能获得一些额外的信息。

为了找到有经验的能够回答你的疑问的人，你需要找到适合自己的**虚拟社区**（virtual community）。你并不需要自垒阵营，因为在那里有多年从事经营活动的人，你只需要聆听他们的经验并汲取他们的智慧即可。

Foodonline.com还会给个人发送与饮料、乳制品、食品原料以及包装行业等相关的周刊或双周刊，这些时事通讯能够让你更容易地跟进了解行业、新产品以及竞争对手的最新情况。

珍妮特·肖尔（Janet Shore）是一名成功的企业家，她仅用三天的时间就完成了一份专销加利福尼亚食品与礼品的零售商店提案。购物中心的所有者把合同交给珍妮特，问她怎样能够在三天内把提案整合起来，她热情地回答："努力、勤奋、经验与信息！"善于收集信息能够让一个人找到机会。

完成"行动步骤19"。提示：如果你在开发一种产品或服务时，需要获取有关专利、版权或商标的信息，请在进一步行动之前阅读本书的第10章。

行动步骤 19

网络研究任务

行动步骤19要求你完成若干具体行业的研究任务。为了准确全面地完成这个步骤，你需要花费较长的时间。

1. 研究至少三个行业协会。
   a. 它们提供什么服务？提供什么课程与出版物？
   b. 它们会提供什么样的研究？
   c. 加入协会需要什么成本？它们的本地会议在哪里举办？你什么时候参与其中之一？
2. 登录http://www.tsnn.com，查找和研究你的行业展销会。你能参加其中一些展销会吗？可以的话，具体的时间和地点是怎样的？有什么成本？
3. 登录http://www.newslink.org，搜索可以让你了解行业和客户的出版物。如果你有一种技术产品，则需要在图书馆或网上查找一些具体的数据库并进行仔细研究。
4. 花一些时间尝试阅读至少4～5本行业杂志，如果你找不到这些出版物，找一下与你的业务相关的人，看看能否找他们借阅。
5. 登录http://www.census.gov，查找适用的人口普查资料，本书后面的几章对这方面有更深入的探讨。
6. 利用标准普尔机构、胡佛公司、邓白氏公司的资料，整理好竞争对手的信息。
7. 为你所在的行业查找相应的虚拟社区。

3.4 对你所选择的行业进行一手调研

在长时间地研究你所感兴趣的行业后，利用机会识别漏斗以及本章中的"行动步骤"帮助你把机会减至2～3个。

现在，离开网络，离开图书馆！开始着手与销售员、开发商、制造商、竞争对手、供应商和客户等业内人士直接交流。现在，你已经拥有强大的知识基础并存有许多疑问。向别人提问，并做好笔记，放下你的自尊，认真倾听别人所说的任何内容。记住，你的目标是提供市场需要的服务或产品，并不是你想要给他们的。

南加利福尼亚两名合伙人得到了一个机会，他们能够在一个很好的地理位置开设零售店。他们在对这个位置研究后发现，经营童装和玩具是有利可图的。

这两个未来的老板逛了几条街，到所在地区的购物中心去寻找潜在供应商、商品定价和产品链等信息,并花了几个小时与童装店老板及客户交谈。令他们惊讶的是,许多消费者都愿意而且有能力为孩子购买价格在 75~100 美元的玩具,而孩子服装的花费更高。这些老板自己不会愿意在儿童产品上花这么多钱,但他们并不是为自己开店,而是为那些收入高且认为定价可接受的潜在客户服务。根据市场调研,他们能够基于事实做出决定,而不是基于他们对消费者消费行为的直觉。

一手调研可以通过电话、网上调查(如 Survey Monkey 和 Gutcheck 网站)、电子邮件以及第 2 章中提到的面对面访谈等方式进行。可根据你的实际需要、可行的时间和可用的资金决定调研方式。在进行个人访谈时,你需要仔细地倾听,并从言语中捕捉相关信息,提出明智的问题,不断地问"为什么"。有研究者提出,如果想真正了解对方心中所想,你每次至少要问五个"为什么"。

即使你心存担忧,也应该将自己的业务想法与他人分享。"行动步骤 20"会帮助你更进一步明确你的机会。许多企业家都害怕分享自己的想法,因为担心他人会盗用,此类事情的确无法避免,但如果你不与他人分享,怎么把它转化成一项业务呢?在某种程度上,你需要信任他人并继续往前走。

行动步骤 20

通过头脑风暴想出解决方案

应把创新摆在首要位置。尽可能与你所遇到的每一个人一起对解决方案进行头脑风暴。如果你的业务想法已形成,不妨与他人分享并请求他们与你一起进行头脑风暴。如果还没有,你应该努力开发出一个既能满足人们的需求,又能让他们愿意为之付钱的想法。

既然你已经完成一手与二手调研,你就有了更好的想法与方案。在继续探讨你的想法的过程中,请尽情享受其中的乐趣。写下每个人所说的,记录下他们的回答,经过头脑风暴后,问问自己以下问题:

1. 你会有什么商机?
2. 哪个商机是最盈利的?
3. 哪个商机最容易达到?
4. 你怎样做到独一无二?
5. 人们愿意为你的产品/服务付多少钱?

回到机会识别漏斗(见图 3—1)。在某些具体情况下,你可以加入哪些额外的过滤条件?哪些潜在的、有利可图的想法可被过滤出来?

在网上,你可以找到一份**保密协议**(confidentiality agreement)的样本,它或许能够让你感觉舒服一点。即便如此,你的律师也应该审查你所使用的任何文件。

3.5 行业细分与缺口分析

进行行业细分,应尽可能地把潜在市场划分成多个细分市场,就像北美产业分类系统(NAICS)编码所做的那样。你对一个行业的认识越深,就越容易识别出机会缺口,并看到由这些缺口结合而成的市场。例如苏珊·约翰逊(Susan Johnson)尝试在食品行业中寻找机会，就是我们想让你在"行动步骤21"中所做的，这是另外一种头脑风暴和思维导图活动，让我们一起来享受乐趣吧！

苏珊的健康美食

苏珊的健康美食（Susan's Healthy Gourmet）的创始人苏珊·约翰逊，发现代餐是重要的、影响深远的趋势，于是从中寻找缺口和机会。人们想要新鲜的、营养丰富的食物，但他们并不想亲自去做，所以"时间束缚"使市场发生了变化。

冷冻食品在1953年就出现了，但它们并不能与苏珊准备的新鲜、营养均衡的健康美食相比。这些营养餐里包括泰国虾、蘑菇馄饨、洋蓟三文鱼等，味道都不错。

人们下班回家后烹饪所花时间较长，苏珊意识到，许多忙碌的人希望在打开家门时就看到一桌热乎乎的、美味的、健康的美食。在她成立公司时，失业率还不到5%，许多人都有这样的需求及支付能力。

在研究所选择的行业时，苏珊发现，没有人依据美国心脏协会、美国癌症协会、美国饮食协会的指南去生产新鲜的、现做的并且控制热量的美食。企业几乎只生产一些冷冻餐、代餐饮料、外带餐等。

提供方便的、营养均衡的高质量餐食成为苏珊的机会。公司拥有超过20名员工，每周提供包括1～21种菜品的菜单，公司一周两次将餐食送到家或取餐点。她研发出了一种能够满足客户需求的产品和服务，因此，她的公司能够从1996年营业至今，并且被橙县商业杂志誉为"2011年度家族企业"，这是她的公司获得的众多荣誉之一。如今，她还拥有另外两家食品企业。

苏珊的健康美食坐落于一个成长中的高科技社区里，这个社区拥有年轻、高学历、身体健康和关注健康的个人和家庭（第4章将对苏珊的目标市场有更深入的探讨）。基于社区里的人对饮食的要求，苏珊提供低热量的早餐、午餐和晚餐。

为了迎合市场的变化，她还提供全素食和儿童餐。她最近还为老人和糖尿病患者提供适合他们的餐饮。

开业至今，苏珊的总收入超过了她曾经的想象，公司每年在洛杉矶、圣迭戈、橙县和里弗塞德等地售餐超过25万份。

行动步骤21

为你的业务画出思维导图
缩小缺口，关注你的想法的产生

参考你所收集的所有一手和二手信息，拿出纸和笔着手为你研究过的行业与想法画出思维导图。把注意力集中在具体的机会上，勾勒出思维导图。你需要留意每一个细分市场，直至你清楚认识到它是否适合你。

当你把机会厘清，想法就会集中出现在你的脑海中。通过这个练习，你就能够知道自己所选择的行业中最有前途的缺口了。

在商业世界中，一个人需要划分市场，生产差异化的产品或服务以满足目标市场的需要。苏珊让繁忙的人们根据自己的实际需要得到想要的产品，对订单没有最低消费要求。

参考苏珊的例子，积极去寻找、探讨所有的缺口，并开发满足市场需求的产品和服务。通过与客户密切联系，你可以得到一个正确的方向。

通过定价、产品开发、市场营销、做广告和定位等方式，在目标市场中包装你的产品。很多时候，机会的出现是由于新的技术、更低的价位或将已有产品与其他产品或服务进行组合来为新的目标市场服务。

当你撰写商业计划书时，解释一下为什么会挑选这样一个行业细分市场或缺口，并利用从二手和一手调研中得到的硬数据来支持你的决定。如果你选择了一个有前途的市场，并对它持有积极的态度，也许你已经替阅读你的商业计划书的银行家、投资者或风险投资者为自己打了一个"√"。

3.5.1 对可行方案进行更多的头脑风暴

许多团体通过头脑风暴来产生新的想法，如智囊团、中层管理人员、小企业、大公司等。尽管其中一些想法与最初的设想相去甚远，甚至是错误的，但头脑风暴的最终目的是产生新的想法，并观察这些想法是如何随着时间的推移而发展的。头脑风暴的关键是保留最初的判断，以防止创造力被扼杀。

以下是 Entrepreneur's Computer Specialists 的创始人对如何利用头脑风暴把问题转化成商机的描述。你在阅读时，不仅要留意收集到的信息，还要留意其过程。

玩家的梦想

三位朋友列出了在之前的机会识别过程中得到的业务想法。其中一人想开设一家专门设计电脑游戏应用程序的公司，另一人是一名有游戏设计经验的平面设计师，他认为自己能够解决其中的插图问题，还有一人想为企业家设计电脑系统。

在一幅挂图上，德里克（Dearek）写下"设计电脑游戏应用程序"。

罗伯特（Robert）说："我们可以创立一个新的苹果公司。"

菲尔（Phil）大喊："开发儿童游戏和视频游戏！"

半小时后，他们把自己的想法——游戏设计、应用程序、零售、最终用户培训、硬件与软件系统设计、电脑维修以及咨询等——写在了挂图上。

"现在休息一下。"德里克说。

休息片刻，菲尔开始在挂图上的空白处画思维导图。随着思维导图的扩展，出现了五个方向：企业软件设计、游戏设计与应用程序、玩家天堂、零售和咨询。

思维导图经进一步细化，突出了玩家天堂和游戏设计两个方向。他们三人都是玩视频游戏长大的，而且是忠实的玩家。他们有很多朋友和亲戚对游戏很热衷。

兴奋之情在想法出现后充盈着整个房间，三人都站在了挂图前，把自己的想法和修改意见加入思维导图。随着头脑风暴的结束，他们确定了要研究的两个主要领域：游戏设计与玩家天堂。

第一个领域是游戏设计。他们可以在各自家中进行设计，但是他们觉得，如果在一起工作的话会更有效率。通过讨论，他们决定研发分别适合儿童、青少年、成人的游戏。

第二个领域是玩家天堂。玩家天堂能够让人们在最新的电脑中玩最新的游戏，是一个能让玩家开派对、为朋友们租用设施的地方。

罗伯特知道很多家长担心玩游戏引发的问题，他认为可以为儿童、青少年提供一个安全放心的地方，让他们在放学后和周末玩游戏。可以按小时收费，也可以出售会员资格。

菲尔说："我喜欢设计游戏，因此成为我们的目标客户是很幸运的，如果我们在后面的房间成立设计工作室，可邀请其他人成为我们游戏的测试者。"

沉默片刻后，菲尔说："我们的选择看上去都很好，那么我们应该如何决定？"

"建立一个矩阵模型如何？"德里克建议。

"什么？"

"这是衡量你真正所需的一种方法。我从一个发明家朋友那里学到的。他叫它机会模型。"

"试一下吧！"他们说。

在像德里克和他的朋友那样完成了头脑风暴后，需要总结你们的讨论，找出最实用的想法。让我们总结一下他们的讨论发生了什么：

1. 运用思维导图，他们找出了问题所在和可行的方案。
2. 他们认为，全部想法都是好的。
3. 他们认为最好的两个想法是玩家天堂和设计游戏应用程序。
4. 他们想知道是同时实现两个想法，还是逐一实现。

3.5.2 矩阵分析

一些人喜欢使用列表、思维导图或机会漏斗等方式得出结论，另一些人则更喜欢使用一种更系统的数值工具，即**矩阵网格**（matrix grid）。矩阵网格能够为你提供所想要的结构，就像是另一种形式的过滤器。对一些可行方案进行头脑风暴后，你需要把注意力集中到这些方案上，并对它们进行评估。图 3—2 中的矩阵网格图能帮助玩家们集中他们的能量和才能。

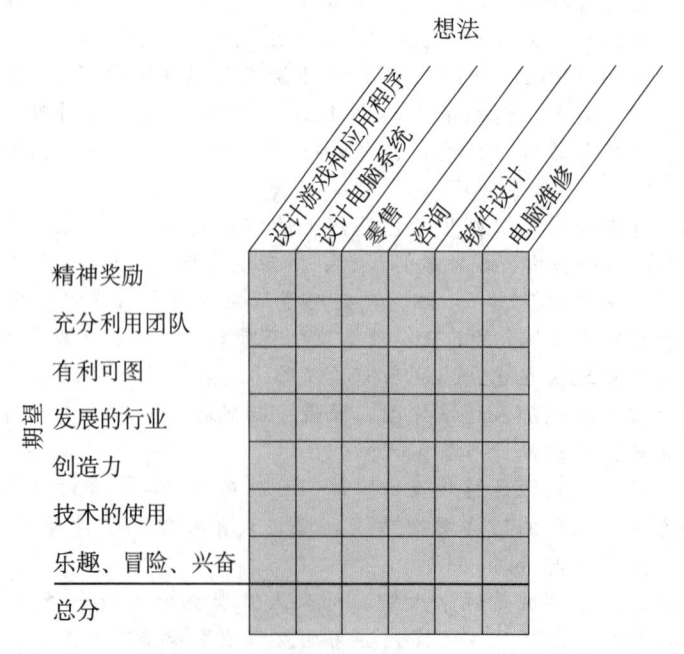

图 3—2 未来玩家天堂的机会矩阵网格

在接下来的讨论中，团队成员对他们之前选定的目标的可行性进行了评分，玩家天堂和游戏设计得到的总分最高。人们关注的焦点是在迅速增长的行业中，哪些领域可以最有效地利用团队工作技巧。另外，德里克的住宅中有一间可以看到街景的闲置办公室，租金很低，可以作为开设玩家天堂的场地。

团队成员对即将开展的工作充满热情与期待，并且在其办公室周边 30 英里范围内都没有直接的竞争对手。另外，其中一名成员认为，当他们开设玩家天堂后，在不久的将来就能够开始设计游戏和应用程序。

为了发展业务，他们决定：

- 建立一个**心理缓冲**（psychological cushion）。创始人会设立一个玩家俱乐部，凡加入 6~12 个月的人，都能使用游戏专用电脑，享受设备租金的折扣，并可以积累他们的在线时间。另外当新游戏发布时，还会邀请会员参加一个游戏日派对。
- **合理收费**。由于主要市场是青少年和儿童，因此收费必须合理，并与其他的选择如电影等具有可比性。
- 在安全的环境中强调乐趣。如果玩家得到了乐趣，他们会愿意不停地玩，幸运的话，他们还会通过社交媒体向玩伴介绍。

行动步骤 22
机会开发矩阵把目标与可行方案结合起来

矩阵分析能够让你集中注意力，尤其是你与团队一起工作并有不同的目标要完成时。如果你准备了一个大网格挂在墙上，那么所有的成员都可参与其中。

1. 在网格的左边，列出之前头脑风暴得出的商业目标。（每个人的期望不同。）
2. 在网格的顶部，列出你们找到的商机。
3. 挑选一个评级系统来评估每一个可行方案与目标的匹配情况。可以使用 10 分制或"加零减"（＋0－）系统。

$$\text{加}（＋）＝3$$
$$\text{零}（0）＝2$$
$$\text{减}（－）＝1$$

4. 当你对所有的组合评分后，算出每个纵列的总分。这些总分会为你指明最优前景。剩下的就取决于你自己了。

3.5.3 评估状况

机会选择让你学到了什么？在回答这个问题之前，不妨用几分钟的时间回想一下，你希望通过你的业务实现什么？你也许会因为没有确定适合的行业或者机会而对未来的发展预期产生困扰，不妨现在就思考并体会一下未来将会发生的事情。

你使用图 3—1 的机会识别漏斗了吗？你是否将列表中上百种行业细分趋势变成贯穿你的研究的机会？你感到满意吗？如果是，证明你已经准备好确定你的新业务了。如果没有，就继续寻找吧！

3.6 设计思维

如果你还没有一个强大的业务想法，或者仍然在努力解决一个问题，那么不妨浏览 OpenIDEO，这是一个为社会重大事项寻找解决方案的开放式创新平台。该平台最近正在关注通过移动技术提升母婴健康水平、经济上可承担且安全的电子废弃物处理方案、增加骨髓捐赠者数量、改善低收入地区健康状况以及鼓励进食新鲜食物等主题。在这些正在研究的问题中，你也许能够为一个盈利的业务、社会企业家的创新性尝试，或者像 G3Box 一样的混合型企业提供点子。

OpenIDEO 由 IDEO 赞助成立，IDEO 是一家领先的全球性设计公司，其宗旨是"整合人们的需求、可行的技术，以及事业成功的因素"。当你阅读了 IDEO 的设计思维哲学后，问问自己："我该怎样把设计思维应用于我的商业冒险中，或者该怎样利用这种思维进行新的商业冒险？"

IDEO 的目标是，在考虑愿望、生命力与可行性的同时，"传递合适的、可执行的以及有形的策略"。基于这三个变量的交点，你可以获得创新的想法（见图 3—3）。如果你能找到解决个人、社区或世界问题的创新性方案，或许会拥有一个非常成功的商机。正如一个智者所建议的，"找到能与你的快乐相结合的世界需求。"

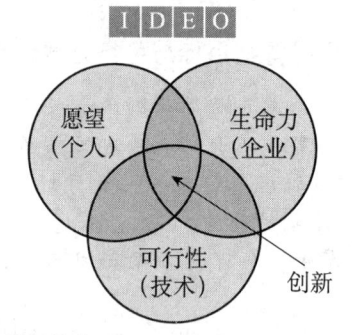

设计思维是一个深入人类思维的过程，它发掘了我们潜在的能力。它依靠我们的能力来形成敏锐的直觉去识别模式，去构建感性的、具有多种功能的想法，并且通过高于言语和符号的方式来表达自己。没有人愿意完全以感觉、直觉和灵感去经营一个组织，但是，过分依赖于理性与研究分析也是具有风险的。设计思维提供了将两者结合的第三条途径。

设计思维过程不应该被认为是一系列有序的步骤，而更应该被认为是一个重叠空间的系统。有三个空间需要留意：灵感、构思和贯彻。灵感可以刺激寻找方案中的问题或发现新的机会。构思是创建、发展和测试方案的过程。贯彻是把项目实施阶段成功引入人们生活的路径。

在这个系统的帮助下，IDEO 设计公司使用分析工具与生成技术来帮助客户看清他们新的或现有的经营方式在未来会是怎样的，并为之构建路线图来帮助开展工作从而实现他们的期望。可用的方法包括：商业模式模型建造、数据可视化、创新策略、组织设计、定性与定量研究、IP 释放等。

图 3—3　IDEO 设计思维

资料来源：Courtesy of IDEO, 2012. From *www.ideo.com/about/* （Accessed June 25, 2012）.

3.7　明确你的业务

留意一下木匠是怎样设计一栋新房子的。虽然你只看到他在木头上钉钉子，但是，他必须清楚房子的整体结构，必须了解整个房子的架构形状，才能开展复杂的工作。木匠的业务是什么？是钉钉子、构建框架、建造房屋，还是仅仅满足于长期拥有房屋所有权的梦想呢?

要回答"我的业务是什么"这样一个非常重要的问题,你应先知道你的客户、你的产品或服务所满足的需求。玛丽·克拉克(Mary Clark)的经验表明准确了解自己的业务是非常重要的。

克拉克的马厩

30岁的软件工程师玛丽·克拉克喜欢骑她那匹曾经获奖的马甚于编程。奶奶去世后留给她50万美元,她离开公司,并支付首期付款买下一个马厩。

这个马厩很快搭建起来了,虽然有50个小厩,但玛丽只用了25个。她做了自己能想到的每一件事以使这个马厩更适合圈养马匹。她花了20万美元来重建、刷油漆和分级,使"克拉克的马厩"变成一个非常吸引人的地方。她购买质量最好的饲料,为马匹提供可以买到的最好的护理服务。

可是9个月后,一些马主把他们的马匹转移到了其他马厩,玛丽不明白这是为什么。她并没有提高收费,而且把马匹看成是自己的朋友。12个月后,她只剩下六位付费客户。15个月后,玛丽已经负担不起抵押贷款。在第18个月,由于亏损严重,她只能把马厩卖了。幸运的是,她的公司同意她回去从事之前的编程工作。

我们分析可知,玛丽犯了一个简单的错误,那就是把马匹当成了她的客户。其实她真正的目标客户应该是7~14岁的年轻女孩以及她们的父母。她认为自己做的是养马的业务,事实上,为女孩们提供有趣的社会活动,并为家长们提供安全的课后活动才是她真正的业务。女孩们想要得到乐趣、交朋友、参加训练以及其他的社会活动,更重要的是,她们希望能够感受到与众不同的地方。

玛丽的客户之所以离开,是因为其他马厩会举办派队、烧烤活动,以及颁发丝带及奖杯的马术竞赛。女孩们想参与活动并获奖,但相对于满足女孩们和家长们的需要,玛丽对满足马匹的需要更有兴趣。她确实没有了解自己的业务,也没有意识到真正的目标客户的需要。

3.7.1 你投身于哪项业务

既然你已经拥有一个商业想法,那么是时候决定你应该做什么了。为事物命名是一个关于词语的游戏,为小企业命名也不例外。下面的例子能够帮助你明确自己的业务,与此同时,思考一下"克拉克的马厩"的例子,相信对你在早期阶段界定业务有所启发。

在你确认业务时,问一下自己,为什么人们会购买你的产品。人们并不会单纯地购买产品或服务,他们购买的是产品或服务所带来的一切:提高生活质量或使生活更加从容、安全、有乐趣。就像美容产品公司多次强调它们销售的是"罐子中的希望"。利用下面的例子,帮助自己明确所从事的业务吧。

如果你是一名	尝试说
个人理财规划师	"我从事让人心灵平静的业务。"
小企业导师	"我从事让人实现梦想的业务。"
美容整形医生	"我从事让人不会变老的业务。"
保时捷经销商	"我从事让人自我满足的业务。"
炊具店	"我帮助人们成为沃夫根·帕克。"
私人教练	"我让人们感到年轻、健壮和性感。"

咖啡厅老板　　　　　　　　"我提供了一个地方让人们放松和观察周围的人。"

随着你对目标市场和市场竞争的进一步研究,你应该把**业务定义**(business definition)看作一项工作。以下是我们感兴趣的业务定义或使命宣言:

快公司:一个能使好实践遇见好主意、新才能遇上新工具、新兴商业社区遇到关于未来商业的谈话的地方。

Deux Amis Needlepoint:一块精美的手绘帆布,以精细手工给人带来舒适、满足、放松,将可爱的设计用秀美的丝线展示。

Chicken Soup:我们销售的是萦绕内心、洞悉灵魂、令人亲近、感觉美好的故事。

Travel+Leisure:集聚热爱旅游探险的人。我们用真实的故事鼓舞读者,我们是推动未来和引领潮流的催化剂。作为行业的先驱,我们已经到达彼岸。

Freestone Inn:光荣独立。

Sleeping Lady:因自然而停留。

3.8　开始你的电梯游说

在明确你的业务的同时,你还需要展开**电梯游说**(elevator pitch),即用约60~90秒就能让听众期待进一步了解你的业务的简短演讲。

有关电梯游说的讨论一般都出现在书籍的结尾处,或者关于企业筹资的章节。但是,我们要求你不要这么认为,首先用几个句子定义你的业务,接着加入吸引人的细节,使它变成你的电梯游说。

美国最活跃的风险投资机构之一科技海岸天使(The Tech Coast Angel),赞助了一年一度的"快速游说"(Fast Pitch)竞赛。上百名申请者竞争12个比赛资格去展现他们的快速游说,每一位创业者在比赛前一个月都会接受私人训练和实际演练。2012年竞赛的获胜游说来自 Usedcardboardboxes.com 的创始人兼CEO玛蒂·麦德隆(Marty Metro)。"通过伐木制作纸盒在美国创造了400亿美元的产值,尽管纸盒可以循环再利用,但大多数纸盒都是用过一次就扔掉了。因此我建立了 Usecardboardboxes.com 这个网站。

"我们从一些大公司例如卡夫食品、宝洁公司采购高质量的盒子,并用大货车运输,我们以无污染、低成本、新的方式向其他公司和消费者出售这些盒子。由于现在盒子的回收率很低,因此我们能够买到所需的盒子,并且保证以最低的价格在网上销售。

"我们的运营始于2006年,首先在洛杉矶向环保消费者销售运动套件。2007年,我们的收入为60万美元,2008年增至110万美元。今天,Usedcardboardboxes.com 已成为谷歌、雅虎和MSN中'可用的盒子'条目点击率最高的。上个月,我们与沃尔玛签订了合同,为其117家分店每两周提供10万个盒子。

"我们正在筹集资金,目前已经筹集到50万美元。为了成为像卡夫食品一样能与国家供给相联系、像沃尔玛一样满足国家需求的公司,我们还需筹集25万美元。"[①]

也许在某些方面,你的游说并不像玛蒂那般精心设计和专业,但是随着你不断完善商业计划,并努力去构思一个强大的、吸引人的游说,你的游说将会给未来的客

[①] 资料来源:*YouTube.com/watch? v=H_Yc412Fs* (Accessed September 11, 2012).

户、供应商和最重要的潜在投资者留下深刻的印象。如果你时刻准备着，那么在任何时间，任何人问你是干什么的，你都会立即作出有条理的回答（可以以你的业务定义或完整成熟的游说作为开头）。

你的游说应该控制在 75~90 秒之内，像构思业务想法一样，记下并不断地修改。科技海岸天使的创始人、董事路易斯·维拉波斯（Louis Villalobos）说："完成一次有效的游说，你需要明确风险的关键点，并把它们组织成一个有吸引力的故事。努力消除失误，使每句话都起作用，并不断地练习你的演讲。"表 3—1 分享了维拉波斯的其他看法。

表 3—1　　　　　　　　　　　　　　　提升你的演讲

没有什么能比一段精彩的电梯游说更迅速地吸引投资者的兴趣、受到天使投资或风险投资的青睐了。在这种情形下，也许只有几秒、一分钟或者一小段简单的对话。天使投资所选的投资企业往往不到 5%，风险投资则更挑剔，往往只有 1/300~1/100。如果你不能马上激起投资者的兴趣，那么他们对你剩下的表述就会毫无反应，并把你的计划归入他们从来都不会去看的"最后"的部分。构思你的电梯游说时，留意以下方面：

1. 抓住他们还是失去他们：你也许拥有极好的团队、不容置疑的市场商机、革命性的产品、颠覆性的技术，但是，投资者也许从来没有听说过这些。你必须突出你的企业与众不同的 4~6 点来吸引投资者。你的电梯游说应是 PPT 中的首张幻灯片，并且是你执行概要的首段。

2. 畅销小说作者明白：在一年或更长的时间里，畅销小说作者用 10% 的时间去撰写第一句话，并用 10% 的时间去考虑第一个段落。为什么呢？因为人们走到畅销书架前，拿起一本书，读第一句，如果能够吸引他们，就会阅读其他内容，如果还能够吸引他们，他们通常就会购买这本书，但是如果不能引起他们的兴趣，他们就会去看另一本书了。投资者也一样。

3. 对外行人说得通俗：除非你的听众能够向其他人解释你的企业，否则你就会失去他们。投资者肯定不会对他们的合伙人或配偶说诸如"今天我遇到了一个很好的投资计划，但解释不了他们是做什么的"此类的话。

4. 避免失误和炒作：用具体的数字信息（如"比市场领导者低 40% 的价格"）来替代形容词（"独一无二的""革命性的""最好的""最快的"等），"最低的价格"说明不了什么。Sequoia Capital 的迈克尔·莫里茨（Michael Moritz）说："市场规模、知识产权等因素是我们作出决定的重要考虑因素，但在风险资本中没有什么是绝对的，在游说中，让我没有兴趣的就是所使用的一些致命的词语或句子，例如'协同''没脑子''扣篮'等。"

5. 相关性：避免不重要的语句（例如，成立于 5 月，办公室位于洛杉矶，公司设在特拉华州等），确保它既是独特的，也是相关的。尽管六位创始人的名字都以"J"开头很特别，但是不相关。

6. 没有恰当的回答：我经常会问电梯游说的内容应该包含什么，是否如同建立一个标准规范一样。把注意力集中在使你的企业与众不同的地方，并使之成为一个吸引人的投资。以下是需要留意的一些要点：

结果（实际的）	团队	准入障碍与获得主导地位的利基市场
·现金流	·由领导者衍生	·封锁性专利
·收益	·跟踪记录	·独家协议
·收入	·领域专家	·关键客户
·销售额	·技术向导	·800 电话
·预订	·市场权威	·交货时间
·关键合同	·销售明星	·监管部门的许可
·客户	·董事会	·商业秘密
·测试网站	·顾问	·学位
·被证明的概念		

同样来自科技海岸天使的理查德·科夫勒（Richard Koffler）认为，游说应该具有以下特点：（1）表达热情；（2）表现出你对业务和顾客的了解；（3）有行业远见；（4）加入"魔法粉末"；（5）告诉他们你是谁、为什么需要钱。

通过重温机会识别漏斗、缩小注意力范围来完成"行动步骤23"，并以游说初稿来发展你的业务定义。

行动步骤 23

明确你的业务并展开你的游说

1. 对你确定的业务进行头脑风暴，关注这些问题，并以一到三句话来总结问题答案。当你探究客户的内心时，关注他们的意见。思考有关利益。

2. 接着想象一下，你处于快速上升的50层电梯中，有60~90秒的时间去向一个陌生人描述你的业务，你会说什么？你能使他们感到惊讶，并进一步询问你吗？把产品或服务的利益、你的目标市场、分销渠道、迄今为止所做的成功事情及客户为什么会向你购买等因素包含在你的游说中。在你开始游说之前，回顾表3—1中的信息以及文中所举的例子。你还可以在YouTube上看一下来自创智赢家的获奖游说的视频。

3. 根据理查德·科夫勒的规则，再一次回顾并改善你的游说：

   a. 表达热情；
   b. 表现出你对业务和顾客的了解；
   c. 有行业远见；
   d. 加入"魔法粉末"；
   e. 告诉他们你是谁、为什么需要钱。

今天的商业完全是为了满足需求及提供利益。你找到一个需求，满足它，并将结果转化为客户的利益。通过把你的产品或服务转变成客户所需，来创造并发展商机或市场。市场如今强调网络化、创造力、联盟与合作关系，它需要：

1. 把客户的需求与期望同你的策略整合起来，成为产品的发展方向，产品或服务须由市场主导。

2. 把你的知识和经验集中于一个特定的目标客户市场或商机。

3. 与客户、供应商甚至竞争对手建立联系，以维持并发展你的客户基础，记住合作是关键。

市场包含了业务中所有的东西，把来自制造商或供应商的产品与服务提供给客户，从而使消费者得到满足，并使销售者实现他们的目标。在更进一步之前，你需要进行可行性分析来重新评估你的业务想法。

3.9 可行性分析

在投入时间、金钱、热情和精力来完成一份全面的商业计划书之前，你需要重新评估自己的想法并完成一项简短、客观的可行性分析。

1. 回顾环境变量（技术、竞争、社会/文化、法律/政策、经济）。每一个变量对你的业务的影响是什么？你知道什么？不知道什么？

2. 从潜在客户的角度来检验你的想法。这些想法适用吗？如果不适用，他们会以自己的需求为标准来给你建议吗？他们会买什么？他们会从你那里购买吗？怎样使你的客户成为"疯狂粉丝"，为你做宣传，从而发展你的业务？你真的有勇气去倾听吗？你为客户创造了什么价值？是什么使你的企业与众不同？你的产品或服务有故事可供借鉴吗？你能抓住什么重点？

3. 真诚地评价你的竞争对手。（参见第5章。）不要忽视他们的力量。回想并找出所有你没发现的市场上的优势、劣势、威胁与机会。哪些优势和机会可供你利用？如果可以，你将怎样改进自己的劣势？你准备好面对来自外部竞争与技术的威胁了吗？

4. 你的商业方案有"支撑"吗？（它能持久吗？）

5. 你为了发掘目标客户去检验过市场吗？检验过产品吗？为迎合需求，你对产品进行过修正吗？（阅读埃里克的博客，检验你的产品样品；或者阅读"新创企业主手册"。）

6. 你关注过销售额和成本吗？你应在前进之前确保你的道路可行，假如你的某个产品成本是10美元，而你的客户只愿意付12.5美元购买，你就需要重新开展评估。

7. 完成一份快速启动型商业计划书（见附录A），用它来充实你的想法，看看它们在理论上是否可行，如果不可行，重新制定计划，看看你可以改变什么来提高可行性，如果改变不了，你也许需要考虑其他想法。如果你的想法在经济上是可行的，并且符合你的目标，就继续吧。如果只需要一点启动资金，那么现在就着手建立你的企业，并在市场中检验你的产品，感受事业的成功吧！

概要（填空）：我通过＿＿＿＿（市场媒介）和＿＿＿＿（经销渠道）以＿＿＿＿（价格）向＿＿＿＿（目标客户）销售＿＿＿＿（产品/服务）。

小　结

确定你感兴趣的行业，找出一个问题，提供相应的解决方案，并进行一手和二手调研。运用生命周期来了解行业与产品所处的位置，预测推动你的企业运营需要多长时间。你已确认业务，在电梯游说中抢到先机。

回顾图3—1的机会识别漏斗，再次将你的业务与个人目标相结合，来衡量调研后你所提出的业务想法是否符合你的要求。如果你发现自己现有的技巧和知识不足以保证成功，那么你必须清楚至少三件事情：你知道在哪里获得所需的技巧和知识，你知道要花多长时间去获取，你正在通过何种方法去探究市场。

你对商业目标进行了头脑风暴，并回顾了一系列相关的概念——生命周期、竞争、行业突破与发展，因此，你的业务想法已经开始成型了。

托马斯·达文波特（Thomas Davenport）是百森商学院的一名信息技术管理教授，正如他所说的，"所有的好主意至少有一个确定的商业目标：提高效率、增强有效性，或创新产品、程序等。在某种程度上，它是一个详尽的可能性集合。你正确地做了某事，你做了正确的事，或者以新的方式做了某事。没人会留意一个'我也是'的业务，强化你与众不同的地方，以及把这些特征转化为市场饥饿的效益，证明你在竞争中占有优势是很重要的。"

在混乱且不确定的商业环境中做好准备,学会从容应对困难,预测迅速变化的市场与分销渠道,并时刻准备好探讨与开发新的社交媒体。作为一名创业者,你将会经常遇到挑战,但你的生活并不会因此变得灰暗。你的产品和服务将不断地被你定义和重新定义,你的商业计划也会不断地发展。你的企业的生存依赖于你对机会的反应。

制胜关键

- 你根据自己喜欢的事物、优势和热情来成立企业,并与客户建立联系。
- 通过机会选择,坚定地将目标瞄准一个特定的行业细分市场。
- 在早期花多些时间去了解行业,以及它的主要参与者及趋势。
- 充分利用所有适用的二手资料,使你在进行一手调研时能够拥有相关知识及其他优势。
- 找到一个缺口,并好好利用它。这比当一名"我也是"的竞争者更容易获得成功。如果已经有人抓住了这个商机,那么寻找其他的商机吧——除非你希望抓住这个商机,并凭借雄厚的资金与之竞争。
- 意识到并非所有机会都是同等的。
- 清楚并非所有机会都是有利可图的。
- 不要偏爱一种产品或一个市场。
- 明白只有提出一个难以拒绝的理由才能使客户作出改变。
- 敢于让你的方法与众不同。
- 定义你的业务,以150个或更少的词语一鸣惊人,并让他们渴望得到更多信息。
- 完成一项简短的经济可行性分析,以之来检验你的想法是否有"支撑"。
- 研究!研究!研究!不要停止!

第 4 章

分析目标客户：寻找客户需求

> **学习目标**
> - 企业生存的关键是了解目标客户，并为其提供有价值的产品或服务。
> - 确定企业主要和次要的目标客户。
> - 学习如何使用媒体资料包和在线数据来分析目标客户。
> - 了解特定的生活方式、人口特征、生命阶段和社会群体等因素如何影响个人行为和决策。
> - 探索不同的分析系统。
> - 分析 B2B 客户。
> - 通过访谈、观察和调研增进对目标客户的了解。
> - 将你的客户分析能力变为习惯性思维。
> - 运用拼贴画将目标客户可视化。
> - 持续回顾和更新目标客户的信息。

第 4 章和第 5 章的内容密切相关，最好将这两章的内容结合起来学习，以掌握其内在联系——目标客户（第 4 章）与市场竞争与产品差异化（第 5 章）。反复阅读这两章的内容，做好笔记，潜心调研，并完成这两章中提到的行动步骤。目标客户是企业的命脉——企业的资源基础。

为客户提供他们需要的产品和服务，作为回报，客户通过购买你的产品或服务来支持你的企业，如果你足够幸运，他们还会帮忙宣传你的产品。良好的口碑是永恒的营销工具，客户对你的服务的认同是对你的最高奖赏。

当其他创业者或企业与你争夺市场资源时，竞争就会出现。竞争的方式多种多样，如降价、针对性营销、对客户作出服务承诺。

如今的竞争依靠产品质量或产品特性取胜：竞争对手拥有核心的产品或优质的服务，同时通过各种促销活动确保人尽皆知。例如，当你的产品听起来不够环保时，竞争对手会通过各种渠道（在线博客公告、目标客户使用的社交媒体脸书或推特等）将这个消息传递给大众。

在竞争中取胜的最好方式是了解你的目标客户并提供良好的服务。第 4 章会重点介绍如何通过一手调研、二手调研和新视野调研来确定你的目标客户。通过持续的市场研究，你能够：
- 将创业风险最小化；

- 识别创业机会；
- 发掘潜在问题和解决方案；
- 引导客户；
- 为客户提供解决方案。

对于第 3 章的重点，我们可以通过两个问题进行总结："我是否有产品或服务在成长型市场中保持增长？""我的企业目标是否与我的个人目标一致？"通过对这两个问题的思考，希望你可以清楚意识到属于自己的创业机会是什么。现在你需要确定自己的产品或者服务是否有市场。如果有市场，那么客户是否愿意为你的产品或服务买单？你能否以有效的成本接触到这些客户？如何合理地确定一个既可以提高公司收入和利润，又对客户来说实惠的公平市场价格？第 5 章将会帮助你通过探索竞争市场，来确定是否有进入的空间以及可能遇到的挑战。

4.1 分析的力量

了解目标客户是小企业生存的关键。分析法是以目标客户为圆心，画一个"充满魔法的圆圈"，处于圆心位置的客户使得整个竞技舞台（即竞争市场）都有了目标，你的产品和服务也应对准此目标。如果没有目标客户，所有的一切都不会发生。商业计划书的每个部分都需要从充分了解目标客户的需求开始。

分析法也是一种用来揭示你的目标客户行为模式的工具。要形成目标客户分析结果，需要结合地理学、人口统计学或统计分析、心理学、个人洞察力和对生活方式的研究，对购买习惯、消费模式和消费态度等方面进行分析。

在本章，我们重点介绍几种分析技术和可利用的资源来帮助你了解那些难以琢磨的客户。

通常，有效的方式是问一些具有前瞻性的客户，产品或服务的哪些方面是他们希望改进的。当你调查了足够多的客户，就会发现产品与市场需求之间的差距。不要害怕忠诚客户对你的产品和服务提出建议，应该鼓励他们提出建议以有利于改进。

有效的市场研究可以让你准确定位于有保障的、可盈利的**利基市场**（market niche），同时避免业务停滞不前。例如，一个打算辞去建筑公司工作的管道工询问其朋友，如何才能让他们更愿意使用他的管道服务。朋友们的答案是："你能够晚上或者周末提供服务吗？我并不希望因为等你的服务而耽搁工作时间。"于是，在不额外收取加班费的情况下，该管道工将自己的工作时间改为周一到周五的下午 4 点到晚上 9 点，周六则全天工作。通过分析自己的客户及定位发现了利基市场，他快速取得了成功。正所谓"方寸之间，财富突现"。

通过倾听客户的需求，两名社会工作者以巧妙的设计帮助客户去探访在监狱服刑的亲人。这个特殊的客户群体没有足够的资源，又没有足够的车辆，而公共交通也不能到达任何一个地区的监狱。因此，去监狱探望自己的亲人和朋友对他们而言基本上是不可能的。但是，监狱中的服刑人员与家人的持续沟通对帮助他们改过自新和使家庭团圆和睦是非常必要的。在了解了这一事实后，这两名社会工作者努力寻找一个有效的解决方案。

于是，当这两名社会工作者找到一辆二手的 15 人座的汽车后，开始为这些家庭提供"家庭快运"服务：每个周末探访一个监狱，每位乘客支付 25 美元。他们不仅为服刑人员的家属提供探访服务，而且为这些乘客创造了一个互相交流的社区。

在今天的竞争市场，与客户建立长久的情感和交流远比提供产品和服务重要，提高客户的忠诚度是企业实施**客户关系营销**（customer relationship marketing）的目标。

目前，美国的监狱中有超过 2 000 000 名服刑人员，为这些人的家属提供服务的机会是不可限量的。你还能想到其他什么需求？你又将如何满足这些需求呢？

对于任何一个商业计划来说，一个关键的问题是：你提供的产品或者服务的真正价值是什么？你的客户必须愿意并且能够为你确定的价格买单，这对取得长期成功来说是必不可少的。我们建议，当你开始实施商业计划时，应该先依照前面 4 章的内容，对这些想法做一个快速、粗略的数据分析。或许你有许多不错的想法，但并不是每个都会盈利。

有时你会发现，看似可观的收入并不足以支付基本的成本费用。通常，人们会通过组建一个非营利组织来解决这种问题。

在美国，每年有超过 600 000 名服刑人员被释放，其中，再犯罪率为 66%。出于解决刑满释放人员的再就业需要，经过一系列决策之后，一个具有独创业务的非营利组织——监狱创业项目（PEP）正式成立。该组织总部设在得克萨斯州，为服刑人员提供创业培训，同时对刑满释放人员给予后续服务支持。这一特殊项目将再犯罪率降至 5%。此外，通过培训课程的刑满释放人员可以在 90 天内找到工作。

人们长期以来忽视了许多利基市场，许多简单的需求都可以通过创业得到满足。这些独特的利基市场都可以是你成功的开始。你的目标是在细分市场中找到一个利基市场，并利用数据来完成对潜在客户的分析。

下面的"创业热情"专栏提到，艾琳·帕克（Eileen Parker）关注自闭症和感官处理障碍人群的需求，向他们提供特殊的 Cozy Calm 牌毯子。另一家关注这一利基市场的公司是 Autism shop，这是一家位于明尼苏达州的传统实体零售商店，但也开设了网络商店。该商店将自己描述为"一个面向自闭症谱系障碍人群及关爱教育他们的人群的独一无二的商店，店中图书丰富，玩具品类齐全"。

创业热情

一个自闭症创业者的挑战和成功

直到 6 年前，46 岁的艾琳·帕克才知道自己患有自闭症。帕克出生在加拿大，5 岁才会讲话，历经种种挫折才找到一份工作。随后，她发现自己难以忍受办公室狭小的空间、嘈杂的环境及对着电脑工作。当她知道自己患有自闭症时，如释重负。

"自闭症真的可以解释很多现象，"帕克解释说，"我了解到，除了自闭症，我还有感官处理障碍，这意味着输入我大脑的东西不能正确地运行。"但是在 2008 年，帕克的生活发生了改变，她开创了自己独特而成功的小事业。在确诊之后几年，帕克向职业治疗师寻求帮助。治疗过程中，治疗师为她盖上医护级别的加重毯。

"当治疗师把毯子盖在我身上时，我感到神奇。"帕克说，毯子对人的感觉系统产生作用，"超负荷的所有感官输入让你身体的每一处都感受到它的重量与存在，这使我在 3~5 分钟内感觉到身体的放松，完全消除了所有压力，以前从来没有这种感觉"。

把想法变成事业

帕克很喜欢医护毯的效果，她通过调查发现所有的医护毯都是家庭制作的，这让她产生了开一个生产医护毯的公司的冲动。"我想通过创建一个生产医护毯的公司来解决自闭症病人的感官处理障碍问题，于是我雇用了专门的技术人员和员工并建立了 Cozy Calm 公司。" Cozy Calm 完全通过在线销售的方式为医院和药店提供产品。公司的销售额从 2010 年的 28 000 美元增长到 2011 年的 100 000 美元，2012 年的销售额可能是 2011 年的 3 倍。

智慧之言

在谈到其他残疾人创业者时，帕克认为勇敢和诚信是创业精神的关键组成部分。

"我惊奇地发现，虽然我与普通人交流存在困难，但是我的产品得到了大部分人的支持。"

帕克建议大家多跟残疾人创业者打交道，近距离地观察这些人的经营模式和方法，她通过自己的外部延展调查发现，"自闭症群体的创业机会多得出乎意料"。

对全球残疾人创业者的网络资源进行搜寻，不失为发现创业机会的一个途径。

资料来源：Katie Morell. "The Success and Challenges of an Autistic Entrepreneur." Copyright © 2012 American Express Company. All rights reserved. From *http：//www.openforum.com/articles/the-success-and-challenges-of-an-autistic-entrepreneur*, story written by Katie Morell (Accessed May 23, 2012). Reprinted with permission.

《多元文化专家的资源手册》(*Source Book of Multicultural Experts*) 是一本重点强调创业资源的书，该书介绍了许多专家利用统计资料以及在多元文化市场中开展利基市场调研的方法。如果你的目标市场是其中之一，就可以通过这本书获取专家的意见。

在分析目标客户时可能会涉及不同的方面，在进一步分析中应重点关注其中最有价值的部分。在进行重点分析的过程中，应该对销售估计、竞争因素环境、潜在回头客以及与每部分相关的成本单独进行分析。

识别出未被满足的利基市场并评估市场潜力有助于你制定详细的商业计划。首先，聚焦于你的主要和次要目标客户，因为这些人是现阶段你仅能确定的客户。然而，一旦你的企业开始运行，其他的目标客户就会突然涌现出来，因此应随时关注这些潜在的客户所带来的机遇和市场。改变是商业中的不变真理，并且是一个创业者必备的生存技能。

同时，你也需要考虑采用哪一种商业模式来为客户提供产品或服务。你可以采用 B2B 模式，也可以采用 B2C 模式。B2B 模式不同于消费者市场细分，消费者市场细分可以通过地理因素、消费群体细分、企业规模、订购规模、终端客户应用的分析有效确定目标市场客户，这些将在本章的后面部分介绍。

本章假定你还没有开展业务，因此正在探索确定你的目标客户。一旦你开始进行创业活动，就应该持续了解客户，并借助收集到的大量信息更准确地重新定位市场。在网上直接销售商品的企业如此成功的原因之一就是，每分钟都能收集到大量的数据，并能基于这些数据及时更换商品。

三种目标客户

创业者至少要留意三类目标客户群体。

主要目标客户：这类目标客户是你的企业最好的客户群体，是企业庞大的用户群体和稳定的收入来源。他们拥有消费你的产品的能力，对你的产品有强烈的需求，或者你能让他们对产品产生需求或渴望，他们也有购买这种产品的职权。此外，你能以合理的成本做广告或促销来接触这些客户。

次要目标客户：如果你没有仔细地观察，往往会忽视这类客户。保持良好的客户服务记录有助于帮你识别主要客户和次要客户。有时，次要目标客户群会指引你识别出第三类即潜在的客户。

潜在目标客户：这类客户往往会在你的产品和服务水平有了更高层次的提升，他们感受到宾至如归之后才会出现。

4.2　我们可以从公开出版物中学到什么

想要了解分析的重要性，最简单的途径是对那些瞄准不同目标市场的媒体源进行分析。虽然我们意识到平面媒体正在衰退，但对很多企业来说，平面媒体仍然是促销组合的重要工具，同时其客户分析技术也为企业提供了洞察力。

正如之前所提到的，网络分析可以为我们提供大量详细的信息，因为在一个信息源中，"每位网络使用者每天平均有763条个人信息被收集"。

这些信息包括：手机通话记录、账单、邮件、搜索的关键词、杂货店购买记录、过桥过路费、药方、网络搜索和点击记录、图片拍摄和搜索、酒店前台登记、你搜索其他人的记录、其他人搜索你的记录、看过和喜欢的视频等，这些仅仅是冰山一角。未来的市场营销人员对这一以指数级增长的云存储信息和数据挖掘的利用将远远超出我们现有的想象。

NPR通信专家罗伯特·克鲁维奇（Robert Krulwich）认为："我们对云存储有这样一种印象，它将加速成为无所不知的信息源，甚至可以存储那些我们连父母、最好的朋友和配偶都没有告知的信息。"

30年前，镇上通常只有一家书店，店主的头脑就是一个云存储：她能准确知道每一位客户的需要，并能据此提供推荐和点评，她就像亚马逊在线书单推荐功能一样，提供一对一的营销服务。店主能够知道你的兴趣和偏好，尤其是你的生活，因为你进书店寻找有关意大利、儿童玩偶、马拉松比赛、网络交友、学习弹吉他的书籍，并且你会每周或每月与店主讨论这些内容。实际上，亚马逊并没有为市场营销创造一个新途径，只是利用现代技术改进了传统书店对客户的了解方式。

因此，传统书店的管理者通过大脑记忆客户的阅读偏好被电脑取代，电脑关注客户的搜索与在线购买记录，同时收集成千上万相似读者对书籍的综合评价和购买记录。电脑通过数据库和相关信息为客户提供像导购员一样的服务。最近，亚马逊还向有购买记录的客户发送邮件，推荐同一作者的最新作品。当然，实体书店也会采用这种方式向自己的客户推荐产品，但很明显，亚马逊的客户群体更大。亚马逊就像是集合了美国所有实体书店的服务员的大脑记忆，为所有的客户提供产品和服务。

有大量的媒体源做了广泛的研究，对目标客户的人口统计特征和消费心理进行分析。在多数情况下，相关信息能从广告部门的媒体资料包中获得，而一个媒体资料包中主要包括杂志的复印件、读者分析、分布图、**价目牌**（rate card）（关于广告和成本的详细说明）、编辑日程表（月度提议的内容安排）、发行量审计局的报表（即 ABC 声明），通常大部分的媒介工具都可以在网络上搜寻到。

如果将三种娱乐杂志的读者进行比较，通常你想知道的是：他们穿什么品牌的衣服？他们在演唱会上的花费是多少？他们在俱乐部的花费是多少？他们通常在哪里就餐？开什么车？他们的信仰是什么？在哪里工作？能够赚多少钱？梦想是什么？

关键在于知道你的目标客户从哪些媒体源获取信息。广告公司会对潜在的广告客户进行深度分析，它们明白，这些潜在的广告客户也在评估最适合自己目标客户的媒体工具。因此，当你选择目标客户时，请分析目标客户群体常用的媒体，以深入研究客户特征。

思考一下像 O，Redbook，Cosmopolitan，Family Circle 这些女性在线杂志和纸质杂志的读者群的相同和不同之处，每一本杂志都定位于不同的女性细分市场。那么 Sports Illustrated 和 ESPN The Magazine 的读者群的差异又是什么呢？我们经常看到各种杂志，但是很少留意，这是很可惜的，因为很多杂志可以给我们提供许多有关客户的信息。我们翻阅杂志，往往关注封面广告和主要内容；但是当你换一个角度看时，会发现杂志中蕴藏着一个巨大的市场，因为杂志是接触特定读者的渠道，而知道这一事实是非常有用的：你能从一本杂志的广告和专题文章中了解目标市场、客户消费模式和购买力。

首先，构建一个系统分析的框架，然后统计不同类型的广告。注意那些占主导地位的广告背后的产品类型，这些产品可能拥有大量的用户群体。之后，研究这些广告模式。这些广告是目标客户期望识别、追求、联系和记住的意象。广告中刻画的活动详细描述了这种意象，其中的文字将意象与现实生活相连接。一则好的广告是生活中的一个片段，能够把广告世界中的消费者引入产品世界。

在看完广告和文章之后，我们就完成了新视野分析。接下来我们进行分类。（在新视野调研中最好能在收集数据时扩展模型。）我们需要分析的是：

- 广告的数量和规格，以及使用的模式；
- 瞄准大量用户群的广告，广告投入最多的产品类型；
- 版面超过一页的广告；
- 生活方式和人口统计特征；
- 广告中刻画的主要活动；
- 杂志文章的内容。

4.2.1 媒体资料包的秘密

我们通过研究发现，一本 138 页的《冲浪》（Surfing）杂志中有 66 页是广告。这些广告——大多数是整页或两页的篇幅——占到杂志 50% 以上的版面。广告产品主要有四类：服装、冲浪板、太阳镜和鞋子。

这些广告主要宣传冲浪者的生活方式，有几则广告选择职业冲浪者作为代言人，其余的代言人主要是 18～25 岁的金发冲浪者。文字、内容和图片都完美地融为一体。其实，很多时候很难区分杂志文章和广告。

随后，我们对《冲浪》杂志的媒体资料包——网站主页和杂志——进行分析。根据《冲浪》杂志提供的读者分析、杂志内容以及我们了解的客户信息，我们总结出《冲浪》杂志的客户分析：

他们都是对未来怀有抱负和激情的一群人，在极力寻找最新潮和有价值的事物。他们蓬勃向上，正在接受教育或者刚刚离开学校，充满理想主义，对最酷爱的事（冲浪）兴奋不已。他们往往是最早接触新技术、新音乐和新的生活方式的一类人。作为潮流和变革的引导者，他们也是其他人寻求建议的主要对象。

分析目标客户的下一个步骤是，找出所有瞄准你的目标市场的不同杂志的客户群分析，通过反复对比来确定最能代表你的目标客户的媒体。不仅要关注人口统计特征和心理特征，而且要关注读者的精神需求。另外一本冲浪杂志的主编将自己的目标客户定义为"那些从灵魂上真正喜欢冲浪的人"。完成"行动步骤24"可以让你更容易地确定自己的目标客户。

行动步骤24

媒体资料包分析法

1. 选择你认为目标客户习惯阅读的 5 本杂志或者访问的 5 个网站。很多杂志都有自己的网站进行同步更新，并且这两种渠道都有独立的分析。（回到第 2 章中的行动步骤 14，查看你之前调研时所列的清单。）
2. 确定每一个媒体源对应的媒体资料包分析法。
3. 用新视野对比杂志和网站的内容、广告，为杂志和网站分别确定目标客户。
4. 利用已有的人口统计特征和心理特征信息来比较你的新视野分析资料，将这 5 本杂志进行排名，排名最靠前的杂志就是最能展现你的目标客户的杂志。

你或许由于费用问题而无法在这些杂志或网站上刊登广告，但是通过浏览这些媒体，你可以及时了解竞争对手和目标市场的动态，这对你而言是非常有用的。

4.2.2 变化中的目标市场

以前，我们将市场比作一个大蛋糕，把细分市场视为该蛋糕中的一块，每个企业都将其产品对准自己想要的那块蛋糕（细分市场），而切分蛋糕的主要依据是人口统计特征。由于技术进步、媒介产品的发展，市场营销研究者对消费者进行了大量的研究，因此我们建议企业试着将目标对准"蓝莓蛋糕"（市场）上的一小块"蓝莓"（细分市场）。网络越来越普及，目标客户研究成本也越来越低，你应该将目标对准"蓝莓种子"（目标客户）。如果你能够充分运用你的直觉、人口统计学、地理学、心理学和对目标市场的关注度，就能完成**一对一营销**（one-to-one marketing），来满足"蓝莓种子"（目标客户）的需求。

社会分层能够让你直接关注特定细分市场的需求。除了关注以人口统计特征和地理维度划分的市场，你也需要关注以生活方式、社交、经济等为标准划分的细分市场，例如对于同样是 40 岁的客户，刚刚当上父母的客户和孩子已经上大学的客户的购买行为存在差异。诺普世界（NOP World）调研机构（目前是捷孚凯市场研究机构（Gfk）的一部分）根据父母的金融需求、眼光和个人追求将父母分为五种类型[1]：

---

[1] 资料来源：NOP World，2014.

- **活力充沛型**——这类父母拥有很高的收入和数字时代的生活方式，对未来持积极乐观的态度，也很有消费信心。这种乐观的心态的形成源于许多因素，然而他们缺乏谦虚、服从、尽责以及传统性别角色等核心价值观。
- **家庭卫士型**——这一类父母都处于有小孩子的传统家庭，以家庭为重心，将财富、权力、地位、浪漫和冒险作为追求的目标，他们总是纸上谈兵，梦想完美的假期却不会真正出发旅行。
- **家庭优先型**——这一类以家庭为中心的父母更注重传统价值观。这些父母通常会有年龄较小的孩子，将大部分时间用于陪伴孩子和家庭活动。家庭优先型的父母通常对未来的财务状况表现出过分担忧。
- **女权主义型**——此类人群为非常有精力的母亲，她们能够很好地平衡工作与对孩子的教育和照顾。她们被自由、创造力、好奇心、知识和自力更生所激励。此类母亲通常对未来的财务状况有积极的预期。
- **独自挣扎型**——此类人群是单亲父母，非常担心入不敷出，对未来的财务状况有很悲观的预期。他们通常对财富、地位、权力充满渴望。

通过这些资料，创业者可以更深入地了解目标客户。通过结合人生不同阶段的信息、个人价值观和生活方式特征，创业者可以创造与目标客户产生共鸣的产品和信息。

利用消费者研究数据来确定你的目标客户，并选择他们需要的产品和服务，确定以何种方式在恰当的时间向他们传递正确的信息。随后，确定一个能激发客户通过理想的分销渠道购买你的商品的价格。为了获得成功，你需要在创业阶段以及企业经营中考虑这些元素。随着你不断地收集客户数据，你将能更好地满足客户需求，这正是企业取得成功的关键所在。

尼尔森作为最大的生活方式市场细分数据库提供者，将美国消费者分为66种生活方式群体，并归为11类生命周期群体或14类社会群体。

你可以做一个市场分析的练习，列出连锁餐厅、服装店、汽车维修厂（或者你喜欢的选择）的清单，确定这些企业可能的目标市场是哪一类或哪几类消费者群体。现在写下你的创业想法并列出你的竞争对手，从生命周期群体和社会群体中选择你的目标市场。

在哪些领域竞争十分激烈？是否仍有客户群体尚未开发？你的机会又在哪里？

有时，在不同的地方或者采用不同的价格销售同样的产品，使用不同的促销方式，或者略微改变产品，都能让你在不同的领域获取竞争优势。

产品差异化（product differentiation）主要是指改变价格、产品、渠道和促销（4P）中的一种或者多种。你的目标是尽可能紧紧围绕目标市场确定4P，当目标市场、产品、竞争和环境变化时作出改变。

对你的"蓝莓种子"即目标客户进行分析，为你阅读后面几章奠定了基础。第5章主要阐述如何针对已确定的目标客户建立竞争战略。第6章将会帮助你选择最佳的分销策略。第7章将会帮助你通过关注相关的人口统计学、地理学和心理学变量来促销产品。

4.3 开展分析

苏珊抓住目标客户

得克萨斯州休斯敦市的居民苏珊·约翰逊在1994年搬到加利福尼亚州。随着孩子长大，苏珊和丈夫决定开始经营生意并在此永久定居。

癌症和心脏病的家族史让苏珊意识到健康生活方式的重要性。当她发现在南加利福尼亚竟然没有一家可以为家庭提供健康熟食的企业时，决定通过向人们提供轻松可得的健康饮食来填补这一市场缺口。经过充分的调研，苏珊选择奥兰治县作为实现自己愿望的根据地。1996年1月，她在欧文市设立了自己的第一个餐厅，为客户提供经过营养师测试的健康食品。此外，她还定制了一个电脑程序，不仅能分析每餐的营养含量，而且能跟踪客户的需求。

1998年1月，健康美食餐厅登陆洛杉矶；2000年5月，健康美食餐厅登陆圣迭戈。苏珊计划在整个加利福尼亚州扩张健康美食餐厅，向喜欢吃营养可口的美食的人推广其健康美食。在这个过程中，苏珊提供的服务让人们省去了购物、烹饪和清洁的麻烦，因此也满足了现代的潮流——外卖的需求。

2007年，苏珊引入健康儿童与家庭饮食计划，2008年又新增老年人套餐、糖尿病病人套餐和抗衰老/精华套餐。这使得苏珊的健康美食餐厅成为新鲜度和服务最优的餐厅。

目前，健康美食餐厅雇用了20多位全职员工，每年能为客户定制25万份餐食。苏珊计划未来将食物运送至无法在当地提供餐饮服务的地区，以扩大服务范围，她希望如所计划的那样，能把健康餐饮提供给所有追求饮食健康的人。

资料来源：Susows Healthy Gourment, "Our History" From http：//www.susanhealthy gourmet. comlour-history.cfm.

现在，让我们通过二手数据来帮助其他像苏珊一样想要在奥兰治县施展抱负的创业者分析其目标客户，本章使用的数据都能通过网络和图书资料获得。

很多研究公司都会提供免费的数据库，但如果你想获取大量最新的、更深入的数据，需要支付一定费用。其成本通常远远低于这些数据给你带来的价值。同时，在评估你的商业计划时，投资者希望你通过人口统计学、地理学和心理学的统计数据来支持你预估的目标客户数量。因此，我们通过以下例子向你介绍一种提供这些数据支持的服务。

首先，我们关注苏珊在拉古纳海滩的潜在客户。第6章将会讨论苏珊如何选择具体的位置，并将提供更多详细的二手地理信息。她最初的研究发现，奥兰治县居民的收入较高，双职工家庭的比例也较高，在餐厅的花费较大，因此苏珊将奥兰治县作为最佳的选择。另外，奥兰治县位于洛杉矶和圣迭戈之间，可以兼顾北面的洛杉矶和南面的圣迭戈。

将目标客户锁定在奥兰治县的拉古纳海滩后，为了解此处客户的人口统计特征，首先需要访问美国人口普查局的网站或者搜索美国人口普查局的数据库来查看数百个变量，包括受教育程度、雇佣状况、家庭成员人数、收入、种族、性别、年龄层等，如表4—1所示。

表4—1　　美国人口普查局关于拉古纳海滩和加利福尼亚人口的统计分析

人口速览	拉古纳海滩	加利福尼亚
2011年人口数（人）		37 691 921
2010年人口数（人）	22 723	37 253 956
2000—2010年人口增长率	−4.20%	10.00%
2000年人口数（人）	2.727	33 871 648

5岁以下人口占2010年总人口比例	3.30%	6.80%
18岁以下人口占2010年总人口比例	16.10%	25.00%
65岁及以上人口占2010年总人口比例	18.20%	11.40%
女性人口占2010年总人口比例	49.80%	50.30%
白人占2010年总人口比例	90.90%	57.60%
黑人占2010年总人口比例	0.80%	6.20%
美洲印第安人和阿拉斯加土著占2010年总人口比例	0.30%	1.00%
亚裔占2010年总人口比例	3.60%	13.00%
夏威夷土著和其他太平洋岛民占2010年总人口比例	0.10%	0.40%
混血儿占2010年总人口比例	2.90%	4.90%
西班牙裔或拉丁美洲裔占2010年总人口比例	7.30%	37.60%
白人非西班牙裔占2010年总人口比例	85.70%	40.10%
2006—2010年，常住时间一年及以上人口比例	85.10%	84.00%
2006—2010年国外出生人口比例	13.00%	27.00%
5岁以上非英语语种人口占2006—2010年人口比例	12.00%	43.00%
25岁以上高中毕业人口占2006—2010年人口比例	97.30%	80.70%
25岁以上大学毕业人口占2006—2010年人口比例	63.00%	30.10%
16岁以上工作人员2006—2010年平均加班时间	29.80%	26.90%
2010年商品房总量（套）	12 923	13 680 081
2006—2010年拥有住房比例	62.40%	57.40%
2006—2010年拥有别墅比例	26.80%	30.70%
2006—2010年住宅交易价格中位数	1 000 001美元	458 500美元
2006—2010年家庭平均人口数（人）	2.06	2.89
2006—2010年人均年收入（以2010为基数）	83 998美元	29 188美元
2006—2010年家庭平均收入中位数	98 634美元	60 883美元
2006—2010年贫困水平以下人口	7.50%	13.70%
商业信息速览	**拉古纳海滩**	**加利福尼亚**
2007年企业总数（家）	5 498	3 425 510
2007黑人拥有公司数（家）		4.00%
美洲印第安人和阿拉斯加土著拥有公司数占2007年公司总数比例		1.30%
亚洲裔拥有公司数占2007年公司总数比例		14.90%
夏威夷土著和其他太平洋岛民拥有公司数占2007年公司总数比例		0.30%
西班牙裔拥有公司数占2007年公司总数比例		16.50%
女性拥有公司数占2007年公司总数比例	25.90%	30.30%
1 000美元以下生产厂家交易次数	NA	491 372 092
1 000美元以下批发商交易次数	40 878	598 456 486
1 000美元以下零售商交易次数	175 990	455 032 270
2007年零售商人均年收入	7 424美元	12 561美元
1 000美元以下餐饮酒店业务交易次数	287 469	80 852 787

地理位置速览	拉古纳海滩	加利福尼亚
土地面积（平方英里）	8.85	155 779.22
每平方英里人口密度	2 567.6	239.1

资料来源：http://quickfacts.census.gov/qfd/states/06/0639178.html（Accessed May 26, 2012）.

当你选定的是人口增长和变化较快的地区时，应该考虑从那些使用自己的数据库推测人口变化的调查公司或基于最新人口调查数据进行预测的公司处购买信息。另外，也可以通过人口调查信息网站获取信息，该网站可以对比市、县和州的信息。

通过访问标准参考数据系统（SRDS）的"PRIZM NE 生活方式细分数据库"，创业者可以洞悉健康美食餐厅客户的消费心理。PRIZM NE 根据邮编确定潜在市场等级指数，并深入分析市场等级指数为＋4 的邮编，该邮编类型是指包含 10～12 个住户的地理区域。PRIZM NE 关注生活方式、零售、财务状况和媒体变量，ConneXions 指数关注的则是每组人群的沟通工具的使用状况。在苏珊所处的邮编为 92625 的社区中，五类最主要的人群依次是：白领、成功商人、新空巢者、中产阶级和上流阶层。这些客户主要是年收入在 10 万美元以上的拥有大学学历者，喜欢豪车和旅行。因此，苏珊的营销和宣传资料应满足这些时间宝贵、追求健康和地位的人的需求。

价值观及生活方式调查（VALS™）是斯坦福研究院（SRI）开发的关于消费者数据的分析体系，主要关注消费者心理特质，目前由 Strategic Business Insights（SBI）运营。VALS 细分系统主要有八类人群：创新者、思考者、成就者、享乐者、信任者、奋斗者、生产者和挣扎者。VALS 调查认为[1]：

> 消费者购买产品和服务是为了寻求一种符合自己个性偏好并能给生活带来物质和满足感的体验。个人的主要动机决定了支配个人活动的有意义的核心是什么，尤其是在有关个人或世界的方面。消费者主要被三种动机（理想、成就感和自我表现）中的一种动机激励：主要被个人理想激励的消费者追求知识和原则；主要被成就感激励的消费者通过体验产品和服务在同龄人中彰显优越感；主要被自我表现激励的消费者则渴望更多地参与社会活动或体育活动，向往多样化的生活并崇尚冒险。

除了年龄、收入和受教育程度之外，什么因素能够刺激一个人去消费产品和服务呢？活力、自信、知性主义、追求时尚、创新、冲动、领导力和虚荣心等都起到了重要的作用。这些个性特质与关键的人口统计和行为特征结合在一起就形成了消费者的购买决策。而不同的资源水平会抑制或促进个人对其主要消费动机的表达。

下面是对于创新者的总结，在利用 VALS 细分系统为苏珊的健康美食餐厅的主要目标客户进行分析时，这个总结能给你提供更加深入的洞察。[2]

> 创新者都是成功、老练、负责任又高度自负的人。因为拥有充足的资源，他们会在不同程度上表现出所有的三种动机。创新者是变革的领导者，最容易接受新技术和新想法。他们是非常积极的消费者，偏好高端产品或服务。
>
> 产品形象对创新者非常重要，因为这不仅是身份地位或权力的象征，还是对

---

[1] 资料来源：http://www.sric-bi.com/VALS/type/shtml（Accessed June 5, 2008）.
[2] 资料来源：Strategic Business Insights（SBI）；*www.strategicbussinessinsihts.com/VALS.*

他们的品位、独立性和个性的反映。企业和政府中现有或潜在的领导者大多是创新者，他们不断寻求挑战，生活也丰富多彩，他们的财产和娱乐反映了他们对美好事物的追求，诸如宝马汽车、Wired 手表、苏打水和有价值的体验都是他们的最爱。

对创新者（苏珊的客户）和奋斗者（非苏珊的客户）进行态度、行为和媒体使用习惯的分析，我们发现创新者和奋斗者这两类 VALS 细分群体中的成年消费者都"有不同的态度，展现出具有独特个性的行为和决策模式"。通过进一步分析潜在客户的行为，苏珊的客户细分更加明确，即潜在客户是创新者。

苏珊将自己的主要客户简单描述为：

- 成熟老练；
- 了解并关注个人健康问题；
- 年龄在 30～60 岁之间；
- "婴儿潮"一代，有良好的身材并对个人健康问题感兴趣；
- 专业人士、企业家以及其他长时间工作并积极锻炼的人；
- 接受过高等教育；
- 期待最佳表现；
- 希望通过购买产品来节省时间和精力，因此需要一贯的高水平服务。

苏珊的企业已经运营 16 年，通过消费者记录，她可以准确定位自己的目标市场。通过客户信息管理系统，苏珊能够为老年人客户和残疾人客户提供更多的产品和服务。但是对于那些刚刚起步的创业者，以前的资源和其他资源能助其有个好的开端，指引他们确定自己的初始目标客户。很多目标客户分析系统都可以在线购买和使用，且操作简单。熟悉了自己的目标市场，你就会领先于竞争对手。通过本章的行动步骤（从"行动步骤 25"开始），继续对你的目标市场进行调整。

行动步骤 25

初始客户分析

1. 你可以通过以下数据库来获取分析目标客户的数据：
- Census
- SRDS
- Strategic Business Insights
- Market Research.com
- Experian
- EASIdemographic
- 其他在网上或图书馆可以获取的关于目标客户信息的数据库

2. 对于 B2B 业务，首先你需要知道客户的产业分类 NAICS 代码。除了你已发现的资源外，还可以通过以下公司的网站获取更多 B2B 客户资源：
- 胡佛
- 邓白氏
- Edgar Online
- 领英
- Jigsaw

- infoUSA
- 托马斯黄页

你也可以利用图书馆资源、相关网页以及与你的目标市场有直接联系的网站。你的目标客户市场有多大？目标市场潜在的销售额有多大？谁是主要的参与者？列出你最看好的前10个行业。

本章主要关注你的目标客户，如果你增加了新的变量或者有新的问题或疑惑，可以先记下来。行动步骤26和行动步骤27将引导你完成进一步的练习。

4.4 B2B 客户分析

B2B市场拥有一个极为广泛的消费者群体：政府机构、教育设施提供方、非营利组织以及许多行业客户。对客户的评估主要是基于人口统计特征（规模、地理位置）、客户类型、最终用途和购买情境。

分析最终用户的关注点主要在于产品或服务是如何被使用的。小型企业往往专注于利基市场，因为大企业可能会忽视这些小市场。当客户主要集中在特定地理区域时，就会进行人口统计分析。例如美国南加利福尼亚的家具制造商、加拿大温哥华的电影制作人、圣迭戈的生物技术专家，这些用户的需求有限且特定。如果行业领导者在另外一个地区开展新业务，那些该地区的新企业就能得到很好的发展，因为在该地区竞争较少。

企业市场细分包括：
- 产业分类代码（NAICS 或者 SIC）；
- 销售收入；
- 员工数量；
- 最终用途；
- 地理位置；
- 购买方式（例如只靠低价中标的企业或独家供应商）；
- 信用风险；
- 企业年限；
- 所有权性质（私有、国有或非营利组织）；
- 国内还是国际企业；
- 接触决策者的能力；
- 购买决策选择：个人购买还是团购；
- 技术和经济趋势对行业的影响；
- 特定细分市场的竞争性质；
- 不同细分市场的进入壁垒。

运用可获得的二手商业信息可以帮助你：
- 了解一个企业的财务稳定性；
- 了解人均销售额，即平均每位员工的销售贡献度；

- 了解企业或其子公司的所有权；
- 确定特定企业；
- 搜寻特定行业；
- 通过多重标准来估计现有市场和新市场的规模；
- 寻找目标市场潜在的机会和未来可能存在的其他企业；
- 识别决策者，使得你能直接与他们接触；
- 识别并跟踪竞争者。

第 5 章中包含许多可以找到 B2B 客户的信息来源，如胡佛公司、邓白氏公司、托马斯黄页和 indoUSA 等数据库。通过访问托马斯黄页的网站，我们发现很多政府采购方都从私营企业进行大量采购，这也鼓励你去关注这些市场。

除了前面提到的变量和信息，每个企业中采购者的个人特质也非常重要。了解这些人的爱好、活动和生活方式与前面提到的人口统计变量和地理变量同等重要。随着领英和脸书的发展，获取信息并接触到正确的人比以往更容易。

在 B2B 市场中，关系是长期导向的。你能否进入新市场主要取决于你是否有能力打破其他企业间的长期合作关系，千万不要低估此事的难度。

4.5 一手调研的必要性

有关人口统计特征、心理特征，尤其是媒体源的二手数据信息，也许能够提供足够的数据来帮你更准确地勾勒出目标客户。尽管如此，你也需要对你的分析进行检验，验证结论是否符合实际情况。实地访谈（interviews）、调研和观察是三种常用的一手调研工具，它们能够为你提供关于目标客户的更准确的分析结果。情报竞争研究的领导者、《战争游戏》（*War Games：How Large, Small and New Companies Can Vastly Improve their Strategies and Outmaneuver the Competitions*）的作者本·吉拉德（Ben Gilad）认为："只有以客户为信息来源才能获得真实的评论、选择、感受、直觉、情感和承诺。"是时候走出去面对面接触你的客户，并满足你的市场了！

4.6 实地访谈

有时人们创办小型企业是由个人的现实情况而非当初的宏伟愿望决定的。通常，他们要学习新的技能，而且要学得很快。幸运的是，创业者往往都是聪明、有创意和勤奋的人。詹（Jen）就是一个很好的例子，当她发现自己不得不自我雇佣时，很快通过实地访谈来研究目标客户。

婴儿用品店

詹的丈夫换工作之后，她为此感到沮丧不已，而且这也不再是一个秘密了。她不能因为丈夫换工作而责备他，她自己也想换工作。詹有一份很好的工作，在一家婴儿家具连锁店担任区域经理。为了兼顾丈夫和工作，她一周有五天上下班通勤超过150英里。经过多次交谈和商量，詹和丈夫决定搬到一个离丈夫新工作地点不远又负担得起房租的小镇。

她放弃了工作，只能靠丈夫一人的工资来支付两人的开支，生活变得拮据。她也怀念零售工作以及与客户打交道的乐趣。当詹重新开始找工作时，先前的工作经历却成了阻碍。两家本地的婴儿用品店都知道詹曾在婴儿用品连锁店工作过，他们一致认为詹来找工作的根本目的是想了解这一行业，并在积累经验后自己开店与他们竞争。这使詹萌生了与他们竞争的念头，两家企业的担忧反而增强了她的信心。

之前的管理和销售经验让詹认识到，了解目标客户并非易事。因此，詹每天早上把孩子送到学校后，就开车去小镇方圆60英里的所有婴儿用品店，逐一进行调研。当客户从婴儿用品店出来，詹就上前跟他们搭讪并进行随机的采访。

作为一名母亲，她能理解其他母亲的心理。詹每次都稍作调整并问以下问题：

- 你买了什么物品？
- 有没有什么你想买却没有买到？
- 你喜欢这家店的什么地方？
- 这家店离你住的地方有多远？
- 你购物的频率是怎样的？
- 你还会去其他的商店购买婴儿用品吗？
- 你最喜欢的育儿网站是什么？
- 你还会去其他购物网站购买婴儿用品吗？

有时，詹还通过研究送货的卡车数和载来的货物量来推算店铺的销售量。此外，詹针对怀孕的妇女又开发了一系列新的访谈问题：

- 你购买过婴儿沐浴用品吗？
- 你最喜欢的礼物是什么？
- 什么礼物是最实用的？
- 在小孩出生之前你会购买什么？
- 你接下来准备购买什么？
- 你准备如何装饰婴儿房间？
- 什么东西是你真正需要的？
- 对于你来说，什么服务是你最需要的？

通过30次消费者访谈，结合已有的二手数据，詹拥有了大量的信息来对目标市场做出合理的决策。同时，她也从潜在的客户那里了解到竞争对手的优势和劣势。大多数时候，企业只关注竞争对手的弱点，而很少学习竞争对手的优点，即使这样做了，也并没有花太多的时间和精力去研究。永远不要低估竞争对手的优势，请充分利用竞争对手的优势和劣势。

4.7 观察目标客户

除了访谈，詹还对自己的客户进行了**观察**（observing），这是成本最低但最有效的市场研究方法之一。观察目标客户时要摒弃个人偏见和直觉。抛开你对产品或服务的了解以及你对目标客户的了解，单纯地观察客户的真实行为——事实胜于雄辩。

詹的一些目标客户告诉她，他们会在高档的店铺购买所有的儿童服装，但是通过实际观察，她发现大部分儿童都穿着在沃尔玛购买的衣服。人们往往言行不一，也不明白为何会做出这样的购买决策，除非他们肯花时间去思考。也许他们都没意识到自己的需求，但当你把基于观察提供的新产品或服务呈现在他们面前时，他们才发现这正是自己需要的。詹也发现，当地的婴儿用品店的主要消费群体是有孩子的母亲，以及溺爱孩子的祖母和姨妈。这是一个有利可图的巨大市场。

在访谈和观察中充分利用你的好奇心，尽可能使用开放式问题。当詹记录访谈回答时，也记录了以下信息：

- 女性顾客驾驶的汽车的型号和出产年份；
- 她们对孩子的态度；
- 孩子和母亲穿的衣服；
- 婴儿车的品牌和类型；
- 孩子的零食；
- 母亲和孩子的发型和发饰；
- 对比她们在自己孩子身上的花费与送别人礼物的费用。

此外，詹还去附近的游乐场进行观察，为了让有孩子的潜在客户敞开心扉，詹会带上朋友的两个孩子一起去访谈。

詹对观察、采访及其他二手调研得到的数据，以及 SRDS 和 VALS 网站提供的数据进行分析，以准确定位自己的目标市场。

一家女装专卖店为了确定目标市场，决定聘用一位市场营销顾问。第一位顾问提出的是一个成本为 4 000 美元的冗长的研究项目。第二位顾问提供的是一套价值 1 000 美元的解决方案，并要求专卖店老板提供一份购买额前 100 名客户的名单。拿着这份名单，该顾问在店里观察了 5 小时，然后与专卖店最优秀的 5 位导购员一起确定了目标客户。老板和导购员通过分析明确了专卖店真正的目标客户群，同时准确知道了这些衣服可以卖给谁。专卖店的博客也重新开始运营以满足目标客户的需求。节省下来的 3 000 美元被用于推出新产品，该新产品是导购员在观察之后认为销量很好的产品。

你可以在哪里花时间来观察自己的目标客户？如何与你的目标客户沟通？在第 5 章，当我们研究竞争时，也会进行访谈和观察。接下来，我们采用另外一种方法——调研法——来进一步确定目标客户。

4.8 调研法

当帕蒂·黑尔（Patti Hale）决定创业时，她迅速开始研究目标客户，并选择了观察、访谈和调研三种方法。你也可以采用同样的调查方法来做一手市场调研。帕蒂的经验和"行动步骤 26"将帮助你分析自己的潜在市场。

设计和实施调研

帕蒂之前在一个纺织厂担任主管，现在她决定辞职自己创业。因为自己热衷于美食和与人打交道,所以她决心开一家餐厅。为了丰富自己的商业经验,帕蒂特意在当地大学选修了餐厅和酒吧管理的课程,以及晚间的小型企业培训课程。为了更好地了解目标客户,她阅读了大量有关南部地区饮食习惯的研究资料。但是如何才能将这些信息转化成当地的市场呢?虽然二手调研的资料很多,但是帕蒂不能让自己的事业冒险。于是她决定自己调研,认真学习调研设计的知识并从她的教授(一名经验丰富的调研专家)那里得到了大量建议。

帕蒂决定选择当地最有名的 Joe's Joint 餐馆进行调研,她经常去那里吃饭而且与餐馆主人乔(Joe)非常熟。帕蒂告诉了乔自己对于餐饮知识的了解和开一家餐馆的想法,并说服乔同意自己在其餐厅进行调研,条件是帕蒂可以免费进行调研,但需要将调研结果交给乔。这很公平合理,也是一个双赢的合作。

帕蒂在接下来的时间里开始设计调研方法:需要调研多少客户?什么时候展开调研?如何控制自己调研中的行为?

接下来,她开始设计问题:你外出吃饭的频率是怎样的?你的餐饮支出(包括税和小费)是多少?你希望镇上有什么类型的餐厅?你经常和家人去哪里就餐?约会时选择在哪里就餐?

因为有太多的问题需要调查,她花了四个晚上在乔的餐厅进行调研。

让乔惊讶的是,客户很配合调查;帕蒂也惊讶地发现,乔在这个调研过程中对自己的客户有了更深入的了解。

帕蒂调查发现目标市场已经趋于饱和状态。事实上,消费者逐渐削减了对餐饮费用的支出。这是一个让帕蒂的梦想幻灭的结果,但她损失的仅仅是时间。她需要重新寻找更可能获利的新的商业项目。

行动步骤 26

观察和访谈目标客户

你已经通过电脑和媒体资料包对自己的目标客户有了一个初步了解,接下来你需要把想法付诸实践,分析市场环境,真正去接触那些可能购买你的产品或服务的潜在客户。

你需要知道目标客户会出现的地方、个人爱好、收入、生活方式,同时也要考虑消费者的梦想和灵感。通过对目标客户的观察和访谈来检验你先前的假设。

1. 采用詹的方法,在目标市场中观察你的客户,并把观察到的信息记录下来。

2. 准备访谈。提前准备好访谈中的问题,更多地采用开放式的问题而不是封闭式的"是或非"选择题。你的目标是满足客户的需求,所以尽量让他们打开心扉畅所欲言,以便了解他们的真实想法与需求。

3. 你还可以在社交网络和新闻组上发布问题来研究你的目标客户。网络社区是信息自由流通的最佳地方,你可以找到非常愿意交流与分享的人群。此外,你还可以访问一些调查网站,例如 Survey Monkey,Ask Your Target Market 以及 Gutcheckit.com 等。

4.9 将客户分析作为习惯性思维

分析你的客户需要花费时间、精力,对未来的销售记录悉心维护。你对自己的客户了解得越多，预测其需求和需要就会越容易。如果你足够幸运，你甚至可以发现**隐形客户**（invisible customer）和额外的市场需求。一个警觉的创业者往往会关注与众不同的需求并快速地抓住机遇，因为这些可能是潜在的新市场。下面是一个典型的例子。

有的人创业是因为自己不想再为别人打工；有的人创业是因为他们不安于现状、特立独行；有的人创业是因为他们是对自己的创意极度热爱的梦想家。除此之外，还有人像弗雷德·鲍尔（Fred Bower）一样，是因为身体障碍无法在大企业获得一份好的工作而创业。有时客户会突然涌现出来，弗雷德·鲍尔的例子就是最好的说明。

足球都市的隐形客户

弗雷德·鲍尔在直升机训练中因事故受伤之前，一直把海军当作自己的事业。虽然他仍然能痛苦地行走，但是他的海军职业生涯已经结束。巨额的医药费令他一贫如洗，他开始找工作，可是没有企业愿意接收残疾人。

"我很喜欢足球，"弗雷德说，"我曾是一名相当不错的球员，担任教练的经历让我对小球员和家长很了解。我们社区里应该有一家足球专卖店，在寻找资金支持之前，我花了数周时间来验证这一想法。"

弗雷德对位于自己想要开店的地点60英里范围内的10家体育用品商店进行了调查。正如他希望的那样，只需要付很少的费用就可以在胡佛或邓白氏的数据库中获取每个潜在竞争对手的客户分析、信用等级和信用报告。

在开始分析目标客户时，费雷德提出了两类目标群体：
- 主要目标群体：年龄在4～12岁的足球爱好者以及他们的父母。
- 次要目标群体：年龄在13～18岁的足球爱好者以及他们的父母。

同时，他还收集了以下信息：
- 家庭收入：年收入60 000～100 000美元；
- 父母受教育程度：大学及以上学历；
- 爱好：运动、电子游戏、电影、音乐；
- 汽车：都市SUV和面包车。

弗雷德随后又将这群年轻人分成三组：学校足球队成员、美国青少年足球组织（AYSO）成员和俱乐部的精英球队成员。

由于弗雷德拥有丰富的足球知识且乐于助人，他的商店人来人往络绎不绝。许多学校都希望与他进行诚信的交易，家长们则希望通过弗雷德获得关于装备的建议。"我曾以为我所做的仅仅是销售产品，"弗雷德说，"但我真正做的其实是提供一种服务，让家长和孩子可以经常一起玩耍。"

弗雷德的商店开业一年后，第三类客户出现了。他们是从英国、墨西哥、巴西等国移民过来的成年人。这些人从小就喜欢足球，足球是这些人所在国家的全民运动。这些隐形客户甚至从50～70英里之外的地方驱车来到弗雷德的商店购买足球装备。赞助几支成年足球队后，他的生意越来越好。

接下来的一年，当地的"男生女生俱乐部"开始举办室内足球联赛，参加的小孩超过1 200人。弗雷德为所有球队的照片提供赞助，他的生意也因为可以提供特殊的室内足球鞋、护膝和护腿板而更火。弗雷德现在赞助了AYSO和男子高中秋季联赛、冬季室内足球赛、女子冬季足球联赛和春夏两季的成年人联赛。

"如果我不创业，就不会了解成年足球爱好者。现在他们每年为我的企业贡献超过30%的利润，如果他们今天不来光顾，明天就一定会来，这也使我的创业旅程更加有趣，同时也增加了现金流。繁忙的业务不仅能让我每天都过得很充实，而且能为我带来持续增长的利润。"

4.10 形象化目标客户

现在，你已经研究、调研和观察了目标客户。了解西雅图的路易·陈（Louie Chen）如何形象化自己的目标客户，你也可以如法炮制。

路易的梦想

路易·陈出生在西雅图，小时候喜欢棒球，后来又喜欢网球。这个转变是正确的，他最终成为一名专业的网球运动员，并连续三年参加巡回赛。

疲于持续的比赛和到处奔波的生活，路易结束了自己的职业网球运动员生涯，安定下来后成为一个生活优越的股票经纪人。同时，他也是美国亚洲裔商会和另外几个美国亚洲裔组织协会的成员。由于网球的关系，路易在乡间俱乐部获得了很多业务。当他继续寻找新的机会时，认识了一个名叫常江黎（Jianli Chang）的新移民。

常江黎是一名中年网球手，从中国香港移民到美国从事日本和中国的艺术品进出口生意。常江黎告诉路易，他在与银行建立关系时困难重重，这让路易开始思考。越来越多的亚洲人从西太平洋过来，华盛顿的亚洲裔人口增加了50%。这样的增长让路易嗅到了商机。于是，路易进入社区大学学习创业课程，他的导师格雷斯·里格比（Grace Rigby）是一位市场营销学专家，主要擅长目标客户分析。

"随时随地分析你的目标客户，不仅让你避免错误，还充满乐趣。"格雷斯对路易说。

在格雷斯的帮助下，路易开始分析自己的目标客户，主要采用目标客户拼贴法。

"拼贴法是将所有的数据、访谈、调研和观察相结合，构成立体的视觉呈现。"格雷斯说，"这种方法用剪贴画、统计学、短信、杂志广告等呈现出你的目标客户信息，然后对不同信息进行分类并记录在不同的便签上，将这些便签贴在办公室墙壁和办公桌上，当你感觉写商业计划书有困难时，可以把目光聚焦在这些拼贴上，以此为线索来寻找你的目标客户。你唯一的目标是了解并满足目标客户的需求。"

路易的拼贴包括以下图片：

- 六个身穿商务正装的亚洲男性和女性；
- 一架私人飞机；
- 香港银行；
- 寿司；
- 一个昂贵的公文包和行李箱；
- 纯金和钻石首饰；
- 一个穿着衬衫的亚洲人；

- 一个戴着安全帽的亚洲人在建筑工地看着建筑图；
- 在圆石滩高尔夫球场的亚洲人；
- 一起旅行的一个亚洲人家庭；
- 股市行情表。

拼贴法让路易专注于自己的目标客户。因为有良好的信用记录、精心制作的商业计划书和对目标客户的敏锐洞察，许多人愿意对路易的银行进行投资。路易将自己的商业银行命名为"美国商载信贷银行"（Shangzai American Bank of Credit, SABC），同时把银行开设在西雅图的国际商业区。

为了开拓亚洲裔市场，路易特意雇用了会讲中文、韩语和日语的接待员玛丽安·吴（Maryann Wu）。玛丽安还在学习泰语，她的主要任务是接待客户，将他们介绍给合适的客户经理。这些客户经理与客户使用同样的语言或熟悉客户母国业务的操作。

有一天，路易坐在自己的办公桌前，发现大厅里有一位50多岁的男士，穿着一身昂贵的、精心剪裁的西装，拿着一个公文包，就像自己拼贴照片中的人。路易迅速走出办公室，上前跟那位叫山姆·宋（Sam Song）的男士打招呼。随后，这位中年男士在路易的银行存了100万美元。

在过去的几年里，路易一直关注自己的目标客户拼贴。路易最想感谢的是自己的导师格雷斯，若没有格雷斯教给他的目标客户拼贴法，他难以取得现在的成就。

路易的目标客户拼贴法能够帮助创业者发现像山姆·宋这样的商业领袖——很可能被 VALS 定义为拥有资源并十分喜爱音乐和艺术的创新者。路易后来才知道山姆移民到西雅图是为了更靠近西雅图艺术馆和西北太平洋芭蕾舞团。现在轮到你通过"行动步骤27"来完成目标客户拼贴法，以形象化你的目标客户了。当你开始评价竞争态势和开展产品促销时，也请将目标客户放在首位。

行动步骤 27

利用目标客户拼贴法

把之前三个行动步骤收集到的所有信息整合起来，并让这些数据变得更加生动形象。

1. 通过拼贴法来构建自己的目标客户的直观形象，通过杂志和网络选择至少30~45张能代表你的目标客户的生活方式的照片，也可以选择文字或数据。

2. 列出你的目标客户喜欢的电视节目、电影、餐馆、运动、商店、广播电台、音乐、网站、杂志和书籍。确保你的目标客户拼贴中包含这些信息，你也可以考虑用创新的形式来描述目标客户，例如做一个带音乐的视频。

你的目标客户拼贴法应该考虑人口统计学、地理因素和目标市场的心理分析。充分利用你之前所做的调查研究。你也可以利用公开的资料来分析自己的竞争对手，挖掘竞争对手的劳动关系、政治和宗教信仰、受教育程度、雇员和其他的信息。你还可以利用 Pinterest 和领英等社交工具来分析自己的目标客户。

当你完成了目标客户拼贴法，将这些信息贴在自己的工作室或者存入电脑，将目标客户拼贴法的信息存储在自己的记忆里，随时随地思考自己的目标客户是谁，以及你应该依靠什么产品或服务来赢得客户。当你开始开展业务时，如果发现自己的拼贴信息与真实目标客户存在误差，应该随时修正自己的目标客户拼贴法。

如果你的业务面向 B2B 客户，可以采用 NAICS/SIC 编码来拼贴出目标客户，最后选出 10 张最能代表你的目标客户的类型和生活方式的照片等。聚焦！聚焦！再聚焦！

小 结

开始创业前，请至少对你的目标客户分析五次。开业之后，仍要通过调研、访谈、销售记录、互联网信息和观察来持续分析目标客户。

通过对目标客户的分析，你应该能回答如下问题：

1. 谁是我的目标客户？
2. 接触到他们的最佳途径是什么？
3. 我的产品或服务能满足客户哪方面的需求？（例如：居家园林美化服务并不只是割草和修剪灌木。最佳的卖点应该是提升住宅的美观度和价值，以及为房屋主人节省大量打理园林的时间。）
4. 在哪里以何种方式将我的信息传递给目标客户？
5. 我的目标客户还需要什么额外的服务？
6. 什么质量的产品或服务能够满足我的客户的需求？
7. 他们愿意支付多少钱？
8. 什么人会追随我的目标客户/什么人会是我的潜在目标客户？
9. 为什么我的目标客户会表现出这样的行为？
10. 如何与客户建立良好的关系，鼓励他们成为忠实的客户并让他们带来更多新的客户？

制胜关键

- 在英语中，"消费心理学"（psychographics）一词是由"精神"（psyche）和"图像"（graphos）两个词合成的，这两个词在希腊语中的意思是"生活"或"灵魂"以及"书面文字"。因此，消费心理学主要是对目标客户的生活、思维、灵魂和精神进行描述与记录。
- 市场细分即寻找一个你应该重点关注的利基市场。发现目标客户是一个循序渐进的过程。当你开始分析目标客户时，会发现你与目标客户的距离越来越近；当你对目标客户有进一步了解时，会发现真正的目标客户。当你采用"行动步骤 27"中的目标客户拼贴法时，就真正掌握了目标客户的分析技巧。
- 使用二手调研可以节省很多时间和费用。确保二手调研是在一手调研之后完成。
- 为了发现自己的目标客户，你可以采用任何方法和工具：媒体资料包、网络工具、人口统计学研究、生活方式分类和人口调查数据等。
- 通过 NAICS/SIC 编码来研究自己的 B2B 客户。
- 专注于自己的目标客户。

另一个视角

你的客户并不会做出合理的选择

乔·哈德茨马（Joe Hadzima）　　乔治·皮拉（George Pilla）

行为经济学和金融行为学是近些年最热门的研究领域。这些学科将经济学、金融学和心理学结合在一起来研究消费者行为决策。实际上，经济学研究主要是基于那些对纷繁复杂的现实世界做简化处理的理论模型。这些模型认为个人的行为决策像机器一样，知道自己的最佳偏好是什么，总是做出对自己效用最大化的选择，拥有完全的自我控制能力，只关注自身的利益，表现出完全的理性行为。

但是这与现实生活存在明显的差异。

这些模型主要是依据价格决策、投资决策和管理决策，忽略了个人因素。缺少个人因素并不能准确地刻画实际的决策过程，也不能为实际的企业管理决策提供帮助。

行为经济学将个人心理行为和经济学结合在一起，增加了对个人因素的考虑，因此可以为现实生活中的企业家行为决策提供有价值的帮助。让我们详细了解一下行为经济学的关键因素和对商业决策的影响。

第一步：明白目标客户的经验法则

行为经济学研究认为人的决策主要依赖于经验法则。尽管不是所有情况下都适用，但大部分的事例都证明了经验法则的准确性。它们很简单而且容易记住，常见的例子有：

- 买车永远比租车便宜；
- 圣诞节之后购买礼物会更便宜；
- 普通产品的质量不如名牌产品。

这些经验法则都是正确的，但并不是在任何情况下都适合。然而，一旦消费者接受了这种经验法则，就很难让他们改变自己的想法。

为什么不利用这些经验法则呢？

如果你的顾客认为圣诞节过后商品更便宜，可以充分利用这个机会销售高利润产品或者测试新产品的市场反应。最好的情况是，如果你的企业可以构建自己的经验法则并广泛传播，将给你带来丰厚的利润。

第二步：展示你的销售卖点

行为经济学研究信息的呈现方式如何影响个人的行为决策。例如，当消费者看到打折以百分比而非价格的形式呈现会更开心。餐馆的一道18美元的主菜，当它的折扣为50%时，客户的反应要明显比便宜9美元的反应大。虽然最终的价格是一样的，但是采用百分比打折的形式比直接降价更吸引消费者。

仔细回想一下，你的公司有多少次试图通过降价来减少库存最终却并没有达到效果。你是否把销售卖点的信息正确地呈现出来并传递给客户？你有没有采用不同的信息呈现形式，并对结果进行比较？如果没有，建议你下次尝试一下。

第三步：市场效率不高，所以不要依靠市场

在一个有效率的市场上，所有相同的产品价格是一样的，因为没有人愿意接受不公平的价格。但是这有一个前提：假设所有消费者知道市场上所有卖方的信息和价格信息，而且消费者都对同一产品的价值认知一致。它不考虑消费者有自己的关于产品或服务的认知。

在现实世界中，市场并不是有效率的，消费者没有充分的市场信息，对同一产品的价值的认知也不尽相同。虽然团购网、比价网等网站能够为消费者提供很多产品的价格信息，但是相对于经济学模型中的绝对效率市场还是存在很大的差距。

产品的价格信息存在很大的不对称性，低价的竞争者并不总会有优势，对于绝大多数的生意来说，低价并不是最好的策略。

第四步：人的羊群效应

行为经济学的另一个发现是人们的决策具有群体效应，绝大多数人的决策都受到周围人的影响。在过去的六个月里，苹果公司卖出了 750 万台 iPad。绝大部分人并没有充分地利用 iPad 的功能，他们选择购买 iPad 是因为周围的朋友都购买了。苹果公司并没有研究这种购买现象，但不可否认的是，最初接受 iPad 的那一群人成功地为苹果公司带来了巨大的收益和发展。

如果你的公司能够将自己的产品或者服务打造成一个潮流，那么人们会跟随潮流开始购买你的产品。

迈克·佩鲁（Mike Periu）是 EcoFin 传媒公司的创始人。这家公司通过电视、广播、报纸和互联网等媒体为小企业创业者提供财务培训、财务教育和创业培训等知识。在过去的 10 年间，迈克·佩鲁成功运作 3 家公司，为超过 50 家公司提供财务战略方面（包括筹集资金）的咨询建议。

资料来源：Mike Periu, "Yor Customers Don't Make Rational Decisions." Copyright © 2012 American Express Company. All rights reserved. From http：//www.openforum.com/idea-hub/topics/managing/article/your-customers-dont-make-rational-decisions-1 (Accessed May 30, 2012). Reprinted with permission.

第 5 章

了解和击败竞争对手：寻找市场缺口

> **学习目标**
>
> - 从规模、成长、盈利性、创造力和市场领导者等方面定义竞争。
> - 发现目标客户的竞争触点。
> - 理解在竞争对手和目标客户的关系中定位的价值。
> - 运用一手调研、二手调研和新视野调研方法评估竞争对手。
> - 培养技能使自己成为最佳市场侦探。
> - 广泛地评估竞争格局。
> - 建立竞争对手矩阵。
> - 建立独特的竞争优势。
> - 培养技能使自己成为终身的竞争格局观察者。
> - 在快速变化的竞争市场中脱颖而出。

仅在几年前，商业竞争的主题中出现了与战争有关的术语，比如"战胜竞争""击败竞争对手""争夺他们的市场份额"。这种划分市场的心态假定：当一个人进入市场时，必然从另一个人那里抢夺生意。在一个行业以缓慢且可预期的速度变化的环境中，焦点在于攻击竞争对手——毕竟，行业的变化太小，而这个策略似乎是唯一争取新生意的方法。

知识经济、技术以及新出现的见多识广的消费者已经改变了商业市场对竞争的理解。向竞争对手学习并与之共处成为新经济的全部内容。而新的目标是创造你自己的利基市场，并且按客户的要求不断改进和提高产品与服务。如今，许多企业为产品开拓新市场，而不再是仅仅攻击竞争对手。

竞争如此激烈，迫使你对市场和行业变化做出闪电般的快速反应。你可以登录斯坦福大学的 eCorner 网站了解那些在激烈竞争中脱颖而出并进入新市场的创业者是如何成功的。

在前面几章，你学会了如何把握趋势、识别机会以及分析目标客户，我们让你将商业理念集中于行业增长阶段和客户需求。本章介绍对竞争的理解如何帮助你进一步确定具体的利基市场——这一切都从客户开始。我们意识到通常创业者会进入一个成熟的市场，为此也提供了在这些市场需要采取的步骤。

《冲浪》是一家定位于 30 岁以上冲浪者的高品质且富含图片的季刊，其创始人德比·佩兹曼（Debbee Pezman）和史蒂夫·佩兹曼（Steve Pezman）的行为准则是：

"识别你的目标客户,为他们提供不可替代的'加分'服务。"佩兹曼夫妇对新机会的评估标准是:"这对我们的消费者来说是一个加分项吗?这是我们的竞争对手难以复制的吗?"

当你通过第 5 章的学习完成行动步骤并发展你的商业理念后,要像佩兹曼夫妇一样不断地问自己这两个问题,使自己始终以客户为中心。创业者将会面临更多的挑战,因为产品在产品生命周期各阶段的变化太快。你可以思考一下这些公司:AOL、MySpace、Digg。想想音乐是如何从唱片到八轨磁带、录像带,再到 CD 光盘、Napster,最后到 iTunes 的。那么下一个变化又是什么?

独立顾问兼俄亥俄大学市场营销学教授罗格·布莱克韦尔(Roger D. Blackwell)分享道[①]:

> 许多公司面临着与优秀、一般以及较差的企业竞争。但是一般以及较差的企业会被快速淘汰掉,市场上只会留下致力于满足消费者需求的一流公司。这迫使所有幸存的企业——不论其规模——进行精确和快速的市场研究,这样它们才可能快于竞争对手提供满足客户需求的产品。
>
> 产品周期在某种程度上缩短是因为新产品和产品的改进基于全国范围的供应链。一个地方出现的产品改良方法可以迅速推广至全国。地方性企业再也不能奢望竞争对手在短期内不会对自己的市场构成威胁。现在,已在其他地方(包括其他国家)测试过的新产品很快对当地的产品造成竞争威胁。例如,本田公司已经将从概念到产品的时间由几年缩短到几个月,产品设计和开发方面的科技进步极大地加速了新产品的面市。

5.1 谁是你的竞争对手

回到第 3 章,我们讨论了如何确定你的业务,不是就产品而言,而是就利益而言——不是出售书本身,而是出售信息、乐趣或者愉悦的记忆。如果你选择成为一个冰激凌供应商,过去的思维是列出你所有的竞争对手,然后与他们抢占市场。而新的思维方式是,你的竞争对手是所有正在为客户提供或者有能力提供相同利益的人。如果你的目标客户的利益点是下午的味觉享受,那么你的潜在竞争对手是提供这一享受的任何人。

客户只有这么多钱,而所有人都想得到这些钱。你的客户可能不买冰激凌而买特色咖啡饮品、酸奶、小蛋糕、水果冰沙或者饼干,而这些全都与你的冰激凌相竞争。在你附近的其他冰激凌店和酸奶店都应被视为你的主要或者**直接竞争对手**(direct competitors),而其他的企业甚至是杂货店和便利店则应被视为你的**间接竞争对手**(indirect competitors)。

永远不要低估间接竞争对手的实力和影响力。确定你的竞争对手时,请在一开始尽量广泛地界定,然后从整个行业中确定直接和间接竞争对手。尽管你自己的看法很

[①] 资料来源:Joshua D. Macht,"The New Market Research," Inc., http://www.inc.com/magazine/19980701/964.html (Accessed July 20, 2004). © 2004 Gruner + Jahr USA Publishing. First published in *Inc*. Magazine.

重要，但你的竞争对手不一定就是你认为的那样，你的客户才是真正界定竞争对手的人——那些最能满足他们需求的人才是真正的竞争对手。客户重点关注的是如何解决他们的问题，让他们的生活更加便利。

现在我们向你介绍第三种挑战，被称作**隐形竞争对手**（invisible competitors），即当销量和利润可观时，那些有能力、实力、背景和意愿去竞争的商业组织。在一个无边界的虚拟环境中，你既可以从隔壁邻居也可以从千里之外你甚至叫不出名字的陌生人那里购买物品，这种形式的隐形竞争已经成为真正的威胁。

随着互联网新兴企业的大量出现，德国桑威尔（Samwer）兄弟直接模仿其他网站的行为被证明十分成功。他们的公司成功地模仿了 Airbnb，eBay 和 Groupon。有消息称，Airbnb 花了 4 年开发网站，而模仿者 Wimdu 只用了 2 个月。注意，你的隐形竞争对手可能不在你的视野范围内，在你成功后才出现，市场力量和金钱能够流动得非常迅速。

经济大萧条时期，消费者可能选择节省开支，那么资金不足便会成为创业者面临的主要问题。2007—2010 年，资金不足导致许多公司垮掉。

当你开展一项业务时，应始终将观察竞争对手作为日常运营工作的一部分。调查、研究和监测你的竞争对手会十分艰难，你将为竞争对手如此迅速地出现和触动你的底线而感到震惊。

学完本章并完成调研后，你应该整理每个竞争对手的相关信息。到一定时候，你将能够为每个主要竞争对手建立一个档案，包含如表 5—1 所示的要素。每个创业者应根据特定的需要、问题和目标去调整这个档案，并根据自己所在的行业和商业模式去添加其他竞争性变量。将竞争对手档案的更新作为首要任务，并且永远不要忽视潜在竞争对手。

表 5—1　　　　　　　　　　竞争对手档案的要素

寻找自己的竞争优势和劣势，需要对竞争对手过去、现在和未来的行动进行识别、分类和追踪。在现有竞争格局下寻找市场缺口会获得更多机会。

企业身份信息：
法定名称——非正式或缩写形式，留意全球范围内（所有的未来增长计划）的任何母公司或子公司；
联系信息——主要地址、其他地址、网址、电子邮件、电话、传真、领英；
公司组织——法律上和组织上的架构；
所有权——私营或国有、所有者/持股百分比/董事参与度，留意任何可能的变化；
文化——信仰，对待员工、客户及供应商的方式，员工流动率；
历史——成立年限、取得的成绩、曾经的失败、扩张、品牌忠诚度。

环境的影响：
通过社会、文化、法律、政治、经济和科技等影响因素来评估企业对变化作出反应的能力。此外，评估涉及销售、制造、分销、营销以及以上几种影响因素的国际问题。
是否存在有足够实力影响法律和法规以获得竞争优势的竞争对手？
使用迈克尔·波特（Michael Porter）提出的五力模型来评估供应商的议价能力、买方的议价能力、现有竞争者、替代品威胁以及新进入者威胁。

企业的信誉和资产：
规模、稳定性、口碑和信誉——在行业、社区、客户、供应商和批发商中的表现；
专利资产——现有和未批复的专利、商标、版权、贸易机密或流程和品牌。

运营能力：
企业内部资源和能力——员工（工会、合同、轮班、可得性、经验）；设施设备（年限、技术优势）；

外部资源——与批发商、分销商的关系，以及所有的战略同盟或授权协议。

仔细考虑任何运营层面的竞争优势，比如规模经济、低成本和/或灵活的海外生产或者工程和技术专长。

产品/服务设计和创新：

产品或服务——产量、生产线、质量、即将出现的产品和服务以及研发活动；

设计——设计团队的实力；

产品生命周期——周期长度和回本时间；

商标和品牌的认知度；

时刻关注直接和间接竞争对手。

收入：

销量和市场占有率——关注所有市场巨头，以及销量猛增的黑马。

市场战略：

目标市场——有主要的和次要的之分，界定具体目标。

关键参与者：

关键员工——管理层、工程师和设计师；

董事会——评估董事会的实力和参与度；

有计划的管理层团队补充——查看网上职位列表和领英以跟踪确定动向。

财务资源：

评估项目——现金流、利润率、资产负债表、损益表、库存、销售成本、投资回报率、新资本投资。

如果可以的话，查看公布的所有财务报表，否则，通过政府和行业资源收集行业平均水平信息。

5.2 竞争触点分析

如前所述，消费者不仅购买产品和服务，还购买产品和服务为他们带来的价值。客户的诉求是：这里有什么对我有用的东西？产品如何让我的生活更优质、更便利、更高效、更有趣？它如何让我更年轻、更性感或者更聪明？它如何降低我的成本，从而让我获利更多？要评估竞争对手，你首先需要认识到对客户而言什么是有价值的。

将你的潜在目标客户集合成一个小群体，以便你能对竞争对手进行"群体性分析"。观察你的客户与你的竞争对手的所有相关经历，我们习惯将这个过程称为**竞争触点分析**（competitive touchpoint analysis）。每个触点代表客户接触任何与竞争企业相关的事物的时刻——这些事物包括广告、产品、网站、公共关系、接待员、销售人员或者店面。

一个餐馆老板或者医疗实践可以轻松地罗列出 150 个触点。你需要知道在每个触点，客户决定购买还是不购买。如果他们选择购买，那么他们是否重复购买取决于他们在每个触点的需求是否得到满足。如今，网络分析可以测量个人在每个触点是如何使用网站的，从而可以迅速调整网站以更符合客户需求。

编制一个触点列表能促使你去了解并承认竞争对手的优势和劣势。另外，识别出竞争对手的优势可能意味着你应该避免某些领域的竞争，因为这些领域的竞争相当激烈，会消耗宝贵的时间、精力和资源。

你也会发现有些触点对成功而言是必备的，并且是你必须提供的。列出由目标客户界定的触点,并让他们对重要性进行排序。询问他们哪些触点是不可协商的。然后问下面几个问题:突破口在哪里?你能成功地突破吗?哪些客户需求还没有被满足?哪些领域还可以利用?你觉得自己有哪些强项、哪些弱项?你的竞争对手在塑造怎样的形象?你将塑造怎样的形象?

回顾第 4 章提及的苏珊的健康美食餐厅,让我们看看苏珊的客户可能的触点。下面列出了一些触点,但请记住除以下列表之外还有许多触点。

- 点击脸书上的广告:横幅广告的品质如何?足够专业吗?是否向恰当的人员传达?在作出回应之前,这个人可能看到多少广告?
- 对广告作出回应:网站设计得如何?导航菜单简单吗?能否简单有效地确定成本和项目?如果潜在客户有饮食方面的问题,他能很容易地找到相关信息吗?如果无法找到,客户可以联系苏珊的健康美食餐厅吗?是否有联系电话?如果是,接线员态度好吗?客户要等多久,电话才接通到销售人员处?等待的彩铃合适吗?销售人员够专业、能帮得上忙吗?如果客户的问题销售人员无法解答,需要多久客户才能得到回复?这个产品项目解释得清楚吗?客户的疑虑能完全消除吗?
- 提交订单:订单容易在线填写并易于理解吗?表格做得有吸引力吗?快递清楚吗?其他替代选择是否写清楚了?网上订购方便快捷吗?如果客户网上订购有困难,能否电话联系客服人员?
- 接收订单:订购的产品能否及时送到正确的地址?食物是否看起来可口诱人?加热说明是否清楚?食物味道如何?
- 投诉或修改订单:电话投诉和订单修改问题如何处理?问题处理是否迅速?是否有后续追踪电话确保客户问题得到解决?客户是否被礼貌地对待?

通过完成"行动步骤 28",找出你业务中客户的触点。之后你能通过构建**竞争对手矩阵**(competitor matrix)来进一步评估你的竞争对手。一旦完成了第 6 章、第 7 章的学习,回到"行动步骤 28",调整你原来的答案。

行动步骤 28

评估客户的触点

调查你的客户对竞争的感知以及对其重要的利益点。在市场上寻找利基时,你必须观察竞争对手的行动、服务和产品。现在,考虑一下苏珊的健康美食餐厅中客户的触点。

分析一群你的潜在目标客户,看看他们购买竞争对手产品的经历,然后列出一系列的触点(至少 60~80 个)。整个产品的每一面都结合起来才能形成宝石。你对宝石越了解,就越能将其打磨得闪闪发光。

1. 列出触点后,让目标客户选择并排列 5 个最重要的触点。当你评估竞争对手所有的触点时,思考你该如何在这些领域达到或超过竞争对手的水平。
2. 在哪些领域你可以为客户提供真正的或感知到的附加价值?

判断哪些方面直接正面交锋,哪些不值得关注,哪些是客户的需求,以及哪些领域你比对手做得更好。随时准备你的触点列表,你将在第 6 章、第 7 章再回过头来考虑。在写商业计划书时,利用那些能让你脱颖而出、对客户来说最有价值的触点。

为了竞争,你需要脱颖而出,形成**独特的竞争优势**(distinctive competency),拥有自己的利基市场或者开拓新的市场空间。企业的成功不仅仅在于争取客户,真正

的成功是通过留住客户实现的。当你梳理竞争对手的竞争优势时,审视其中提高客户忠诚度的特征。时刻审视你的触点,如果只是经济上的问题,争取超过你的竞争对手。持续关注你的客户感知的价值。

在完成之前的行动步骤后,如果你真正倾听过潜在客户的意见,那么你已经在开始开发一个利润可观的利基市场了。利基市场能让你富有,但要想在长期经营中保持利润,建立良好的声誉是十分重要的,这样,客户才会源源不断地上门。本章帮助你深入挖掘以形成竞争的战略和框架,将诸如趋势把握、识别目标客户以及开展竞争情报工作等行动步骤结合起来。

5.3 竞争情报

为了进一步识别你的直接、间接和潜在的竞争对手,你需要开展竞争情报工作。

美国竞争情报从业者协会(Society of Competitive Intelligence Professionals,SCIP)将**竞争情报**(competitive intelligence,CI)定义为"正当地收集、分析和传播涉及商业环境、竞争对手和企业自身的,精确的、关联的、具体的、及时的、预见性的和可行的情报信息的过程。情报不只是阅读新闻文章,而是要发展独特的洞察力来看待企业商业环境中的问题。需要记住,情报过程能为决策者提供对未来事件的有见地的建议,而不仅仅是针对当下竞争环境的报告。这个过程为未来的决策提供关键性的选择,以形成令人满意的竞争优势"。

竞争情报是事前的而不是事后的行为。你的主要目标是识别客户潜在的需求和未来的竞争机会,不是消除竞争对手,而是在发展壮大自己的利基市场的过程中向竞争对手学习并从中受益。下面是竞争情报的 11 个一般性目标:

1. 改善产品特征和提升客户利益点。
2. 提升客户服务。
3. 为分销产品或服务寻找新渠道。
4. 改进广告和促销。
5. 开发更高效的生产流程。
6. 缩短反应时间和递送时间。
7. 为产品或服务提供附加价值。
8. 寻找新的同盟和战略合作伙伴。
9. 为现有产品或服务的增长寻找新渠道。
10. 开发新产品或服务。
11. 为你的企业增加人性化接触。

第 2 章、第 3 章提到的环境、社会/文化、法律/政治、经济和科技等因素的竞争情报将帮助你分析宏观形势。第 4 章主要介绍目标客户,而本章的竞争情报关注竞争对手及其与目标客户的关系。

在当今商业环境中,通常可以免费、容易且及时地获取竞争对手的数据。例如,如果你想生产防噪声耳机,可以上亚马逊和主要的音频网站查看评论,立即了解竞争对手的情况。不断地发掘有待提升的性能,看看是否还有其他客户期望增加的性能。

这些评论也为你提供了条件去考虑更复杂的问题,以便采用第 4 章中讨论的采访、调查、焦点小组等方法时使用。另外，你可以上网查看竞争对手网站上的评论，在推特上搜索相关趋势信息。通过上网搜索，你将发现：（1）客户在说什么；（2）第三方在说什么；（3）各公司及其员工在说什么；（4）行业内部人士在分享和质疑什么。

通过关注推特上的内容，用 WeFollow 或者 Listorium 去寻找竞争对手、供应商、工程师或者趋势领导者，用 Tweetdeck 或 Hootsuite 管理推特信息。密切关注描述你的产品和行业分类的信息，确保自己知道所有热门社交平台（比如推特、脸书和领英）的图标和网址。

如果你想获得公司或员工信息，领英能为你提供宝贵的财富。找到专家，看看他们问了什么问题，你也许能从中找到一个利基市场或者值得思考的想法。领英最近收购了 Slideshare——另一重要信息来源，在这里，你可以找到你的竞争对手和行业专家的展示资料，说不定能发现重大秘密！

Google Alerts 将会为你推送任何涉及你的竞争对手、行业和客户的消息。几年前，有一种剪报服务，为客户从众多报纸杂志上摘选文章。如今，谷歌在两秒钟内就能为你免费提供这种服务。如果你有复杂的事项要调查或跟踪，可以考虑聘请一个程序员。告诉他你想要什么，他就能给你"变"出来。

Compete, Quantcast, Alexa 能够追踪你的竞争对手的网上活动。考察网站流量、参与度、关键词和搜索指标、人口统计数据、网络排名、引用情况及市场标杆，只是网络分析的开始。这一领域的公司成长迅速，因此可以找一家专门服务于你所在行业和/或目标客户的网络分析公司。

基于你的业务，你可能需要监控 eBay, Pinterest, Yelp, TripAdvisor 或者你的潜在客户会购买、阅读评论和比较价格的网站。请记住，由于技术不断发生广泛而迅速的变化，产品的开发、分销、定位和市场营销都融合到了一起，因此，你不仅需要贴近你的行业，还要密切关注整个商业世界。

竞争情报收集应努力瞄准环境、目标客户、产品和竞争对手。在试图发现利基市场时，你需要分析过去并着眼于未来。作为眼镜制造商，Warby Parker 发现了突破口，通过线上商业模式为大众提供时髦而实惠的眼镜。

5.4 继续侦察竞争

除了教材里提到的，还有成千上万种收集信息的二手来源。知识是力量，但行动才有结果。评估自己的风格，看看是否有过度分析的倾向。太多的信息会使人无从下手，害怕失败会让人陷入无所作为的怪圈。你害怕犯错吗？如果是，记住你将会犯错。真正的创业者将错误看作经验，将其视为工具以便在未来做出更好的决策，然后向前进而不是向后看。

基于你的知识发挥你的优势，认识对手的优势和劣势会增强你的信心，你将因此而成功。

如果你还未以客户的方式侦察竞争对手，现在可以开始：（1）浏览竞争对手的网站，并注册会员；（2）一天察看几次竞争对手的门店；（3）拨打他们的 800 电话；（4）购买竞争对手的产品，拆解并研究产品是如何制造的。询问目标客户有关购买流程的问题，也问自己相同的问题。但牢记，对客户而言什么是重要的远比你认为什么是重要的重要得多。倾听是你的秘密武器。

在调查竞争对手的过程中，可以向政府机构了解公开报价、建筑审批以及专利和商标注册等信息。一个公司的目标、战略及技术通常都会在公共信息中披露。

与潜在的供应商交流，他们将提供关于你的竞争对手以及整体形势的重要解读。然而，留意并记住那些为你提供机密信息的供应商——他们在将来也会把同样的机密提供给你的对手。

参加贸易展销会时请提开放式问题，观察销售人员和潜在目标客户，同时调查了解新产品。没有人比销售人员更了解一个行业的客户，与竞争对手的销售人员打交道越多，学到的也就越多。

许多展销会只允许协会内部会员参加。如果你不是会员，找一个会员并请求作为他的客人一起参加。如果不可行，在附近的大厅、咖啡厅和餐馆向坐你身边的人提问。如果你为调查做了准备，与业内人士对话应该不会有问题。

学着了解发展障碍，走在发展的前沿——把握一切机会，就成功了一半。企业家的魅力就在于灵活应对变化。当然，你必须了解经济和你所在的行业，才能采取最好的应对措施。

尽管开展了诸多调研，加深了认识，但关键在于绝不低估你的目标客户的忠诚度、善变性以及对变化的抵制。即使在某些领域目标客户对新产品的欲望能够得到满足，当你拥有极少回头客并需要不断开发新客户时，要维持业务也十分艰难。大多数时候，你需要让客户有强烈的动机去尝试你的产品，并且需要让客户有更强烈的动机去继续使用。

完成"行动步骤29"，获得一个立足点，并在客户的购买优先次序上提升你的位置。

行动步骤29

了解竞争对手，确定竞争位置

1. 完成对竞争对手的二手调研。不用担心对手太多。调查的对手越多，学到的就越多。

2. 当你开始建立竞争对手档案（如表5—1所示）时，借助触点和过去的调查为每个对手绘制一张评估表。

3. 开始侦察。评估对手并对其以1～10打分。如果不伪装成消费者就不能深入了解对手，那么派一个朋友带着你的检查列表实地考察，或者打电话了解情况。你能从事前有所准备的电话联系中获取重要信息。然后和每一个愿意跟你聊天的人面谈。随时准备采取这一行动步骤，你将需要它来完成行动步骤30。

CI专家还建议观看演讲、广播电视节目，阅读博客、政府文件，进行调研，以及参观工作室和参加会议。另外，求助专业图书管理员或许能开辟新途径。上网搜索时需注意：不要过于相信网上的信息。客观真实的数据往往被隐藏或隐瞒。仅仅依据网络信息做决策时必须谨慎。

市场调研和CI的重要性不在于数据的收集，而在于将数据处理成信息并进一步分析，使之能成为认知进而传递给决策者。这个过程应该是持续的，并覆盖公司全体员工。

其他的CI资源还有行业研究报告，可以从诸如Market Research.com，Research

and Markets，以及 Alacra Store 等中间商处买到。这些网站提供了超过 400 家主要的国内和国际调研企业的研究报告，覆盖成千上万的产品和服务。有了这些免费或低价的报告，你会发现二手调研已经完成大部分，或者至少为你开了个好头。

MarketResearch.com 的免费在线调研专家还会引导你购买适当的和相关的研究报告。如前所述，与贸易或者专业协会保持联系十分关键，参观工作室和参加特别的会议同样重要。另外，如第 3 章讨论的，接触收费服务公司也值得考虑。

Science and Technical Information Network 以低价提供了非常详细的竞争情报。大学网站也将引导你接触业内的专业科研人员和项目。私人数据库供应商对于技术领域的任何人来说都是十分宝贵和必要的。

浏览和访问网上新闻群组、社交平台和博客，有助于你发现具有竞争力的意外收获。在你的竞争对手和供应商的网站上多花些时间。通过公司网站往往可以直接接触到管理人员和研究人员的展示和论文。一些研究人员会监控公司网站的职位信息，并通过工作要求细则推断出技术公司未来的发展方向。

向外部看，CI 迫使人考虑法律和政治层面的变动，以及未来产品和服务的潜在分歧。另外，你必须关注全球宏观环境以接触新思想和了解竞争动态。使用 CIA 的 FactBook，World Competitiveness Yearbook，以及本书中强调的其他来源为你的国际业务收集市场情报和竞争情报。保持竞争优势并走向国际化的一个办法是达到 ISO 标准（参见"地球村"专栏）。

下面是关于审视竞争局势的一些额外的建议和策略，由迈克尔·奇琼（Michael Tchong）（《社会参与》(*Social Engagement*)的作者和 Social Revolution 的创始人）与理查德·沃森（Richard Watson）在 2012 年 5 月提出。

1. 每当你看见新事物产生，思考为什么会产生以及如何产生。然后进一步质疑你得到的答案。新崛起的公司在你的市场做什么？它们在做同样的事，还是不同的？为什么？

2. 寻找连接新思想、新态度和新行为的模式。两个新想法有何相同与不同之处？它们的共通之处在哪里？矛盾和分歧在哪里？为什么？

3. 观察反潮流行为。当所有人都朝一个方向走，而你看到有人朝相反方向行进，试着理解为什么会这样。或许他们看到了别人忽视的机遇和挑战，那么你应该跟随他们的脚步。

4. 退一步，定期观察整体形势。不要因为死盯着微观层面而错过大变化和大趋势。

5. 不要被一时的流行所毁掉。通常较难区分一时的流行和真正的趋势，你在向前迈进时要不断思考这个问题。

6. 最后，记住你不需要彻底改造所有东西：没必要忘记或忽略过去的行为，仿佛那些毫不相关。如果能仔细研究产品和市场的过去，同时关注现今有何新的、特别的变化，那么你可能有最好的基础去判断这些产品和市场在未来的动向。

如果这些都做到了，你将因在短时间内把握未来而赚到大钱。同时，如果把握错误，赚大钱的机会也可能错失。而真正的大钱并不是跟随市场趋势得到的。

有原创想法且创造趋势的人能赚大钱。有勇气的人会做一些事情，然后看是否有人跟随。对于其他人来说，成为最快的追随者可能是最好的选择。

5.5 二手调研来源和报告

记住前面的步骤,继续聚焦你的竞争对手和客户。下面的资源列表以及之前提到的内容将帮助你进行二手调研。另外两个极好的资源列表可以在 Research on Main Street 和 Steve Blank 的网站上找到。二手调研能够缩小你的关注范围,同时为一手数据收集做好准备。

5.5.1 公司、行业的图书馆和互联网参考资源

确定一家公司是上市公司还是私人所有:
- EDGAR Online

跨国公司信息:
- D&B Principal International Business
- European Wholesalers & Distributors Directory
- World Trade Center Association World Business Directory
- Dun's Latin America's Top 25 000
- *World Trade* Magazine

母公司和子公司信息:
- Directory of Corporate Affiliations
- D&B's America's Corporate Families
- Who Owns Whom: North America
- Guide to American Directories

企业的业务类型、执行官、员工人数和年度销售额信息:
- Standard & Poor's Register of Corporations
- D&B's Million Dollar Directory
- Ward's Private Company Profiles
- Standard & Poor's Register of Corporations, Directors, & Executives
- Dun's Business Rankings
- Hoover's Billion Dollar Directory

公司背景和财务数据:
- Standard & Poor's Corporate Records
- Moody's Manuals
- Walker's Manual of Western Corporations

公司新闻:
- *Wall Street Journal* Online
- PR Newswire
- *Business Journals* website(访问 40 个当地商业市场)

专业工商目录:
- Thomas Register of American Manufacturers

- Standard Directory of Advertising Agencies
- U.S.A. Oil Industry Directory
- Medical and Healthcare Marketplace Guide

公司排名：
- Annual issues of Fortune, Forbes, Business Week，包括 Fortune 500，Global 500，America's Most Admired Companies，the 100 Best Companies to Work For

二手资源可能提供最有用的未来一手资源：获取那些涉足你所在的行业以及从事该领域研究的人员的姓名和电话。然后核实信息，进行采访。你绝对会为这些人通过电话或网络与你分享的重要信息感到震惊。真诚地对待这些人，解释你打电话的原因，请求了解信息；要表现得可信赖且有职业操守。

前美国中央情报局员工，现 Herring and Associates 的所有人简·赫林（Jan P. Herring）写道："人类情报胜过机器情报，因为许多情报不会被写下来——而仅仅在人们的脑中。"因此，获取人类情报的唯一方法是和人谈话。利用你的社交网络，同时时刻寻找机会扩大你的社交网络的规模和范围。

还需记住：关于竞争对手最好的信息来自你的客户。对他们友好，不要让他们感到尴尬。你可以这样说："我知道您有其他的选择。我十分感谢您的光顾，并希望您能继续光顾。我们和其他公司所做的，您最喜欢和最不喜欢哪些？有什么是我的竞争对手向您提供，而您希望我们也应该提供的？您需要但没人提供的是什么？我们能做些什么让彼此都能获益？"

如果你的产品和服务的价格能够让人接受，花钱让你的朋友和家人去购买，然后一起讨论他们的体验。如果他们从网站上购买，坐在旁边观察他们是如何操作的。

反馈越多越好，但是对朋友和家人的意见要保持一点点怀疑。因为有些人只说好听的，有些人则只说负面的。为了确保真实性，你需要收集其他观点。

针对每家企业开发一张竞争对手工作表，它将会成为一个竞争对手档案，不仅包括所有重要的触点，还包含竞争对手的企业名称、所有者、地址、联系电话、电子邮箱、推特账户、脸书账户、成立时间、市场份额、目标客户简介、企业形象、定价结构、广告、社交媒体的运用、市场营销、客服、退货条例、特殊订单供应、清洁度、存货、优势和劣势——根据企业的实际情况来调整调查清单。充分重视这一部分，因为你需要通过获取的信息来评估竞争对手进而发现自己的利基市场。

创业者往往会轻视竞争对手。当你撰写商业计划书时，需要充分地分析竞争对手的优势和劣势，通过分析的结果让读者相信你的企业可以填补竞争对手忽略的市场缺口。再次强调，永远都不要低估你的竞争对手。

5.6　调查制造商和科技公司

对以下领域需要进行竞争对手调查，特别是当你的创业机会存在于制造业或科技行业之时。

- 生产制造设备；
- 销售渠道和设施；
- 专利技术；

- 财务优势；
- 盈利能力；
- 融资能力；
- 生产成本；
- 雇员类型（经验丰富的销售人员、优秀的技术工程师和软件设计师）；
- 服务声誉和便利性；
- 零配件获取便利性；
- 维修成本；
- 保修；
- ISO 标准（参见"地球村"专栏）。

地球村

ISO 简介

ISO（国际标准组织）是世界上关于国际标准最大的开发者和公布者。

ISO 有 164 个成员，其中央秘书处设在瑞士日内瓦，负责协调整个系统。

ISO 是一个无政府组织，它在公共部门和私营部门之间搭建了一座桥梁。一方面，它的许多成员是国家政府机构的一部分，或是由政府授权管理。另一方面，有些成员与私营部门有独特的渊源，由行业协会的合作伙伴设立。

因此，ISO 使得就既能满足商业需求又能满足更广泛的社会需求的解决方法达成一致成为可能。

谁从标准中受益

ISO 标准提供了技术、经济和社会方面的利益。

对企业而言，国际标准的广泛采用意味着供应商可以开发和供应满足一定规范的产品和服务，这种规范在它们的领域内被全球广泛接受。因此，采用国际标准的企业可以在全球范围内的更多市场进行竞争。

对新技术的创新者而言，专业术语、通用性和安全性等方面的国际标准加速了创新的传播，并加快了将创新转化成可制造和可销售的产品的进程。

对客户而言，基于国际标准制造的产品和服务使得技术在全球范围内具备通用性，这给予他们更多的选择。他们也能从供应商的竞争中获益。

对政府而言，国际标准为巩固健康、安全和环境方面的法律法规提供了技术和科学上的基础。

对贸易管理部门来说，国际标准为市场上的所有竞争者创造了一个公平竞争的机会。有分歧的国家或地区标准会给贸易造成技术性壁垒。国际标准是使政治贸易协定可以付诸实践的技术性手段。

对发展中国家而言，国际标准代表了现有技术水平的国际共识，这是一种重要的技术诀窍来源。国际标准界定了产品和服务在出口市场上应具有的特征，从而为发展中国家投资稀缺资源的决策提供了依据，有利于避免资源浪费。

对消费者而言，产品和服务统一使用国际标准，可以保证质量、安全性和可靠性。

对每个人而言，国际标准保证了我们使用的交通运输工具、机械和其他工具是安全的，有利于总体生活质量的提高。

对于我们居住的地球而言，所有产品在空气、水、土壤、气体和辐射排放以及环境方面统一使用国际标准，为保护环境做出了贡献。

标准带来好处的例子

螺纹标准化方便了椅子、儿童自行车和飞机的生产,解决了制造商和产品使用者一直感到头疼的一个问题,即因缺乏标准而导致的修理和维护问题。

标准建立了专业术语上的国际共识,使得技术转移变得更简单和更安全。标准是加速新技术进步和创新传播的重要一步。

如果货运集装箱规格没有标准化,国际贸易将更加缓慢,成本也会更高。

如果手机和银行卡没有标准化,生活会更复杂。

缺乏标准化甚至可能影响到生活质量本身:例如,对残疾人而言,他们会因轮椅和入口的规格没有标准化而被隔在消费品、公共交通和建筑物之外。

标准化的符号提供跨越语言界限的危险警告和信息。

对各类材料等级标准达成共识,为商业交易中的供应商和客户提供了一个共同的参考。

就一种多样化的产品满足大多数当前应用达成共识,能为生产者和消费者带来成本上的规模经济。纸张尺寸的标准化就是一个例子。不同设备在性能和安全要求上的标准化,在给予制造商自行设计的自由的同时,也保证了用户需求得到满足。

计算机协议的标准化使得来自不同供应商的产品可以相互"交谈"。

文件的标准化加速了商品的运输,或者有助于辨别出对不同语种的交易商而言可能敏感或危险的货物。

各类接口和界面的标准化确保了不同来源设备之间的兼容性和不同技术之间的互操作性。

检测方法上的一致性使得产品之间的比较变得有意义,在控制污染方面——无论是噪声、震动还是污染排放——也起到了重要作用。

机器设备的安全标准保护了人们,无论是在工作、游玩、海上还是在看牙医时。

如果没有 ISO 标准,在度量数量和单位上未达成国际共识,购物和贸易会变得无计可言,科学将不再科学,技术发展也会变得有缺陷。

资料来源:This text is reproduced from the ISO Web site of the International Organization for Standardization, ISO. More information on ISO can be obtained from any ISO members and from the Web site of ISO Central Secretariat at the following address:http://www.iso.org.Copyright remains with ISO.

5.6.1 竞争与定位

《两位数增长》(*Double Digit Growth:How Companies Achieve It No Matter What*)的作者迈克尔·特里西(Michael Treacy)认为小企业具有与生俱来的优势,并揭示了如何在与大公司竞争中充分利用这些优势。他提到了三大价值规律:

1. 卓有成效的运营(如沃尔玛、亚马逊);
2. 引领潮流的产品(如苹果);
3. 客户亲密度(如诺德斯特龙和 Zappos)。

没有哪家公司在这三方面都擅长,因此只需要聚焦于你能实现并能将你与主要的竞争对手区分开来的价值。通过对客户触点和竞争对手信息的审视,以及竞争对手矩阵分析,你会进一步将注意力集中在你的独特竞争优势上。

事实上,竞争是在客户的头脑中展开的一次博弈,购买决策据此得以制定。在客户的头脑中存在诸多"优先次序"——产品、服务、体育人物、电视节目、银行以及出租汽车都会涉及。为了能在这些方面获取有利的位置，企业必须首先站稳脚跟，然后与其他企业进行竞争以提升自己的位置。就这么简单。

从这一视角来看待竞争可以帮助你将精力集中于目标客户。竞争博弈的核心在于变化，这是一个持续的过程，在这个过程中你对产品和服务进行定位和重新定位以满足客户、市场和经济不断变化的需求。你将会使用**定位策略**（positioning strategy）来将自己和竞争者区分开来，并把你的定位传递给目标客户。

关注竞争者及其处境的另一种方法是 **SWOT** 分析，该分析关注你的优势和劣势，以及外部的机会与威胁——竞争对手的优势和劣势。通过关注每一部分，你能够建立一个竞争对手矩阵。你需要完成内部分析来发现自己的想法或公司的优势和劣势，还需对环境和你的竞争对手进行机会和威胁的外部分析。完成分析后，你就能建立自己的竞争优势并进行定位。

Key Points 就是一个绝妙的例子，四个好朋友在对行业进行从内到外的分析之后，评估了处方眼镜市场并找到了属于自己的利基市场。

他们预见了在客户优先次序选择上的关键一步，因为他们宣扬了一个由叛逆的精神和崇高的理想形成的全新理念：打造质量精品，制作经典，全新定价。

5.7 竞争与产品生命周期

就像生命体和商业中的所有事物一样，竞争同样拥有四阶段的生命周期：萌芽期、成长期、成熟期和衰退期。考察这些阶段，关注可以利用它们赢得竞争的方法。简而言之，竞争生命周期的四个阶段如下：

1. 在萌芽期，不存在竞争。你对产品或服务以及一个微小核心市场的看法，即代表了市场愿景。然而，作为市场的先行者并不能确保成功，吸取这里列示的经验教训，会提高业务增长的概率和丰富你的想法。

2. 随着行业成长，竞争对手意识到有利可图并且尝试**进入竞技场**（penetrate the arena）——为了占据一定的地位以盈利。好奇的目标客户从四面八方涌来。你能预见巨大的成功。

3. 随着行业成熟，竞争激烈，你被迫夺取客户以维持生存。你可以选择设计一个商业模式，它不能保证成功但提供了一个尝试新事物的机会。成长速度开始减慢，生产运行耗时更长，价格逐渐下滑。

4. 随着行业开始衰退，竞争陷入绝望。许多企业失败，疲惫的竞争对手离开竞技场。

就像之前讨论的那样，竞争生命周期在过去的几年里大幅缩短，这与全球增长、**快速成型**（rapid prototyping）、技术和营销速度有关。例如，几年前一部手机的萌芽期可能持续一年之久，如今缩短至一两个月。今天，一个阶段到另一个阶段的转变以惊人的速度发生，竞争也很快进入白热化。因此，要做到有利可图是很大的挑战，并且用于实现目标的时间也被缩短。

一个产品在一个月内就完成四个阶段中的一个阶段并非传闻。事实上，甚至有一些产品在一两个月内就经历了四个阶段的转变。

例如，在高科技企业，从一个想法的诞生到产品渗透只有两三个月的时间。此时，竞争对手也早已进入市场，产品开始进入成长期，甚至在一些情况下步入成熟期。

所有这些表明，为了生存，你必须不断通过 CI 与市场保持联系，并且必须总是精力旺盛地参与竞争。记住，你无法控制周期的变化速度，但你要控制自己如何对变化作出计划和反应。图 5—1 会帮助你更清晰地理解一般的周期性变化。

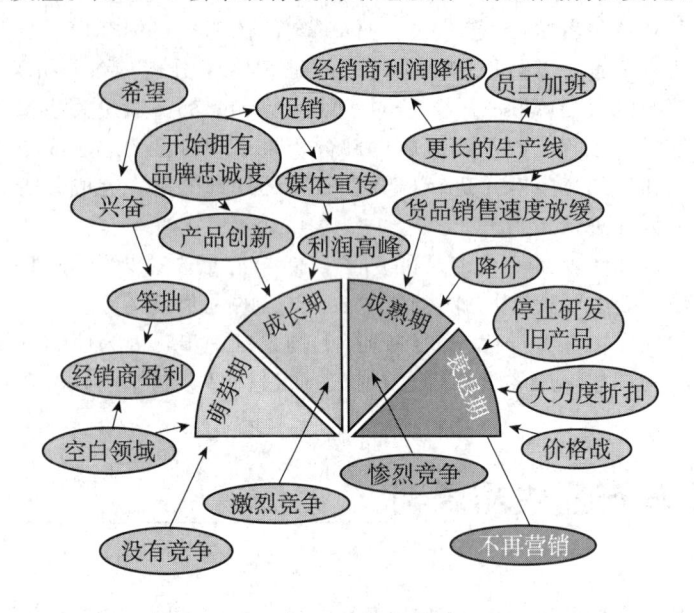

图 5—1　产品生命周期与战略

说明：在产品生命周期的每个阶段需采用不同的竞争战略。

在竞争生命周期中你所选的行业和细分市场处在哪一阶段？如果你刚创办一家企业，这对你意味着什么？这对你的生存有什么意义？当你所在行业进入成熟期和衰退期，你准备好备选方案了吗？你准备只做一种产品吗？下面的信息将帮助你对各个阶段有更深入的了解。

竞争生命周期

萌芽期

兴奋、天真的陶醉、冲劲、笨拙、高失败率及很多的头脑风暴，这些都是萌芽期的标志。产品定价高且带有试验性。因为市场很小，所以销售量低，并且生产和营销成本很高。

你需要定位你的核心客户群并且强调你的产品价值。培养客户是必要的且成本高昂的。竞争在这一阶段还未出现。因为中间商对毛利有很高要求，所以很难找到经销商。利润是不确定的。然而，机灵的创业者会撇开这些，预测会有一个核心市场出现。不断尝试！《心灵鸡汤》（*Chicken Soup for the Soul*）的作者们找了 30 多家出版商才找到成就其数百万美元商业帝国的出版商。不屈不挠是你永远的创业宝典。

成长期

产品创新、产品接受度高、开始有品牌忠诚、媒体推销以及大致正确的定价，这些都是成长期的标志。经销商变得越来越重要。在萌芽期不理不睬的中间商现在会极力要求分销产品。嗅到金钱气味而兴奋的强大竞争对手也开始进入竞技场寻找新的目标客户群体。利润率有达到巅峰的迹象。

成熟期

达到顶峰的客户数量标志着进入成熟期。设计聚焦于产品差异化而非产品改进。产品运行周期变得更长,因此企业可以充分利用固定设备和管理经验。中间商不再那么活跃。对广告的投资随着竞争加剧而攀升。一些企业开始破产。价格迅速下滑,竞争非常激烈。在此阶段,当且仅当你能对产品做出独特的改变或真正提供更好的产品时,才能进入市场。首先问问自己:"我真的可以把这个理念传递给我的目标客户吗?"可参阅"创业热情"专栏中强调的 DCL Resources 公司是如何在一个成熟的市场中通过专注于技术、交流和环境意识运营的。

衰退期

市场极其不景气和令人绝望标志着进入衰退期。少数企业仍在坚持。产品研发停止,促销消失,价格战在持续。对服务和维修领域的创业者来说,可能会有机会出现。顽固分子仍在努力发掘核心市场的剩余价值。中间商消失无踪,他们已经转向了新产品。

5.8 在成熟的市场竞争与定位

有时对一个创业者或一个大企业智囊团而言,**竞技场上的改变**(change in the arena)能够在成熟市场创造机会是显而易见的。尽管我们鼓励你瞄准成长的市场和行业,但那并不总是可行的或可取的。要在成熟市场上竞争需要更多创造性。

改变可能很小——产品或服务某一方面的略微改变(如众所周知的"新型捕鼠器")——但对市场的影响非常大。想想 Redbox 公司是如何垄断 DVD 租赁市场的,许多人一开始就视之为衰退的市场。商业世界——无论大小——充满了这种神奇的故事,而这些故事共同的主线就是在现有产品和服务中发现了**劣势区域**(area of vulnerability)。

创业者喜欢听这类故事毫不奇怪:这些故事蕴含了教训,却又令人鼓舞。这也是我们在这里讲述这样的故事,以及沃比·帕克(Warby Parker)在 Key Points 强调这些的原因。

如果你处在一个成熟的行业,你将不得不从竞争对手那里赢取客户以求得生存。博弈由两个因素决定:首要的是你的客户,其次是你的竞争对手。不断从你的竞争对手和客户那里学习以调整产品或服务,这样才能满足市场的需求和渴望。将你的企业引导回成长期,进而用三大推力来创造自己的利基市场:

1. 通过出众的服务赢得竞争;
2. 创造新的竞争市场;
3. 通过持续改进你的产品或服务创造独特性。

Tire Pro 公司通过出众的服务赢得竞争

詹姆斯(James Grenchik)的爸爸一年前去世了,詹姆斯得到了经营家族轮胎企业的机会。由于现在轮胎变得更加耐用了,他非常关心改变经营方式的可行性。詹姆斯尝试了降价促销和亏本销售，试图将竞争对手赶出市场，但这些陈旧的举措看起来不再有用，并且使得利润下降。

事实上，詹姆斯每次调查都会发现有一个新的竞争对手在他的市场上设立了店铺。好市多也成为一个主要竞争对手。虽然感到沮丧，但詹姆斯觉得企业不可能没有办法经营下去，如同人总会有办法生存下去一样。他有两个选择——从市场上退出或作出改变。在进一步行动之前，他需要分析竞争对手。他和雇员以及少数客户坐在一起，开发了一个竞争对手矩阵（见图5—2）。"行动步骤30"会指引你完成关于企业的竞争对手矩阵。

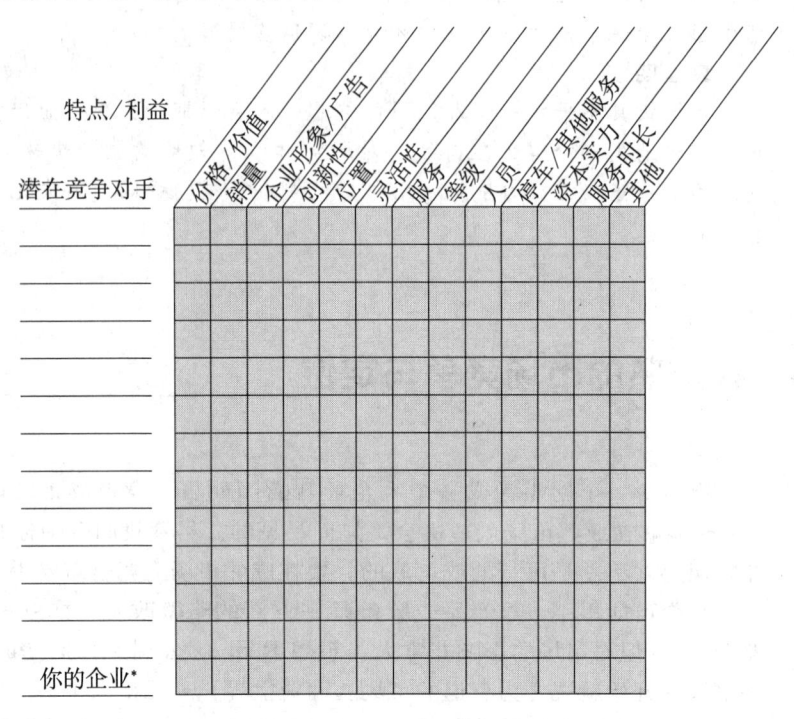

图 5—2 Tire Pro 公司的竞争对手矩阵

说明：竞争对手矩阵可以帮助你评估潜在竞争对手。把特点/利益列表当作一个指南或检查清单。选择或添加那些对你的企业、行业或竞争局面有意义的特点/利益。

在经过几个月的深思反省、家庭讨论、网络交流、头脑风暴和回顾矩阵之后，詹姆斯最后决定作出改变。詹姆斯的做法如下：

1. 他与两个关键团队建立了合作伙伴关系。首先，他将企业 25% 的股份卖给了一个他认为市场上最好的轮胎制造商和零售商。他的主要竞争对手现在成为他的合作伙伴。

2. 詹姆斯将企业 24% 的股份卖给了他的核心员工。他们和他一起工作了很长时间，并且他知道他们很渴望拥有一块属于自己的蛋糕。现在他最优秀的员工也是他的合作伙伴。

3. 通过附加服务改变产品以创造独特性。这些新的服务是在对竞争对手的产品进行深入分析之后，公司所有人头脑风暴的结果。另外，每个员工连续三周向每位客户询问他们希望看到 Tire Pro 公司提供什么附加服务。Tire Pro 公司根据客户建议和竞争对手情报实施以下措施：

a. Tire Pro 公司为农民提供分期付款方式，这些农民在生产季节的早期就需要轮胎，但又存在现金流问题。这项举措创造了一个有利可图的市场——金融。借助新的制造伙伴在金融方面的影响力，Tire Pro 公司开创了金融业务。

b. 所有客户每四个月能享受一次汽车或卡车轮胎的免费轮换服务。同时，他们会得到一张关于潜在故障点的免费报告卡。

这种新的服务战略使公司的产品从仅仅是轮胎变成了"附带免费轮换和检查的轮胎"。明信片和邮件提醒会每两个月发给每位客户，Tire Pro 公司的名字会放在最醒目的位置。

c. 客户在修理轮胎时可以享用咖啡和甜甜圈，并且可以连接免费的 WiFi 来查看商品以及天气预报。不仅如此，公司还为儿童准备了拼图和图画书。公司的脸书新页面变得非常受欢迎，因为客户可在上面发布二手农用设备的买卖信息。

d. 现在 Tire Pro 公司的每位员工在接电话时都会报上自己的名字，并道一声让人愉悦的"你好"。相比以前，他们向客户愉快地问好变得轻松多了，因为公司现在又恢复了盈利状态！他们在轮胎凹槽上做了大量努力以减少噪声和增加安全性，进而为员工和客户提供更安静舒适的体验。

詹姆斯和他的新伙伴现在正通过提供最好的产品和服务来赚取利润。但是必须意识到他们采取的大多数调整举措都涉及人力和营销费用，这些必须从增加的利润和销售额中扣除。虽然**核心产品**（core product）是轮胎，但詹姆斯现在也涉足金融行业。Tire Pro 公司现在准备开发第二个机会。财务、人员、服务和有竞争力的技术的变化使 Tire Pro 公司从衰落中重新振作。

行动步骤 30

构建竞争对手矩阵

行动步骤 30 的目的是对你的竞争对手进行排序，并且使他们的市场定位可视化。不论你何时发掘出一些硬数据，都要和行业平均水平进行比较。不断寻找你的企业存在的劣势区域。

既然你对主要竞争对手和目标客户的预期收益有了很好的了解，你就做好了完成竞争对手矩阵的准备。回顾行动步骤 27、行动步骤 28 和行动步骤 29。

1. 在纵轴上列出你所有的主要竞争对手；在横轴上按顺序列出对你的客户而言所有重要的利益和你的企业成功运营所需的所有关键因素。

2. 以 1~10 对每个竞争对手进行打分，10 代表最好。确定每个竞争对手的总得分。然后，把你自己的新创企业放在矩阵中并进行打分排序。要记住竞争市场是不完善的。有时几米或者几百米都可以导致企业的竞争力产生显著的差异。如果一个成熟市场已经饱和，就要探索其他的领域。

你可能会发现一个供不应求的市场，其合理的利润率吸引了你。当你完成本章的行动步骤时，你将会对竞争对手有十分详细的了解，那时机会就已经在你手中了。

即使你从一个成长型市场起步，也要认识到：有一天该市场会进入成熟期并最终进入衰退期。你必须定期调整产品和服务，做好应对变化的准备，因为变化可能在一夜之间发生。

5.8.1 创造新的竞争市场

让我们看看 Media Room Havens 公司的创始人杰克逊·乔治（Jackson George），是如何在一个非常成熟的建筑市场找到自己的利基市场而成功改变竞技场的。

Media Room Havens 公司找准市场定位

杰克逊·乔治的家族从事新房建造业务已经 20 年了。在与家族决裂之后，杰克逊想继续从事这一行业，但是需要通过专业化经营来找到自己的利基市场。

他的很多朋友都期望有满意的媒体室。在聚会时，朋友抱怨自己的房子已经不适合安装平板电视和立体声系统了。房子的电器插口总是不够用，隔音效果差，而家人想保留更多的隐私。此外，他们想要定制化的空间和照明设计以满足个性化的需求。

杰克逊一直在倾听，并开始探索这个领域以了解是否有人专门装修媒体室。他找到了专门装修浴室、壁橱、厨房、家庭娱乐室和家庭办公室的公司，唯独没有专门装修媒体室的。

他和五个朋友坐在一起，对媒体室的理念进行头脑风暴。5 小时之后，所得到的信息表明，他的朋友都愿意为定制化媒体室花费 4 万～6 万美元。

杰克逊全力以赴，阅读每一本杂志，在 WorkingSolo 上考察以家庭为基础的小型企业的运作方式，搜寻网站以了解高端音响和媒体设备、电影院座椅、吸声地板和墙面涂料、遮光窗帘和特制的灯光系统。杰克逊最好朋友的姐姐苏珊·波拉克（Susan Pollack）成为他的第一个客户。苏珊同意在 3 个月内向潜在客户展示她的媒体室，作为额外增加照明系统的代价。

为了在短期内避免竞争，杰克逊没有做广告，而是通过口碑来打造他的头三个媒体室项目。开业后，杰克逊通过专业的项目摄影作品集来推出广告和进行营销。只有极少数竞争对手在定制化媒体室方面有专业知识，因此杰克逊是一个强有力的竞争对手。当竞争对手开始进入这个市场厮杀时，清楚了解客户的需求已成为杰克逊的独特竞争优势。

5.9 通过改变打造独特性

改变是竞争中最易预见到的要素。因此，创业者需要一边盯着市场，一边制定备选方案。

3 年来，汤姆·伯恩斯（Tom Burns）成功运营了互联网业务，这让他拥有足够的自由来进行创造，有充分的闲暇时间与家人共度。在自己经营企业之前，伯恩斯是一位电子工程师，在航空行业工作了 20 年。

时刻准备好备选方案：eBay 上的创业者汤姆·伯恩斯

过去的 3 年里，汤姆·伯恩斯在 eBay 上营销并卖出了超过 100 件商品。他从卖自己创作的艺术品和朋友收集的专辑封面开始，取得了成功，于是在 eBay

上开了一家店卖自己创作的艺术品。

他一直在追求成功，在知道可以借助 eBay 这一平台获得额外的收益后，他决定销售从当地的好市多找到的商品，想看看会发生什么。没料到，这为伯恩斯打开了一个金库！

在从好市多直接购买商品之后，他决定联系一些制造商，有几家愿意为他直接将货物发给最终消费者，这就使得他不用在存货上占用资金。基本上，他只需要处理 eBay 订单，即使环游世界，他也可以在咖啡馆上网，每天花一两个小时回复邮件和处理业务。

无论何时，只要从好市多引入的商品出现了竞争且不再盈利，伯恩斯就会启动备选方案，立即替换为新商品。意识到这是自己需要参与的游戏，他不断地搜寻新的商品。找商品不难，但是寻找不存在激烈竞争的商品很难。伯恩斯坚持下来了。他频繁地购物，一旦发现潜在商品，就会在网上搜索；在进行任何投资之前，他会在 eBay 上对产品进行试卖。

对伯恩斯来说，关键在于永远不要爱上他的商品；不管何时，只要有需要，他都愿意改变。

5.8.1 你能做到

我们已经为你提供了许多关于创业者和竞争对手相处或向竞争对手学习的故事，他们给市场带来了重大的改变。

或许某一天我们也会讲述这样一个关于你的故事，这是完全有可能的。是的，你也可以做到——但是在此之前你必须做以下事情：

- 了解你处于什么行业；
- 了解你的目标客户；
- 了解你面临的竞争；
- 了解你的产品或服务所能提供的价值；
- 制定战略以确定和维持你的市场定位；
- 放飞你的创造力和创业精神。

震惊我们！震惊你的目标客户！震惊你自己！

创业热情

一家关注牢固关系的"绿色"景观设计公司

根据 DLC Resources 公司的副总裁约翰·霍尔伯特（John Holbert）的看法，景观设计公司被视为相对单一的、蓝领阶层的企业。

"通常，我们并不被认为在方法上有特别创新，或使用了高端技术。"他说。这也是整个公司因"获得创业精神奖感到极其骄傲，对我们而言是巨大的荣耀"的部分原因。DLC Resources 公司获得了 Edward Jones 创业精神奖。

作为一家商业景观设计公司，DLC Resources 同菲尼克斯市地铁区域的 29 个按总体设计规划的社区进行合作。这家公司致力于同每个社区委员会及户主建立密切联系。

"其他公司可能会有 300 份合同。"霍尔伯特留意到，"但那通常变成一扇旋转门。我们相信，每个社区都是一个完美的整体，不应被分隔成单独的每一户居民。"

他说，公司的创始人从 1989 年创业之初就打造一种双向沟通的文化。"我们清楚地知道需要同客户、供应商以及员工保持良好的关系，他们当中的每一个对公司发展都同样重要。"

公司采取积极主动的态度来与客户建立牢固的关系。"这是我们文化的一部分。我们想成为社区景观设计方面的专家，为他们及所在地区打造社区特色景观，需要花费时间。"

"有上百种树、上千种植被。"他解释说，"要管理好这些景观，不仅需要采用结合技术和想象力的创新方法，而且需要同这些社区保持合作伙伴关系。"

DLC Resources 采用了一个与 GIS（地理信息系统）技术相关的数据库系统，为每一个客户的景观标记和跟踪关键的树、灌木和植被。

这使得公司可以量化每个客户的景观资产，估测其价值，进而设计与年度预算相匹配的维护项目，并追踪和记录结果。在每个景观设计项目中，可以根据客户特定需求量身定制设计方案。

致力于成为一家对环境负责的公司，DLC Resources 开发了水资源管理项目，在节约用水的同时保证有充足的水源来维持景观植被的健康。他们制定灌溉计划，并严格追踪水资源的使用，使得灌溉各类植被所需的水资源维持在"刚刚好"的水平上。

公司每年会更换所有的两冲程动力设备，因而在燃料使用和减少排放上取得了成效。公司最近还压缩了车队规模，现在拥有 3 辆混合动力汽车。霍尔伯特说，随着其他卡车逐渐被取代，公司会适当增加这类车型。

"我们想在环境保护方面做行业的领导者。"他补充道。

霍尔伯特说，对小企业来说，关键是"要意识到你最擅长的地方，然后保持专注，并且记住你的员工是你最重要的资产。你需要支持他们，指导他们，并有效地领导他们。回报你的将是巨额利润。"

小　结

既然你已经识别了目标客户，也评估了竞争对手，那么是时候问问自己本章最开头提出的问题了：这对我们的消费者来说是一个加分项吗？这是我们的竞争对手难以复制的吗？还有一个新的问题：如果你的经营理念被抄袭了，你准备好备选方案了吗？

客户不会轻易地改变他们的习惯，企业没有进行大量的分析也不会更换供应商。除非你能提供一些别人没有的东西，否则你的客户不会尝试购买你的产品或服务。

仅仅在价格上竞争是一条艰辛的道路。行业巨头总是可以比你坚持更久，并以你无法想象或相信的速度击败你。回顾你的触点、竞争调查以及对潜在客户的采访，来决定如何使他们在体验你的产品或服务的过程中感受到独特的价值。

进行竞争调查，运用竞争情报，不仅仅对新创企业至关重要，对每个企业获取成功而言都是必要的。在一开始就要了解这一点，并在企业运营实践中巩固，这将帮助你位居竞争对手之上。你的客户会告诉你他想要什么——如果你注重倾听和观察的话。

在完成第 6 章（定位）和第 7 章（营销/促销）的行动步骤之后，回到第 5 章的行动步骤，并根据你的发现进行完善。增加竞争对手的触点分析并且改进你的竞争对手矩阵。

今天，产品和服务迅速地经历四个生命周期阶段。对客户需求和市场上的竞争格局变化的了解比以往任何时候都重要。通过调查研究、对竞争对手的持续评估，以及与客户、供应商和销售人员近距离接触，来立于不败之地。向你的客户和竞争对手学习，让知识引导你的企业进入一个成长型的市场。

最后以"竞争战略之父"——哈佛教授迈克尔·波特和琼·玛格丽塔（Joan Magretta）的一段话来进行总结[①]：

> 在竞争中保持独特。聚焦于通过创新来为目标客户创造卓越的价值，而不要刻意地去模仿和接近竞争对手。在给予客户真正选择的同时，价格就变成一个影响竞争的至关重要的变量。但是你必须明白，想要获取利润，你就要做出妥协和权衡——因为你无法满足每一位客户的需求。一个很荒谬但是广为流传的信条是：你可以模仿别人正在做的事情，取得卓越的成功。

制胜关键

- 更巧妙地竞争。
- 更快速地竞争。
- 更有风格地竞争。
- 调整你的时间。
- 提供更多的服务。
- 像家人一样对待目标客户，考虑他们的需求。
- 保持独特性。
- 通过变革改变竞争市场。
- 了解你的利基市场。
- 通过做到更出色、更安全和用户更友好来击败竞争对手。
- 要记住，一家新公司很少能够赢得价格战。
- 要知道，旧的习惯很难改变；要让你的目标客户有非常强烈的动机去改变。
- 形成自己的垄断地位。
- 不断地同你的目标客户进行交谈并且真正做到倾听。
- 要发展，而不仅仅是生存。

---

① 资料来源：http://blog.hbr.org.

第 6 章

选址和产品分销：备选方案评估

学习目标

- 开发分销渠道。
- 明确选址在战略性商业计划中的重要性。
- 考虑选址方案。
- 探究家庭办公室。
- 调查联合办公区和孵化器。
- 理解正确的选址对传统实体零售业务成功的重要性。
- 使用一手资料和二手资料提炼客户特征并为店铺选址。
- 在选址时咨询商业地产经纪人。
- 检查租赁合同中的关键条款。
- 调查与商业及制造相关的地点的问题。
- 评估线上渠道。
- 认识多渠道分销的重要性。

创业者最重要的两个决策是如何分销产品及如何选址。之前，大多数创业者只选择一个地点和一种**分销渠道**（channel distribution），决策比较简单。然而，在当今的商业世界中，**多渠道分销**（multichannel distribution）和**多渠道促销**（multichannel promotion）已成为行业标准。

目前，分销、选址、促销和定价这四个有着广泛选择范围的变量正融为一体，因此需要统一看待。使用多渠道分销时，创业者会面临多渠道促销的问题，以及整合多渠道促销和多渠道分销来接触目标客户并满足其需求的问题。通过各种分销点和促销活动来满足客户需求时，销售人员有必要为分销商和客户减少渠道混乱和冲突。

正如之前所建议的，目标市场的选择和竞争需要作为整体来对待。在实施本章所提到的行动步骤时，建议先阅读本章和第 7 章中有关促销的内容。融促销、选址和分销于一体的新渠道——如 eBay、亚马逊和 Shopify——伴随着每天出现的新机会不断涌现，相关技术的发展势不可挡。要时刻警惕所有变化，因为竞争可能随时倒戈相向，而你的响应时间决定着你的成败。

快速未来（Fast Future）的创始人罗希特·塔瓦（Rohit Tawar）预言，手机正成为生活的远程控制手段。当我们俯视由手机形成的超级高速公路时，应仔细考虑促销、分销、定价和选址问题将会如何演进发展。在任何时间、任何地点接触客户并提供产品的想法如今正悄然变成现实。难以置信的机会正等待着这样的创业者，他们走在科技潮流的最前端，无所畏惧地进行变革。

6.1 分销渠道

图 6—1 描述了针对日用消费品和服务、商务消费品和服务的分销渠道，以及电子分销渠道。一家公司可能会通过多种渠道（如零售商店、在线零售或批发商的自有品牌等）提供商品，而你的目标是确定哪种渠道可以提供最有利和最持久的商机。同时，在建立了初始的分销渠道之后，需要不断调整，也可能采用新的渠道。

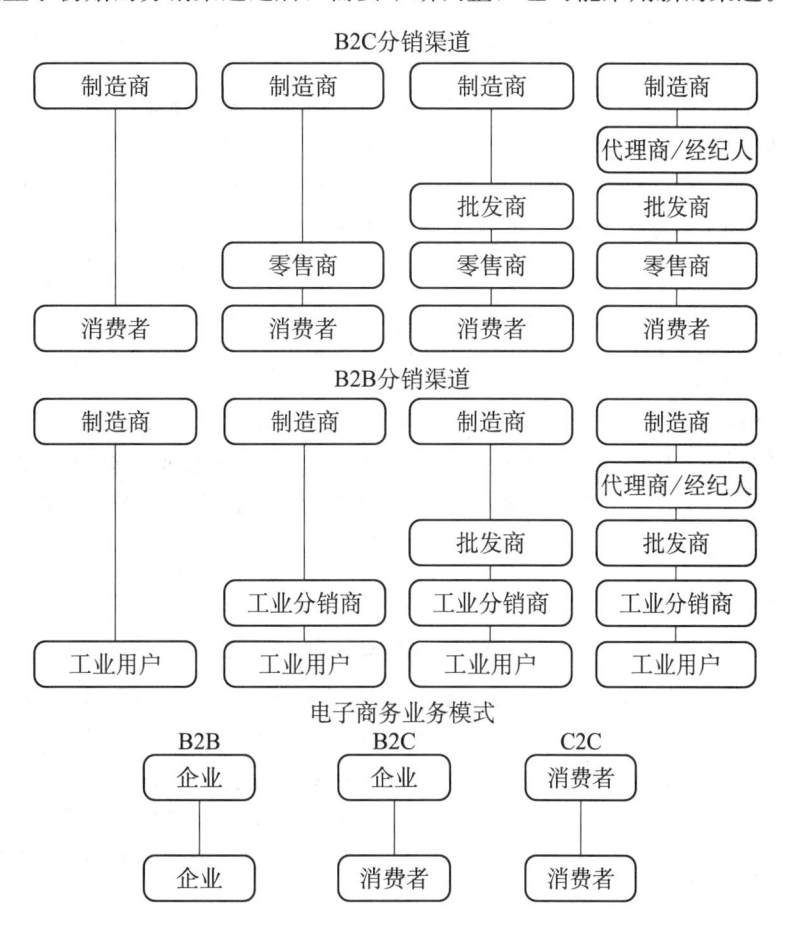

图 6—1 分销渠道和电子商务业务模式

中间商（批发商、代理商和经纪人）有许多作用，如整理、产品分级、运输、风险承担以及融资等，其中最重要的角色之一是通过人脉关系与经验提供进入市场和接近客户的通道。知识就是力量，倾听中间商的建议对于创业成功尤为重要。

优秀的采购员拥有丰富的经验，对顾客和竞争产品有深入的了解，在优化包装、尺寸和口味方面能与供应商紧密合作。因此，应将店铺采购员作为市场调研信息最好的来源之一。

一个卖辣椒酱的卖者十分看重市场，并宣称他能以低于或等同于其他卖家的价格提供两倍量的辣椒酱。消费者希望购买的产品是小瓶装的，而该卖者并没有意识到消费者的购买习惯，最终以失败而告终。一个好的批发商应该在一开始就找到正确的方向。

实体位置的选择很大程度上取决于分销战略以及业务模式（B2B 或者 B2C）。如果你的业务是分销日用消费品，那么有一部手机、一间家庭办公室或一个车库就够用了；B2B 业务则需要一个大型仓库和一个用于满足顾客需求的传统实体商店。

跟随许多企业（例如维多利亚的秘密）的脚步，你也许会起步于一份产品目录，最终成立一个传统实体商店。也可能像第 5 章提到的成功的网上零售商——Warby Parker 公司一样，通过在实体"达人"店铺中展示其潮流眼镜来分销。因此，在开发分销渠道时，要明白技术和市场可能会引导你走向与最初的设想完全不同的道路。冒险意识和新技能会帮助你适应并应对价格、产品、促销和渠道的改变。第 7 章对喜剧演员路易斯（Louis C. K.）的简介将会为渠道融合提供更深入的洞察。

路易斯是最早致力于喜剧的新分销渠道的主流喜剧演员之一，采用了以个人网站为载体的从直接生产商到消费者的模式，其他喜剧演员也开始借鉴他的模式。

对于不同的企业和行业来说，最佳的选址和分销策略也不尽相同。如果处于家政行业，有一部手机和一辆厢式货车就能工作；如果处于邮购订单行业，"宅在家中"或者拥有一个邮政信箱就能工作；但如果销售高端家具，一个特定的零售位置或在线位置可能是最佳的选择；如果处于制造行业，可能会将地址选在最具资质和技术的工人密集的地方；如果要运输货物到海外，可能需要选择靠近海运航线的地方。

"行动步骤 31"要求你为最佳选址进行头脑风暴，阅读相关内容并采取行动。当你通过接下来的两章继续研究后，要把你的想法添加进这个行动步骤。由于 50% 的小型企业都是基于家庭创办的，因此我们将以家庭办公室作为首要的选择。

行动步骤 31

设想你的最佳店铺位置

在你不会被打扰的地方坐下来并就你做生意的理想位置进行头脑风暴。拿出纸笔或电脑，把你的自由想象记录下来。画出思维导图或列出清单。

如果你要选择零售店铺的位置，从你的目标客户着手。例如，如果要开一个糖果店或咖啡店，你可能想将店铺选在纽约曼哈顿的中央车站，每小时有数以万计的人经过这里。如果想开一个迎合高端消费人群的服装精品店，你可能想将店铺开在比弗利山庄的罗迪欧大道上。

一旦你有了关于州、地区、城市和想要的邻居的大概想法，使用本章和第 7 章的信息，写下其他对你和你的目标客户重要的项目，这会成为你寻找可能的地点的起点。

1. 如果你打算做纯网上的业务，就需要马上开始研究你的选择。通过图 6—1 中的网络分销渠道来审视你的选择，对你的选择、各种网站、成本和各种渠道的使用方法进行调研。记住，许多企业会使用多种渠道。而你会如何整合这些渠道来建立协同效应呢？

2. 如果你需要选择一个生产厂址或分销地点，请看本章的后半部分。

3. 如果你想在家办公，请阅读家庭办公室小节，并直接进入行动步骤 32。

6.2　家庭办公室

当你想要在家、车里或是通过手机来运营企业时，情况又会如何呢？首先，祝贺你，你可能已经进入了正确的轨道。在**家庭手工业**（cottage industry）盛行的现代潮流中，越来越多的人在家工作并运营一个**虚拟企业**（virtual business）。事实上，根据 SBA 可知，目前超过 50% 的企业都是基于家庭成立的。

《100 美元的创业》（*The $100 Startup*）的作者克里斯·吉尔博（Chris Guillebeau）鼓励人们成为"漫游创业者"，即无论身在何处，都能进行交易。随着技术和通信工具的发展，这一想法完全有可能实现。他在书中描述了周末度假的工匠、媒体产品、博客、铁人三项教练以及其他许多事物。

目前，所有类型的服务和产品都可以通过基于家庭的企业来提供。如人力资源公司 Principal Technical Service 就在家中办公，董事长和他的儿子共用一个房间，其他三名全职员工各自在家办公，员工会议就在餐桌上举行。这家公司在《公司》杂志评出的 500 强企业中排名第 143 位。

我们对戴尔、苹果、脸书等公司再熟悉不过了，它们就创建于宿舍或车库中。在 20 世纪 90 年代的加利福尼亚州，许多人都认为，如果有一个车库，他们就能成功。你知道这其实远远不够！

今天，技术让人们能够在家以几年前根本不可能的方式工作。随着基于服务和技术的产业发展，未来有机会在家中经营生意（无论全职还是兼职）。但是，选址分析对于计划在家创办企业同样重要。

有许多至关重要的选址问题需要考虑：当地的法律和房东是否允许我经营一个基于家庭的企业？我要如何平衡家庭和工作生活？我如何在家中最好地设立办公室？我能在客户面前保持专业的形象吗？

如果需要雇员或客户到你的办公地点去，那么你的选择将会因停车位、邻里问题、当地法律和物理空间而受限，你还要查明你家附近的快递服务情况。快递公司可能只送货到门口而不会进入你家，如果你有比较大的、重的快件或包裹不能留在门外，这便成了问题。

家庭办公室是开始一项事业的最佳地点。你将加入 1 800 万～3 200 万家庭创业者群体，许多设在家中的新创企业成长为收入达到几百万美元的大企业。但是，在家中创业仍然需要计划和纪律，建议：雇一个保姆，安排备用设备，设计办公空间，购置舒适的家具和合适的电脑设备及电话，并合理安排你的日常工作和休息，让你不至于成为一个隐士。

职业作家多萝西·凌（Dorothy Ling）每天清晨都会来一杯咖啡作为一天工作的开始。理财规划师凯西·特劳特（Casey Trout）每天下午 5 点关上办公室出去散步。你要学会管理自己的工作时间，否则你的所有时间将变成工作时间。你可能会埋头于电脑之中持续工作，有时当你意识到还没有见到阳光时，已经工作 14 小时了。如果在电脑旁工作，起身休息一下是很有必要的，比如走一小段路去喝水或吃一点零食，遛遛狗，或到室外去转转。同时，不要让办公室成为家庭活动的中心，确保办公室布局合理，以使工作者能发挥最大效能。在一天的工作结束后，离开办公室并开始拥抱你的生活。

如今，地下室、车库、备用卧室甚至壁橱都成了家庭办公室。实际上，像Summerwood Product这种满足家庭办公创业者需求的企业，在组合预制式办公室、工作室、露台方面有潜在的巨大商机。

如果你能在家中经营业务并持续较长时间，将会以低成本获益。将成本保持在低水平的时间越长，就越可能不需要外部的资金支持，进而拥有对事业的控制权和所有权。但必须谨记，你只是碰巧经营了一个能在家运营的企业，只有努力工作才能确保控制企业而不是被企业控制。

企业裁员、提前退休、高失业率、要求额外收入的家庭和单亲父母只是推动家庭企业发展的一小部分因素。主要原因是，创业成本的大幅降低鼓励许多人另辟蹊径，技术前所未有地使许多人梦想成真。然而，在家创建企业虽然很容易，但并不意味着放弃考虑其他的选择。

如果经营的业务涉及储存、配送，要求符合食品健康和安全标准，或涉及危险物品、员工招聘、保护用户隐私等，就需要选择其他地址或者在创业前处理好这些问题。另外，当企业成长时，要考虑还能在家办公多久。

如果需要拜访客户，不妨考虑咖啡馆或餐厅。早餐会面很有效并且最经济。举办专业会议，以小时或天为单位租赁会议地点，可以在Desk Wanted网站在线选择。

与保险代理商一同审阅房东的保险范围。如果有客户上门，现有的保险可能不适用。对于基于家庭的企业，额外保险要求在第12章有详细说明。与会计师一起检查家庭办公室的税收抵扣及其优劣势。下列网站将为你提供关于在家办公问题的解答：

- SOHO
- Working Solo
- The $100 Startup

雇用员工的家庭企业需要在即时通信软件、网络电话以及具有嵌入日历、在线日程安排和文件共享功能的内网的协助下运营，所有这些工具可提供必要的技术支持。一些公司在世界各地有许多咨询顾问，他们选择在中间地区会面的次数为一个月一次或更少。另一些企业有办公室，但期望只有一部分员工在特定时间上班。你为自己创建了一家企业，作出对你和你的员工最有用的选择。

虚拟企业Future Work Institute有一个由20名顾问组成的核心团队，同时与80名各领域的专家保持电话联系。创始人玛格丽特·里甘（Margaret Regan）的四层联排别墅现在已经成为总部，她住在第二层和第三层，将第四层作为两个月一次的会议的地点，第一层提供给外地顾问住宿。如果你梦想在家办公，请完成"行动步骤32"。联合办公区是另外一个选择。

行动步骤 32
家庭企业是你未来的计划吗？

在家中创办企业之前，你需要回答下列问题：利润来自哪里？阻碍是什么？分销策略是什么？如何接近目标客户？

1. 列出在家工作的理由。从明显的理由开始：日常开销低，就餐方便，容易往返，环境熟悉。如果你有孩子并希望陪着他们，在家工作是一种解决方案。继续列举。

2. 列出在家工作的问题。如何处理干扰事件？如何表明你很严肃认真？如何在混乱中集中精力？如果有客户，你打算在哪里与他们会面？你周围的区域情况如何？继续列举。

3. 列出第2项中问题的解决方案。如果你的工作被打断，你需要变得强硬。制定一个计划安排，并张贴一个告示："上午9点到11点是爸爸的工作时间，午饭将在中午提供。如果爸爸不工作就没有饭吃！"

4. 从技术层面继续分析。成本是多少？考虑诸如电脑、扫描仪、打印机、服务器等的开销。

5. 你的工作区在哪里？在车库、地下室、卧室还是书房？如何保证你单独使用？让这个空间变得实用、私密需花费多少？

6. 检查你的家庭保险。（见第12章。）它涵盖哪些项目？如果你需要额外的保险，又需花费多少？

7. 检查健康保险（如果有必要）。如果你之前没有做这项工作，那么现在就要做了。你具备投保的资格吗？如果具备，花费是多少？（见第1章和第12章。）注意，有关健康保险的问题在不断变化。

8. 寻求建议。与你的家人及有家庭企业的朋友交谈，看看彼此的担忧是什么。

6.3 联合办公区

联合办公区（coworking space）适合那些想要离开家，并喜欢与其他人一起工作的创业者，在这里只需按时间租用座位。联合办公区提供下列资源：会议室、按摩、桌子、咖啡、电脑、电脑专家、演示设备、保险柜、免费WiFi、星期二墨西哥之夜派对以及社区体验。联合办公区按小时、天或月收费，为单个创业者提供支持，同时也提供足够大的空间来容纳几家有25个雇员的公司。

目前全世界有超过1 100个联合办公区，在过去的6年里，每年租用联合办公区的创业者的数量都成倍增长。不管你在什么地方经营生意，都可以登录Deskmag或Desk Wanted等网站来选择座位或会议室。在家之外办公的人也许会发现与别人建立联系并共同成长的机会。即使是独来独往的人，也想要与恰好有相同创业梦想的人建立友谊，因此他们也会在顺道拜访时使用联合办公区。

选择在联合办公区经营企业的创业者不会被强迫签订长租合同，因为签署长租合同可能会对企业规模的快速扩张产生不利影响。

规模较大的联合办公区有可移动墙体，当企业成长或规模减小时，办公空间可以相应调整。联合办公区的价格在300～1 000美元/人·月。Spotify和Zappos就是两个使用联合办公区的例子，位于旧金山的Rocket Space联合办公区促使它们迅速成长。

联合办公区有各种形状和大小，能满足当地创业者的基本需求。

如果你在家办公难以集中精力，希望与其他人一起喝杯咖啡，或者仅仅想与别人分享你的想法，那么去寻找一个联合办公区吧。你永远不会知道与其他创业者的会面会带来什么样的效果。如果渴望得到更多的支持，就去寻找并加入一个孵化器——有一些孵化器很容易进入，有一些则竞争非常激烈。

6.4 孵化器

6.4.1 企业孵化器

在对新生企业而言极具挑战性的开创期，**企业孵化器**（business incubator）有助于企业生存和茁壮成长，并培育新生企业不断发展。目前有超过950个孵化器在市场营销、财务和技术方面提供培训和专业帮助。你可能经常与其他创业者共享办公空间、设备、仓储和生产区域。

一般来说，公司会待在孵化器中1~3年，学术机构、经济发展组织和营利性实体为孵化器提供赞助。下面是美国企业育成协会（National Business Incubation Association，NBIA）2012年的两个杰出创业项目和孵化器。

孵化器——生存或茁壮成长

NBIA 2012年度杰出孵化器创业者：非技术类

创始人：佛罗里达州利斯堡的《家乡健康》（Hometown Health）电视节目的创办者马克·罗伯茨-施瓦茨（Marc Robertz-Schwartz）

孵化器：中佛罗里达大学企业孵化器项目

雇员：1名全职员工和14名当地合同工

www.yourhometownhealth.com

电视节目《家乡健康》为"耐心等待的人生产优质的产品"。传媒和市场营销专家马克·罗伯茨-施瓦茨发现，病人有时在候诊室等待的时间很长，于是在2009年，他开发了一个能够使候诊室中的体验更有趣的教育产品。在中佛罗里达大学的几位物理学家的帮助下，这家公司推出了一档每月1小时的视频节目《家乡健康》，它通过候诊室的网络、县卫生部门、局域网和互联网来提供健康医疗信息。这个节目也为当地专业医疗人员提供与现有和新增病人分享健康专业知识的平台。随着市场对传媒和营销服务的需求增加，《家乡健康》电视节目作为中佛罗里达大学企业孵化器项目中的一个，在2011年为了扩展到医疗领域以外，建立了一个姊妹公司——Apple Seed Marketing。

孵化器的角色：在经济最糟糕的时期，启动、建立和发展一个新企业和一个衍生公司并不容易，但罗伯茨-施瓦茨说，公司的成功很大一部分得益于与孵化器项目的良好关系。他说："中佛罗里达大学企业孵化器项目在引导、传递信息和组建网络方面是一种无价的资源。与志趣相投的人共处同一环境，可以获得汲取他人经验、知识和无偏意见的宝贵机会，而这些机会对大多数家庭创业的企业来说是难以获得的。"除了通过参与孵化器项目获得业务指导，公司在中佛罗里达大学企业孵化器项目经理詹姆斯·斯潘塞（James Spencer）的介绍下签了两个新客户。

资料来源：http://www.nbia.org, The National Business Incubation Association（Accessed June 5, 2012）. Reprinted with permission.

NBIA 2012年度Dialh Adkin孵化器

主管：纽约州锡拉丘兹的南面创新中心（SSIC）的管理者鲍勃·赫茨（Bob

Herz)

　　孵化器规模：13 500 平方英尺

　　孵化器项目：27 个在孵化项目，约 330 个会员

　　已成功孵化项目：29 个

　　www.southsideinnovation.org，锡拉丘兹大学惠特曼学院

　　成就：自 2006 年起，南面创新中心（SSIC）在纽约州中部城市中最贫困的一个区域协助建立了一个创业社区。通过其创业培训项目，SSIC 针对创业者提供一系列培训和服务，从评价个人和专业技能，到协助开发商业计划、参与社区商业合伙人项目、帮助企业实体创新、开发小微信贷和协助打开市场。

　　SSIC 对所有感兴趣的创业者提供服务，也针对传统服务匮乏的创业群体推出特定的目标项目。这些群体包括低收入者、残疾人、女性和少数族裔。SSIC 的主管鲍勃·赫茨说："创业精神培养项目的扩大使得我们能够为平常难以接触到的人群提供服务，包括与国家委员会签订有关盲人和视力残疾人的协议，为盲人和视力受损的人提供服务，以及为家庭暴力的幸存者提供创业服务。"

　　除了传统孵化器服务外，SSIC 还为 WISE 女性事业中心（由美国小企业管理局（SBA）资助）、针对残疾人的创业培训项目（Start-Up NY）、帮助低收入创业者投资小微企业的项目（SBA PRIME）、社区实验厨房，以及针对企业咨询、企业计划开发和培训的创业帮扶项目（由纽约州政府资助）提供房屋。

　　资料来源：*http://www.nbia.org*，The National Business Incubation Association（Accessed June 5, 2012）. Reprinted with permission.

　　孵化器会为企业的发展提供一个"家"，因为其他人的支持和专业技能对于建立企业很重要。通常在初创阶段，企业没有资金投入到专业技能方面，也没有足够的背景得知什么样的服务和专业人士是可以利用的。对于此时的创业者来说，与志趣相投的其他创业者共处有许多好处，没有这些支持，创业将是一个非常孤独的艰辛过程。

　　除此之外，孵化器通常能让创业者低于市场价格租赁房屋设备，享有有折扣的专业服务，并能获得管理上的支持。创业者应确认孵化器是否为企业合适的"家"。

　　一些孵化器聚焦于非常特定的行业，例如软件、医疗服务、生物技术或可持续产品。一些孵化器旨在为客户做筹资准备，另一些则通过"持有一小部分股权来获得现金和参与项目"。也许你就是下一个成功的孵化器客户，就像 Dropbox、Airbnb 或 Reddit 一样。

6.5　零售和服务性企业的传统实体店选址

　　俗话说，零售企业成功的关键在于"位置，位置，还是位置"。从某种程度上讲，对于传统实体零售企业而言，这是真谛。实际上，如果你想在互联网上销售产品，就要在谷歌搜索中排名前五。许多企业同时在网上和传统实体店销售产品。有趣的是，15 年前许多人预测传统实体零售店将消亡，然而如今也仅有 8%～10% 的零售业务通过网络进行。

　　零售业已自我重塑多次，现在仍然在这么做。现实是，你必须有一个让顾客光顾

商店的强有力的理由。想一想当几乎所有店里的产品都能在网上购买时，苹果零售店是如何每天都卖出大量产品的。

如今有很多顾客选择在线下实体店寻找产品，然后通过 iPhone 手机查找网上商城或附近商店里的同款产品，看有没有价格更低的。这正是零售商当前面临的巨大挑战之一。这种称为"**展示厅现象**"（showrooming）的趋势随着电商提供包邮服务和没有营业税而加剧。尽管目前只有 8%～10% 的零售在网上完成，然而专家预测，50% 或更多的店内销售将会受到数字信息的影响。同时，注意有关销售税的法律的变化，这可能会给当地零售商提供更有利的条件来与亚马逊或者其他电商竞争。亚马逊所提供的当天到达快递服务对当地零售商有相当大的影响。考虑到展示厅现象，为了对抗"亚马逊潮流"，畅销小说家安妮·帕切特（Anne Pachett）和她的生意伙伴在纳什维尔开了一家书店 Parnassus Book。他们认识到，在电子阅读器和亚马逊盛行的时代，书店生意难做，于是他们通过努力在店里建起一个读者社区。幸运的是，他们抓住了读者的心，书店里的活动让人不禁想起苹果零售店。

Parnassus Book 发现，对一个新的零售企业来说，好的零售地理位置能使所有事情变得相对容易。虽然你的店铺被顾客发现并且建立起良好的顾客基础后，位置就变得没那么重要了，但顾客能够轻松找到高大醒目的建筑可以为你节省不少广告费用。尽管如此，对于大多数零售企业而言，最好的位置虽然令人满意，但通常成本高昂，并且迁移新址也需花不少费用。

如果你想要购买一项特许经营权（见第 14 章），富有经验的成功的特许经营商会为你提供专家选址意见和选址帮助。实际上，这种专业意见是你购买特许经营权的一大原因。如果购买一个正在经营的企业，最有可能获得其位置。通读本章并完成"行动步骤"将帮助你判断该选址是否物有所值，或者其他新的选址能否增加收益。

如果你正计划长期租用一个店铺或者直接购买，位置选择至关重要，并且从大部分零售**租约**（lease）的存续期间（一般 5～10 年）和复杂性（50～75 页）可以看出位置的重要性。在本章，我们让你去确定最佳的位置是什么样的，然后引导你利用一手数据和二手数据去发现这样的位置，如果有必要，就对你有利的租约谈判。

然而，即便你看好的位置绝对物超所值，也要意识到更重要的是你的目标客户认为的好位置是什么。你必须深入了解客户眼中的最佳位置。接下来介绍一些注意事项。

6.6　筛选零售位置

当你开始为企业选址时，需要明确真正想从目标位置获取什么。下列清单将帮助你向理想的商业位置靠近。以 1～10 分为清单中的项目打分，10 分表示最重要。接下来的任务主要是关注那些得分高于 5 分的因素。下列因素主要针对传统实体零售和服务业店铺的选址，并已经应用到商业和制造业选址决策中，但如果针对在线业务，需要做进一步调整。

6.6.1 目标客户

目标客户愿意走多远去购买产品？他们能接受的交通费是多少？为了给他们提供服务，你需要在什么时间开门营业？如果你的企业设在曼哈顿，你的目标市场半径大概是 3 个街区；如果你的企业设在郊区，你的客户可能来自半径 120 英里以内。你需要到客户那里或将产品运送给你的客户吗？如果是，你去多远还能够盈利？电话、电子邮件、即时通信软件和网络电话足以让你和客户保持联系吗？

考虑高速路口、建筑设计和其他所有可能会造成企业进出不方便或不愉快的障碍。查明道路施工和封闭的计划，去市政厅参加市县规划会议，也可以阅读以前的会议记录。如果你是一个传统实体零售商，确保检查过是否与大型零售商共处或即将处于同一城市或同一中心。

6.6.2 邻里组成

你还需要关注**邻里组成**（neighbor mix）。隔壁是什么企业？这条街上有些什么企业？附近哪些企业的目标客户与你相同？如果你选择购物中心，**关键承租人**（anchor tenant）（作为购物中心吸铁石的大型百货公司或超市）是谁？它们是否会吸引你的目标客户？

6.6.3 竞争

你希望竞争者相距很远还是就在隔壁？思考一下这样的场景：如果你从事餐饮行业或汽车经营业，"美食一条街"或"汽车一条街"将会带来很多益处。竞争者集中在一个区域，节省了顾客的交通时间，并使他们能够轻松地货比三家。你在市场上的竞争势头强劲吗？其他竞争者有生存空间吗？

6.6.4 安全与泊车

邻居是否安全？是否在中午安全得像幼儿园一样，而在午夜就像城市噩梦一般？有什么能提高安全性？你愿意成为该区域中第一个尝试改变现状的人吗？为缓和矛盾你能做些什么？能够提供安全的泊车位吗？如果员工必须工作到深夜才下班，这片区域对他们来说安全吗？

6.6.5 劳动力储备和教育

你的雇员是谁？他们的通勤路程有多远？在一年的高峰期你是否需要更多的帮助？雇用和留住人才的难度有多大？需要熟练或专业的工人吗？如果需要，最近的来源在哪里？所选择的位置附近有巴士、火车、出租车或地铁站吗？有受过培训的工程师和科研人员的**劳动力储备**（labor pool）吗？能从兼职人员、青少年、学生和资深人员的潜在储备中找到需要的人才吗？周围的教育机构能提供员工培训以及就你所在的领域提供相关研究和专家吗？当地的学校排名如何？当地大学提供创业帮助吗？

6.6.6 约束和教育

什么法律法规会影响你的选址？例如，在合同签订、营业时长、薪酬、垃圾处理、区域划分、协议订立和租车泊车位等方面有什么**约束**（restrictions）？

6.6.7 服务

租约中包含什么服务（安保、垃圾收集、下水道、维修）以及谁来支付未包含在内的服务费用？是否有警察和消防保护？

6.6.8 成本

如果打算购买不动产，成本包括购买的价格以及关门歇业、修缮、装修的费用等；如果打算租赁，则成本是租约上标明的租金。我们一般不建议在创建企业的同时购买不动产，因为这会分散你的精力和资金。同时，需要明确税收、保险、公共设施、装修改造和日常维护的费用支出情况，就这些开支进行谈判。

6.6.9 所有权

如果你仍然计划购买不动产，在房地产问题上谁给予你建议？考虑有购买选择权的租约。可聘请一位有经验的房地产律师，在签字之前让他帮你检查所有的租约或购买合同。

6.6.10 现在和以前的承租人

以前的承租人发生过什么？他们有哪些失误，你又如何避免？如果三家餐厅在同一地点经营失败，不要假设你知道一些别人不知道的事。尽可能联系现在和以前的承租人，倾听他们的意见，你将从他们的经验中获益。

6.6.11 空间

如果需要扩张，是就地拓宽空间，还是迁移别处？搬迁的费用非常高昂，所以在做选址评估与决策时将企业成长纳入考虑范围。如果预期企业会快速成长，就不要签订长期租约。

6.6.12 不动产的历史

房东拥有该处房产多久？其他承租人在租约中占有什么样的地位？在承租的过程中该处房产可能被出售吗？如果该处房产出售，会产生什么影响？如果该处房产在市场上出售，你能获得第一购买权吗？房产已经做了哪些改善？还有哪些需要改善的？

6.6.13 税收

检查不动产税和营业税，同时尽力查明是否有重新评估不动产、新增规定或当地营业税的计划。

6.6.14 审批

你考虑过必要的审批，例如卫生部门、消防部门、城市规划办公室和酒精许可委员会的审批吗？

6.6.15 物理可见性

你的生意需要让别人看见吗？如果是，那么这个位置很容易被看见吗？如果不是，有其他增加可见性的备选方案吗？确保现有或未来的绿化不会遮挡引导标识，如果遮挡住了，有人修剪吗？道路施工会影响标识可见性或交通流量吗？

6.6.16 区域的生命周期阶段

工作地点所在区域处在萌芽期（有空地、开放的空间或者空无一物）、成长期（开始有高楼大厦、新的学校和许多建筑）、成熟期（建筑改造、街道残破、交通拥堵不堪），还是衰退期（建筑破旧、空荡无人）？5年内，该区域又会变成什么样？市政规划者对该区域有什么想法？这里的生活质量如何？如果房屋在处于衰退期的区域，员工培训和房屋改造的频率可能会下降。你能利用其优势吗？准备好成为先锋和冒险者了吗？

6.6.17 社区支持

是否存在一个强有力的支持创业的社区？对于你所在的位置，有哪些当地政府或州政府的经济发展刺激政策？注意《公司》和《快公司》杂志上的文章中评价的创业者友好社区。加利福尼亚州的圣路易斯奥比斯波、佛罗里达州的盖恩斯维尔、北卡罗来纳州的达拉谟以及科罗拉多州的博尔德是四个支持独立零售商和餐厅的例子。

6.6.18 形象

该地区和你的公司形象一致吗？周围的商业将如何影响公司的形象？你是否处于这样一个区域，在该区域里目标客户期望找到与你的公司类似的企业？寻找一个你能建立并强化顾客对企业的正面感知的地方。

为零售店或服务性企业寻找一个传统实体店铺的位置时，你会有许多选择：市中心商业区、沿街购物中心、社区购物中心、地区购物中心、奥特莱斯和零售/娱乐中心。

6.7 零售和服务性企业选址信息

零售商和服务提供商倾向于暂时待在一个地方，因为建立、搬迁和重新建立企业是很耗费成本的。因此，选址是非常重要的决策，需要确保处于目标市场的中心，或者能够在公司所在地接触到目标市场。那么，从哪里获取这些信息呢？

我们在第4章和第5章中讨论了使用统计局、市和县的数据，以及独立的调研公司（如美国Claritas市场研究公司和EASI分析软件公司）来进行人口统计。这些章节中涉及的大部分信息也适用于选址决策，同时有助于对商业计划书的选址部分进行检查和更深层次的调研。本章重点强调几个资源，以说明二手数据如何帮助你决策。

如果主要通过电子邮件、直邮或商品目录来销售，请看第7章中关于广告资源和邮寄商品目录的内容，以及第4章中有关地理、人口统计特征和消费者心态的内容，更清晰地聚焦目标客户。

地理人口数据库会对定位B2B顾客、选择制造或研发场所提供帮助。数据提供者帮助客户接近选址决策需要的最相关信息。想要了解选址的更多信息，请阅读《地理世界》（Geo World）——一本聚焦于地理信息系统（geographical information system，GIS）和地理商业智能（location intelligence，LI）的杂志，可以访问其网站http://www.geoplace.com来了解更多在线服务。也可以访问史蒂夫·布兰克（Steve Blank）的创业工具和马西·菲尔普（Marcy Phelp）的Research on Main Street公司网站，以获取更多地理人口信息。

建立零售点时，通常进行商圈研究分析来评估目标位置周围半径为1英里、3英里或5英里的区域。使用商圈研究分析来对比不同位置，能让你知道哪一个位置最合适。一个位置可能会花费2倍的租金，但如果能吸引3倍的目标客户，就不应该计较租金的多少。访问EASI分析软件公司获取更多信息。

在第4章中，我们介绍了针对苏珊的健康美食餐厅客户的Claritas Prism NE客户群。下面是在芝加哥以外，印第安纳州哈蒙德市哈斯维尔镇中邮编为46323的三种最常见的群体。[1] 从下面这些群体的描述中可以看出，他们不会成为苏珊准备的健康餐饮的目标市场。请思考下列群体最可能会购买哪种类型的产品和服务，以及他们可能会渴望在哪种商店里购物。

国内二重奏（Domestic Duos）：国内二重奏主要代表超过55岁的单身人群和居住在老郊区的已婚的中产阶级。他们有高学历和固定收入，这一细分居民群体保持着一种随和的生活方式。他们喜欢通过打保龄球、看戏剧、在当地兄弟会会面或出去吃饭来进行社交。

蓝筹布鲁斯（Blue-Chip Blues）：蓝筹布鲁斯以安逸的生活方式闻名，该群体种族多样、年轻，通过工资丰厚的蓝领工作来赡养家庭。该群体的老社区都有格局紧凑、价格适中的房屋，并且被商业中心包围，这些商业中心能满足有孩子的家庭的需求。

新开始（New Beginnings）：该群体主要是单身的年轻人或处于转型中的成年人。

---

[1] 资料来源：Mybestsegments.com，*http://www.yawyl.claritas.com*（Accessed May 22, 2008）.

许多人是 20 出头的单身人士或已婚夫妇,他们的事业刚刚起步。群体成员的种族也很多样,近一半人是西班牙裔、亚洲裔或非洲裔美国人。其家庭倾向于过最舒适的生活,他们的典型特征是短暂租住公寓。

一旦你投身于事业,就应该持续管理客户信息并使用这些数据来改善目标客户的定义。通过详细的客户分析使注意力更加集中,能够更好地决定商品价格、商品组合和新店选址。

Caterina 公司的所有者乔西·里特凯尔克(Josie Rietkerk)发现,当设在 6 个机场的店铺经营礼品和糖果时,每个店铺的商品组合应有所不同。尽管这些店铺都覆盖半径 60 英里的范围,但不同机场的客户有所不同。商品组合也与商店是否位于服务国际乘客、短途飞行的商旅者或横跨全国的旅行者的终端位置有关。

选址专家和协会开发了许多工作表以及位置和人口的分析工具。许多协会会粗略地估计某一特定半径内的客户群体来支持商店的选址,其中也包括距离最近的竞争者的位置。

如果你正在经营一项高度依赖步行和汽车交通的业务,我们建议你聘请一位专家,因为仅有二手数据不能提供所需的全部信息。假如绝大多数潜在客户习惯于从北边开车进入店铺所在的零售商区,你需要意识到客户基础将会受到极大的限制,除非向北行的驾驶员能很容易地去你的店铺,并且你也提供了足够有说服力的理由让他们前往你的店铺。改变消费者的购买习惯和行驶习惯是很难的,除非投入许多额外的资金去做广告或促销来吸引客户,并且有充足的资金坚持这种做法直至建立起客户基础。

基于本章介绍的资料为企业建立一张工作表,收集客户的人口统计和心理统计信息,以及选址顾问的意见。然而,在真正开始之前,你也许会向行业协会确认选址方面的信息。一旦选择了一个物理区域,你需要房地产经纪人帮你挑选一栋建筑或帮你审查租约。

6.8 代理商和经纪人扮演的角色

做选址决策时,你需要了解和分析很多因素,这时一个有经验的房地产经纪人能让你节省时间与金钱。他可以面对众多的选择给予你指导,并在租契、租金、税收、条款、融资、分区和运输等方面提出建议。

选择正确的经纪人也许就像向你的社交网络中的朋友或者商务人士寻求推荐一样简单。经纪人通常专注于某一个领域,比如零售、制造、仓储或者办公室的选择。当你需要得到有关特定资产的信息时,就会接触到上市代理公司。如果你对资产很满意,却对某个上市代理公司感到不满,不必担心,因为通常情况下,无论公司上市与否,都可以为你提供有关资产的相关信息。然而,需要记住的是,如果通过某个代理商获得了资产的有关信息却不通过该代理商来完成整个交易,就会出现问题。

商业经纪人的收入主要来源于房东或者卖方,只有交易最终确定且金钱发生了交割,他们才能获得相应的佣金。不要让自己显得太仓促!如果在了解交易合同的全部内容之前就非常钟情于某个资产,只会让卖家在谈判中占据主动。大型商业集团旗下的代理商拥有大量的研究部门,除了能够提供你自己可以收集到的材料外,还能帮助你完成人口统计数据的收集。

如果你已经明确地定义现有需求和未来需求，那么将会为代理商节省许多时间。当你把每个地点和理想中的地点做比较时，将很可能拥有几个可行的替代选择。

驻场的租赁代理通常是开发商的雇员，他们的职责就是把建筑里的全部单元都租赁出去。你可以选择直接和这些驻场代理交易。然而，大多数人会和之前合作的第三方商业地产代理商合作来完成交易。

从 Loopnet 网站开始你的选址之旅吧。如果你访问了 Loopnet，就可以在联系代理商之前了解到一些基本的知识，比如社区目前有哪些可选的地方，租赁费用是多少，等等。如果你居住在小社区，那么亲自到现场查看或许能获得更多有关资产的信息。

此外，正如我们多次提到的那样，在完成最终的交易计划之前再次确认实际发生的成本是很重要的。为了避免计划不具有财务可行性，请不要做假设，要收集真实的数据。另外，比较一下新租资产的费用和维持原址或者与他人合租的费用。如果确实需要新租一个办公地，那么完成"行动步骤33"。

行动步骤 33

选址的专业援助

阅读完本章之后，拜访一家商业地产公司或者浏览代理商在线网站以获得更多的信息。商业地产公司可以接触到很多市政规划的报告和人口统计数据，有很多关于社区未来增长趋势的信息。如果商业地产公司尽职的话，还会拥有有关主要道路规划和新增地产等方面的信息。预约好代理商，准备好你的问题，穿上职业装，然后开始研究你的选择。把你的支票簿留在家里！

6.8.1 预测意外事件

贝特·林赛（Bette Lindsay）对于书籍情有独钟，这促使她最终决定在一家购物中心经营自己的书店。她调查了所有的信息，包括当前的潮流、人口普查的数据、报纸、房地产公司的报告、供应商等，却没有预测到一个重要的潜在陷阱，即书店对于购物中心入驻商户的依赖。

> 我和丈夫两年来一直在寻找创业机会，在这期间，我的心灵一直引导我回到书中去。我从七岁开始大量地阅读书籍，最喜欢的就是那些精心创作的故事。所以当有一个购物中心将在离我家一英里左右的地方开业时，我告诉丈夫，就是它了！
>
> 所有的一切看起来几近完美。购物中心即将入驻一个强大的商户——一家高端的食品超市，它将带来很大的客流量。经纪人得到的该区域的人口统计数据显示，我们正处在一个高受教育程度和高收入水平市场的中心。根据联邦政府披露的数据，大约需要 27 000 个居民来维持一家书店的运营。我们所处的区域有 62 000 个居民，并且最近的一家书店在 20 英里之外。
>
> 其他的条件看起来也同样完美。停车区域很多。隔壁的创业者（三个和我们一样率先入驻的商户）看重他们的事业，对购物中心的发展充满信心。

我们想在假期入驻购物中心，因为11月和12月是购书的高峰期，最终我们把日期定在9月中旬。当我们进驻时，购物中心的主体商户仍在施工，这引起了我们的些许忧虑。

我们的书店以签售会的形式开业了，并且举办了几次畅销书展。尽管主体商户的建筑工程挡住了书店的入口，当年圣诞节的销售情况还是不错的。我们对新的一年也感到非常乐观。

1月的一天，购物中心主体商户的建筑工程突然停工了。两周后，我们从报纸上得知该公司已经破产。

我得知消息后的第一件事就是给业主打电话。他通过电话留言让我去一家资产管理公司。资产管理公司的人说他们也不知道发生了什么事，他们只负责收取租金而已。1月在漫长的等待中过去了，2月和3月同样漫长。4月，购物中心的两家商户被迫关张。主体商户的建筑废墟仍挡着书店的入口。5月，我终于联系上业主并尝试就租约重新谈判，然而他的故事比我的更悲伤。

在我们入场后的第14个月，新的主体商户终于进驻了！然而我们已损失了约100 000美元的销售额，需要很长的时间才能弥补回来。

6.9 签订租约之前

当你决定租用一个商铺时，其所有者的律师将会起草一份合同，尽管合同的内容非常具体，但其中的条款是暂定的，只是作为谈判的起点而已。除非你已经同意所有条款，否则，你在合同上看到的任何条款都不是一成不变的。很明显，初始条款更有利于资产所有者。

请认真审核你的租约，不要对合同妄作假设。可以和房地产代理人一起审核，也可以和有着丰富签约经验的人一起审核，如果这项资产位于购物中心或者多用途的建筑大楼，甚至可以和其他入驻商户一起审核。

6.9.1 如何在律师的帮助下修改租约

你会在很长一段时间内因租赁合同和资产所有者打交道。如果你的零售业务做得很出色，资产所有者可能会要求从你的销售收入中提成。如果你做得不是很成功，或者出现了一些问题，你就会需要一系列备选方案和一个**逃生口**（escape hatch）。比如，你的租约应该保护你的利益：

- 如果熔炉或者空调系统坏了怎么办？
- 如果主体商户破产怎么办？
- 如果建筑物被出售了怎么办？
- 如果半数以上的商户迁出了怎么办？

诸如此类的负面环境因素需要以精确的语言和数字在租约中呈现。

在主体商户开始营业之前，应不断地尝试和资产所有者谈判以降低租金，让租约因主体商户的签约和开业而有所变化。此外，你还需要一个退出条款，申明当主体商户撤离时，你也可以一并退场。另外，还需要确保在建筑物出售时能够获得保护，业务运营不会受到其他租户的影响。

一定要认真细致地阅读租约，将不明白或者不能接受的地方标记出来，在与律师讨论之后**修改租约**（rewrite the lease），至少修改对你而言非常迫切的部分。不过，要确保资产所有者或者签约代理人对所修改的部分表示同意，并在两份租约上签名确认。谨记，租约既是你的租约也是资产所有者的租约。以下是修改租约的参考列表：

1. **例外条款**：如果该栋建筑的运营不顺利，或者该区域日渐萧条，你会迅速搬离。条款要写具体，比如："如果出现三个以上的空缺租位，租户可以终止合约。"

2. **续约条款**（option to renew）：目前租约期限一般是 5 年，除非你是主要的客户（比如 Pier1），租期可以长达 10 年。续约条款通常有 2~5 年的期限，你至少要有做 5 年零售的心理准备。如果你担心签 5 年的租约过长，请思考一下你对零售事业的承诺。

3. **转租权利**：现实情况有时迫使你不得不转租。在房地产交易中，这种称为"分配租约"的交易通常需要资产所有者认可新租户。发生这种情况时一定要确保你可转租而不会惹上麻烦。

4. **生活成本上限**（cost-of-living cap）：大部分租约会允许资产所有者基于 CPI（消费者物价指数）的通胀来提高租金。为了保护你的利益，一定要设立一个生活成本上限，防止你的租金比资产所有者的成本上升得快。尽量让租金上升幅度为 CPI 增幅的一半，即如果 CPI 上升了 4 个百分点，你的租金仅上升 2 个百分点。这样的条款是公平的，因为资产所有者的成本并不会有太大改变。你所处商业中心的其他主体商户会坚持这个上限，所以你也应该能通过谈判获得设立上限的机会，大胆地去协商吧。

5. **提成条款**：提成条款在大型的零售中心很常见，它是指租户在支付基本租金的基础上，按照总销售额的一定比例支付提成。举个例子，当年销售额超过 500 000 美元时，租金是每平方英尺 3 美元加上总销售额的 5%。因此你能否作出切实的销售预测就很重要了，因为自然的盈亏平衡点（剔除提成的总销售额的最大值）是可协商的，提成的比例也是可以协商的。

6. **租金可浮动范围**：如果你是购物中心早期入驻的商户，可协商一个基于租户入驻率的租金浮动范围。比如，当购物中心有 50% 的入驻商户时，你支付约定租金的 50%，有 70% 的入驻商户时，你支付约定租金的 70%，当全部商户入驻时才全额支付租金。你无法独自一人创造购物中心的全部客流量，这样的激励条款对每个人包括资产所有者都是有利的。

7. **启动期的缓冲**：在正式营业之前，会有很长一段时间花在布置和改造场地上。你需要让资产所有者（或称铺主）也意识到这个问题，并尝试协商一段较长时间的免租期。这样做的理由是：如果生意很成功，那么从长期来看，铺主会从提成中获得更多的金钱；如果生意不是很好或者失败，那么铺主就得另找新的租户。你需要一定的过渡时间。因为已经签订了租期较长的租约，若铺主放宽租金的交付日期，你就可以将更多的现金投入到库存、设备、服务和营造购物氛围等方面，而这些方面的改善是你获得成功的关键。

8. **装修条款**：除非你不在乎，否则你一定不希望所租的商铺仅有水泥地板和自来水管。然而，大部分零售商场中，商铺仅仅提供货架而没有太多的装修。如果经济增速正在放缓或者经济处于萧条中，租户的装修条款会更容易协商。如果资金比较紧缺的话，找一个不需要大量或者高成本改装的商铺，防止在正式营业之前就破产。

9. 经营条款：Catherina's 是一家冰激凌和糖果店，在经营条款中包含了饮料经营范围，获得了铺主的同意。铺主之后告诉店主不能经营冰沙和咖啡。幸运的是，当店主指出租约中包含饮料的经营范围时，铺主就没话说了。此外，店主在租约中表示不经营软性酸奶，当她开始出售固体酸奶时，铺主很气愤，店主再次拿出了租约。所以租约中用词恰当与否可能影响成败。

10. **公共区域维护**（common area maintenance，CAM）：租约中包括分摊园丁服务、建筑维修和垃圾处理等费用的条款。在签约之前就应搞清楚公用区域维护费用的分摊，费用可能变化范围很大，需确保按照商铺面积的比例付费。如果购物中心有部分商铺是闲置的，记得是铺主而不是你来承担这部分商铺的平摊费用。

11. 停车和仓储：签约之前需确定能够分配到多少个雇员和顾客可用的停车位，或者多少个与其他租户共享的停车位。还要清楚是否有某些预留的区域以及附加的时间限制条件。调查清楚有多少可用的仓储空间。

12. 优先购买条款：考虑加入优先购买条款，当建筑被出售时拥有优先购买权，因为当业务发展时，你可能需要购买该栋商业建筑。

13. 扩张条款：加入购物中心新增区域优先购买权的条款，以确保你的经营空间足够大，不需要付出高昂的搬迁费用。

14. **3N 条款**（triple net or NNN lease）：铺主将为每个租户承担保险费用、地产税和维护费用。

15. 搬迁条款：允许铺主将你搬迁到相似的铺面。坚持签订这样的条款是因为你不想在创业项目搬迁时遇到很多麻烦。

从目前的经济状况来看，微调租约可能很简单，但几乎不可能实现。在**租户市场**（tenant's market）中，人们往往期望全免租金而不是减免租金。你可以考虑略高的月租金但是比较短的租期，也可以选择签订最短期限的租约并要求有一年不增租的条款。确保自己有更大的弹性空间，因为大部分创业者会因为握有主动权而获益。

6.10 针对制造商的额外选址决策

如果你经营的是一家制造企业，选址时主要从劳动力供给、能源可用性及其成本、税、区域限制、运输通道以及毗邻供应商和顾客等方面收集信息，同时要关注目标选址位置所处的州、县和地区的经济状况。州政府、当地政府职员及商会、经济发展小组等拥有与选址相关的信息，向他们咨询有助于决策，同时还可能因此削减成本，获得政府奖励。

实际上，美国各州和当地的经济发展办公室都非常愿意为创业者提供大量的数据。州和市政府会提供许多有利条件，如税收激励、工作培训、成本削减以及道路、公用事业等公共设施等。许多低收入地区（包括市中心和郊区）都迫切希望吸引新企业，并对愿意雇用或培训至少 5 名员工的雇主给予激励。

6.11 备选的零售店铺位置

如今仍然存在许多有吸引力的备选零售店铺位置。例如，一个零售商以月为周期，在大学之间来回向学生兜售器皿；另一个例子是我们之前提到过的在机场拥有 6 家店铺的零售商。

一个当地的摄影师不仅在街头艺术博览会上与其顾客交流，更重要的是做一个倾听者。当了解到镇里有超过 40 个人想上专业的摄影课程时，他知道自己的事业有了另一个发展方向。他开始提供摄影课程，但只在冬天举办（受恶劣天气影响，博览会此时关闭）。这些课程的开设使得资金能在整年流动。

6.11.1 旧货交换市场

在许多地区，一周一次或周末的旧货交换市场可以使零售商发现非常赚钱的机会。例如，周四晚在棕榈泉市举行的街头集市 VillageFest 就吸引了来自美国亚利桑那州和新墨西哥州的零售商；圣路易斯市奥比斯波一周一次的农贸市场吸引了上千家珠宝商、食品商和服装商前来参加。

在加利福尼亚州南部，许多零售商和手艺人在奥兰治县的旧货交换会上每年净赚超过 100 000 美元，每周只需工作 2 天，每天工作 12 小时（其中有部分工作时间花在场外订单和为周末做准备上）。许多小型零售商可从旧货交换市场入手了解市场和价格水平。另外，旧货交换市场还为季节性的生意提供了良机。有一个家庭经营了一个夏季集市的小吃摊，所有家庭成员（包括父母和年轻人）都在一年中的其他时间上全日制大学。

6.11.2 售货亭

一种古老的零售形式现已回归——手推车就是现代的"售货亭"。按照波士顿的一家行业出版物《专业零售报告》(Specialty Retail Report, http://www.specialtyretail.com) 所说，将零售生意放在一部手推车中，能让你成为价值 100 亿美元的零售场所的一部分。售货亭为专营零售提供了低风险的环境，美国购物商场目前的最高收入仅占到售货亭收入的 10%。

售货亭低廉的设施成本、快速调整产品的能力以及购物商场所有者希望拥有独特和多样产品的愿望，都可能让售货亭成为你能拥有的零售场所。在售货亭中为产品试水的成本较低，并且可以最大限度地为客户提供一对一的服务，大量的市场调研可以在销售的过程中进行。一些大型购物商场所有者直接与其售货亭租户合作，给予建议并提供培训，希望这些创业者事业成功并在其他购物商场增加购物亭。

6.11.3 电视购物渠道

电视购物渠道（QVC）作为一种分销渠道，可以为创业者提供良好的机会，平均每小时有 15 000 个订单。许多大型企业以及能够通过严格的 QVC 审查的小型企业都将 QVC 作为分销渠道。凯西·达尔·克里法思（Kathy Dahl Crifasi）通过官网、批发商以及 QVC 分销腰包，该产品系在腰部用来放手机等重要物品，最近被评为 QVC 畅销产品以及顾客最喜欢的产品。

6.12 互联网

我们相信，你一定会将互联网作为分销的一种渠道或者将其作为营销产品或服务的方式。互联网时代瞬息万变，因此我们不会提供动态变化信息，而是仅提供文本的基本要素，并建议你自己在网上搜索电子商务和电子营销信息，以确保你所使用的是最新的信息。

在互联网上运营的企业也要有其他企业都具备的主要功能，只是使用的媒介和渠道不同。任何一个创业者的目标仍然是吸引愿意为你的商品支付合理价格的非常忠诚的客户。如图 6—1 所示，三种主要的电子商务业务模式为 B2B，B2C 以及 C2C。

如今，大量企业利用互联网销售产品及服务。有时，许多从线上业务开始创业的企业并不确定如何在未来使事业盈利，但在环境迅速变化的情况下却怀有能够找到盈利模式的信念。Instagram（一款图片分享应用）做到了，Pinterest（一个图片社交网站）也做到了。

许多博主通过追随自己的喜好挖到了金子。古董玩具、与孙子孙女一起旅行、菜园、退休投资和巧克力点心成了这些有趣的博客的主题。久而久之，这些博客吸引了足够多的日常关注，使得博主们通过广告收入获得收益。许多博主也通过付费演讲来宣传自己。美国哥伦比亚广播公司（CBS）的新闻提到，目前以博主为职业谋生的人已与律师的人数不相上下。如果你有一些有趣的东西可以分享，那么创建一个博客。创建博客非常简单且只需要几分钟打字的时间，然而，推广博客却需要时间、精力以及必不可少的一点运气。

当订单量非常大而顾客数量很少时，B2B 模式为大量销售提供了难以置信的机会，使得你有时间与顾客建立关系。效率、随时可得和即时收款都能减少交易时间并有利于企业的现金流。同时，由于网络的开放性，你可以非常容易地了解竞争对手。然而，网络的开放性也是一把"双刃剑"，因为顾客能够十分容易地进行产品和价格的比较。因此，你必须提供其他有价值的东西来吸引回头客。

商店、网络、产品目录等的融合已十分普遍。由于智能手机成为接入互联网的端口，该模式会持续地快速增长。许多企业通过吸引与智能手机相关联的顾客展开竞争。最近，《科技评论》（Technology Review）的一篇文章提到：

- 目前世界上在用的个人电脑有 14 亿台。"另一方面，手机每年卖出 14 亿部以上。"
- 目前世界上有 70 亿人口和 60 亿部认购的手机。

为了很容易地利用 B2C 市场，可以选择在雅虎、eBay、亚马逊和 Shopify 等提供支持服务的网络平台上开店。在一两个小时内，店铺就能建立起来并开始运营。这些平台提供简单的设计软件，有时提供运输及简单的收款服务。在线平台通过网站分析，使企业能对时刻变化的顾客需求、对价格和广告的敏感性作出迅速的反应。

如果你生产艺术品或手工艺品。可选择以手工艺成品买卖为主要特色的网络商店平台 Etsy，或者其他为艺术家和工匠提供出路的网站。许多真正的艺术家已经找到自己愿意出资购买的高质量、精心打造的艺术品。网站允许艺术家分享他们的令人叹服的故事，这将同时吸引顾客和艺术家。

许多公司使用视频共享网站 YouTube 作为广告和分销的渠道之一。由于成本低且易于试验，这无疑是一个可以开发的渠道。请阅读第 7 章中 Orabrush 的创始人是如何利用 YouTube 成功的。

我们已经看到，许多创业者利用 eBay 和 Craigslist 作为业务的经营渠道。汤姆·加拉特（Tom Galat）为付房租而发愁，被激发出创业精神。一天，他在人行道上看见一个可免费获取的长沙发，将其扔进卡车带回了家。他将沙发彻底清洗，并对焕然如新的沙发拍了照片，放到 Craigslist 上，24 小时之内，这个沙发就以 250 美元的价格卖出去了。他对此上了瘾，因为 1 小时就能赚到 100 美元确实不错！

"沙发男"是 C2C 电子商务的一个例子，共享经济的发展，C2C 也在迅速成长。传统报纸广告日渐没落，被 Craigslist 取代，目前许多人在这个平台上出售商品过上了舒适的生活。

网络持续进化，创业者发掘新的方式来抓住网络和智能手机客户，而这个可能性是不断变化的。如果你不够灵活，将无法生存。

小　结

在做选址决策之前，反复考虑你的个人偏好和理想、目标客户、税、技术、可用资源和未来的价值以及其他可能情况。

渠道选择是建立企业的过程中最具挑战性的决策之一。在当今世界，你需要意识到不会只做一次渠道决策，而是很多次，因为新的渠道会被持续开发。正如前面所讨论的，对于产品和服务的营销、选址、分销、定价和促销的融合在不断地变化。

在实施调研的过程中，使用第 4 章到第 7 章中的信息和资源来决定你做生意的最佳渠道。你也需要通过网络来获得调研信息。对于线上业务，本章中大部分行动步骤同样适用，或能调整后适用。当出资方阅读你的商业计划书时，确切的数据和推算的数据不仅会得到他们的欣赏，还能帮助你了解更多的员工工资成本、住房模式、零售和社区的稳定性。

请抓住开发虚拟企业、联合办公区和孵化器的机会。使用家庭办公室可能有助于节省现金。

一些短途旅程将会帮助你认识选址决策对传统实体零售业务究竟有多么重要。首先，在不同的日期（周末、工作日）以及一天中不同的时间（上午 10 点左右、中午、下午和晚高峰期），沿着你所在城市主要的商业街走动。记录下你所见到的情形：哪些店铺关门了？哪些店铺新开张？哪里提供服务产品？

绕着城市走过一次后，在网上以相同的方式了解信息，并且评估：哪里的店铺正在增长？哪里的店铺减速发展？能利用的机会是什么？物理位置的决策对于传统实体零售商来说非常重要，对于网络创业者而言，在谷歌搜索引擎上的排名也是影响成功的重要因素。

我们将本章的重点放在零售企业上，对制造企业来说，选址的过程中有更多的问题且更复杂。对于制造企业而言，劳动力市场、土地成本、租金、扩展能力、税以及员工和法律问题在选址决策中至关重要。如果改变选址决策会付出很大代价，那么请考虑聘请专家来帮助你作出决策。

在查看和分析所有可用数据之后，你可能会主要依据个人因素或激情来选择商铺位置，也许你有无私的动机，比如希望在市中心创造工作机会。

请记住，你不仅在尝试着建立一份事业，也在尝试着创造梦想的生活，请以同样的激情去对待。

改变是不可避免的，去拥抱它吧！

制胜关键

- 在寻找零售或业务起步的位置时，你可能需要最好的零售位置，却承担不起高额的租金。
- 选择位置不要着急。如果你错失一个旺铺，那么继续寻找，不要放弃，因为通常有许多位置可选。妥协可能是一个成本非常高的决定，为合适的位置等待是值得的。
- 从着眼于邻里或地区比较的区域性分析开始。
- 位置分析应包括对特定建筑或空间所有独特的事物的分析。即使是商业成功的地段也有一些冷清的区域。聘请一个零售专家来获取远见和建议。
- 你店铺的邻居是谁？他们是否会吸引与你相同类型的顾客？如果他们搬走有什么影响？
- 了解条款和术语，要意识到这些内容在每份合同或租约中可能有细微差异。
- 所有事都是可以商量的：租金、招牌、装修补贴、房价、维修。不要害怕提出诉求。
- 与前租户谈谈，你也许会对了解到的情况感到吃惊。
- 永远不要在没有咨询经验丰富的律师的情况下签订租约。
- 寻找训练有素的专业人士提供建议并为此支付合理的报酬。
- 协调众多分销渠道，并确保你的形象在所有渠道始终如一。当选择多个渠道时，尝试建立协同效应。
- 使用低成本的电子商务。
- 承担风险！

第 7 章

联系和吸引客户：市场营销与促销

> **学习目标**
> - 学习如何使用多种促销手段与目标客户沟通。
> - 将卓越的客户服务视为促销的关键。
> - 了解客户的价值和全员销售的重要性。
> - 通过公众免费宣传促进业务。
> - 学习如何使用新闻网络服务。
> - 理解网络的重要性。
> - 理解个性化销售的价值。
> - 学习如何有效地利用销售代表。
> - 研究大量网络产品。
> - 开发最适合业务的促销组合。
> - 将价格标签应用到促销中。

促销是能够让企业的形象被潜在客户记住的艺术和科学。"促销"（promotion）一词来源于拉丁语动词"movere"，意思是"发展"或者"向前进"。促销是一个积极的词，创业者要饱含热情地说出来！

如今，通过多种促销渠道让产品被潜在客户记住至关重要，在所有渠道中传递的信息必须保持一致。因此，过去在报纸和电视上登载的广告，如今需要添加到你的网站、微博、YouTube频道、平板电脑和智能手机中。参与消费者搜寻和购买产品的每个阶段，你将有机会在这些阶段就将他们发展成为你的客户，并建立信任和忠诚度，这是创业的基础。因此，创业者须制定具有一致性和整体性的营销计划以便在多种平台上进行促销。

另外，只有将线上和线下的营销相结合，消费者才不会对产品的宣传感到困惑。将多种促销渠道和分销渠道结合起来，还可以发挥二者的协同作用。随着技术的发展，线上、线下两个领域正越来越紧密地结合，并且每天都发生变化。本章将介绍市场营销和促销的基础知识。此外，创业者还须了解技术发展的前沿从而充分利用多变的机会，下面的"创业资源"专栏会让你有个好的开始。

> **创业资源**
>
> ### 值得关注的营销和创业的博客/微博
>
> 下面这些博客和微博能帮助你及时了解技术的发展情况，同时也会重点介绍那些利用新技术实现企业成长的创业者。
>
> Seth Godin
> Steve Blank
> Guy Kawasaki (How to Change the World)
> Guerilla Marketing
> Duct Tape Marketing
> Small Business Trends
> Small Business Brief
> Entrepreneur Daily Dose
> Church of the Customer
> Young Entrepreneur
> Quick Sprout
> Under30CEO
> Mashable
> Social Media Examiner
> Kikolani
> The Social Media Marketing Blog

将4P组合策略（价格、产品、促销和渠道）与目标消费者的需求结合起来，并且根据消费者需求的变化以及技术和环境的变化对这四个方面进行重新组合。但是不要因为太注重技术的使用而忽视了营销的本质。

正如脸书测试经理西姆·布鲁齐（Seam Bruich）所说，对于任何新媒体，我们最关注的是它与其他媒体相比有何特别之处。但是那些帮助我们在市场营销中获得成功的核心因素是不会改变的，比如，企业应该怎样清晰地传递价值主张，如何将新的信息传递给消费者，等等。

在本章中，我们希望创业者先研究各种促销渠道，再谨慎地制定促销战略，但对各种选择仍保持开放的心态。图7—1展示了促销组合的各种方式，这些能够帮助你吸引消费者注意、引起消费者兴趣、激发消费者需求并且促进消费者行动。快速变化的互联网会在一夜之间出现具有挑战性的新选择。想要快速获得消费者的关注，你的思维要更加活跃，打破常规。创新！创新！保持创新！

7.1 市场营销概述

当你为制定最优的**市场营销策略**进行头脑风暴时，请先花时间调查本行业或其他行业的成功的**促销活动**（promotional campaign）。看看这些公司用了哪些独特的办法在目标市场上吸引目标客户的关注。你可以利用这些信息制定一个更有创意的促销策略，使你以更加有意义和难忘的方式吸引客户及传递信息。

在过去的几年里，市场环境发生了巨大的变化。未来，我们将面临更大的变化。

但是无论怎样，衡量企业成功的标准仍然是销售额增长率和客户忠诚度。如今，创业者推广业务是基于所构建的人脉网络。而技术变革提供了很多新的产品呈现方式、接触消费者的方式以及提高客户忠诚度和参与度的方式。

口碑营销一直被认为是所有营销方法中最有效的。口碑营销比脸书的点赞和收藏等功能的作用要强大得多。如果你提供了让客户觉得有吸引力和满意的产品或者服务，你就积累了粉丝，他们会在社交媒体和口碑传播中成为你的推销人员。口碑可以来自消费者、媒体或者社区。因此，我们关注客户服务、公众免费宣传和网络这三个围绕着目标客户的元素，如图 7—1 所示。参与度已经成为市场营销中的第五个"P"，因此在企业发展的早期就要吸引和激励客户在推广业务中发挥积极的作用。

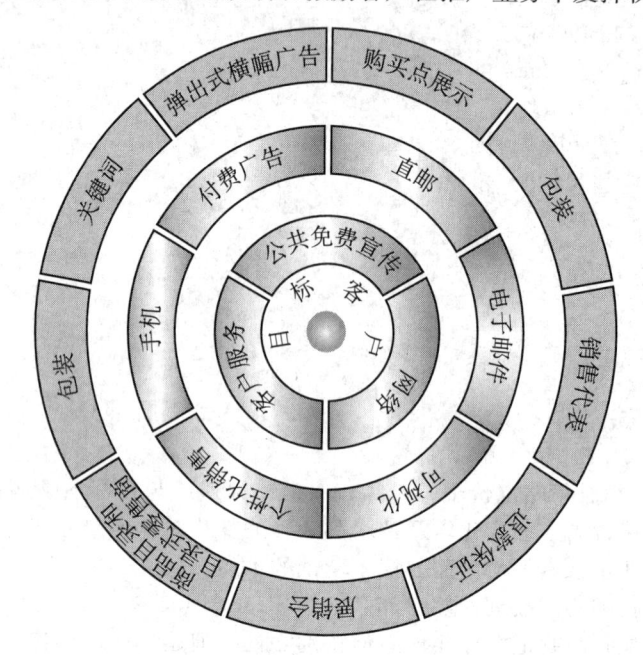

图 7—1　与目标客户保持联系

接触消费者、促销产品、分析消费行为、定价、监控销售动态以及进行网站分析等行为都随着技术进步而得到改进。但目标仍是不变的：了解和服务你的客户。

悉尼 Coremerics 软件公司是一家领先的需求分析和精准营销策略服务提供商，它分享的经验如下[①]：

> 有一点不变的是：技术会发展，消费者的经验会越来越丰富，权力会越来越大。因此，了解浏览者和消费者并与他们建立长期深入的关系，变得越来越重要。个性化和关系营销正变得更加现实。为了获得成功，营销人员需要有效的行为分析解决方案和对消费者行为的完整记录。这并不是数据采样，也不是对点击行为和网页点击率的简单分析。只有以消费者为中心的数据资源才能够帮助营销人员利用网络的力量为浏览者提供真正的个性化服务，同时最大限度地实现业务目标。

接下来的问题非常重要，必须回答：你要传递的信息是什么？你的目标客户适合什么产品或服务？你能提供什么样的产品或服务？你自己或其他人有什么经验？你的短期

---

① 资料来源：*http://www.coremetrics.com/downloads/coremetrics-web2.0-white-paper.pdf*（Accessed May 24, 2008）.

目标是什么？你的长期战略是什么？你的客户能够得到什么好处？如何让你的产品或服务变得与众不同？什么最能够帮助你令销售和口碑带来爆炸式增长？

广告费用正在发生变化，如图7—2所示。移动广告在接下来的几年里会快速发展。通过多种媒体资源创新地、反复地、一致地接触消费者将是企业成功的关键。

2011—2016年美国的印刷广告和在线广告支出(单位：10亿美元)

年份	在线广告支出	报纸广告支出	杂志广告支出	印刷广告支出总额
2011	32.0	27.0	15.3	36.0
2012	39.5	19.4	15.4	34.8
2013	46.5	18.4	15.3	33.7
2014	52.8	17.9	15.3	33.2
2015	57.5	17.4	15.2	32.6
2016	62.0	17.0	15.3	32.3

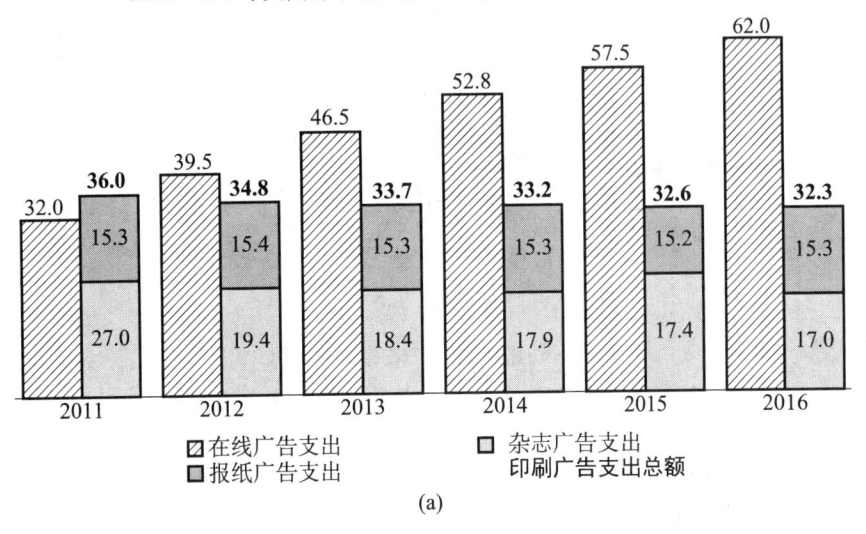

(a)

说明：eMarketer将它对美国在线广告支出的预测数据与IAB/普华永道的数据进行对比，最后一次完整的测量是在2010年；eMarketer将它对美国报纸广告支出的预测数据与NAA的数据进行对比，最后一次完整的测量是在2010年。

资料来源：US Print vs. Online Ad Spending 2011－2016, eMarketer, Jan 2012. Retrieved from http://www.emarkerter.com/Article/Print.aspx? R=1008788（Accessed July 13, 2012）. Reprinted with permission.

2011—2016年美国的电视广告和在线广告支出(单位：10亿美元)

年份	电视广告支出	在线广告支出
2011	60.7	32.0
2012	64.8	39.5
2013	65.6	46.5
2014	67.8	52.8
2015	68.9	57.5
2016	72.0	62.0

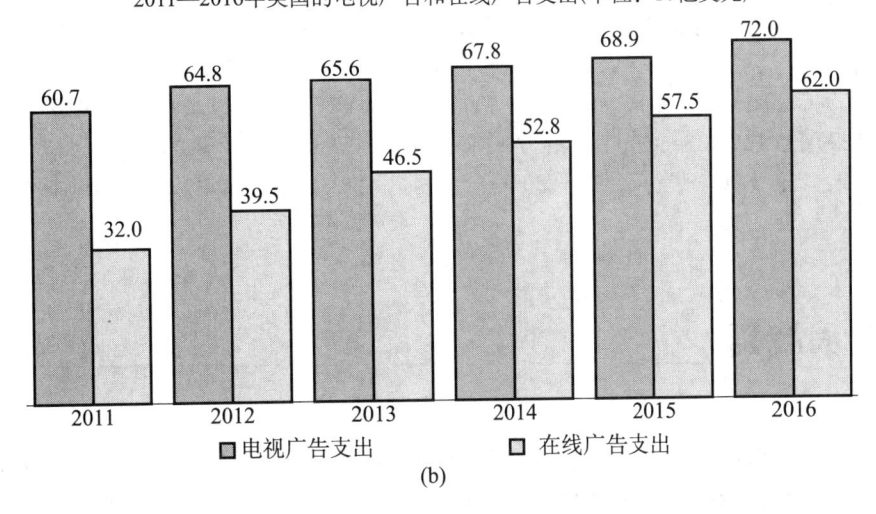

(b)

说明：eMarketer将它对美国在线广告支出的预测数据与IAB/普华永道的数据进行对比，最后一次完整的测量是在2010年。

资料来源：US TV vs. Online Ad Spending 2011－2016, eMarketer, Jan 2012. Retrieved from http://www.emarkerter.com/Article/Print.aspx? R=1008788（Accessed July 13, 2012）. Reprinted with permission.

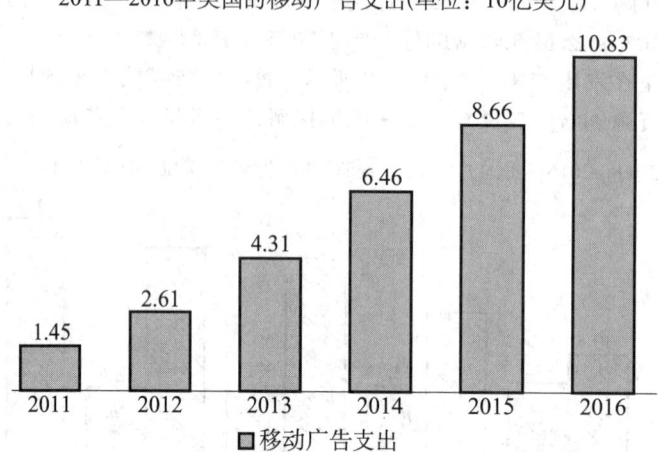

2011—2016年美国的移动广告支出(单位：10亿美元)

```
                                              10.83
                                       8.66
                                6.46
                        4.31
                 2.61
         1.45
         2011   2012   2013   2014   2015   2016
                    移动广告支出
                       (c)
```

图 7—2　变化的广告费用

说明：包括展示（横幅广告、多媒体和视频）、搜索和简讯（SMA）/多媒体短信（MMS）/点对点通信（P2P）。
资料来源：eMarketer，Jan 2012.

许多市场营销和促销活动必须结合过去的行动方案进一步展开，特别是在与客户接触的环节。你知道自己需要在什么领域出类拔萃，那么下一步就是通过促销突出你的优势和独特性。注意，你开始实施营销方案后会有一个试错的阶段和漫长的学习过程，在经历了这些后才会找到最有效的营销方法。你需要与消费者沟通，跟踪销售额和利润，并在这个过程中作出调整。准备好积极地应对变化吧！

你已经向客户展示了你的设想（第 4 章）、研究了市场竞争情况和利基市场（第 5 章），现在是时候确定目标客户、销售渠道和促销战略（第 6 章）以及定价战略（第 8 章）了。

首先，创业者要避免在没有效果的促销方案上浪费钱。比如，如果你的目标客户是大学学历、居住在城郊、年龄在 45～55 岁之间、年收入超过 250 000 美元、拥有 3 辆车、每天骑行 2 小时、每天阅读杂志 *Dressage Today and Equus* 的女性，那么你最好采用**直邮**（direct mail）的方式来实施精准营销。如果你的目标客户是高中学历、年收入低于 30 000 美元、18～25 岁的男性，那么你最好通过 YouTube 或者脸书来营销。

7.2　促销战略

与客户保持联系的关键是考虑多种促销组合方式（见图 7—1），选择其中一些进行整合，使其能够向目标客户传递一致的信息，这是营销策略的一部分。本章将进一步介绍这些促销方式。

当你回顾这些促销方式时，请记住第 5 章提到的触点和你准备利用的市场缺口。记住，在每一个触点，你都有机会和客户沟通，很多时候不是通过传统的广告而是通过与客户建立关系。这也是创业成功的关键。

在所有这些促销组合元素中，卓越的客户服务和高参与度是促销战略的核心。满意的客户通常会带动业务，促进企业成功。随着社交媒体的发展，让客户参与到业务和网站中越来越重要。

一旦消费者找到你的门店或者网站，你必须有足够的吸引力让他们留下来，购买，再购买。消费者与业务和产品的积极互动会带来更多的口碑促销。对于大多数新的业务而言，广告资金有限，因此，无论在线上还是线下，第一时间与客户保持联系和沟通是带来良好口碑的基础。

7.3 通过优质的客户服务促销

优质的客户服务为公司的成长奠定了三个重要的基础：关系、声誉和参照标准。在早期多花时间和精力去了解你所能了解的关于目标客户的一切。

创业者越熟悉客户，就越能满足他们的需求。如果你充满热情地对待客户，就可能培养出一批同样热情并且关心你是否经营成功的客户。

喜欢你的产品或者服务的客户会告诉你如何进一步改进。如果客户知道你愿意倾听他们的意见并给予回应，那么他们便会持续地提供反馈意见。Orabrush 是一个非常好的例子，它投入大量时间听取关于公司产品的意见。

我们希望你能积极听取客户的意见并鼓励他们参与到你的业务中。在社区或者你所在的行业里，满意的客户将是你最棒的无偿销售员。这类销售员是花再多钱也无法雇到的！如果客户将其他人推荐到你店里，这笔生意就成功了一半，所以要利用好这些客户资源。

获得一个新客户的成本是留住老客户的 5 倍，所以，应尽可能留住客户并持续地提升客户服务的质量。

除了客户服务外，还要注意到客户购买的是问题解决方案并希望有特殊而难忘的体验。确保产品带来真实的效益，提供超乎客户想象的体验。如果做到了这些，客户会将购买公司产品的感受分享给自己的朋友和同事。

你已经广泛地研究了竞争对手和目标市场，知道客户对产品或者服务带来的效益以及服务水平有较高期望。通常来说，从客户自掏腰包支出的角度看，卓越的客户服务和印象深刻的体验提高了竞争门槛。任何额外成本均应作为营销成本的一部分。将"行动步骤 34"与"行动步骤 28"中的触点相结合，来决定如何让每一个触点都带来优质的体验。

行动步骤 34
在触点提供优质的客户服务

回顾行动步骤 28 中的客户触点。发散思维，找到一种让目标客户在每一个触点都有深刻印象的方式。在建立非凡客户服务的过程中，不能仅仅满足客户的服务需求，要超出他们的想象。

- 如果你正在运送一个包裹，可以增加什么服务以让客户眼前--亮？
- 如果你正在准备快餐，如何让快餐准备时间更短和更加个性化？

- 如果你正准备把建筑图送去审阅，如何让对方更好地理解？
- 如果你拥有一家糖果店，在客户每次进门时，你能够提供什么特别的东西让回头率提高？

一些策略会因时间或者成本而无法实现。然而，那些你可以做到的事将会得到客户的赏识，助你步入成功之路。不断地细化和提炼触点。如果你有线上和线下的业务，二者要能够相互补充以实现共同的目标。另外，要考虑到这些触点在不同的平台、个人电脑端、平板电脑和手机上会如何变化。

任何细节都不要放过，即使是邮件标题。创办旅行社的埃伦·麦克丹尼尔（Ellen McDaniel）是我们最喜欢的创业者之一，她引用艾丽斯·莫尔斯·厄尔（Alice Morse Earle）的话说：" 时间在流逝。今天需要尽最大的努力。时不我待。昨天已是历史，明天还是未知，今天是一份礼物。这也是今天也叫做现在的原因。"

细节决定成败。一个微笑、一次握手言谢或者一个来自企业所有者的电话都不会产生任何成本，只需花一点点时间。在个性化如此稀缺的今天，只需一点点付出就能带来好的印象。创业者希望客户能够在天台上大声喊出公司的名字，并在 Instagram、Pinterest、推特、脸书等社交网站上广泛地传播公司的信息。

Zappos 购鞋网站、诺德斯特龙百货公司和西南航空公司都通过了解客户的心理和跟踪有代表性的客户，提供优质的客户服务。持续地了解企业应该如何回应传统实体企业的客户和网络客户的意见。你的服务水平在线上和线下都应该保持一致。可以的话，采纳和执行最优的服务战略。

正如《魅力：改变心意、想法和行为的艺术》（*Enchantment: The Art of Changing Hearts, Minds, and Actions*）的作者盖伊·川崎（Guy Kawasaki）所说，"魅力的三个重要支柱是：可爱度、可靠性和优质的产品/服务。如果你熟悉这些，可以将其中两样捆绑在一起以吸引客户。如果你没有这三样，可以在社交媒体中投入大量的时间和金钱，同样也会效果惊人。"

为了提高效率，组织中的每个人都必须提供优质的客户服务以取得客户的信任。这必须成为一种工作方式，成为企业文化并与报酬挂钩。同时，员工必须了解自己的责任，了解自己拥有的解决问题的权力。可以采用以下技巧：

- 主动服务客户。（"我应该如何帮助你？"）
- 表现行动的力量。（"我应该如何解决这个问题？"）
- 提供信息。引导客户并努力与客户沟通。（"不，我们现在不再销售产品 B 了，让我给您介绍产品 C，这是我们刚推出的新品，相比其他产品有许多优点。"）
- 用眼神和微笑表示友好并表明愿意随时提供帮助。

在形成客户服务宗旨的过程中，需要考虑什么对于客户是最重要的，并且将之作为第一准则。然而，你并不能为所有人提供所有产品，注意不要超越能力提供不能带来利润的产品或服务。在考虑其他促销形式之前，先了解你的客户的价值。

7.3.1 客户价值

花点时间计算客户价值是多少（不考虑通胀）。如果你是一名牙医，假设平均每年每位客户会光顾诊所两次，每次花 200 美元。那么病人的价值至少是每年 400 美元

(200×2)。如果打算留住这位病人20年，那么他的价值就是8 000美元。

如果你和员工意识到每位客户的价值为8 000美元，那么你们对待客户的方式会不会有所变化呢？答案是肯定的。更长远点看，如果每位客户平均再带来两个家庭成员和三个朋友光顾诊所呢？那么他的价值就至少是48 000美元。这个数额可能更大，因为有些客户需要补牙和镶牙等，会花更多钱。

这里的关键就是让公司的所有员工意识到每位潜在客户的价值。如何让每位员工记住400美元、8 000美元和48 000美元这些数字呢？可以将第一个数字400美元与全年通用的迪士尼乐园门票价格联系起来。如果公司规模较大，记住一辆售价48 000美元的奔驰车的年租赁费为8 000美元如何？

"行动步骤35"告诉你如何计算客户价值并想出创造性的方式让员工记住这些数字。在每个触点上，利用优质服务建立关系，你将会得到忠诚的客户。另外一个低成本的促销方式就是发新闻稿以及和媒体交流。

行动步骤35

客户价值是多少？如何让员工记住客户价值？

1. 回顾牙医的例子。
2. 确定公司的客户的价值。首先计算出客户每年会花多少钱购买公司的产品或服务。将这些数字乘以可以留住客户的年数。对于零售企业而言，应该是5年。对于一个快餐店而言，也许是10年。而在B2B领域中，业务关系通常会维持50~75年！
3. 下一步，合理地估算将来这些客户会带来多少新客户。在一些行业，也许会带来3~4个新客户。如果是零售店，通过忠诚客户的口碑营销，很容易带来8~10个新客户。将估算的新客户和原有客户加起来，再乘以第二步中得出的数字。
4. 接着，设计一个创新的和令人印象深刻的方式，让员工记住每位客户的初始价值和将来可能带来的价值。

企业需要创造利润。创业者需要让员工明白报酬的唯一来源是客户的回头率。当客户享受好的待遇时，就会再次消费并带来更多客户。每个人都由此获益。

7.4 公众免费宣传

如果你有很好的故事，自我推销也许是最好的方式。没有人能够比你做得更好。你希望公司的名字出现在评论、专题文章、访谈节目、播客、YouTube访谈和报纸专栏中吗？要实现这些，关键在于你是否能够精心构思一个故事，以引起博主、杂志撰稿人和媒体人的兴趣。

通过**公众免费宣传**（free ink/free air）塑造的公司形象更具可信度。目标客户会更加相信非付费广告或者第三方专家的话。

传统的传播方式是刊发正式的**新闻稿**（press release），如今许多像PRWeb这样的新闻与信息分发网站让这种方式更可行。这些公司"将信息传播到超过250 000个RSS订阅者、20 000个网络出版商和35 000个新闻记者那里，这些人通过PRWeb订阅和接收新闻"。

新闻发稿服务可以帮助创业者根据目标市场和每条新闻稿的作用选择最好的传播渠道。

另外，公司可以利用搜索引擎优化技术（search engine optimization，SEO）来衡量促销是否成功以及跟踪新闻稿动态。这些数据会帮助企业改善以后的新闻稿。

如果不利用这些新闻与信息分发网站（如 PRWeb，PRLOG，Free Press Release 等），就需要自行决定利用哪些特定的媒体向目标客户促销，并联系那些涉及公司业务领域的作者和记者。通常，出版商、电台和电视台一直在寻找新创业务和好的点子。每个业务或多或少在某些方面有报道价值，持续挖掘直至找到这些价值。

通过电话、信件或者电子邮件来讲述你的创业梦想故事。如果你能够将产品展示给作者就更好了！当你希望在最流行的媒体或者博客上发表有关公司的文章时，先找出那些关注企业所在市场、相对小型的出版物或者博客。大的出版商经常会从小型媒体的报道中挑选出版的内容。不要害怕拿起电话，讲一个精彩的故事吧！

另一种传播方式就是利用 Help A Reporter Out 博客平台，通过那些正在为其博客、文章或新闻广播寻找故事的记者，将个人和企业联系在一起。

让新闻稿简单明了、赏心悦目，可以附加图片和视频，呈现出你的故事、设备、产品或服务以及个人传记等。同时，突出你的新闻素材和关于你的网站的报道。另外，客户评价也非常重要。

还有一种用于促销的重要资源是博客。找到本行业最具影响力的博客，调查其网站、目标市场、涉及的故事和主题。Technorati 收录了超过 130 万个博客，并评选出最具影响力的博客。当你在 Technorati 上浏览博客资源时，也许会想建一个自己的博客。

到目前为止，本书强调了与客户建立关系的重要性，以及通过有吸引力的作家和博客发布公司有趣而独特的故事，以进行公众免费宣传的重要性。这两种方式的成本相对较低，都是建立在口碑营销的基础上。接下来，我们将继续介绍同样低成本但具有高影响力的方式——社交网络。

7.5 社交网络

另一种有效的促销资源是社交网络，它将公司的形象传播至粉丝群。来自加利福尼亚州橙县的网络咨询顾问苏珊·林（Susan Linn）对这个词的定义非常广泛："社交网络就是通过人脉来获得你想要的东西。通常，社交网络指的是商业人士可以接触的群体。用当前的流行语来说就是，成功不在于你知道什么，而在于你是谁。"

社交网络能够带来自信，有利于你向非直接竞争对手传播有用的信息，并得到反馈和支持。它帮助你向一群志同道合的人寻求建议。

7.5.1 你为什么需要社交网络

你也许一辈子都在社交网络之中。在学校，你通过社交获得与老师、课程和社团相关的信息。当你搬到一个新的社区，通过社交获得构成日常生活的所有细节性信息，如医生、汽车服务、保姆和特价品的相关信息。

在工作中，你也许通过与潜在客户交流来想出更好的设计，或者与经理和同事聚在一起共同解决问题。还有很多人每天通过脸书和领英等在线社交网络获得潜在客户、员工、合作伙伴和子公司业务。尽管如此，许多创业者仍然觉得面对面交流的效果最好。

作为一个创业者，你可以建立自己的关系网络以获得数量惊人的新客户，从而帮助你成功。建立关系网络并形成**核心群体**（core groups）。一些社交网络可以通过与你认识的人们保持松散的联系自然地成长。由于你处于这个网络的中心，你将从这种关系、友情和支持中获益。

7.5.2 社交网络组织

人们愿意与熟悉且相处融洽的人一起工作。不要再犹豫了，在世界范围内结识朋友吧，他们能够给你的事业提供帮助，让你离梦想更近。当有其他人帮你推销产品时，你便拥有了免费的私人推销员。这不是一下子能够做到的，需要做很多工作、花很多时间和保持诚信才能够拥有这样稳定的关系网络。

仅仅加入一个网络组织是不够的。你需要成为组织里一个积极的成员，甚至担任领导职务。花时间认识你能够接触到的每一个人，为他们做点其他的事情。

此外，仅仅参加会议是不够的。当你在组织里有点名气后，才能够收获来自社交网络的好处。让社交网络成为你生活的一种方式！

准备好"行动步骤23"中提及的电梯演讲，因为你将有很多机会用上这种技巧。但是在你加入一个组织之前，先回答几个问题：

- 这个组织成立的目的是什么？
- 我喜欢和什么类型的人一起工作？他们是这个组织中的一员吗？
- 加入这个组织，我是否想要发表政治或社会声明？
- 我单纯是因为商业目标加入的吗？
- 进入这个网络对我的生意有何帮助？

大部分组织会允许你在加入前至少参加一次会议。你可以通过参加不同组织的会议来决定哪个团队最适合你个人和你的业务，决定哪个组织的成员最有可能与目标市场相关。

现在都有哪些网络化组织呢？

贸易组织关注一个特定的行业并提供与同行提前沟通的机会。这是建立关系的好机会，无论是要寻找供应商、律师、会计师还是其他人员。参与地区层次的活动也许会带来担任国家层次职位的机会，这会增加你的曝光度。

销售经理俱乐部通常会通过每周一起吃早餐、午餐或者晚餐的形式来分享各自遇到的商机。世界商讯机构（Business Network International，BNI）和领导者俱乐部（Leads Club）是两家最大的组织。登录它们的网站，找到离你最近的组织。每一个类型的业务只有一个代表，鼓励其成员与其他人分享销售商机以及成为免费销售员。这些组织对保险、会计、医药和牙科领域的从业人员非常有帮助，对从事改建、建筑或者汽车修理等服务行业的人也十分有用。但仍要记住，再多的网络关系也不能弥补产品或服务质量的不足。因此，如果希望其他人帮你推销，首先保证产品和服务的质量，并在此基础上提供一些额外的东西！

政治俱乐部为广泛地推销提供了绝好的机会；但如果你是本地的零售或服务企业，要小心行事，因为政治上和商业上的利益并不总是一致的。

妇女组织，比如美国大学妇女联合会（AAUW）、妇女沟通协会（Women in Communication，WICI）和全国女企业家协会（NAWBO），既关注社会问题也关注贸易和商业行为，还提供专业支持和创业培训。

商会是非常好的与当地企业建立联系的平台。商会为成员举办社交活动和培训，提供行业指南，有时还提供获得法律服务和保险的渠道。

当地的社交、社区和慈善组织，比如吉瓦尼斯俱乐部（Kiwanis）、雄狮俱乐部（Lions）、扶轮社俱乐部（Rotary）、苏珊·科曼乳腺癌防治基金会（Susan G. Komen）或者阿尔茨海默症协会（Alzheimer's Association），都能帮助创业者参与社区活动以接触当地的客户。许多贷款经纪人和房产代理人通过参加当地的家庭教师协会（PTA）积累大量的客户资源并获得丰厚的报酬。在慈善委员会服务也有利于你向委员会成员推销自己和企业，这些成员在社区和国家都是非常有影响力的。一起工作时，成员们和睦相处、相互尊重，通常会为以后的业务合作打下基础。

了解一些团体，加入几个团体并且深入参与某个团体的活动。扩大关系网有助于企业成功。

在经济衰退时期，一个小小的销售顾问在六个组织中保持高参与度，他每周花20~30小时做这些事情，是为了让自己保持忙碌的状态。当经济开始复苏，机会重新到来时，他的业务发展迅猛。他积累人脉，为的就是等待生意复苏，最终他成功了！他从来没有做广告，完全依靠口碑营销以及与社区客户建立联系。社交网络的建立没有任何成本但是耗费时间，但它会为愿意经营关系网络的人带来意想不到的结果。

鉴于社交媒体对促销的影响，我们现在关注营销技巧中的前三个，这些技巧能帮助你利用客户、社区和媒体实现口碑营销。如果这三个群体成为你的"疯狂粉丝"，你所需的促销广告支出将大幅减少，你可以用省下的资金进一步发展业务。让他人的博客、推特、脸书等为你促销！

7.6　其他促销要素

7.6.1　付费的媒体广告

热门的广告媒体有电台、电视台、报纸、杂志、互联网和贸易期刊等。通过好的广告和合适的媒体，可以使产品信息深入目标客户的脑海并激发购买欲望。如果目标客户是年龄在13~16岁的女性，那么网络和手机广告是最佳选择。任何付费广告都要非常有创意才能深入人心，因为平均每人每天会接触超过5 000条广告信息。

引起潜在客户的注意是第一步。通过文字、音乐、广播或者视频等广告内容增加他们对产品的兴趣，是第二步。第三步是激发购买的欲望，最后一步则是潜在客户进行购买活动，这意味着钞票开始进账了。尽管如此，利润来源于客户的回头率以及再次购买。

对于广告支出,则需要了解收费情况和各个媒体的配套服务,这在大多数媒体网站上都有注明(查阅第 4 章做进一步了解)。大多数创业者没有意识到付费广告需要花一大笔钱,纸质、电子报纸和电话号码黄页的广告价格是非常高的。但是对大多数企业来说,这是进入当地目标市场最有效的营销工具。

传统媒体在社交市场中也扮演着很重要的角色,因为付费广告促进了线上和线下的口碑营销。正如艾德·凯勒(Ed Keller)和布拉德·斐(Brad Fay)在《面对面之书》(*The Face-to-Face Book:Why Real Relationships Rule in a Digital Marketplace*)一书中所说,"关于品牌的谈话中,有 1/4 会明确提及广告。其实,电视广告远不是驱动消费者谈论公司品牌的唯一因素。"

付费广告有一些明显的缺点:(1)要达到好的效果,广告成本非常高;(2)**优先安排的广告**(preferred placement)往往属于出价高的公司;(3)重复投入是促销成功的基础;(4)在不同平台上持续促销是必要的。

确保大部分广告收听者、收看者和阅读者是目标客户,否则,你期望传递的信息就是无效的。通过前面几章的实践,你会比一般创业者更加了解如何选择合适的媒体。

许多当地的出版物拥有出色的内部广告经理,他们能够帮助企业制作广告,选择合适的广告位置和广告时间。

一些当地的有线电视台会雇用一些实习生,这些实习生可以免费或低价帮助企业制作广告。更聪明的办法是找到有创意且有经验的人才,他们将针对目标观众设计广告。很多人争着为你服务,使用他们的专业服务是更具成本效益的选择。

在网络上进行广告宣传需要企业不断地努力,因为企业的选择变化得非常快。使用网页进行广告宣传的最大好处是可以通过网络分析技术跟踪各个链接及其点击率的情况。另外,企业如果有根据无效内容和有效内容对广告进行调整的能力,可让网络宣传根据目标客户作出实时响应。

投放网络广告的方式之一是通过会员联盟购买横幅广告和弹出式广告。会员联盟可从赞助网站上达成的交易额中抽取一定比例的佣金。另一种方式是在脸书或者其他网站上购买广告位,但是企业需要为点击付费。然而值得注意的是,在脸书上,只有两千分之一的广告会被点击。不管使用了网络广告的哪种方式,都有必要使用搜索引擎优化(SEO)来判断广告的效果。

如果企业正在制作自己的广告,图库、插图、音乐和视频等可以通过大的代理商比如 iStockphotos,Getty Images 或较小的专业代理商比如 Southwest Florida Stock Photos 获得。企业描述自己对照片的需求,比如,希望有两个长得好看的、相爱的、18 岁的中西部年轻人正在约会的照片。照片提供商根据需求找到照片集,企业在付了版权费后就可以使用了。专业的摄影师会给照片提供商成千上万张照片,照片提供商会对这些照片进行分类。

如果是成本较小或者免费的广告,可以选择一些能够让人眼前一亮的照片,打印或者发邮件给客户,以抓住客户的眼球。选择独特的但是合适的视频和音乐也可以让企业的广告独树一帜,而且可以与图片一样的方式得到。尽可能多地使用视觉化的广告来讲述企业的故事。

对于那些在当地投放电视广告且效果不错的企业来说,广播广告同样适用。考虑到成本问题,你可以采用租赁的方式让企业的广告进入当地的市场。举例来说,一则投放到斯波坎市的家居广告十分成功,企业可以租来后将公司名字换了,然后投放到托皮卡市。企业需要确保选择的广告是针对目标客户的。

企业可以自己录制视频，如果足够幸运，就能像 Orabrush 一样在 YouTube 上引起轰动，被放在搜索关键词中。有创意地展示企业的产品确实给许多创业者带来了回报。每个人都梦想着制作一个可能被广泛传播的视频，尽管让视频得以广泛传播的关键要素还不得而知。

另一选择是，看能否找到一些当地的有线电视台，既可以提供广告服务，又能对所提供的视频产品进行评估。如果企业的一个产品需要展示较长的时间来引起客户的兴趣，可以购买 10~60 秒的广告时间。你也可以考虑电视购物节目。如果企业决定选择电视购物这种方式，首先收看节目，学习成功的电视购物节目中使用的技巧，因为成功的背后肯定包含通过节目提供有效信息的方法。

如今许多学生有很好的视频制作设备和多年的制作经验。他们也许可以提供不昂贵且可以投放在电视、脸书或者 YouTube 上的广告。

企业可以考虑向报纸、电台和电视节目的市场部咨询和寻求帮助。企业需要先调查传播量，另外在计算成本时考虑付费广告重复播放的成本。报纸经常在副刊提供有折扣的广告服务，这非常适合具有季节性特征的业务，比如暑期夏令营。该服务通常还包括免费编辑文本。所有的广告和促销活动必须遵守政府制定的法律。

Craigslist 是分类广告平台中的佼佼者，在很多方面取代了报纸分类广告。加利福尼亚州橙县有一个小型家具零售店的老板每个月节省 2 000 美元，因为他发现所有新的客户都是通过 Craigslist 的在线商品清单找到该零售店的，所以他放弃了所有其他广告。每个月省下的 2 000 美元帮助他熬过了经济萧条时期。

7.6.2 购买点展示

购买点展示（point-of-purchase displays，P-O-P）可以激发消费者在最后一分钟对商品（比如指甲油、维生素、牛肉干和小玩具）的购买冲动。一个好的购买点展示可以帮助企业完成所有的销售目标，就像一个永远在工作不会疲倦的销售人员那样。如果企业的产品较难使用，或者目标客户并不清楚产品的优势，就需要通过购买点展示向客户传递信息。

然而，购买点展示存在一些问题：（1）不能用来销售大件商品，因为这些商品会让客户在收银台那里扎堆；（2）批发商可用的楼层、柜台和墙面是有限的，不能经常用来展示购买点；（3）购买点展示必须可以自动吸引客户、引导客户自觉购买产品，一个俗气的展示会把客户赶走。创业者可以每周对所有购买点展示的效果进行评估。如果这是企业唯一的分销方式，可考虑雇用专业人士设计购买点展示。

7.6.3 包装

就购买点展示而言，包装也许是营销和销售的唯一方法；但是不要忽视，任何产品的包装都是针对消费者进行设计和用于提高潜在销售额的。企业可以通过购买竞争对手的产品，研究它们的产品包装，分析其包装的成本和有效性。企业需要明白以下几个问题：企业在哪方面可以做得更好？在哪方面可以做得更高效？在哪方面可以取得更好的效果？怎样使产品包装更有吸引力甚至更加环保？

产品包装和分销渠道的专业人才可以帮助企业设计大小合适的包装，将自己多年的成功经验应用到企业中。企业若按照批发商的建议，在产品的商标中体现出"设计者的理念"，或者在罐子上扎上丝带，就可以将销售额翻3倍。接下来有几点关于产品包装的建议：

1. 预先花时间去设计一个完全不同于以往概念的独特外观；
2. 考虑环境问题；
3. 物以稀为贵；
4. 设计商标时突出产品的优点；
5. 确保包装清晰地展示了产品的功能及使用方法；
6. 保持清晰简洁的产品包装外观，因为包装的外观会在所有广告媒体中用到，且须保持广告的一致性；
7. 不断地改善，直至成功设计出最佳色彩搭配、文字搭配和图片搭配；
8. 包装设计既是艺术又是科学，一位科学家或者专业人士的建议也许是值得借鉴的；
9. 确保包装符合法律法规的要求，能够保护产品并为客户的使用提供便利；
10. 需要考虑货架空间和运输费用。

7.6.4 商品目录

商品目录对于足不出户的人、繁忙的父母、忙碌的购物者来说是非常有用的。因为在美国文化里，人们总是在追逐时间。现在出现了越来越多的商品，商品目录也越来越多地和网站相结合。

客户在方便的时候才去购物，往往不担心商店的营业时间、停车或者交通堵塞等问题。大多数在线购物网站基本上都有在线的商品目录或者产品列表。

全国邮购协会（The National Mail Order Association）的报告中提到，2011年，邮寄了超过200亿份商品目录。2009年，*Deliver* 杂志提到，"网上消费者经常收到商店印刷的目录，会将更多时间花在零售网站上"。因此，商品目录在多渠道营销中仍保持着强劲的实力。

如果企业试图印刷商品目录，会产生许多问题：（1）设计、插图、图片和邮寄的成本会非常高，特别是当企业要印刷有四种颜色的目录时；（2）企业的产品在印刷出来后视觉效果不好；（3）通过目录不能清晰地了解产品的优势；（4）要成功地经营邮购目录业务，需要花很多时间，投入很多资源。

如果企业希望通过开发网站来辅助商品目录业务，需要确保网站上的商品目录和印刷的商品目录是一致的。与印刷目录一样，清晰的外观可以帮助企业卖掉产品。企业需要研究竞争对手的产品目录，了解其用了哪种模型，如何描述产品，产品相关服务的提供程度，使用了什么字体和颜色等。在网上，企业还可以增加在线咨询、产品评价、推荐商品目录和相关视频，以更好地展示商品，增加与消费者的接触和互动。许多网站允许客户在脸书上点赞，但实际情况是，只有不到1%的品牌拥护者积极地参与点赞。

企业可以考虑提供免运费服务，就如杂志《互联网零售商》（*Internet Retailer*）所称，"免运费服务是最重要的网络营销手段"。在圣诞节期间，超过2/3的消费者购买了免运费的商品。另外，根据COMSCORE互联网公司提供的数据，47%的订单是免运费的。

一个 DVD 目录零售商提到，在每位消费者身上平均花 300 美元的营销费用后，企业才会开始盈利。因此，无论是印刷的还是网上的目录，企业只有长期坚持提供才能盈利。欲了解更多网络零售信息，可以登录《互联网零售商》杂志的官网。

7.6.5 商品目录式零售商

商品目录式零售商如莉莲·弗农公司（Lillian Vernon）通常不会参与产品的制造，但这些企业一直在发掘好的产品。登录目录网站 Catalogs.com，你可以找到更多商品目录清单，你需要花时间研究，并确定哪一种目录是针对企业的目标市场的。目录上的产品价格会比零售商付给批发商的高 3～7 倍。在联系这些零售商之前，企业需要基于现有目录中的产品和价格，首先评估企业与零售商合作能否盈利。如果可以盈利，根据零售商规定的流程，与最有前途的目录式零售商联系。企业需要严格遵循提交申请的流程，因为零售商会收到成千上万种产品的申请，因此必须采用一套有效的流程来处理这些申请。

让主流的目录式零售商帮助企业促销和分销产品，要确保产品售出后，企业可以及时运输。与每一个目录式零售商交流，获得关于企业**产品说明**（product description）情况的反馈，他们可以帮助企业形成更符合自身情况的目录。这些反馈将是无价的，企业需要认真地倾听。他们的洞察力是靠多年的经验和专业知识形成的。

同样，也可以了解 QVC 类项目（见第 6 章）。电视购物网络团队在寻找那些销量上千万的产品。他们做了广泛的调查，知道哪些产品能卖出去。

7.6.6 直邮

这种促销工具让企业将目光集中在面向目标市场的手册和传单上。直邮对于小企业而言是非常重要的。因为直邮可以帮助企业深入接触目标市场，所以这一方式在 B2B 市场中也有广泛应用。

直邮广告既是艺术也是科学。在各行业追踪客户反应和销售结果长达数十年之后，逐步形成了"大数据"这个概念。大数据可以用来增加投资回报，也可以作为"预测性知识"使用。

如果你正在写直邮的内容，登录网站 http://www.the-dma.org，查阅美国直销协会（Direct Marketing Association，DMA）提供的相关材料。直邮的人均成本非常高，并且如果做得不好，效果很差，会浪费你的金钱和时间。如果你在查阅了美国直销协会的资料后，想雇用一个直邮处理专家（这也是我们的建议），你可以考虑让他以某个销售额为目标先为你写一则直邮广告。如果他对你的产品有信心，并且知道能够从中分一杯羹，可能会收获颇丰。

直邮营销的成功取决于你能否精准地定义目标市场和开发合适的直邮活动。如果市场太分散，直邮营销就不适合。

如果有需要，应不断地完善直邮的相关方案，直到你的目标客户成为"蓝莓种子"目标客户。如果脱离了目标，企业就容易在直邮营销中浪费金钱。直邮的成本非常高，因此不适合在业务开展的初期就使用，因为此时通常不能很好地把握市场。一旦企业正式开展业务，并且能够把握住市场，就更容易准确确定未来客户的名单，并在目前客户的基础上进行有针对性的直邮活动。在网上查找那些提供邮件列表的供应商,以及可以给你(免费)提供一次根据你选择的列表来发送信息的供应商。供应商会与你一起合作去选择合适的邮件列表,通常会整合许多列表来覆盖数百个客户,最终确定目标客户。

许多成功的直邮活动是建立在与其他渠道发挥协同作用和保持一致性的基础上的。Deliver 杂志上介绍了许多成功的具有创新性的直邮活动。

7.6.7 退款保证

企业可以考虑将提供退款保证作为一种促销方式。为了吸引介意产品安全性的客户,企业需要强调产品和服务是无风险的,并花时间和金钱来确保无风险。

在美国加利福尼亚州橙县,曾经有一个打算收购厨房/浴室装修业务的 CA 创业者发现前业主对待客户的方式非常恶劣。她决定兑现合同,以赢得客户的忠诚和尊重。这种举动成本很高并且有一定的风险,却是值得的。如果你不提供退款保证和支持,在开拓业务时可能会面临困境,尤其是负面评论可能会带来灾难性的后果。在零售业,商品定价的 3%~5% 涉及退货。如果产品易碎或容易出现盗版,那么企业用于维修或更换产品的费用更多。确保所有员工理解企业提供退款保证的重要性。即使只有一个员工不遵守政策也有可能产生长期的不良后果。负面口碑总是像野火一样迅速得到传播,甚至比火箭发射都要快。

7.6.8 展销会

展销会是在高强度环境中,向对业务非常感兴趣的参会人员展示企业的产品或者服务。企业在展会上的露面巩固了其在行业中的地位。

企业需要调查现有的展销会类型并且尝试参加其中的几个,以决定哪个展销会是最适合自己的。展销会的成本非常高,因为参展人员可能要到外地出差,花销很大。展位、产品陈列和相关设备的价格常常会吓到第一次参展的展销商。此外,企业在非常细心地研究了楼层的布局后,才可以租到一个**人流**(traffic)顺畅的展位。另外,如果企业此前没有参加过展销会,展销会举办方通常不会让你选择展位。

企业可以考虑和另一个企业或者和业务上互补的企业共用一个展位。企业在促销时需要同时开展市场调研,并且认真倾听每一个参会人员的意见,因为这是参加展销会的主要目的之一。在展销会结束后,企业要做好计划,并特别留出跟进客户的时间,尽快给最有希望成交的几个客户致电。

7.6.9 其他销售和营销材料

制作小册子、白皮书(权威报告)、视频、时事通讯、手册、产品说明书、年报和报纸专栏等,让企业成为行业里重要的信息来源,做企业所在领域公认的专家!

这些都是有效且价格合理的促销工具。如果企业不擅长编辑文字,编写材料会成为促销的障碍,但这并不是不能解决的问题。可以在网上用计时工作的方式或者项目制的方式雇用他人编写材料。企业把任何材料放到网上后,都必须不断地更新,以促使客户多次浏览企业的网站。

7.6.10 博客

如果企业有内容可以分享给消费者并且知道如何撰写文案,博客也许是不错的选择。新闻博客 Word Press 可以让企业有一个好的开始。另外,网上有很多关于博客的写作、经营和宣传的建议。在几个小时内就可以熟悉并开始写作。

建立一个博客很简单,然而,宣传和经营博客需要付出努力和时间,否则就难以成功。读者如果看到一个博客几周都不更新,短期内就不会再回来浏览,甚至会转而关注竞争对手的博客。

切特·弗罗利希（Chet Frolich）是一名建筑师、商业摄影师,也是 CMF Photo 和 OC Stock Photo 的所有者,他曾说:"经营博客所花时间比我预想的要多。想想建立博客的目的和读者是谁。我的潜在客户和竞争对手会浏览博客,查看我在美国即将启动的建筑项目,判断我的工作质量如何。"弗罗利希发现博客对他在搜索引擎上的排名有积极影响,而排名的上升又有助于每周博客的更新。

另一个分享专业经验的方式就是花时间向行业内或者在网上有一定影响力的网站提供消息,以此来建立声誉。然而,企业需要确保提供的信息是最新的且准确的。通过向这些网站学习来使自己逐步把握读者的需求和情感。

7.6.11 企业曝光度

企业需要保持很强的存在感,以在竞争中脱颖而出。一个提供泳池清洁服务的公司的老板希望自己与众不同,要求所有的清洁工在工作中穿上一尘不染的白色外套。另外,公司花钱每周清洁一次工人的卡车。因为员工专业的穿着,人们觉得让公司的清洁工在自己的院子里工作很安全,许多邻居都会问,"这些穿白色外套的人是谁？"公司的销售额随之直线上升。

许多服务行业的公司把提升自己的存在感当作工作的一部分——把公司的标志放在所有地方:业务活动中、卡车上和网站上。不管它们在哪里工作,都会让人们知道。格伦·弗罗利希（Glen Frohlich）创办的格伦园林绿化公司（Glen's Landscaping）近期增加了一位女性客户,这位客户说:"我找到你们公司是因为在过去的几个月里,我一直观察邻居们雇用的绿化工人,而你们公司总是派同一批工人过来,而且他们总是在每周的同一时间到这里。没有其他公司做到了这一点。"企业要记住所有潜在客户正在观察你的表现。

企业曝光的缺点和购买点展示的缺点是一样的:如果公司保持存在感并不能自发地感染其他人——如果不具备吸引力,或者如果客户关注的是你的业务中没有吸引力的部分——那么公司失去的潜在客户会比得到的更多。在网络上也是如此。

注意,脸书上任何一张通过 Instagram 分享的照片或者 YouTube 上的一段视频,都可以让业务量不断飙升或者迅速提升一个层次。现在几乎每个人都有相机并且喜欢照相。根据美国运通全球客户服务指标（American Express Global Customer Service Barometer）,如果一个客户有较好的客服体验,她会和 9 个人分享该体验。但是如果一个客户得到的服务较差,她会和 16 个人分享。企业在使用脸书平台时要记起这些数字,让积极的作用发挥出来,同时要看到负面评论可能带来的毁灭性影响。

好好利用公共活动和企业的标志,告诉人们你是谁。不断地检查自身的仪容仪表。确保着装和标志性的领带符合公司整体促销活动的颜色、设计和态度等要求；保持一致性是非常重要的。让公司的名字被人们记住是终极目标。

7.6.12 个人销售

如果你没有任何销售经验，没有关系；没有人能比你销售得更好。企业就像你的孩子，你会比其他人更有热忱地销售。努力卖出企业的故事和产品！了解本章中的"创业热情"专栏，并且在周末的时候去参加活动，学习如何销售你的故事。

如果你认真倾听，目标客户会告诉你如何向他们销售产品或者服务。这就是为什么一个好的销售人员也是一个善于倾听的人，而不是一个夸夸其谈的人。大多数客户喜欢和公司的老板聊天。把这和你的优势结合起来利用好。抓住一切可以和潜在客户交流的机会！

遗憾的是，**个人销售**（personal selling）成本非常高，特别是当你必须雇用其他人或者自己付出太多时间时。销售队伍的建立会增加开支，除非只支付销售人员佣金。然而，如果你试图全靠自己来销售，就会没有时间和精力去做只有你可以做的其他事情了。

刚开始时，一些创业者没有很多想法。一个创新者整晚忙着设计自己的店面，休息了一会儿，就换上服装到街上去销售 8 小时，直到下午 5 点钟才回到店铺。尽管他的公司价值超过 4 000 万美元，但他仍坚持与客户交流。建立和维护关系是任何小生意的基础。

让公司中的所有人成为销售人员，包括负责派送和仓储的人员、软件编程人员、会计师和办事员。绝不要低估员工直接接触客户的重要性。提醒员工，如果产品或者服务卖不出去，企业将会陷入困境，以此来增强所有员工工作的积极性。有价值的目标客户需要公司里所有人细心地照顾。另一个接触客户的选择是雇用专业的销售人员，针对业务的细节和产品的优势等对他进行培训。

7.7　作为连接桥梁的销售代表

假设你的一款新产品有立刻销售出去的潜力。你该如何与所有美国人联系上呢？你应该雇用弟弟来跟进还是花很大一笔钱雇用一个销售人员，抑或以委托方式引进专业的**销售代表**（sales reps）？最后一个选择应该是进入市场最快和最有效的方式。在刚开始创业时，现金为王，雇用员工有时很难平衡各个方面。

一支受过训练的专业销售人员队伍正在等待你的电话。然而，不是所有销售代表的水平都是一样的，要仔细地挑选。关注销售代表的表现，因为销售代表的名声就是你的企业的名声。销售代表的问责制是很重要的。

与潜在的买家面谈并且请求他们推荐各自领域中表现最好的以及合作最愉快的销售代表。如果同一个名字被推荐了几次，你就知道要打电话给谁了。销售代表通常负责几种互补的产品线。与销售代表讨论，确定他能够花多少时间和精力在你的产品线上。

贸易协会、展览和期刊经常会将销售代表协会的信息作为额外资源发布。销售代表也会经常参加展销会，寻找新的产品；所以如果你有展位，尝试与销售代表接触。如果你有热门的产品，有进取心的销售代表会跟你联系。

为了解行业内关于代理商、销售区域和终止协议的规定，需要和全国销售协会（National Association）联系。了解销售代表的相关行业知识之后再雇用他们，建立客户群，提升销售效果和销售效率。

你雇用销售代表是因为他们有快速进入市场的能力和专业知识。你需要清楚花多长时间和多少钱才可以培养一个和独立销售代表组织有相似特征的销售团队。另一选择是在特定的市场上使用自己的销售团队，在其他市场上使用独立的销售代表。

因为销售代表只拿佣金，所以你肯定会有一支非常有进取心的销售队伍来卖产品或者服务。销售代表也会同意在无风险的新市场中进行探索。

问销售代表以下问题：
- 你的公司有多少销售人员？
- 你的销售背景和行业经验如何？
- 你的销售区域覆盖哪些地方？
- 你销售了哪些互补的产品？
- 对于展销会上的展示有什么想法？
- 愿意和我们合作，开拓区域市场乃至覆盖全国吗？
- 我可以参加销售会议和培训我的产品销售代表吗？
- 我需要什么样的销售财务报告？
- 你能够带来什么样的业绩？
- 你在类似的企业有什么业绩？

尽可能给销售代表提供所有支持并进行激励，一直做一个啦啦队队长。企业要坚持获取销售报告。让销售代表持续汇报在各自领域的动态；准备好行李，并和销售代表保持电话沟通。鼓励销售代表和他们的客户提供反馈，以帮助评估产品和销售代表。准备好在这个行业中会出现的各种问题的补救措施。

另外需要给销售代表提供一些材料，比如小册子、证书和样本。另外，实施所有必需的产品培训。分享你收集到的关于销售和竞争对手的信息。沟通是成功建立关系和获得利润回报的关键。记住：销售代表是拿佣金的独立销售人员，所以要按时发放酬劳。

销售代表资源

Manufacturer Representative Association
Manufacturer Agents National Association
http：//www.MANAonline.org
Electronic Representative Association International
http：//www.era.org

要找到国外的销售代表，和各国的大使馆或者领事馆联系，并且找到负责贸易的人。本章中提到的商业部门和引用的资源也会提供贸易信息和联系方式。

特色广告/促销产品

莱斯利·龙森·布朗（Lesley Ronson Brown）从事广告礼品业务15年，他提到：广告礼品，现在称为促销礼品，是一种有针对性地以合理价格促销产品或者服务的方式。对于小的业务而言，这是有效利用营销费用的好方法。

促销产品可以解决沟通不畅的情况，给客户留下非常长久的好印象。除了客户营销，许多企业在奖赏和激励员工的项目中，为了实现员工内部的营销，也会使用促销产品这种方式。

用于促销的产品能使企业的名称或者信息出现在客户的脑海中。促销产品可以当作感谢客户的礼物、展销会上招揽客户的赠品、建立商誉的工具、客户或者员工忠诚度的回报、新产品/服务的引入工具。

促销产品的费用少到几美分多到几百美元。选择产品时，关键因素是预算、数量、时间、对象，最重要的是目标。你希望达成什么目标？如果你希望人们记住这个业务，尝试让促销产品有创意且实用，与业务相关。

活动预告邮件也可以用于吸引客户和宣传企业。可以邮寄一个眼镜盒以邀请客户来店铺免费挑选一副太阳镜。或者邮寄饭店的礼品卡，但是只能在收件人将礼品卡拿到展位后或者完成一份简短的营销问卷后才可以生效。如果要用来招揽客户，一个能激起收件人参与意愿的产品可以有效地将他吸引到展位边，即要有时间让客户观察企业是否有前景，逐渐对产品产生兴趣。奖券和礼物也可以作为邮寄的物品，激励有开发潜力的客户参与一些市场调研。

可以开发持续的广告项目，这些项目会根据一个主题邮寄几种礼物。一个棒球主题活动可以邮寄体育馆座位垫、棒球、帽子、锦旗、门票形状的钥匙链、球棒形状的回形针分发器、可以播放"带我离开棒球比赛"的语音芯片以及一袋花生。

7.8 小型商业网站

客户可以在网上迅速找到你吗？当他们找到时，企业的网站能够向他们提供所需的信息吗？现在有许多人使用网络或者电话，取代了地图、电话本、目录、地址簿、报纸杂志、口头推荐和其他方式，因此拥有一个网站和积极地参与网络营销是非常重要的。

前文多次提到小型商业网站，但关于网站创建和发展的相关细节超出了本书的范围。网站的建设力度和成本取决于网页是主要的促销方式、分销渠道还是多种渠道中的一种。

讲到这里，你也许意识到以网站建设作为本章结尾的原因：网站是核心的营销工具。线上或者线下的产品质量和关系网络都可以促进业务发展。

网络给公司提供了增加曝光度的机会，可以使公司接触到所在城镇或者国外的客户。如果正确地利用网络，公司的网站可以帮助企业建立信誉，并提供吸引客户的机会。

在网络上落户和促销比想象中要简单许多。把平台的开发、他人的信息共享和主要网站之间的竞争等内容结合起来，会给企业带来免费的且出色的建议，而且网络的进入成本很低。另外，网络店铺在许多平台都是可用的，诸如 Big Commerce,Shopify 和 Magento 都是非常容易使用的。

我们都知道，互联网的发展日新月异，速度非常快。因此，本书介绍了网络的基础知识，你需要与时俱进，了解新的变化和产品，以更好地进入目标市场和完成促销目标。网络营销的一个重要元素就是搜索引擎优化，这是一种在基于关键词和关键短语的不同搜索引擎中占据最佳排名的战略。

鉴于主流的商家在不断改变规则，本书建议登录网站找到关于搜索引擎优化的最新资料。许多公司提供在线的课程和研讨会，这可以帮助你与时俱进。准备好在任何时候成为搜索引擎排名的榜首。雇用外部力量来帮助自己是可行的，但是要小心，因为许多人自称是搜索引擎优化的专家，实际上并非如此。

公司网站、脸书、Pinterest、Instagram、谷歌、领英、YouTube 和 eBay 等是在网络 2.0 世界中为企业不断发展提供平台的网站，就如 Coremetrics 网站分析公司所说的那样，"网页包含了多种趋势和许多不同的技术"。这些技术可以让客户与企业以及其他客户进行互动，参与并影响讨论，还可以控制客户的体验。

可在线下宣传公司网站，因为线下活动可以覆盖大部分首次购物的客户。尝试让网站名称易于记住并且将所有的广告和反馈放在网页上。可以考虑雇用专业人员设计网站。使用商业图片和商业视频来增加网页的专业性。请根据目标市场的变化设计网页；如果企业有差异性很大的不同目标市场，则需要考虑使用多个网站，但是要确保不会使客户感到困惑。网页需要精心设计以让客户能够频繁地浏览。永远不要停止学习建设和宣传网站的知识，因为互联网世界的规则和机会每天都在变化！

此前，本书提到，如果不做计划就等于失败。如果你没有宣传计划，就是在保持沉默。避免保持沉默的一种方法是在促销活动中进行头脑风暴，完全不考虑难度和成本。"行动步骤 36"帮助你在因为不现实而否决掉想法之前考虑所有创新的想法。保留在"行动步骤 36"中想到的所有想法，因为你将来会用上。

行动步骤 36

头脑风暴形成一个成功的促销活动

忽略所有预算限制，假设钱不是问题。闭上眼睛，坐好，想出与目标市场相关联的理想的活动。为此疯狂是可以接受的，因为可行的解决方案通常就在没有限制的想法中产生。

假设已使用最喜欢的明星代言产品或者服务，为此支付了几百万美元的广告费用。（这可以实现，如果你从 Sponsored Tweets 那里购买一个著名明星的推特，可能有 300 多万粉丝。）

- 如果你需要客户名单来建立营销基础，弄清楚你具体需要什么，并且要明白这是你的。
- 如果你在寻找一流商品目录式零售商的服务，仅默念名字三次，你就是其中一员了。
- 如果你的业务需要上千辆运输卡车和微笑司机（他们会让客户有非常好的体验），那么写下"1 000 个微笑的运输人员"。
- 如果你的产品很小，头脑风暴出一个完美的产品陈列设备，也许是一台自动售卖机，这台机器与你的私人银行账号相连，你可以看到钱不断进账。

这个忽视成本的机会不会再来。（现实就在转角处。）但是现在就好好玩吧！不要害怕，将你对业务的热情投入到促销的想法和活动中。创意和热情在促销中会持续很长一段时间。记住，要销售你的故事。

成功的创业者会用最好的方式满足目标客户的需求，并且知道如何将具有整体性和一致性的信息融合到所有的促销方式当中。他们也明白市场调研、市场跟踪和评估广告费用的重要性。

7.9 在促销战略中应用价格标签

制定一个促销计划需要五个步骤：
1. 制定销售和营销的目标（比如，某一年的销售额为75万美元）。
2. 制定实现目标的战略（比如，将销售订单量增加10%）。
3. 确定具体的促销方式来实施一个或者多个战略，并且有可衡量的目标（比如，为了特殊圣诞夜购物活动而使用邮件促销后，当晚的商品销售额达到2万美元）。
4. 详述一个包含了具体促销手段和预算的项目（比如，11月，为了特殊圣诞夜购物活动，向300个最佳客户邮寄镀金请柬，介绍该活动会提供点心、特别的咖啡和礼物包装，花费在1 750美元内）。
5. 评估促销工具的效果（比如，在增加的销售额中，制定每1美元的促销或广告费用带来20美元回报的目标，并根据需要调整目标）。

目前已经回顾了网络、客户服务、线上和线下广告以及其他促销活动的相关知识。现在你需要制定一个整合的促销活动方案，使用最好的促销元素来进入目标市场。

记住，你可以委托广告代理商制作优秀广告以带来客户。然而，只有出色的客户服务和产品才可以吸引客户再次消费，让企业持续盈利。

现在是时候就促销组合作出决策了。看看你通过"行动步骤36"想出来的促销战略，选择其中排名最靠前的并且是你有能力实现的4个或者5个元素。然后，将它们整合进促销活动中，并确定可以为此花费的成本。"行动步骤37"带你了解一下程序。现在继续把促销集中在你设想的目标客户身上。

行动步骤37

在促销组合的每一种方式中使用价格标签

在与客户接触的过程中会花费什么成本？为了找到一些想法，可以回顾行动步骤36，写出你最希望用以接触客户的4种或者5种方式，然后调查每一种方式的成本。如果接触方式是免费的，概述你会如何实践这种方式。想象你已经选择下面这些促销组合。

网站：确定建设网站、促销和维护网站的成本。

直邮：找到网络上的邮件列表经纪人并联系他们。与他们讨论你的业务和你希望进入的市场。请他们提出关于合适的邮件列表的建议和策略方面的指导。

个人销售：为销售人员、销售代表或者你自己接触客户做好时间和财务规划。如果你打算成为主要的销售人员，那么寻找社交网络中的机会并且开始建立联系。将你的部分工资和花销归入促销成本。如果你计划使用销售代表，确定相关的成本。

确定任何促销方案的成本。一旦你知道每一个项目的成本，决定哪些在你的承受范围内，哪些可以最好地传递信息，你如何让每一个触点都是难忘的。

当高成本使你放弃了一些理想的促销组合时，不要沮丧。这也是我们在第 7 章介绍这么多低成本的促销方式的原因。

当银行家浏览商业计划书时，他们肯定想知道你将用什么方式以及花费多少成本来进入市场。一个深思熟虑的营销和促销计划可以向阅读者展示你已经做好功课并清楚了促销产品或者服务需要花费的成本。

小 结

在你内心的蓝图中找到业务的定位，齐心协力地奋斗，坚持不懈地努力。任何可以塑造企业正面形象的方式都是值得考虑的。调查所有可以利用的促销战略，然后选择针对目标客户且成本可承受的促销组合。

潜在策略包括需付费的媒体广告、公众免费宣传、个人销售、展销会、行业出版物、网络和出色的客户服务。为客户提供一致、简单、清晰的信息。如果你有效地规划促销活动，会促进这些策略间的协同。

新的技术、创新的促销和分销机会将会频繁出现，企业要关注这些变化，进行试验，衡量它们的有效性，确定如何利用这些新的机会。

关注触点可以找到打败竞争对手和集中促销的地域和市场。小企业拥有快速对客户需求作出反应的优势，这给它们带来很强的力量。利用你的速度带来优势。

让组织中的每一个成员明白他们的工作在客户与企业的关系中的重要性。如果所有的员工都可以担当销售人员的角色，你将可以快速地增加销售人员的数量，客户会发现其中的差别。

我们也建议你寻找有创意的方法解决小企业的促销问题。当你决定冒险时，尽早灵活应对和缩小限制范围。如果你不够有创意，雇用可以帮助企业脱颖而出的人。一个协调的并将目标集中在目标客户上的市场营销计划是获得长期成功的基础。

制胜关键

- 关注目标客户。回顾理想蓝图中的目标客户，保持促销的目标始终是目标客户。
- 保持企业的存在感。
- 促销要做到独一无二。不要寄圣诞贺卡，要寄土拨鼠日或者圣帕特里克节贺卡！
- 正在变化的世界对创业者而言是机会。
- 为了拿到邮寄列表，放弃一些东西。作为回报，潜在的客户会提供他们的名字和地址。
- 令客户感到兴奋——兴奋销售。租一个圣诞老人、一个跳舞的机器人或者热气球。
- 记住产品或者服务的优势。人们希望买到解决方案。如何使产品或者服务让客户的生活变得更美好？如何让客户更加快乐？如何给客户节省时间？
- 人们购买一种体验。让客户印象深刻，让客户想再回来，让客户希望家人或者朋友也来体验。
- 保留客户的成本要比寻找一个新客户低得多。因此要让客户感到快乐，当问题发生时，询问客户你能如何帮助他们解决。
- 拥有为客户服务的激情。
- 热情的客户会成为企业流动的广告牌。他们希望你成功的愿望会让你的企业发展得更好。为了疯狂粉丝而努力。
- 当你觉得已经达到预期目标时，不要降低警惕性——企业要和客户保持联系。如果你断开这种联系，将永远不会发展壮大。
- 花时间和不再消费的客户联系。勇敢些，给他们打电话和找到他们不再消费的原因。
- 听取客户的意见。
- 告诉他们你的故事。
- 建立关系。
- 保持创造力。

另一个视角

Orabrush 在 YouTube 上引起轰动

2012 年，威比奖（Webby Award）获奖者——Orabrush 公司——用一个很难想象会在 YouTube 上造成轰动的产品，创造了一个非常成功的社交媒体活动。我们将分享从创始人和媒体资源分析中得到的启示，以及 Orabrush 公司的辛勤工作、策划和创意。

Orabrush 75 岁的创始人鲍勃·瓦格斯塔夫（Bob Wagstaff）博士，在研究舌头清洁 8 年后，在杨百翰大学（Brigham Young）的一个市场研究课程上进行的一项实验中取得小小的成功。在完成这一研究后，他们声称 92% 的人不会在网上购买牙刷。另一个学生杰弗里·哈蒙（Jeffrey Harmon）（不是研究团队的一员，但现在是联合创始人和市场部门的主要负责人）建议，还有 8% 的网络人群可能会愿意在网上购买牙刷。鲍勃博士给了这个学生 500 美元去拍视频。接下来就产生了社交媒体的历史性一刻！

Orabrush 的视频得到病毒式传播，每 1 000 人中就有 1 人观看。Orabrush 的 YouTube 上有超过 100 个视频和 4 900 万频道看点，收视率排名第三。公司开发的"口臭检测"应用被下载了 400 000 次。一个在 2009 年几乎没有销量的产品现在卖到了超过 15 个国家和 30 000 家超市，包括沃尔玛、Walgreens 连锁药店和 CVS 保健品公司。

现在，大卫·凯利（David Kelly）——IDEO 公司创始人之一兼全球研究和设计主管，加入了 Orabrush 公司的咨询委员会。他们的故事、视频和产品一起给公司带来了成功，吸引了高水平的设计领袖。

杰弗里·哈蒙说，他曾经阅读了所有来自脸书的评论，而他的团队也浏览和回复了所有来自脸书、YouTube 和推特的评论。因为他认为网上的言论是公司的口碑。这些评论也提供了"典型群体"参考。产品的提升甚至来源于消费者的评论。原本白色的猪鬃垫换成了充满活力的彩色垫，变得更有效。

公司正在推广一个新的产品目录,希望能够通过众筹平台 Indiegogo 努力抓住狗的口腔清洁的需求。公司的 CEO 杰夫·戴维斯(Jeff Davis)说:"只有当 YouTube 升级了比赛场地,允许像我们这样的小型创业企业去和拥有主要品牌的对手竞争时,众筹网站才会扮演相似的角色,帮助企业推出舌头清洁新产品 Orapup。"

确实,公司采取了非传统的宣传方式并且绝对是免费的。杰弗里·哈蒙说:"YouTube 帮助像鲍勃博士和大学生这样的人将自己的想法展现在人们面前,并得到最诚实的反馈。我们现在可以和大企业一样利用相同的条件,并且获得成功。"

第 8 章

创业初期的注意事项与财务预测：财务数据的研究与准备

> **学习目标**
>
> - 认识财务数据的重要性及账务核算的方法。
> - 理解你在跟踪财务数据时所要承担的责任。
> - 确定启动成本。
> - 找到企业自力更生的办法。
> - 重视定价策略，视其为总体战略的一部分。
> - 确定季节性方案。
> - 应对经济衰退带来的压力。
> - 进行销售预估及假设情境分析。
> - 编制预计损益表。
> - 了解现金流才是王道。
> - 理解资产负债表的重要性：资产—负债＝净资产或所有者权益。
> - 通过盈亏平衡分析确定可行性与盈利性。
> - 探索可选用的财务软件。
> - 学会应用行业的财务比率和基准。

在第 8 章，我们将指导你在产品和市场营销启动计划的基础上进一步了解未来不确定的财务状况。在前面的章节中，你一直在收集有关市场营销与选址成本、目标市场和市场竞争等相关信息；如果你到现在还没有按照所建议的那样记录账目，那么是时候将你的焦点从创业创意转向财务方面了——它能够帮助你的企业持续经营。

本章将指导你避免现金流枯竭，估计启动成本以及准备在融资时贷款人和投资者所需要的财务预测报告。数字工作是非常耗时和令人沮丧的，但没有它，你一定会失败。不要犯与其他创业者同样的错误——以为数字会自然而然地得到。

本章末的"制胜关键"将介绍财务资讯共享管理，这是一种让员工了解财务报表数字所代表的意义的管理理念。创业之初，创业者和员工很难明白这样一个道理：现金流入之后并不意味着单纯的花钱、花钱再花钱，而是应该将这些流入的现金用于再投资，以便企业持续成长与壮大！

许多创业者把所有的创业热情都放在选址或开发营销计划上，但如果不能充满激情地关注财务状况，你的其他所有计划可能不会取得成果。使用我们介绍的工具进行预估，并根据后续获得的更多信息不断修正预测。在经营过程中，要不断地修正数据，因为企业收入、成本、经济形势及竞争对手都在不断变化。你需要密切关注自身财务，并为确保正向的现金流和盈利持续努力。

8.1 用财务数据勾画企业的未来

首先，你需要分析企业现在的财务状况。你的启动成本如何？哪些月份高？哪些月份低？第一年的预计销售总额是多少？第二年、第三年呢？有什么潜在的利润？你可以预测现金流吗？你需要多少银行贷款，信贷额度是多少？供应商提供赊购吗？你需要多少员工？雇佣成本是多少？运输成本将如何影响你的账目？运输收入能增加你的利润吗？你能找到带来现金流入的团队成员吗？启动资金平均分配到全年时，你的现金全景图是怎样的？你的**资金消耗率**（burn rate）是多少？你还能生存多久？

你的业务能以多快的速度增长？快速增长的业务将如何影响你的现金状况？你有管理企业资金的经验或接受过相关教育吗？如果没有的话，你准备怎样管理企业的财务呢？

一般来说，财务管理要考虑以下五个方面：启动成本、定价、季节性方案、销售预测和假设情境，包括收入、支出、现金流和财务比率。在对这些方面展开研究时，有许多在线及二手资源可以帮助你，其中最有用的是 BizStats.com。虽然再多的研究都不能消除创业风险，但会让你更加了解实际，并尽量降低风险。

在开展研究时，可以参考由风险管理协会（Risk Management Association）发布的财务比率研究（年度报表研究）。每个信贷员和大多数企业图书馆一样，都有一份最新的研究报告。这份被视为报表分析圣经的出版物囊括全球 680 个行业超过 19 万使用 NAICS 代码的企业，你可以通过 eStatement Studies 获取该出版物。

邓白氏商业信息系统（Dun & Bradstreet Business Information Systems）提供超过 100 个行业的关键比率。此外，美国小企业管理局也提供各行业关键比率的报告。

此外，行业协会往往会提供最全面的财务比率和预期收入、费用等信息。你可以尽快联系它们并取得这些信息。任何报告都不能直接给出你所需要的财务数据，但是将这些二手数据与初始的研究数据相结合，你会对真正的财务数据有比较准确的把握。要明白，对很多高科技初创公司来说，可用来进行比较的准确数字很难获得，这增加了风险，但同时也可能增加了回报。

8.1.1 启动成本

在正式行动前确定启动成本是十分重要的。对于一些企业来说，创业成本可能很低，但对另一些企业而言，创业成本可能极高。一家服务公司或一个互联网网站可能只要 100 美元就能创办并运作起来，一家零售商店则需要超过 30 万美元，而一家制造企业的启动成本可能会超过 3 000 万美元。

当今的技术使创业者能够以前所未有的低成本和高速度创业并展开竞争。用 Skype 代替电话，用 Mint.com 跟踪账户，用 Square 读卡器来刷信用卡，用

MailChimp 和其他应用程序来跟踪你的业务，你几乎不用支付任何费用就能将企业运作起来。你甚至可以通过赞助一个网上标志大赛来获得低成本的设计！

如果你能用自己的资金来实现企业**自力更生**（bootstrap），那么你就能保持对企业的控制权和所有权。所有在启动过程中留下来的资金将有助于你的现金流充足稳定，所以现在问一下自己：哪些东西可以购买二手的？租赁与购买相比有什么优势？你如何储备现金？

8.1.2　定价

至于定价，你需要确定你的企业是要以低价格来吸引客户，还是走中端路线，抑或是提供优质的服务或产品专注于高端客户。是采用**免费增值定价策略**（freemium pricing）还是采用**动态定价策略**（dynamic pricing）？或者是拍卖或招标定价？定价最难之处在于你要确保向客户提供产品或服务的过程中产生的所有费用都计入在内。商品价格波动和经济形势变化也对大多数创业者的定价带来挑战。

8.1.3　季节性方案

大多数企业会经历高峰和低谷。你需要思考：哪些月份是最好的和最差的？你应该如何管理现金流？纵观全年，你将如何招聘、培训和安排员工？

创业资源

关于女性创业者的事实及资源

美国运通（American Express）在《女性所有企业状况报告》中分享了以下主要统计数据：
- 2011 年，在美国大约有 810 万家企业由女性拥有，占全国企业总数的 29%。
- 全美范围内，由女性拥有的企业数量自 1997 年以来增长了 50%。
- 在美国，女性拥有的企业创造了 1.3 万亿美元的收入，提供了 770 万个就业机会。
- 1997—2011 年，美国的企业数量增加了 34%，其中女性拥有的企业数量增加了 50%，而男性拥有的企业总数仅增长了 25%。
- 女性拥有的企业雇用了美国 6% 的劳动力，并贡献了 4% 的营业收入。
- 女性拥有的企业所在的行业增长最快的包括教育服务业（增长 54%）、行政服务业和废弃物处理服务业（增长 47%），以及建筑业（增长 41%）。
- 女性拥有的企业最集中的行业是医疗保健和社会援助业（共占 52%）以及教育服务业（46%）。

以下是一些有用的组织和网站，它们提供支持、培训、资源和援助，甚至可能给你带来融资渠道。很多组织都有地方分会和中心来提供直接的服务。联系与你有同样梦想的女性，并在这些组织中寻找能助你一臂之力的导师。
- 全国女性企业家协会（NAWBO）（http：//www.nawbo.org）
- 女性商务研究中心（http：//www.womensbusinessresearch.org）
- 国际贸易妇女组织（OWIT）（http：//www.owit.org）

- 妇女商业中心协会（http：//www.awbc.biz）
- Count Me In（http：//www.countmein.org）
- eWomennetwork（http：//www.ewomennetwork.com）
- Ladies Who Launch（http：//www.ladieswholaunch.com）

8.1.4　销售预测和假设情境

在正式启动企业前，你需要确定在某一固定的时间内企业能产生多少收入和利润，从而确定创业是否应该继续推进。通过开展大量的研究和完成本书介绍的行动步骤，你应该能够作出合理的预测。

然而，一些创业者将进入新的技术领域，采用新的商业模式和收入模式，因此很难获得确凿的数字。很多时候你可能是放手一搏，只要有足够的资金支撑到企业开始盈利。在互联网兴起时，很多人创业源于记录在餐巾纸背面的一个想法，没有其他资助。遗憾的是，伟大的思想并不总能赚大钱，有时连一分钱都赚不了。

在预测假设情境时，你需要假设一个最糟糕的情境、一个现实的情境，以及一个理想的情境。当使用电子表格时，你应该察看各种要素，如销量、销售成本、租金和工资等，并完成第一年的预测。贷款人将需要第一年的每月预测以及未来3～5年的全年预测数字。如果你不愿意预测企业未来3～5年的经营情况，那么应该重新考虑是否要创业。

8.1.5　预计损益表和现金流量表

你目前的研究应该能帮助你制作一张表格来显示预计的收入或亏损，这就是损益表。每一家企业的损益表都是独一无二的，其费用取决于所在区域、客户和员工工资等。全国不同地方的成本差异很大，所以在与其他企业进行对比时要确保你们在同一地理区域。所有的费用都应该是合理的，并在损益表和现金流量表上进行说明。这些说明将是你的潜在贷贷人关注的焦点，因此每个数字都要有据可依。

在许多行业发货和收款之间没有滞后时间，在有些行业则可能存在15～60天的滞后时间。还有一些行业，如提供住宿和早餐的家庭旅馆业，则需预收现金。找出你所选择的行业标准，然后预测现金流。你需要为人力、税收、房租、水电、存货和其他事项支付费用。如果要让企业生存下去，在过渡期间，你必须知道每一分钱花在了哪里，在资金缺口出现前就做好融资计划。

8.1.6　资产负债表

资产负债表上左侧记录资产，右侧记录负债和所有者权益。对很多初创企业而言，资产负债表上很少有资产，但随着业务的增长，资产负债表将成为判断企业财务健康状况的一个重要工具。

8.1.7　盈亏平衡分析

简单来说，盈亏平衡分析显示了你刚好能支付账单的那个点；超过这一点后，你将开始从额外的销售中获利。如果你完成的盈亏平衡分析显示,企业在第二年需要达到 50 万美元的销售额才能实现收支平衡,你就可以使用假设情境分析、电子表格和其他信息,来确定在特定的市场竞争、地理区域、产品及经济状况下,这个销售数字是否现实。

8.1.8 财务比率

行业协会和其他机构发布的财务比率可以指导你制作预计财务报表。贷款人会将你的财务比率与所处行业及地区的数据进行对比,评估你的企业的状况,他们最终的贷款决策取决于这一评估结果。

8.2 启动成本和一些关注点

当成功的创业者在采访中被问到什么是他们所始料不及的,几乎所有人都说创业所花的时间和金钱比他们预期的更多。因此,你需要现在就开始计划,去做必要的调查,然后作出最切合实际的估计,这样才能避免猝不及防的意外情况。

首先,我们提供了一个创业启动关注点和成本工作表(如表 8—1 所示),这是一个通用的工作表。你需要增减项目以适应你的业务模式。完成第 15 章中的商业计划书后,你应该再回头看看此表,以确保表中所有的关注点都已经得到考虑。事实上,在接下来的其他章节里,你都应该把表 8—1 和表 8—2(启动需求工作表)放在手旁,以便及时添加新出现的关注点和成本。表中的许多项目在后面的章节中将有详细的讨论。

表 8—1	创业启动关注点和成本工作表
一、预备队(可以帮助你的人)	C. 合作协议
A. 律师	D. 公司章程
B. 银行家	E. 员工
C. 会计/簿记员	F. 州 ID 号
D. 保险代理	三、牌照及许可证
E. 商业地产代理	A. 营业执照
F. 导师	B. 转售许可证
G. 顾问	C. 卫生部门许可证
H. 供应商	D. 啤酒、葡萄酒和白酒销售许可证
I. 商会	E. 消防检查证
J. SBA 和离退休人员服务协会(SCORE)	F. 环境许可证
K. 合作伙伴、董事会成员	四、营业场所
L. 软件开发员	A. 租赁协议审阅(律师)
二、组织架构	B. 第一和最后一个月的租金(搬迁期间的租金可能可以协商)
A. 联邦 ID 号码	
B. DBA("以什么名义开展业务",草拟企业名称)	C. 保证金
	D. 租赁物改造工程(与房东协商)

1. 标牌
2. 照明
3. 电气/管道
4. 地板
5. 装修

E. 保险（见第 12 章）
F. 安保系统
G. 水电燃气、保证金和每月的估计费用
1. 电
2. 燃气
3. 水
4. 电话安装
5. 互联网服务
H. 其他

五、汽车
A. 汽车/卡车
1. 全新/二手
2. 租赁/购买
B. 保险
C. 维护、修理

六、设备
A. 办公室
B. 零售铺位
1. 存储柜
2. 展柜
3. 冷藏
4. 货架/仓储
5. 其他
C. 仓库
D. 生产区
E. 厨房/用餐区
F. 计算机软硬件
G. 有线电视/电话

七、保险
A. 责任
B. 员工赔偿

C. 关键人物保险
D. 健康险
E. 商业险
F. 汽车险
G. 消防险
H. 其他

八、组建
A. 名片/信笺
B. 网站
C. 会计配置
D. 客户跟踪/销售点
E. 其他

九、库存（开门营业的第一天需要的最小、最大和平均库存量是多少？）

十、广告和促销
A. 宣传单/小册子
B. 显示屏
C. 广告设计
D. 媒体费用（报纸、广播和其他）
E. 网站开发
F. 其他

十一、银行
A. 支票账户
B. 储蓄/货币市场账户
C. 信用
1. 信用卡
2. 个人信贷额度
3. 贷款
4. 供应商给予的赊销额
5. 商家服务

十二、员工
A. 用工合同
B. 培训计划
C. 税表
D. 薪资服务

表 8—2　　　　　　　创业启动财务需求工作表[*]

初始费用
购买企业/特许经营的首付
特许经营费
法律及专业费用
办公用品
办公设备宣传小册子、设计、信笺、名片等
网站开发

水电燃气安装及订金
租赁/租借订金
牌照/许可证
银行/信用卡开办费
计算机
软件
保险
装修费用/广告牌/（房屋等的）固定装置/设备
固定装置及设备安装
电话、网络、服务器/路由器等
开业促销成本
营运现金
总初始费用
每月总费用
所有者—经理的工资
所有其他工资薪金
税和社会保险
租金
广告/促销
运费/邮资
水电煤气费
经营用品
电话/手机
互联网/虚拟主机
保险（健康/商业/车辆）
汽车/卡车费用
贷款利息
维护和修理
税
交通/设备
银行/信用卡费用
法律及专业费用
每月的使用费/手续费
其他
每月总费用 ×（3～6个月预测）
启动库存 ×（3～6个月预测）
其他费用
个人生活费（3～6个月预测）
其他
缓冲资金
其他费用总计
总启动费用
（总初始费用＋［每月总费用 ×（3～6个月）］＋［启动库存 ×（3～6个月）］＋其他费用总计）

* 请根据你的特定业务适当调整。

"行动步骤38"和"行动步骤39"将帮助你预测可能遇到的意外和成本，这里我们以金尼·亨肖（Ginny Henshaw）为例来进行说明。

计划外成本

我决定创办一家托儿所的原因是我非常喜欢孩子，担任幼儿教师和营地管理者的经验使我有信心。我告诉家人这个计划，他们说如果超出我的能力范围，他们会帮忙。他们当时哪知道那么多！

我认为我们计划得非常好。我们找到了一个很好的位置，位于有许多年轻家庭的居民区，每个家庭平均有2.3个子女。我们拼命工作，因为工作很有趣，让我们感觉自己是社区重要的一部分。我们花了很多时间来确保自己遵守关于日间照料中心的诸多法律法规。

开张前三周左右，我们致电负责电力照明的人，要求他们供电。"没问题，"他们说，"只要给我们一张3 000美元的支票。"

"什么？"我问，"你说3 000美元？"我们的小钱箱有1万美元左右，但那些钱是用来应急的。

"没错。你们是有良好信用评级的新商业客户，这也是对你们这么大吨位的客户只收这么少的钱的原因，"他们说，"费用没算错。"

"吨位？什么吨位？"

"你们的空调，"他们说，"你的屋顶上有一个5吨的装置。如果开一个月，就要耗用1 100美元。剩下的400美元是照明和燃气费。"

"但我们没打算开空调！"我说，"这里的海风非常棒，我们并不需要空调。"

"对不起，女士，我们的政策是非常明确的。正如我所说的，有时我们要收三个月的保证金，但对您的公司我们只收两个月的。请问还有什么可以帮到您的吗？"

"不，"我说，"没有了。"

如果超出了你预计的启动成本，而且像金尼和大多数人一样储备有限，那么创业第一年可能会十分艰难。你需要考虑一切可以省钱的方式：买二手物品、借用、物物交换甚至去乞讨。许多企业在第一年没能熬过去就是因为它们没有足够的周转资金，所以在任何时候都要记得节省现金！

一家市值超过500万美元的石油公司老板要求他的员工在购买任何一本书之前先检查当地的图书馆有没有。所以，现金为王！尤其是在创业初期，别浪费钱。

行动步骤38

创业初期精打细算

在你的办公桌旁坐下来，用新的眼光看看四周。

1. 列出办公桌上的所有物品，看看哪些是你每天都会使用的。
2. 列出那些你看不见的花销，包括你认为理所当然的费用，如保险、房租、水电、税、法律和会计服务等方面的费用（第12章将对保险进行详细讲解）。
3. 在每样有形和无形的东西旁边，写下它们将要花多少钱。
4. 使用启动工作表（见表8—1和表8—2）来引导你计算启动成本。如果你找到适用于特定业务的更具体的工作表，可用该表来完成这一行动步骤。

第 8 章　创业初期的注意事项与财务预测：财务数据的研究与准备　　**185**

随着所收集信息的增多，工作表中的数字会更精准。到第 15 章时，你就可以为自己的启动计划作出准确的需求判断了。

行动步骤 39

未雨绸缪

花一点时间想想有哪些突发状况会消耗你的时间和金钱，可能威胁到企业的生存。你可以借助我们的清单来开始你的头脑风暴。

1. 向你所在行业的创业者请教，他们遇到过什么突发状况，他们是如何处理的。此外，一旦你选好一个地点，询问你的邻居在你所选区域遇到过什么意外情况。向你的同行询问其经历，以及在你所选区域可能面临的意外。

2. 和你的销售商、供应商、客户和保险经纪人交流。去询问，去打探。

3. 完成你的清单后，在那些可能产生额外成本的情况旁边打个钩，然后尝试估算潜在成本可能是多少。

4. 你要如何支付不可预见的费用？你应该预留多少钱来应对突发事件？

继续通过不断收集信息来修改这个清单。当你阅读第 15 章时，这些信息将帮助你完成最后的商业计划书。

8.3　自给自足

毫无疑问，创业的成本很高，而最初的几个月很可能会决定创业的成败。现金流枯竭时，你的公司也就没戏了！这个时期对进出你企业的每一分钱都要十分关心。吝惜每一分钱，才能用好你的资金。如果你把手上的钱都努力地节省下来，那么将来就不用费力地"撼动摇钱树"来获得额外的资金了。

8.3.1　省钱窍门[①]

1. 如果可以的话，让客户预付费用。

2. 说服厂商给你更高的**商业信用或约定付款**（trade credit or dating），以及更长的付款期限。

3. 租用设备。你可以购买二手设备，但在付款前要进行彻底检查。（查看 Craigslist 和 eBay，或者向业内人士请教。）

4. 精打细算，不要浪费任何东西。

5. 在家里能工作多久就工作多久。

6. 要求房东进行**场地改造**（on-site improvements），并在租期内承担改造费用。

---

① 资料来源：*Inc.*，December 1995，p.27，http://www.inc.com/magazine/19951201/2505.html（Accessed July 21，2004）.

7. 跟踪每一样东西，尝试转售生产过程中产生的任何废弃物或副产品。
8. 对**滞销货**（dead goods）迅速降价促销。如果降价促销也没能卖出去，那么丢弃或捐赠出去。
9. 使用尽可能小的商业空间。发挥你的创意！
10. 如果客户不参观你的生产场所，就无须装饰得过于漂亮。用门来隔开办公环境！
11. 在借钱时货比三家，最昂贵的现金就是你计划之外的。
12. 确保你的**流动现金**（liquid cash）在赚利息。
13. 谨慎并循序渐进地增加员工。
14. 确定企业的信用额度，如果可以的话，开通信用卡业务。
15. 让"节约现金"成为公司的口头禅，并确保这个口头禅在员工头脑中根深蒂固。
16. 经常寻找免费送货、优惠券等优惠。

我们同意美国《公司》杂志作家诺姆·布罗德斯基（Norm Brodsky）鼓励创业者的话："忘掉引起轰动，只要思考如何让你的资金持续到你不再需要它。你不需要放弃你的梦想，梦想很重要，只是要先等待，直到你能负担得起。"

8.3.2 寻求财务建议和支持

有一大堆的惊喜等待着每一个进入市场的创业者。我们谈到过 B 计划：制定你的战略，反复检查你的市场，并展望未来。然而，还可以从另外一个角度来做规划，那就是寻求建议。

现在想想你在进入市场的路上走到哪里了：你已经看了本书的一半；你分析了自己的技能和需求，探讨了自己的过去，调查了自己的朋友；你明白了对自己来说什么是成功，了解了趋势和所在的行业部门；你已经将目标客户归类，研究了他们的地理分布，并制定了促销活动方案；你也分析了竞争情况，并用新眼光找到了极好的地理位置。如果你还没有找几个**创业导师**（entrepreneurial guru）提出理财建议，那么现在是时候了！

你去哪里找一个了解企业财务的创业导师呢？你的会计师？帮你寻找商铺位置的房地产经纪人？你的商业保险专家、律师、经销商、潜在客户还是你的竞争对手？抑或是 SCORE 顾问？

利用你的人际网络去找可以帮你发现潜在意外，以及预估销售和财务情况的财务顾问。他们的意见将帮你节省时间、金钱和减少焦虑，在开始创业时就避免代价高昂的错误。

8.4 产品或服务定价

原则上，你为产品或服务所定的价格必须是你和客户都能接受的。从客户的角度来看，价格是否可以接受，除了取决于感知价值外，还取决于你的产品或服务的替代品是否具有竞争力。你的定价可能基于一个或多个考虑因素，但可以很肯定地说，你的最终目的都是实现销售收入和利润最大化。

新企业常常会犯的错误是将产品或服务定价过高或过低。为帮助你避免这些错误，我们列出了四种定价方法。但要注意：定价的过程可能会很复杂、很专业，而且在许多行业里，变化会突然发生，盈利也会波动。你在定价时可能需要寻求专业人士的帮助。

请记住，你的客户要购买的不是产品或服务，而是解决方案。你需要让解决方案对客户有用，并将它的价值体现在你的定价模型里。对于你的竞争对手，要客观真实地评估他们所提供的产品或服务。从客户的角度去看他们的产品，而不是从你个人的角度。此外，你的企业一旦创建，就需要经常重新评估定价和盈利。

创业热情

用有趣的想法创业

我认识的每个人都有自己喜欢的节日传统，有些是代代相传的仪式，有些是鬼使神差演变出来的庆祝活动。最近，我发现一项在朋友和同事间很受欢迎的新传统——参加圣诞节恶搞毛衣晚会。

晚会的起源还有待讨论，但联合创办 www.uglychristmassweaterparty.com 的 Team Ugly 成员之一，也是好市多会员的亚当·保利森（Adam Paulson）写道：从 2001 年开始，不列颠哥伦比亚省的温哥华就一直举办圣诞节恶搞毛衣慈善活动，像多伦多、堪萨斯州的堪萨斯城和印第安纳波利斯等城市也在过去的六七年里连续举办过类似的慈善活动。

自 2006 年网站建立以来，保利森和他的大学朋友布赖恩·米勒（Brian Miller）及凯文（Kevin）就一直为之而努力。这个住在北印第安纳州的三人组参加了一些圣诞节恶搞毛衣晚会，在预料到这种狂欢活动将会大热时，米勒购买了这个域名。

保利森解释说，网站一开始主要是作为博客来运营，直到 2009 年，人们开始发电子邮件到博客，告诉米勒他们要找一件难看的圣诞节毛衣有多么困难。"所以我们发现了一个赚钱的机会，即利用 URL 创办万维网上最独特的公司之一。我们在创办公司之前都参加过圣诞节恶搞毛衣晚会，而且知道人们有多么喜欢它们。"

保利森说，2009 年 11 月 14 日，他到 Goodwill 慈善商店买了将近 60 件毛衣。他们几个人把衣服的照片发到网站上，一天内衣服就卖完了。

"从那以后，我们去 Goodwill 慈善商店采购，"保尔森对 The Connection 杂志说，当购买的衣服多到一个人在整个节日期间都穿不完时，朋友们找到了一处储存地点，而且现在还有一个帮忙找恶搞毛衣的"侦察兵"。

最后，有一个代理人与团队接洽，邀请他们写一份出书计划。一旦他们的计划获得通过，这个三人组就可以开始撰写《圣诞节恶搞毛衣晚会手册》（Ugly Christmas Sweater Party Book）（Abrams，2011）。

资料来源：The Costco Connection, December 2011, Stephanie E. Ponder. Reprinted with permission.

传统上，零售商店可能在产品成本的基础上加价 2～4 倍。直邮可以**加价**（markup）4～7 倍。而电视购物节目可能是亏本出售商品，但通过高昂的运费来弥补损失。

为了正确定价、实现盈利，你需要知道服务的提供或商品的运送所涉及的所有成本。图 8—1 显示了在为电气服务定价时需要考虑的因素。和同行交流能了解特定产品或服务的真实成本。但正如前面提到的，拥有领先优势的企业没有太多同行的经验可借鉴。

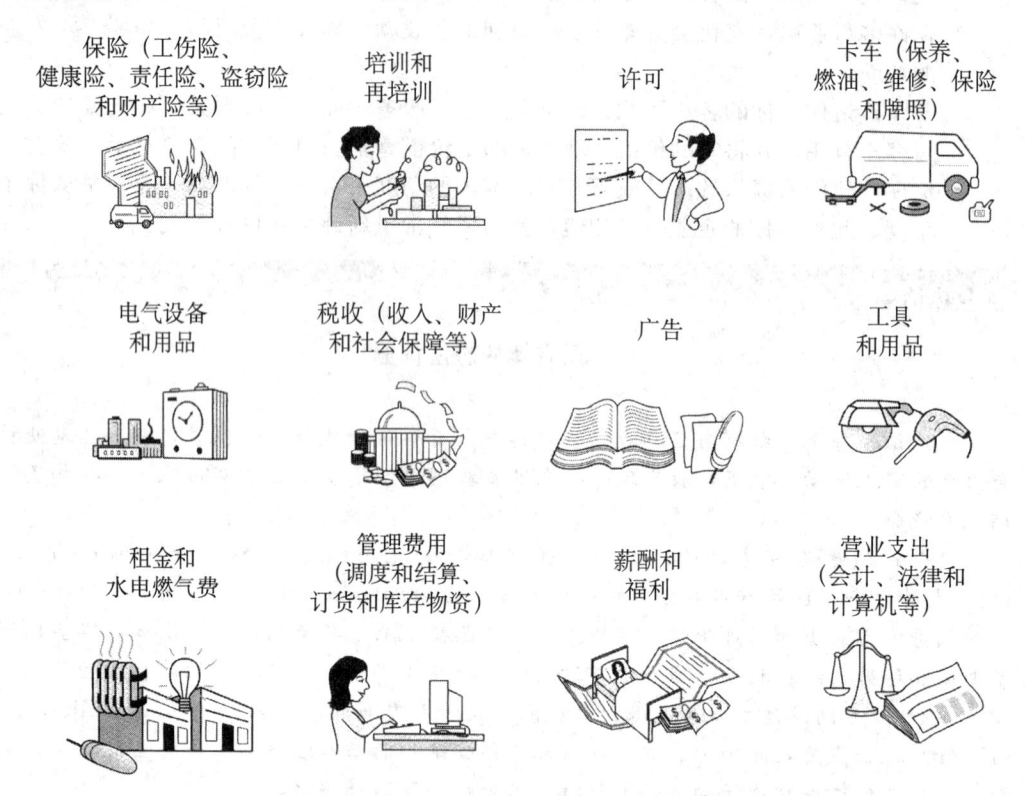

保险（工伤险、健康险、责任险、盗窃险和财产险等）

培训和再培训

许可

卡车（保养、燃油、维修、保险和牌照）

电气设备和用品

税收（收入、财产和社会保障等）

广告

工具和用品

租金和水电燃气费

管理费用（调度和结算、订货和库存物资）

薪酬和福利

营业支出（会计、法律和计算机等）

图 8—1　电气承包商的定价考虑因素（截取于某本地承包商账单）

在诸如汽车制造和维修等行业，制造商或保险公司根据劳动力和材料成本制定价格。你需要确定是否可以在提供这样的价格时还能保持盈利。有时你需要放弃一些不能带来合理利润的客户。

供给、需求、竞争、业务和收入模式以及目标市场将决定你的产品定价。要注意，不要将你的产品定价太低，因为客户可能认为它是劣质商品而不购买。有两类定价是不明智的：一类是定价过高，另一类是定价过低。去了解哪些商品是价格敏感的，哪些则不是。你将能够从那些对价格几乎不敏感的产品和服务中获得更多利润。

互联网让客户可以即时比较价格，使得许多本地零售商与互联网企业进行价格竞争。面对网上的低价，零售商常常不得不在失去客户和亏本之间作出选择。

如今各种优惠券、团购券及其衍生物使得定价雪上加霜。许多客户要求打折，忠诚度大不如前，而且很多时候都是哪里价低去哪里购物。

几年前定价是企业经营过程中相对容易的环节，但现在的技术使之更加困难、更富有挑战性。然而，许多电商的成功源于利用新技术开发的新业务和盈利模式。

你可以从市场调研和分析竞争对手的定价入手。除了评估产品或服务面临的竞争以外，还要考虑消费者的需求，这两方面在第 5 章的行动步骤里已涵盖。

正如前文所述，在进行价格竞争的同时仍保持盈利是非常困难的。不管你的计划有多么完备，在定价时你还是需要灵活处理、随机应变。如果你的产品是在网上销售，能测试和迅速调整价格是你最大的优势之一。

在为产品或服务定价时要预估坏账比例。另外，如果你从事的是零售业，要考虑3%～5%的员工或顾客可能盗窃，这是事实。在许多行业里，内部盗窃是很大的问题。

职业盗贼专门窃取高科技制造公司的商业产品。他们在偷到产品后重新贴标签并在市场上销售，导致产品价格迅速下跌。因此，我们建议你时刻警惕行业内的任何盗窃活动。此外，联系相关机构了解估计的损失的比例，并听取他们对避免损失的建议。

8.4.1 常见的定价方法

1. 基于竞争者的定价。

在第5章中，我们让你回顾竞争对手的触点分析，并参考客户对竞争的感知来为你的产品或服务定价。事实上，我们是要求你根据市场来定价。在潜在客户有所选择、市场存在一定竞争的情况下，我们希望你找到他们可以接受的价格。初期，许多新创业者在选择定价策略时会首先确定目标市场能接受什么样的价格或价格区间。这通常称为**基于竞争者的定价**（competitor-based pricing），有时也称**基于市场的定价**（market-based pricing）。

虽然你的产品或服务的价格取决于竞争对手的价格，但你还必须弄清楚你的成本。如果市场价格低于成本，那么你的生意就会赔钱。你还想以足够高的价格来获得盈利。这促使我们选择第二种定价策略，称为**成本加成定价**或**基于利润的定价**（cost-plus pricing or profit-based pricing）。

2. 成本加成定价。

新创业者最常犯的一个错误是定价时仅考虑生产商品或提供服务所需的成本，而忽略众多其他成本。因此，图8—3列出了提供电气承包服务的所有成本，而"行动步骤40"也将要求你对自己的企业进行同样的分析。如果你仅仅根据成本来定价，将无法获得任何利润，你必须考虑自己所期望的利润。一个简单而常见的单价估算公式如下：

销售价格＝单位总成本＋估计单位利润

生产某种产品或提供某种服务的成本可大致分为三类：（1）直接材料成本或耗材成本；（2）劳动力成本；（3）经常性开支或固定费用，如租金和广告等间接成本。

估计利润将取决于一系列因素：产品或服务类型、市场需求、经济状况和竞争对手等。如果可以的话，根据你对行业平均水平等的初步和间接研究来设定目标利润。

3. 行业规范定价或基础定价。

有些类型的企业按照普遍接受的水平或行业标准水平进行定价，这种定价方法称为**基础定价或通行定价**（keystone pricing or industry-norm pricing）。下面列举使用这种方法的两个例子：设定价格为出售商品成本的3倍，或设定价格为劳动力成本的2倍。

加价幅度的概念也许可以帮助你定价。加价率是定价时在成本的基础上增加的收费比例。要注意的是，在计算加价幅度时只需包括材料和供应成本，而不要包括经常性开支。例如，如果售价为 3 美元，成本为 2 美元，加价幅度的计算方法如下：

$$加价幅度 = (售价-成本)/成本$$
$$= (3-2)/2$$
$$= 1/2$$
$$= 0.50 \text{ 或 } 50\%$$

加价幅度有时以成本为基础，有时则以售价为基础。在上述例子中，50%的加价幅度是以成本为基础计算的，假如我们以售价为基础，那么加价幅度为 33%，即 (3−2)/3。

如果你知道标准加价幅度或行业加价幅度是多少，就可以估算出产品或服务的售价。例如，你销售贺卡，如果知道行业加价幅度为 50%，就可以估计出售价。虽然最终价格取决于直接和间接成本、竞争状况以及市场对你的独一无二的产品或服务的需求，但事实上即使两种商品在市场上都独一无二，加价幅度为 300%的商品和加价幅度为 50%的商品很可能针对两个完全不同的市场。你必须知道目标市场以及客户的价格承受范围。

4. 溢价。

溢价（premium pricing）是指根据目标客户的需求、价值观和可选替代品来设定一个他们愿意支付的最高价格。你最终的目标或战略是将目光集中在一个特定的细分市场，然后创造出独特的产品，并让客户感觉到你的产品或服务与其他产品或服务的差异。一些定价分析师称溢价为市场能承受的最高价格。如果你的产品或服务是刚性的必需品，意味着总体来说客户会愿意购买，即使你的价格相对于其他竞争对手偏高，因为客户看重的是你的产品与众不同，例如，蔻驰钱包和兰博基尼轿车都是高溢价产品。溢价也经常用在产品和服务刚推出时，因为它们是独一无二的，所以购买者愿意支付额外的费用来尽早享用。

5. 其他定价方法。

上述四种方法不是仅有的可选的定价方法，例如，大型企业常用的另外两种定价策略是：

● **渗透定价**（penetration pricing）。在产品或服务进入市场初期，人为压低价格以迅速扩大销量和提高市场占有率，从而阻止他人进入市场。采用这种定价策略的企业通常希望以短期亏本来换取长期收益。

● **撇脂定价**（price skimming）。最初把价格定在较高水平来吸引对价格不敏感而追求最大回报的消费者，然后随着竞争者进入市场而调低价格。这种策略一般用于产品导入期，以"尝鲜者"和"创新者"为主要目标市场。

8.4.2 定价策略

基于你的经营理念，你可能需要更多的信息和指导。此外，许多企业处于极不稳定的定价环境，你必须熟悉由于商品价格变动和供求关系变化带来的价格波动。互联网销售的价格策略成千上万，因为竞争对手的价格是公开的，你和客户都可以查到。一些网上销售商根据竞争对手的价格和自己的库存变化每天或实时修改价格，这种定价方法也称动态定价。

决定产品或服务的价格的因素很多，包括生产成本、市场方面的考虑、竞争力、地理位置、企业规模、产品成本、服务分销渠道和经济状况。我们建议你在定价时首先考虑溢价策略，然后跟进完善，以确保最终价格能覆盖成本并带来利润。

许多创业者认为在开始时可用低廉的价格吸引顾客，但在大多数情况下，这是一个错误的决策。一般情况下，小企业不应该以市场最低价格出售产品或服务。使用渗透定价的应为可口可乐、沃尔玛这样的大型企业，因为它们想要增加自己的市场份额从而占领市场。

在制定价格时要灵活，并为随时可能出现的变化做好准备。Ikebana Design 的帕特·瓦特（Pat Watt）说，为她独特的插花定价是一件难事，因为批发价格会根据天气、季节和供应情况波动。

现在你可以完成"行动步骤 40"，同时思考你将如何应对经济衰退和通胀的压力。记住，定价既是一门科学又是一门艺术，而且对大多数创业者来说是一个不断试错的过程。

行动步骤 40

发现成本并制定合理的价格

1. 重温第 5 章的行动步骤 28、行动步骤 29 和行动步骤 30。如果你现在获得了更多的信息，那么去修改你的答案，并利用它们制定你的定价策略。
2. 阅读贸易杂志，与企业老板、协会代表、分销商、竞争者甚至类似行业的创业者交谈，然后列一个像图 8—1 那样的清单，涵盖给客户提供产品或服务时产生的所有费用。大多数创业者没能预见涉及的所有成本，因而把产品或服务的价格定得低于成本，结果导致无利可图。
3. 当你列出成本和行动清单后，花时间和精力来确定每项实际费用。
4. 首先使用你所在行业采用的定价方式进行定价。
5. 你想让客户如何对比你和竞争对手的产品或服务？商业计划书的阅读者会对你是如何从数字和研究的角度制定定价策略的感兴趣。用事实和数字来证明你的定价是合理的。
6. 讨论你的公司会遇到的重大定价问题。
7. 在之后的章节中继续依照本行动步骤补充相关的定价信息。
8. 读完本章时对你的企业进行盈亏平衡分析（见图 8—3）。

8.5 季节性方案

对于一些企业来说，每月的销售量是相对稳定的。然而，对于大多数企业尤其是零售企业来说，季节性变化十分明显。从与他人的讨论中，你应该能够获得可能的变化信息并用于销售和现金流的预测。另外，不要以为你的店铺位于旅游度假区就可以不受季节性变化的影响。你可以在淡季以较低的价格吸引客户给你带来更多的现金，但他们终究不能令你显著提高盈利能力。

对全知书店（Know It All）而言，根据美国书商协会（American Booksellers Association）提供的信息来确定库存需求是相当容易的。但为了进行季节性销售调整，店主找到附近市镇的几个书店老板，帮助他预测每月因销售量变化而导致的盈亏和现金流变化。一个当地的书店老板分享了以下销售信息。

零售书店各月销售情况

1月（6.5%）

在经历圣诞节的销售高潮后，1月份开始回落，但业务依然繁忙，因为很多人要兑换礼券和退换图书。1月底我赶在年终清点前进了一些不错的新书。即使销售放缓，我还是要下单购入新货，因为发行商（供应商）提前提供了春季发行清单。

2月（4.5%）和3月（5%）

非常平静。我清点库存，抽出那些卖不出的书寄回去，我常常一看到退货费心情就不太好。我见到了来兜售新书的出版社销售代表。2月13日，我推出了红色和粉红色情人节促销活动；3月15日，推出了恺撒遇刺日促销活动。我打算明年推出一个圣帕特里克节专题促销活动。

4月（5%）

销售仍然缓慢。在4月10日以后销售额有小幅提升，主要是因为春季假期人们有更多的时间来阅读。

5月（8%）和6月（8%）

两个节日——母亲节和父亲节——加上婚礼和毕业典礼给我们带来第二繁忙的销售季。在此期间，艺术类图书和礼品版卖得很好。

7月（6%）和8月（7%）

我们的书店不在旅游区，夏天销售缓慢。我们卖的大多是易于阅读的平装书和有关风景的书，但是我们的心思都放在为圣诞节订购新书上。

9月（9%）

开学消费。我们面试在圣诞旺季兼职的应聘者，抓紧最后的时间订购礼品。

10月（10%）和11月（12%）

忙碌的季节开始了。顾客察觉到了，我们也感受到发展的势头。忙碌的日子指日可待。在这个时候我们通常会聘用更多的帮手。

12月（19%）

大爆炸。我们的电脑在跟踪销售方面是了不起的。每年的销售情况都不一样，但通过两年的数据收集，我已经能预测销售情况了，这也有助于我们提前为下一年做计划。

在第一年以后，季节性销售预测将变得更加容易。在第一年一定要非常详细地记录数据，这样你就知道企业的销售高峰和低谷与你所在行业的季节性变化有怎样的关联。大多数业务是季节性的，你需要设计强大的控制系统来管理财务资源。着手寻找其他信贷来源，并想方设法从客户那里拿到现金，这样你才能应对现金流的变化。

一位牙医发现他的业务每月的差异高达30%。人们通常在夏季带着孩子来检查。而许多保险公司的牙科津贴必须在6月或12月底使用，导致在这两个月及夏季的其他时间内业务大幅增加。联系你的行业协会和竞争对手，以确定你公司的销售可能会有怎样的月度变化。现在制定一个季节性的方案，并用它来完成"行动步骤41"中的预计损益表。

> **行动步骤 41**
>
> **完成季节性方案和预计损益表**
>
> 1. 给你的企业写一份典型的年度季节性变化报告。寻找如天气、节假日和购买习惯等明显的因素,将它们与你的产品的生命周期阶段、地理位置和竞争联系起来。你可能还需要从企业所有者和行业协会处收集信息。
>
> 2. 现在回答以下问题:你所选的行业在什么时候收款?购买前、购买时、购买后,还是购买了很久以后?你什么时候发货?你发货和收到钱(账款、现金)之间最短的时间间隔是多长?最长的时间间隔又是多长?间隔了多久你才宣布是坏账?如果你从事制造业,必须更换原材料来生产产品,又需要多长时间间隔呢?
>
> 3. 生成每月的数据:
>   A. 利用行业协会和小企业主的数据,预测你一年的销售情况。
>   B. 确定你所卖出商品的成本,并从销售额中减去这一数字,得到的就是你的毛利。
>   C. 将所有费用加起来并从毛利中减去。注意损益表上的每个数字是怎样得到的。这样算出来的就是你的税前净利润。
>   D. 减去税金。(美国政府用的是老方法,也就是说你需要按账面利润缴纳税金,所以你必须将它列出来。)然后,你得到的这个数字就是你全年的税后净利润。
>
> 如果你没有 Excel,上网去找各种计算器,然后完成你的损益表、启动成本和现金流预测。此外,随着你的研究的深入,不断完善数据,并添加说明,确保商业计划书上的每个数字或预测都是有据可依的。切记,银行和投资者会深入分析你的财务报表附注。

8.6 经济周期

如果你已经在商界摸爬滚打了好几年,就会意识到不仅具体业务有经济周期,市场大环境也有经济周期。2008 年由于经济放缓,许多公司的销售额和利润都急剧下降。许多没有未雨绸缪提前储备资金的企业遭受了严重的打击而倒闭。

在经济衰退时期现金比什么都重要,所以一定要尽量节约现金。削减所有不必要的开支,严格跟踪每一笔消费,培训员工身兼多职,注重质量和客户服务。抛弃那些占据你的时间和精力却又不能给你带来利润的客户。不要只依赖少数几个客户,否则,如果他们中一个经营失败,就很可能导致你破产。此外,确保你的销售人员不接受只支付佣金却拖欠货款的公司的订单。

在经济衰退时期,如果客户不支付账单,即使是最成功的企业也会倒下,若仅依赖少数几个客户则会倒得更快。南加利福尼亚一家电子产品分销商的会计师已将一个欠款 90 天的客户标记出来。然而,一个销售经理在充分了解情况的前提下,仍然将价值超过 10 万美元的商品交付给该客户。对佣金的贪婪使得他将公司的盈利目标抛之脑后。如果你有一个小公司,需要严格管控你的应收账款与销售。

在经济衰退时期许多经营良好的企业也会失败,所以我们再次提醒创业者,不要出现类似的情况。一个拥有超过 30 年经验的非常成功的零售企业创业者曾在买劳斯莱斯时使用现金，而短短两年后，一辆普通的轿车就足以使他感到高兴和幸运。

当然在困难时期，我们也发现了非常有创意的人。回访客户寻求线索，致电老客户表示愿意承接原来不愿承接的小项目，联合其他公司提供服务，共享办公空间和员工，在国内或国际搬迁以更高效率地运营等，这些举措的目的只是将公司维持下去。

一家拥有 10 000 平方英尺展厅的南加利福尼亚家具设计中心的所有者认为："这就像某天突然停电了，电话永远不会再响起！"她被迫将漂亮的展厅无底价拍卖来进行清算。看着自己的家具被贱卖，她感到非常痛苦，但在这个过程中她对购买者始终亲切有礼。之后，她重整旗鼓，把设计业务带回家，并于最近为重新发展起来的室内设计业务设立了办公室。她坚毅地站起来，得到了社区许多人的尊重，他们一定会记住她的才华和风度！

经济衰退曾使房屋建造市场衰落，希尔设计工作室（Studio Hill Design）的现代室内设计师琳达·舍曼（Linda Sherman）的生意遭受了严重的打击。为了维持运营，她做起小项目，并在整个衰退期从未停止过联系建造商。她每天都在办公室工作，不断磨炼技能并跟踪设计市场，所以当经济开始复苏时，她已有一份联系人名单，而设计思路也是最新的。最近，她承接了一个大型公寓项目和几个较小的样板房项目。毫无疑问，她的业务得到了恢复，而此时她以前的许多竞争对手已退出市场。带着人脉、经验、智慧和自信，在未来的道路上她会走得更加轻松！

➡ 地球村

"创业智利"的全球足迹

"创业智利"（Start-up Chile）这个两年前推出的项目，现在已迅速在全球得到响应。尽管它和全球其他国家的倡议有着类似的名字，但它采用的模式是非常独特的。

不像"创业美国"或"创业英国"那样给创业者提供一个启动或公共关系平台，创业智利提供的更像一个集中培育计划。全球所有创业者都可以申请创业智利项目，被选中的创业者将获得 4 万美元的政府拨款作为种子资金、为期一年的工作签证、办公空间以及对本地和全球网络资源的无限制访问。被选中的企业必须来智利最少六个月，之后它们可以根据自己的成长需求自由发展。

创业智利的成功已不仅限于吸引人才。在帮助创业者创业的同时，它建立起一个日益完善的创业生态系统，正如该项目宣传片介绍的那样，"他们到来，他们工作，他们相识，他们离开，智利让大家紧密相连"。

该项目目前大约有 1 500 万美元的年度预算，全年收到来自 70 多个国家超过 1 600 份申请，参加者近 500 人。现在共有 220 家外国公司在智利创业，提供了 180 个本地和 143 个国外职位。事实上，创业智利的执行董事奥拉西奥·梅洛（Horacio Melo）最近告诉《圣迭戈时报》（*The Santiago Times*），他曾访问过硅谷，宣传创业智利的模式。

根据梅洛的说法，在创业智利的第一代 84 个创业团队里只有 15%～20% 留在智利，其他的无法在当地找到投资者。而现在是第三代了，根据项目领导者的报告，当地的和外国的投资已有大幅增长。

例如，由哈佛商学院毕业生创立的"安全出租车"（Safer Taxi）是创业智利第二轮挑中的项目之一，获得美国投资者 100 万美元的资金，并将公司的业务从智利拓展到巴西、阿根廷及英国。到目前为止，第一批外国创业公司已经从阿根廷、巴西、法国、美国及乌拉圭的公司筹集到共计 800 万美元的风投资金。

资料来源：Adapted from the "Policy Dialogue on Entrepreneurship." Retreived from *http：//www. entrepreneurship. org/en/blogs/Policy-Forum-Blog/2012/April/Start-Up-Chiles-Global-Footprint.aspx*（Accessed April 23，2012）. Reprinted with permission.

8.7 销售预测和假设情境分析

金融界希望你能确保有时间研究你的预测，因为销售带动一切。你也希望尽量减少意外情况，即使是"惊喜"也可能打乱深思熟虑的计划。举个例子，你收到十倍于你所期望的订单，但你并没有足够的资源来满足这一需求。

你已经对行业的概况进行了研究。你可能已经知道全球、全美、全州以及你所在服务区的总销量，并合理预期在第一年、第二年和第三年可以渗透哪部分市场。

在商业计划书的市场调研部分，你需要附上调研数据，这将有助于证明和支持你的销售预测。微调这些数字以展示你的研究结果，并加入能支持你的假设和预测的行业专家评论。商业计划书上的每个数字都应该有证据支持和合理解释。当你列出竞争对手时，预估其现有市场份额和你计划抢占的部分。预测是证据充分的估计。阅读者会更看重第三方的估计，因此你应尽可能多地引用第三方资源来支持你的数字。

表 8—3 中露西（Lucy）的预测是基于过去的零售经验和研究作出的。其中，广告和营销费用很低是由于该机场独特的地理位置；租金占销售总额的 22%，考虑到最小的营销成本和垄断市场，这笔费用是可以理解的；工资和薪金支出都包括在内。公司所有者也拿工资，因为她将负责管理。如果她不拿工资，那么她将投入人力资本。注意露西在预测中添加备注的方法。要确保你在做预测时也采用同样的方法，并能够向贷款人和投资者合理解释备注。

预估销售时，你可能要考虑高、低及中等三种水平。这将允许你基于各种场景制定不同的开支和收入计划。有了销售预测，露西就可以分析各种假设情境了：比如工资增长了 10%，租金可以减少 2%，工人的工伤保险和其他保险增加了 3%，由于运费增加使商品的销售成本提高了 5%。

在研究过程中，你发现了许多潜在的意外情况，将这些情况一一列在纸上并进行测算，你将可以更好地了解这些财务变化及意外情况可能怎样影响你的底线。

8.8 损益表和现金流预测

损益表（见表 8—4）展示了你何时会盈利。图 8—2 是一个生动的现金流模型，它展示了资本注入、销售以及现金流出的整个过程。

现金流量预测（见表 8—5）显示你是否有能力支付账单，你何时需要注入现金来保证持续经营。这两种预测对你企业的生存至关重要。有些工作表同时用到这两种预测。你的商业计划书需要提供第一年每月的损益表以及未来三到四年每年的损益表。现金流量表也应同样处理。

表 8—3　不同销售水平下露西公司的收入和支出预测

单位：美元

项目	每月 50 000 美元 数额	占比	每月 60 000 美元 数额	占比	每月 70 000 美元 数额	占比	每月 80 000 美元 数额	占比	每月 90 000 美元 数额	占比
净销售总额	600 000.00		720 000.00		840 000.00		960 000.00		1 080 000.00	
销售成本	240 000.00	40%	288 000.00	40%	336 000.00	40%	384 000.00	40%	388 800.00	36%
毛利	360 000.00	60%	432 000.00	60%	504 000.00	60%	576 000.00	60%	691 200.00	64%
营业费用										
工资、福利及所得税*	108 000.00	18.00%	129 600.00	18.00%	151 200.00	18.00%	172 800.00	18.00%	194 400.00	18.00%
电话与传呼机	900.00		900.00		900.00		900.00		900.00	
维护、清理及相关用品	600.00	0.10%	720.00	0.10%	840.00	0.10%	960.00	0.10%	1 080.00	0.10%
员工保险，包括工伤保险										
广告样稿	24 000.00	4.00%	24 480.00	3.40%	25 200.00	3.00%	26 880.00	2.80%	29 160.00	2.70%
广告**	3 200.00	0.50%	3 440.00	0.50%	3 680.00	0.40%	3 920.00	0.40%	4 160.00	0.40%
网络与电脑的服务费用	900.00		900.00		900.00		900.00		900.00	
租金***	132 000.00	22.00%	158 400.00	22.00%	184 800.00	22.00%	211 200.00	22.00%	237 600.00	22.00%
行政管理	60 000.00	10.00%	72 000.00	10.00%	84 000.00	10.00%	96 000.00	10.00%	108 000.00	10.00%
营业用品	4 200.00	0.70%	5 040.00	0.70%	5 880.00	0.70%	6 720.00	0.70%	7 560.00	0.70%
银行与工商服务	7 200.00	1.20%	8 640.00	1.20%	10 080.00	1.20%	11 520.00	1.20%	12 960.00	1.20%
柜台展示	1 800.00		1 800.00		1 800.00		1 800.00		1 800.00	
其他杂项费用	1 800.00	0.30%	2 160.00	0.30%	2 520.00	0.30%	2 880.00	0.30%	3 240.00	0.30%
总费用	344 600.00	56.80%	408 080.00	56.70%	471 800.00	55.70%	536 480.00	55.50%	601 760.00	55.70%
税前净利润	15 400.00	2.60%	23 920.00	3.30%	32 200.00	3.80%	39 520.00	4.10%	89 440.00	8.30%

* 工资项目包含雇主的工资。
** 最低的广告费用基于手机场的特殊位置而得到。
*** 租金是基于 22% 的毛销售额计算得到。

第8章 创业初期的注意事项与财务预测：财务数据的研究与准备 197

表 8—4 凯西汽车维修公司的月损益表

单位：美元

常规收入与支出	7月 收入	7月 占比	8月 收入	8月 占比	9月 收入	9月 占比	10月 收入	10月 占比	11月 收入	11月 占比	12月 收入	12月 占比	1—12月 收入	1—12月 占比
收入														
环境保护费	37.54	0.2%	29.50	0.1%	41.50	0.1%	26.46	0.1%	27.70	0.1%	32.50	0.1%	358.82	0.1%
劳动力	12 952.70	51.9%	13 474.10	42.9%	19 135.60	51.8%	11 543.70	50.2%	10 817.10	57.9%	20 062.41	39.6%	164 322.43	46.0%
油漆与材料	2 312.00	9.3%	2 871.20	9.2%	3 820.80	10.3%	2 710.20	11.8%	2 451.50	13.1%	3 847.35	7.6%	35 018.95	9.8%
部件	8 405.35	33.7%	12 729.12	40.6%	12 259.07	33.2%	7 589.52	33.0%	5 102.55	27.3%	23 705.18	46.8%	141 726.85	39.7%
库存与拖运费	386.00	1.5%	558.00	1.8%	0	0	283.00	1.1%	0	0	252.00	0.5%	2 490.00	0.7%
人员转包	842.00	3.4%	1 717.00	5.5%	1 669.60	4.5%	879.00	3.8%	273.00	1.5%	2 781.78	5.5%	13 170.12	3.7%
总支出与花费	24 935.59	100.0%	31 378.92	100.0%	36 926.57	100.0%	23 011.88	100.0%	18 671.85	100.0%	0 681.22	100.0%	357 087.17	100.0%
广告	231.00	0.9%	20.00	0.1%	125.00	0.3%	0	0	60	0.3%	0	0	496	0.1%
汽车费用	88.74	0.4%	141.45	0.5%	88.92	0.2%	125.90	0.5%	166.27	0.9%	174.72	0.3%	910.46	0.3%
坏账	0	0	0	0	199.16	0.5%	119.81	0.5%	119.92	0.6%	757.68	1.5%	984.84	0.3%
银行服务费	73.85	0.3%	82.68	0.3%	82.28	0.2%	0	0	0	0	77.15	0.2%	1 466.37	0.4%
销售成本														
油漆	1 826.36	7.3%	1 731.68	5.5%	1 317.84	3.6%	1 067.88	4.6%	1 881.73	10.1%	2 016.98	4.0%	21 094.92	5.9%
部件	9 248.52	37.1%	10 133.31	32.3%	4 557.14	12.3%	5 052.40	22.0%	8 428.09	45.1%	9 096.16	17.9%	107 068.30	30.0%
转租	3 743.69	15.0%	4 949.78	15.8%	5 280.50	14.3%	3 387.50	14.7%	6 504.95	34.8%	6 461.69	12.7%	58 992.54	16.5%
拖运费	361.00	1.4%	30.00	0.1%	376.00	1.0%	252.00	1.1%	0	0	271.00	0.5%	1 718.00	0.5%
总成本	15 179.57	60.9%	16 844.77	53.7%	11 531.48	31.2%	9 759.78	42.4%	16 814.77	90.1%	17 845.83	35.2%	188 873.76	52.9%
翻新	0	0	0	0	0	0	0	0	0	0	0	0	49.00	0
会费与订阅费	0	0	0	0	88.70	0.2%	0	0	80.00	0.4%	0	0	257.40	0.1%
器材租赁	0	0	700	2.2%	420.00	1.1%	0	0	0	0	0	0	6 020.00	1.7%
保险														
火险	130.00	0.5%	130.00	0.4%	0	0	0	0	0	0	0	0	260.00	0.1%
健康险	0	0	0	0	0	0	0	0	69.00	0.4%	0	0	256.00	0.1%
责任险	210.00	0.8%	0	0	0	0	0	0	253.00	1.4%	0	0	673.00	0.2%
其他	0	0	130.00	0.4%	0	0	0	0	0	0	0	0	130.00	0
总保险费	340.00	1.4%	260.00	0.8%	0	0	0	0	322.00	1.7%	0	0	1 319.00	0.4%
利息支出														
财务支出	0	0	0	0	0	0	0	0	325.12	1.7%	0	0	1 015.59	0.3%
其他	0	0	717.81	2.3%	125.00	0.3%	0	0	0	0	110.46	0.2%	842.81	0.2%
总利息支出	0	0	717.81	2.3%	125.00	0.3%	0	0	325.12	1.7%	110.46	0.2%	1 858.40	0.5%

续前表

	7月 收入	7月 占比	8月 收入	8月 占比	9月 收入	9月 占比	10月 收入	10月 占比	11月 收入	11月 占比	12月 收入	12月 占比	1—12月 收入	1—12月 占比
凭证与许可证	0	0	0	0	290.00	0.8%	0	0	0	0	478.54	0.9%	1 584.25	0.4%
杂项费用	0	0	0	0	0	0	0	0	0	0	1 000.00	2.0%	1 000.00	0.3%
办公室杂费	293.83	1.2%	123.86	0.4%	238.72	0.6%	41.20	0.2%	152.33	0.8%	37	0.1%	2 932.67	0.8%
薪酬支出	3 056.88	12.3%	2 971.14	9.5%	2 712.78	7.3%	2 841.96	12.3%	3 200.20	17.1%	2 712.78	5.4%	33 332.39	9.3%
专业服务费用 合计	0	0	0	0	0	0	0	0	0	0	0	0	350.00	0.1%
环境	0	0	0	0	0	0	0	0	0	0	0	0	204.01	0.1%
总专业服务费用	0	0	0	0	0	0	0	0	0	0	0	0	554.01	0.2%
租金	2 625.00	10.5%	3 245.00	10.3%	5 260.00	14.2%	0	0	2 755.00	14.8%	5 384.50	10.6%	33 811.15	9.5%
维修 器材维修	0	0	0	0	0	0	0	0	0	0	0	0	340.00	0.1%
总维修费用	0	0	0	0	0	0	0	0	0	0	0	0	340.00	0.1%
日常用品支出 文具	42.52	0.2%	45.40	0.1%	59.00	0.2%	718.20	3.1%	502.11	2.7%	268.26	0.5%	7 139.15	2.0%
购物	484.56	1.9%	500.57	1.6%	550.02	1.5%	0	0	73.80	0.4%	152.97	0.3%	531.73	0.1%
工具	0	0	0	0	0	0	718.20	3.1%	428.31	2.3%	115.29	0.2%	6 555.32	1.8%
总日常用品支出	527.08	2.1%	545.97	1.7%	609.02	1.6%	0	0	0	0	0	0	52.10	0
税收 资产税	1 048.30	4.2%	32.14	0.1%	877.20	2.4%	0	0	0	0	0	0	1 957.64	0.5%
总税额	1 048.30	4.2%	32.14	0.1%	877.20	2.4%	0	0	0	0	0	0	1 957.64	0.5%
电话费	0	0	549.43	1.8%	118.02	0.3%	282.78	1.2%	272.34	1.5%	359.32	0.7%	3 669.02	1.0%
公共服务 网络	43.19	0.2%	43.19	0.1%	43.19	0.1%	43.19	0.2%	43.19	0.2%	43.19	0.1%	414.38	0.1%
电气	343.99	1.4%	310.70	1.0%	312.19	0.8%	100.11	0.4%	297.42	1.6%	292.97	0.6%	3 215.74	0.9%
垃圾费用	140.53	0.6%	101.62	0.3%	0	0	203.24	0.9%	101.62	0.5%	101.62	0.2%	1 273.41	0.4%
水费	53.95	0.2%	51.39	0.2%	54.19	0.1%	57.27	0.2%	0	0	112.26	0.2%	462.90	0.1%
总公共服务	581.66	2.3%	506.90	1.6%	409.57	1.1%	403.81	1.8%	442.23	2.4%	550.04	1.1%	5 366.43	1.5%
总支出	24 045.91	96.4%	26 741.15	85.2%	23 175.85	62.8%	14 293.44	62.1%	25 212.29	135.0%	29 756.28	58.7%	293 921.94	82.3%
净普通收入	889.68	3.6%	4 637.77	14.8%	13 750.72	37.2%	8 718.44	37.9%	−6 540.44	−35.0%	20 924.94	41.3%	63 165.23	17.7%

第8章 创业初期的注意事项与财务预测：财务数据的研究与准备 199

续前表

	7月		8月		9月		10月		11月		12月		1—12月	
	收入	占比	收入	占比	收入	占比	收入	占比	收入	占比	收入	占比	收入	占比
其他收入/支出														
其他收入														
利息收入	0.82	0	1.40	0	0.91	0	0.33	0	0.66	0	1.40	0	9.94	0
总其他收入	0.82	0	1.40	0	0.91	0	0.33	0	0.66	0	1.40	0	9.94	0
其他净收入	0.82	0	1.40	0	0.91	0	0.33	0	0.66	0	1.40	0	9.94	0
税前净收入	890.50	3.6%	4 639.17	14.8%	13 751.63	37.2%	8 718.77	37.9%	−6 539.78	−35.0%	20 926.34	41.3%	63 175.17	17.7%

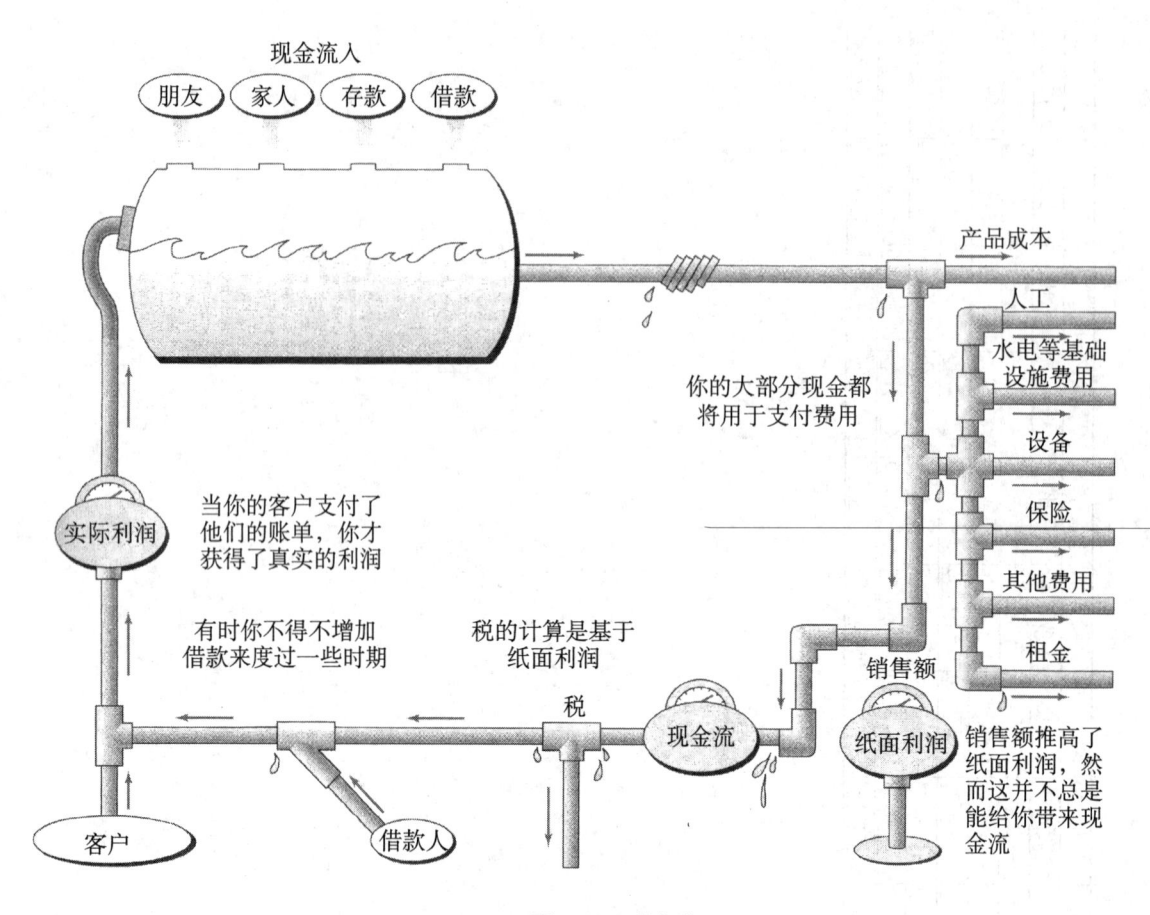

图 8—2　现金流

表 8—5　　　　　　　　　　　R & J 公司现金流量表
截至当年 12 月底　　　　　　　　　　　　　　　　　单位：美元

	2012 年	2013 年	2014 年
经营活动产生的现金流量：			
客户支付的现金	1 665 361.00	1 260 814.00	782 750.00
支付给供应商和员工的现金	(1 374 758.00)	(1 059 580.00)	(659 112.00)
已收利息	1 213.00	1 620.00	0.00
已付所得税	(6 050.00)	(1 500.00)	(800.00)
已付利息	(41 867.00)	(21 122.00)	(10 898.00)
经营活动所得的净现金	243 899.00	180 232.00	111 940.00
投资活动产生的现金流量：			
不动产、场厂与设备采购	(102 341.00)	(323 899.00)	(41 492.00)
汽车租赁保证金	0.00	473.00	0.00
购买南江地块	(21 400.00)	0.00	0.00
小企业管理局贷款成本	0.00	(5 577.00)	0.00
用于投资活动的净现金	(123 741.00)	(329 003.00)	(41 492.00)
筹资活动产生的现金流量：			

续前表

	2012 年	2013 年	2014 年
美国银行信用额度贷款	0.00	51 928.00	0.00
美国银行信用贷款费用	(569.00)	0.00	(3 523.00)
协会会员的贷款	0.00	100 000.00	0.00
协会会员的贷款费用	(20 032.00)	(14 595.00)	0.00
南江地块出租租金	10 000.00	0.00	0.00
南江地块出租费用	(4 350.00)	0.00	0.00
小企业管理局贷款	0.00	100 000.00	0.00
小企业管理局贷款费用	(34 399.00)	(19 666.00)	(17 470.00)
设备租赁融资	42 518.00	40 516.00	15 741.00
设备租赁融资费用	(15 863.00)	(13 565.00)	(2 328.00)
会员贡献	31 400.00	69 100.00	37 023.00
会员分配	(113 566.00)	(159 331.00)	(115 137.00)
筹资活动产生的净现金	(104 861.00)	154 387.00	(85 694.00)
现金及现金等价物的净增加（减少）量：	15 297.00	5 616.00	(15 246.00)
年初现金及现金等价物	31 317.00	25 701.00	40 947.00
年末现金及现金等价物	46 614.00	31 317.00	25 701.00
经营活动的净收入至净现金量调节			
净收入	139 565.00	95 362.00	75 882.00
调整使得净收入转变为入账的净现金：			
折旧及摊销	79 282.00	54 682.00	33 535.00
库存减少（增加）	5 688.00	(48 863.00)	(2 096.00)
应收利息减少	0.00	0.00	1 698.00
存款（增加）	(9 990.00)	(650.00)	(3 789.00)
预付利息（增加）	(4 563.00)	(11 891.00)	(2 298.00)
应付账款增加	28 375.00	79 263.00	6 903.00
应付工资增加	2 979.00	6 404.00	497.00
预提应交税金增加	2 563.00	5 925.00	1 608.00
经营活动产生的净现金流量	243 899.00	180 232.00	111 940.00

损益表（见表 8—4）记录了收入和支出情况，但无法反映企业的全局。即使是纪录片，一次也只能从一个角度拍摄。"行动步骤 41"可引导你完成每月的预计损益表。此外，一定要将现金流预测纳入你的商业计划书。看着账面利润是一件很愉快的事，但要警惕你的真实现金流动情况。图 8—2 是现金流的典型模式。

预测涉及的不仅仅是销量，你还需要对收款的周转时间及其他滞后情况进行预测，这样你才能准确了解企业的现金流动。你需要发现企业涉及的所有费用类别，以便作出正确的预测。预测你的收入和现金流情况就是将你的业务像电影般投影出来。如果你细心准备了数据，那么这部电影将相当精彩。

现金流量预测是用来帮助你控制金钱的工具。现金流是所有企业的命脉，许多有盈利能力的企业最终失败都是因为现金流出了问题。如果未对现金流量进行预测，创业者很容易低估自己的现金需求，在创业初期就失败。

回顾露西、凯西及R&J公司的预测（见表8—3、表8—4和表8—5）。你有什么建议给这些创业者？这些创业者能大幅提高销售额以改善现金流和收入吗？能减少开支吗？如果可以的话又是什么开支呢？为了增加现金流，可以跳出主营产品或服务，拓展设备和产品的用途。Signal物理治疗室在空闲的午餐时段将场地租给普拉提教练，从而获得额外的收入，增加了现金流。如果需要的话，它还可以在周末出租场地，例如租给瑜伽教练。在开源节流方面，请尽情发挥你的创意。

此外，你愿意投入人力资本吗？你的预测现实吗？如果出现严重的现金流问题，你可以放弃几个月的工资吗？当你完成预测后，让专家看看是否准确。在纸上谈兵的阶段知道真相反而更好，因为现在发现问题总比真正为之付出金钱代价要强。

8.9 资产负债表

资产负债表（balance sheet）概括了一家企业拥有的资产和债务。资产负债表由三个部分组成：资产（企业所有的一切具有货币价值的东西）减去负债（欠债权人的钱）等于净值（所有者权益）。

表8—6是凯西汽车修理公司的资产负债表，该表显示了公司目前的财务状况。随着业务的不断发展，其净值应该大幅增加。这些数据中，凡是和业界标准不一致的地方，都应加上注释。因此，如果一个企业**应收账款**（account receivable）的数额较高，企业所有者知道其中的大部分会在20天内付清，对因洪水灾害和记录丢失而延迟的欠款应该予以注明。

纵向对比自己不同时期的资产负债表，并与行业内其他企业横向对比，你将得到较好的参考值。另外，定期查阅相关的财务比率来评估公司的财务状况和偿付债务能力，这些财务比率会在本章后面讲到。

表8—6　　　　　　　凯西汽车维修公司的资产负债表
　　　　　　　　　　截至2012年12月31日　　　　　　　　　　　　　单位：美元

资产	
流动资产	
现金	5 000.00
应收账款	10 000.00
减：坏账准备	300.00
应收账款净额	9 700.00
存货	40 000.00
预付费用	1 000.00
流动资产总额	55 700.00
固定资产	

土地	50 000.00
建筑物和设备	600 000.00
减:累计折旧	(300 000.00)
应收票据	1 000.00
其他固定资产	4 000.00
固定资产总额	355 000.00
资产总计	410 700.00
负债	
流动负债	
应付账款	5 000.00
应计费用	2 000.00
应付票据——设备	30 000.00
流动负债总额	37 000.00
长期负债	
建筑贷款	270 000.00
长期负债总额	270 000.00
负债总额	307 000.00
权益	
所有者权益	103 700.00
总负债和所有者权益	410 700.00

8.10 盈亏平衡分析

知道几个关键的数字将帮助你避免意外来临时束手无策。如果你知道估计费用（变动成本和固定成本）及销售总额，那么盈亏平衡公式会告诉你何时开始盈利。盈亏平衡分析在以下情况下特别有用：(1) 创业初期；(2) 完成收入和支出的预测时；(3) 考虑推出一项新产品或服务时（见图 8—3）。需要注意的是，在生产过程中成本会发生改变，一旦出现这种情况，你必须重新计算。

数字令 Notole 公司所有者惊讶

一家小型制造公司正在完成第二年的计划。它第一年的销售额为 177 000 美元，最后三个月的销售情况如下：

10 月	15 000 美元
11 月	24 000 美元
12 月	29 000 美元
总计	68 000 美元

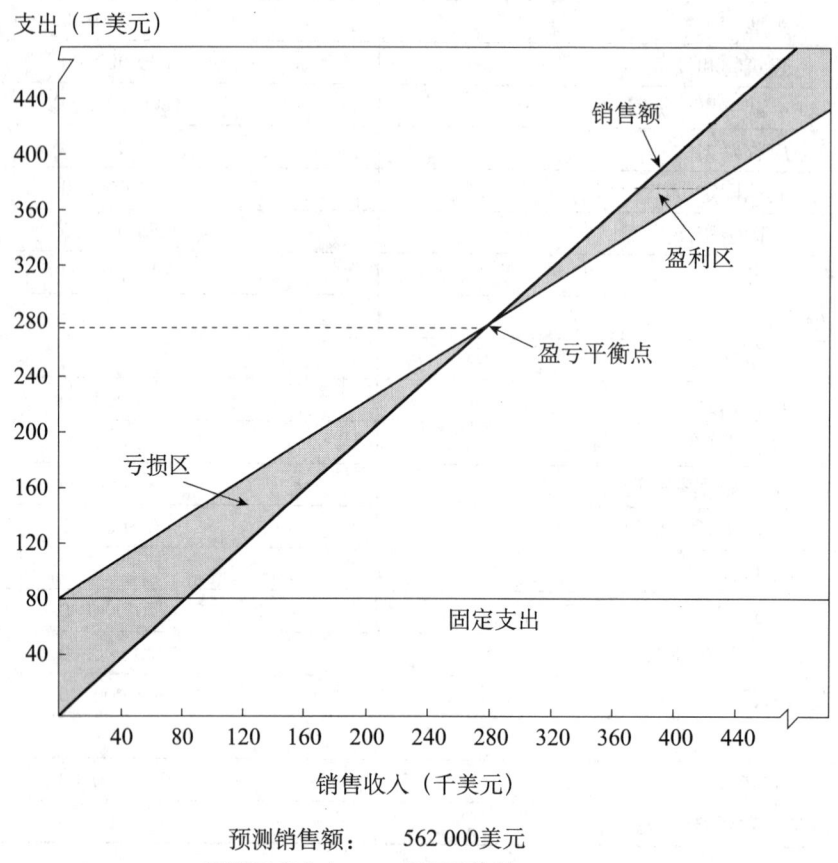

```
支出（千美元）
```

（图：盈亏平衡分析图，显示销售额线、固定支出线、亏损区、盈利区和盈亏平衡点）

预测销售额：   562 000美元
预测固定支出：   82 750美元
预测变动支出：   392 000美元
盈亏平衡所需销售额： 固定支出 $\div \left(1 - \dfrac{变动支出}{销量}\right)$

$= 83\,000 \div \left(1 - \dfrac{392\,000}{562\,000}\right)$

$= 83\,000 \div (1 - 0.697\,5)$

$= 83\,000 \div 0.302\,5$

$= 274\,380(美元)$

盈亏平衡区间：   270 000~280 000美元

图8—3 Notole 公司盈亏平衡分析

公司所有者们看了一下数字，叫了一个顾问来帮忙。顾问从销售代表、企业所有者和客户那里收集了相关信息，然后预计第二年的销售额将是惊人的562 000美元。公司所有者们都不相信。

"你疯了，"他们说，"这是我们去年的3倍多。"

顾问笑了，"你们不是刚告诉我计划在3月、6月和9月推出三款新产品并增加销售代表吗？"

"是的，但……"

"你们那些计划好的大型促销活动呢？"

"嗯，我们的确是计划了一些促销活动，但也不能达到去年的3倍啊。"

"好吧，"顾问说，"那你们能达到275 000美元吗？"

所有者们在一起进行讨论。基于第四季度的销售情况,他们确信能够保持平稳,将 68 000 美元(第四季度的销售额)乘以 4(四个季度)等于 272 000 美元。他们知道今年必须比去年做得更好。

"当然了,没问题。我们可以达到 275 000 美元。"

"很好。"顾问说着拿出了自己准备好的盈亏平衡表,"我预测你们第二年的销售额可达到 562 000 美元。要实现收支平衡,销售额达到约 275 000 美元就可以了。"

所有者说:"我们预计第一季度销售额达 90 000 美元。"

"我很高兴你们现在的想法和我的一致了。"顾问说,"如果你们不相信自己可以达到一个目标,你们将永远不会达到。"

"快告诉我们该怎么做。"所有者说。

基于谨慎的现金流分析,顾问确定,公司需要借钱。所有者们熟悉自己的业务——行业趋势、产品线、竞争对手、销售和推广计划,但银行会相信他们吗?获得贷款的关键是说服银行工作人员,让他相信公司不仅可以收支平衡,还能盈利。顾问就 562 000 美元的销售额(见图 8—3)编制了一张收支平衡表。留意图中 275 000 美元销售额对应的那个点,公司将能超过盈亏平衡点获取利润。

银行工作人员最终相信他们达到盈亏平衡后有盈利的空间,于是发放了贷款。生意场上的关键常常在于有根据的数据和事实,以及所有者的自信。

8.11 书面记录和应用软件

如果你是一个典型的创业者,可能不太注重细节,而且会非常忙;然而,你必须知道保持良好的记录很重要。下载美国国内收入署 583 号文件"Starting a Business and Keeping Records"来学习如何记录账目和计算税收是一个很好的选择。你的记录必须详尽完整,这样你的会计师才可以为你充分减税,并完成你的税务记录和财务报表。

很多创业者将企业账户与个人账户混在一起,这是不好的习惯。美国国内收入署也不赞同。安装一套会计软件,设立企业单独的支票账户,可以解决这一问题。

务必仔细跟踪费用,并按会计师的建议尽可能久地保留所有单据。此外,限制小额现金支出,你要十分清楚公司的钱流向哪里。

在开业之初,购买一台电脑,并利用像 QuickBooks,Peachtree 或微软等公司开发的主流会计软件来跟踪你的财务活动。除了这些软件,还可以免费或以很低的月租费使用网上的许多程序来跟踪资金的流动。

这些程序可以帮助你做到:(1)跟踪开支和收入;(2)制作银行余额调节表;(3)管理工资单和发票;(4)管理存货;(5)管理客户报告;(6)制定业务计划。此外,你还可以随时导出贷款所需的财务报表。如果你决定像爱美可公司(IRMCO)那样采用开卷管理理念,就能更容易地分享数据。如果拥有良好的最新数据,当你某一天决定出售企业时,就有充分的证据证明企业的价值。

在制作现金流量表和损益表时,软件可以帮助你设定和演示各种假设情境,让你可以听取会计师和财务顾问的反馈意见。此外，便捷的对比还可以让你轻松地确定产品或服务的成本和价格。另外，如果你身处价格不稳定的市场，可能需要利用软件随时生成不同的定价假设情境，并据此改进决策。

你的软件应包括文字处理、电子表格数据库管理、会计和簿记以及网站开发等功能。许多这类程序都被集成在一个办公套件中销售。此外，你也可以购买行业协会推荐的专门为本行业开发的软件，或者聘请一位软件顾问来量身定做可满足企业需求的程序。如果你只在互联网上开展业务，那么可以找到更多的专业化的深度定制软件来帮你管理和跟踪业务。随着公司的成长壮大，你还可能用到额外的效率管理软件。

即使有了会计软件，你仍需要考虑聘请一名熟悉会计软件的簿记员。如果你经营的是一家年收入不足 75 万美元的小型企业，那么你可以考虑聘请一名簿记员每月为企业工作 8~20 小时。请注意，簿记员和会计只是协助你管理公司的账户，对公司流入和流出资金负责的人必须是你自己。如果你不懂财务和会计知识，报名参加一个会计基础培训课程，以便能够跟踪现金流和理解财务报表。

你需要每天跟踪财务状况，了解每天的现金余额。一位会计师说："我有一位客户每天都从自己的账户支取 300 美元，这实际上就是他预计的每天的利润！"很显然，即使每月只有几天这样做，公司的现金流和盈利能力也会受到严重影响。

每月及时结账能让簿记员或你自己轻松地编制季度税收申报表。这样可以让你符合税收法规从而避免产生任何滞纳金。

一定要记住，现金为王，而你就是那个要为企业现金流负责的人！你可以阅读卡伦·伯曼（Karen Berman）和乔·奈特（Joe Knight）合著的《创业者的财务智慧》（*Financial Intelligence for Entrepreneurs*），听从他们的建议，这样你就可以成为数字之王！

8.12 财务比率

计算一些简单的比率将帮助你分析对比你的企业和行业中的其他企业。贷款人使用比率来衡量与贷款相关的风险。再提醒一次，你可以使用 BizStats 等间接资料来确定行业的比率。对创业者而言，比率是维持金融效率和持续生存的工具。

8.12.1 流动比率

企业是否有足够的资金偿还流动负债？你有没有预先考虑可能无法收回的账款造成的损失？事实上，大多数初创企业资金不足。流动比率根据资产负债表计算得到，即用流动资产除以流动负债，也就是说，如果你的流动资产是 20 万元，流动负债是 10 万元，那么流动比率就是 2。许多贷款人认为 2 是可接受的最小流动比率，他们愿意看到你的投资至少为负债的两倍。流动比率是判断一家企业的财务状况最常用的指标。

8.12.2 速动比率

速动比率告诉你手头上的现金或可以迅速转换成现金的资产是否够偿还债务。流动性越大越好。尚未使用的信贷额度将大大提高流动性。

8.12.3 投资回报率

投资回报率（ROI）是投资者和风险投资人最喜欢的工具。这个比率说明金融投资回报的百分比。投资者和创业者都想投资最少的钱获得最高的回报或利润。其他财务比率见表8—7。

表8—7　财务比率

比率名称	计算方法	现实含义
与资产负债表相关的比率		
流动比率	$\dfrac{流动资产}{流动负债}$	衡量偿付能力：每1美元的流动负债对应的流动资产
		例如：流动比率为1.76表示公司每1美元的流动负债有1.76美元的流动资产可供偿还
速动比率	$\dfrac{现金+应收账款}{流动负债}$	衡量清偿能力：每1美元的流动负债对应的现金和应收账款之和
		例如：速动比率为1.14表示公司每1美元的流动负债有1.14美元的现金和应收账款可供偿还
现金比率	$\dfrac{现金}{流动负债}$	更严格地衡量清偿能力：每1美元的流动负债对应的现金
		例如：现金比率为0.17表示公司每1美元的流动负债有0.17美元的现金可供偿还
资产负债率	$\dfrac{总负债}{净值}$	衡量金融风险：每1美元净值对应的负债
		例如：资产负债率为1.05表示公司所有者投资的每1美元欠债权人1.05美元
与损益表相关的比率		
毛利率	$\dfrac{毛利润}{销售总额}$	在毛利润层面衡量盈利能力：每销售1美元的产品获得的毛利润
		例如：毛利率为34.4%表示每卖出1美元的产品获得34.4美分的毛利润
净利润率	$\dfrac{税前净利润}{销售总额}$	在净利润层面衡量盈利能力：每销售1美元的产品获得的净利润
		例如：净利润率为2.9%表示每卖出1美元的产品获得2.9美分的净利润
衡量整体效率的比率		
资产销售率	$\dfrac{销售总额}{资产总额}$	衡量总资产创造销售额的能力：每1美元资产带来的销售额
		例如：资产销售率为2.35表示每投资1美元资产将带来2.35美元的销售额

续前表

比率名称	计算方法	现实含义
资产回报率	$\dfrac{税前净利润}{总资产}$	衡量总资产创造净利润的能力：每 1 美元资产创造的净利润 例如：资产销售率为 7.1 表示每投资 1 美元资产将获得 7.1 美分的税前净利润
其他衡量特定效率的比率		
存货周转率	$\dfrac{销售成本}{存货}$	衡量每年存货的使用速度 例如：存货周转率为 9.81 表示在财政年度库存被用完近 10 次
存货周转日数	$\dfrac{360}{存货周转率}$	将存货周转率转化为直观的天数 例如：存货周转日数为 37 表示全年平均库存容量为 37 天的货物
应收账款周转率	$\dfrac{销售总额}{应收账款}$	计算全年收回应收账款的速度 例如：应收账款周转率为 8 表示全年每单位应收账款周转 8 次
应收账款周转天数	$\dfrac{360}{应收账款周转率}$	将应收账款周转率转化为企业每次收回应收账款所需等待的平均天数 例如：应收账款周转天数为 45 表示平均需要 45 天收回应收账款
应收账款周转率	$\dfrac{销售成本}{应付账款}$	计算全年支付应付账款的速度 例如：应付账款周转率为 12.04 表示全年每单位应付款周转 12 次
应付账款周转天数	$\dfrac{360}{应付账款周转率}$	将应付账款周转率转化为企业每次支付应收账款所需等待的平均天数 例如：应付账款周转天数为 30 表示平均可在 30 天内支付应付账款

小　结

不出所料，许多创业者承认对自己的企业进行预测是很困难的，以下是几种解释：

- 他们是匆忙的行动者；他们认为没有时间坐下来进行预测。
- 他们有创意；他们的更大优势在于创新而非论证。
- 他们倾向于接受实物而不是数字。
- 他们相信自己不会失败。

生意是一个数字游戏，不管创业者对数字和预测的态度怎样，能否在市场上生存取决于用来记录企业业绩的数字及其颜色（盈亏状况）。本章为你处理数字铺平了道路。

对数字进行预测的一个关键点在于你的预测应当是现实的。你需要将每次预测与具体的业务和行业标准对比，然后记录到商业计划书中。本章中的案例示范了如何让你的预测对银行贷款人和你自己来说都是可信的。在你看来预测可能是合理的，但更重要的是，你必须让其他人也认为合理。收集实际可靠的数据并正确记录是让预测可信的办法。

在开始阶段你要避免一个个"代价高昂的意外"将你和企业的阵脚打乱。在开门营业前,预测有哪些不愉快的意外会发生,然后做好应对计划。例如,遇到以下情况你会怎么做?

- 你的关键承租人要离开;
- 你的网站不起作用;
- 占到你75%营业额的客户突然宣布破产。

期待和规划未来可能是你的企业成败的关键。展望未来可以帮你消除部分意外,甚至可能令你怀疑是否真的要去冒险尝试。记住:没有人能预见一切,企业启动所需的费用将比你预期的要多,所需的时间也更长。

制胜关键

- 纸上犯错比实际犯错的成本要低得多,也更容易改正。
- 向银行借钱时,要确保自己知道从长远来看需要多少钱。
- 预测将有助于理解和控制企业的各项变量——销售数字、员工人数、促销组合、产品组合,以及季节性的高峰和低谷变化。
- 开始生意的第一天就要购买会计软件。
- 现金流才是王道。
- 记住营销大师赛斯·戈丁(Seth Godin)的建议:"不管卖什么,我们的目标是让别人觉得我们的产品是不可替代、必要和无价的。如果你做到了,那么你就有定价权。"
- 如果你的生意一直亏本,就不要再坚持,总会有其他机会。

另一个视角

开卷管理

创造制胜的工作环境可以走不寻常的路。20世纪80年代中期创立的爱美可是一家制造公司,其所有者兼CEO威廉·杰弗里三世(William Jeffery III)是一名晚期癌症患者。杰弗里致力于用他最后的时间为员工创建一个更好的工作环境,为他的工业客户生产更好的产品。他改变了爱美可几十年来一直用油和动物脂肪为原料制造润滑剂的习惯,创造出更加环保的水基润滑产品。

杰弗里在大举改革公司产品线的同时,也在塑造全新的员工管理方式。"他更加注重以人为本。"杰弗里的儿子——现任CEO杰夫(William C. "Jeff" Jeffery)回忆说。杰夫和他的弟弟布拉德利(Bradley)共同管理这个有22名员工的公司。关键的第一步是真正落实被人们称为开卷管理的管理理念,除了工资信息以外,定期与员工分享公司的所有财务细节。

打开账本,尤其是公开员工利润共享计划,可以打消员工认为公司是老板的私人小钱罐的想法。"员工可以看到我弟弟和我能拿走多少钱。"作为家族生意第四代接班人的杰夫说，"当他们在艰难时期看到我们没有把钱拿走，就明白我们都在同一条船上。这有助于让人产生好感。"总经理珍妮弗·卡拉斯（Jennifer Kalas）在来爱美可之前曾在两家工业企业工作过，她注意到一些不同的东西。"员工们都知道预算是多少，钱都花在哪里，"她说，"人人都有所有权。"

兄弟俩还通过其他项目在公司形成了开放、信任和合作的文化氛围。兄弟俩把他们的团队看作狼群——"自然界唯一完美的团队"——来建立团队合作精神和共享信息。在每月一次与员工的"狼群"会议上公布企业动态、回答问题，并提名获得"独狼"奖的出色员工。在每个季度结束后抽奖，抽中者获得250美元，但必须用于某种庆祝活动。

该团队的创意被拓展到部门的交叉培训上，培训时会将一本记满工作任务和职责的书发给员工，并要求所有员工理解书中的内容。这种灵活性一直是爱美可的重要资产，它让爱美可顺利渡过各种波折。卡拉斯指出，"在景气的时候，我们不用增加人手，所以在不景气的时候，我们也不用裁员。"

事实上，过去的一年多爱美可承受了经济不景气带来的压力，因为公司在很大程度上依赖于汽车业供应商，而后者在经济衰退中受到重创。然而，爱美可适应了压力，因为有一群员工在默默支持。

公司甚至在不必裁员或取消核心项目的情况下成功赚钱。当然，总有需要作出让步的地方。公司冻结调薪，用于支持员工脱产培训的学费报销项目也被取代，现在，爱美可申请了州职业培训补助来支付员工参加特定技能培训的一半学费，将公司与员工的利益更紧密地结合在一起。像"250美元的精神"或"身体进步奖"等其他奖励项目都保持不变。

尽管许多客户都面临"梦想泡汤"的危机，杰夫坚信其公司的相对成功与信任和团结的悠久传统分不开。"我们灵活且富有创造性，是一群聪明人在沟通和合作。"他的话听起来就像是从狼群中传来的叫声。

资料来源：© 2006 Winning Workplaces, http://www.winningworkplaces.org (Accessed March 3, 2008).

第 9 章

撼动摇钱树：寻找资金

> **学习目标**
> - 确定自己的抗风险能力。
> - 了解自己的信用情况。
> - 分析公司信用卡消费和风险。
> - 了解向朋友和家人借债的固有风险。
> - 弄清贷款领域，资助新公司。
> - 向接触到的银行人员介绍公司的战略。
> - 熟悉小企业管理局（SBA）和小企业发展中心（SBDC）的方案和服务。
> - 研究卖方融资。
> - 了解资金众筹的内驱力与动态过程。
> - 学习如何获得天使投资。
> - 研究风险投资市场及发生在该市场的变化。

如果撼动摇钱树就能帮你的公司筹集资金是否太异想天开？的确，那并不是件容易的事。首先你得对金钱的世界非常熟悉，其次要挖掘属于你个人的财务资源，最后要分析摇钱树每个分支的利与弊（见图 9—1）。一旦完成这些事，你会惊讶地发现，当你有一个好的商业计划并摇对了树枝，钱来得有多么容易。

寻找资金：唐·霍金斯的案例分析

样品

唐·霍金斯（Don Hawkins）一开始在一个大型医疗制造企业当模型工。唐的天赋既令人羡慕又令人嫉妒，因为他总是在第一时间找到合适的模型。

马戈·麦凯（Margo Mckay）是公司的生产部经理，当遇到产品生产方面的难题需要帮助时，她经常去找唐。一天，喝完咖啡后，马戈跟唐说她有个显微外科医生朋友正为伤口引流装置寻找一个特别的设计。

唐花 4 天时间梳理了关于显微外科手术的医学文献，用 5 周开发出基于显微外科医生设计原型的样品。马戈和唐把这个样品给了公司的总裁。2 周后总裁表示这个产品没有足够大的市场，不值得公司去投资和提供支持。

之后的两个月里，唐和马戈继续做进一步的市场调查，坚信该产品是有市场的。他们决定辞职，一起创业。

图 9—1　撼动摇钱树

团队

接下来的几周时间，他们从以前的老板那里挖来了生产主管鲍勃·伯恩斯坦（Bob Bernstein）和最优秀的销售员南希·琼斯（Nancy Jones）。当他们沉浸在梦想和喜悦中时，马戈提醒，这个团队需要资金，融资就意味着寻找投资者，这需要一份好的商业计划书。

为了扬长避短,这个团队的 4 名成员参加了一个名为"周末创业者——构思你的商业计划"的大学课程。通过组织自己的想法和利用自身的专业知识,他们在 6 周后完成了一份可以呈现给投资者的商业计划书。他们的数据显示,在前 18 个月他们需要 200 万美元启动资金。

资金

每个成员投入公司第一年所需资金的 1/4 即 50 万美元。马戈用她的房产申请房屋净值**信用额度**(line of credit)。唐向他的百万富翁叔叔借了 40 万美元,通过 401(K)养老金计划获得 10 万美元。南希从两个做医生的投资者处各得到 20 万美元,卖掉公寓获得 10 万美元。鲍勃则通过信用合作社和兑现两份人寿保险单来获取资金。

他们的目的地是一个租金便宜且足够安全的小仓库。此时,距离显微外科贸易展还有 62 天。精明的律师以放弃专利制作费为代价获得了分享公司收益的权力。因此在专利问题尚未解决时,基于唐的样品的产品就可以开始生产了。

他们参加的第一个贸易展可以说是一个金矿。开幕当天,他们的展位被人群淹没。在第一天结束时,这个设备的订单已经超过他们第一年的预计销售量。

产品市场

他们的产品定位于显微外科手术市场,于是他们在接下来的三年里继续开发新产品。第三年,唐发现了一个新方案,可以解决困扰了两代眼科医生的难题。产品获得认可需要两到三年的时间,而且在生产和销售脱节期间,开发成本将会影响公司运作,甚至可能拖垮公司。

于是他们的注册会计师向他们介绍了明尼阿波利斯市一个叫"梦想基金"的风险投资团队。以公司 60% 的股份作为回报,梦想基金为公司提供 2 000 万美元的资金。尽管他们不想因此失去对公司的控制权,但这个商机对他们来说太诱人。

9.1 投入资金之前

唐和他的同事首先拿出的是自己的钱,对于所有的创业者来说投入自己的资金是必不可少的。贷款人和投资者在投资前会确认你已经投入自己的资金。你在第 1 章中学习了如何编制预算和个人财务报表,在第 8 章中了解了如何确定启动成本、现金流需求和盈亏平衡点。现在,你很清楚启动创业项目所需的资金以及你现有的资金。现在是时候思考并决定如何针对资金缺口进行融资了。

在创业前期,绝大部分企业是自筹资金。因此,你必须考虑自己的风险承受能力、信用记录和现阶段可供使用的资金。为了进一步筹集资金,你可能会引入投资者,这会稀释你对公司的所有权,你需要明白此举的风险。

如果你计划收购一个发展中的公司,第 13 章介绍的所有者融资对你有帮助。一些特许经营商和银行会为加盟商提供特定的融资协议。所以,若你正在寻找特许经营的机会,请阅读第 14 章了解具体信息。

9.1.1 确定你的风险承受能力

你愿意承担多少风险？10 000 美元、20 000 美元、200 000 美元还是 2 000 000 美元？你愿意为自己的冒险负债累累吗？你愿意像一个工作超过 7 年、花费数百万美元才研究出有效的快速冷冻方法的寿司供应商那样辛苦吗？

你愿意为不确定的收益放弃成功的职业吗？假如你失去了自己的房子，你会被打垮还是会振作起来像一个真正的创业者那样重新开始？希尔顿黑德岛有一个建筑承包商，在 22 岁时第一次成为百万富翁之后破产，然后又成为百万富翁，但在 28 岁时又破产，最后在 35 岁时再次成百万富翁。你愿意乘坐这样的过山车吗？

记住，你还需要考虑家人和合作伙伴的风险承受能力。如果创业过程中需要继续投入资本，你和合作伙伴能否平等地分配股份？若不能，这将给你们的合作关系带来怎样的影响？

9.2 征信机构：他们了解你什么

在你贷款之前，信贷员、众筹贷款人甚至家人都会首先关注你的信用报告。如果你的信用报告不合格，你是贷不了款的。在筹集资金之前，你需要下功夫了解自身的信用状况。有 25%～40% 的信用报告存在问题，在融资之前解决这些问题是你的责任。

有时这些过失和遗漏不是你的错。解决这些问题很费时间。如果你延期支付或抵押资本不足，那么这些问题都会反映在你的信用报告中。

征信机构持续追踪你的财务动向，包括支付账单、信用记录（申请和被拒情况）、借款、留置权和法律判断等。这些信息会保存 7 年，破产记录会保留 10 年。

潜在的贷款人会通过信用报告来进行信用调查。贷款人通常可以在不经过你允许的情况下获取你的信用信息，而且获取一份你的信用报告只需要简单的拷贝即可。贷款人并不希望看到你在短时间里到处寻求贷款。

请注意：诸如延期还款或漏税这些你认为无关紧要的事情在潜在的贷款人看来可能非常重要。千万不要错过房贷的还款期！迟 30 天偿还房贷将会降低你的信用评分。如果你有未支付的医疗账单，尽量避免越积越多。低的信用评分会导致较高的利息。没有哪个外部机构可以将你信用报告中的不当事项删除，因此，谨防作出这种承诺的公司。

如今的年轻人很难建立自己的信用评级，因为他们用借记卡而不用信用卡买单。也许这是控制你的开支的有效方法，然而，这对建立信用没有帮助。要建立信用，你在使用信用卡时应保持每个月的支付平衡。如果你有租房，确保所有租金及时交付并保留记录，这是建立信用的好方法。

大部分创业者在急需资金时会依靠自己的信用记录。但错误常常会发生，比如其他人的信用记录会出现在你的报告上，尤其是在你有个大众化的名字时。因此，在你预计需要资金之前的 3～6 个月，可以通过三个不同的信用机构核查你的信用记录。如果有问题，你可以有充裕的时间来采取必要措施去解决。使用公平信贷组织（Fair Issue Credit Organization，FICO）的评分来确定中小企业贷款资格的做法很流行，所以你要尽一切努力得到高分。

根据费尔艾萨克信用评估机构（Fair Isaac）提供的数据，2012年美国人均FICO评分是692分。然而，分数超过760分的人才有资格获得最好的评级。《公平准确信用交易法案》（Fair and Accurate Credit Transactions Act）赋予消费者获得免费信用报告的权利，通过www.annualcreditreport.com网站，用户可以查看来自以下三大信用机构的信用报告：

- 艾克飞公司（http://www.equifax.com）
- 益百利公司（http://www.experian.com）
- 全联公司（http://www.transunion.com）

卡马信用（Credit Karma）也是一个保存信用评分记录并且提供免费服务的优秀网站。如需查询更详细的信用报告，请登录FreeCreditReport.com或者myFico.com网站。然而，你还是要留意那些需要收费的服务。

9.2.1 警示的步骤

根据第1章的"行动步骤3"收集你的个人财务信息，根据第8章了解信用评分和启动成本。现在是时候了解你愿意并能够投入多少资金了。

你会为了筹集现金出售你的资产吗？你会为了筹集资金拿你的房子去做二次或三次抵押吗？你会在利率较低的情况下拿你的车和房子进行再融资吗？你会卖掉你的棒球卡收藏品吗？你会通过401（K）养老金计划获得贷款吗？

回顾"行动步骤3"中的预算，你每个月的生活需要多少钱？你可以投入多少资金到创业项目中？你和你的家人愿意为此降低生活水平吗？你愿意租房住吗？你愿意跟别人同住一间公寓或住在你的父母家吗？你能减少外出就餐吗？你可以买一辆便宜的车或者不买车吗？你需要花一些时间去编制预算，确定可以从哪些方面减少生活费用。

你能接受没有健康和残疾保险的生活吗？如果答案是肯定的，请你停下来，想想去一次急诊室就会迅速花掉12 000美元的情况。请注意，有2/3的企业由于高昂的医疗费用而破产。

你和你的家庭愿意为你的梦想牺牲什么？你可以做兼职来帮助实现梦想吗？你能坚持目前的工作并利用业余时间去创业吗？你需要寻找一个有现金的伙伴吗？你可以接受在地下室经营生意吗？在卧室、客厅和车库呢？

一旦你了解了启动成本、可用资金和个人预算，你必须决定需要的担保和无担保信贷的金额。这时你将会看到资本市场是如何评估你的大致情况的。这将确定你是否还有未开发的资金来源可用于你的生意或者私人花费。

利用表9—1和你的信用卡对账单确定你现有的信用额度。如果你的信用卡额度非常低，那么在你开始创业或辞掉工作之前联系卡银行，要求其提高限额。你也可以在表9—1上记下每张信用卡的还款日期。以前，逾期还款的成本不高，但现在银行可以罚你双倍利息。

表 9—1　　　　　　　　　　　　你当前尚未使用的融资渠道

来源	到期日	资金上限	可用情况
零售店			
梅西百货			

续前表

来源	到期日	资金上限	可用情况
塔吉特			
其他			
石油公司			
埃克森美孚公司			
其他			
银行信用卡			
美国运通卡			
威士卡			
万事达卡			
发现卡			
其他			
个人借贷			
银行			
购房互助会			
信用合作社			
其他			
房屋净值			
信用额度总计			

当你把每个账户的数额填满后，把这些数字相加。你会感到惊讶吗？很少人知道他们真正的信贷金额。以下几点是你需要额外关注的：

1. 检查维持目前的健康保险或购买新保险所需的费用和可能性。如果你无法参加个人保险计划，那么通过商业贸易协会或相关国家政策参与一个集体计划也许是可行的。多关注关于免赔额的规定。多数创业者认为，最好有一个家庭成员在能够提供家庭保险计划的公司工作。（阅读第12章了解关于健康保险的法律的最新变化。）

2. 申请额外的信用卡或提高信用额度。查询网站寻找有最优惠条款和最高额度的信用卡公司。准备一张专门用于营业开支的卡，使用公司的支票或借记卡支付到期账单。银行并不在乎谁付的款，只要付清就好。然而，使用你公司的借记卡或信用卡还款将会为你提供极好的文件证明。这也会有助于你在美国国内收入署有良好的记录。

3. 考虑申请个人信用额度。根据信贷的"4C"（Four Cs）原则（你的资本、品行、能力和抵押品），你能从任何地方用非常吸引人的利率获得5 000美元~5万美元的无担保贷款。如果你在开始创业时有个人信贷额度，将获得一个更宽松的支配空间。你可以用它来为公司筹集资金。如果公司资金充裕，它也可以成为你的预防性资金，用来应对未来可能出现的紧急支出。

4. 考虑使用**房屋净值贷款**（home-equity loan）或**房屋净值信用额度**（home-equity line of credit）的可能性。

5. 考虑从你的401（K）养老金计划获得资金，尽管注册会计师戴维（David）认为401（K）养老金计划是借贷者的最后途径。你最多能借到5万美元或既定数额的50%（取两者的最小值）。如果你在401（K）养老金计划的还款中出现违约情况，贷款将作为一种分配收入被收税。创业滚动资金项目（Rollovers for Business Startups，ROBS）是另一种可以使用个人退休金作为创业启动资金的方式。如果你选择这种方式，要十分小心，因为美国国内收入署会密切关注你的投资动向，并且当你的退休金中的全部或大部分被取出使用后，你家庭的未来将变得风雨飘摇。

上述第 2，3，4 种情况下，银行更愿意给拥有稳定收入来源的公民提供信用贷款。此外，有时你会做一些并不是真正需要的资金规划，银行最喜欢向这类人提供贷款。

在你完成创业计划、财务规划并准备好相应资金之前不要辞去现有的工作。你需要足够的资金去应对可能遇到的障碍。如果你没有资金，你的梦想可能会夭折。当你的生意无法像惯常的那样或自认为的那样立刻给你提供支持时，不要感到惊讶。

9.2.2 你的底线

你付出自己的资产和辛勤的汗水去冒险，不仅仅是为了即时的收入或回报，你是在积累自己的事业潜力。如果你只考虑创业初期头一两年的收入，就无法体现你拿自己的资产冒险或每天工作 12~14 小时的价值。你必须把眼光放长远。赚钱是一个强有力的动机，它可以使你的事业保持在通往成功的轨道上。当你开始建立自己的事业时，需要注意以下底线问题：

● 收入来源。你能依靠公司获得什么？薪酬、红利、福利、公司配车、保险、员工旅游还是退休金？头一年你能获得什么？第二年呢？接下来的每一年呢？

● 从出售公司中获利。如果公司被出售或并购、上市，潜在利润是什么？你会给你的孩子留下些什么？

● 盈利生命周期。从事业起步到盈利需要花多长时间？多数公司需要 2~3 年。要是你计划的投资项目 3~5 年后才能盈利，应该怎样处理现金流和其他投资呢？你是否能够等待呢？你是否想要等待呢？要是公司未能盈利，但其他拥有大量投资资产的人认为你的项目可行，进而收购了你的公司呢？（那么你是幸运的，你很有可能涉足了高新技术项目。）

● 规则。你的事业需要有两种资金回报，即收入现金流和股份的增长。如果你只有收入而无股份，你就只是以之取代自己以前的收入。如果你只有股份而无收入，你就没钱生活了。

9.3 首先摇动最多产的摇钱树分枝

创业者都应努力去撼动摇钱树。虽然有很多可供使用的外部经济资源，但它们都存在各自的限制。生意的经营、亲友之间的情感、风险承受度、你的梦想和税收，这些都将决定你能够摇动和应该摇动摇钱树的哪个分枝。

与一位资深的会计师或律师坐下来探讨，会让你更好地了解资本市场。尽管有许多融资渠道可供创业者选择，但超过 90% 的启动资金来自创业者自己或亲友的资产，而这也意味着银行及其他渠道只占了 10% 的比重。由 13 位成员组成的公司 Instagram 被脸书以 10 亿美元的价格收购，这种案例是十分罕见的。

根据天使资源协会的研究报告，除了自我融资之外，其他类型的启动资金来源还包括：亲友投资（600 亿美元）、天使投资（200 亿美元）、州际基金投资（5 亿美元），风险资本投资（3亿美元）。所以，别做白日梦了！

新手创业者大多自力更生。当你从创业起步阶段走向下一步之时，你的亲朋好友或许愿意贷款或投资给你。小企业管理局（SBA）担保贷款和小微借贷机构可以给你提供帮助，但银行通常愿意投资已经成立的企业。如果你能够证明自己的生意能够做得长久，天使投资基金也许会参与进来。**众筹**（crowdfunding）或许也会在创业初期参与进来。根据《创业企业扶助法案》（Jumpstart Our Business Startups Act，JOBS），众筹平台不断发展并创造了一种新的融资方式。通常当你的产品经过市场考验时，风险投资将随之而来。

如果你在开始创业时选择自己筹资，那么你的公司可能会被《公司》杂志评选为年度500家成长最快速的企业之一。要知道榜单上几乎一半的企业最初是在家里开始创业的，这些企业的启动资金平均只有2万美元。创业有时并不需要大量的资本，如今的技术让你只用100美元就可以创业。当然，你需要投入大量的时间、精力和激情，也会面临巨大的风险。

9.4 自我融资

9.4.1 你的资金和信用

我们已经讨论了几种可供使用的融资渠道，但许多人无法获得房屋净值贷款、退休基金、股票、债券等资金，因此信用卡就派上用场了。信用卡是许多创业者获得营运资本的标准途径。

超过30%的创业者经常使用信用卡管理公司的现金流，使用现金来启动和支持创业项目更加安全，但应尽可能避免过于依赖信用卡融资。

像美国运通这样的大型信用卡公司会吸收小微企业经营者作为客户，但是适合小微企业经营者使用的许多信用卡的申请前提是该企业有两年的经营跟踪记录。你在挑选信用卡时要注意以下几点：

● 还款日期。如果你的几张信用卡有不同的账单日期和还款日期，你将能够交替使用这些信用卡从而合理地管理现金流。

● **年利率**（annual percentage rate，APR）。查询http://www.bankrate.com网站找出最低的信用卡利率，如果你的信用卡年利率过高，你可以联系信用卡公司要求其降低利率，这样做是可行的。

● 年费。注意年费的变化，尤其是年费的上涨。

● 最大信用额度。联系你的信用卡发卡方，要求其上调你的信用额度，这也许是一个电话就能完成的事情。

● 额外收费。确保信用卡的额外服务费物有所值。

● 宽限期。如果你使用信用卡来管理现金流，这一点尤其重要。

● 里程数或者其他激励。思考这些潜在的年费是否值得。

● 滞纳金。永远不要产生滞纳金。滞纳金非常高昂，并且会对你的信用报告和利率造成负面影响。

明智地使用信用卡对于创业者十分关键。信用卡可以帮助记录支出费用和建立财务历史记录。但是，除非你清楚认识到必须及时还清信用卡账单，并充分了解信用卡的使用限制，否则使用信用卡可能会让你手足无措，让你的企业陷入水深火热之中。由于额外费用和条款是不断变化的，因此你需要认真阅读信用卡各项条款，你也有责任了解这些条款的变化情况。此外，记得在你的商业计划书中加入信用卡债务还款和利息等信息。请注意：有些信用卡协议中会声明不得用于商业融资，但是在创业时使用信用卡是非常普遍的。如果可以的话，尽量使用不同的信用卡来管理你的私人消费和企业经营情况。

9.5 家人和朋友

对于许多创业者来说，父母和朋友是他们选择的第二个摇钱树分枝。如果你的下一步就是这样打算的，请再三考虑。专家认为，在美国父母可能是初始资本的最重要来源之一，但是与父母保持借贷关系存在许多潜在问题。

在你迈出这一步之前先扪心自问："为此损害我与家人和朋友的关系或失去他们，值得吗？"此刻你可能只想着如何推进你的创业项目并且眼里看到的只有成功，但是事实上你有可能会失败。如果真的失败了，你可能无法及时甚至永远无法把借款偿还给父母。

考虑他们对待金钱的观点，特别是你的父母或祖父母都经历过经济困难时期，对于他们来说金钱等于安全感。如果你向他们借钱，在你还清借款之前他们将不会真正感到安全。

此外，当你在还没有还清他们借款时去巴黎旅游，是否会感到愧疚？当你买辆新车时呢？当你对自己的债务关系没把握时，能否安心地拓展业务？如果你向家人或朋友借钱，要确保万一失去这些钱不会影响他们的生活。实现你的梦想并不是他们的责任，借祖母的养老钱对她来说是不公平的。

除了直接向朋友和家人借钱，你还可以让他们为贷款担保来帮助你，这样他们就对债务有法律义务。担保也将使他们的借贷能力和信用评分受到影响和限制。

使用你的房屋、汽车或珠宝作为抵押品会让朋友和家人更愿意借钱给你。全美家庭抵押贷款公司（National Family Mortgage）为你和你的家人设计了一种家庭抵押贷款，通过抵押你的房屋向家人借款。在经济困难时期，朋友和家人对债务比较谨慎。父母会为孩子的生意起步提供资金，但是他们将根据潜在风险和投资回报来决定合适的借贷金额、利率和还款计划。众所周知，不同的贷款条款会基于具体的创业想法、产品以及现行利率而有所不同。

与其用亲友的资本去冒险，不如考虑继续工作一段时间自己攒钱来创业。将金钱和私人感情混在一起会让你觉得很不安，对于朋友和家人来说更是如此。这很可能导致家庭纠纷或者兄弟姐妹的感情受损。你会怎么处理这些问题？如果你的家人生病了，你能及时偿还债务吗？如果父母想参与你的创业项目来跟进与监督他们的投资，你又是什么感觉呢？

如果你认真考虑了潜在问题后还想向朋友和家人借钱，以下几点可以帮你克服一些困难并对各方都有益：

- 做好书面记录。
- 使用商业贷款的形式，而不是私人借贷。写好借据，注明金额、偿还方式、期限、利率、还款日期、抵押品和滞纳金等，在网上可以找到帮你处理这些文件的公司。
- 为部分或全部借款注明偿还条款来应对紧急情况，有助于减轻各方的压力和担忧。
- 向你的朋友和家人明确传递公司的目标，确保他们明白自己的资金将长期用于公司的日常经营。即使在公司开始盈利时，他们的资金也将作为营运资本。
- 让亲友清楚公司的债权和股权的区别。许多贷款人错误地认为他们拥有公司的股权，因此在公司获得成功时，既想获得债务收益又想参与股利分红。这点你必须在融资时解释清楚。
- 经常与你的贷款人交换对潜在问题的看法，尽早消除顾虑将有助于减少以后产生的问题。

向亲友借款是可行的，但需要周全的考虑和良好的人际交往能力。要做到小心谨慎，因为亲友是无可替代的。

9.6 银　行

尽管多数创业者都是以自己或亲友的资本来启动创业项目，但也有少数人得益于传统的银行融资。如果你有房产、股票、债券等其他收入来源或抵押品，就可以通过这些资产来融资。

尽管贷款是银行的重要业务，但是银行有责任与义务去保证其存款人的资金安全，因此它们会选择提供最安全的贷款，这使得它们在帮助公司拓展业务时再三斟酌。虽然银行可以在很多方面为你提供帮助，但它们既不是投资者也不是风险资本家，不愿意承担风险。

在顺利开业多年后，过往良好的销售和税收返还记录将大大提升公司获得银行贷款的机会。银行通常会为公司的营运资本、房地产和设备提供贷款。

本地小型的社区银行是小微企业融资的上佳选择，在那里你能建立一种长期的合作关系，而不仅仅是获得短期的资金。你可以联系美国独立社区银行协会（Independent Community Bank of America，ICBA）的5 000多家银行机构。

此外，你的律师、会计师、供应商和客户构成的网络也可以帮你找到能提供与公司业务及规模相匹配的贷款人。然而，当公司成长到后期时，小银行提供的服务可能无法满足公司的所有需求，比如只有大银行才能提供的进出口支持服务。

小额贷款项目一般是指少于35 000美元的商业贷款，大多数银行和包括小企业管理局在内的经济发展组织都可以提供这种项目。这种**小额贷款**（microlending）为处于成长期的创业者带来了希望。小企业管理局的调查显示，超过500家银行机构通过小额贷款项目为创业者提供了数十亿美元的启动资金和营运资本。

"创业资源"专栏中重点介绍了ACCION公司的小额贷款平台，此外，你也可以查询Kiva和Opportunity Fund等其他小额贷款渠道。

> **创业资源**
>
> **ACCION 公司：为苦心经营的创业者提供资金**
>
> ACCION 公司旨在向人们提供提升生活质量所需的金融工具。在部分创业者无法从传统的信用市场和银行部门取得贷款的情况下，ACCION 公司为美国部分地区和全球的小微创业者提供小额信用贷款。
>
> 在美国，ACCION 公司向小微创业者提供还款期限最长可达 60 个月、金额为 500～50 000 美元的商业贷款以及相关的财务知识培训。其中，许多贷款是通过与小企业管理局达成协议来提供的，有具有吸引力的固定利率，收取贷款金额 3%～5% 的手续费。
>
> 有多种类型的贷款项目可供选择：用于收购活动的过渡性贷款、最高可达 50 000 美元的启动资金贷款、最高可达 25 000 美元的用于餐饮和酒店行业的"实现美国梦"贷款。此外，公司还提供绿色贷款和信用卡处理服务。
>
> 查询 ACCION 的网站可以了解其许多客户的成功案例和更多关于其贷款项目的信息。

美国大通银行和美国银行等大型银行会为处于成长期的企业的长远商业计划提供援助，包括提供有针对性的融资租赁项目。社区银行和大型银行都与小企业管理局合作提供融资担保贷款，了解你所在领域中小企业管理局贷款的主要贷款方。许多大型的特许经营商与银行机构有合作协议，若你的公司收购了一家特许经营机构，那么贷款过程将变得十分快捷便利。

9.6.1 贷款人的期许

银行人员一般不会在没有房产或股票作担保的情况下提供启动资金贷款和小额信用贷款，即使提供了，他们也会要求创业者：

1. 提供切实可行、前景可观的商业计划书和相应的数据支持——请牢记"数据为王"。银行人员要确保年度报告中的数据与公司的实际情况相符，并为所有的偏差提供解释。银行人员十分看重数据，因此你在介绍商业计划时也要如此。
2. 具有企业管理经验，最好是在相同行业的经验。
3. 具备相应的行业背景，了解时间越长、越深越好。
4. 在公司成长阶段（一般是 6～12 个月），有足够的其他资产可供借款人使用。
5. 你个人的资金投入在所有融资中占主要部分。
6. 尽可能有一个联署保证人。
7. 家庭有另外的收入来源。
8. 一般来说公司已成功运营两三年。如前文所述，银行贷款不会为没有抵押的新创企业提供贷款作为启动资金。
9. 在创业初期提供预计损益表，表明你愿意领取适当的报酬，甚至不领取报酬。
10. 提供一份关于贷款资金使用情况的详细说明。
11. 有市场前景良好的产品或服务以及较强的营销能力。
12. 做到及时偿还贷款。
13. 与潜在借款方建立并保持稳固的商业关系或社会关系。

即使公司成功运营了 3～5 年，创业者也可能无法获得无担保贷款或一定的信贷额度。不管你是否乐意，事实上你在很长一段时间内只能使用个人资产和公司资产。

9.6.2 与银行人员合作的策略

银行人员会指出你未考虑到的资金来源,为你打开通往金钱世界的大门。完成商业计划书时向银行人员征询意见。如果你能让银行人员参与进来,之后他会更难拒绝为你提供财务资助。

接下来,你就可以去找小企业管理局(SBA),让它出具一份 **SBA 担保贷款** (SBA-guaranteed loans)的文书清单。大部分借贷机构都需要类似的文书清单。

让银行人员进入你的**信息圈**(information loop)并让其参与讨论你的商业想法。不要认为银行人员会在晴天借伞给你,这在现在可能会发生,但从长远来看不一定如此。你不会借钱给陌生人,所以要确保银行人员知道你的确切想法。

如果你的业务涉及零售或制造环节,吸引银行人员进入**你的地盘**(your turf)。告诉他,"很难说清我的店铺的具体情况。为什么不来看看呢?我们可以一起吃午饭,周四中午怎么样?"在自己的地盘上,你会放松一些并处于相对有利的位置。

像对待任何大宗购买那样比较融资机会。达成的交易会令你吃惊。但是,与任何大宗购买一样,价格只是其中一个需要考虑的因素。你最有可能寻求的是与银行建立长期关系,因此还应综合考虑当地的社区银行和主要银行,谨慎作出选择。下面的问题会在你的调查中指导你如何作出取舍。

询问银行人员的问题

您的贷款限额是多少?
贷款批准应该遵循怎样的流程?由谁作出最后的贷款决策?
贵行有哪些与我们同行业公司合作的经历?
您能推荐一名优秀的律师/簿记员/会计师/计算机顾问/广告顾问/专利律师吗?
您对撰写**设备租赁合同**(equipment lease)感兴趣吗?
您对于应收账款融资有哪些条件?
贵行提供威士和万事达信用卡账户吗?如果提供,信贷限额是多少?
我应为信用卡收据支付多少手续费?
我的商业支票账户能赚取多少利息?
贵行有对公业务或商务窗口吗?
贵行提供夜间存款业务吗?
如果您不能给我贷款,能给我介绍其他可能对此感兴趣的人吗?
您发放 SBA 担保贷款吗?
如果我在这里开设商业支票账户,能享受什么其他服务?
关于我的商业计划书,您想了解哪些细节?

9.6.3 让银行人员成为团队的一员

能提供帮助的银行人员会成为创业者最好的朋友,或成为辅助管理团队的一员。企业成长需要外部资金来源;业务越成功,越需要依靠密切的银行关系来帮助你融资。

制造商通常会很快陷入财务困境；它们必须等待客户付款，而这可能需要几个月。在了解你的需要、知道你对他们的期望后，银行人员会更愿意提供帮助。

> **创业资源**
>
>
>
> ### 小企业发展中心
>
>
>
> 州立大学和经济发展机构会获得联邦资金，用来在大学、商会和社区学院设立小企业发展中心（SBDC）。60多个中心和1 000多个服务点向创业者提供营销、融资、技术转让和管理方面的帮助。SBDC项目通常不会提供风险资助，但会帮助创业者做好寻求资金的准备。
>
> 每个州都会安排专门的项目来满足不断变化的经济需求，充分利用好各领域的资金。比如，美国亚利桑那州的SBDC为其成员提供环保技术、政府和承包采购方案等方面的帮助，也请资深人士提供咨询辅导。本章末"另一个视角"列出了获得2012年印第安纳州SBDC新兴企业优胜奖的企业，包括技术、零售和娱乐业的企业。下面是几个州提供的项目。
>
> **北卡罗来纳州SBDC游艇产业服务**
>
> *支持现有的海洋公司*
>
> 小企业发展技术开发中心（SBTDC）的游艇产业服务（BIS）提供一系列商业服务和一对一咨询，包括管理和经营、营销和销售、业务扩张、人力和监管等方面。
>
> *创造新就业机会和新公司*
>
> BIS与遍及各州的经济发展机构对各州潜在的新兴游艇业主而言是一种可信任的资源。通过展销会、媒体广告和文章、每月的时事新闻及网站等得以推动。
>
> *聚焦游艇产业资源和营销*
>
> 网站 www.NCwaterways.com 是北卡罗来纳州该项目的内外部数据库，通过提供海运领域的相关服务或产品，认证了超过3 500家公司，为商业用户提供大量的相关信息，包括教育和培训、业务和监管服务及游艇业就业市场等方面。
>
> 资料来源："Boating Industry Services," Copyright © 2014 NC SBTDC. From *http：//www.sbtdc.org/programs/boating_industy/* (Accessed October 17, 2012). Reprinted with permission from NC SBTDC.
>
> **内布拉斯加州SBDC企业精益制造解决方案**
>
> NBDC是州内独家NIST/MEP认证的精益制造服务提供商。NBDC/MEP **精益制造**（lean manufacturing）顾问有多年的行业经验，擅长使用持续改善、组织精简、全面质量管理、价值流程图和拉式/看板系统等管理工具。
>
> NBDC/MEP不仅对人们进行企业精益制造培训，还引导企业作出必要的改变。"在我们的车间里，员工和管理者不仅要学会沟通，还要付诸行动。在有经验的精益制造顾问的帮助下，能够运用精益技术和信息，在生产现场快速识别出公司的目标。我们不仅仅教学，还会让公司提倡并努力营造无风险的'持续改善'文化。"
>
> 资料来源："Manufacturing Growth and Improvement," Nebraska Business Development Center, University of Omaha. From *http：//nbdc.unomaha.edu/lean/*. Reprinted with permission.
>
> 查阅你所在州的SBDC项目。如果州内的项目不能满足你的具体要求，上网搜索其他州的项目。如果在另一个州能找到你需要的服务，重新定位对公司可能是有利的。
>
> 你的公司处于创业初期和成长期时，免费的SBDC咨询服务能够提供超乎你想象的帮助。运用这些中心的一个最好的理由是：让你接触其多年来与政府机构、银行人员、高等教育机构、供应商乃至潜在客户签订的一系列合同。

通过"行动步骤42"与银行人员建立关系，成为他们的朋友。如果你已经用尽自己的资本，向家人和朋友借了款，并多次向银行贷款，仍未筹集到足够的资金，就需要考虑其他融资方式。

行动步骤42

与银行人员成为朋友

资金创造了自己的世界。通往这个世界的大门不止一个，属于你的银行人员就坐在其中一个大门的门槛上。

从你熟悉的地方——开设支票存款账户的银行着手。与银行主管（行长、副行长或分行经理）预约面谈。以本章介绍的询问银行人员的问题为指导。如果你对银行人员的回答很满意，详尽地商议为你的公司开设企业账户的可能性。如果你在货币市场上有资金，请了解相关银行的货币市场账户，并找到这些资金。仔细查看商业支票和银行收费情况，并与其他银行进行比较。虽然这些都能在网上完成，但是在公司遇到紧急情况时，你会因自己与银行人员有私人关系而感到高兴。

如果你有诸如出口或租赁等特殊贷款需求，就要寻找能提供此类服务的贷款者。

9.7 小企业管理局项目

很多人通过当地的银行推荐或小企业发展中心（SBDC）（见"创业资源"专栏）和离退休人员服务协会（SCORE）办事处等机构，来寻找小企业管理局（SBA）的贷款项目。2012年，SBDC服务的客户多达100万，SCORE为33万多名客户提供了工作室和辅导服务。

2011年，小企业管理局在代理公司的一般业务以及贷款计划业务上发放的总贷款达到196亿美元，在"504贷款项目"下发放的资本投资贷款达到48亿美元。小企业管理局主要作为贷款担保人，扮演着商业贷款者和非银行贷款者中间商的角色，就像ACCION公司一样。

担保主要涉及小企业管理局和贷款机构。如果公司破产，政府会偿还贷款的主要部分。由于房地产贷款属于抵押贷款且比其他贷款更安全，因此成为小企业管理局贷款组合的主要组成部分。

银行与小企业管理局一起合作发放贷款，二者希望在贷出资金前创业者提供至少20%～30%的个人资金抵押（现有的贷款暂时允许较低的抵押额）。当地的小企业管理局办事处会提供你所在区域的一系列主要的担保贷款者。选择经验最丰富、最成功的贷款者，因为它们能最有效地减少政府的烦琐手续。

下面介绍一些主要的小企业管理局项目及其功能以及小企业管理局提供的客户信息。如果你计划从事出口贸易，可以查看本书"地球村"专栏中的信息，有大量可为国际贸易企业提供融资的额外资源。若想了解更多细节和小企业管理局项目的最新信息，请访问小企业管理局网站。

小企业管理局项目简介

小企业管理局提供众多资助小企业的贷款担保项目。

项目：基本的 7(a) 贷款担保

功能：小企业管理局最主要和最灵活的贷款担保计划，为小企业出于一般商业目的向商业贷款机构融资提供 70%～90% 的担保。如果借款方不偿还贷款，政府会按担保的百分比向贷款方偿还损失。可用于房地产、家具、固定装置及设备的贷款资金达到 500 万美元。固定资产的贷款期限可达 25 年，营运资本的贷款期限为 10 年。

项目：微型贷款，7(m) 贷款计划

功能：营运资本、存货、物资、家具、固定装置、机器或设备贷款的最高贷款额度为 5 万美元，平均额度为 13 000 美元，期限为 6 年。本章强调的诸如 ACCION 公司等中间商除了提供资金外，也提供培训与支持服务。

项目：7(a) 快速贷款和试点计划

功能：快速贷款计划在 36 小时内为需要周转资金的借款方提供一条龙/一站式贷款服务。快速贷款计划的利率较低。该计划主要针对现役军人、退伍军人以及来自困难社区的借款方。

项目：认证的开发公司（CDC），504 贷款计划

功能：504 贷款计划为创业者获取固定资产（如房地产或设备）提供长期的固定利率融资，帮助其实现企业扩张或现代化。

资料来源：*www.sba.gov* (Accessed November 20, 2012).

除了已经讨论的项目外，其他主要的政府资助途径也可能对你有所帮助，尤其是在你需要权益资本、研究经费，或者试图在低收入阶段启动、扩张或收购企业时。

● 小企业投资公司（SBIC）是经小企业管理局许可的私人贷款者，为小企业提供权益资本。接受者可能会放弃一些所有权（但不一定是控制权）来换取资金。SBIC 同时提供债务融资和股权融资，它们希望在 5～7 年内收回投资。另外，新市场风险资本项目（NMVC）表示，发展该计划的目的是"促进低收入区域的经济发展，为生活在这些地区的人们创造财富和增加就业机会"。

● 小企业创新研究计划（SBIR）通过高校科研项目为企业发展提供直接资金，是早期融资的主要来源之一，每年投资超过 20 亿美元。该计划为创业者提供一个挖掘创新想法的机会，其创意所衍生的潜在产品不仅能满足联邦政府的研究需要，而且可以进一步实现商业化。开发具有可行性的产品原型需要 15 万美元；而 100 万美元可实现从原型开发到形成最终产品。你可以参考第 3 章的"创业资源"专栏来获取更多的信息，了解成功获取 SBIR 融资的创业者案例。

● STTR 计划的使命是"将联邦研究经费投资于美国的关键领域，来支持科研和技术创新，从而打造强大的国民经济"。与非营利科研机构合作的公司可获得资金支持。STTR 计划要求小企业在创业早期就与科研机构合作，并将基本的科学研究纳入产品开发过程。

● 1 000 多个社区发展金融机构（CDFI）为经济困难的社区提供帮助，包括提供信贷、资金和金融服务。这些地方往往被主流金融机构所忽视。CDFI 从财政、社会和地理位置等方面，为主流金融机构服务对象之外的个人和社区提供资金，其目标在于创造就业机会、提供可负担得起的住房并提升社区金融服务质量。CDFI 隶属于社

区发展银行、信用社、贷款基金和创业基金。

对于信贷评级较低的借款方，如果他们愿意接受机构投资者的建议和支持，CDFI 就愿意借款给他们。在好工作稀缺的地方，比如贫困地区或农村地区，CDFI 可提供 2 000~300 000 美元的资金支持。

各州类似的计划和当地发展部门的融资计划非常灵活，都愿意为成长型企业和现有的企业提供帮助。这些计划通常会提供低首付的灵活贷款。在本章中，我们强调了很多额外的融资计划，请参阅"创业资源"和"另一个视角"。

9.7.1 小企业管理局/银行融资清单

下面是一份小企业管理局贷款申请清单①，它清楚地说明了向小企业管理局或其他资金提供方申请商业贷款所需的文书。

当你使用下面这份清单时，务必按照贷款方的所有要求完成各种信息的填写，确保没有任何遗漏的地方。一旦贷款计划完成，贷款方会将其提交至小企业管理局（SBA）。

1. 小企业管理局贷款申请表：SBA-4。
2. 个人背景和财力证明：完成如下评估资格的表格。
   - 个人履历表：SBA 表 912；
   - 个人财力证明：SBA 表 413。
3. 公司财务报表：为了支持申请并证明偿还贷款的能力，请准备如下财务报表。
   - 损益表：必须是在申请前 90 天内编制的当期损益表。还要包括过去三个财政年度的补充报表。
   - 预计财务报表：附上一份详尽的关于未来一年的收入和资产的规划，并附上如何实现这一规划的书面解释。
4. 所有权和附属机构：列出所有子公司和附属机构的名称和地址，包括所有你持有股权的子公司的信息，以及通过股份所有权、特许经营、兼并提议或其他方式获取的与你的公司有附属关系的机构信息。
5. 营业执照：公司的营业执照原件。如果你的公司是法人团体，在小企业管理局贷款申请表上盖上法人印章。
6. 贷款申请历史：包括你过去申请过的任何贷款的记录。
7. 所得税申报单：包括过去三年内个人签名和公司签章的公司负责人的联邦所得税申报单。
8. 简历：包括每位负责人的个人简历。
9. 公司概况和历史：简要描述公司的历史及其遇到的挑战。包括解释为什么需要小企业管理局的贷款，它会给公司带来哪些帮助。
10. 公司租约：提供公司租约副本或出示房东的单据，列出相应的租赁条款。
11. 如果你正在收购公司，需要提供以下信息：
    - 将被收购的公司当前的资产负债表和损益表；
    - 将被收购的公司过去两年内的联邦所得税申报单；

---

① 资料来源：Adapted from http://www.sba.gov/content/sba-loan-application-checklist （Accessed April 28, 2012）.

- 包含销售条款的协议；
- 库存、机器设备、家具和固定装置的要价一览表。

9.8 卖方融资

一种经常被忽视但能减少资本需求的方法是向销售商及供应商询问产品或服务的最佳价格和条件。在开始创建公司时，你最渴望得到 30～90 天的延期付款时间。如果得到允许，就相当于获得 30～90 天的无息贷款。只有当供应商认为你的公司具有良好的财务风险管理能力，是潜在的大客户时，才会考虑给你提供。但是如果商业计划书和销售宣传都不错，你可能给他们留下好印象。如果幸运的话，你会获得宽限期限。公司的经济状况和竞争实力也很重要。

小企业必须掌握采购环节的专业知识，而**供应商声明**（vendor statement）会起到作用。有了这一声明，供应商的口头承诺就会变成书面承诺。采购与销售同等重要，因为通过正确的采购而节省的每一美元都会直接影响盈亏底线。供应商声明会帮助你通过谈判获得最佳的条件和价格。下面列出了供应商声明的基本内容：

1. 供应商的联系方式；
2. 销售代表的联系方式；
3. 最低采购量；
4. 是否存在数量折扣（数量是多少，获得折扣有哪些要求）；
5. 有效支付日期或付款展期条款；
6. 广告/促销津贴；
7. 退回次品的政策，包括由谁支付运费；
8. 发货次数；
9. 资助（技术、销售、培训等）；
10. 担保与抵押；
11. 提供的产品资料、购买点材料以及网站；
12. 为开业大酬宾提供赞助，如供应商捐赠产品或提供其他支持；
13. 销售代表所能提供的特殊服务；
14. 网站，在线购买，制造商直接出货，信用卡购买；
15. 供应商的签名、日期，以及一份协议书（约定以上信息若有变动，应立即告知）。

请记住，供应商提供的信息是谈判的起点。你应该与一些供应商就优惠条款进行谈判，因为他们需要与你做生意。知道供应商会如何提供帮助后，对你的申请表进行修订。如果你的公司是新公司，他们很可能会要求你提供书面的个人付款担保，或只接受货到付款（COD）。因此，作为一个新客户，你需要让销售商和供应商相信你很快会成为成功的重要的客户。

在为公司购买大宗设备时，寻找可以提供延期付款条件且可将设备作为抵押品的金融租赁或资本租赁公司。遗憾的是，因为骗子会欺骗新创公司，所以在租赁筹资方面要小心谨慎。务必对潜在的合作企业进行尽职调查，只与信誉良好的企业打交道。

现在，请根据"行动步骤 43"的要求，准备好自己的供应商声明书。

> **行动步骤 43**
>
> **设计一份供应商声明书**
>
> 节省资金的最佳方式之一是向销售商或供应商寻求帮助。为达到此目的，你需要自己创建特定的表格，来说明具体的谈判条款。
>
> 要坚定有力，不卑不亢。根据本章中列出的 15 条建议，准备好必要的信息。供应商的表格提供了谈话要点。大部分供应商都会有所隐瞒；设计良好的表格有助于你了解隐瞒的事情，这样能为公司争取到最好的交易。
>
> 在谈判之前，要了解本行业提供的标准条款。在谈判过程中尽量使用开放式问题，如"还可以提供哪些其他服务？"请记住，供应商也会向你了解具体的信息。此外，供应商为新客户提供的到期支付和信贷优惠是非常有限的。

9.9　天使投资人

　　资金的另一来源是"天使投资人"，他们愿意以个人名义或作为天使投资集团的成员对新创公司进行投资。贾尼斯（Janice）想成立一家为慢性疾病患者和残疾人提供居家护理的公司，当她与最好的朋友莎莉（Sally）分享该想法和商业计划书时，莎莉的母亲卡罗尔（Carol）突然说："这是个不错的主意，给我说说具体情况。"几小时后，"天使投资人卡罗尔"决定投资 10 万美元，以 30% 的股份入股公司。此外，卡罗尔出席每周一次的晚餐会议，并提供商业咨询。她拥有 30 年的医疗保健管理岗位的经验，这使她成为贾尼斯居家护理公司的创业导师。

　　天使投资人可能会出现，但机会可遇不可求。因此，你需要努力调查与寻求潜在的投资者。第一步是把你的商业想法告诉所有朋友和家人，询问他们能否替你找到可能的联系人。你通过调查和他们提供的联系人可能会发现潜在的投资者。尽量跟踪了解任何表现出兴趣的人。研究表明，对你的创业想法感兴趣的天使投资人通常与你相距不到 10 英里。

　　天使投资人有不同的规模和形式——从只提供资金的小投资者到愿意提供帮助、充满激情的专业投资者。大部分天使投资人都喜欢投资那些他们具备行业知识和经验的公司。理想的情况是，天使投资人不仅为你的公司提供财务支持，而且提供人脉和经验，这些帮助与单纯的资本投资相比，对你取得成功更加重要。

　　对于拥有某一产品或服务的创业者来说，如果其融资需求在 20 000～2 000 000 美元之间，通过个人天使投资人进行融资是合适的，这会带来销售额的快速增长与公司价值的快速提升。天使投资人主要用自己的私人资本进行投资，并且多数发生在融资的**种子期**（seed stage）。真人秀节目《创智赢家》（Shark Tank）展示了公司如何通过独特的方式接触天使投资人来寻求种子资金的例子。

　　特定的行业和一些社区可以提供天使投资人关系网，其中一些会为资本超过 200 万美元的专业投资者和创业者提供一个互相匹配的流程。个人可以在私人或学校赞助的投资者论坛上花 3～15 分钟向潜在的投资者陈述自己的想法。这些论坛是宣传自己的想法、接收反馈并获得融资的理想场所。小企业管理局的研究显示，每年有 250 000 位天使投资人给 300 000 家新公司和正在扩张的公司投资超过 200 亿美元。发现天使投资人的机会可能比你想象的要乐观！

很多个人天使投资人携手在全美范围内组建投资集团，以聚焦于当地或某一区域的投资，同时选择一些特定的行业作为投资的重点。另外，互联网上有许多将各种天使投资人与创业者互相匹配的网站。

考夫曼基金会成立了天使资源协会（ARI）来增加个人天使投资人的数量，同时为创业者提供训练和指导。你可以通过访问 ARI 和天使资本协会（ACA）的网站来接触天使投资人和天使投资集团。下面简要介绍科技海岸天使。

科技海岸天使

关于我们
- 1997 年成立，现为美国最大的天使投资机构。
- 有将近 300 名成员，通过 5 个区域网络来覆盖整个加利福尼亚州南部。
- 我们的成员背景多样，几乎涉及所有行业（不仅仅是科技领域）。
- 我们的很多成员都是创业者并有经营新创企业的经验。

我们的成果
- 我们投资了 200 多家公司。
- 我们的成员对这些公司投资了 1.2 亿美元。
- 我们的投资组合中的公司能持续经营，已吸引 10 亿多美元的追加投资资本。
- 去年，600 多家公司向科技海岸天使提交申请，我们资助了其中 17 家公司。

我们提供给创业者的资源
- 关键的业务联系。
- 提供动手实践的指导。
- 提供构建管理团队的帮助。
- 帮助筹措额外的风险投资基金。

科技海岸天使正在积极寻求可资助的新创企业。我们给大胆创新、处于早期阶段的创业者提供业务联系、知识、指导和运营协助。我们致力于帮助你将企业愿景、蓝图变成可持续发展的成功公司。

科技海岸天使留意到，一些全球性大型公司都是起步于天使投资，因此我们非常认真地对待这一惯例与承诺。我们有约 300 名成员，他们在尽职调查方面相互合作，然后对潜在投资对象是否值得投资作出个人决策。他们的投资并不局限于科技产业，还会投资不同行业里让人心动的公司，包括生物科技、消费品、互联网、信息技术、生命科学、媒体、软件、环保等各行各业。科技海岸天使是一个非营利组织。

科技海岸天使是一个催化剂，力求将加利福尼亚州南部的经济体建成繁荣的科技和创业中心。我们的成员在创业社区的表现很活跃，他们出席会议，参加社交活动、创业比赛以及其他的风险投资活动。我们与加利福尼亚州南部的主要学院和大学都有合作关系，这让我们可以接触到潜在的商业机会，也为我们提供了分析潜在投资所需的有价值的专业知识。

另外，我们能从美国各天使投资集团获得众多投资机会，并对其逐一审查。与风险资本界的良好关系使我们能够提前看到符合我们投资标准的交易。科技海岸天使与加利福尼亚州南部主要经济发展机构的关系良好，这些机构是创业或投资想法的重要推介来源。这些来源使我们能够保持充足的交易量，这对于我们为成员创造高质量、多样化的投资组合至关重要。

资料来源：Tech Coast Angels, "About Us," from $http://www.techcoastangels.com/about-us$ （Accessed May 2, 2012). Reprinted with permission.

找到你所在区域的天使投资集团，看它们能提供哪些资源。你应该参观它们的工作室，参加它们的社交活动，查阅它们的博客等，积极地表现自己。在创建公司时，你要在一次电梯游说竞赛中向天使投资人做陈述。回顾第 3 章中介绍的电梯游说所包含的信息，继续用营销观点和财务数据对其加以完善——由于你试图吸引天使投资人或风险投资家，因此你的游说要非常有说服力。第 7 章讨论了参与加速器和孵化器计划的天使投资人和风险投资家。这些计划和投资者为技术相关产业的公司提供了极佳的资源。

9.10　风险投资公司

在推开风险投资公司的大门后，我们就进入了一个挥金如土和满是精英的世界。与通常以房地产做担保发放贷款的银行不同，风险投资家并不提供贷款，而是买下公司的一部分。他们对公司的快速增长下赌注，希望在 3~8 年内获得 300%~500% 的回报。

风险投资家通常不会对新创企业投资。他们寻找的公司大致可以分为三类：一是拥有久经考验的商业模式或产品的公司；二是能快速增加收入的公司；三是具有极大的潜在市场的公司。2011 年，风险投资家对这些公司的投资额超过 290 亿美元。

当足够多的投资者想要通过**首次公开发行**（initial public offering，IPO）普通股参与进来时，大部分风险投资公司都将获得巨额回报。在大多数情况下，风险投资家所投资的公司会在 IPO 前被另一家公司收购。因此，当公司上市或出售时，风险投资家会收回原始投资，并希望获得丰厚的利润。他们一般会参与多项交易以分散风险。他们往往希望能够一击即中，但事实上，他们也明白有很多企业会表现不佳、业绩平平甚至被市场淘汰。所以，他们将风险资本分散投资在很多企业。

风险投资家可以分为不同的类型，但大部分倾向于在公司发展的第二个阶段才投资，此时这些公司已经证明自己确实有潜力，需要注入大量现金来支持其快速增长。目前，他们更看重那些行业仍处于萌芽期，但是具有巨大增长潜力的高科技概念。投资者寻找的是那些有经验丰富的强大团队做支撑的引人注目的想法。财务预测的可信性、研究的有效性以及销售业绩对于赢得风险投资家的信任至关重要。

风险投资公司可以分为不同的类型，例如以洛克菲勒为代表的家族企业、以通用电气为代表的工业公司、银行以及诸如大型保险公司和金融公司等其他公司。大多数风险投资公司都以特定的行业为投资对象，比如医疗保健、生物科技、互联网、软件以及电信等行业。

地球村

出口贷款项目

小企业管理局重点扶持小型出口企业,提供一些专门的贷款计划帮助其开展业务或扩大出口。如果你已经拥有或想要成立一家小型出口公司,可以获得如下贷款。

出口快速贷款项目

小型出口企业的快速贷款

小型出口企业从活跃的全球市场交易中获利,每年有价值几十亿美元的产品和服务销往海外。事实上,70%的出口企业雇用的员工不足 20 名。开展出口业务是一种趋势,如果你的公司正经营相关业务,或者你想要跟随潮流,但你认为公司规模太小,不能获得政府资助的出口融资,你可以考虑采用这种贷款方式。

50 万美元以上的新型融资

小企业管理局出口快速贷款项目非常灵活,方便了借款者和贷款者。这是小企业管理局提供的最简单的出口贷款产品,允许参与的贷款者使用自己的申请表、申请程序和分析报告。小企业管理局将在 36 小时或更短的时间内给出答复。

谁有资格获得出口快速融资

任何持续经营至少 12 个月,并能证明贷款资金将会支持其出口活动的公司(不一定要有出口业务)都有资格获得出口快速融资。

贷款资金有哪些用途

贷款资金可以出于商业目的用于促进公司出口业务发展的经营活动。出口快速贷款可以采用分期偿还贷款或循环信贷额度的形式。比如,资金可用于资助公司参加国外贸易展,为备用信用证筹资,翻译产品简介以使其能在国外市场使用,以及支持业务扩张、购买设备、存货或房地产收购等。

如何申请

感兴趣的创业者应该联系公司现有的贷款者,以确定他们是否为小企业管理局快速贷款者。参与小企业管理局快速贷款项目者也能提供出口快速贷款,所以你可以直接向贷款者申请。除了使用小企业管理局的借款者信息表外,贷款者还有自己的申请材料要求。批准申请后,贷款者会按照要求将资格信息提交给小企业管理局的国家贷款处理中心。

出口营运资本项目(EWCP)

小企业管理局在出口融资中的作用

在美国,很多银行不对出口订单、出口应收账款或信用凭证提供营运资本预付款。因此,一些小型企业可能缺少必要的支持出口销售的营运资本。这就是小企业管理局项目与众不同的地方。作为一种信用增级,小企业管理局会为贷款者提供出口贷款担保,担保比例最高可达 90%,贷款额度最高可达 500 万美元。这样一来,贷款者便可向出口商提供必要的出口运营资本。

小企业管理局的出口支持中心遍布全美,形成一个覆盖全美的高级国际信贷人员网络,以实施出口贷款计划。这些专业人员了解贸易融资,可以向出口商解释小企业管理局的出口信贷计划、申请流程和形式,并指导出口商选择合适的支付方式。他们还会给出口商介绍增加出口销售、管理国外付款风险等领域的专家。

在最终确定出口销售业务或合同前,出口商可以申请出口营运资本项目(EWCP)贷款。只要批准的贷款到位,出口商在就出口付款条件谈判时拥有更大的灵活性,确保拿下出口订单时有充足的资金。

出口营运资本项目的优势
- 为出口商品的供应、库存或生产提供资金;
- 出口营运资本的偿还周期长;
- 为用于投标、履约保函或定金保函的备用信用证提供资金;
- 为公司在美国的销售预留国内营运资本;
- 允许出口商获得更自由的销售条款,从而提高全球竞争力;
- 有助于进口商在资本费用很高的不发达市场提高销售预期;
- 促进出口销售的增长;
- 费用低,处理时间短。

国际贸易贷款项目

对于准备开始或继续经营出口业务的企业,受到进口商品竞争的不利影响而需要重整旗鼓来增强竞争力的企业,国际贸易贷款项目可以提供固定资产和营运资本贷款。贷款收益必须使借款人占据更有利的竞争优势。该项目向贷款人提供 90% 的担保,贷款上限为 500 万美元。

如何使用资金

对于长期固定资产,资金可以用于以下目的:收购、建设、改造、现代化、改善、扩张。

资金还可用于现有贷款的再融资。

哪些人有资格获得国际贸易贷款

国际贸易贷款面向的对象:准备开拓现有出口市场或者进入新的出口市场的小型企业,受到国际贸易的不利影响且能证明贷款会提升其竞争力的小型企业。

更多信息

小企业管理局员工可以通过权衡融资方案和风险消减等方式为你提供帮助,同时为你提供建议以及更多关于小企业管理局贷款产品和申请手续的详细信息。想要了解更多关于贷款计划以及你的企业是否具备贷款资格的信息,请与你所在地的美国出口支持中心联系。

资料来源:http://www.sba.gov/content/export-loan-programs(Accessed April 30, 2012).

对于想要了解自己是否有资格获得风险资本融资的人,VFinance 公司提供了如表 9—2 所示的调查问卷。请花时间思考这些问题,以便确定风险资本是否符合你的未来发展。你还可以访问 www.vfinance.com 参加在线测验,了解投资者将如何评价你的商业理念。

表 9—2　　　　　您是否为风险投资做好了准备

1. 您的企业目前处于哪个发展阶段?只能选一项。
   - 概念期:只有概念上的产品,没有收益/客户/员工
   - 萌芽期:有原型产品,也有初始销售
   - 成长期:新产品——最低收益
   - 扩张期:拥有客户已接受的产品——接近不赚不赔
   - 成熟期:处于稳定状态——运营已经盈利
2. 您的产品或服务有什么附加值?请与您所在行业的直接和间接竞争者做比较。
   - 与竞争者的产品相似
   - 提供了其他产品没有的新特性
   - 非常新颖的产品和服务,具有压倒性优势

- 产品有 20%～50% 的成本效益优势
- 产品有超过 50% 的成本效益优势

3. 您与客户的关系如何？请选出最佳的程度。
- 还没有建立关系
- 确立了一些关系
- 签署了意向书
- 目前有试用客户
- 有付费客户
- 拥有老客户

4. 您的"历史收入"是多少？（例如，过去 12 个月的收入。）
- 无收入
- 低于 10 万美元
- 10 万～100 万美元
- 100 万～500 万美元
- 超过 500 万美元

5. 从现在算起，您在 4 年内的预期收入是多少？
- 低于 100 万美元/年
- 100 万～1 000 万美元/年
- 1 000 万～1 亿美元/年
- 1 亿～5 亿美元/年
- 超过 5 亿美元/年

6. 您在 4 年内的预期市场份额是多少？
- 不清楚
- 低于 20%
- 20%～40%
- 40%～70%
- 超过 70%

7. 您的目标市场和行业有多大？注意，您需要进行非常详细的说明。（例如，在马戏团卖花生是一个非常小的市场，并非数十亿美元的食品或娱乐产业。）根据前两个问题给出您的答案，或者根据以上内容修改您的答案。
- 低于 1 000 万美元/年
- 1 000 万～1 亿美元/年
- 1 亿～5 亿美元/年
- 5 亿～10 亿美元/年
- 超过 10 亿美元/年

8. 目前您所在行业的竞争激烈程度如何？
- 竞争对手不明确
- 许多小型竞争对手
- 几个大型竞争对手控制整个行业
- 一两个大型竞争对手控制整个行业

9. 和竞争对手相比，您的规模有多大？
- 与其他竞争对手的规模相当或规模优势较小
- 行业的第一批先行者之一
- 通过独家经销合同形成最佳的网络与联盟
- 第一名：目前的规模比第二名大 10%～49%

- 第一名：目前的规模比第二名大 50% 以上

10. 您的企业目前拥有哪些知识产权？
- 没有
- 商标和版权
- 加工专利
- 专利未决技术
- 专利技术（已授权）
- 产品中已采用专利技术
- 缴纳了版税的专利技术

11. 您的核心执行团队（首席执行官/首席财务官/营销人员/首席信息官/运营团队）是否组建完毕？
- 只有创始人——融资期间处于最高位置
- 首席执行官和其他人员目前处于兼职状态
- 首席执行官和其他人员处于全职状态
- 首席执行官和其他人员在企业中全职工作已经满一年

12. 公司高管过去是否有成功经历？
- 暂时还没有
- 手下有过几个员工
- 创办过小型企业
- 负责过 IPO 或公司出售，售价在 1 000 万～1 亿美元之间
- 负责过公司出售，售价超过 1 亿美元
- 负责过 IPO 上市，市价超过 1 亿美元

13. 管理层目前为公司投入了多少资金？（纯资本，不包括实物或劳务等形式的非现金资本。）
- 没有
- 低于 1 万美元
- 1 万～10 万美元
- 10 万～50 万美元
- 超过 50 万美元

14. 您的投资者最有可能采取何种退出方案？例如，他们如何在 5 年内收回投资？
- 没有考虑过
- 支付利息
- 分配股息
- 出售给管理层
- 出售给战略投资者
- IPO

15. 您的财务报表中包含哪些细节？
- 还没有制作
- 只有基本损益表
- 有详细的损益表、资产负债表和现金流量表
- 一整套由会计师审核的报表
- 一整套由会计师审计的报表

16. 您的营销计划是如何制定的？
- 还没有制定
- 涉及促销、定价以及分销
- 以上内容，再加上品牌营销与形象营销

- 品牌化与市场化处于测试阶段

17. 您对新产品或下一代产品做了多少市场调查?
- 还没有
- 查阅了行业文献
- 开始调查
- 成立了焦点调研小组
- 对特定客户进行了市场测试
- 通过多个客户试用产品来增加产品的功能

18. 您的商业计划如何应对固有风险?
- 目前只考虑了最佳情况的方案
- 列出了最坏情况的方案
- 考虑和制定了多个方案
- 明确了抵御风险的措施
- 执行了抵御风险的措施

19. 您的商业计划书的详细程度如何?
- 还没有制定
- 约4页的执行摘要
- 首席执行官制定了商业计划书(约20页)
- 总体商业和运营计划准备实施
- 专业人士编写了计划书

20. 您现在希望获得多少风险投资?
- 不超过20万美元
- 20万～100万美元
- 100万～500万美元
- 超过500万美元

资料来源:vFinance, Inc. From http://www.vfinance.com(Accessed May 2, 2012). Reprinted with permission.

在本章中,我们提供了很多融资方案,但融资市场每天都在变化,政府融资也不断变化,新技术为企业和投资者提供了会面及合作的新途径。作为创业者,你的工作是时刻紧跟最新变化趋势。斯坦福大学史蒂夫·布兰克(Steve Blank)教授的个人主页很优秀,通过访问你可以获取最新的融资信息,尤其是有关高科技公司的融资信息。现在我们已经拥有大量优秀的融资方案,并且将有更多方案。

在对所有的融资方案进行透彻分析后,就可以采取"行动步骤44"中的步骤进行试水了。

行动步骤 44

与贷款人见面之前请做好准备

了解你的潜在贷款人或投资人是谁,弄清楚他们为什么想帮你。

第一部分:列出潜在的贷款人和投资人。从家人和朋友开始,然后是生意上的熟人和同事。切记不可遗漏了贷款机构。

第二部分:现在,列出贷款人或投资人甘冒风险把资本投入你的公司的理由。你能为潜在的投资人带来什么收益?创造收益是众筹资金必不可少的组成部分。接下来的几章中,我们将对你的企业的法律形式进行讨论。同时,你也需要问问自己:公司合并能否带来额外的投资。

第三部分：查看最近流行的众筹网站。

第四部分：把你的同事当作投资人，对事先准备好的"电梯游说"演讲进行排练与测试，并向他们解释这只是一个测试，同时告诉他们你需要听到最真实的、关于你的演讲和业务本身的反馈与建议。仔细观察他们的反应，认真听取他们提出的问题和异议，之后花时间把对于这些问题与异议的答案详细地记录下来。再把你的回应以邮件的形式发给你的同事，请他们查看你的回复，并询问他们是否还有其他的问题或想法。看看是否有遗漏，如果有，现在再花点时间把问题的答案找出来，因为这些问题也可能被投资人问到，所以你必须做好最充分的准备！

第五部分：现在是你去与潜在的贷款人或投资人见面的时候了。祝你好运！

创业热情

员工服务

长青旅舍（Evergreen Lodge）的创始人转做约塞米蒂国家公园的旅店业务，并为员工服务。大约在2001年，长青旅舍的创始人获得了最初的1 000万美元贷款以及来自公共和私人两方面的股权投资。之后，他开始对位于加利福尼亚州约塞米蒂国家公园之外的旅舍进行翻修并增加了50间新的小屋。目前，长青旅舍已经有90间小屋遍布在美丽的森林里，并拥有完善的餐饮设施和全套娱乐服务。

长青旅舍的与众不同之处在于其所有者志在"为员工打造一个支持性的环境，并对员工的工作经验给予奖励"的情怀。这种情怀体现在他为城市低收入青年提供实习生项目。如今，这些青年人已经能够自筹资金。这个雇用实习生的项目为他们提供职业取向培训，帮助其积累工作经验，以及获得约塞米蒂国家公园的娱乐体验。长青旅舍希望用这种方式锻炼个体，让他们可以在旅舍和社区得到一份全职的工作。长青旅舍的目标是在发展业务的同时回馈社会。

长青旅舍与Juma公司合作，由Juma公司为实习生项目提供专业知识的支持。此外，长青旅舍还与Pacific Community Ventures合作，投资开发加利福尼亚州企业的非营利业务，为低收入社区带来经济收益。

像长青旅舍这样用商业的力量解决社会和环境问题的公司如今被认证为"B公司"。长青旅舍以创始成员的身份加入Method, Dansko, Seventh Generation以及其他公司。如今，有超过600家公司获得认证。想了解更多关于"B公司"的信息，请访问http://www.bcorporation.net。

9.11 社会创业资金

社会创业者需要寻找多种资金来源，专门为那些希望改变社会的人提供资本。Ashoka, Acumen Fund, Skoll Foundation, Kauffman Fund等基金和Foundation Directory Online 一样，都是很好的选择。

除了直接的资金之外，还可以尝试众筹，或者找一些社会创业者组织，这种组织为解决问题的人士提供赞助和奖励。比如美国意诺新公司（InnoCentive）就是这样一种资源："这是一个面向全球的创新市场，那些能解决世界上最重要的问题的创意，将获得高达 100 万美元的现金奖励。众多商业、政府和人道主义组织都积极参与其中，促进从环境到医学等多个领域的发展。"① 抓住机会吧！

小　结

很少有新创企业在一开始就获得风险投资、银行贷款、供应商信用贷款或天使投资，大多数企业都是从自筹经费和向亲友借款起步。

做好至少在最初的几年辛勤工作的准备吧。学习如何节约资金、管理债务和应收账款，在创业初期自力更生，能让你保有公司所有权。如果你将客户的需求摆在首位，同时埋头苦干，总会有成功的一天！

金钱创造世界有它自己的法则。在你开始为创办企业融资之前，先好好研究金钱的世界。保持阅读的习惯，因为创业融资领域每天都有新的变化。寻找比你更懂财务的人，多提问，多倾听。当你继续完成商业计划书时，请牢记贷款人关注的要点：

- 还款的时间范围和偿还能力；
- 借款人的性格和信用；
- 在不断增长的市场中精确识别目标市场的能力；
- 抵押品；
- 管理团队的背景和经验。

保持极好的财务记录。当投资者涌现时，尽可能准备好他们想要看到的材料。你有多少客户？有多少回头客？你的平均销售额是多少？你是怎么赚钱的？

制胜关键

- 银行可能是你通向金钱世界的大门，好好利用这扇门。
- 刚起步时节约资金至关重要，时刻保持谨慎。
- 尽可能减少资本的外流。
- 与银行和供应商打交道时，使用大量开放式问题，如"你觉得我的商业计划书还需要作出哪些改进？"
- 尽快开始运行企业。
- 尽快达到盈亏平衡点，获得充裕的现金流。

---

① 资料来源：https://www.innocentive.com/ar/challenge/10300000016。

另一个视角

2012 年印第安纳州小企业发展中心新兴企业优胜奖得主

印第安纳州小企业发展中心（ISBDC）设立优胜奖旨在鼓励通过创业活动带动经济发展和增长的企业。优胜奖得主分为两类：新创企业和已成立的企业。只有 ISBDC 的客户有资格参加评选，这些企业在过去的一年里接受了 ISBDC 的业务顾问提供的一对一保密咨询服务，或参加了 ISBDC 的项目，或使用了 ISBDC 的工具和业务资源。各地的优胜奖得主必须由当地与企业业务有直接联系的 ISBDC 的雇员来评选。

Btown 配送公司（印第安纳州布卢明顿市）

弗兰克·波赫拉（Franc Perrelle）第一次来 ISBDC 是在 2010 年 11 月，为他在布卢明顿市的食品配送业务寻求帮助。印第安纳州中西部小企业发展中心首先帮助弗兰克做了业务的可行性分析，同时帮助他解决创业启动期常见的法律和政府问题。第一次会面之后，弗兰克决定使用商业计划专业软件包来写商业计划书。在接下来的 3 个月，弗兰克咨询了四次，在市场分析和财务预测等方面得到了帮助，并顺利完成了商业计划书。在此期间，ISBDC 结合咨询情况为弗兰克提供了一手调研报告、经济社会研究所（ESRI）的人口统计报告和利润分析报告来完善他的计划。

2011 年 2 月，弗兰克利用自己的资产投资创办了 Btown 配送公司。Btown 配送公司通过网络预订（www.btowndelivers.com）和电话预订为那些自身无法配送食品的餐厅提供配送服务。公司创办以来，印第安纳州中西部小企业发展中心在运营、市场营销和未来战略增长计划等方面提供了帮助。Btown 配送公司稳步成长，截至 2011 年 11 月，配送司机从最初的 1 人增加至 5 人。2011 年下半年，公司利用自身的资源和优势将业务扩展到新的市场，为印第安纳州南部几个城市的医疗机构提供配送和物流服务。他们计划在 2012 年将餐饮和医疗配送业务扩展到印第安纳州的其他城市。

CPR 手机维修公司（印第安纳州埃文斯维尔市）

斯科特·赫斯拉（Scott Hutslar）请印第安纳州西南部小企业发展中心帮忙审查包括财务预测在内的商业计划书，并讨论购买手机维修业务特许经营权的融资方案。印第安纳州西南部小企业发展中心帮助他审查了商业计划书的财务部分，为他提供了关于当地许可证的信息，还为他的设备改造项目重新命名。斯科特的公司在 2011 年 1 月顺利开张，拥有 3 个全职员工并期望将业务拓展到加斯帕。

Echo Karaoke 公司（印第安纳州法叶市）

2009 年 5 月，吉姆（Jim）和布赖恩（Brian）通过普渡大学的创业者认证项目第一次来到印第安纳州中部小企业发展中心，为他们的商业计划寻求帮助。

他们的创业想法是开一家卡拉 OK 公司，成为普渡大学最好的卡拉 OK 和娱乐休闲胜地，目标市场是普渡大学的亚洲裔学生。他们的优势在于从中国香港进口的卡拉 OK 点歌机有超过 7 万首歌的海量曲库，能提供家庭式娱乐体验。

印第安纳州中部小企业发展中心在形成商业计划书、财务目标、法律架构、确定许可证获取方式，以及制定业务的总体运营计划方面提供了帮助。

2011 年 6 月，吉姆和布赖恩的 Echo Karaoke 公司试营业圆满成功。他们没想到客流量如此之大,以至于晚上竟然停电了!在过去的 5 个月里,公司增加了 10 名员工,获得了 30 万美元的融资,接待了超过 700 名顾客。

Fish Face Photo Booths 公司(印第安纳州印第安纳波利斯市)

该公司成立于 2010 年,业务是制作和销售照片展位,目标市场是那些为了举办活动和出售应用程序而需要租赁照片展位的客户。公司由贝思·约翰逊(Beth Johnson)创办,旨在提供比市场上同类企业质量更高、更可靠的展位租赁服务。最近,公司因其出色的社交媒体功能被国际贸易杂志 *Fun World Magazine* 重点报道。

公司将照片展位出售给全美以及世界各地(包括西班牙、波兰、墨西哥、沙特阿拉伯、澳大利亚和摩洛哥等国)的客户。ISBDC 帮助贝思完善商业计划书,还鼓励她参加创业发展中心举办的商业计划大赛。2011 年 1 月,他们赢得了该项赛事提供的价值 25 000 美元的大奖。随着生产和销售规模逐渐扩大,公司新增了 3 名员工,ISBDC 继续为他们提供商业战略方面的咨询服务以及出口法规和程序方面的技术支持服务。

Respiratory Medical Solutions 公司(印第安纳州劳伦斯堡市)

2010 年 10 月,乔希·维德(Josh Veid)和卢·格罗夫(Lou Grove)在当地的报纸上看到了关于 ISBDC 的信息,第一次来到印第安纳州东南部小企业发展中心,就撰写商业计划书寻求帮助。他们的主要业务是为家庭提供耐用的医疗设备。

在启动阶段,乔希和卢就得到了商业计划书撰写、财务预测、市场潜力评估等多方面的帮助。此外,还进行了行业评估并确定了合适的初始库存水平。在筹集了 17 000 美元的个人投资和沉默投资者 10 000 美元的投资之后,公司于 2011 年 11 月在劳伦斯堡开业,主要产品包括睡眠障碍治疗产品、运动保健产品、糖尿病患者专用鞋等专门针对日常生活的医疗配件。

一年下来,ISBDC 为公司的融资决策提供帮助,使其获得了 1 万美元的信贷额度,也帮助其不断更新商业计划书并因此获得了资助,同时还为它提供了品牌、营销支持和销售人员培训服务。

付出了近一年的努力后,最近有两家著名的保险公司表示愿意为它承保。尽管开业头几个月的运营十分具有挑战性,但它在 2011 年第二个季度就扩大了产品供应,收入大幅增长。

Severe Weather Alert Team 公司(印第安纳州曼西市)

2011 年夏天,布拉德·莫莎特(Brad Maushart)、布兰登·雷德蒙(Brandon Redmond)、克里斯·伯金(Chris Bergin)和乔·克鲁帕(Joe Krupa)来到印第安纳州中东部小企业发展中心进行多方面的业务咨询。他们四个"风暴追逐者"想把自己对气象的痴迷转化为一项旅游业务。

在初步评估之后,业务顾问确定他们需要制作一份商业计划书,了解公司的运作架构,弄清如何正确处理财务和营销方面的问题。因为业务顾问的目的是让委托人辞去现有工作,全身心地投入到新业务中,所以为他们制定了一个涵盖各个方面的计划。

为了更深入地了解天气的变化规律,公司成员追逐风暴的脚步遍布 13 个国家。他们不仅追赶恶劣的天气,还为媒体、美国国家气象局和一般公众提供实时更新的天气信息。最近,公司还与 WXIN Fox 59 签署了合作协议。

Voice To Print Captioning 公司(印第安纳州克朗波因特市)

发现女儿的听力受损后,凯西·卡托帕斯(Kathy Cortopassi)决定将庭审报告业务扩展到为残疾人提供服务。2009 年初,凯西来到印第安纳州西北部小企业发展中心寻求帮助。因为她想要寻求一些同行在业务运营上的建议,所以印第安纳州西北部小企业发展中心为她介绍了当地的 Business & Professional Women 公司。凯西在得到战略计划方面的帮助后，顺利在瓦尔帕莱索的 Entech 创新中心成立了第一个办公室。她最近搬到位于克朗波因特市普渡大学技术中心的新办公室。

凯西计划在 2012 年增加四个新产品，从而显著地扩大业务，因此她需要额外的资本。目前印第安纳州西北部小企业发展中心正帮助她修改商业计划书，确保她能顺利融资。凯西参考小企业发展中心提供的市场调研报告来修改自己的营销策略部分。这份调研报告指出，从伊拉克和阿富汗退伍回来的士兵中很多人都有听力障碍，她希望根据这一信息来开发一个新的市场。她预计销售额将增加 100%，每个季度至少将增加一名员工。

资料来源："2012 Emerging Businesses EDGE Awards Winners," ISBDC, from *www.isbdc.org/2012-emerging-businesses-edge-awards-winners/* (Accessed April 28, 2012). Reprinted with permission.

第 10 章

法律问题：远离法庭

> **学习目标**
> - 了解专业法律建议的重要性和必要性。
> - 选择最合适的法定企业组织形式。
> - 探讨什么是好的、差的和丑陋的伙伴关系。
> - 审视组建有限责任公司、S 型股份制公司和 C 型股份制公司的优缺点。
> - 分析非营利组织。
> - 了解规避法律风险的途径。
> - 探究家族企业的问题。
> - 回顾专利保护。
> - 了解版权法。
> - 采取行动保护产品或服务的商标。
> - 了解专利许可。

通过与成功创业者的接触，你也许了解了小型企业的四种法律形式：个人独资企业、合伙企业、股份制公司与有限责任公司。那么哪种形式最适合新创企业呢？

创业者通常会先采用个人独资或合伙形式，之后**组建公司**（incorporate），虽然这种做法并不总是可取的。通过本章的学习，你会发现组建公司宜早不宜迟。此外，一些社会创业者使用一些新的组织结构形式来开拓新的市场，本章也会进行探讨。

鉴于当今许多企业由家族经营，本章将讨论这种家族管理模式的优势与劣势。

最后，本章介绍如何通过专利、商标及版权保护新创企业的权益，以及获得商品销售许可来组建企业的方法。

10.1 放眼未来

你的公司总部设在哪里？如何选择你的业务伙伴？如何退出合伙企业？会产生什么负债？个人资产受到保护吗？保险措施得当吗？是否了解多种税收结构及其潜在变化？这些都是值得讨论的问题。

设想一下，你与一个你信任和尊敬的合伙人共同经营，那么应该何时组建公司或者签订合伙协议呢？这也许会比你预期的要早得多。发生在菲尔·约翰逊（Phil Johnson）身上的故事就涉及这一问题。

合伙人的远航

起初，购买"Sunbiz"号轮船是我的想法，合伙人史蒂夫（Steve）认为这对我们不利，他试图说服我听从他的意见。我们是十几年的老友，在一起合伙经营也有三年的时间，而且公司今年的可分配收益达到20万美元。

但我还是觉得应该合伙买这条船，首付作为公司费用**冲销**（write-offs），还能提升公司的形象。

"史蒂夫，你好好考虑一下。"我对他说，"当你听到下周从芝加哥传来赚钱的好消息时，你准不会这么想了。买了它，你就可以去科帕奇岛游玩了。这难道不足以打消你的一切顾虑吗？"

史蒂夫最终同意了，距首付还有一个月时，我和妻子还有史蒂夫夫妇坐上轮船，开始了环游之旅，站在轮船上，我们感觉自己就像是海上之王。我们很顺利地买下了这艘船，每每想到是我想出了将首付处理成公司冲销费用的主意，就忍不住想称赞自己。

如我所料，轮船给公司带来了更多笔生意，我们终止了芝加哥的业务，以专注于更有前景的船运项目。首期分期付款很轻松，当史蒂夫**会签**（countersigning）支票时，他说越来越喜欢这艘轮船了。

接下来的几周里，史蒂夫带着他的电脑住进了轮船，我一开始并没有发觉异样，之后的一个周末，我带着四位从圣路易斯来的潜在客户出海，史蒂夫看起来忧心忡忡。就在客户即将飞回圣路易斯的前15分钟，我们达成了交易，但当我打电话给史蒂夫时，史蒂夫的妻子玛丽（Mary）告知我他还在船上。

直到周一中午，他才出现在公司里。他拿了计划书给我，看起来很疲惫，我们对接下来几个月的商业战略进行了讨论。"怎么了？你今天看起有点心不在焉。"我问史蒂夫。他说："抱歉，我有点无法集中注意力，我们说到哪儿了？"他可是从来不承认自己错误的人。

周三周四史蒂夫都没来公司上班，我周四早上给他家打电话也没人接听，我本想开车去港口看一下，却没立刻那样去做，可当我周四晚些时候带客户去港口时，发现轮船已经不在了。一个港口工人说，史蒂夫早上就出航了。

我惊呆了，客户就在我旁边，正打算上船呢。我不知所措地站在空荡的港口。

坏消息接踵而至，加油站的乔伊（Joey）拿来了我本以为史蒂夫已经支付了的账单，雷达设备销售员向我索要2 000美元欠款。

这时，玛丽打电话给我，史蒂夫留了封告别信，说他去环游世界了。

放下电话，我的脑子像爆炸了一样。史蒂夫走了，这意味着我不得不偿还包括船款在内的所有借款。

其实问题就出在我与史蒂夫没有签订任何合伙协议，因为我们都看似守信用，在公司中的权力不分伯仲，还能互补不足。

对于他的离开，我迷惘、气愤又深感背叛。我约见了一位律师，想寻求帮助，他表示对这件事情无能为力，只能想办法收拾这个烂摊子。

就在上周，我关闭了公司，打算回去为之前的老板打工，这时，我收到了史蒂夫寄来的明信片，上面写着："菲尔，对不起，我本不想背叛你，但事情就这样发生了，我只能选择这样做。——你的伙伴史蒂夫。"

10.2 在公司成立之初聘请经验丰富的律师

如果不希望像菲尔那样，无论是创建个人独资企业、合伙企业还是股份制公司，都要为企业挑选一位经验丰富的律师，因为他能发挥以下作用：

- 从企业权益保护、税务处理以及灵活性三方面出发，为企业选择最合适的组织形式；
- 确保企业广告宣传与营销的内容不触犯国家法律；
- 组建人力资源部，避免劳务纠纷官司，因为雇用和解雇员工是很容易产生问题的环节，若处理不当可能会赔上公司的一切；
- 在涉及**产品责任**（product liability）的事情上保护经营者权利；
- 审查所有待签署的文件；
- 通过规范使用与合理开发商品**商标**（trademark）、**服务商标**（service mark）、**版权**（copyright）以及**专利**（patent）等保护企业的知识产权；
- 申请商品许可证；
- 处理债务清偿与**破产**（bankruptcy）问题；
- 策划**退出策略**（exit strategy）；
- 撰写合伙协议与**买卖协议**（buy-sell agreements）。

你需要与所在行业的律师建立联系，因为许多法律条文的叙述很细致，聘请一位精通所在领域法律规定的律师十分必要。此时不应为了节约经营成本聘请你刚通过律师资格考试的侄子担任法律顾问。

大型律师事务所对于处在快速成长期的生物与科技、环境保护与生产制造领域的公司十分有帮助，因为这些领域存在严格的法律规定与技术问题。想在此领域取得或保持领先优势，专家的建议与大型律师事务所的协助必不可少。此外，法律条文及其解释时常变化，只有每天与法律打交道的人才能给予企业正确的指导。

如果你正忙于处理知识产权问题或与国际客户和供应商打交道，可以阅读本章的"企业资源"与"地球村"等专栏的内容，但复杂的问题仍需听从专业法律顾问的建议。

律师的另一作用是你可以通过他的交际圈接触从事不同职业的人，比如银行家、投资者、广告经纪人以及会计人员，这些人际关系是用钱买不到的。

商业诉讼方是诉讼案件的主要处理人。首先，要找到一位和解律师，他需要具备处理公司与合同事务的专业知识，如果你身处一个经常官司缠身的行业，那么处理好法律方面的事宜与处理好商业交易一样重要，在聘请律师前，请联系州律师协会以确保他在行业的声誉良好。

除了出色的律师，还需要经验丰富的会计师、财务规划师、银行从业者以及保险经纪人。有了他们的帮助，公司才能平稳运营，避免触犯法律，并防范一些难以预见的问题。提醒你，最好在客户起诉或合伙人关系生变之前聘请律师，为上述情况做准备,因为预防性费用比应诉费用少得多!

确定法律顾问候选名单后,联络每个人并给每个人安排半小时的咨询时间,向他们说明公司的法律与财务状况,以找到一位令你满意、了解公司的最佳律师人选。因为有"律师—当事人保密特权"(attorney-client privilege)的保护,所以请你提供真实且相关的信息。如果准备充分,条理清晰,你在短期内收集一些信息并不是难事。从你所在行业选出一位正直廉洁、经验丰富的律师。请阅读"行动步骤45"。

行动步骤 45

律师访谈

1. 从企业通讯录里找3~5位有组建小型企业与合伙企业经验且了解你所在行业的律师。
2. 联系州律师协会,查看每位律师的背景资料。
3. 详细调查最有可能的候选人,选择3~4人安排面试。一要看他能否与你和睦相处,二要看他是否有小型企业方面的经验。著名的辩护律师人格魅力十足,但你需要的是一位细致、经验丰富、熟悉小型企业或有创业精神的专家,他能帮你省钱省时并解决麻烦。
4. 在见面之时,与他讨论类似于起草复杂的合伙协议或者买卖协议的费用问题,还要就其劳务费进行商讨,并询问怎么做才能节约法律费用,当然,必要的法律费用不能省。
5. 好的律师建议对于组建公司十分有益,虽然找到一位好的律师费时费钱,但他无可取代。在面试后,回顾对每个候选人的印象,考虑谁能与你长期和睦相处,谁最有能力,谁能与大家建立良好的人际关系,谁值得信任,谁能帮你引见所在领域的优秀创业者,考虑好后作出选择,然后与他建立良好的工作伙伴关系。

10.2.1 了解律师的工作方式,降低法律顾问成本

律师一般按工作时长收费或预收**聘请费**(retainer fee),也有些人拿定额年费提供多种法律服务。在某些高科技产业,他们会愿意用工作换取优先认股权或其他形式的劳务费。法律顾问费从每小时150美元到500美元不等。一些专利权或版权方面的专家最高收费可达每小时800美元。

如果想让与法律顾问的每次会面真正发挥作用,企业经营者就要先在图书馆与网络上查询基本的法律常识,以减少咨询时间从而节约成本。

正如前文所说,网络资源与书籍的存在并不意味着无需法律顾问或可以替代法律顾问的意见,但是在创业初期,网络资源确实是收集信息的好办法。许多网站都能给予帮助,还可以指导经营者如何选择法律顾问,这很有用,尤其是当企业需要某一特定领域的律师(比如商标权律师)之时。

除前文所提到的,以下网站也能提供优质信息:

● 美国法律资源在线(American Law Source Online)是包含所有美国法律信息的相关链接、墨西哥和加拿大相关资源链接的网站。

- Findlaw 网提供有关合同、雇佣以及专利方面的法律信息。
- 法律资源库（Internet Legal Resource Group）包含 4 000 个网页链接，是公司法律信息的可靠来源。
- 美国专利商标法中心（American Patent and Trademark Law Center）提供与专利商标有关的法律信息。
- 法律信息协会（Legal Information Institute）网站提供有关宪法、法规、法院裁决、议会立法、企业法规等方面的信息。
- NOLO 法律书籍和软件出版社提供大量有用的案例记录、手册以及网站信息。
- More Business 网提供与法律、营销及技术问题有关的建议性文章。

总之，这些网站都能提供优质的法律资讯。但在进行商业交易时还是需要聘请一位有经验的法律顾问，这样可以免除你的后顾之忧。

10.3 选择最适合的企业组织结构

选择企业结构时，应当与法律顾问、税务顾问以及企业顾问合作，依据现有情况、所在行业现有的法律规定、动态变化情况与企业预期目标作出选择。另外，在决策前注意以下问题：
- 国际环境；
- 税务问题；
- 负债问题；
- 所在地的客户、员工以及其他企业的诉讼偏好；
- 企业发展规划；
- 家庭构成以及参与企业经营的家属；
- 与潜在合作伙伴的关系；
- 资金需求；
- 退出战略；
- 雇佣问题；
- 可被结转的潜在纳税损失；
- 公开企业信息（如果有此打算并且处于一个要求公开信息的领域）。

在企业成立之初就投入资金和时间去咨询财务团队以决定合适的组织结构是十分正确的做法，因为创办企业一路困难重重，一旦选择失误，再做改变将耗资巨大。财务团队的指导可以帮助企业经营者避免重大的失误。

企业所有制形式看起来只是外在表现，对客户来说也许无关紧要，但对于经营者来说却是根本所在。企业能否平稳发展、提升抗风险能力和自我保护能力以及后期能否成功转制均取决于企业所有制的第一个选择。

除目前已了解的企业所有制形式之外，还有许多相关的商业实际情况以及多种文书工作有待进一步了解，表 10—1 总结了各种企业形式的不同之处。

表 10—1　　　　　　　　　　　企业实体的对比

对比要素	个人独资企业	合伙企业	有限责任公司	S型股份制公司	C型股份制公司
形式	无要求	合伙协议	州规定的有限责任公司条款	符合公司条款 S型股份制公司认定标准	符合公司条款
所有者人数要求	1人	有限合伙制至少2人，一般合伙制至少1个一般合伙人或1个有限责任人	无要求	最多100个股东	无要求
所有者类型	个人	无要求	无要求	个人与特定信托机构	无要求
资本结构	无股票	无限制（多种层级）	无限制	单一持股层级	无限制（允许范围内的多种层级）
承担责任	无限	一般合伙人共同承担相应责任，有限合伙人根据出资额承担有限责任	按合伙人出资额承担有限责任	按股东出资额承担有限责任	按股东出资额承担有限责任
运营阶段					
纳税年度	日历年度	一般日历年度	一般日历年度	一般日历年度	任一许可年度（仅限于人力资源服务公司）
收入税	个体层面	所有者层面	合伙成员层面	所有者层面	公司层面
收入分配与减扣	无法获得	有实质经济效应的情况下可行	有实质经济效应的情况下可行	不允许（除非通过债务权益结构）	不允许（除非通过多种权益结构）
收入分配与减扣的特点	流向个人	流向合伙人	流向合伙成员	流向股东	不流向股东

* 一些州（比如纽约州）采用 LLP——有限责任合伙制。

10.4　评估企业结构

想创办个人独资企业，你需要获得政府执照、许可证，还要在所在地报纸上刊登**注册企业名称声明**（Fictitious business name statement），如果要雇用员工，还需要联邦政府颁发的雇主识别号。

如果合作方对于基本问题能够达成一致，则合伙制的法律文件可与个人独资经营一样简单。如果足够幸运，握握手就可能达成合作约定，但还是强烈建议创业者聘请律师起草合伙协议来保护个人权益，以应对可能出现的各种麻烦。然而美国只有10%或更少的小型合伙企业意识到正确选择合伙人的重要性。

如果公司股东较少,则有限责任形式是理想之选。责任有限的特点使所有者权益得到保护,同时成员的个人所得税与合伙企业或者**挂靠公司**(Subchapter S corporation)的税收制度相同,避免了收入的双重纳税(对企业利润与个人所得的双重征税),并且这种组织形式的成本比股份制更低。另外,企业需要向政府提交有限责任经营协议以备案。

创办股份制企业涉及大量的文书工作,但可让企业更加灵活地应对法律问题,在出现产品或服务安全问题时能够保护经营者的权益,表10—1大致总结了主要的企业实体的特点。

10.4.1 个人独资企业

大部分小型企业都以个人独资形式进入市场,假如一个人创办了一个非有限责任制或非股份制的企业,那便是个人独资经营。当这是个人选择时,文书工作会十分简单,你可以咨询当地相关部门或浏览政府网站来了解需要准备申请哪种经营许可证。

如果是服务型企业,你还需要申请每一个经营场所所在城市的经营许可证,在一些城市,审查员会亲自到经营场所确认企业是否守法经营。

最近,一个承包商惊讶地发现相邻的一个城市正采用空中监管的方式监控改造工程,他的一个未申请授权许可的工程也受到监管,被处以严厉的罚款。随着新技术的发展,你的企业可以被政府以多种线上或线下方式跟踪,因此获取许可证十分重要,它的成本比罚款的数额少得多。

在为企业经营做准备之前,请与会计师讨论纳税问题,与保险经纪人确认保费事宜,还要与法律顾问沟通法律事务。如果企业不是以创办者的个人姓名命名,则依照美国《统一商法典》(Uniform Commercial Cade,UCC)的规定,你需要在当地报纸上发布声明,通知企业客户以及其他债权人,但如果是股份制企业则不必如此。与当地报纸联系并填好注册企业名称表格,然后汇款,通常花费不到100美元就可以完成所有手续。一般要在这个程序完成后才能到银行开设企业账户。

你还需要清楚了解个人独资企业的优点以及隐藏在优点背后的缺点,比如自己做老板的好处可能会被无暇度假、休息引起的烦躁所掩盖;当你需要听取他人意见或企业急需资金时,会觉得孤立无援。

当然,自己做老板可以自由支配时间,但个人独资企业的老板通常一周要工作60~80小时,早出晚归是他们的工作常态。

很多情况下,你是最终的也是唯一的决策者,也许经常觉得无助,倍感压力。

或许你可以向其他懂得"存在即为工作"理念优缺点的创业者寻求帮助,本书介绍了很多提供地区性、全国性乃至跨国性帮助的组织,许多创业者参加了当地的见面会或者创业组织,还有些人成立了自己的亲友团。

10.4.2 合伙企业

许多人和菲尔一样,太晚才认识到合伙企业只是一个单纯的会计主体,也会存在很多无法规避的法律问题;这些问题给企业的持续经营带来了许多麻烦,而且合伙企业与个人独资企业的纳税方式是相同的。合伙制的主要特征是合伙双方能互相给予财务与精神上的支持。

至少有两个合伙人才能组成合伙企业。当然合伙人可以更多，但合伙人越多，决策就越复杂。就像一艘船有许多船长，那么航程到底由谁决定呢？

在由两个或两个以上有限责任合伙人以及一个普通合伙人构成的**有限责任合伙企业**（limited partnership）中，普通合伙人既要肩负管理责任，又要承担亏损风险，而有限责任合伙人在没有参与管理经营决策的情况下，只需根据其初始投资额承担有限责任。如果没有相关法律顾问的帮助，参与合伙经营的风险很大。

创业者可能会通过一次握手达成合伙协议，也可能自行解除合伙协议，在没有法律顾问的情况下，不建议创业者进行合伙制经营，就算与家属或者朋友共同经营也有发生潜在问题的可能性。

在合伙企业成立时，还需要考虑的一个主要因素即**合伙制解散**（dissolution of partnership）的可能性，合伙人去世、患病、离异以及兴趣转移、理财与人生哲学的差异或者价值观的转变都可能导致合伙经营的终结，这时合伙人就需要保护企业、自己以及家人的利益。

为了避免一方死亡对企业造成的冲击，合伙协议常就公司所有者的**"关键人"人身及伤残保险**（key person life or disability insurance）作出规定。当一方去世时，其他所有者可以用保险收益购买去世合伙人在公司占有的企业所有权份额，"关键人"健康保险与此类似。

对于其他原因导致的合伙关系解散，买卖协议应当对谁来评估企业价值、其他合伙人应在多长的期限内如何支付剩余所有权等作出规定。在企业发展期，经营者或许想重新评估合作协议，当合伙人关系难以避免最终解散的结局时，买卖协议可使双方不必对簿公堂，客观地解决问题，就像婚前协议发挥的作用一样。

合伙制是把双刃剑，从法律层面看，合伙制并没有带来太多好处，但正如许多合伙人所想，合伙经营的原因通常是心理因素与资金支持。

这是为什么呢？假设你分析自己的技能后发现某些方面存在严重不足，比如你是一天能想出 20 个点子的工程师，却不具备卖雪糕的基本销售技能；或者你需要合伙人补足新项目的资金缺口。对于许多成功的创业者而言，若没有合伙人的帮助，根本无法取得成功。

确立合伙关系之前，你就应该意识到单凭友谊无法解决商业问题，合伙人应在谈判桌上正式地沟通合伙企业可能存在的问题，并且考虑这些问题是否会增加合伙制的复杂性。在企业创办过程中对合伙人的潜在担心与要求始终存在，因此，坚持透明的对话制度对于企业发展十分重要。

商业顾问与法律顾问通过解决双方的冲突问题来换取报酬。为了减少问题的出现，创业者需要在创办合伙企业前做些研究，与合伙人保持正常对话，并且信任合伙人，以确保合伙关系健康发展。

记住，你与商业合伙人每周共度的时间很可能比你与另一半在一起的时间要长。合伙经营就像一段婚姻，只是没有爱情罢了。在婚姻的艰难时期，家庭责任、承诺、养育儿女等一系列因素会使这段关系得以维系，那么合伙企业呢？什么可以帮助合伙人渡过危急关头呢？

与潜在合伙人探讨问题时应注意以下方面。

- 管理与控制。在大小问题上谁做最终决策？企业的各个业务板块由谁控制，又由谁承担责任？一家广告机构用合伙人每年轮流执行董事长职权的方法来解决这一问题。

- 争端的解决。怎样解决合伙人之间的争端？假如你发现对方贪污，你会选择仲裁还是调节？总不能扔硬币来解决问题吧。
- 财务贡献。每个人的投资额应该是多少？不仅要考虑初始投资额，还要考虑未来可能投入的金额，最初的50%：50%的投资比例在需要追加资金且只有一方有可用资金的情况下，可能变成75%：25%，合伙人应该如何处理这些变化？如果一方提供资金资本而另一方提供劳力资本，那么收益该如何分配？如果资金与工作时间投入量、责任方变更，利润和责任的分配会发生什么变化？
- 时间与贡献。每个合伙人应该付出多少工作时间？假如一方为设计师而另一方只承担行政工作，这些付出应当平等对待吗？利益分配是否应当反映投入的时间精力以及个人经验方面的差异？
- 终结合伙关系。如果合伙关系面临解散，应该怎么做？应当为收购做哪些计划？面临一方合伙人死亡或伤残以及出售公司等情况时，怎样评估企业价值？应当采用哪些方法保护企业的发展与转型？
- 新加入合伙人。允许新合伙人加入吗？如果允许，接受新合伙人入伙应当遵循什么程序？你想与多少合伙人共同经营？现有合伙人有权对新加入合伙人事项投票吗？
- 沟通类型。合伙人无须保持沟通方式一致，但要适应彼此的沟通方式并保持交流，阅读第12章可以帮你发现交流方式的特点，打造团队沟通模式。
- 家属以员工身份参与经营。见章末"制胜关键"相关内容。
- 企业伦理。回顾之前章节讲述的伦理调查问卷，与合伙人各自完成调查，讨论彼此的回答，现在发现伦理观上的差异总好过之后在法庭上讨论此事。

此外，合伙人之间应当讨论价值观、工作伦理观、商业目标以及生活—工作平衡问题。仔细调查合伙人的财务与工作背景，因为一旦发生特殊情况，你需要为对方负责，所以与一个忠诚可信、令人钦佩的人合作是十分必要的。从表面上看，合伙制好处多多，两个及两个以上的经营者可以共同承担风险、融合双方技能、筹集更多资金，然而合伙经营也存在挑战与困难，合伙人之间应该互相支持、荣辱与共、同进同退。

经过上述讨论后，你应该着手与合伙人进一步讨论网上的合伙协议样本，可以把它作为参考，但由于每个地区的情况不同，还要与律师讨论制定自己的合伙协议。

回顾本章讨论的问题，第12章介绍的伦理问题与参考协议可以帮你评估合伙关系的潜在价值。如果一切顺利的话，就可以依据所获取的信息与律师制定合伙协议了。制定合伙协议前，注意第1章介绍的行动步骤以确保合伙人与你目标相同。

10.4.3 有限责任公司

美国多数州认可有限责任公司组织形式，责任有限但投资人数无限制；责任有限企业作为纳税实体，可以按某种方式分配利润而非按出资额比例分配利润。在不远的将来，这种形式也许会成为股东人数较少公司的首选，因为这种形式具备纳税灵活与合伙人责任有限的特点。

经营协议对公司成员与运营准则进行界定，并规定利润与损失的分配方式。合伙企业与挂靠公司的税收政策同样适用于有限责任公司。然而，依据企业自身需求、有限责任公司的发展趋势以及特定的市场环境，创业者需要与税务顾问合作制定纳税计划。

组织章程是规定性的文件，它没有公司章程详尽，当然成本也更低，组织章程登记申请样表参见表10—2。

表10—2　　　　　　　　　　伊利诺伊州有限责任公司法案

LLC-5.5 从2010年10月起实施 州务卿 商业服务有限责任部 217-524-8008 www.cyberdriveillinois.com 仅限于通过以下方式付款：保付支票、银行本票、伊利诺伊律师支票、注册会计师支票、汇票	伊利诺伊州有限责任制公司法案 组织章程 一式两份上交 清晰手写或打印 日期： 申请费：500美元 批准盖章：	申请编号♯ 此处由州务卿填写

1. 有限责任公司名称：＿＿＿＿＿＿
公司名称必须含有"有限责任制""L.L.C."或者"LLC"字样，不能包含"股份制""Corp.""Incorporated""Inc.""Ltd.""Co.""有限责任合伙"或"L.P."字样。

2. 填写公司主要所在地即公司登记地址：（请填写邮箱，不允许转交）
＿＿＿＿＿＿＿＿＿＿＿＿＿＿＿＿＿＿＿＿＿＿＿＿＿＿＿＿
＿＿＿＿＿＿＿＿＿＿＿＿＿＿＿＿＿＿＿＿＿＿＿＿＿＿＿＿

3. 组织条款有效日：（二选一）
□ 申请日
□ 申请日后（60天内）＿＿＿＿＿＿＿＿＿＿＿＿＿＿＿＿
　　　　　　　　　　　　　　　　　　　　　月　日　年

4. 注册机构名称与注册办公室地址：
注册机构：＿＿＿＿＿＿＿＿＿＿＿＿＿＿＿＿＿＿＿＿＿＿
注册办公室：＿＿＿＿＿＿＿＿＿＿＿＿＿＿＿＿＿＿＿＿＿
（请填写邮箱　号码　　　街道　　　　　　房间号♯
不允许转交）
　　　　　　　　　　　　IL
　　　　　＿＿＿＿＿＿＿＿＿＿＿＿＿＿＿＿＿＿＿＿＿＿
　　　　　城市　　　　　　　　　　　　　　邮编

5. 公司组建目的：
有限责任公司应在此法案规定下进行的任一或全部合法交易。
（专业服务领域的有限责任公司如果提供服务的所在地与项目2不同，需在此说明，如空间不足，请填写在同样大小的纸上作为附件）
＿＿＿＿＿＿＿＿＿＿＿＿＿＿＿＿＿＿＿＿＿＿＿＿＿＿＿＿
＿＿＿＿＿＿＿＿＿＿＿＿＿＿＿＿＿＿＿＿＿＿＿＿＿＿＿＿
＿＿＿＿＿＿＿＿＿＿＿＿＿＿＿＿＿＿＿＿＿＿＿＿＿＿＿＿

6. 如公司解散，请填写日期：＿＿＿＿＿＿＿＿＿＿＿＿＿＿
（如果为永久性经营，则不用填写）　　　　　月　日　年

7. （选填）公司其他内部事项准则条款：（如空间不足，请填写在同样大小的纸上作为附件）
＿＿＿＿＿＿＿＿＿＿＿＿＿＿＿＿＿＿＿＿＿＿＿＿＿＿＿＿
＿＿＿＿＿＿＿＿＿＿＿＿＿＿＿＿＿＿＿＿＿＿＿＿＿＿＿＿
＿＿＿＿＿＿＿＿＿＿＿＿＿＿＿＿＿＿＿＿＿＿＿＿＿＿＿＿

8. 有限责任公司的管理者是：（二选一）
- ☐ a. 经理人（列示每个人的姓名与地址）
_____
_____
- ☐ b. 合伙成员（列示每个人的姓名与地址）
_____
_____

9. 创始人姓名与地址：

我以接受罚款为担保，确认此组织条款与我公司的情况、信念相吻合，并且我已充分全面地了解了此条款内容，有权代公司签署。

签于_____, _____
　　　　　　月 & 日　　　　　　　　年

1. _____　　1. _____
　　　　　　签字　　　　　　　　　　　　　　　号码　　街道

　　_____　　　_____
　　　名字（手写或打印）　　　　　　　　　　　城市/城镇

　　如果为股份制或其他商业实体，　　　　_____
　　请注明签署人头衔　　　　　　　　　　　所在州　　邮编

2. _____　　2. _____
　　　　　　签字　　　　　　　　　　　　　　　号码　　街道

　　_____　　　_____
　　　名字（手写或打印）　　　　　　　　　　　城市/城镇

　　如果为股份制或其他商业实体，　　　　_____
　　请注明签署人头衔　　　　　　　　　　　所在州　　邮编

必须用黑色签字笔在原文件上签名。复印本、影印本以及图章只能用于经认定的复印版本上。使用可再生纸，由伊利诺伊州政府于 2011 年 12 月印制　　2M—LLC4.15

资料来源：IIlinois Limited Liability Company Act. Retrieved from $http：//www.cyberdriveilinois.com/publications/pdf\_publications/iiC55.pdf$. Reprinted with permission of the IIlinois Secretary of State's Office.

组织章程包括类似于合伙协议的运营协议，有限责任公司董事可以自行管理企业或将管理权授予代理经理人，如果一个董事决定退出企业经营，他会得到权益补偿；若有新的成员加入，运营协议也会相应修改。

许多国家的法律要求公司名称标明"有限责任公司"或者"LLC"字样，需要注意的是，如果有限责任公司结构不合理，纳税政策就可能与股份制公司相同。

有限责任公司并不适合正在或想要从外部资本市场融资的企业，当企业向有限责任公司转型时，要注意税收问题。因此，就这些问题咨询能胜任的税务、法律、会计顾问十分重要。一些州认可有限合伙公司，但一些专业领域（如医疗、建筑、工程等）的服务性企业除外，详细情况可咨询当地律师。

10.4.4　股份制公司

总的来说，小型企业经营者大多未意识到业务发展过程中出现的企业向股份制转型的信号，但作为企业经营者，要考虑员工、客户或者供应商是否会起诉企业，事实上，多数企业存在这种可能性。面对这种情况，创业者可以考虑选择转制为挂靠公司，因为挂靠公司允许将利益与损失转嫁给股东，或转制为标准C型股份制公司。

股份制公司运营的具体事务大部分由员工承担，可能出现引起诉讼的情况，比如商品安全问题、对顾客造成伤害、员工上班时摔倒等。考虑股份制公司的以下特点。

1. 有限责任。股份制起到保护经营者权益的作用，当企业破产时，债权人无权要求经营者用房屋、办公场所、车或收藏品等私人物品偿债，但前提是经营者必须遵守以下规定：（1）定期举行董事会；（2）跟进会议记录；（3）承担起你作为企业员工的职责。然而，多数经营者会用私人资产为贷款担保，在这种情况下，有限责任制也无法对经营者的个人财产起到保护作用，但经营者可以向同行或律师咨询以保护私人资产安全。可行的措施有：对产品作出安全声明，采用正规招聘流程等。

2. 改变纳税政策。与注册会计师讨论如何处理主动收入与被动收入以及企业所有制关于留存收益的各种规定。

3. 提升形象。提到股份制公司会想到什么？苹果、英特尔、沃尔玛还是谷歌？"股份制公司"（corporation）一词来自拉丁文"corpus"，意思是实体。组建公司意味着建立、形成一个实体。从这个角度看，组建公司也是发明创造的过程。能被称作股份制公司，则意味着它有更高的地位、更优秀的员工以及更大的影响力。

4. 消化高额开支的能力。医疗保险费与联邦社会保险金是企业所承担费用的一部分。

5. 持续经营。当合伙人因死亡、伤病等无法参与经营时，企业仍会继续运转，因为在成立时设立的那些烦琐程序和详细计划提供了保障。

6. 内部激励。经营者可以通过授予股权与晋升职位来奖励员工和留住优秀员工，比如任命为副总裁或加薪。更高的职位会带来激励作用并让公司经营更加灵活。

7. 筹集资金。可以向外部投资者发售股票获得资金。

根据NOLO.COM，当以下条件存在时，建议标准C型股份公司改制为有限责任公司：

1. 想达到投资者多元化或公开融资的目的；
2. 想建立个人独资有限责任公司，但所在地规定成立有限责任公司的最少人数为2人；
3. 想将额外的报酬放进企业所有者的口袋；
4. 为吸引或保留核心人员而给他们股票期权与股份奖励；
5. 会计师已经审查个体经营税，并充分参与最后决策。

10.4.5　挂靠公司

除了有限责任公司和标准C型股份制公司，还有一种公司类型即挂靠公司。它属于半股份制，一方面承担有限责任，另一方面允许将企业的利润或损失转移到所有者、创始人或者投资者等的个人收入账户。挂靠是指美国国内收入署对这部分企业收税的方式。

挂靠公司的股东最多不超过100人，美国国内收入署对其申请有时间要求，还有一些州不认可挂靠公司的税收政策，所以要以公司所在地法律为准。在挂靠公司中，不存在公司股东、合伙人股东或者投资人股东。正因为如此，当有外部投资者注入资金时，挂靠公司就会失去挂靠权利。

挂靠公司需要在每年的 3 月 15 日向股东提供"K-1"纳税报告，并且要严格依照纳税年度计算。如果想改制为有税收优势的普通股份制公司，就需要向律师咨询并把握好时机。

10.4.6 非营利公司

当今许多创业者热衷于通过营利性组织以及非营利组织解决社会、卫生以及环境问题，实际上，非营利企业与营利性企业的构建模式基本相同，它对受托人、官员以及企业成员负有限责任，并且没有经营期限限制。但它必须提交申请以获得政府的非营利机构身份认证，并得到美国国内收入署免税许可，当然还需要完成美国国内收入署 1023 号及 1024 号表格，这有时是一个烦琐而漫长的过程。

当然，律师可以帮助企业完成这些文书工作；不同州对表格以及机构许可的要求不同。因此，提前访问非营利的私人数据库 GuideStar 浏览所在州要求的资料，有助于组织经营者顺利完成这些步骤。一些州还设有单独的机构帮助非营利组织。当然，非营利委员会与基金中心也可以提供丰富的资料，创业者可以进行电话咨询、直接与指导人员沟通或者到办事处咨询。

Idealist 与 Ashoka 是两个提供优质资源的网站。Idealist 提供来自联邦与州政府的资源，Ashoka 关注社会创业者以及相关人员。本书提供了许多有用的资源，可以帮助创业者去实现梦想，构建更美好的社会，同时介绍了许多社会创业者开办和经营营利、非营利或混合制组织的经验。

从专业分类角度讲，非营利组织可划分为 501(c)(3) 类的公益慈善组织或者501(c)(4) 类的社会福利组织，非营利组织应当根据上述步骤运营以符合非营利的特殊要求。

许多非营利机构需要筹集大量资金，因此它们通常会销售一些商品并把收入投入非营利活动。从税收的角度来看这是非常复杂的，所以请先咨询法律顾问再做决定。因为现在很多非营利公司都有销售行为，这为分辨公司性质是非营利性的还是营利性的带来了很多麻烦。

10.5 家族企业

母子、兄妹、堂兄弟、夫妻以及其他家庭成员参与公司经营已成为一种趋势。家族企业在美国经济以及人口就业方面发挥了举足轻重的作用。然而许多合伙企业存在的问题也同样发生在家族企业中，所以家族企业应当了解这些问题并且尽量让参与企业经营的家庭成员达成共识。

每个家庭关系与结构上的差异决定了一个模式不能满足所有家族企业的发展要求，所以沟通与尊重是任何家族企业的关键所在。

一些家族企业要求家庭成员在其他公司积累五年以上的工作经验后才能进家族企业工作；还有一些家族成员认为与其让孩子到外面工作，还不如让他尽早参与家族企业的经营事务，掌握自家企业的现状；还有一些家庭认为孩子继承家族企业是与生俱来的权力；另一些家庭则认为孩子需要证明自身实力才能参与家族企业经营。

家族企业本身也可能存在一些问题：首先，家族成员之间有着不同的目标、伦理观以及忠诚度；其次，每个人对工作—家庭的平衡也不尽相同；最后，二代、三代和四代成员间往往存在代沟。这些因素都是问题的根源所在。

许多创业者没有意识到家族成员之间——即使是夫妻、子女、兄弟——也应该制定正规的书面协议，只有很少未签订协议的家族企业未出现问题。所以不仅在企业外部，在企业内部创业者也需要尽力保护自身权益、保障企业发展以及维护合作关系。

家族企业创业者通常需要家族企业咨询顾问（参见"创业资源"专栏）、法律顾问以及会计师协助其策划私人的与业务、纳税以及财务相关的事务，随着企业发展，家族成员间关系会发生变化。家族成员会加入或退出企业经营，这时你就需要制定**继任计划**（succession plan）。在企业发展过程中，随时向顾问咨询相关事宜，以确保作出恰当的决策。

创业资源

谁能帮助家族企业

登录家族企业协会的网站 http：//www.ffi.org，可看到许多咨询中心与咨询顾问为家族企业管理者提供了丰富的信息资讯，同时也可以了解许多国内外的资讯。该网站还提供私企顾问、会计师事务所、律师和专门处理家族企业问题的专家的名单，以及专门研究家族企业模式的学院的名单。

家族企业咨询中心以合理的价格为企业管理者提供咨询和培训、举办研讨会、开展调查、提供法律建议以及举办圆桌会议等，以下是《小微企业财富》（*Fortune Small Business*）杂志提供的两家优秀的咨询中心。

考克斯家族企业中心

肯尼索州立大学科尔斯商学院

《家族企业战略》（*Journal of Family Business Strategy*）期刊编辑办公室

此中心为佐治亚（Georgia）家族企业的年会提供调查、通讯、咨询以及赞助等服务，肯尼索州立大学还为佐治亚家族企业开办 MBA 学习班，举办有关家族企业成功经营之道的论坛，主要讨论家族企业如何抓住机遇应对挑战。此外，论坛还介绍许多优秀的专家，有会计、金融、保险、法律、财务管理、企业战略、人力资源、继任计划以及家庭关系动态学方面的专业人士。论坛营造了轻松的讨论氛围，促进了企业管理者与专家就家族企业问题进行沟通。

资料来源：*http：//coles.kennesaw.edu/centers/cox-family-enterprise/index* (Accessed March 30, 2012).

罗耀拉大学芝加哥家族企业中心

在过去的 14 年里，此中心为超过 100 个具有不同规模、处在不同领域以及企业经营复杂性不同的家族企业提供服务。现在，会员的多样化需求推动了中心的进一步发展，中心的创新项目为会员之间分享信息和协作提供了机会。通过 10 年的努力，它已经成为美国家族企业咨询中心的领导者。

资料来源：*http：//www.luc.edu/fbc* (Accessed March 30, 2012).

《家庭商业评论》（*Family Business Review*）（季刊）主要探讨家族企业出现的各种问题，研究家族企业遇到的关系和业务方面的挑战。本书建议创业者参考这本杂志上提及的与本企业拥有相同经历的公司的问题处理意见、经验，同时参加每月的论坛，寻找有相关经验的专家。章末"制胜关键"提供了关于如何保持家族企业健康发展的其他建议。

如果打算和配偶组建企业，先确保你们了解彼此的行事风格以及个性。通常夫妻双方的互补可以形成合力，但是为了企业的成功，最好不要经常质疑对方的决定，对其专长应表示赞许。夫妻创业者成了描述这种关系的一个新名词。

如果企业是夫妻双方的收入来源，那么他们不会轻易退出经营。所以他们需要尽力维系婚姻关系，平衡私人生活与工作。

10.6　商标、版权以及专利

商标、版权以及专利是企业知识产权的重要组成部分。若不加以保护，企业可能会经营失败，企业的商业机密可能会泄露或者出现盗版等情况。

下列关于专利、商标以及版权的2012年资料经版权所有者——美国著名知识产品律师事务所 Knobbe Martens Olson & Bear, LLP.——授权许可。[1] 因为知识产权法可能有所变动，请不要仅仅参考此资料，可以另外咨询知识产权法律师。

商标：关于保护企业产品和名称的十大注意事项

1. 什么是商标。

商品商标可以是单词、词组、标志、图案或者任何可以证明产品来源以及能用来与其他类似产品进行区分的名称。一个系列的商品可以拥有多个商标，比如可口可乐（COCA-COLA®）与健怡可乐（DIET COKE®）都是饮料的商标。商品商标代表了企业商品的商誉、名声以及它的生产来源。商标持有者可以防止其他商家在相同或似的产品上使用相同或类似的名称，避免消费者混淆不同的商品。

服务商标除了被用来识别服务而不是商品外，与商品商标类似。比如，麦当劳的金色M是其餐厅的标志。商标或标志均可用来指代商品商标或者服务商标。

2. 如何运用商标。

正确地使用商标可以保持商标价值。商标应该被当作形容词而不是名词或者动词使用，比如，当提及 FACEBOOK®时，不能说"Facebooked"或者"Facebooking"。为了防止失去商品商标权或者服务商标权，应该在商标后加上区别于相似商标的非专利名称，可以用不同的字号、字体、颜色或引号来表示强调，比如 Oakley®（欧克利）太阳眼镜，Kate Spade®手提包，或者 STARBUCKS®咖啡，也可以在标志后加上"*"，用来标注商标所有者。

如果没有按标准使用商标，则可能失去专属使用权。比如，商标会被用作通用产品名称，如 Kerosene（煤油）、Escalator（自动扶梯）与 Nylon（尼龙）都曾经是商标，但现在它们变成一类产品的名称，因为商业竞争者需要描述产品信息，所以这种通用名词没有专属权。

在美国专利商标局注册过的商标，应该在商标旁边加上®标志，如果没有正式注册，则可以使用TM代表商品商标或者SM代表服务商标。

---

[1] 资料来源：Knobbe, Martens, Olson, and Bear, LLP. Use of company names and trademarks is soley for the purpose of examples, and does not imply sponsorship, affiliation, or endorsement by respective trademark owners. © 2012, Knobbe, Martens, Olson & Bear, LLP. All rights reserved. The full version of this publication can be found at: http://www.knobbe.com/news/2012/06/ip-101-trademarks-copyrights-and-patents-brochure.

3. 什么是商号。

商号是指企业名称。与商标不同，商号可以当作名词使用，并且需要与通用名称一起使用。

可以用全部或部分商标或服务标志作为商号，"Jelly Belly Candy Company"是商号，其中 Jelly Belly® 就是糖果的商标。

4. 注册公司或者发表虚拟企业名称的声明后是否可以使用企业名称。

大多数企业会注册公司或者发表关于虚拟企业名称的声明。但即使有公司登记执照或者企业名称声明，公司也不能用同一行业其他竞争者之前使用过的商标名称、商品商标或者服务商标，因为这会令消费者混淆商品的来源。

颁发公司登记执照或批准企业名称声明的机构并不能保证某一公司使用的名称不侵犯之前使用过此名称的公司的合法权利。

在法院对商标侵权的判决面前，任何企业名称声明与公司登记执照都显得苍白无力。只要两个企业的名称相似的程度会引起消费者的混淆，那么法院即可裁定侵权。所以注册公司或者发表虚拟企业名称的声明，并不意味着企业在广告、促销、销售产品或提供服务时就必然有使用自己的名称的权利。

5. 商标注册的规定。

法律并没有对注册商标提出要求，但注册会带来许多好处。首先，拥有在联邦政府注册的商标意味着公司在全美境内获得了注册商标专用权，而且在注册列表中的商品均可以使用该注册商标。其次，因为注册商标可以公开搜索到，其他企业在选择商标时也会自觉避免与该商标产生冲突。此外，只有在联邦政府注册的商品商标或者服务商标才使用®标志。

我们预计在五年之后，企业注册商标会更加普遍，这将降低其他竞争者侵犯商标权的可能性。另外，有些商家在商标正式投入商业用途之前就向联邦政府提交注册申请，保证其会诚信地使用商标。然而通常的情况是在注册申请被受理前，申请人已使用该商标。

商标也可以在美国 50 个州分别注册，每个州的具体法规不尽相同。多数州要求在使用商标后再申请注册。比如在加利福尼亚州注册的办理时间更短，价格更低，并且比联邦政府注册更容易通过。这有利于注册商标者成功起诉侵权行为，因为加利福尼亚州的规定包含一些联邦法律认为无效的情况。然而在加利福尼亚州注册的商标只在州内有法律效力。

6. 商标搜索。

有许多关于商标搜索的专业网站，能够确保你注册的商标或名称不与其他企业发生冲突。这些搜索网站的作用是防止你在投入大量时间、精力和金钱之后，却发现自己想要注册的产品或企业名称已有企业使用。

这些搜索网站通过聘请专业的商标权律师评估企业的搜索报告，来判断某个商标是否与其他企业的商标发生冲突，这项评估会考虑大量的法律因素与先前案例的裁决情况。

7. 产品的形状与包装注册的规定。

如果是与商品的功能无关的特点，如产品形状或者包装（品牌形象）非常独特并能凭其识别品牌，也会受到保护。商品形状会随着其使用频率增加而得到更多保护，比如 C 形夹、RUGER® 点 22 口径手枪、半月形抛光瓶、TIME® 杂志的红边装饰及印刷格式都已经申请专利，以防止其他竞争者抄袭。

为保护企业利益，要选择非功能性的独特包装，并且利用广告或图像来加深其在大众心中的印象，使消费者看到包装就想到该品牌。

8. 商业外观注册的规定。

如果商业外观不是功能性的，并且有本质上的特别之处或已经在促销中得到广大消费者的认可，也可以注册。比如 LE CREUSET 铸铁珐琅锅的外观色彩丰富，HERSHEY KISS® 巧克力的形状十分独特。

9. 在国外如何保护商标。

商标所有人可能会发现自己的商标已经由第三方在他国注册并占用，即使第三方是从美国获得商标并占用后注册的，许多国家承认首次注册人即为商标的所有人。有时，第三方可能是美国商标所有企业的经销商。

国外的侵权者还可能阻止原商标所有人在其他国家使用与注册商标。在某些情况下原商标所有人也许可以夺回商标的使用权，但是在美国，原商标所有人要夺回使用权，可能要承担高昂的法律费用，并要满足侵权者的过分要求。

如果在海外销售美国产品，除非商标已在此国注册，否则不能用®标志，一些国家对未经注册的商标使用®标志的行为有严格的民事与刑事处罚。

10. 搜索已注册的商品与企业名称。

州政府秘书处的商标办公室可以提供商标的相关信息，在联邦注册的商标信息可以通过浏览美国专利和商标办公室网站 www. uspto. gov 获得。

熟悉商标法的律师能帮助企业避免卷入商标权的相关法律纠纷。若想要获得律师的联系方式或详细了解律师事务所 Knobbe Martens，请登录 www. knobbe. com。

版权：关于艺术作品、文学作品、广告和软件开发的版权保护的十大注意事项

1. 什么是版权。

只要在报纸、数字媒体或电影等实体媒介中出现，并且是作者原创的作品，就可以申请版权保护。版权保护范围很广，比如艺术作品、音乐作品、技术与建筑图纸、文学作品、电脑程序以及广告等，但思想观念本身不能得到版权保护，必须通过一定的形式表达出来，才能得到保护。比如短语、标语就不受保护。

由于版权要求原创性，因此禁止他人抄袭有版权的作品，但是两个独立创作出相似作品的作者可以分别申请版权保护，比如两位摄影师分别单独拍摄了同一处风景的照片，则每个人都可获得对自己照片的版权。

2. 版权的构成。

版权保护包括：复制权、发行权、追续权、公开表演放映权（比如戏剧）、公开展览权（比如雕塑作品）。

经编辑的事实性信息（比如名称、零件号等）也可申请版权，但版权的保护受到信息选择与安排的限制，无论付出多少金钱与精力，事实本身无法受到版权的保护。在一些情况下，事实性信息可以依据商业秘密法得到保护。

版权可以单独或合并注册，也可以转让。比如，作者可以授权出版社出版图书或者授权电影公司拍摄电影，还可以授权国外经销商销售书籍。

3. 网站版权保护的规定。

网站会刊载许多受版权保护的作品，比如转载有版权的著作的图标信息、文字内容或者作品的全部内容。网站上截取的一些图标或信息也受版权保护，比如介绍加勒比海鱼的文章中极小的图案，介绍如何制作正宗西南菜肴的食谱。

其他受版权保护的对象包括：（1）网站的内容格式；（2）其他网页的超链接；

(3) 用户输入提示；(4) 用户回复提醒或继续其他程序的提醒；(5) 标记语言，如超文本标记语言（HTML）、电脑图像界面脚本（CGI）、JAVA 模块。

获得授权允许下载的作品应注明，以防其他未经授权的行为发生。为了界定授权行为，还应该附上限制说明。比如，如果版权所有者的著作仅供浏览，则应在网页上标明。

网上的相关作品只有在作品是作者原著、经作者修改的情况下，才会受到版权保护。他人若在有形媒介（如电脑）上修改原著，作品会自动受到版权保护。然而因为版权保护是自动生成的，无须通知提醒，版权所有者可能不重视在网上的相关版权说明。

4. 版权保护期限。

美国版权法规定，1978 年 1 月 1 日以后的作品版权有效期为作者终生加死后 70 年，如果著作是作者受雇时期创作的，则有效期为首次创作日后的 120 年或者首次出版日后的 95 年。

对于 1978 年 1 月 1 日之前的作品，版权有效期设定为 95 年。这是因为有些作者没有发表版权声明或者没有及时延续版权，延长版权有效期可以避免社会公众无法继续使用该作品的情况发生。但准确界定版权的有效期以及版权延期是法律中较为复杂且待解决的问题。

5. 版权作品引用的规定。

如果引用部分属于版权保护作品的核心内容或者对被引用内容的出处在社会上有较高的辨识度，则不足 10% 的引用都可被界定为侵权行为。这种行为包括抄袭内容或者陈述的内容相似。当然版权法规定了合理使用版权作品的标准，但具体使用标准要视不同情况而定，因此对于抄袭比例没有统一的规定。如果想了解具体情况，请咨询版权法律师。

6. 版权注册的规定。

在现行法律规定下，除非公民对侵犯版权行为提起诉讼，一般情况下版权不需要注册。然而，尽早注册会有很多好处。比如，如果在侵权行为发生前就进行了版权注册，则侵权者很有可能需要给每个版权主体支付高达 150 000 美元的赔款，并且要承担诉讼方的所有法律费用。因此，根据版权法，最好在出版物出版后的 3 个月内进行注册。

7. 版权声明的规定。

对于 1989 年 3 月 1 日之后出版的作品，不需要版权声明。然而，美国仍然鼓励作者加注版权声明，如果作者发表版权声明，那么在作品被侵权时，侵权人就不能主张自己是无过错侵权。对于 1978—1989 年首次出版的作品，被侵权时可以及时采取保护措施，否则在没有发表版权声明的情况下可能会失去版权保护的资格。但对于 1978 年前出版的作品，在没有发表版权声明的情况下则会失去版权保护的资格。

版权声明包括：版权符号©；出版作品首次发表的年份以及版权所有者的名字（例如，© 2012 Knobbe Martens Olson & Bear LLP）。如果注册录音资料的版权，则标注 P、首次发表日期以及版权所有者。如果对受版权保护的资料进行修改，还需加上修改日期。也可以在作品上标明"版权所有"的字样。

8. 关于付费委托他人创作的作品的版权归属问题。

当受委托方为独立承包人时，除非双方制定了有关转让权的纸质协议，否则出资方对于作品仍然没有版权。然而如果受委托方为委托方企业的全职员工，并且在雇佣期限内完成创作，则其作品所有权归企业所有。但如果创作并不是在规定的雇佣期限内完成，则归属权问题要根据实际情况而定。同样，一些作品还受"著作人格权"的保护，所以在转让版权时要注意。所有权问题通常都很复杂，具体情况请咨询相关律师。

9. 其他国家的版权保护情况。

美国是世界版权公约成员之一，该公约规定一国版权在其他一些国家也会得到保护。1988年，美国加入了《伯尔尼公约》，该公约进一步规定一国版权在其他大部分国家都会得到保护。

承认版权并实施版权保护需要每个国家共同努力，具体情况请咨询在这方面经验丰富的律师。

10. 版权资讯。

可以从版权登记机构以及美国国会图书馆获得相关信息，网址为www.copyright.gov。美国版权局目录记载了近2 000万条1978年至今的注册作品以及文件。

经验丰富的版权事务律师能帮助企业规避相关法律问题，若想获得律师的联系方式或者咨询更多关于律师事务所 Knobbe Martens 的信息，请浏览 www.knobbe.com.

专利：保护企业需要了解的十大注意事项

1. 什么是专利。

专利是指政府有关部门向发明人授予的制造、销售或以其他方式使用发明的专有权。在过去的200年间，美国政府颁布了超过800万项专利，这些专利涉及许多不同类型的发明与发现，包括机器、物质合成、方法、计算机软件、植物、微生物以及设计等。美国共有三种类型的专利。

第一种是发明专利，包括收录在专利索赔说明中的许多有用的发明与发现。总体上讲，从专利申请通过当天算起，发明专利的期限为20年。除了专利索赔说明外，发明专利还包括关于发明的书面描述与图示。第二种是外观设计专利，包括非功能性以及装饰性设计专利，并提供相应的图样。这种专利从申请通过当天算起，期限是14年。第三种是植物新品种专利，可以防止他人对受专利权保护的植物进行无性繁殖，或者销售和使用无性繁殖的受保护的植物。有性繁殖（通过种子繁殖）和块茎繁殖的植物则受植物品种保护法的保护。

2. 专利申请的规定。

申请专利的发明必须是新颖的，并且对于大众或者一般水平技术人员来说不是显而易见的。许多专利都是以新颖、实用的方式对之前的发明做了优化组合，以达到改进的效果。设计专利要求专利具有新颖性、非功能性与装饰性的特点，并且这项发明对于一般水平技术人员来说不是显而易见的。在所有情况下，首次评估与专利性审查都是由专利商标局的审查人员负责，只有第一个原创发明人或研发团队才能取得专利权。因此，在海外见过的发明不能拿到美国注册，同样见过原创发明的人也不能申请专利，然而其他人可对已有专利进行改进，并针对这些改进申请专利。在美国提出申请至少一年后审查人员才会对专利性进行首次评估。

3. 什么是专利检索。

当专利申请被接收后，美国专利商标局会对国内以及国外已有专利进行检索，可能会涉及之前的非专利产品，发明者也可以自行搜索以提前对申请成本与通过的可能性进行评估。评估检索结果通常十分复杂，不仅要求对相关技术有所了解，还需要了解专利权法。专利商标局在批准前会授权有相应技术背景的人审查专利事项。专利商标局评估之前，可以找其认可的专利注册律师对可行性进行预评估。

4. 什么是专利通告。

当产品或生产工艺申请专利时，应在产品或一同出现的文字旁标注"专利"或"专利号"，并附注可将产品和专利号对应的网址。在专利产品上附上专利通告可以更好地收集他人侵权的证据。"专利申请中"表明专利已提交申请，但尚未批准。

5. 专利申请的强制性。

如果两个发明人同时对同一发明申请专利，几乎所有国家都规定将专利权授予第一个申请的人。美国则相反，它会将专利权授予第一个取得发明的人。但在2013年3月16日，美国法律借鉴其他国家的做法，规定任何情况下必须在以下时间点后一年内提出专利申请：(1) 首次出版日；(2) 公开使用日；(3) 出售日。美国专利权只在本国有效，在其他大多数国家，必须在专利申请被接收后才可以公开发表或使用发明。而确定发明公开使用或出售的具体日期是十分困难的，如果有相关问题，可咨询律师。其实大多数情况下，如果在美国境内专利在申请被接收后才公开使用，那么其他国家在一年后才会接收其专利申请。因此在这种情况下，国外专利申请需一年后提交。然而一般情况下，美国专利申请公开后，其他申请人就无法在外国再次申请。

美国专利法也为专利申请人提供了一种非正式但成本低廉的专利申请办法，即临时专利申请。它的有效期为12个月，临时性申请不需要接受审查并于12个月后失效，因此，申请人需在临时专利批准后的12个月内提交常规专利申请，外国的规定与此相同。

6. 国际通用专利。

没有哪一项专利是国际通用的，每个国家都有自己的专利法，因此专利只在申请通过的国家有效。比如，美国专利可以防止外来的山寨品在美国销售，但并不能阻止这些山寨品在他国销售。目前有一些国际性公约使得专利申请的大部分前期步骤适用于许多国家，但条件是专利申请在美国注册前未公开披露。最后，作品要在所有适用国家申请专利，并且相关材料需要使用所在国家的官方语言表述。专利合作公约允许申请者在美国专利注册成功日起30个月内支付翻译费与注册费。在这30个月的期限内，专利所有者可以检验专利投入市场使用的效果，进一步评估申请国外专利的潜在收益。

7. 专利与销售权的关系。

美国专利赋予申请人在专利有效期内享有专利使用权，然而并没有赋予申请人制造、使用或出售专利产品的权利，因此就会出现经过改良的专利产品实际上侵犯了之前的专利产品权益的情况。比如，一个人对一种椅子申请了专利保护之后，第二个人对一种摇椅申请了专利保护。此时如果证明第二个人使用了第一种椅子的创意，则第一个专利所有者可以阻止第二个人销售该种摇椅，即第二个人的摇椅侵犯了第一个人的专利。

8. 什么是侵权认定。

侵权认定是指确认一项专利尚未失效的情况下，他人是否未经专利所有者允许擅自将专利产品或方法用于制造、出售、使用等用途。如果经认定，该产品或方法侵犯了专利权，则侵权者需要做出调整以避免侵权，或者与专利所有者协商以获得销售许可证。侵权认定需要对专利法与相关技术都十分了解，因此，如有此类问题，请联系经验丰富的律师。

如果被告被认定故意侵犯他人专利权，则法院可以裁决被告向原告支付 3 倍的损失费以及原告所有的律师费用。因此，专利侵权行为不容忽视。一份由专业律师出具的关于专利是否失效或被侵权的书面意见，有利于对侵权行为提起诉讼。

9. 专利保护与申请成本的平衡。

尽管近期的司法裁决、未决诉讼以及专利商标局改革的提议使得在美国取得与实施专利更加困难，但专利对于大部分科技公司来说仍十分宝贵。一份制作精良的专利介绍书能够吸引投资并提供竞争优势，还能防止竞争者抄袭公司的核心竞争技术，阻碍竞争者在本公司商业市场上进行技术改进或创新改革。专利还能通过谈判杠杆效应获得许可收益。比如，得州仪器（Texas Instruments, Inc.）利用专利获得的收入达 6 亿美元；宝丽来（Polaroid）曾起诉柯达（Kodak）的拍立得相机业务侵犯了其专利权，最终获得近 10 亿美元的赔偿。因此，进行专利投资是十分划算的。另外，被告即侵权方应该迅速采取措施将损失降至最小。

10. 专利资讯。

位于美国首都华盛顿的专利商标局提供了丰富的专利信息及相关信息，其网站和一些私人公司网站也提供专利信息下载服务。美国专利商标局网站（www.uspto.gov）包含超过 800 万条已注册专利的信息。

经验丰富的律师能帮助企业避免卷入专利纠纷，若想取得律师的联系方式或者获得更多的信息，请登录 www.knobbe.com。

上述信息来自美国一家主要的知识产权公司，它强调培养专业素质的重要性。稍后的"地球村"专栏会介绍国际知识产权法。《创业者》杂志为美国企业推荐以下网址：

- USPTO.GOV

提供专利、商标以及知识产权的法规、政策方面的资讯。

- INVENTNOW.ORG

与 IVENT.ORG 相关，这个面向青年人的微型网站十分擅长将管理知识产权文档的工作化繁为简，通过此网站能够了解更多详细内容。

- GOOGLE.COM/PATENTS

提供的内容兼顾了实用与有趣的特点，包含超过 700 万个专利，从捕鼠器到液压系统，甚至寿司的做法等。

- PAT2PDF.ORG

从网上可方便地获得专利信息并以 PDF 的格式下载，这对于通过 DIY 来发明创造的人十分有用。

- INVENTORSDIGEST.COM

介绍发明者、知识产权开发者的相关信息以及知识产权发展趋势与相关注意事项。

- PATENTWIZARD.COM

该网站由一位专利方面的律师设计，它从临时专利申请的第一步起，帮助申请者解决申请问题。

- PATENTPRO.US

提供以个人电脑为基础的专利申请软件，虽然需要通过学习才能掌握，但它可以帮企业申请到有价值的专利。

史蒂夫·布兰克（Steve Blank）的起步工具可以帮助发明者以及网站软件开发者找到大量相关资源。《美国发明法案》（America Invents Act）推动了专利改革，要注意搜索结果是否为最新的信息。

10.7　注册商品

那些不打算将自己的发明投向市场的发明者会选择与有生产能力、经济实力、营销能力的公司签订商品授权书，之后该公司将获得在市场上销售该商品的权利。大多数发明者没有将发明商品化的愿望，或者在时间上不允许，或者商品化的时机虽然成熟但自行安排生产、筹集资金需要大量时间。此外，相对于经营企业，许多工程师与科学家更热衷于发明创造。

麻省理工学院项目组编写了一份十分全面的发明家手册，该手册对有关产品许可的内容进行了详细描述。若希望在保护好专利权的同时进行产品授权，需要付出大量的努力，争取其他人（包括法律顾问）的帮助。只有不到10%的创业者成功获得了授权。请各位创业者认真调研，努力做好这些法律工作。

> **地球村**
>
> ### 国际知识产权法
>
> 由于进出口产品和服务的技术含量和信息成分不断增加，国际法重点关注美国不断增加的进口商和出口商。开展海外业务前，需要认真了解其商品适用的专利、商标、版权和商业秘密法等。根据美国国际法学会的资料，其他地区的知识产权法包括发表权、道德权利、侵占和不合法竞争、原产地地理标志、数据库保护、经营许可证和产品标识、植物新品种保护、集成电路保护及著作权（其中还包括禁止绕过反盗版技术法）等内容。
>
> 根据以下网络资源开展初步研究，然后与国际知识产权法的律师讨论。法律的表达与实施在每个国家都不一样，但在国外市场还有很多保护企业的方法，不同环境中的每种方法都有自己的优点。
>
> 律师熟悉一些切实可行的实践案例，而且能提供有效的法律意见，可以在遵守法律的情况下帮助企业运营。没有哪个创业者愿意看到企业因法律问题而倒闭。
>
> 想了解更多关于国际知识产权法的内容，可以利用以下资源：
> - 美国国际法学会（电子资源指南）可以给企业管理人员提供很好的指引，其中包括调查方案如何制定、一手和二手资料来源如何获取，还推荐了网站、博客、相关组织、电子通讯和讨论清单等。
> - 世界知识产权组织记录了全球知识产权法的变化和发展，让使用者有机会使用收录了国际知识产权法、注册事项、各种条约的多种类型的数据库。
> - 全球法律咨询网络通过美国国会图书馆提供了可供检索的法律数据库和规章，还有其他补充性的法律信息资源。
> - 新加坡国立大学的"A Select Guide to Patent and Trademark Information"和世界知识产权组织的"WIPO GOLD"都是全球在线资源，可以为人们提供专利、商标和其他信息的搜索服务。

斯隆（Sloan）兄弟在所著的《启动国家》（*Startup Nation*）一书中介绍，在推出新产品并支付授权费前，公司通常会评估一些重要因素，如客户反馈、零售价格点、单位制造成本、竞争状况、生产可行性以及市场机遇等。

小　结

　　企业管理者需要参考律师、会计师及企业顾问的意见来决定企业的法律形式。在企业的成长期，还要根据变化与法律及财务团队重新评价公司的法律形式是否合适。但需要注意的是，改变企业的法律形式通常十分困难且耗资巨大。

　　合伙经营之路可能很曲折，所以请先评估是否需要合伙人，以及合伙人的选择恰当与否，建议不要在没有法律顾问帮助的情况下加入或者创建合伙企业。

　　家族企业对于一些人来说是幸事，对于另一些人则可能是煎熬。只有进行充分评估并深入沟通才能共同获利。别忘了，有时一点幽默即可化解很多矛盾。

　　学会运用版权、商标、专利来保护自身利益，授权过程中需要知识产权方面的法律顾问的帮助。法律问题十分重要，一点偏差就可能让经营者后悔莫及，所以细微之处都不能放过。因此，请尽力寻找最好的且可行的法律建议，另外对于网络上的法律建议，在参考前请务必斟酌。

制胜关键

- 将所有细节都形成文字。
- 如果小规模企业发展良好，请保持简单的组织结构，同时逐步采取措施保护企业正常发展。
- 许多企业需要外部资金注入，企业结构会阻碍或者增强企业获得投资的能力。
- 不为政府多掏腰包，但是必要的费用还是要付，根据自身需求与法律约束，与会计师和律师一起评估企业的结构。
- 即使新创企业采用的是股份制，许多银行在贷款时仍需要企业创办人以私人财产做担保，请注意将个人财产担保用在合适的地方。
- 随着企业卷入官司的数量增加，大多数企业都会考虑改为股份制公司。
- 遵守知识产权法，保护自身利益。
- 沟通是家族企业成功的关键。
- 不论选择何种形式的企业结构，若希望成功，都需要管理者努力经营、防范风险，同时还要有一点点运气。

第 11 章

团队建设与共赢：精诚合作，遵纪守法

> **学习目标**
> - 承认个人能力有限，即一个人无法把所有的事情都做到最好。
> - 理解技能与角色互补对于企业生存的重要性。
> - 探索组建团队的新方式，包括虚拟组织。
> - 审视周围的人，看看有没有与你志同道合的伙伴。
> - 对独立合同工这一用工方式进行调查。
> - 探索员工租赁这一用工方式。
> - 识别出员工面试、雇用和解聘过程中法律陷阱。
> - 了解雇用员工的真实成本。
> - 了解遵守劳动法的重要性。
> - 避免性骚扰法律诉讼。
> - 确定员工薪资保险的重要性和成本。
> - 学习如何壮大你的团队。
> - 找到能为你指点迷津的创业导师。

随着业务的发展，你将面临众多有趣而又富有挑战性的任务，其中包括组建一个优秀的团队。现在，组建你梦想的团队的时刻终于到了。由于在创业初期你会面临极大的风险，因此，你需要找到愿意每周一起工作的合作伙伴。这是一个把支持你实现梦想的人团结在一起的好机会。首先，你需要客观地审视自我，然后组建一个能在业务上、心理上、财务上满足你的需要、帮助你成为成功创业者的团队。本章将为你介绍组建一个优秀而又强大的团队的多种方式。

组建团队时，需要将与你志同道合的人聚在一起。在小型企业中，与团队成员分享成功的回报是非常重要的。每个员工都对小企业的成功作出了重要的贡献。作为一个公司的领导人，你必须身先士卒地坚守创业时设立的企业愿景。首要的责任就是用你的激情来激发员工，不断地向团队成员传达企业的使命。章末的"另一个视角"将详细地描述如何找到创业型员工来帮助你成功创业。

成为一名创业者是很有趣的。你一个人做主，做着自己想做的事情，拥有一份自己的事业。最困难的事情之一就是你不得不承认，你不可能也没必要一个人完成所有的任务。一旦你认识到自己需要他人的帮助，那么本章内容将为你提供巨大的帮助。

组建一个优秀的团队，人员结构的互补平衡、构成比例、正确的人选以及合适的性格都很重要。你需要一个具有丰富的经验、知识、专业技能的激情四射的团队。表11—1列出了组建创业团队的关键，来帮助你的团队不断壮大并取得成功。

表 11—1　　　　　　　　　　　组建和塑造创业团队的关键

当创业者和雇员都对业务深信不疑，都愿意承担企业的成长风险时，创业团队才会发展壮大。在组建团队时，你需要关注以下方面：
1. 向团队成员传达成功的信念。
2. 雇用忠诚度高的员工。
3. 注重员工的态度而非天赋。
4. 寻找有创造性思维的人。
5. 雇用创业型员工。
6. 寻找坚韧、有毅力的员工。
7. 寻找自我驱动型员工。
8. 充分授权。
9. 奖励员工。
10. 庆祝个人与团队的成功。

11.1　创业团队

当别人翻看你的商业计划书时，最引人注目的就是你的创业团队具有丰富的行业经验、知识技能和创业成就。投资者最想看到的是你用自己的钱和时间来学习，而不需要浪费他们的时间与金钱，因此他们会对团队背景进行深入的调查。创业者需要向投资者保证，自己的团队成员有足够的经验、知识和能力来确保这次创业取得成功。所以，创业团队的背景信息是投资者在翻看商业计划书时最常看也是最先看的部分。

下面介绍几个团队管理的例子，虽然只作了简单介绍，但能够表明创业者知道自己在做什么。供应商、银行家和投资者都坚信，过去的成功是未来取得成功的最佳预测指标。

制造团队

比尔·琼斯（Bill Jones）和李·格雷（Lee Gray）从事健身行业已超过11年。比尔负责产品设计，李是销售代表。比尔开发了一款"FastBike健身单车"，并为其注册了专利。与阶梯踩踏机相比，这款单车能够更快地燃烧脂肪，销量超过了10 000台。过去4年间，李在Acme运动设备公司的全部销售人员中排名前10%，他的销售总额累计超过800万美元。

比尔雇用李担任销售副总裁，聘请埃德·里格斯（Ed Riggs）担任制造副总裁。埃德最近刚从一家运动企业的制造经理职位上退休，他拥有普渡大学的运营管理学位，拥有超过20年轻型装配制造平台的管理经验，并且在两所大学兼职，教授质量控制管理课程。此外，比尔还请来了对制造业有着丰富经验的退休注册会计师简·威尔克斯（Jan Wilkes）担任公司的兼职首席财务官。

餐厅团队

多萝西·伦农（Dorothy Lennon）曾经在丹尼尔·格雷酒店（Daniel Gray Hotel）做主厨，获得过许多含金量很高的奖项，在社区也有很高的知名度。现在，作为 Éclair 烘焙工坊的创始人之一，她将担任公司总裁，全职投入到工作中。多萝西拥有西式糕点主厨证书，还参加过巴黎烹饪学院的培训学习。她负责后厨的监督管理工作，拥有公司（有限责任制）大多数利润的收益权。莱斯利·珀克（Leslie Perk）在 12 月之前一直担任 French Connection 连锁餐厅的培训经理。如今，她将担任总经理，由福尔茨（Foltz）夫人进行监督指导。帕特·瓦特（Pat Watter）是小股东，他将留在 Crooked Creek 乡村俱乐部做食品与饮料经理，但是在有需要时，他会监督公司的投资情况和会计事务。

虚拟团队

来自印第安纳州波利斯市的艺术家南希·希普（Nancy Hipp）打算开发一个安妮·盖尔在线儿童书店。则从纽约一家出版公司管理岗位退休的辛迪·巴恩（Cindy Barn）将负责所有在线订单的管理。她曾在出版社做管理工作，以后将继续在纽约工作。来自亚利桑那州的帕特·特兰（Pat Tran）、来自佛罗里达州的佩吉·高尔特（Peggy Galt）和来自艾奥瓦州的特洛伊·鲍尔（Troy Ball）三人曾是老师，他们将负责回应顾客的请求和检查新书。儿童图书管理员珍妮弗·许（Jennifer Shue）和埃米·彼得斯（Amy Peters）将在他们位于西北部的家里负责书评撰写和图书检查。

不论你以何种方式开始创业，你都会在某一个时点深刻地感受到你需要他人的帮助。前面的例子表明解决问题的最佳方式是组建一支创业团队。当你开始探索如何满足业务需求时，别忘了寻找那些能力、性格与你相匹配的人来助你一臂之力。

举个例子：有这样一家企业，老板的人际技能很差，除了最忠实的顾客和最吃苦耐劳的员工之外，他几乎把所有人都吓跑了。他的哥哥发现了这个问题，感觉企业正在走下坡路。因此，哥哥找机会跟弟弟说明了问题的严重性。最后两个人达成一致：有关前台及与顾客沟通的事情都必须限制老板接触。几个月后，公司的业务重回正轨，员工和顾客也都更加安心和开心。

找到你自己的长处，剩下的就留给别人来做吧！

首先，我们将讨论各种用工方式，这些方式有助于你扩大业务但不需要增加全职或兼职人员。

11.2 虚拟组织与外包

虚拟组织与外包不只是流行术语，它们已成为数百万小企业的用工方式。科技的进步与便利的沟通方式使得创业者不必再依靠规模、速度和灵活性的血拼来与大企业竞争。多如牛毛的法律法规和条条框框导致创业者在组建团队时面临成本高、约束多以及难度大等问题。因此，许多创业者转而采用虚拟组织和外包的形式来生产产品或提供服务。

让我们来看看老式电影制片厂是怎样工作的。这些制片厂无论好坏，都得拥有自己的房子、工作室、机器设备；它们有自己的签约演员；还有许多用来制作电影的固定资产。大多数老式电影制片厂都变成庞然大物，在重蹈"恐龙灭绝"的覆辙。

如今，取代它们的是一支支创造力极强的项目团队，这些团队只在电影制作时组建，项目完成后就解散，等到下次有机会时再聚在一起。项目团队所需的设备都是租借来的，而且每个部分的工作都外包给相应的专业人才。这些团队的运作采用虚拟组织的形式，而虚拟组织就像是一支"梦之队"，可以充分利用市场中存在的机会。

一家广告公司可以先由一个创业者组建，为客户提供促销解决方案。一旦方案得以通过，创业者立即召集许多自由职业者，包括设计师、文案撰稿人、摄影师、模特、演员以及专业媒体人来完成这个广告方案。这种虚拟广告商的形式只需很少的管理费用，却能够迅速准确地找到各种人才，把大家聚在一起来为客户提供质量更好且价格更低的广告方案。当今的科技水平使得独立创业者能经常与大公司竞争。

假设你有一个关于小装饰品的创意，开发设计了一个原型，在展销会上展示，拿到了订单。你是建自己的工厂、雇用工人来生产，还是选择外包？如今，通过北美产业分类代码和行业资讯，你可以方便地找到装配、包装、纸箱制造、食品加工、工具制造、公共仓库、销售代理等各种外包所需资源，可谓有求必应。

例如，Scotty B's Hot Sauces 酱料公司的博比·沙德（Bobby Chade）在购买了一家小企业之后，需要寻找新的供应商。这时他面临一个问题：公司的销售增长会不会很快超过小型包装公司的产能？是否应该找一家可以随时满足公司销售增长需求的包装公司？他最终选择了一家大型包装公司，希望它们能不断提升产能。

此外，还有一个印刷制造商发现，她的销售能力比印刷制造的能力强得多，所以她把自己重新定位为"印刷代理商"，利用自身的知识，在众多的印刷制造商中为不同的印刷品选择最合适的制造商。她把自己的印刷厂卖给了一个员工，同时借助虚拟组织的形式联合了 50 多个有经验的专业印刷制造商，为不懂印刷的客户提供帮助，使自己的收入成倍增长。

对于目光敏锐的虚拟创业者来说，规模的精简为企业迅速成长创造了良好的机会。这些好处包括：
- 有机会向业内专家学习经验与技能；
- 通过大规模外包使人们竞相为你工作；
- 只为所需的服务付费；
- 产品数量灵活可变；
- 可靠性更高；
- 质量更好，一致性更高；
- 内部开发成本更低；
- 保持灵活性，快速应对新的市场机会；
- 更低的员工薪酬福利支出；
- 更低的招聘与培训支出。

由上述好处可以看出，虚拟组织应该是积极的客户驱动型和机会关注型组织。其绩效标准的设定至关重要，合作伙伴之间应达成共识，有共同的愿景。

虚拟组织可以存在数周、数年，然后随着市场机会被充分挖掘而迅速解散。在组建虚拟组织时，你要有计划，这样才知道自己应该怎么做。"行动步骤46"可以帮助你更好地利用虚拟组织这一形式。由于技术进步非常迅速，虚拟组织在高科技行业十分普遍，企业需要以闪电般的速度和较高的精确度来应对市场的变化。

> **行动步骤 46**
>
> **考虑虚拟组织与外包**
>
> 1. 根据需要列出可以帮助你的人和企业的名单，包括员工、独立合同工或顾问。为了尽量减少管理费用，你应该到处走走，多问问，积极寻找与你有着共同愿景的人或企业，然后根据情况不断调整人员名单。
> 2. 如果你想把图形设计、会计、人力资源、生产制造等方面外包出去，那么现在是时候研究可能用到的资源和相关的成本了。第 8 章提到要关注创业成本和运营费用，你应该在那时就开始对外包策略进行研究。如果没有，为时未晚，一起来研究大规模外包策略吧！
> 3. 探索合资企业模式。
> 4. 探索战略联盟模式。

11.3　与其他企业合作

考虑企业间的合作，发挥各个企业的专长共同为市场提供产品或服务，并共同承担风险。例如，如果你有一个新产品，那么一个包括自带零售商和最终消费者的团队可以帮助你解决分销过程中的很多问题。企业经常采用两种基本的形式来进行合作：合资企业与战略联盟。

合资企业（joint venture）通常是指两个或两个以上的企业在共同目标的驱动下进行的合作，其中包括成立一个独立的新组织，合作双方共同所有、共同控制。合资企业通常有自己的管理层、员工、产品系统等。合作通常限于一定范围之内，并且提前约定好期限。要了解合资企业的案例，可以访问 Public Legal and Inc 的网站。

战略联盟（strategic alliance）是指两个或两个以上的企业在共同目标的驱动下，基于正式的协议和商业计划进行的合作。与合资企业不同，战略联盟不需要建立一个独立的新组织。战略联盟的目的在于，通过利用联盟中其他企业的优势来提高自身的竞争力与能力。根据不同的需要，联盟网络的构成形式也是多种多样的，表现在功能、结构和组织等方面有所不同。

11.4　独立合同工

当你开始创业时，对于小时制和项目制的工作，采用**独立合同工**（independent contractors）是一种非常好的用工方式。这有助于把初创期的管理费用控制在较低的水平。然而，许多人对独立合同工有误解。如果你告诉一个劳动者，什么时候开始工作，什么时候结束工作，并为他提供工具和办公设备，你就相当于把他雇用为自己的员工。与此相对，如果工作是任务导向型的，由劳动者自己设定工作时间，你根据工作内容而不是工作时长来支付工资，并且工作的地点不在你的办公室，而是在劳动者自己的住所，那么他就是一名独立合同工。

使用独立合同工可以节省许多费用，例如：不用购买社会保险、医疗保险、工资保险、健康保险，没有带薪休假、年假、病假，等等。大多数雇主都可以找到不用给予福利的雇员来为他们工作。但是迟早有一天，独立合同工也会出现受伤、失业或争取社会保障的情况。当他们这样做时，政府就会找到雇主，让他们支付罚金。因为在政府眼里，这些独立合同工也属于企业雇员。

让你的注册会计师和律师重新研读使用独立合同工的法律法规，因为使用独立合同工的规定非常严格，罚金也很高。另外，独立合同工的使用情况会受到美国国内收入署和州收入署的严格监督和审查。更多详细要求可以参见美国国内收入署公布的15-A 文件的简版说明（见表 11—2）。

表 11—2　　　　　　　　　是雇员还是独立合同工

（摘自美国国内收入署发布的 15-A 文件）

通常，雇主必须为每一位雇员扣缴个人所得税，支付社会保险和医疗保险并依据工资来支付失业税等。但雇主无须为独立合同工扣缴和支付任何税费。

（一）普通法的规定

根据普通法的规定，要想判断一个个体是雇员还是独立合同工，需要考察他与企业的关系，所有能够证明雇主对雇员的控制程度和雇员的独立程度的信息都需要检查。

关于控制程度与独立程度的证据事实可分为三类：行为控制、财务控制和双方关系的类型。下面将分别讨论。

1. 行为控制

企业是否有权指挥和控制劳动者如何做事，是该劳动者是否为企业雇员的有力证据。该类证据事实包括的行为类型和程度如下。

（1）企业给予劳动者的工作指引

劳动者服从企业的工作指引，包括何时、何地以及如何工作。下面是各种类型工作指引的例子。

- 工作的时间和地点；
- 使用哪种工具和设备；
- 雇用什么工人来协助工作；
- 到哪里采购产品或服务；
- 每个个体应该做什么工作；
- 工作必须遵循的流程与顺序。

由于工作性质不同，工作指引的类别千差万别。即使没有明确的工作指引，如果雇主有权控制工作的产出和结果，那么也可能存在明显的行为控制。有的雇主可能缺乏知识来指导高度专业化的专业人员，或者有些工作并不需要指引或只需要少量指引。因此，最关键的考虑因素是雇主是否有权控制劳动者的工作细节。

（2）企业给予劳动者的工作培训

企业会对雇员进行培训，让他们以特定的行为方式来工作。独立合同工则通常用自己的方式来工作。

2. 财务控制

企业是否有权控制劳动者工作的业务方面的证据事实有：

（1）劳动者不用偿还业务费用的程度

与雇员相比，独立合同工更加不需要偿还业务费用，尤其是那些无论工作是否进行都会固定增加的成本。然而，雇员为企业服务也可能产生不用偿还的费用。

（2）劳动者投资的程度

独立合同工为他人提供服务时，通常会为自己的工具和设备进行明显的投资，而这种明显的投资对他来说并不是必需的。

(3) 劳动者在相关市场提供服务的程度

独立合同工通常是自由流动的，可以自由寻找业务机会。他们通常会做广告，有办公地点，为相关市场上的企业工作。

(4) 企业如何支付劳动者工资

雇员通常以小时、周数或固定周期计酬，即使工资以佣金的形式发放也是如此。这通常能说明这个劳动者是企业雇员。而独立合同工通常是按照时间和工作材料的投入一次性收取报酬。但是，在有些专业领域（例如律师行业），独立合同工通常按小时收取报酬。

(5) 劳动者对收益和损失的感知

独立合同工有可能获得收益，也有可能面临损失。

3. 关系的类型

表明双方劳动关系的证据事实包括：

● 以书面合同的形式确定双方的关系。
● 企业是否为劳动者提供了雇员才有的福利，如保险、养老金计划、假日工资、病假工资等。
● 双方关系的存续期。如果你在招聘劳动者时期望建立一种稳定、长期、具有持续性的关系，而不是为了满足一个特定项目或一段特殊时期的用工需求，那么这个证据事实通常说明你已经与劳动者建立了雇主—雇员关系。
● 劳动者提供的服务对于企业日常业务的关键程度。如果一个劳动者提供的服务是企业关键的日常业务活动，那么企业可能拥有控制和指挥劳动者工作的权利。比如，一家律师事务所雇了一名法律顾问，很有可能把这名法律顾问的工作视作律师事务所本身的工作，律师事务所有权控制和指挥他做这些工作。这就说明双方的关系是雇主—雇员关系。

（二）雇员的错误分类

1. 把雇员当作独立合同工的后果

如果你在没有任何正当理由的情况下把雇员当作独立合同工使用，你可能会承担为他支付雇佣税费的责任（免责条款如下）。更多的信息参见《美国国内税收法规》第3509条。

免责条款：如果你有正当理由不把一名劳动者当作雇员，则不需要承担为他支付雇佣税费的责任。为了使免责条款生效，你需要把所有关于企业对待劳动者的资料形成申请文件寄给联邦政府相关机构。你还需要证明企业自1977年以来不曾有将任何在与该劳动者岗位类似的岗位上的人当作雇员的先例。

2. 被错误分类的劳动者可以提交社会保险税收表

如果有劳动者认为自己被雇主错误地分类为独立合同工，可以向美国国内收入署提交一份特定的申请表（表格8919），以此来计算和申报本人依据工资总额应领取的社会保险和医疗保险费用中尚未领取的部分。

资料来源：http://www.irs.gov (Accessed March 3, 2012).

除此之外，你还要意识到各州的法律比联邦法律更加严格。来自加利福尼亚州的律师罗伯特·伍德（Robert Wood）说："加利福尼亚州的劳动和劳工发展局可以因'故意将雇员错误分类'而处罚你，每次的罚金500~15 000美元不等。如果你是'习惯性'地'故意将雇员错误分类'，那么每次处罚的罚金将高达25 000美元，而且这笔罚金是在现有的罚金、利息和税费之外追加的处罚。"

如果你以独立合同工的方式用工，要谨慎：假如员工对此感到不满意，而你没有按照美国国内收入署的规定来处理，他们可能会起诉你。此外，如果竞争对手觉得你采用独立合同工的用工方式对他们来说是不公平，他们会把你的情况汇报给美国国内收入署，你将不得不接受美国国内收入署的调查。

11.5 员工租赁

可以考虑采用员工租赁的方式来降低管理费用、减少烦琐的文书工作和法律事务、降低高昂的福利费用等。与实物资产租赁不同,你租赁的是人——员工,这些员工由员工租赁公司支付工资并负责绝大多数人力资源管理事务。租赁公司提供的人力资源服务既包括套餐服务也包括单独一项服务,你可以根据需要购买。

一家员工租赁公司可以帮助你遵守联邦、州以及当地的各种劳动法。加利福尼亚州和联邦的劳动法都超过了460页,因此,遵守这些繁杂的法律需要花费大量的时间。加利福尼亚州商会下属的加州人力资源协会(HRCalifornia)是一个可靠的信息与业务支持来源,它们提供的雇佣检查清单显示:你需要为每个新雇员完成至少25个法律步骤。由此可以理解,为什么许多小企业创业者抱怨他们花费了超过25%的工作时间来处理雇员的文书工作。每一位创业者都需要评估自己的时间价值,提高时间的使用效率,而处理这些文书工作既不能给公司带来销售收入,也不能创造利润。

如果你的企业不止在一个州开展经营活动,每个州的法律不断变化,那么你必须得研究对这些法律。如果你是通过员工租赁公司来雇用员工,就可以通过转移大多数责任来遵守不断变化的法律。

除了法律事务外,大型的职业雇主组织还有一个特别的优势在于,它们有能力为雇员提供健康保险和退休计划,这些通常是小企业无法提供的。很多时候,小企业因无法提供这些福利而流失高素质人才,无法留住优秀员工。由于存在规模经济性,大型员工租赁公司能以较低的成本为租赁的员工提供这些福利。为保证安全,我们建议你找一家记录良好、财务背景清白的员工租赁公司。美国职业雇主组织全美联合会(National Association of Professional Employer Organizations)提供了更多关于员工租赁的信息。

员工租赁一开始可能会花较高的费用(大约占工资总额的2%~6%),但是有很多其他好处,例如:

- 由员工租赁公司对员工背景进行调查;
- 不必考虑解雇事宜,如果觉得员工不适合这个岗位,把他送回租赁公司即可;
- 降低员工流动率;
- 由租赁公司负责员工的薪酬;
- 由租赁公司负责员工的培训和开发;
- 租赁公司有最佳的实践经验和政策;
- 降低了员工招聘成本,如招聘广告费、面试时间、背景调查等。

11.6 筹备招聘工作

创业者通常会问的一个问题是:什么时候开始招聘比较合适,我应该何时开始雇用我的第一名雇员？也许你现在需要一名全职的雇员，但是，许多小企业创业者都会选择先雇用兼职人员、短期工人和独立合同工等，直到创业者强烈意识到究竟需要做什么，到底需要怎样的人选，才会考虑雇用全职雇员。有些企业甚至一直都不雇用全职雇员，而只雇用兼职人员。查伦·韦布（Charlene Webb）的公司就是最好的例子。

一支由兼职人员组成的团队

查伦·韦布组建了一支由兼职人员组成的优秀团队。她把炊具店卖掉之后，重新开了一家专门制作女士服装的小店。小店只有大约2 000平方英尺，位于一个高档社区的小型购物中心，而这个社区的人口不超过60 000人。

查伦发现，最理想的雇员是那些积极参与社区活动，而且每周只想工作一天的本地女性。周一的销售员是一位高尔夫球手，她在乡村俱乐部的朋友会在她上班的这天到店里探望她并购买一些衣服。周二的销售员是一位网球运动员，她的朋友也会跟她一起待在店里。周三的销售员是一位帆船教练，同时也是当地最大的帆船俱乐部的会员。周四的销售员是一个养老院志愿者组织的领导者。周五的销售员是一个著名的家庭教师协会的会员。周六的销售员是一位律师的妻子。这些充满活力的女性都对时尚非常了解，对顾客的生活品味与需求也把握得非常到位。除了作为一名销售员外，她们也是免费的市场研究员。她们是最好的顾客和雇员，从来不会对日常事务感到厌烦与疲惫。此外，她们还可以以一半的价钱从店里购买衣服，时刻充当最好的流动模特。

查伦服装店的例子展示了一个由兼职人员组成的团队如何击败由全职人员组成的团队。但是对大多数企业来说，这个例子是不太现实的，多数企业需要的是全职的、忠诚度高的员工，这是招聘目标的一部分，关系到企业未来的成长。

如果你需要高技能人才，或者能带领企业走向下一阶段的重要人才，就需要根据行业和经济状况为他们提供额外的奖励。比起大企业的官僚主义，高技能人才更喜欢有创业氛围的企业。如果他们认同企业的创业愿景、使命与激情，看到了企业未来的经济回报，也许不会太在意现在的薪酬较低。许多企业（尤其是高科技企业）雇用的员工可以通过获取一定比例的业务提成来弥补较低的工资。

当员工数量不断增加时，你必须意识到能力不是唯一的衡量指标。你是在组建一支像你一样希望企业成长和繁荣的团队。只有能力强且自我驱动的团队成员，才能促使企业扩张和成长，从而保证创业成功。章末的"另一个视角"对创业型员工的特征有进一步的讨论。

招聘新员工的第一步是撰写工作说明书。一份好的工作说明书应简洁明了，长度控制在一页或一页半以内，简单罗列工作环境、体力要求、工作内容与工作职责的重点。例如，一个空调装配员在工作中需要带着重约50磅的箱子四处奔波，每天使用电脑4~6小时，每个月去芝加哥出差两次，每年参加一次在佛罗里达召开的会议，驾驶公司的货车穿梭于整个城市送货。

需要注意的是：你也许找不到最合适的员工，所以不要设定太多的限制条件。然而，如果一个小企业招错了员工或者员工的能力有限，这种成本往往是难以承受的。另外，尤其要注意那些会让大家变得不开心的消极员工。

如果过去的经验不是招聘时考虑的重要因素，那么可以尝试从职业学校、中等专科学校的应届毕业生中招聘。本地学院和大学都有就业指导中心。还可以从资助员工培训的社会机构提供的项目中寻找没有太多经验的员工。

另外，可以考虑通过公共或私人的职业介绍所进行招聘，临时中介代理机构也能够提供短期用工的帮助。通过临时中介代理机构进行招聘，好处是你可以在与员工签订全职就业协议前充分考察他们的能力。许多企业家都会从中介代理机构处雇用员工，以避免与员工直接签订合同所需承担的责任和繁杂的文书工作。或者像前文介绍的一样，通过某一个职业雇主组织来招聘员工。

Monster.com，LinkedIn.com 以及 Craigslist.com 等网站为你提供了大量的招聘信息资源。如果你需要招聘在某一特定领域受过良好教育且具备熟练技能的员工，那么你可以向专业的招聘公司寻求帮助。此外，针对特定市场的招聘网站也是一种有效的招聘渠道。全美各个协会组织都会把招聘信息发布在自己的官网上。对于许多行业来说，一条发布在推特或脸书等社交网站上的信息都会带来不少潜在的员工。

如果你刚开始创业，也许想通过自己的关系网招聘员工。你可以把工作说明书以电子邮件的形式发送给朋友和其他人，看看是否有人帮你找到合适的人选。你要记住，虽然解雇一名由亲友介绍的员工或许非常困难，但是这对小企业来说十分重要，要想创业成功就必须将不合适的员工尽快辞退。利用关系网招聘面临的另一个风险是，你可能会雇用一名亲戚或来自客户和竞争对手的员工，从而埋下一个隐患。

在招聘过程中最重要的是，尽量在合法的情况下充分利用自己的能力对所有的应聘者进行深入的调查。遗憾的是，解雇员工通常会引致法律诉讼——不管公平与否，都会给你带来金钱与时间上的损失。因此，你要确保自己有一名合格的法律顾问，可以随时帮助你处理任何与劳动关系相关的法律事务。

你要做好以下准备：在创业初期，员工不断流动，不管是员工主动辞职还是被你解雇，都会有人员流失。餐馆和零售商店应该在刚开始的几个月内超额雇用员工。

建立包括招聘、解雇、管理员工等在内的一系列人事制度。人力资源协会和各州商会可以提供很好的工具来帮助你建立人事制度和政策。如果你想给员工发放录用通知，工资最好以周或月为基础来计算，避免作出长期雇用的承诺。当然，最好还是不要提供录用通知，在某些情况下，录用通知意味着双方签了协议。你若与员工保持一种"随意"的关系，就意味着只要你想解雇这名员工，你随时都可以解雇他。你应该反复审查企业的人事制度，确保该制度与"随意"原则不违背。同时，查阅你所在州的法律，看看是否允许你与员工建立这种"随意"的关系。即使允许，你也可能在解雇员工时面临较大的风险。因此，在解雇员工之前一定要咨询法律顾问的意见。

另外，如果你的企业注重竞争与隐私，你就应该与法律顾问联系，一起商讨起草员工的竞业禁止和保密协议。这种协议在高科技行业普遍存在。

网站 http://www.hrtool.com 可以帮助你使用在线软件制定政策。请记住，你在网上填写的任何表格都要让法律顾问审核，确保没有违反联邦和州法律。

在招聘与雇用过程中，必然会存在一些潜在问题。我们建议你向 Integrity，ADP 和 Paychex 等人力资源专业服务公司寻求帮助，让它们帮助你处理所需的法律文件和工资问题。这些企业还提供法律更新服务，以确保你的人事制度没有违反多如牛毛的联邦法律和州法律。处理与雇佣相关的事务对雇主来说是一条充满艰辛的道路，因此我们建议你最好不要一个人走。另外，可以聘请一家专业薪资服务公司来帮助你避免可能因表格填写错误而带来的处罚。

遵守法律，善意行事，聘请专业的薪资服务公司，可以让你减少雇用过程中的各种麻烦与问题。

11.7 面试的注意事项

面试是一门艺术，你提出的问题不仅要具备洞察力，还要注意用词，避免因用词不当而被告上法庭。在第一次面试应聘者之前，你需要认真考虑以下几方面的问题。

11.7.1 询问正确的问题

以开放式问题开始提问，不要过多地闲聊，因为你可能会不经意问了对方一些不合适的问题。例如，"格兰齐科（Grenchik）是一个有意思的姓，你是哪个国家的人？"这样的问题也许会被应聘者认为是一个带有国别歧视的问题。

根据岗位说明书和工作职责，有针对性地列出适合招聘岗位的问题清单。为了避免任何关于歧视的起诉，最好对每一位应聘者都询问相同的问题。所有的书面申请材料都要交给律师过目，确保不带有歧视性质。以下这些问题示例可以帮助你准备问题清单：

1. 你为这次面试做了哪些准备？
2. 在之前的工作中，你是如何克服难关和障碍的？
3. 你之前有自己独立开展工作的经历吗？是如何进行的？
4. 工作中的哪些方面能给你带来满足？
5. 在你的工作经历中，什么事最难忘？
6. 你期望从上级那里得到什么？
7. 你是否组织过活动？请举例。
8. 对于前一份工作，你喜欢和不喜欢的地方分别是什么？
9. 你如何应对变化和不确定性？
10. 举一个你在之前的工作中参与团队合作的例子。
11. 你工作做得最出色的地方是什么？
12. 如果我给你之前的两个上级打电话，他们会告诉我关于你的什么事情？
13. 你最喜欢哪一种类型的挑战？
14. 描述在前一份工作中遇到的难题，并说明你是如何克服的。
15. 领导需要怎样做才能够最好地支持你的工作？

对于那些需要特定经验的工作而言，过去的行为是对未来行为最好的预测。你需要准备合理的问题来询问与你的业务有密切关系的具体事例，以了解应聘者过去的行为。通过这些问题，你可以评估应聘者的行为、相关技术、能力、知识和经验。如果你要招聘一名办公室经理，你要问的问题可能是："在前一份工作中，你是如何权衡并兼顾员工个性的多样化与完成工作任务的关系的？"

想判断一个人的思维速度、创造性和创新能力，你需要询问类似的问题："如果你从宜家买了一张办公椅，你怎样开始组装它？""你如何利用社交媒体来促销产品？""在前一份工作中，你做了哪些事情来提高员工的士气？"在一个新创企业，每位员工都可能身兼数职，因而你需要评估新员工的灵活性。

通常，雇用创业型员工是一种挑战。但是，找到富有正气、愿意学习和成长、具备良好常识、充满活力与热情的员工将是一个很好的开始。同时，你也需要寻找责任心强、能够自我驱动的员工。

在面试期间，确保你不会被其他事情打扰，以让应聘者感到舒适自在。在整个面试过程中，你要认真倾听，并回答应聘者提出的问题。同时，做好记录并鼓励应聘者多提问。确保双方都清晰地了解此次面试的目的，将本次面试和招聘流程阐释清楚，包括时间进度、资料审查以及背景调查。

在面试即将结束时，回顾一下所做的记录。问问自己以下问题：（1）该应聘者是否有能力并愿意做这份工作？（2）我能否管理好这样一名员工？（3）我和团队的其他成员是否愿意与该应聘者一起工作？（4）我的顾客对此有何反应？

"行动步骤47"要求你确定几个补充问题，以满足特定的工作要求、行业要求和工作环境要求。为了确认应聘者是否有责任心、是否愿意服从指挥，有一位零售商要求应聘者在第一次面试时带上身份证和社保卡。她向应聘者表明，除非把这两样东西都带上，否则即使你来了我也不会面试你。大约有40%的应聘者忘记带两样或其中一样，失去此次面试机会。

行动步骤47

面试中的问题

1. 牢记这条指导原则：所有的要求都必须与工作有直接联系。
2. 回顾文中提及的面试问题清单以及章末"另一个视角"中的内容。在法律允许的范围内调整这些问题，以适应工作的具体要求、行业特性以及招聘岗位对员工的特定要求。
3. 根据以上内容和本章的所有信息，列出问题清单。
4. 准备3~5分钟的公司简介，向潜在员工展示公司、特定的业务以及工作需求。
5. 你会采取什么行为来与员工分享你对事业的激情？

在面试的最后阶段，当选择了几位潜在员工后，你还需要联系他们之前的雇主来对他们的资料进行审查。根据企业所在国家的不同，这项工作可能非常容易，也可能十分困难。

11.7.2 资料审查

如果你还在怀疑资料审查的重要性，那么重新回顾一下美国ADP公司在2010年发布的审查指标报告，该报告涵盖了超过650万份工作申请（见表11—3）。

表11—3　　　　　　　审查指标报告的统计分析结果

美国ADP公司的审查指标描述了工作场所存在的雇佣风险，并且帮助雇主评估企业背景调查的价值。

2010年发布的审查指标是ADP公司以本年度完成的独立背景调查报告为基础编制的，涵盖的报告数量超过650万份，比2009年多了近100万份。

此次背景调查包括8大行业——汽车业、商业服务业、建筑业、保健业、酒店业、制造业、零售业以及运输业，提供了行业的纵向比较观察结果。

● 商业服务业的审查记录显示：离职雇员的收入投诉比例最低（2%），负面评价反馈最低（1%）。

- 汽车业继续保持最高比例的驾驶记录审查，包括每年驾驶违章一次及以上的审查（44%）和违规四次及以上的审查（9%）。
- 酒店业和汽车业的审查记录中，应聘者提供的资料与其他信息来源提供的资料之间存在差异的比例最高，分别为65%和64%。
- 运输业的背景审查记录继续保持最准确的参考数据。
- 建筑业、酒店业和零售业的审查记录中，过去7年中有犯罪记录的比例最高，都是9%。最低的是保健业，只有4%。此外，商业服务业和运输业都是5%。这个结果与2009年的记录保持一致，没有发生变化。
- 总体而言，有46%的雇佣情况、教育背景和背景审查的结果存在差异。
- 收集的信用记录中有45%涉及法院判决、质押担保及破产情况。
- 6%的审查记录中披露了员工之前的收入。

资料来源：http://www.screeningandselection.adp.com/resources/screeningIndex.html（Accessed March 7, 2012）.

再次提醒你，专业薪资服务公司和职业雇主组织都提供资料审查服务，这能为你节省时间、费用并省去烦琐的文书工作，确保你不会违背法律原则。正如表11—3所示，以下几点都强调了资料审查的重要性：

1. 全国零售商同盟的安全调查显示，员工盗窃是货物损失的最重要原因。
2. 根据移民管理局的条例，雇用不合法的员工最高可以处罚金1万美元。
3. 员工流失的成本非常高，因为你需要重新招募、雇用和培训新员工，并且新员工在熟练工作之前生产率会比较低。
4. 如今，工作场所的暴力行为是一个严重的安全和健康问题。暴力的对象可能是其他员工、管理人员，甚至是顾客。
5. 在工作场所使用毒品和酗酒，也会给员工自身、其他员工和顾客带来额外的风险。

在雇用员工和解聘不合格员工时的失误都有可能导致法律纠纷。潜在员工、员工和受到雇主伤害的员工家属，都可能会诉诸法律，将雇主告上法庭。此类案件的平均审理费用超过50万美元，还有最高达300万美元的陪审团费用，这些财务费用也应该视作雇佣成本。所以，对于众多小企业来说，为了确保有一个安全的工作环境，谨慎地雇用员工以及全程监督员工是非常重要的。

考虑到有可能发生的诽谤诉讼，雇主通常不愿意提供过多关于离职员工的信息，所以有必要在对潜在员工做背景调查时采用其他方式。然而，当雇主做背景调查时，法律的规定是非常严格的，而且不同州与不同行业之间的差异非常大，甚至是不断变化的。所以，我们强烈建议企业委托第三方独立机构来进行员工背景调查。

此外，法规的不一致性、调查数据的安全性，以及跨地区调查评估的难度等都是我们建议由第三方机构进行背景调查的原因。比较流行的背景调查方式是使用脸书、推特和领英等社交工具。在招募和雇用员工时采用这些网上的信息确实有一定的好处，但是如果使用不当，也会带来很严重的问题。因此，使用这些网站进行背景调查时应该格外谨慎并遵守法律法规。

关于员工审查服务，可以访问http://www.hireright.com和http://www.adp.com等相关网站。HireRight人力派遣公司提供的服务包括查询车管局记录、职业证书及相关证明材料、社会保险证明、性犯罪档案、民事诉讼记录等。每次审查需要大约100美元的费用和两个工作日的时间。此外，在进行员工背景调查或采用任何审查服务之前，我们建议先咨询律师的意见。

如果一名潜在员工的驾驶记录显示他去年有 4 次交通违法记录，你还会考虑录用他吗？如果一个人在过去 7 年里换了 10 份工作，你还会考虑录用吗？又或者他的学历造假，你怎么办？如果不考虑这些因素，将会给企业带来更大的损失。所以在雇用员工方面要舍得花钱，这样才能减少解雇员工的频率和费用。

要注意的是，法律要求雇主明确候选员工享有的权利，在很多情况下甚至会对信息披露和授权的格式作出规定。《联邦信用报告法案》(Federal Credit Reporting Act) 规定：如果企业完全或部分根据背景调查的信息来拒绝录用员工，那么员工必须被告知是由哪些行为所致，而且必须收到一份信用报告的复印件，报告中附有消费者代理机构的名称和联系信息。目前，美国已经有 5 个州禁止大部分工作进行入职前的信用审查，还有超过 14 个州正在考虑出台相关的禁令。

还有一些雇主希望对雇员进行酒精和药物检测。然而，法律在检测方面的规定非常复杂，有时令人十分困惑。所以如果你考虑进行这些检测，最好先咨询律师的意见。一旦出现法律问题，成本将非常高。行业协会也会提供关于员工雇佣和背景审查的实践指导和相关信息。

11.8　员工的实际成本

如果你计划招聘新员工，那么你应该考虑所有与之相关的成本，包括招聘、培训和留住员工的费用。一个企业只有真正了解了员工总成本，才能更好地确定产品或服务的价格和必要的利润率。另外，了解员工总成本有助于你更好地与员工沟通其价值和工资等问题。考虑因素包括：

- 招募和聘用；
- 工资；
- 工资税——社会保险、失业保险和医疗保险；
- 员工的薪酬保障；
- 福利——健康、退休、牙齿诊疗、假期、带薪病假；
- 工作空间、办公用品、设备；
- 额外的管理时间；
- 可能提供的所有额外津贴——关心员工的小孩、车补等；
- 培训。

在全面考虑了以上各项费用之后，你在每位员工身上的花费相当于其薪酬水平的 130%～200%。初创企业的员工需要有更大的干劲来做事，所以企业要确保作出明智的用人选择。为了保持与同行持平的薪酬水平，你可以访问以下网站来获得更多的薪资比较信息：Salary.com，Monster，JobStar，Glassdoor 和 PayScale 等。其中一些网站除了提供免费的数据查询业务，还可以为你提供定制化的薪资报告，收取的费用也是十分合理的。

为了得到真实的工资和准确的薪资比例信息，你可以联系同一行业的其他雇主，或者查看当地网站上的一些资料。过去几年间，薪酬水平受到外部经济环境的重大影响，了解这些影响有助于你保持适当的薪酬水平。地区协会和贸易组织都是很有价值的薪酬数据来源。在不稳定的劳动力市场上，薪酬水平会剧烈波动。你必须使企业员工的薪酬水平在当地劳动力市场上一直处于高点。

11.9 遵守劳动法律

如果你因违反表11—4中所示的劳动法而被告上法庭，而你的回应是不知情，这个理由显然是不成立的。所以你需要与政府机构联系，检查企业是否忽略了法律条款，确保企业的行为符合法律要求。任何违法行为受到的处罚都是非常严厉的，有的企业甚至因违法而失去了业务。再次提醒各位，不要忽视专业人员的帮助以身试法。请与以下联邦政府机构联系，了解你所承担的法律责任：

- 职业安全与健康管理局（Occupational Safety and Health Administration，OSHA）；
- 平等就业机会委员会（Equal Employment Opportunity Commission，EEOC）；
- 美国劳工部（Department of Labor，DOL）；
- 美国国内收入署（Internal Revenue Service，IRS）；
- 美国司法部（U.S. Department of Justice）；
- 美国公民及移民服务局（U.S. Citizenship and Immigration Service，USCIS）。

表11—4　　　　　　　　　　　美国劳工部的重要法律摘要

美国劳工部（DOL）负责管理和执行超过180部联邦法律。这个摘要是为了让你熟悉主要的劳动法，如需更充分地了解这些法律，掌握权威的信息和参考意见，请咨询这些法律的制定人员。

工资及工时

《公平劳动标准法案》（FLSA）规定了工资和加班费，影响了私人和公共部门的就业标准。该法案由工资和工时管理局（Wage and Hour Division）进行管理。它要求雇主对员工支付的工资不低于联邦规定的最低工资，加班工资为正常工作报酬的1~1.5倍。对于非农业经营企业，该法案严格限制了16岁以下员工的工作时间，并严格禁止18岁以下员工从事高危工作。而对于农业经营企业，该法案禁止16岁以下的人在校期间就业或从事高危工作。

工资和工时管理局还强制执行《移民和国籍法案》（INA）中规定的劳工标准，该法案适用于由特定非移民签证计划（H-1B，H-1B1，H-1C，H2A）授权的可以在美国工作的外国人。

工作场所安全与健康

《职业安全与健康法案》（OSH Act）由职业安全与健康管理局（OSHA）进行管理。职业安全与健康管理局对大多数私营企业的安全和卫生条件作出了严格的规定，这些规定对于公共部门的雇主也同样适用。根据《职业安全与健康法案》，雇主必须遵守各项法规以及由职业安全与健康管理局颁布的安全和健康标准。而且，雇主有责任为员工提供不受歧视和远离危害极大的工作内容和工作场所的条件。职业安全与健康管理局通过对工作场所的监督和调查来强制执行该法案，同时提供合规援助和其他合作项目等。

员工福利保障

《雇员退休收入保障法案》（ERISA）规定雇主应当为员工提供退休金或福利计划。该法案的第一章规定，该法案由员工福利保障管理局（EBSA）进行管理，其前身为退休金和福利管理局。该法案还规定了受托人养老金和福利计划及其相关事项的多项内容，包括受托人、信息披露和报告要求等。这些规定优先于很多类似的国家法律。该法案的第四章要求，雇主和计划管理人必须建立一套保险制度，支付一笔保费给联邦政府的养老金福利担保公司（PBGC），以确保这些退休福利的安全。员工福利保障管理局还管理1985年颁布的《全面综合预算协调法案》（COBRA）中要求延续的健康保险规定，以及《健康保险携带和责任法案》（HIPAA）中对健康保险转移性的要求。

工会及其成员

1959年颁布的《劳资关系报告与披露法案》(LMRDA)（也称《兰德勒姆-格里芬法案》）涉及工会与其成员之间的关系。它保护工会经费并通过以下手段推动工会民主化进程：要求工会组织提交年度财务报告；要求工会官员、雇主和劳工顾问对于某些劳资关系的实践情况作出报告，并建立选举工会官员的标准。该法案由劳动管理标准办公室（OLMS）进行管理。

资料来源：U. S. Dept. of Labor, *http://www.dol.gov/opa/aboutdol/lawsprog.htm*（Accessed March 8, 2012）.

除了这些联邦政府机构外，你还需要与当地的州政府机构联系，了解更多雇佣法律的信息。此外，有些城市也有一些额外的法律要求，同样会对雇佣和薪酬有影响。如果州法律比联邦法律要求更为严格，就应该用州法律取代联邦法律。你还需要按美国国内收入署的要求填写一张申请表 SS-4，来获取一个联邦雇佣身份号码，然后到当地政府的雇佣部门进行注册登记，缴纳失业税。此外，你和会计人员每年都必须填写美国国内收入署的两张表格（940-EZ 和 940）来报告缴纳失业税的情况。

另一件需要考虑的事情是：你的员工是否有在美国工作的资格。据美国国土安全局介绍，"电子信息核实系统（E-Verify）是一个在线网站，它允许雇主获取表格 I-9 中的信息，如雇佣资格证明，来核实雇员是否具有在美国本土就业的资格"。

美国公民及移民服务局的网站显示："尽管对大多数企业来说，使用该系统是一项自愿的行为，但是州或联邦法律会要求某些企业必须使用该系统，比如，亚利桑那州和密西西比州的大多数企业被要求必须使用电子信息核实系统。此外，对于那些与联邦政府有契约合作或分包合作的企业，根据联邦采购条例，它们的合同中都含有强制要求使用电子信息核实系统的条款。"[①]

使用电子信息核实系统的实际情况是不断变化的，所以我们建议你与所在州的商会、第三方人力资源咨询服务提供商以及你的法律顾问保持密切联系，确保公司的运营符合法律的要求。

在提拔、面试或者录用员工之前，你需要重新检查一下你的操作是否符合《美国残障人法案》(Americans with Disabilities Act) 的要求。如果你对当地的法律并不熟悉，那么请记住：无知绝不会带来幸福——你必须遵守所有的法律。再次提醒你，第三方机构可以帮助你更好地遵守当地的法律法规。

要注意有关加班的法律法规，尤其是涉及雇用18岁以下员工的法律法规。将当地劳动法打印下来，张贴在一个显眼的地方，以便所有人都可以看到。如果有员工不懂英语，哪怕只有一个人，你也需要把这些法律用他的母语张贴出来。登录美国劳工部的网站，找到联邦的规定，依法张贴在你的工作场所里。另外，你还需要遵循所在州的张贴公告的要求。

除了遵守联邦和州的劳动法，你还必须遵守联邦、州和当地的税法。与员工相关的税收请参考第12章的介绍。雇用一个专业薪资服务公司来帮助企业确定薪酬水平和薪酬发放流程，确保企业不违反劳动法和税法的规定。正如前文所述，这些服务的成本远远小于企业自己研究劳动法而成为劳动法专家的时间成本，也远远小于违反相关规定受到的处罚。对于一个有5名员工的企业，每个月的服务费大约只有200美元。

除了遵守上述法律法规，雇主还面临两个重要的问题：关于性骚扰的法律诉讼和不

---

① 资料来源：*http://www.uscis.gov/portal/site/uscis/menuitem.eb1d4c2a3e5b9ac89243c6a7543f6d1a/?vgnextoid =e94888e60a405110VgnVCM1000004718190aRCRD&vgnextchannel=e94888e60a405110VgnVCM1000004718190aRCRD.*

断提高的员工工伤补偿成本。

11.9.1 性骚扰

即使是小企业,也存在性骚扰指控和法律诉讼的可能性。联邦、州和当地的法律法规都适用于成长中的企业。为了减少企业的性骚扰事件,你需要与员工沟通并对之进行教育,使其了解构成性骚扰的行为包括哪些。要了解更多信息,可以登录平等就业机会委员会的网站。此外,你的企业必须清晰地向所有员工阐明:性骚扰行为是不被允许的,不管在何时,也不管是何人;对全体员工以及有合作关系的客户和供应商一视同仁。在企业内,公平一致地处理性骚扰事件是非常必要的。

平等就业机会委员会指出,发生性骚扰事件的情形有多种,包括但不限于以下这些情形[1]:

- 受害者和骚扰者的性别都可以是男性或女性,受害者不一定与骚扰者性别不同。
- 骚扰者可以是受害者的主管、雇主的代理人、其他部门的主管、同事,或者是企业外部人员。
- 受害者不限于被骚扰的对象,也可以是其他受该骚扰行为影响的任何人。
- 即使在没有经济损失或者受害者没有起诉的情况下,性骚扰行为也有可能会发生。
- 骚扰者的行为是不被认可、不被接受的。

做好预防工作是消除工作场所中性骚扰行为的最好方式。企业可以为所有员工提供与性骚扰相关的培训课程,同时建立一套有效的流程,专门用于解决员工的抱怨和不满,包括在员工抱怨时及时采取恰当的处理方式。

此外,由于以下原因对个人采取报复行为也是不正当的:因性别歧视而违反雇佣惯例,提出性别歧视控告,作证,以任何形式参与调查,或根据《民权法案》第七章提出诉讼。

为了防止性骚扰,你需要在专业律师的帮助下制定书面的政策,包括:(1)报告流程;(2)调查流程;(3)基于调查结论可能出现的结果。此外,在所有员工中广泛宣传企业关于性骚扰的政策,用文件记录下所有人都已知悉该项政策。

在培训时雇用第三方机构来向员工传递企业的性骚扰政策,这样可以使员工感到舒服并减少对政策的误解。

认真对待每一个员工的投诉。如果你需要就性骚扰投诉进行调查,可雇用一家有经验的第三方机构。性骚扰的法律诉讼成本非常高,足以让一家创业企业倒闭,所以你需要时刻注意并做好充分的准备。

制定一项对所有骚扰行为(包括性骚扰)的零容忍政策。这项政策有助于员工在公司内外交往中树立专业的形象。

11.9.2 有关员工工伤补偿的法律

在企业所处地区,员工工伤补偿保险可能覆盖了医疗保健、暂时性与永久性伤

---

[1] 资料来源:U. S. Equal Employment Opportunity Commission, http://www.eeoc.gov/eeoc/publications/fs-sex.cfm (Accessed March 8, 2012).

残、职业康复服务、工伤与职业病患者的死亡抚恤金。这些保险基本上都属于无过失保险。

每个州都有不同的员工工伤补偿要求和法规,因此,如果你需要在不同的州雇用员工,那么你必须注意每个州工伤补偿法规的差异。这也是我们建议你雇用第三方机构的另一个原因——保证企业工伤补偿制度合法合规。

如果想要了解当地工伤补偿法律,可以直接登录当地劳工部门的网站查看。你还需要确定所雇用的是独立合同工还是雇员。根据各州法律的规定,这两种用工形式的要求差异非常大。此外,独立合同工的法律定义在不同州之间也存在差异。

你还需要按照员工分类代码(超过700种分类),将所有员工进行恰当的分类。假如分类不当,一旦员工在工作中受伤,你将有可能面临处罚。

尽管各州的规定有差异,但是员工的工伤补偿保险一般都是以商业保险的形式购买的。有些州也允许以个人形式购买工伤补偿保险,或者是由州政府提供覆盖全州所有员工的工伤补偿项目。

工伤补偿保险的保险费率根据受伤的频率、严重性和成本的不同,在之前的索赔的基础上进行调整。有些企业在进行费用预测时,最大的成本支出之一就是员工的工伤补偿保险。如果你的企业处于建筑行业,那么这些成本是非常高的。

另外,在一些州,由于精神和情感压力,员工工伤补偿索赔事件增长迅速,使得总保费不断上升。有一些州还为工作场所中暴力行为的受害者提供补偿。如果你雇用了未成年人,要确保他们具备法定的工作资格。因为一旦他们在工作中受伤,除了依照员工工伤补偿保险制度支付赔偿外还要接受额外的处罚。

为了减少员工工伤补偿索赔和保险支出,必须尽量保障员工安全地工作。保险费率可按每100美元在工资总额中的比例来计算。如果企业私下支付部分工资,员工将意识到拿到的实际工资不仅仅是工资单上的工资。如果你的企业出现这个问题,那么员工工伤补偿部门可能会对企业进行审计调查,并且财务和法律处罚是非常严厉的。诚实的代价很昂贵,但是不诚实的代价更高!

11.10 团队成员

"行动步骤48"使用互补的方法来考察潜在的团队成员。如果你能够清楚地规划出每一位候选人在创业团队中将扮演什么角色,那么你在组建优秀团队的道路上就更进一步了。

行动步骤48

头脑风暴,构建你的理想团队

你需要依靠什么东西来取得创业成功?钱当然是必不可少的,还要有毅力,而且是强大的毅力。(你有这样的毅力,否则你不会读到这里。)你还需要努力工作,有一个极好的想法,有热情,专注,有行业敏感,节俭,有好奇心,有韧性和组织能力。

你还要有人:支持你努力的人、与你能力互补的人、接替你角色的人、帮助你解决那些你讨厌和不理解的事情的人，这些人能够帮助你把创业热情变成现实。

1. 首先进行自我分析。你喜欢做什么？你擅长做什么？你讨厌做什么？什么是你企业需要的但你又做不到的？谁能弥补这些？想好答案之后再开始组建你的理想团队。

2. 在你花时间剖析自我，尤其是自身的优劣势之后（参考之前完成的行动步骤），你将意识到企业需要什么样的帮助。是否有人与你能力互补？现在你对于互补重要性的认识已经深入脑海，联系你的供应商或竞争对手，寻找潜在的团队成员。不论何时，当你遇到以前没有见过的人时，问一下自己："这个人的能力如何？是否与我的新业务相适应？"

3. 用新的眼光继续寻找未来的团队成员。列出一个清单，包括所有潜在的团队成员、他们可能扮演的角色以及他们的优劣势。如果邀请他们加入你的团队，你需要付出什么代价？

一周工作 60~80 小时，与创业团队相处的时间多于与家人相处的时间——这很可能是你开始创业时的状态。所以，保持良好健康的雇主—雇员关系，对许多创业者来说是一项艰巨的任务。你需要认真阅读以下建议，来理解潜在的陷阱和隐患，找到避免问题发生的方法。

是老板还是兄弟

希望得到大家喜爱是人的天性，但区分老板和兄弟的角色能帮助你避免出现管理问题。这并不意味着当你作为管理者时需要抛弃同情心。热情和开放是有效的工作关系的重要因素。你不需要以冷淡的态度对大家说："我的层级比你们都高，你们是我雇来做那些枯燥工作的人。"工作场所研究者卡伦·班克森（Karen Bankson）指出，对于新公司，尤其是那些管理者和员工一起工作的公司而言，非科层化的组织架构将更富有生产力，也更能鼓舞士气。

来自威斯康星州麦迪逊市的人力资源咨询专家苏珊·斯蒂茨（Susan Stites）指出："要根据个人关系的不同给予不同的对待。"

和雇员交朋友存在两个风险：一是进行业绩评价时会感到不安，容易引发潜在的利益冲突；二是雇员之间产生不公平感。

当工作团队计划下班后一起出去游玩或组织社交活动，而有的员工并不感兴趣或者无法参加时，通常就会出现第二种风险。比如，有的员工因家庭事务而没有空闲时间参加集体活动。

"通常他们会惋惜地说：'我必须回家照顾小孩，不能去外面参加聚会。'"苏珊说，"当大家都出去聚会之后，这些人通常会感觉被忽视，从而士气低落。"

苏珊回想起自己多年之前的一段类似经历。那是一个早上的高尔夫球课，"我是唯一一个去了但是没有打高尔夫球的人，然后第二天，当大家都在讲述关于昨天打高尔夫球的笑话时，我深深地感到被排斥"。

所以，最好的做法就是组织所有人都能参加而且都能乐在其中的社交活动。

另一个问题是：个性在工作中的相互影响。即使世界观不同或工作观不同，高效的管理者仍然需要做到与所有雇员和睦相处。苏珊举了一个例子，一些企业因经理"只雇用与自己一样的人"而深受其害，这些企业最终都只有"一种员工"在做事，结果是他们的优势太过于相似，而劣势却被无限放大。

"一名经理要成为一个榜样，接受员工工作和思维方式的多样性，并能有效地加以利用。"她建议道。发挥每个人的长处是确保创业成功和把个性差异转化为互补资产的秘诀。

想要对工作场所中员工的个性问题有更多的了解，苏珊建议管理者使用 MBTI 职业性格测试、社交风格测试、DISC 性格测试等测评工具，以及查找有关个性分析的研究资料。这些测试的费用也许比较高，但是对于小企业的管理者来说物有所值。

当你成为老板时，"教练"或"导师"的称呼可能比"朋友"更恰当。"这是近来研究人员强调的重点，"苏珊补充道，"但我认为，即使是回到独裁专制的 20 世纪，一名优秀的领导者也应该是一名好的导师。"

资料来源：Adapted from Karen Bankston, published on NFIB online, *http：//www.nfib.com/object/1583908.html* (Accessed March 17, 2008).

11.10.1 让团队成员的个性更多样

如果你是一名创业者，倾向于办事迅速，那么你希望迅速得到答复、迅速采取行动。开始创业时，你认为自己对市场已经有所了解，并找到了合适的利基市场，不需要一个团队。但是，随着业务不断发展，企业快速成长，你不得不组建团队。所以，如果你想要行动迅速，那么你需要了解人类行为的关键类型。因为对于小企业来说每个人都是非常重要的，所以你需要的是能够帮助你而不是给你带来伤害的人。在培训领域里有一种称为"评价工具"（assessment instrument）的测试，它也许能够帮助你锁定关键的行为类型，找到合适的团队成员。

需要指出的是，寻找关键的行为类型并不是最近才出现的现象。在早期文明阶段，占星家和天文学家都尝试用土、风、火和水四种元素来解释人类行为。在公元前 4 世纪，撰写希波克拉底誓言（Hippocratic Oath）的古希腊医学家希波克拉底，沿用了占星家的四要素框架，但是将四种行为类型修改为胆汁质、黏液质、多血质和抑郁质。

现在，我们发现行为学家仍然在为四种行为类型重新命名，有些人命名为：驱策型、表达型、亲和型和分析型，有些人则命名为控制者、组织者、分析者和说服者。如果你是一个创业者，你的主导行为类型最好是驱策型—控制者，或者是表达型—说服者。在这两种情况下，你都是在忙于领导和管理事务，所以你需要有人提供细节处理和组织协调方面的帮助。首先找到一种简单的测试，自己先测，然后用它来帮助你组建团队。但是应该注意：在对应聘者和员工进行测试之前，你需要让律师检查一下这些测试是不是合法的筛选、评估和培训工具。一些有用的测试来源如下：

1. 当地社区大学或学院的咨询与测试中心；
2. 网上的人力资源培训机构；
3. MBIT 职业性格测试；
4. DISC 性格测试；
5. StrengthFinder 测试。

以上测试都是免费或费用低廉的性格测试。这些测试既有助于你更好地了解自己，又能让你清楚地了解在组建团队时需要互补的地方。

Winning Workplace 是一个专为中小型企业组建强大团队的非营利组织，该组织认为应该做到[①]：

- 给予员工所有权而不只是一份工作，通过充分授权让员工发挥更大的价值与作用。
- 创造和宣传有感染力的企业愿景，为员工的工作提供价值感和成就感。
- 认可和奖励员工的工作成就。
- 开诚布公地与所有员工分享业务的信息和公司面临的困难，并让他们参与公司的决策过程。
- 把员工当作一个完整的个体，意识到他们除了工作还有生活。
- 营造一种富有团队精神的工作氛围，鼓舞员工，提升士气和勇于接受变化。

Headset.com 公司是 Winning Workplace 组织的一员，强调 Winning Workplace 的本质就是激情，这与"Winning Workplace 的六大核心模块"是一脉相承的：

- 信任、尊重和公平；
- 公开交流；
- 奖励和认可；
- 团队合作与投入；
- 学习和发展；
- 工作与生活的平衡。

创业资源

全球创业周

全球创业周是什么？

全球创业周是全球最大的创新人员和创业者的庆典活动，奖励他们在为生活带来新意、促进经济发展、增进社会福利等方面作出贡献。每年会举办为期一周的活动，鼓励各地的人们参加当地、全国甚至全球的活动，激发他们的潜能，使其像创业者或创新人员一样思考。这些活动既包括大型比赛，也有亲密的社交聚会，让参加的人员能够接触到潜在的合作对象、导师甚至投资人，给他们带来新的可能性和激动人心的机会。每年的全球创业周都有超过 24 000 个合作组织举办各种活动，吸引近千万人参与。

全球创业周的规模有多大？

- 有 123 个国家会举办一系列全国性的"全球创业周"活动。
- 在全球创业周期间有 24 000 个合作组织会计划和举办相关的活动。
- 在全球创业周期间会举办约 40 000 项相关的赛事和活动。
- 全球有大约 1 000 万人参与这些赛事和活动。

全球创业周在哪里举办？

世界各地！2011 年，在全球创业周期间有 104 个国家举办了 37 561 场活动。2012 年，有 123 个国家会庆祝全球创业周，所以参与这些活动越来越容易，你可以在全球活动数据库中找到一个在你身边举办的活动。如果附近没有的话，你可以自己计划并组织活动。

谁有资格参加全球创业周活动？怎么参加？

[①] 资料来源："What is a Winning Workplace?" from http：//www.winningworkplaces.org/aboutus/faqs.php (Accessed November 21, 2012).

> 任何人！任何地点！任何时间！对于组织而言，可以有多种参加的方式：以当地合作伙伴的身份举办赛事活动，以全球合作伙伴的身份推广各种赛事活动，或者以东道主的身份与主办方合作来举办全国性的赛事活动。对于有兴趣探索自身创业潜能的个人而言，可以参与各种当地的赛事活动或全球的赛事活动。对于创业者和投资者而言，可以通过面对面或网络交流来分享想法和经验。以何种方式参与取决于你自己的选择。如果你需要一些指导，请与当地的主办方联系。
>
> 我怎样与其他参与全球创业周的人取得联系？
>
> 除了在全球创业周举办的赛事活动中进行面对面的交流外，参加人员全年都可以通过多种渠道进行交流，官方的社交媒体渠道有：推特（@unleashingideas 和 @gewusa）；脸书（www.facebook.com/unleashingideas）；领英；YouTube（www.youtube.com/unleashingideas）；Flickr（www.flickr.com/unleashingideas）。
>
> 资料来源：Global Entrepreneurship Week. Retrieved from, http://www.unleashingideas.org/ (accessed March 8, 2012). Reprinted with permission.

当你完成了"行动步骤 48"和"行动步骤 49"，就可以开始组建自己的优秀团队了。切记，激情是必不可少的，同时还要在你的商业计划书中把这种激情描述出来。

行动步骤 49
谁负责管理？是时候让你的投资者刮目相看了

相对于商业计划书本身，投资者和供应商通常更看重创业者个人的特质。从事同类业务的经历、之前的工作经验和所有权，都是商业计划书中重要的组成部分。你需要把关注的焦点集中在过往工作的职责和权力上，同时展示出创业团队的互补性与多样性。

商业计划书应充分展示创业团队的每一个成员。如果你缺乏相关经验，与咨询顾问多讨论交流或者引入战略合作伙伴，他们既可以与你的管理团队形成角色互补，也能为你带来经验和专业技能。你可能还需要在商业计划书的附录部分加入组织架构图。

如果你在这个时候还没有组建好团队，列出你理想的团队成员和供应商。

1. 在你的商业计划书中写下关于团队成员的简历。
2. 团队的重要成员需要有完整的简历，并且要加在商业计划书的附录中。
3. 如果你的团队成员大多数来自咨询顾问或战略合作伙伴，你需要用较大篇幅来阐述他们的角色。

11.10.2 寻找创业导师

如果你是第一次创业，除了要成为员工的导师和教练，也需要创业导师来指导你的工作——与创业伙伴不同，他们可以为你提供建议，鼓励你。或许你已经有了自己的创业导师，如果没有，你如何才能找到呢？首先，联系你的朋友、合作伙伴以及任何与业务有关联的人，告诉他们你正在寻找记录良好的企业所有者。最佳的创业导师是那些在你所关注的细分市场上具有丰富经验的人。其次，如果合适的话，参加当地商会或者一些俱乐部，并考虑加入专业机构以便获得更多门路。

打起十二分精神，随时有可能出现创业导师。如果你所在的社区有离退休人员服务协会（SCORE）的分会，与他们联系看能否找到合适的导师人选。没有的话，使用邮件联系他们。这两种服务都在"创业资源"专栏中有详细的介绍。许多导师关系是通过邮件或网络电话建立的。

创业资源

离退休人员服务协会提供创业指导

离退休人员服务协会是在美国小企业管理局的支持下成立的，每年为全美超过180 000名创业者提供创业导师的面对面指导和电子邮件指导。该协会成立40余年，拥有超过13 000名创业导师，他们为那些拥有一个好创意的人、准备开始创业的人，以及想要发展企业的人提供帮助，给予鼓励。大多数导师有三四十年的创业经验和良好的知识背景。他们的专业能力和鼓励或许正是你所需要的。

如果你想要一名提供面对面指导的创业导师，为了满足你的需要，当地的小企业管理局办公室将为你匹配最合适的人选。如果由于某些原因你的导师不太适合你，你选择另一名导师。

如果你要寻找通过电子邮件进行指导的创业导师，可以在网上搜索，在指导技术数据库中寻找企业运营、技术、信息技术服务、销售、财务和企业战略等领域的专家。此外，你也可以通过是否具备国际贸易、酒店、零售、批发等行业的经验来评估导师的水平。如果你打算涉足政府采购业务，那么你需要一位经验丰富、了解运作规则的导师，来指导你这个外行。创业导师通常能帮助新创业者找到批发商、供应商甚至消费者。

当你全心全意投入创业时，向一个经验丰富的创业者学习，对于从不同的视角了解业务是非常有帮助的。对于那些想要尝试新想法的创业者而言，由于离退休人员服务协会的创业导师与新业务没有人员或财务上的联系，因而他们是很好的意见征询者。此外，离退休人员服务协会提供的咨询服务是免费的，所以请登录协会的网站，寻找一个能帮你扩大业务的创业导师吧。

除了通过传统渠道寻找导师之外，互联网还为你提供了更多公开的资源，帮你寻找与你有共同梦想、志同道合的人，他们都可能是潜在的创业导师。领英、推特、脸书、谷歌、Meetup等网站可以让你接触到更多的创业导师和创业群体。

许多创业者是博主，你可以在众多网站中寻找与创业伙伴和创业导师相关的网络社区，例如IdeaCrossing和Business Owners' IdeaCafe等。随着网络的发展，寻找创业导师的新机会不断出现，所以你要时刻关注和了解这些新兴的网站。

一旦你确定了导师候选人，准备好一些问题，然后安排一次会面或者发电子邮件，以挑选出候选人中最出色的一位。以下是你在选择创业导师时需要考虑的事项：

- 与这个人相处时，你是否感到舒服？
- 你能否信任他？
- 跟他沟通容易吗？
- 他是否有经验或门路来帮助你的企业更好地发展？
- 他是否愿意花费至少六个月的时间来指导你？

随着企业不断发展与成长，你需要与导师保持紧密的联系，确保每个月至少沟通一次。你的导师或许能够帮助你与银行或者供应商建立联系。就检查租约、合同和营销材料而言，一个优秀的导师是无价之宝。导师的鼓励、热情以及精神支持对你而言非常重要。

创业热情

Headsets.com 热心听取员工的需求

十年前，迈克·费思（Mike Faith）创办了 Headsets.com。经过快速发展，公司市场规模接近 20 亿美元，成为美国耳机行业的主要零售商之一。其中，位于加利福尼亚州旧金山的大部分员工组成了一个处理耳机订单的客服呼叫中心。

值得注意的是，呼叫中心人员流动的高频率众所周知，而且这个说法并非无稽之谈。康奈尔大学（Cornell University）最新的研究表明，美国的呼叫中心的人员流失率在 25%～50%。这意味着不断有新人进来替代那些离职的人，正如写字楼大厅的旋转门一样，人员进出非常频繁。

然而，在 Headsets.com 公司，这扇旋转门的转动可没那么频繁，人员流失率非常低。这得益于公司的创始人、董事长兼首席执行官迈克·费思建立了这样一套系统：不论是呼叫中心、货运部门还是其他部门，每一位有可能成为雇员的候选人都需要经过七八轮面试才能被正式录用。在其中一些面试中，公司聘请的声音教练和心理医生会参与进来。

迈克说："雇用任何一位员工对我们来说都是非常关键的。"他并不是在开玩笑。许多员工都是从这个公司开始他们的职业生涯，他们从呼叫中心服务人员做起，并在企业发展的同时寻找合适的成长机会。里奇·米尔斯（Rich Mills）在 2002 年是一名电话销售代表，现在是公司的首席财务官；考特尼·怀特（Courtney Wight）在一年半之前也是一名电话销售代表，如今成为客户服务部经理。

考特尼回忆道："当时面试耗时非常长，我现在还记得我是什么时候通过面试的。但是一旦你开始在这里工作，就会发现每个人都希望在这里工作，也都非常热爱这份工作。"

对于 Headsets.com 公司成长起来的员工来说，把面试过程与当下文化结合起来的正是参加面试的声音教练肯·韦尔什（Ken Welsh）。除了 Headsets.com 公司之外，来自澳大利亚的肯还负责为其他一些知名企业（包括宝马、可口可乐和 IBM）提供指导。考特尼表示，不论何时，只要他的下属一见到肯就会立刻活跃起来，呈现更高的士气、更高水平的服务，最终带来更高的销售收入。

肯·韦尔什是 Headsets.com 公司的员工接触到的四位全球业务指导员之一。除了声音教练和心理医生外，在圣迭戈还有一位指导员是来自英国的管理和组织咨询师，另外一位指导员是美国的神经语言程序专业人士。

"这些教练的费用很高。"米尔斯也请他们帮过忙，"有时你很难直接跟你的主管反映你现在面临的问题，因为你不知道这样做会不会影响你在主管心中的印象。但是如果由这些训练有素的外部人员来提供帮助，会让你感到自己正走在一条开放的大道上，不仅能进步，而且能让你解决工作中的挑战，学习到提升工作效率的方法。"

当然，当这些教练不在身边时，领导者应该继续扮演他们的角色，识别能够帮助员工在工作岗位上获得成功和进步的机会。迈克说过，每一位新员工如果在公司上班时间超过 90 天，将会有一笔 600 美元的培训津贴；一年之后，这笔津贴将增加到 1 500 美元（此后每一年都有同样额度的津贴）。这笔费用可以用来支付与工作相关的培训，也可以用在与个人成长相关的追求上。迈克说："如果他们决定了不想在这里继续做事的话，他们甚至可以把这笔费用花在与下一份工作相关的事情上。"

美国企业员工主要的不满之一是：管理者喜欢花心思寻找员工的错误，并据此来剥削员工。这一事实也促使 Headsets.com 公司的领导者更加专注投入地做这件事情，尝试跟其他公司不一样的做法。

"我们试着发现大家做的正确的事情，而不是聚焦于他们做的错事。"这句话是蒂法尼·罗森（Tiffany Rawson）说的，他在两年半之前以发货人的身份进入公司，现在是货运部门经理。"如果有人做错事，我会指出来，但是我还会尝试发现他们做得对的地方来进行平衡。日复一日，这会成为一种习惯，你不用刻意去做。"

这种积极主动的聚焦式管理方式并不会被公司的员工所忽视。他们不仅会更加努力地工作，而且会更加积极地推销自己的想法，促进企业的发展。考特尼以两封内部电子邮件为例，说明了她如何鼓励下属为公司的发展提出有用的想法。她说："这些想法不管大小，只要是好的就能被迈克接受。"许多想法已付诸实践，员工也会因为这种额外的贡献获得金钱奖励。

与许多企业尤其是小型创业企业一样，Headsets.com 公司的产品就是其热情的体现。最好的证据就是公司网站上的"员工推荐"网页，许多客服代表在网页上发布他们选择的耳机产品的简要介绍，并描述他们喜欢这款产品的原因。从照片上可以清晰地看到，他们戴着自己最爱的耳机，陶醉其中。而这些客服代表正是呼叫中心流失率最高的那群人，留住他们就意味着可以让这扇旋转门摆脱不必要的旋转。

公　司：Headsets.com 公司
网　址：www.headsets.com
行　业：耳机零售业
地　址：加利福尼亚州旧金山
员工数：52 人
销售额：31 000 000 美元

资料来源："Success Stories: Listening to Employee Needs" Copyright © 2001 - 2011 Winning Work-places. All Rights Reserved. From http://www.winningworkplaces.org/library/success/listen_to_empl_needs.php (Accessed March 8, 2012). Reprinted with permission.

小　结

通常，一个创业团队不仅需要银行家、律师、会计师，还需要其他人员。如今个人创业者不雇用任何员工就可以创业成功，因为许多成功企业几乎所有的业务都有战略合作者，或使用外包服务，或建立战略联盟。

但是，如果你的企业发展超过你的能力范围，就需要雇用员工，并时刻做到理智地雇用、认真地培训并用激情鼓舞员工。切记，很少有员工像你一样对业务充满激情。如果你期望他们跟你一样对你的理想坚信不疑，那么你将会非常失望。你的企业是你自己的"小孩"，除非你愿意跟员工分享财务上的成果，否则他们很难像你一样对你的理想充满激情。

重新审视你的选择，是采用兼职雇员、独立合同工、员工租赁形式还是全职雇员。你需要在有限的条件下组建最优秀的团队。

随着劳动法的普及以及劳动诉讼控制难度的增大，我们强烈建议你聘请第三方机构，以确保企业的文书工作和所有规章制度都符合不断变化的联邦法律和州法律的要求。

你有权利、义务、机会为你的企业和员工建立一种企业文化。你想为员工提供怎样的工作环境？是严厉且按规章办事的，还是随和且灵活变通的？有宽松的政策吗？员工能穿T恤衫和牛仔裤上班吗？还是要求穿正装三件套？员工能否得到内部晋升？使用外部雇用人员和空降兵吗？提供行业最佳的福利吗？有良好的员工子女政策吗？

你想拥有自己的企业，就必须团结乐于与你共事的员工，并与他们一同充满热情地设计和发展你想要的工作环境。

制胜关键

- 人们倾向于"雇用自己的同类人"，但是你的企业能够接纳多少跟你相似的人呢？
- 一个优秀的团队可能就在你的人际关系网中。
- 从你的竞争对手和供应商处寻找你的团队成员。
- 公司是由人组成的。
- 平衡与互补团队中各个成员的角色。
- 让每个成员依据自己承担的业务职责来制定自己的目标。
- 除非找到合适的人员，否则你的企业无法成长。
- 如果你雇用了不合适的员工，应该在你发现这个错误时及时解雇他们，需要注意的是咨询法律顾问并采用人性化的方式。从错误中吸取教训，重新招募员工。
- 你的团队成员中有多少人可以是兼职人员或夜间兼职人员？
- 权衡采用虚拟组织的利弊。
- 了解雇用独立合同工的法律后果。
- 仔细考虑采用员工租赁方式的利弊。
- 寻找一名合适的创业导师。
- 控制员工的补偿成本。
- 遵守联邦和州的劳动法，并且多咨询专业人员，以免违法。
- 对所有员工进行教育和培训，使他们了解并消除工作场所的性骚扰行为和歧视行为。
- 招募有激情的人来组建你的团队。
- 创造你所需要的组织文化。

另一个视角

高效能创业型员工的七个特征

在麻省理工学院的企业论坛网站上，乔·哈德茨马（Joe Hadzima）和乔治·皮拉（George Pilla）发表了一份清单，其中列出了快速成长的创业企业中员工应具有的特征。当你作为面试官时，请牢记这些特征。你能否想出其他类似的特征？

控制风险的能力

高效能的创业者和他的员工都必须在一个充满风险的环境中有效地开展工作，并在缺乏必要资源和数据时作出决策。

结果导向

高效能创业型员工能够克服和解决令人困惑的问题，且具备工作常识。

有活力

创业型员工能够持续地创造出高于期望值的产出。他属于自我驱动型，能在最少的指导下确定工作的优先事项。

成长潜能

高效能创业型员工愿意承担超出自己职位、头衔、经验或薪酬的责任。他能够起到重要的模范作用，指导和培训他人，同时也是晋升到管理层的优秀人选。

团队精神

一名成功的创业型员工乐于履行自己职责范围内的义务并享有相应的权利，同时期望其他成员也一样。

多任务处理能力

在当今的经济环境下，一名创业型员工不仅需要接受新的职责、任务和义务，而且必须有能力在继续执行先前任务和工作的情况下完成这些新的任务。

改进导向

一名优秀的员工乐于不断地接受变化并提出改进的意见，同时也鼓励别人这样做。

所以，当你面试每一位新员工或管理人员时，不要只看简历上的内容。更重要的是，你眼前的这个候选人是否有能力对你快速成长的企业作出真正的贡献。

第12章

保护你的企业和你自己：保险、犯罪、税收、退出策略与伦理道德

学习目标

- 理解通过保险保护资产的重要性。
- 探究适合企业的保险类别。
- 从内部和外部探究预防损失的策略。
- 建立应对网络犯罪的意识。
- 对所有税收政策的变化有及时的响应。
- 了解税收规划的重要性而不是被动纳税。
- 从一开始就准备好退出策略。
- 所有者的道德行为比员工的道德行为更加重要。
- 了解创业者的道德两难问题。
- 学习七步法则来优化决策制定。

你会努力地创建并发展你的企业，但也必须同样努力地保护已成为你的"宝贝"的企业。你需要明智地投保、按要求纳税、有效协商、保护企业免受电脑安全问题影响并且遵循道德行为准则，这些将使你的事业走向成功。

美国国内收入署、律师和电脑黑客都很难对付，请做好准备！

此外，你需要计划未来。当你初创企业时，就要计划好将如何退出。考虑退出策略时，可回到第1章中的问题——评价创业的理由。

要保护你的企业，就要考虑短期和长期纳税计划，为此启用由保险顾问、律师和会计师组成的团队十分重要。在"行动步骤"中，我们会要求你采取行动来保护企业和你自己。

12.1 保险和管理风险

企业将面临什么风险？是产品责任、雇佣责任、顾客受伤责任、入店行窃、水灾、技术缺口、不利条件还是失去合伙人？风险有很多。你需要和保险经纪人一起决

定你需要为什么风险投保，你需要承担哪些风险，你需要分担哪些风险和责任。

一个训练有素且有经验的商业保险经纪人将与你一起评估企业的潜在风险，提出全面具体的建议。此外，你需要依据自己可承受的免赔额水平来确定所愿意承担的风险大小。

联系你所在行业的其他人，征询保险经纪人的建议。除了经纪人的建议外，我们建议你与贸易协会或工商协会联系，看看它们是否为成员提供帮助或保险。团体购买保险也许可以降低成本。

除了评估你的需求外，经纪人和协会也可能提出关于如何减少和预防损失的建议。一般而言，他们会提供在线或实地培训项目来帮助客户解决这类问题。随着企业成长，相关协会提供的关于州、联邦或国际保险的知识对你将非常重要，有助于保护企业。

首要的是，你需要提供安全的设备和工作环境，雇用能胜任工作的员工并进行培训，同时告知他们可能存在的危险，以保护企业。除此之外，保证你遵守了州和联邦的法律。

当你见到你的顾问时，他们会与你一起考虑以下几个方面的内容：
- 损失的可能性；
- 任何潜在损失的大小；
- 如果发生损失可用的资金来源；
- 法律诉讼的可能性（一些行业和地区被视为攻击目标）。

你可以消除所有的风险和损失吗？看起来不太可能。你可以降低风险吗？是的，但你仍然需要承担风险。

如何决定一项风险应该转移给保险企业还是由自己承担？答案是计算该风险可能造成的最大潜在损失。如果损失会使企业破产或导致严重的经济损失，那么你应当购买保险来保护你的资产。

以可预见的频率发生的损失，例如入店行窃和坏账，通常由企业承担，而且通常作为公司的正常成本包含在预算内。因此，这种损失的成本被计入产品的价格或服务。

在损失发生的可能性较高的情形下，一种控制损失成本的更有效的方法就是既采取适当的预防措施，又购买足够的保险。购买保险和进行风险管理的关键在于：不要承担超出你的损失承受范围的风险。

12.1.1 保险计划

总的来说，如果你遵守了法律，那么对于以下风险需要投保：
- 员工和公众的个人伤害。零售商店和快餐店经常因此受到批评。
- 源于雇佣、解聘、性骚扰、人身自由、诋毁和诽谤等的法律诉讼。
- 主要员工或所有者的死亡或残疾对企业造成的损失。
- 财产的损失或破坏——包括商品、物资、固定装置和建筑物。一份标准的火灾保险单只能对直接由火灾造成的损失给予赔付。处理保险代理问题时确保你清楚全面地了解了保险单和险种。
- 由企业运营资产的损毁导致业务中断引起的收入损失（如暴风雨、自然灾害、停电）。

其他的间接损失也称后果损失，也许对企业的利益损害更大。后果损失包括：
- 获取临时住处的额外费用；
- 如果你是房东，由于建筑物毁坏或被火灾烧毁导致的租金收入损失；
- 设备使用的损失；
- 解雇后的持续花费——薪资、预付租金和利息支出等；
- 顾客流失的损失。

另外，在每个州，雇主必须为潜在的员工补偿索赔投保。然而，在不同的州员工保险和雇主的责任范围有所不同。员工补偿成本由于行业和所涉及风险的大小不同有很大差别，最高可以达到每付给员工1美元就要承担42美分成本。

咨询保险公司，看看是否有针对员工培训损失的预防服务并最大限度地运用。如果你的员工说不同的语言，你有责任确保每个人都全面地理解了安全准则。（详见第11章关于员工补偿的更多信息。）

一般责任险覆盖除汽车和医疗事故外造成的大多数非员工身体伤害。在一些案例中，保险范围甚至包括侵害者。作为一名企业所有者，你也许还要对顾客、行人、运输人员和其他外部人员的人身伤害负责。

在诉讼率高的国家，你也许需要更多的责任保险来保护企业。随着企业发展，你应有足够的保险来解决与企业有业务往来的许多州和国家的法律问题和潜在问题。

机动车的使用是责任诉讼的一个主要来源。在"代理理论"下，一家企业必须为员工在业务中使用自己或其他人的机动车而导致的人身伤害和财产损失负责。在购买员工责任保险的情况下企业也许会受到一些保护，但是远远不够。如果在业务中员工习惯使用自己的交通工具或者觉得这样更方便，就可购买无所属权责任保险。

对一家小企业来说，一般责任保险包括一份综合全面的责任保险单、一份全面的汽车保险单和一份标准的员工工伤补偿保险单。

找一位对你的企业所在行业十分熟悉的保险经纪人非常重要，他们的经验和知识也许可以确保你合理地投保。你应当与保险经纪人一起审查不同的方案。

12.1.2 保险的类别

保险几乎可以覆盖所有的风险。然而，大部分企业所有者会通过下列财产和责任保险保护自己。额外的保险需求列在表12—1中。经常将超过100万美元的珠宝展示给顾客的珠宝设计者也许需要特殊种类的保险，这类保险从一般保险经纪人那里难以获得。

12.1.3 标准保险范围

1. 火险和一般财产保险：承保火灾损失、蓄意破坏、冰雹和风灾。
2. 后果损失保险：承保由于火灾或其他灾害导致业务中断时的收入损失或额外费用。
3. 公众责任保险：承保公众受伤（例如顾客或行人受伤）索赔。
4. 营业中断险：承保业务不能继续的情况。
5. 犯罪保险：承保由于盗窃、抢劫等导致的损失。忠实保险的范围涵盖员工盗窃。

6. 医疗事故保险：承保来自顾客的索赔，这些顾客由于你的服务而受到损害。

7. 过失与疏忽责任保险：承保来自顾客的索赔，这些顾客由于你的过失行为、应做而未做的事情或未提出警告而受到伤害或损失。

8. 就业实践责任保险：承保员工由于就业实践中的性骚扰、不合理解雇、歧视、违约、诽谤等而要求的索赔。

9. 关键人保险：承保企业所有者或关键员工的死亡或身体残疾。与你的税务专家一起讨论保险费的税务处理和（在人员死亡的情况下）避免潜在的损失。

10. 产品责任保险：承保由于顾客使用或误用产品而造成的对公众的伤害。

11. 残障保险：承保所有者和员工的伤残，通常包括康复期间的开支。企业所有者的伤残远比死亡的风险大得多，但是几乎没有企业所有者为这种风险投足额的保险。不要犯这种错误。

12. 员工健康保险：查看州和联邦法律来决定所需险种。这一领域的法律法规变化很快，建议你聘请专业人士或者外部公司。

13. 工伤补偿保险：如果员工在工作中受伤可以受到保护（详见第11章）。

14. 额外设备保险：承保没有包含在标准保险单中的专门设备。

15. 董事及高级管理人员责任保险：如果企业股票被外来投资者、董事和高管持有，他们可以被保护免受责任索赔。

16. 网络犯罪保险：保护企业免受数据损失及承担相应责任。

17. 其他险种：见表12—1。

表12—1　　　　　　　　　　　保险信息清单

责任保险	汽车租赁保险
● 综合险	● 驾驶他人汽车险
● 营业场所/经营保险	● 汽车事故医疗保险
● 产品/完工保险	● 受托人责任保险
● 所有者和承包商保护险	● 董事和高级管理人员责任险
● 合同险——总括保险	● 雇佣行为责任保险
● 合同险——列表保险	● 职业责任保险
● 个人伤害险	● 公路保护责任保险
● 传播性伤害险	● 标记物保险
● 医疗费用险	● 人行道或地下通道保险
● 广泛财产损失险	● 玻璃保险
● 船只保险	● 污染物清理和转移保险
● 酗酒责任保险	● 残损物清除保险
● 意外医疗事故险	● 功能性重置成本保险
● 火灾法律责任保险	● 空缺允许保险
● 员工保险	● 无线接收器保险
● 长期人身伤害险	建筑物保险
● 新组织保险	● 基本原因损失保险
● 污染和清理保险	● 广泛原因损失保险
● 有限的全球产品保险	● 特殊原因损失保险
● 员工薪酬保险	● 共同保险
● 航空险	● 地震险
● 自有汽车保险	● 洪水险

第12章　保护你的企业和你自己：保险、犯罪、税收、退出策略与伦理道德　**295**

● 综合险	● 海上船体损坏保险
● 重置成本保险	● 运输途中财产保险
● 通货膨胀保护险	● 设备保险
● 议定价值保险	● 销售人员保险
● 建筑条例保险	● 安装工程保险
● 室外财产保险	● 加工保险
● 标志保险/玻璃保险	● 包裹邮递保险
● 人行道或地下通道保险	● 电脑险
● 污染物清理和转移保险	● 其他高价值财产险
● 残损物清除保险	● 共同保险
● 功能性重置成本保险	**管理保护**
● 空缺允许保险	● 人寿保险
● 无线接收器保险	● 关键人险
营业收入保险	● 业主险
● 营业收入保险	● 合伙企业险
● 收入损失保险	● 法人险
● 后续花费保险	● 企业永续经营保险
● 额外花费保险	● 企业永久注销保险
● 独立财产险	● 个人汽车责任保险
● 延期财产赔偿保险	● 董事和高级管理人员保险
● 工资限制保险	● 保险费分担保险
● 学费和费用保险	● 薪酬延期保险
● 建筑条例保险	● 伤残保险
锅炉和机器保险	● 营业费用保险
● 锅炉机器保险	**人为差错保险**
● 营业收入保险	● 员工欺诈保险
● 供应中断保险	● 总括保险
商用个人财产保险	● 列表保险
● 基本原因损失保险	● 货币和证券保险
● 广泛原因损失保险	● 其他财产保险
● 特殊原因损失保险	● 伪造和变更保险
● 地震险	● 电脑诈骗保险
● 洪水险	● 敲诈勒索保险
● 价值告知保险方式	● 旅馆主人保险
● 重置成本保险	● 保险箱承租人险
● 季节性保险	● 安全保管保险
● 提高和改良保险	● 证券保管保险
● 制造商售价保险	● 员工公积金保险
● 重要文件和档案保险	● 金融机构债券保险
● 应收账款保险	**员工保护保险**
● 粮食险	● 集体人寿保险
● 动物险	● 集体伤残保险
● 汽车车身损坏保险	● 大宗医疗费用保险
● 飞机车身损坏保险	● 意外死亡和残疾保险

● 住院——外科手术保险	● 牙科保险
● 退休金保险	● 视力保健险
● 利润分配险	● 律师费用险
● 基奥保险（自由职业者退休保险）	● 等额定期支付险
● 雇员股票拥有计划险	

资料来源：Insurance Information Institute, *www.iii.org*. Reprinted with permission.

根据保险信息协会（http：//www.iii.org）提供的数据，大约40％的小型企业所有者由于资金问题没有投保。如果你连最低限额的保险都买不起，那么重新考虑一下你的商业计划，推迟设立企业的时间直到你可以买得起足够的保险。一次灾难或事故可以摧毁你付出努力的每一件事，而且对大部分创业者来说，个人财产和他们的事业是紧密联系在一起的。不要让这种事情发生在你的身上。

对小企业而言，获取价格合理的健康保险是一种挑战，而协会有能力就保险价格为小企业提供帮助。然而，健康保险行业本身及相关的法律处于不断变动中，建议你随时了解最新情况并采取相应的行动。

基于家庭的企业和电子商务企业不应忽视对保险的需求，而应与保险经纪人一起商讨。根据企业的类型和规模，你也许能够给现在的房主多一份保障或者买一份家庭业务保险。

有了企业所有者保险清单（见表12—1）以及通过你的保险调查和本章获取的知识，当你完成"行动步骤50"时，就可以与保险经纪人或协会代表一起坐下来确定你的保险需求和花费。如果你需要的是标准险，企业的销售额不到300万美元，你可以买一份现成的企业业主险，这可以为你省钱。企业业主险承保基础责任和财产，一般适用于发生严重事故或灾害的可能性小的"低风险"企业。随着企业成长发展，还会需要额外的保险。

行动步骤 50

保护你的企业

1. 向你的商业保险经纪人或你所在的贸易协会介绍你的创业方式。
2. 通过你所在的协会和行业的各种保险网站阅读在线信息。列一张问题清单。
3. 和你的经纪人一起评估你的保险需求。
4. 了解第一年为企业投保的成本。此外，讨论随着公司发展你的保险需求和成本会如何发生变化。

12.2 员工犯罪：做好准备——采取预防措施

根据美国商会提供的数据，30％的小型企业最终失败是员工盗窃所致。毫无疑问，这对任何创业者而言都是一个惊人的数字。你需要做好准备并采取预防措施，避免成为这30％。看到自己辛苦工作所挣的钱因员工盗窃而损失，再坚强的创业者也会被击败。

你必须准备好阻止内部犯罪和外部犯罪。贸易组织可以向你提供与你所在行业相关的预防损失的信息。此外,大型保险公司都会有专家来处理与特定行业有关的问题,例如:

- 信用卡诈骗;
- 支票诈骗;
- 入店行窃;
- 网络犯罪;
- 现金处理不当;
- 簿记盗窃;
- 欺骗性的退款;
- 假钞;
- 试衣间盗窃;
- 入室盗窃;
- **私下折扣**(sweethearting)(给家人或朋友折扣);
- 抢劫;
- 炸弹威胁;
- 仓库货物、预付定金的货物和陈列商品的盗窃;
- 电脑诈骗;
- 蓄意破坏;
- 私人信息盗窃;
- 时间卡数据的操纵;
- 工作时间的非法利用;
- 欺诈费用报告;
- 交易机密盗窃;
- 知识产权盗窃。

没有哪一位创业者没有遇到这类问题。当你的企业遇到这类问题时,迅速采取行动并让大家知道这些问题是不可接受的。不要有其他想法或是相信在你的组织中犯罪行为不可能发生。擦亮你的眼睛,竖起你的耳朵。向你的员工说明入室盗窃和员工盗窃行为带来的经济后果。一位零售商店老板给员工写了下面这封关于商品盗窃的信:

> 在我们商店,商品失窃是一个非常严重的问题。我们每卖出一根 2 美元的棒棒糖,就要付销售额的 20%(20 美分)给房东;而棒棒糖本身的成本是 86 美分,我们还有销售额 20%(20 美分)的额外开销。因此,这根 2 美元的棒棒糖的总成本是 1.26 美元。这意味着我们需要卖出三根 2 美元的棒棒糖(每根净利润 74 美分)才能弥补一个棒棒糖的损失。因此请大家时刻留意顾客的行为。除此之外,请理解有关免费食物和私下打折的员工政策,这是为了保护我们的生意和大家的工作。

正如这位老板所述,盗窃不能也不应该被容忍,因此你必须防范并且及时处理盗窃问题。与创办小型企业的其他人交流,了解员工盗窃的方法和企业解决失窃问题的措施。

如果你从事的是零售业,仔细看好你的员工;如果当你走过他身边时他迅速转向另一个显示屏幕或者想遮住屏幕,应当引起你的警觉。还有,关注那些声称自己由于电脑问题而失去交易的员工。

注意那些看上去有非常长队伍的收银员或者爱徘徊的顾客。另外,有些顾客总是选择某一个收银员或者一直等到该收银员有空为止,要注意这样的顾客。如果员工负责晚上独自锁门,那么制定一项锁门规定并且确保每个员工都会遵守。保持警惕,你的企业的生存和成功与之密切相关。

一位餐馆经理总是坚持每天晚上自己锁门,从来不休假,而且从未出现疏漏。每个人包括老板都为有这么一位负责任的员工而感动,直到他们发现这位经理这样做是为了行窃。餐馆老板说:"我们认为他在两年内盗窃超过 110 000 美元。我们曾经像信任儿子一样信任他,并且认为他与我和我的妻子一样爱这家餐馆。但是我们发现他真正爱的是收银柜！"

录用前测试、背景调查、药检、神秘顾客、意识训练和员工热线等举措都可以减少失窃，但是想消除零售失窃是不可能的。监控技术和设计良好的销售软件可以限制盗窃行为并发现行窃人员。商店经理轮岗也是一种预防手段。

建立企业行为准则，要求新员工签字并经常回顾。奥布赖恩（O'Brien）和他同事在加拿大安大略省负责损失预防咨询，他们认为："行为准则应该清晰地陈述，员工在不付钱或未经授权的情况下带走或帮助他人带走商品是违反准则的，会受到纪律处分，情况严重的会被解雇，甚至受到刑事指控。"

12.3 网络问题

在保护员工、顾客和企业数据时要提高警惕。保证你的企业的所有数据都是保密的且安全的，雇用专业人士安装和操作软件，还可以向员工提供培训来帮助你保护企业。如果发生顾客数据被盗、资金非法转移、商业机密通过电子邮件泄露、求职者的药检信息泄露到脸书上等问题，与由此产生的损失相比，数据安全保护的花费将是微不足道的。

网络骗子的目标往往是毫无防备、没有受到保护的小型企业，而且他们会频繁地变换诈骗手段。因此，你的企业需要一位专家，他不仅可以建立安全系统，还可以不断地检查并作出改变来阻止来自企业内部或从外部闯入系统的骗子。

看看关于小型企业网络安全的十条建议（见表12—2），并探讨在线FCC小型商业网络计划。此外，通过网络进行的信用卡诈骗对你的组织来说也是一种严重威胁。

表 12—2　　　　　　　　　　给小型企业的十条网络安全建议

宽带和信息技术对小型企业获取新的市场及增加销售量和产量来说是有效的工具。然而，网络安全威胁真实存在，企业必须运用最好的工具和策略来保护自己、顾客及其数据。浏览www.fcc.gov/cyberplanner并为你的企业免费定制网络安全计划；浏览www.dhs.gov/stopthinkconnect并为你的企业下载关于网络安全意识的资料。下面是保护小型企业的十条网络安全建议：

1. 在安全原则下培训员工。制定基本安全政策，例如员工使用安全系数高的密码、合理使用互联网的指南、违反企业网络安全政策的处罚。就处理和保护顾客信息及其他重要数据建立行为规范。

2. 保护信息、电脑和网络免受网络攻击。保持设备干净，拥有最新的安全软件、网络浏览器和操作系统是对病毒、恶意软件和其他网络威胁的最好的防范。杀毒软件在每次更新后都会对电脑进行扫描。一旦电脑安全可用，就能更新其他重要软件。

3. 为你的互联网连接提供防火墙安全保护。防火墙可以防止外来人员获取私人网络数据。确保操作系统的防火墙被启用或者安装在线可用的免费防火墙软件。如果员工在家里工作，确保他们的系统受到防护墙保护。

4. 制定一个移动设备行动计划。移动设备带来重大的安全和管理挑战，特别是当它们包含机密信息或者可以连接企业网络时。应要求员工使用公共网络打电话时用密码保护他们的设备，加密数据并安装安全软件来防止犯罪人员盗窃信息。确保为丢失或被偷的设备设置报告程序。

5. 给重要商业数据和信息备份副本。定期给所有电脑备份数据。关键数据包括文字处理文档、电子表格、数据库、财务文件、人力资源文件以及应收或应付账款文件。如果可能的话，自动或至少每周备份一次数据，并离线或在云端存储备份文件。

6. 控制其他人对你的电脑的访问并为每一位员工创建使用账户。防止未经授权者访问或使用商业电脑。笔记本电脑特别容易成为小偷的目标，所以当没有人看守时要锁好它们。确保每一个员工都有独立账户并设有高强度密码。管理权限只能授予值得信任的 IT 员工和关键人员。

7. 保护你的无线网络。如果你的工作地点有无线网络，确保它是安全的、加密的，而且是隐藏的。隐藏你的无线网络，设立无线访问点或路由器，就不会传播网络名，这被称为服务设置标识。路由器设密码。

8. 安全地使用支付卡。与银行或加工企业一起保证使用最值得信赖、有效的工具。依照与银行或加工企业的协议，你也许有额外的安全职责。将付款系统与其他安全系数低的项目分开，而且不要使用同一电脑来付款和上网冲浪。

9. 限制员工对数据和信息的获取并限制安装软件的授权。不要给任何一个员工提供接触所有数据系统的机会。员工应该只被允许接触他们工作需要的特定数据系统，而且不能在未经批准的情况下安装任何软件。

10. 密码和身份验证。要求员工使用唯一的密码并且每三个月更换一次。考虑进行多因素身份验证，除密码之外需要额外的信息才能进入。与可以处理敏感数据的供应商特别是财务机构商议，看他们是否可以为你的账户提供多因素身份验证。

可访问 http://www.fcc.gov/cyberforsmallbiz，从 FCC 网络安全中心获得更多信息，包括免费和低成本的安全工具的链接。在 www.fcc.gov/cyberplanner 上创建你的小型企业网络安全计划指南。

如果想了解更多内容，请访问 www.dhs.gov/stopthinkconnect。

资料来源："Ten Cybersecurity Tips for Small Businesses" from $http://transition.fcc.gov/Daily\_Releases/Daily\_Business/2012/db1018/DOC-306595A1.pdf$ (Accessed date 11/20/2012).

经常关注影响你所在行业的安全问题。在员工中建立起"安全文化"并把这种安全意识传递给顾客。"企业所有者应该依法保护顾客和员工的私人信息，如果没有遵守法律规定或侵犯他人隐私，那么企业可能要面对州或/和联邦的高额罚款。"——家提供隐私保护保险的专业公司 Hiscox 负责技术媒体和电信技术的副总裁奥利弗·布鲁 (Oliver Brew) 说。

《品牌力》(Brand Resilience：Managing Risk and Rcovery in a High-speed World) 的作者乔纳森·卡普斯基 (Jonathan Copulsky) 曾经说，有了视频网站、脸书还有许多的其他网站，企业面临的另一个主要风险是"声誉风险"。保护声誉并不是新鲜事，但要控制并跟踪所有数据风险比以前难得多。攻击可以来自顾客、竞争者、员工，并且可以影响任何创业企业。要认识到关于视频网站、推特和脸书，其他人的观点远比你自己的观点重要。

保护好你的企业和声誉，否则你将不能拥有一家企业！如今数据盗窃以及其他由不诚实或对企业不满的员工采取的行为会带来巨大的威胁，因此在招聘员工时要谨慎。一位对企业不满的员工用手机拍照，并将照片发到 YouTube 或 Instagram 上，就可以摧毁你。

网络钓鱼者、员工和竞争者可能不顾一切想要得到你的数据。尽管进行技术革新以领先于小偷是非常难的，但对你而言却是必需的。为了减少由此带来的财务风险，你也许需要考虑购买网络犯罪责任保险。

12.4　纳税人

关于税收法律是怎么规定的？你需要填写什么表格？如果你被审计，应该如何保护自己？这些只是美国国内收入署的出版物 334 号（"小企业纳税指南"）和 583 号（"创办企业保持记录"）中回答的一小部分问题。

对那些在世界范围内开展贸易的企业而言，可使用《国际税务和商业指南》（International Tax and Business Guides），这是由领先的国际会计师事务所德勤所写。此外，还可以从德勤国际税务来源（DITS）网站获取国际见解和观点。

在美国，你至少需要为以下税种纳税：企业或个人所得税、就业税、营业税和财产税等。如果你雇有员工，需要填写雇主识别号申请书（表 SS-4）。

一些税种只向雇主征收，一些税种向员工征收，还有一些税种向两者征收。联邦就业税包括联邦所得税扣缴、社会保障与医疗保险税及联邦失业税。许多员工没有意识到税收对经营企业有着重大财务影响。因此，一些企业例如爱美可允许员工通过公开的管理系统来获取财务信息。

除联邦税外，你还需要缴纳州、国家和地方的税。各州的法规和联邦法规不一定相同，所以确保你对两个系统都有了解。熟悉你所在行业的有经验的注册会计师可以使你符合美国国内收入署的要求。美国国内收入署局会在其网站上给企业所有者提供额外的帮助，通过审计技术指南提供专业的税务信息。

你能为企业做的最有用的事情就是记录所有交易事项。有一位零售商被审计，审计师只花了一天时间而不是通常所需的三天——该零售商坚持做记录并且没有任何问题！美国国内收入署局和你的会计师将会明确地告诉你需要你做什么和期待你做什么。

税收筹划至关重要，你的会计师对税收筹划会有很大帮助。由于税法不断变化，会计师的建议应该包括利用纳税时点的优势对何时推迟或何时加快计入收入和扣除费用提出指导意见。你的会计师还要关注未来税法的变化并及时提出相应的意见。

此外，拥有一家企业给许多创业者提供了用极好的退出计划来隐藏收入的机会，如果可以依法执行，不论从短期还是长期来看，这些都会是重要的财务优势。有了会计师的专业知识，你能以利润最高的方式启动一个退出项目并准备好你的退出策略。

税法不是你的专业（也不需要是），所以雇用那些有税法专业知识的人并且听从他们的意见。让你的会计师随时掌握任何一项重大企业变动或未来的计划，并且保证他在你的财务计划团队中表现积极。

12.4.1　收入所得税

如果你一年的联邦税少于 1 000 美元或者你上一年没有缴纳所得税，那么你就不需要缴纳预估税。但是绝大多数小型企业所有者都需要在 4 月 15 日、6 月 15 日、9 月 15 日和下一年的 1 月 15 日缴纳预估所得税和自主创业税。在大多数州，要求寄送预估纳税额资料。浏览美国国内收入署的网站和你所在州的网站来帮助计算你的纳税额。如果计算不正确，而且纳税太少，你将承担刑事责任。

其他一些有用的税法信息可以在 TurboTax，H&R Block，TOOLKIT 及其他网站上找到。

12.4.2 自主创业税

对许多独资企业来说，需要缴纳自主创业税。2012年，自主创业税税率是净收入的15.3%，其中包括12.4%的社会保障（老人、幸存者和残疾人保险）和2.9%的医疗保险（医院保险）。2012年达到110 100美元的净收入适用15.3%的税率，超过110 100美元的部分适用2.9%的税率。可使用网址http://www.irs.gov上更新的一览表SE计算纳税额。若争取到税收减免，有一半的自主创业税可以从你的总收入中扣除。

12.4.3 就业税

遵守法律缴纳员工所得税是一件让大多数雇主头痛的事。正如第11章所介绍的，企业可使用薪资管理外包服务，聘请一位优秀的会计师。一些雇主为了以非法目的漏税和少付员工报酬而支付给员工现金。如果一名员工受伤了，这种欺骗手段就不会被发现。对此情形，罚金数额非常大。如果一名生气的员工打电话向美国国内收入署举报，美国国内收入署将会给你打电话并且盯上你。另一种可能就是竞争者向美国国内收入署举报你疑似逃税。税法和相关规定赋予你纳税义务，而你任何时候都不能逃避。

如果你雇有员工，需要订购表940（雇主的年度联邦失业纳税申报表）、出版物15号、通知E（雇主的纳税指南）。作为一名雇主，你必须争取减免一半的员工社会保障和医疗保险税、失业税（全由雇主负担），以及州残疾人税。

12.4.4 销售税

关于销售税和转售号码，联系你所在州的税务机关。一些州向产品和服务征税，另一些州则只向特定产品征税。每个州的免税产品清单都是不一样的，而且纳税时间和方式也都不同。与你的企业所在地的州办公室联系来确认纳税要求。与互联网销售税相关的法律不断变化，你的税务师和律师应该及时告知你以积极应对。许多企业所有者尝试通过不上报现金交易来避税。这不是一个明智的想法；美国国内收入署有很多方法来确定你的真实销售数据。例如，他们可能根据你所购买的一次性杯子的数量确定你销售了多少咖啡；查看你的水电账单来估算你的自助洗衣机清洗、烘干了多少衣服。不要忘记正确统计销售税，因为审计师不会跟你开玩笑。

如果你的企业正处在启动阶段，试着估算实际的季度销售额。如果估算值太高，你会被要求交纳更高的**保证金**（bond）以获得转售数量和许可证。使用在第8章和第9章中你得到的数据作为你的评估数。

12.4.5 最终税收

违反税法的罚金也要考虑在内。在接受第一次审计后，再次被审计的可能性大大增加。尽管如此，要意识到大部分人都在某个时刻被审计。所以准备好账务记录、支持你的就业服务企业和代表你的优秀会计师十分必要。此外，从企业启动至今的良好记录将为潜在的借款人、合伙人、供应商及潜在的买家和投资者提供一份书面材料。回顾本章和前面章节的相关内容，完成"行动步骤51"的第1步和第2步。

行动步骤 51

缴税和退出策略计划

1. 回顾本章以及前几章提供的税收材料。将你需要填写的纳税表格列一份清单并打印出来。通读美国国内收入署的小企业纳税指南。将你可能存在的问题列一份清单。
2. 联系美国国内收入署或你的注册会计师，为第1项中提出的问题找到答案。
3. 回顾第1章中的行动步骤1至行动步骤5，基于本章所学的知识和创业过程中出现的变化，对你的初始计划作出适当调整。
4. 开始写你的正式退出计划，这将包括在你的最终商业计划书中。

12.5 退出策略

你如何计划企业的退出并收回你的财务投资和个人报酬？一些创业者追求小企业模式来使资本长期增值，一些创业者希望将一个成功的企业留给自己的孩子或者员工，一些创业者希望一周工作30小时，尽可能获取大量现金，在10年内关闭企业然后退休。减少工作时间是那些读过提摩西·费瑞斯（Timothy Ferris）的《一周工作四小时计划》(*The 4-Hour Work Week Blueprints*) 的人的梦想。

创建一家企业，并且把它定位为另一家企业所希望的那样也是一种选择，这是许多软件或互联网创业者所追求的。出售企业的特许经营权也可以成为一个目标。最后，许多企业家都梦想着首次公开发行（IPO）。然而这更多的是一个梦想，因为在2010年只有157家企业做到了。

实际上，由于经济、技术、员工，甚至可能是影响企业可行性的法律变化等因素，你的退出选择也许会随着时间的推移而变化。而且，个人问题也会影响你的企业，例如离婚、新婚、小孩、疾病、合伙人去世以及任何可以改变你发展道路的事情。或者你决定比预期更快地追求另一个梦想。因此你的退出计划应灵活些。

为了保证企业转让尽可能带来利益，你需要与律师和会计师一起努力。企业的合法形式对短期内的税收后果及潜在的销售和转让都有很大影响。

在任何时候，只要你的退出策略发生改变，你都应该联系税务筹划团队来复审你的选择。不要以为你知道平稳过渡的必要步骤，因为它们在不断变化之中。你需要付费给你的团队，让他们时刻了解这些变化。把焦点放在商业周期上，管理好企业和你所服务的市场。

另一种退出策略——**员工持股计划**（employee stock ownership plan，ESOP）——对想要与员工分享企业的所有者来说是可行的。员工持股计划通过股票持有使得员工成为企业所有者。员工持股计划给员工和企业所有者带来了税收优势。而且，员工持股计划可以提供一份极好的财务和退休策略。如果你选择这种方法，可以通过员工持股计划协会找一位有经验的专家来获取更多信息。

如果你正在寻找投资资本，你的投资者需要知道你的个人财务目标和预期的时间框架。风险资本家和天使投资人通常花3~5年寻找投资对象。

一位创业者在制定退出策略时会评估他的个人时间、投资资本和获取可接受报酬的时长，意识到不涉足所在领域相对于退出是更好的选择。强迫自己思考，以开放的视角看待所拥有的企业。对处于发展很快的行业的创业者来说，一个正式的退出策略没那么重要，因为在这一行业创业需要的资源有限，精力、能力和想法是短期内成败的关键。

你需要关注第13章。从注册企业开始，就时刻想到将它出售时其他企业会如何评价。这会激励你创办一个其他人都想购买、退出时也可以得到利益、有道德规范的强大企业。

在回答退出策略问题时，又会回到你创立企业的初衷这个问题。把握你的创业者梦想与你的财务和个人目标。完成"行动步骤51"的第3步和第4步。

地球村

全球市场上的商业道德

谈及商业时会发现，世界正在缩小——从每天的每一笔交易来看，全球市场变得更加容易进入。商业把人们聚集到一起，但文化使得人们仍有所不同。

与拥有不同文化的人做交易时，保持差异——不论它们是什么——很重要。全球市场是一个多样化的市场，你的潜在客户在那些你习以为常的道德和行为方面有不同的视角。

发现共同点

记住从进入全球市场的那一秒起，你需要有一个全球心态，选择普通、直接和礼貌的方式来交流思想、感受和主意。

如果你不会说某一种语言，那么找到会说这种语言的人。翻译时不要走捷径。对你和你的客户来说清楚地理解你们讨论的内容非常重要。

此外，研究将与你一起工作的人的国家和文化，当谈及个人问题时知道底线是很重要的。你自己认为礼貌的聊天可能对其他人来说具有攻击性。

乐于助人

拓展你的市场会增加你的工作时间。如果你与地球另一边的人一起工作，朝九晚五肯定是行不通的。偶尔投入晚上和闲暇的时间来确保业务全天候顺利运营。

你要在他人需要你时有空，任何公司信息在需要时可以随时获取。确保全美范围内的员工和合伙人可以随时获取所需的信息并且这些信息使用的是他们能够理解的语言。此外，如果他们需要其他帮助，确保他们能找到相关人员。

保持合法

在全球范围内处理业务时，一些基本规则仍然适用：诚信。在《反海外腐败法案》下，任何个人、公司或与公司有关的任何人为了取得或保持业务而对任何国外政府机构行贿都是非法的。一个例外就是公司以低于正常水平的价格来保证政府行为的安全。

进入全球市场具有挑战性，但如果你做得好，那么回报率将很高。如果你履行了自己的责任，那么你将发现全球市场会成为企业发展的新天地。

资料来源：NFIB, "Business Ethics in a Global Marketplace." From http：//www.nfib.com/business-resources/business-resources-item? cmsid＝22753（accessed March 20, 2012). Reprinted with permission.

12.6 道德标准

在经营企业时,你将面临许多道德问题。你对这些问题的反应给你的员工和公司将来的发展定下了基调。创立企业时,你承担了很大的风险;现在,你通过行动来保护并尊重你的企业。你是这一群人的领导者,你的员工将跟随你。你要决定如何领导大家。

认识到你的决定将影响以下利益相关者:员工、合伙人、客户、供应商、社会群体和环境。通过符合道德的行为在利益相关者和你的公司之间建立信任,是你的目标。

了解你的合作伙伴在道德上的立场,以防公司出现潜在问题。完成"行动步骤52"将有助于你了解合伙人间的道德问题在哪些方面可能存在冲突。

行动步骤 52

评估道德立场并制定公司行为准则

1. 对创业者的道德问题作出回应。
2. 和潜在合伙人——包括家庭成员——一起完成调查问卷。
3. 你发现潜在问题了吗?如果是,你怎么解决这些问题?
4. 你的潜在合伙人是否想加入企业?
5. 讨论企业道德准则。
6. 当你与合伙人在道德问题上出现分歧时,你将如何解决?
7. 如果你遵循这些步骤,你的道德决策会发生怎样的改变?
8. 形成企业行为规范。使用伊利诺伊州技术机构网站上的职业道德学习中心来帮助你完成这个步骤。从该中心可以获取有用的资源和规范样本。记住,你有机会设计企业和你梦想的工作地点;设立道德标准是通往成功的一步。

了解不同国家的道德差异是具有挑战性的,一位创业者发现继续在拉脱维亚运营将会使公司的道德标准大打折扣,于是从拉脱维亚撤离。

我们为创业者列出了一份道德原则清单,可为其摆脱道德困境提供指导。了解你自己的立场和信仰会使得作出艰难的决定容易得多。如今技术发展十分迅速,以至于有时很难知道怎样做才合乎道德,但是不能没有标准和规范。

当你初步制定公司的道德规范时,可以参考在线网站上的道德规范样本。道德规范为你的企业奠定了基调,而且成为你如何对待员工、客户、竞争者和供应商的企业文化的一部分。当你的员工不知道某件事情是正确的还是错误的,道德规范将帮助他们作出决定。此外,好的榜样来自领导层。

最简单的指南之一就是黄金法则:"你想他人怎样对待你,那么你就怎样对待他人。"另一个指南是扶轮国际测试(Rotary International Test),会问四个简单的问题:

- 它是真的吗?
- 它对所有方面都公平吗?

- 它会创造商誉和更好的友谊吗？
- 它对所有方面都是有益的吗？

遵守道德是需要努力的！期待并要求你的员工遵守道德规范需要一位不妥协的领导。涉及棘手的问题时，问问你的员工："你想要将这件事情放在脸书上或者公司的网站上吗？"

互联网和隐私问题受到广泛关注，因此公司要保护好员工和客户数据。研究这些问题时，建议你联系那些及时更新相关法律的律师。此外，就像之前讨论的那样，你需要对保持公司的网络声誉高度重视。

以符合道德的方式实现你的梦想，为你的员工提供相关信息，培训员工严格遵守道德法规，以你想要被对待的方式对待客户，你可能正努力以你的方式经营一个企业，让它成为员工想要工作的地方、客户想要购买产品和服务的地方。如果是这样，你将离企业盈利这一目标更近。

小 结

通过购买保险，按时纳税并合法运营来保护你的企业及其声誉、你自己和你的员工。你付出所有努力去创办企业，没有必要去冒道德风险，那是不值得的。

你需要尽早确定保险需求并支付保险费来保护你的企业和个人投资。在你所选择的行业找一个有经验的经纪人一起工作，他要有资格作为一位商业保险经纪人。

与你的注册会计师和薪资服务商一起确保你遵守联邦、州以及地方税法。在考虑企业的经营成功、寿命和退出策略时，税务筹划非常重要。注册会计师和财务顾问应该帮助你遵守现行法律并帮助你计划将来。一位有经验的金融业务顾问必须是创业团队的成员。

保护你的企业免受内部和外部犯罪的侵害。采取可以预防损失的所有可行方法并且按照需要购买保险。为你的公司建立行为准则并且经常与你的员工公开讨论。

尽早计划你的退出策略，因为它将对你的公司有指导意义。你的退出策略也将影响你最初确定的企业形式（公司、有限责任企业或独资企业）。

遵守道德并负责任，你将是员工和客户的榜样。

制胜关键

- 购买保险来保护你的投资。
- 通过防止损失策略降低员工盗窃和犯罪的风险。
- 寻找并雇用一位专业的注册会计师和财务顾问。
- 按时纳税。
- 保持完美的、有组织的记录。这将帮助你通过审计并增强出售企业的能力。
- 计划你的退出策略。
- 遵守黄金准则。

另一个视角

一个好的开始——新企业将道德标准纳入企业计划

创业者需要思考许多事情:"价值增值"产品或服务的特征、融资、技术、建立团队、安装电话、一个月又一个月地存活下来。在一家公司最初几个月或几年里,道德准则可以发挥怎样的作用?在创业阶段,创业者团队可以做些什么来让道德准则发挥作用?

关于道德是如何在企业中起作用的研究被称作"有组织的道德",遗憾的是,它主要聚焦于大企业。20世纪80年代开始,许多大型公司通过"道德警察"来建立道德程序。这些警察鼓励其他人学习如何经营企业并衡量他们的企业带来的影响。幸运的是,研究组织道德的人对那些没有执行正规道德程序却在这方面很成功的创业者也同样感兴趣。

很明显初创公司不可能建立一个正式的道德程序或任命一名道德警察,尽管一些刚上任的首席执行官都很自豪地宣称他们是新企业的道德警察。然而,一些刚起步的公司甚至都没有一个正式程序就为道德实践作出承诺。

这些刚起步的企业的最佳实践表明,要使道德成为新公司的文化,需要重视以下方面:

1. 遵守道德的初创企业在最初的几个月就意识到它们身边的道德两难问题。初创企业突破道德界限的压力很大。在向投资者展现你的想法时,你说了多少夸大之辞?在创始团队和后来聘用的员工之间你如何分配股票,又怎么作出公平选择?在运输一种产品之前你能保证质量吗?当股票价值下跌十分敏感时,你会在会计处理中舞弊吗?当一项交易失败时,你会以多快的速度告知董事和创始人?在早期你会对员工提供多慷慨的福利?

2. 遵守道德的初创企业使道德成为企业核心价值。初创者发现他们必须明确企业的道德规范,来对捏造各种道德标准的引诱进行反击。道德应该在企业计划、企业使命和其他公司文件中体现出来。

3. 遵守道德的企业可以更早地发现实现企业道德承诺的机会。硅谷的一名创业者接管了一家创立了几个月的公司,不顾新团队的反对,拒绝向公司投资者发送错误的财务数据。如今,这位拥有极好声誉的成功创业者说:"你不能用这种方式经营企业。"从那天起他就清楚地传达了他和公司要遵守的道德标准。

4. 遵守道德的创业者可以在每天的决策中预测道德冲突。在形成商业计划和确定产品功能后,实际与期望之间存在冲突不可避免。初创企业为吸引顶尖人才,在绘制未来的蓝图时可能产生道德冲突。有道德的创业者在面临这种情形之前就会预测到冲突并与团队讨论。在企业里,这种实践将会成为更加正式的"道德训练"。

5. 遵守道德的创业者欢迎有关道德的提问和辩论。一些情形是难以预测的,而遵守道德的创业者必须以开放的视角看问题,这样才能解决新的道德问题。花时间讨论和解决棘手的道德两难问题给出了一个信号,那就是对初创企业而言道德是非常重要的。

6. 遵守道德的创业者非常警觉利益冲突问题。初创企业很难挑出哪个道德问题更特殊,因为许多问题都非常重要。然而,技术型初创企业强调合作关系、战略联盟和"虚拟关系"。在一个创业者或新员工为了自己的利益而损害组织时,就会产生利益冲突。尽早形成一致的反对利益冲突的立场,对于一家初创企业而言是一个重要的努力方向。

7. 遵守道德的创业者一直都在谈论道德价值。初创企业迅速发展,新员工对企业往往感到非常陌生。只有不断地明确表达道德承诺,创业者才能确保组织成员特别是新员工理解道德承诺并知道它是实际存在的。

8. 遵守道德的创业者会淘汰不能接受企业道德价值观的员工。招聘员工是初创企业最重要的决策之一。不可避免的是,企业可能录用了一些把公司财务成功乃至个人财务成功作为唯一价值的人。遵守道德的创业者时刻注意那些与公司有不同价值观的成员,并在他们损害公司声誉或文化之前就将他们淘汰。

9. 遵守道德的创业者寻找让公司加入社区的机会。关注实现产品和财务目标的初创企业除了自身利益外,还会盲目追求其他目标。遵守道德的企业会找到让团队加入社区和强调这个团队关系重要性的方法。

10. 遵守道德的创业者会偶尔进行评估。就好像创业者必须注意初创企业的现金流,定期编制资产负债表,他也必须对企业的道德或其他价值承诺作出评估。

11. 遵守道德的创业者会更新道德承诺。公司会随着发展而发生变化。一家价值1 000万美元或1亿美元的公司的道德两难问题与其他初创公司不同。道德价值观和道德承诺必须定期调整和重新沟通,为公司及其员工处理两难问题做好准备。

遵守道德的初创企业得到的回报很多。个人和团队感到满意是最明显的。员工遵循道德规范,在处理问题时会感到更自在,而且对自己会有良好的感觉。个人满足感可以带来更高的生产力和更少的失误。

对一个创业者来说,道德上的声誉可以增加商业合作的机会并降低维持业务关系的"交易成本"。"信任另一个团体、通过建立良好关系做生意可以让我们更快地进步。"一个创业者曾这么评价。这一声誉可以使吸引员工和企业融资更加容易。

本文作者克里克·汉森(Krik O. Hanson)自2001年就担任圣塔克拉拉大学马库拉应用伦理中心的执行董事。

网站上展现了作者的观点。马库拉应用伦理中心不追求地位,而是鼓励就道德问题进行交流。

资料来源:Markkula Center for Applied Ethics.

第 13 章

购买企业：避开误区

学习目标

- 评估购买企业的优势和劣势。
- 了解寻找待售企业的途径。
- 查看外部机遇。
- 理解企业购买中律师、评估师、顾问和会计师的作用。
- 深入分析企业以确定数据是否准确。
- 认识尽职调查的重要性及其必要的实施步骤。
- 理解业务经纪人的操作方式。
- 学习如何避免被卖方和业务经纪人欺骗。
- 评估待售企业的市场价值。
- 通过网络收集企业销售和交易数据。
- 评估商誉的好坏。
- 学习自我保护的方法。
- 为谈判做准备。
- 了解卖方的财务详情。

到目前为止，你一直在探索如何从零开始启动你的项目；但另一种方式即购买企业可能是一种更好的选择。在你开始搜寻一家待售企业或者特许经营权时，不要一心想着完成交易，应该积极地寻找那些能够满足你的财务需求和个人意愿的企业。回顾第 1 章的初始行动策略，你对自己的兴趣、优劣势和企业计划已有了解，尝试回顾和梳理当初的想法。在购买企业这件事情上，你将投入大量的时间、金钱、精力以及情感，所以在直觉和客观信息的基础上，要作出最明智的选择。第一步，在你开始搜寻待售企业之前，确定你能获得的资金量。而此后，你要相信自己，追随你的激情！

本章中，你将学习确定和评估待售企业的几种方法。尽管本章聚焦于运营中的独立企业，但是本章中的许多策略也可以用于评估特许经营权。第 14 章将具体研究特许经营和多层次市场营销问题。

为确保购买到合适的企业或者特许经营权，你必须做充分的准备，同时时刻保持审慎的态度。你需要将这两章合在一起阅读，因为很多有关购买企业和特许经营权的概念及评估工具是通用的。

在调研了待售的独立企业和特许经营权之后，你也许会发现这二者都不适合你。

但这并不意味着你的时间和努力毫无成效，因为在调研过程中所学到的知识将有助于你避免作出愚蠢的决定，更进一步说，调研过程中的发现可以帮助你的企业走向成功。

在购买一个正在运营的企业时，你希望购买一个经证实可以持续盈利的企业。你也可能购买**存货**（inventory）、取得绝佳位置、获得**正商誉**（good will）或与卖方达成停止与你展开竞争的协议。购买特许经营权时，你购买的主要是品牌使用权。你也可能购买培训项目、商业计划书、广告和租赁谈判方面的援助以及采购优势。然而，你购买的也可能是一个经营多年的特许经营点，通过这种购买形式，你将获得上述所有项目。

我们一直强调，你必须对购买企业过程中常见的陷阱保持高度警惕。对你而言，见多识广经验丰富的顾问（了解企业所在的行业）在购买企业过程中是必不可少的。此外，如果没有进行尽职调查，也没有合适的法务代理，你应停止企业购买行为。

尽职调查应该深入而全面。就购买企业而言，你首先需要着眼于挖掘合适的购买标的，其次才是合适的价格和条款。此外，你所搜寻的可购买企业应该与自身相匹配。你是否享受夜以继日地运营一家企业？你能确保自己每天投身于工作、不断发展这家企业吗？企业的顾客类型是你所期望的吗？企业的雇员类型是你想要合作的吗？在你看来这家企业有趣吗？你会对这家企业充满激情吗？长期来看这家企业的发展前景如何？这些都是你需要思考的问题。

就你购买的企业而言，确保它具有盈利性。如果你购买的是一家运营中的企业，那么其他人已经承担了企业启动的初始风险和高成本，因此你的目标应该是不必为这些风险付出较大代价。

在购买一家企业后，注意不要在短期之内对其进行全面改造。急切又自我的创业者常常相信他们能够比前任做得更好。但是，你之所以购买该企业，是因为它是有利可图的；而企业之所以能够盈利，是因为在你购买时它有适当的运营系统和产品，因此请不要贬损它。

到目前为止，你对市场环境的了解已很深入，因此现在是时候开始探索待售企业了。与卖方的洽谈是进一步拓展你的创业知识的过程。所以，尽情享受这个过程吧。把支票留在家里，不要急于作出购买决定。

13.1　为什么要购买企业

购买一家已成立的企业的主要原因在于钱，即持续的收入流。如果在购买前你做了严谨的调研，并且最终的交易非常完美，那么从接管这家企业的那一天起你也许就开始赚钱了。对大部分初创企业而言，可能要在几个月（平均2~3个月）之后才能实现盈利，所以购买企业可能是一个明智之举。对于那些必须一开始就要获得正的收入流的创业者而言，这可能是最好的创建企业的方式。在购买现有企业时需要注意的其他事项包括：

1. 如果你找到了一个"急于转手者"，你可能会在谈判中争取到有利的条款。你也可能只需要支付很少的预付款来买入企业，同时获得卖方融资。关于卖方融资的详细说明见章末"制胜关键"。

2. 固定装置和设备都是可以协商的。你应该确保设备的运行状况良好，且得到很好的维护。记得检查所有的设备维护记录，并且对设备的状况进行评估，不要想当然地以为设备状况良好。

3. 购买企业后的培训和支持服务也可以从卖方获得，这也是可以谈判的。如果卖方融资得以实施，那么卖方也将成为你此次企业购买行为的利益相关者，也就是说，他的利益与你的成功息息相关。许多银行偏好卖方融资，因为它们相信这种方式可确保卖方以及银行的利益。也许你可以要求卖方短期内继续在该企业工作，以帮助你适应该企业以及接洽客户和供应商。

4. 评估现有客户群。你必须判断现有客户的忠诚度以及该企业拥有的是正商誉还是**负商誉**（ill will）。如果客户群不大或者忠诚度不高，那么在价格谈判中你应该指出。此外，如果近期企业在走下坡路，那么商誉可能很难量化。你应该评估重建客户忠诚度的成本以及可能性。同时，你要确保该企业的客户群足够大。

5. 与供应商和分销商建立关系。你应该花时间与每个供应商和分销商洽谈，以判断与他们之间的关系。他们可以帮助你深入了解卖方。同时，你应该确定卖方与供应商和经销商之间是否存在基于友情的协议，这些协议在你购买企业之后可能不会产生作用。

6. 调查绝佳的以及难以复制的地点。你应该确认租约能否转给你。让你的律师审查租约，同时审查卖方是否将该地用作他途。如果该地点具有多元化业务，你应该花时间查清其他的业务。尽职调查应该包括该地所处的销售区域、社区、环境限制、道路等变化，因为这些变化可能影响企业成功。

7. 了解雇员的专业知识要求，这些专业知识有可能极大地提高你的利润水平。在高科技行业，旨在获取高端技术人才的企业购买行为屡见不鲜。你无法保证这些雇员以及他们的经验将来能否留下来，因此你需要考虑这些关键雇员将来辞职并与你构成竞争关系的可能性。

8. 现存的执照和许可证可能难以复制。在购买任何一家企业之前，你应该和你的律师确认执照和许可证的转让是否可行。同样，你要调查是否存在一些卖方本该拥有但实际缺失的执照和许可证。如果存在，那么你要考虑获取这些证件的成本、可获得性以及时间成本，同时确保在你的财务和运营计划中考虑到这些成本和时间期限。

9. 你可能有机会看到实际的财务报表和税收报告，注意这些报表的真实性。假定卖方有两套报表，那么你应该要求审查两套。一些公司甚至有三套账本。对任何只显示现金业务的报表中的数字都要持怀疑态度。

10. 对企业运行状况的深入调查将帮助你决定是否使用额外的技术来提高运行效率，进而提高盈利水平。本书一直在要求你探索所有可能提高效率和技术、降低成本、改善或改变营销和销售策略等的功能，以增加销售额和利润。当你审查待售企业时，要时刻牢记这些可能的机会。

11. 购买企业过程中，尽职调查对减少不确定性是有帮助的，但你永远无法消除这种不确定性。

地球村

本章中，我们展示了国际行情和资源，希望能够拓展你发现新机会的视野。下面的快速测验能够帮助你评估是否准备好以及是否愿意利用全球化市场的机遇。

测试你的出口指数

	是	否
1. 你具有企业家精神吗?	☐	☐
2. 你具有稳定的服务型的性格特征吗?	☐	☐
3. 你是一个天生善于建立与维护关系的沟通者吗?	☐	☐
4. 你认为自己是一个具有高度组织性的研究型人才吗?	☐	☐
5. 你具有使命感吗?	☐	☐
6. 你掌握了良好的沟通技巧吗?	☐	☐
7. 你的简历中提及销售、营销或者分销背景了吗?	☐	☐
8. 你精通财务以及与企业相关的学科知识吗?	☐	☐
9. 你为自己卓越的谈判技能而骄傲吗?	☐	☐
10. 你有处理复杂文档资料的经验吗?	☐	☐
11. 你热衷于国际政治吗?	☐	☐
12. 你具有多种语言的读写能力吗?	☐	☐
13. 你对不同的文化敏感吗?	☐	☐
14. 你认为自己即使在高压之下也能够轻松采纳好的意见吗?	☐	☐
15. 你的阅历丰富吗? 你对其他文化感到好奇吗?	☐	☐

总分（每个问题回答"是"得1分）

评估你的得分:

1~6分: 尽管你在所从事的出口业务方面拥有某些技能，但是你需要更深入的评估以判断你是否适合该领域的工作。

7~10分: 你对该领域有强烈的兴趣，但是，你应该考虑学习更多的知识、语言以及交易技能。

11~15分: 你基本具备在全球贸易领域让企业和个人成功的关键要素。

资料来源: Excerpt from Global Entrepreneurship, Module 1, p. 13. Copyright Forum for International Trade Training. Used with permission.

13.2 如何购买/不购买

明智的企业购买者会仔细地审查待售企业的每个细节，计算机分析结果和业界领袖的建议对他们而言也非常重要。他们不会由于情感因素而草率地购买一家企业。例如，你可能多年来习惯和朋友在 Millie 餐厅的一个角落吃午餐，当这个地方要出售时，你可能出于怀旧之情将其买下，这就是非理智的购买因素。

如果你要购买一家正在运营的企业，就需要雇用**业务经纪人**（business broker）、会计师、小企业领域的律师以及业务评估师。在寻找这些专业人员时，你要通过各种方法找到最佳人选。曾经购买过企业的人给你的参考信息对你组建团队至关重要，因此你需要仔细研究这些参考信息。你不仅需要值得信赖和有经验的团队成员，还需要对你想要购买的企业所在行业有一定经验的经纪人。你可以联系那些购买过企业的人，并向他询问所聘请的顾问是如何协助他作出决定的。同时，你也要了解顾问的劣势所在，以及他们希望你提出哪类问题。如果你从经过培训、有经验、诚实的经纪人那里得到有价值的服务，那么与他们无价的专业知识相比，顾问费用和佣金就微不足道了。

FranNet 和 VR Business Brokers 是取得资质的美国最大的两家经纪公司。此外，很多个体经纪人也可以满足你的需求。经纪人业务也可以是非常专业化的，例如，南加利福尼亚一位曾经做过牙医的经纪人只提供与牙科诊所相关的经纪服务。

业务经纪人不仅帮助数千人实现了梦想，还帮助他们达到了目标。但你需要记住，经纪人是为卖方服务的，即忠诚于卖方。在选择经纪人时，你需要与多个经纪人接洽，然后确定合适的人选，千万不要与经纪人签署排他性协议。如果某个经纪人在没有了解你、你的背景以及财务状况的情况下就开始谈论向你出售某家企业，不要理会他们，直接拒绝即可。

此外，你要找到一位熟悉企业销售交易的律师以及一位通晓企业转让相关税收制度的会计师，他们可以帮助买方和卖方找到一些有趣的法律和税务漏洞进行合理避税。有相关行业经验的会计师知道卖方如何隐藏问题以及一家企业的潜在收益和税收优势在哪里。

时刻牢记，所有的企业都会在特定的时间卖出。错失签约与错过飞机没什么区别，也就是说，如果你错过购买某家企业的机会，下一个机会很快就会到来。

尽管消息灵通和决策谨慎的购买者总是能够买到好的企业，但是好的企业确实很难发现。发现好的企业与找工作非常相似，最好的企业从来不需要做广告；相反，较差的企业的广告却随处可见。当你频繁看到关于某个特定类型企业的广告时，就应该知道失意的商人在哪里了。

发布广告也有好处。这一论点可以从下面的例子中得到验证，事件的主人公在一家具有影响力的美国中西部报社的企业版刊登了如下广告：

> 厌烦了高尔夫和网球，我准备重新走上企业管理岗位。我在 35 岁时有过成功的销售经历。现在我想买一家年销售额超过 600 万美元的制造企业。有意者请给 H.G. 发邮件，邮箱为 newbusinessfartooyoungtoretire@gmail.com。

H.G. 收到了超过 20 封邮件，他认为阅读邮件中的建议给人启迪，同时也很有趣。在阅读完所有邮件之后，他拜访了一些出售企业者。在这一过程中，他并没有找到合意的销售者或者待售企业。诚信看来是稀缺的。这和其他大多数希望购买现有企业的购买者所遇到的情景一样。如果你想购买一家企业，必须付出艰辛的努力并保持足够的耐心。

另一位幸运的企业购买者找到了她心仪的企业，这源于位于芝加哥郊区的一家工艺品商店的所有者在她的网站上发布了如下信息：

> 我是 Quilt Designs 的店主，于 2009 年 1 月搬家到加利福尼亚州。一直以来，我通过远程操控运营这家店铺。我现在决定将此店铺转让给一个和我一样热爱这家店铺的人。所以，Quilt Designs 现在处于待售中。但是我现在并不急于出售，因此在找到合适的接手者之前，我会继续购买新的货物来补充货架。
>
> Quilt Designs 在过去 18 年里一直盈利，我希望看到这一状态保持下去。我决定首先将这一信息发布给我的顾客，因为我认为可能某一位顾客恰好正在搜寻这一机会。新的店主可能会将其个性带入 Quilt Designs，因此 Quilt Designs 将

会生意兴旺。买方可以获得一定数额的卖方融资。如果你感兴趣以及想要了解更多的信息，请与我取得联系。

店主在广告发布之后收到了10条询问信息。在与几位询问者分享信息之后，她最终将店铺卖给了某个购买者，该购买者重新注资该店铺，得到了小企业发展中心（SBDC）的财务支持，还接受了小额的卖方融资。同时，该购买者在谈判时要求卖方减少商品存货以减少转让价格，卖方同意了。

13.2.1 放出口风

当你准备搜寻待售企业时，可以将你的购买意愿告诉你认识的每个人，这样也许很快就能找到好的购买对象。但是在放出消息之前要明确你对目标企业的一些要求。确定想要进入的行业、企业规模、潜在的销售额、潜在的利润以及你购买企业的时间以及融资数额。这些工作必须基于你在第1章完成的工作以及你对想要进入的行业的初始研究。下面是一些小窍门：

1. 将你的购买意愿告知你的朋友、家庭成员、俱乐部成员、教会成员以及其他你能联系到的任何人。

2. 与目标行业的任何人取得联系，如制造商、分销商、代理人、交易商、经销商、供应商以及贸易协会等，让他们知道你的购买意愿。

3. 向你人际关系网络中的银行人员、律师、会计师和社区领导寻求帮助。

4. 在交易期刊上刊登广告，并且回答张贴广告中的每一个问题。此外，贸易协会可能对外租借企业成员名单；使用这些信息，通过电子邮件、信件或者网络方式与这些人取得联系。

5. 给你所确认的潜在卖方发电子邮件或者信件咨询（见"行动步骤53"）。

6. 在你所处的领域或者行业内找到最好的业务经纪人。

7. 与处理过兼并和收购事件的公司洽谈。

8. 不要草率作出决定，深思熟虑之后形成的协议会更好。

9. 核查你想要运营和购买的企业。询问企业所有者是否有出售意愿。

10. 上门拜访潜在出售者，你会发现意外的惊喜。

11. 寻找因合作关系终止、疾病、退休、厌烦或者离婚等受到影响的企业所有者，他们可能有出售企业的意愿。

12. 寻找那些当前表现并不好，但是你确信自己的经验能够使其业绩得到改善的企业。前提是确保你购买的企业并没有处在衰退行业，如果你对这一行业具有丰富的经验，这样的购买策略是有效的；如果你缺乏经验，那么请保持谨慎。

13. 核查拥有大量产品，但可能因营销能力不足或地理位置不好等导致业绩不佳的企业。新的企业地点或者大规模的营销活动有助于该企业的业绩提升吗？如果该企业生产产品，通过转移设备降低生产成本的方式有助于提高利润水平吗？关闭零售店，仅仅开展网络销售活动是更有利可图的业务模式吗？记住，你期望的不仅是销售额的增长，还包括利润的提升。

14. 访问 BizBuySell（见表13—1）、BizQuest 以及全国性和当地的业务经纪网站。

15. 阅读刊登在《华尔街日报》、行业期刊和当地商业期刊上的广告。

16. 理智地利用网络博客和社交网站来发布有关企业购买的信息。
使用"行动步骤53"去传播购买意愿，发现机会。买方请注意！

行动步骤 53

放出口风

1. 如果可以的话，你可以将你打算购买企业的愿望用电子邮件的方式告知别人，也可在脸书和推特上传播信息。列出你对所购买企业的要求，并请求邮件接收者将邮件转发给他们认为可能会有兴趣的人。
2. 从上面的列表中找出 3～4 种方法来确定你想要进入的领域或行业的待售企业。
3. 确定 3 家企业并与企业所有者取得联系。
4. 在每次洽谈之后总结你的想法。

尽管社交圈是最好的了解待售企业信息的途径，但是你也可能在当地报纸或者网络信息平台（如 Craigslist 和 eBay）上找到企业销售广告。

当你拜访他人时，请将你的支票留在家里。这一行动步骤不需要任何费用，顶多花几笔早餐或午餐费。在这一过程中你的目标是调查机会，而不是购买企业。

13.3 开始调查机会

在找到一些潜在的有前景的机会之后，是时候扮演市场侦探的角色了。本节将介绍一些让你成为超级侦探的技术手段。完成每个企业的外部调查之后，你开始着手进行企业的内部调查。通过查看公司的账簿以及与卖方进行交谈，你需要识别卖方出售企业的真正原因。遗憾的是，本（Ben）和萨莉（Sally）没有足够细致地审查，也没有学习识别欺诈的手段。

郊区的故事

本和萨莉购买了一家女性运动服装店 GeeGees。这家店铺所在社区与一家区域性购物中心相距仅 2 英里。该卖家在本县拥有另一家利润水平更高的店铺，当他们知道卖家用这家店铺的财务数据代替他们所购买店铺的财务数据时，一切都太迟了。下面是该事件的详细发生过程：

1. 卖家将电脑注册用户数据从高销售额的店铺转移到她想要销售的店铺，所以待售的店铺数据存在造假。
2. 店铺的销售价格为库存货品加上 4 万美元的商誉。考虑到该店铺的收银机记录显示店铺的年收入为 80 万美元，且平均毛利润为 50%，该店铺的售价看起来较低。
3. 本和萨莉为过期和折旧产品支付了超过 10 万美元，卖家可能将两家店铺的过期产品都搬运到本和萨莉所购买的店铺。最终，这些过期产品的价值仅确定为 2 万美元。
4. 本和萨莉需要为这个店铺每月支付 6 000 美元的租金，同时，房东要求他们签署一份房屋安全保障协议。

5. 这一店铺的位置最终证明客流量很少。

幸运的是，本没有辞掉工作，萨莉则想方设法卖掉这些多余的存货，同时买进畅销商品，希望能够渡过难关。在开始营业的 12 个月之内，他们做广告花了 3.6 万美元。一年之后，在房东找到下一个承租人之前，本和萨莉的租约才能到期。买下 GeeGees 对本和萨莉来说是一个棘手且代价高昂的错误。

13.3.1　从他人的错误中吸取经验并不断探索

本和萨莉原本可以通过很多方式避免这次惨痛的失误，他们可以向购物中心的商户询问所购买店铺的运行状况，也可以在购买之前实地观察客流量，或者亲自检查库存商品。他们应坚持让萨莉在付款之前在该店铺工作一段时间，这一附加条款可以帮助他们摆脱困境。

本和萨莉是诚实且工作努力的人，所以他们只考察了出售店铺的账面价值，这是一个很大的错误！与供应商和其他相关人员交谈可能发现出售者的欺诈行为。他们正在起诉出售者，并雇用了审计师和律师，在购买企业之前若雇用顾问，就可帮助他们避免失误，在失误发生之后雇用顾问的费用高昂，因为此时专家都具有议价优势。此外，本和萨莉通过法律途径获得财物补偿的机会很渺茫。

有些出售者没有将自己投入的时间和资金纳入运营成本，从而夸大了公司的投资回报率。假设一家公司每年有 10 万美元的收入，另外有 25 万美元的存货。如果公司出售者及其配偶和孩子在该公司每周工作 160 个小时，且如果用 25 万美元购买免税的政府债券的收益率可以达到 4% 或者更高，那么这就不是一项好的投资。

如果你想购买的是一家零售企业，那么请你的朋友在一天的不同时段进入该零售店铺，以估计实际上有多少员工。如果家庭中很多成员都参与经营一家企业，则估计投入的时间是很困难的。你的研究可能会获得更多精确的数据来帮助你作出购买决策。

你应该以市场工资率水平计算雇用一位胜任的经理以及其他雇员的成本。在本例中，假设你必须雇用一位年薪为 5 万美元的经理，一位年薪为 3 万美元的会计，以及两位年薪为 4 万美元的钟点工。你的固定成本是 12 万美元，但是你错失了将这些固定成本投入年收益率为 4% 的投资的机会。计算看起来很简单，但是你忽视了日常交易中的潜在成本。

现在可以调查你想要购买的企业了。记住你从本和萨莉的失败中所学到的经验。带上你的相机以及新的思想观念，你将发现很多令人惊讶的事情。"行动步骤 54"会告诉你如何去做。

行动步骤 54

从外部调查企业

从外部调查一家企业可以帮你判断是否应该进行更深入的内部调查。用以下五个步骤去调查生产、销售、服务或者互联网企业。如果你想要进入一个新的行业，你应该坐下来与该行业有经验的人洽谈，基于别人的选择作出自己的选择。

1. 确保所购企业与该行业发展框架相符。你想要购买的是一个在生命周期中处于日出阶段而非日落阶段的企业。

2. 绘制区域图。企业位于何处？所处城市/县的未来发展规划是怎样的？社区处于生命周期的哪一个阶段？交通流量如何？交通便利吗？你的目标客户到达该店铺需要花多长时间？停车位足够吗？目前在该区域停车的数量是否减少了？这一区域内的雇员数量是多少？

3. 如果是零售企业，那么你应该拍摄店铺外部的景象。仔细分析外部的景象。建筑物是否得到很好的维修？客户穿的衣服、驾驶的车辆以及购买商品的类型是怎样的？你能推断他们的生活方式吗？在不同的日期和每天不同的时间段分别拍摄。

4. 与邻居交谈。附近的业主对待售企业有哪些了解？他们的业务有助于吸引目标客户到待售企业中吗？你希望紧邻竞争者（如餐饮一条街、汽车城或其他成功的商业区）还是希望远离竞争者？在你购买企业之后是否会有其他竞争者进入该区域？向店铺承租人询问他们的店铺租赁价格，同时你要理解不同承租人的租赁价格可能是不同的。

5. 采访客户。客户是否喜欢该店铺？对商店的服务是否满意？他们有什么建议？他们希望增加哪些商品或服务？他们喜欢去哪里购买相似的商品或者服务？

6. 去管理机构核实。管理机构对该地域有什么计划？市政厅是否计划在此地建造下水道、马路和指示牌？对建筑许可是否有新政策？

13.3.2 知道自己何时需要外部援助

我们已经讨论了一个小的精英团队如何帮助你实现拥有一家小企业的梦想。如果你依然对所研究的企业持怀疑态度，那么你可能需要从比现有团队成员更客观的人那里得到建议。如果你不是夏洛克·福尔摩斯之类的人，那么你最好雇用一个该类型的人。这类人的调查也许并不能帮你实现购买企业的梦想，但是从长期来看可以让你避免损失。

乔治亚·韦伯斯特（Georgia Webster）对于自己与丈夫打算购买的企业存在一些疑虑。看看我们能从这个例子中学到哪些经验。

被一个推土机所挽救

弗雷德（Fred）和我于2006年大学毕业。我们上大学时都是运动员，都热爱体育，所以在父母的资助之下我们打算购买一家体育用品店。

我们发现了一个完美的待售店铺：The Sports Factory。该店铺与一个游泳馆相隔一个街区，与一家新开的普拉提和瑜伽中心相隔3个街区，相距0.25英里有一个经常主办排球、垒球和足球比赛的公园。

我们的一个会计朋友帮忙审计了待售店铺的账本，财务报表看起来很漂亮。"损益表很完美，让人不敢相信这家企业会有如此好的收益，在生意好时，每个季度甚至可以赚到4万美元，更让你觉得不可思议的是这家店从来没有开展过促销活动。"

店主称，他经营这家店十几年了，因为厌倦了长时间工作，希望可以开始更自由的新生活。我们花 600 美元联系了当地研究创业活动的教授哈里·亨克尔（Harry Henkel），他抽出 2～3 小时调查了该店铺。

两天之后，哈里教授打电话告诉了我们一些出乎意料的消息："我与一位在待售店铺相邻街区工作的推土机司机交谈后得知，相邻街区正计划改建一栋 7 层的零售大楼，其中一家店铺打算转型做体育用品折扣店。"

我问哈里店主是否知道这一消息，这或许是他想要出售店铺的真正原因。

"我在城市规划局核查了两次，该信息在六周之前就公布了。"哈里说他认为店主是知情的。

乔治亚和弗雷德差点就在错误的时间购买了一家看起来不错的企业，外部的调查帮助他们避免了一个严重的失误，尽管如此，内部调查同等重要，只有通过内部调查才会让你真正了解所研究的企业。

13.4 调查经纪人和待售列表

在了解如何进行企业的外部调查之后，现在你要从企业内部调查中发现有前景的购买机会。草率的外部调查和犹豫不决的购买意愿会浪费你和其他业主很多时间。内部调查是一个耗时且漫长的过程，找到一家合适的企业要花费 2～12 个月，但是内部调查会让你的调查能力有质的飞跃。

有两种方式可以帮助你进行企业内部调查：亲自与业主联系或者雇用一个业务经纪人。专业的经纪人可以获得企业待售列表。这可能是你获得某些待售企业信息的唯一方式。

通过与多个经纪人联系选择一个最合适的人选，经纪人可能会帮你寻找好的企业购买机会。尽管你在寻找机会的过程中做了大量的调查，但仍要做好失望的准备，不过，通过内部调查你会获益颇多。

13.4.1 与经纪人打交道

业务经纪人活跃于大多数社区和行业，他们在卖方和买方的匹配方面扮演了重要的角色。他们的能力水平参差不齐，他们中既有熟悉快餐特许经营（如塔可钟（Taco Bell））的专家，也有对专业知识知之甚少，只会浪费你时间的兼职人员。

经纪人是作为**受托人**（fiduciary）来代表卖方进行交易的，在交易后获得酬劳。一般而言，对于百万美元以下的交易业务，经纪人的佣金比例为 10% 左右，大宗交易的佣金比例会低一些，而且有周旋的余地。虽然卖方经纪人的数量并不多，但是你可以首先考虑这一类经纪人，因为他们可能更负责任，而且是由卖方支付佣金。

一些卖家只将出售信息透露给经纪人，因为他们不想让顾客、雇员以及竞争者知道自己的出售意愿。另一些卖家则刚好相反，他们将自己的销售意愿告诉每一个认识的人。

花时间与一个经验丰富的经纪人交谈会让你受益颇多。如果你想要购买某一类企业，且能在市场上调查多家企业，那么最终你对企业总体情况的了解会比现有卖家更深刻。

在你的业务联系人中找到多个胜任的经纪人，与这些经纪人面谈之后确定一个最合适以及最值得信任的经纪人。他们能解释现金流预测、**获利后支付**（earn-out）的优点以及**大宗销售法**（bulk sales law）吗？请他们举例说明。如前面所讲，不要草率地作出决定，一个好的经纪人可以提供多种服务，从经纪人那里获取专业的建议后再做决定。

买卖双方匹配　　如果你是企业买方，那么一个好的业务经纪人将通过面谈了解你的需求、愿望、个人和财务目标以及局限。根据你的回答以及经纪人的市场知识，经纪人将向你提供与你的兴趣、想要的生活方式、能力以及财务资源最相符的机会。当经纪人为你推荐企业时，将第1章中的行动步骤与你的经纪人分享，这是一个很好的开始，也可以节约很多时间和精力。不要与那些根本不花时间了解你以及你的需求的经纪人合作。与他们合作只会浪费你的时间。

确定公平的市场价值　　专业的业务经纪人与各种业务、土地、商业以及设备等领域的评估师都有紧密的工作关系，这些评估师能够帮助你确定企业的市场价值。他们与律师和会计师之间的联系也是很有价值的。时刻牢记你雇用经纪人的目的是希望从他们的经验和关系网中获益，如果你联系的经纪人没有这些能力，那么你应该另找一个。

推进谈判进程　　购买企业的过程需要你投入热情。你所做的是选择一种生活方式，这也是一项长期的重要投资。所以，你将从一个经验丰富的第三方机构的中间人那里获得巨大的利益。你的经纪人在交易完成之前不会收到报酬，他了解交易双方的买卖动机，因此会推动交易过程顺利进行。

理清烦琐的程序　　专业经纪人的责任还包括帮助你获得必要的许可证和执照以及确定信誉良好的第三方托管公司。

与《华尔街日报》有关的BizBuySell网站是一个包含待售企业信息的数据库。你可以在此网站上按照州、县、业务种类以及企业要价分类查询。此外，你能找到总部设在美国国内的企业或者跨国企业，以及可重新定位的企业。表13—1展示了BizBuySell网站上部分制造企业、互联网企业以及零售企业的清单。当你看到这些广告时，应该记住这类广告就像投资一样具有表面上的吸引力。

表 13—1　　　　　　　　　　业务经纪人提供的企业清单样本

Commercial Casework & Millwork 待售

田纳西州
可获得卖方融资

售价：379 900 美元	存货价值：50 000 美元
毛收入：700 000 美元	房地产价值：不详
现金流：175 000 美元	成立时间：1965 年
息税前利润：不详	雇员人数：7 人

固定装置和设备：283 000 美元*
业务类型：家具和固定装置/木质产品

*包括在售价之中

企业描述

这家企业的所有者想要退休，所以打算将其出售。业务范围包括：医院、医生办公室、餐馆、辅助生活设备、教堂、学校以及历史古迹的翻新等。该业务自 20 世纪 60 年代开展以来，经历了 80 年代的经济衰退，至今从未停业。在经济衰退期间，企业的年净利润超过 10 万美元。衰退之前的年销售额为 120 万美元，衰退期间的年销售额保持在 57.5 万～75 万美元之间。目前，该企业的商铺临近纳什维尔市，占地面积超过 12 000 平方英尺。销售的产品包括但不限于：5 种 Weinig 模具、Weinig 工具研磨机、模具剖面刀、锯刀、2 种吸尘器、铲车、数字 Holtzer 镶板锯、小型镶板锯、20 种平面器、Brandt 封边机、多种大型锯片、刨床、钻孔机、36 种宽边砂带磨光机、空气压缩机、水平带锯、桌锯、电子液压车、封箱机、层压塑料、铣床平台、2 种喷雾设备和安装工具。所有的设备都得到很好的维修或者更换。4 类车具包括：进口厢式货车、雪佛兰厢式货车、福特敞篷货车 24 辆和雪佛兰小型载货车 1 辆。所有的存货、办公室设备、惠普绘图机、制图桌、电脑、软件和网站等完好。最近，企业中标了标的接近 100 万美元的新项目，这些项目中大多数有获得额外经费的可能。企业现在每天都在投标新的项目。投标项目将被列在销售范围之内。目前，企业与多个项目包括整个客户群保持联系。这家企业的标价定在 37.9 万美元。请认真考虑并欢迎咨询。

详细情况

设施：目前，该企业的商铺占地面积超过 12 000 平方英尺，租用设备的地点临近纳什维尔。

竞争：纳什维尔提供了一个绝佳的商业位置。由于纳什维尔是田纳西州的中心城市，商业环境良好，并没有受到经济衰退较大的影响。根据当地新闻，因为当地和世界的顶尖企业将入驻田纳西州的中部区域，纳什维尔在不久的将来会迎来重大的发展机遇。

增长/扩张：拥有无限扩张的可能性。企业的服务范围遍布全美，且几乎没有做过任何广告。

融资：在支付金额较大的首付款时可获得卖方融资。

支持/培训：如果需要可以提供。

出售理由：退休。

成立四年主营婴儿礼品网络销售的企业

纽约

售价：330 000 美元	存货价值：不详
毛收入：656 000 美元	房地产价值：不详
现金流：163 000 美元	成立时间：2008 年
息税前利润：不详	雇员人数：1 人
固定装置和设备：不详	服务模式：B2C
业务类型：互联网	

企业描述

随着世界人口的增长，对优质婴儿礼品的需求不断增加。企业成立于 2008 年，规模不断扩大。企业为直接发货型，主要在全国销售高端的婴儿礼品以及聚会礼品。企业所有者兢兢业业，致力于将企业打造为一流品牌。2011 年，企业的销售总额超过 65 万美元，总利润率高达 32%，剔除所有成本之后的总利润超过 15 万美元。在该行业的主要检索项目中，该企业站点名列前茅。2011 年谷歌针对熊猫病毒进行了升级，该企业站点的客流量和销售额不但没有下降，反而实现了逆增长，这一点与其他企业大不相同。这意味着该企业站点多年来创建了良好的网络业务品质。企业产品的购买者包括一些全球大型公司，如梦工厂、赛门铁克、惠普、微软、戴尔、百事和可口可乐。前不久它们从该企业站点购买了礼物送给伊万卡·特朗普（Ivanka Trump），实际上是送给唐纳德·特朗普（Donald Trump）最小的孙女阿拉贝拉（Arebella）。这表明该企业站点拥有高质量的产品和客户服务，因为我们都知道特朗普家族总是选择最好的。目前企业所有者想出售该企业，转而从事线下的咨询业务。为了确保企业购买者能够顺利为客户提供服务，企业所有者很愿意远程协助企业购买者，告诉他们一些业务技巧，将他们介绍给供应商，以确保他们能够了解该企业的各个方面。

详细情况

支持/培训：卖方愿意对买方进行培训，使其熟悉业务的各个方面。

出售理由：卖方有其他需要投入精力的线下业务。

地毯和地板商店

俄克拉何马州
可获得卖方融资

售价：200 000 美元	存货价值：10 000 美元**
毛收入：570 000 美元	房地产价值：不详
现金流：91 000 美元	成立时间：不详
固定装置和设备：62 000 美元*	雇员人数：1 人

* 包括在售价之中
** 不包括在售价之中

企业描述

这家店铺不是你所看到的普通的地毯和地板商店！该店主研究出一套非常高效的经营模式，能够以低开销以及低存货的方式极大地提升企业的利润率。此外，商店的位置绝佳。该企业可以帮助想要购买这些富有创造性的产品以更好地装饰室内的任何客户。如果你在寻找夫妻或者整个家庭成员一起工作的企业，那么该企业是一个完美的选择。不要让这次机会失之交臂。这家盈利的企业非常受欢迎。你可以从卖方处获得帮助，包括卖方融资。

详细情况

设施：店铺内布满了各类商品样品。店铺位于非常繁华的商业购物区域，有较大的车流量。
竞争：尽管在该区域有两家地板商店，但是该店有其战略优势。
增长/扩张：尽管店铺的客户既包括居民客户也包括商业客户，但企业成长和盈利主要依靠居民客户，但店主目前没有时间和精力专注于这方面的业务。
融资：卖方可以提供不超过 60 000 美元的融资。
出售理由：卖方有其他 2 个需要管理的不相关企业。

资料来源：Samples of Business Broker' Listings. Retrieved from $http://www.BizBuySell.com$ （Accessed February 14, 2012）. Reprinted with permission.

13.5 如何对企业进行内部调查

在完成外部调查以及确定要购买的企业之后，你应该进行企业的内部调查。你要利用好内部调查的机会，直到彻底调查该企业，所有的问题得到解答。

当你对待售企业时进行内部调查、检查账本以及向卖方询问时会感到忧虑和紧张吗？你不应该如此。实际上，卖方期望买方是那些认真搜寻待售企业的人。读完接下来的章节之后，你可以开始准备"行动步骤 55"来进行企业内部调查。

行动步骤 55

对企业进行内部调查

企业内部调查让你清楚该企业的真实价值以及你是否想要购买。尽管你在之前的行动步骤中已经开始调查企业，但是现在你要准备审核一些更为难懂的数据。

如果你想要购买某家企业，可以向卖方预约，或者让业务经纪人安排，从内部调查该企业。在采取行动之前，你应该复习本章的所有知识以及准备好问题列表。不要让任何人影响你而使你作出草率的决策。

将你的支票留在家中，这一调查过程不需要任何费用。

13.5.1 研究企业的财务历史

你需要从财务历史中得到的信息包括：资金的来源及流向。要求检查至少过去三年的财务记录，最好是经过审计的财务记录。花时间研究这些财务记录。雇用一位具有行业经验的会计重新审核这些账目。你的目标是购买一家具有收入现金流的企业。财务记录可以让你弄清楚过去的财务状况，同时预测企业未来的现金流。

在允许你查看财务资料之前，大多数卖方和经纪人会权衡你是不是一名潜在的企业购买者。他们只想把公司的财务数据展现给那些有资金实力的购买者。此外，他们还会要求你签订一份**保密协议**（nondisclosure agreement），要求你在商定日期之前不能将任何信息透露给卖方雇员、供应商或者客户，向你的顾问以外的任何人透露关于这家企业的信息也是被禁止的，你的顾问也不能对外透露任何信息。他们也可能要求你签订一份**反侵权协议**（non-piracy agreement），该协议将禁止你盗用待售企业的系统、产品以及理念。

你应该查看现金流量表、损益表、应收款项以及应付款项，如果卖方有应收款项目，那么根据一般经验而言：

- 3 个月之后，应收款项目的账面价值将缩水 10%。
- 6 个月后将缩水 50%。
- 一年之后将缩水 70%，这一比率在不同行业略有浮动。

查看任何你能找到的收据。如果一个快餐店老板告诉你，她一周能卖掉 2 000 个汉堡包，那么你应该要求查看供应商出具的收据。如果找不到收据，那么要求与供应商联系以查看发货记录。要确保她从供应商那里购买的商品数量与销售数量完全一致。如果对方不合作，立刻终止交易，因为卖方一定在掩盖信息或者编造虚假信息。你可以通过这一方法调查生产类型的企业。

仔细评估待售企业收取的任何个人费用，以使你对公司真实利润有更清晰的了解。你雇用的会计师将帮助你完成这一工作。

检查被撤销的支票、收入税申报单（最好是过去 3～5 年的）以及卖方开给自己的薪水。如果卖方开给自己的薪水非常少，那么你要判断靠这一点薪水能否生存下去。同时，检查卖方是否为了弥补自己的低工资而在企业运营期间为家庭或者个人购买生活物品。

如果卖方吹嘘她没有纳税，那你应该问问自己能否相信她。如果她对美国国内收入署撒谎，那么她可能面临牢狱之灾，所以她更可能是在对你说谎。

确保卖方没有以现金的方式发薪水给雇员。如果他这样做了，那么员工成本就被大大低估了，因为合法经营一个企业的支出包括员工社会保障金、薪酬以及失业保险。调查卖方家庭成员或朋友在待售企业中工作是否得到报酬，如果是，那么重新估计员工成本。许多卖方低估了自己投入的工作时间，如果你自己不直接经营，那么你需要雇用一位全职的经理和一位助理，他们的工作时间与卖方投入工作的时间相同。

在你确定企业的价值之前，下面的尽职调查列表指明了你需要与企业卖方、会计师、律师、业务经纪人以及其他专业人员审核的项目。对于一些行业，你的专家团队可能建议你还要审核其他项目。本章介绍的审核步骤会花费你数周的时间。在购买一家企业之前，不要错漏任何一个审核项目，草率作出决定。尽管有些项目你已审核过，但是在你最终决定购买之前，你应该完成本章列出的所有应该审核的项目。

尽职调查：需要审核的项目

- 会计劳务合同；
- 应付账款项目（如果在 30 天内未清偿，那么你应该保持警惕！）；
- 应收账款项目（存在拖欠吗?）；
- 与媒体公司的广告协议（通常是不可获得的）；
- 协议（特许经营权等）；
- 评估（设备、土地和建筑物）；
- 银行账户清单，包括存款收据以及带有支票撤销记录的支票账户清单；
- 建筑物（外部状况、水管设施、电力设施、安全性和方便性）；
- 社区关系以及支持；
- 版权、商标和专利；
- 公司会议记录；
- 信用卡公司协议；
- 客户的信誉；
- 客户协议（对于零售业务，如果协议数量很少，那么协议可能差异较大）；
- （口头的或书面的）雇佣合同，员工的个人职责评估；
- 设备服务以及租约（如果可获得（这种机会很少），那么查看其内容）；
- 设备供应商的名单；
- 过去 3~5 年的财务报表——损益表、现金流量表和资产负债表（最好是经审计的报表）；
- 固定装置和家具（查看设备的质量以及今后升级和替换的成本）；
- 行业关系和声誉；
- 保险政策，包括财产险、产品责任险、医疗险和营业中断险（警惕扩张的风险）；
- 存货（现有的或过期的）；
- 工会；
- 租赁协议以及续约条件；
- 现有法规或者可能颁布的法规对企业的潜在影响（如果需要的话，雇用专家深入研究这一项目）；
- 执照和费用；
- 留置权；
- 未偿付的债务清单（包括私有协议以及雇员利益索求或潜在的利益索求）；
- 维修记录、收据和协议；
- 生产协议；
- 营销（营销和销售说明书的复印件）；
- 商品反馈信息和统计资料；
- 非竞争协议；
- 客户数量和销售百分比；
- 组织结构和个人责任；

- 职业安全与卫生条例以及其他法律协议（有时卖方并不遵守这些法律）；
- 工资记录；
- 卖方的个人和财务事务（私人调查者提供此服务）；
- 员工政策，包括假期、病假、产假、奖金、递延酬劳、养老金、认股权和利润共享；
- 要价以及市场竞争；
- 收据/电脑模型/代码等；
- 对该企业或者与该企业相关的个人的诉讼记录以及可能的诉讼通知；
- 业务、卖方、产品/服务（线上和线下）的信誉；
- 卖方以及高层雇员的职责；
- 销售记录；
- 商品供应协议与合同；
- 税收，包括个人财产税、市政税、销售税、雇佣税和国内收入署的返还数额（3~5年）；
- 旅行和娱乐支出；
- 物业账单，包括电话费（要考虑物业费用改变可能对业务造成的不利影响，如电费飞涨）；
- 担保条款、发票、产权、财产留置权、操作说明书和工作手册；
- 网站以及与广告商的协议；
- 口头宣传（评估良好商誉和不良商誉）；
- 区域划分（潜在的改变）。

13.5.2　评估有形资产和无形资产

如果待售企业的账目看起来不错，接下来你要考虑待售企业所有有价值的财产，尤其是房产、固定装置和设备以及存货，应该雇用专门的资产评估师来评估这些资产。

1. 房产：雇用企业外部的专业人员对建筑物和土地进行评估。让你的律师审查业务证书、产权、留置权和产权保险。

2. 固定装置和设备：记住，这些资产被使用过。你可通过询问设备经销商或者上网搜索类似物品来确定它们当前的市场价值。仔细寻找以发现最好的交易机会，因为你不想将太多的资金投到过时的或者即将解体的设备上，也可能没有资金在短期内维修或者替换这些设备。供应商和经纪人有很多关于二手设备的信息，你可以询问他们。如果你不是设备领域的专家，那么你可以求助于该领域的专家。那些昂贵的二手设备应该得到设备专家的鉴定。

3. 存货：在签订购买合同之前，你应该亲自清点存货数目，确认存货质量，同时确保货架上和货柜中的存货与协议上的信息一致。不要疏忽任何方面，尤其是合同条款必须很清楚地标明存货的数量而不应该是模糊不清的，你应该清楚地记录货架上是什么。一旦你清点完所有的货物，立刻联系卖方确定价格。如果你发现损毁的、过期的、变质的、磨损的或者即将下架的商品，不要为这些存货支付全价（或半价）而是选择谈判。这些存货已是残次品，它们只值得你支付残次品的价格。

4. 租约/地址：影响企业成功的要素有哪些？是地点、车位、客流量和车流量、交通、标识、储存空间、扩张能力，还是递延维修费？

5. 网址：你能够获取所有商品的编码吗？这些商品的编码都是正确的吗？公司有相应的脸书、推特账户以及官方网站吗？能够获取网站的分析数据吗？

与内部人员交谈 内部信息是不可替代的重要信息，必须认真对待，加以重视。

1. 供应商：供应商愿意继续为你提供货物吗？待售企业与供应商之间的问题是否已经得到解决？存在潜在的供应商吗？你必须记住，待售企业与供货商之间的情感关系等隐性资源在你接手之后并不存在。

2. 雇员：及时稳住关键雇员。小企业的成功很重要的一点是拥有好的雇员。你肯定不希望看到当你购买企业之后，先前出色的员工都选择辞职。一位在圣迭戈经营寄售店的女士告诉我们，她的一位雇员带来的销售额占整个店铺销售额的一半。如果没有这位雇员，商店的价值将大大缩水。在交易完成之前，待售企业一般不允许你与雇员交谈。所以，发现关键雇员可能不是一件容易的事情。在很多情况下，卖方也并不知道哪些人是关键雇员。你必须请求与雇员交谈，不管提出这一要求是多么艰难。如果你能够与雇员交谈，那么你要考虑他们与你分享的任何信息。激励关键雇员留下来是必要的。所以，在最终确定购买价格时，你要考虑这些激励成本。

3. 竞争者：找到主要的竞争者并调查他们，从他们的角度来判断他们可能会采取的行动。尽管判断会有偏差，但你的主要目的是观察发展模式。是否存在价格战？如何区分竞争者？如何区分不同的机遇？（回顾第5章中的竞争对手调查技巧。）

4. 客户：主要客户有哪些？主要客户的销售额占比是多少？他们对企业、卖方乃至销售人员忠诚吗？

13.5.3 分析卖方的出售动机

人们出售企业的原因很多，有些原因对买方有利，有些对卖方有利。下列原因可能对买方有利：

1. 退休；
2. 太忙而没有时间管理——卖方有其他投资；
3. 离婚，家庭问题；
4. 对合作伙伴不满；
5. 扩张太快——资金短缺；
6. 管理不当；
7. 对业务不热衷或失去兴趣；
8. 身体不适；
9. 生活方式的改变；
10. 想接受新的挑战；
11. 不能接受新技术。

警惕下列导致卖方出售企业的理由：

1. 国家或当地经济下滑；
2. 特定行业表现低迷；
3. 激烈的竞争（源于分销渠道变动和国际竞争等）；

4. 高额或上升的保险成本；
5. 诉讼及其成本增加；
6. 激增的租金；
7. 技术障碍或者竞争需要高成本的新技术；
8. 与供应商之间出现问题；
9. 企业所在地犯罪率高；
10. 不可续租约；
11. 服务区域减小；
12. 雇员问题（潜在的诉讼、相关法律改变以及吸引顶尖人才）；
13. 国际/联邦/州/当地问题的潜在变动和/或影响产品/生产/雇员/经销/营销法规的变动。

13.6 权衡要价

很多企业所有者将企业当作自己的事业，对企业有感情，所以倾向于高估企业的价值，如果遇到一位非理性的企业所有者过分地吹嘘待售企业的价值，那么你应该放弃交易或者借助专业团队来达成一个双方都满意的价格。除了查看过去的销售记录，你还需要评估企业状况、经济形势和行业前景。记住，你购买的主要是企业未来的前景，而非眼前的业务。基于本书介绍的行动步骤，你在购买企业之前应该花时间写一份完整的商业计划书，这将有助于你对待售企业的运营状况和利润有清楚的认识。

在完成企业的内部和外部调查之后，基于对公司历史的研究来评估公司未来的潜力。接下来你需要与卖方达成双方都同意的价格和条款。我们提供了几种评估企业的方法，例如在线信息分享、专业人士评估。但是正如前文所述，价格仅仅是谈判的内容之一，我们鼓励你研究更多的谈判内容。

任何企业的最终售价取决于多个要素。除了卖方呈现的真实财务状况之外，经济、竞争和买卖双方的动机都在谈判和定价中有很大的作用。尽管我们提供了很多评估方法，但是对于最终的售价和条款需要买卖双方达成一致。你的关键任务就是找到促成一致的条件。在搜寻合理交易的过程中，你首先需要查看外部数据以比较销售信息。

13.6.1 通过网络寻找销售和交易数据

私有企业在线数据库提供已经出售或待出售企业的财务信息，通过这些数据库可以搜索公司规模、地址、销售额、收入、员工数、行业分类和销售价格等信息。此外，大多数数据库也提供有关交易条款的信息。在使用数据库分析时，由于交易的独特性，交易价格可能相差很大，所以比较销售价格很困难。此外，由于经济的下滑或者增长以及融资的可获得性，销售价格可能会发生变化。所以，销售价格只能作为你的企业报价的参考。

评估方法

买方和卖方如何达成一个相对公平的交易价格？他们首先审核企业的比较价格，其次采用下面描述的经验法则，之后评估企业收入，最后审核资产。

尽管卖方的初始定价可能是基于情感的，但是他们很快就会意识到如果想要达成一个买卖双方都能接受的价格，则必须基于会计师或企业评估专家深入的财务分析。

BizBuySell.com 网站上的"企业家资源交换定价表"提供了很好的企业销售行情价目表。在完成初步的财务研究之后，你可以使用这些定价表来指导自己完成财务谈判。如果你想购买一家特殊类型的企业，可以根据价目表与会计师一起研究来选择哪种方法最适合你所在的行业。

定价表会为你提供三种定价经验法则，结合定价方法、企业比较、会计师的建议，以及卖方动机、经济状况、商业前景可以帮助你确定企业价格。作为一个企业购买者，你所要关注的主要是企业未来的前景，而非过去的销售数据。尤其要关注短期和长期内企业的收益和经济前景。这就是你应该为自己想要购买的企业制定一个计划的原因。对于一家你想要购买的企业，仅仅审核过去的数据难以精确地反映其将来的发展潜力。

现金流量表可以在不同的购买方案中发挥作用。它可以帮助你确定所想要购买企业的初始资金需求以及企业启动阶段的资金需求。在初始资金和启动资金得到解决之后，你要确保将来有足够的资金满足每日运营的需求。正如前文所述，正的现金流可保证你的偿付能力。在进行任何谈判之前不要忽视现金流。

创业资源

定价表和现金需求表

摘自 BizBuySell 的在线交互式版本

企业定价方法概述

BizBuySell 的价格计算方法是一种非常适用于小型私有企业的基本方法。尽管这不是一种估价方法，却是一种近似计算小企业价值的简便方法。这是启动谈判的一个良好开端。

计算企业的盈利能力来考察企业的商誉。将之加上固定资产、存货和设备、设施和固定资产，得到的价值总数就是企业的基本价格。

记住，卖方的要价可能比采用此方法计算出的价格要高，同时买方的报价可能比这一价格低。

第一部分：调整的收入和支出表

收入（过去 12 个月）

销售额 _____ 美元

其他收入 _____ 美元

收入的调整值。如果上述收入中包含任何需要减去的款项（例如之前的收入项目），那么写下收入调整值以及需要减去的金额。

_____ (_____ 美元)

总收入 _____ 美元

销货成本	_____美元
总利润（总收入－销货成本）	_____美元
成本（过去12个月）	
老板的薪酬	_____美元
其他雇员的薪酬	_____美元
外部劳工	_____美元
工资税	_____美元
员工福利（包括医疗和人寿保险）	_____美元
公用事业费用	_____美元
电话费	_____美元
保险费（仅有企业保险）	_____美元
租金	_____美元
旅游和娱乐费	_____美元
车辆（租金或者贷款支出）	_____美元
车辆费用（汽油、车险等）	_____美元
法律和会计费用	_____美元
折旧	_____美元
利息	_____美元
广告费	_____美元
违约和捐赠	_____美元
坏账损失	_____美元
补给品	_____美元
其他开支	_____美元
总成本	_____美元
税前净利润（总利润－总成本）	_____美元

成本的调整值。大多数计算企业价格的方法是基于重制的企业损益表。这一过程有几个不同的命名：规范化损益表或损益表的反向添加。这些调整值确实反映了企业的真实收益能力或现金流。通过加入对企业运营非必要的所有款项和净利润，我们可以得到更为真实的企业现金流。如果企业出现亏损，那么企业现金流等于反向添加值减去亏损额。需要考虑的项目包括：

老板的薪酬	_____美元
旅游和娱乐费	_____美元
退休补助和/或医疗保险项目	_____美元
车辆（租金或者贷款支出）	_____美元
车辆费用（汽油、车险等）	_____美元
法律和会计费用	_____美元
折旧	_____美元
利息	_____美元
其他非适用性支出（在下面列出）	
_____	
总调整值	_____美元

可支配现金流（税前净利润＋调整值）　　　　　　　　　　　　＿＿＿＿＿＿＿美元

第二部分：资产报表

（1）存货。存货以卖方的成本定价，也包含在你对企业估计的价格中。这意味着卖方必须提供存货的预估价格，也意味着企业价格随着存货的增加或减少而波动。你应该判断企业售价是否包括存货。如果包括的话，存货的价值是多少。存货的实际价值要在谈判结束时确定。如果存货具有很高的价值，那么我们建议你雇用相关服务公司（在当地的电话号码黄页上查询）处理存货。

存货成本＿＿＿＿＿＿＿美元

（2）设备、设施和固定装置。设备、设施和固定装置的价值同样包含在你预估的企业售价中。一般假定设备、设施和固定装置的价值等于其重置价格。如果你需要一个简单的设备、设施和固定装置重置成本计算方法，可以用折旧后的设备、设施和固定装置价值乘以1.5。

大致的设备、设施和固定装置重置成本　　　　　　　　　　　　＿＿＿＿＿＿＿美元
（3）可支配现金流（见第一部分）
售价的基本经验法则（现金流＋资产价值）　　　　　　　　　　＿＿＿＿＿＿＿美元

第三部分：企业对比

使用你自己分析和研究得出的乘数（网络版本提供一个类似企业可用的比较乘数的大型数据库）

过去12个月的总收入（见第一部分）　　　　　　　　　　　　　＿＿＿＿＿＿＿美元
售价总收入的经验法则（总收入乘数乘以总收入）　　　　　　　＿＿＿＿＿＿＿美元
可支配现金流（见第一部分）　　　　　　　　　　　　　　　　＿＿＿＿＿＿＿美元
售价现金流的经验法则（现金流乘数乘以现金流）　　　　　　　＿＿＿＿＿＿＿美元

总结：基本定价的经验法则

基于定价表中的所有项目，运用各类经验法则可以得出目标企业的一个估计待售价格。上述经验法则可总结为：

基本经验法则（售价估计）　　　　　　　　　　　　　　　　　＿＿＿＿＿＿＿美元
（现金流＋资产价值）
总收入乘数经验法则　　　　　　　　　　　　　　　　　　　　＿＿＿＿＿＿＿美元
（总收入乘数×总收入）
现金流乘数经验法则　　　　　　　　　　　　　　　　　　　　＿＿＿＿＿＿＿美元
（现金流乘数×现金流）

使用上述三个数值来确定企业的大致价格范围。这些乘数的确定应该考虑经纪人以及可类比企业（具有类似的行业、区域、规模等）。

现金需求表

摘自 BizBuySell 的买方工具包

使用该表估计购买一家企业的现金需求。

第一部分：初始资金

当期首付现金总额　　　　　　　　　　　　　　　　　　　　　＿＿＿＿＿＿＿美元
存货（如果不包括在购买价格之内）　　　　　　　　　　　　　＿＿＿＿＿＿＿美元
其他（需要说明）　　　　　　　　　　　　　　　　　　　　　＿＿＿＿＿＿＿美元
初始资金总额　　　　　　　　　　　　　　　　　　　　　　　＿＿＿＿＿＿＿美元

第二部分：当前的产权负担（假定为非现金负担）

当前的卖方贷款 ＿＿＿＿＿＿美元
设备贷款 ＿＿＿＿＿＿美元
其他（需要说明） ＿＿＿＿＿＿美元
产权负担总额 ＿＿＿＿＿＿美元

第三部分：卖方融资

非现金和转给买方的新的贷款 ＿＿＿＿＿＿美元
总贷款额 ＿＿＿＿＿＿美元
总的购买价格（第一部分＋第二部分＋第三部分） ＿＿＿＿＿＿美元

第四部分：结算费用

律师或第三方支付费用 ＿＿＿＿＿＿美元
存货服务费 ＿＿＿＿＿＿美元
保险比例税 ＿＿＿＿＿＿美元
租约保证金的返还 ＿＿＿＿＿＿美元
其他比例税 ＿＿＿＿＿＿美元
其他 ＿＿＿＿＿＿美元
估计的结算费用总额 ＿＿＿＿＿＿美元

第五部分：启动成本

公用事业保证金 ＿＿＿＿＿＿美元
洒类经营许可证费 ＿＿＿＿＿＿美元
保险费 ＿＿＿＿＿＿美元
税收、保证金等 ＿＿＿＿＿＿美元
法律和会计费用 ＿＿＿＿＿＿美元
工伤补偿 ＿＿＿＿＿＿美元
按比例分摊费用或其他结算费用（不包括在第四部分中） ＿＿＿＿＿＿美元
其他（解释） ＿＿＿＿＿＿美元
启动成本总额 ＿＿＿＿＿＿美元

第六部分：总的现金需求

总的现金需求（第一部分＋第四部分＋第五部分） ＿＿＿＿＿＿美元

上述内容可以帮助企业购买者确定购买一家企业的现金需求量。

资料来源：From BizBuySell.com. Reprinted with permission.

13.6.2 一般的经验定价法

下面的内容来源于 BizBuySell 网站，可以作为旅店、早餐店和快餐连锁店的定价经验法则。

小旅馆/旅店和早餐店

经验法则：
- 单间客房定价为 5 万～10 万美元
- 3 倍的净营业收入＋2 万～4 万美元的装饰、房产和设备价值定价建议和信息：

根据企业地点的差异，单间客房的收入一般为 5 000～10 000 美元。该企业由驿站发展到如今有约 20 000 个床位。大多数企业有独具风格的房间、家具以及私人洗手间。根据房间数和建筑规模的不同，每个房间的运营成本从 3 000 美元到 10 000 美元不等。实际的房产比较价值是多少呢？实际收益又是多少？

将做生意既作为一种投资也作为一种生活方式。制定定价策略时，查看其他房产的门市价。债务还本付息不能超过总收入的 40%。要注意房屋维修、营销和业务记录。这些项目表现越好，该企业产权的估价就越高。

特许经营食品企业

这类企业的典型代表包括麦当劳、汉堡王、温迪汉堡、肯德基、多米诺、必胜客、Arby's、冰雪皇后（Diary Queen）、塔可钟和 Denny's。另外，还有赛百味、Blimpie's、巴斯金-罗宾斯（Baskin-Robbins）以及 Schlotsky's。

经验法则：
- 1.7～2.3 倍的调整后收入；
- 5～6 倍的每月销售额；
- 资产价值＋1 年的调整后收入；
- 成本在年销售收入中的比例：

产品成本 32%～35%；
劳动力成本 18%～20%；
租用成本 6%～7%。

注意事项：
- 收入的稳定性、首付数额和特许经营商的信誉。
- 劳动力成本占总销售额的 15%～20%。菜单上红肉的成本一般占食材总成本的 28%～40%。比萨店食材成本中红肉的成本占 28%～30%。租金不能超过 10%。
- 检查特许经营协议。哪一方支付转让和培训费？特许经营授权商有购买企业的优先权吗？

卖方融资：

融资期限一般为 5～7 年；但是小企业管理局可以提供长达 10 年的贷款。

经验法则很难应用于快速发展的互联网和科技企业，尽管所有交易可通过 PayPal 和信用卡完成支付，推动了对网络企业的评估和购买。但是，可以轻松获得卖方的重复销售、访问量和营销活动的记录。如果你打算购买一家互联网企业，可以雇用一位擅长网络企业评估并且了解复杂的源代码、网站管理、搜索引擎最优化、编程、密码、邮件清单、网站分析以及网络安全的评估师。

13.6.3 企业评估分析师

在雇用企业评估分析师时，记住兰德尔·莱恩（Randall Lane）发表在《公司》杂志上的文章《公司现价是多少？》中的建议：当你雇用评估师时，要查看他们是否拥有以下两个高级证书，尽管不是每家合格的公司都有持有这些证书的员工。一是美国评估师协会（ASA）颁发的高级评估师认证（ASA）证书。获得这一证书必须完成相关课程、通过考试、有五年的实践经验以及通过同行审核。二是企业价值评估师协会（IBA）颁发的认证企业价值评估师（CBA）证书。获得这一证书的要求与获得高级评估师认证（ASA）证书大致相同。尽管如此，我们强烈建议你在雇用评估师时着重考察其是否了解顾客并让顾客满意，而不仅仅是拥有证书。[①]

评估师也可能拥有注册会计师（CPA）资质或者具有私营或公共部门的企业评估经验。他们的专业背景包括会计、税法、审计、财务、保险、经济和投资。他们所学的课程和实际经验可能涉及评估理论、实践应用以及诉讼支持，能够完成一项综合分析以及能力评估。

在考虑财务、行业对比、经济、企业以及市场风险之后，分析师将确定评估特定企业的最合适的方法。为了找到一位合格的分析师，你应该联系前文提及的专业协会或者利用你的社交圈。雇用一位优秀的评估师的费用较高，评估结果基于事实而非感情，以保证你和卖方都是坦诚的。

13.7 保护自己

用本章介绍的标准评估每一个购买机会。当你发现一家企业在人员和财务方面都令人满意，并且对其完成了尽职调查后，接下来就要考虑定价和交易条款。你的目标是签订一份有最佳条款以及最低价格的合约。开始时可提出一个较低的报价，如有必要，可以在谈判的过程中提高价格。

当卖方要求支付保证金时，你应该将保证金放到一个第三方账户里，同时要求签订一份协议，明确你有权审查合约以及所有的财务数据和企业其他的各个方面。如果卖方不同意你的要求，那么你可以安全地收回保证金。

保护自己合法权益的最佳方法之一是，在签订交易协议之后若发现问题，可以及时退出交易。作为一个积极的创业者，桑德拉（Sondra）希望购买一家摄影企业，她的专业顾问建议她在该企业免费工作数周以进一步调查企业。她向卖方提出了这一要求，尽管卖方并不乐意，但最终还是同意了。

在工作三周之后，桑德拉发现与难以满足的小孩、容易发脾气的家长以及焦虑的年轻人相处无法给她带来乐趣，这家企业并不适合她。之后，她继续寻找其他企业。在一家教辅机构免费工作四周之后，她购买了该企业。

创业资源

获得联邦合约的机会

联邦商业机会（FBO）网站

你想将你的产品或服务推销给世界上最大的买家吗？如果是，通过 www.fbo.gov 网站可以进入一个5 000亿美元的市场，其中有20%是小型企业。政府的采购计划涉及任何你能够想到的东西。

向政府进行推销很考验你的毅力。但是，如果你通过FBO网站、美国运通的开放论坛或政府代理机构发布的信息来学习如何向政府部门推销产品，就会发现这里的客户实在

---

① 资料来源：http://www.inc.com/magazine/20030701/25661_pagen_4.html. (i.e) 2%.

是太多了，要有足够的耐心。一项研究发现，小企业获得第一份联邦合约的平均用时为20个月左右。当你购买一家企业之后，如果该企业没有与政府开展业务，你可以去尝试。如果通过档案记录发现企业与政府已经有生意往来，那么你会有更多的机会进入政府市场。

FBO.gov 网站是联邦政府采购金额超过 25 000 美元的商品的唯一官方站点。政府采购者可以在 FedBizOpps 上直接发布其想要采购商品的信息。"通过这一站点，产品供应商可以发布、搜寻、监测和检索整个联邦交易社区的招标信息。"该网站允许超过 60 万个注册的小企业卖方访问数据库，并且可以根据代理机构、邮政编码、州、NAICS 编码和特别项目（例如，女性业务和小型伤残退伍军人业务）等类别进行分类检索。

隶属于政府部门的弱小企业扶持办公室（Offices of Small and Disadvantaged Business Utilization）以及采购技术援助中心（Procurement Technical Assistance Centers）同样提供诸如培训研讨会、媒介、信息以及（最重要的）专业知识等服务。去联系吧！

13.7.1 达成一项非竞争性合约

一旦你购买了一家企业，你肯定不希望卖方在网上或者其他地方开展相同的业务。顾客是很难被吸引的，你也不希望所购买企业的顾客被精明的卖方吸引过去。所以你应该和卖方签订一份书面协议，规定卖方在 3~5 年之内不能与你竞争，即不能成为你的竞争者或者帮助朋友或亲戚创建竞争性企业。你应该雇用一位律师来确保你们的合约不存在任何漏洞，尤其注意网络竞争。

明确列出你为签订非竞争性协议支付的具体费用，以保证美国国内收入署恰当处理。

13.7.2 判断大宗销售托管的必要性

你需要确定债权人是否愿意将库存货物转让给你，如果他们愿意，那么最简单的方法就是通过批发转让，即将货物通过有资格的第三方从卖方转移到你的手中。许多州通过《统一商法典》来明确规定批发转让问题。

如果债权人没有任何异议，那么存货转让就可以顺利进行，如果存在异议，那么你应该寻求法律途径。可以雇用一位在批发转让方面经验丰富的律师，或者通过在转让中扮演中立角色的**托管公司**（escrow company）来完成库存转让。你可以在电话号码黄页上找到相关公司的信息，但更好的方式是通过银行、经纪人或者注册会计师推荐。你应该尽量找到一家专业的**大宗销售托管**（bulk sales escrow）公司来实现公司所有权的转移，如果你不是采用这种方式，就应该准备足够的现金来偿付随时可能出现的未知负债。

13.7.3 税收问题

为了完成交易，买卖企业的双方都必须考虑会计和税收问题。因为企业的类型不同且存在税收的差异，在整个交易过程中你必须雇用一位有经验的专业税务会计师。有经验的会计师可以发现企业过去合法或者非法的报告，在交易过程中为你提供帮助以及保护。如果幸运的话，会计师可以发现企业中隐藏的价值，这些价值由于不当的会计核算以及税务筹划未被卖方发现。

在交易过程中，从会计和税收角度来看，对一方有利的项目可能对另一方不利。所以，谈判和妥协是买卖双方达成一项公平交易的必要条件。从当前的购买活动和长期来看，双方的一个共同目标是合法地降低目前和未来需要支付的税收，因此接受专业人士的建议和帮助是必要的。

交易时间可能会影响卖方的纳税额，你可能会对此作出妥协，在某些情况下，卖方的会计师可能建议结构化交易，避免因延迟交易而增加纳税。税收的结构化所带来的交易增加值可能使买卖双方获益。

13.7.4 商誉价值的谈判

如果公司拥有一个消费习惯牢固的强大客户群，那么这一客户群是有价值的。任何新创企业都要花时间吸引客户。等待盈利的过程是要付出成本的。

有的公司商誉为负，负商誉意味着客户再也不愿意与公司进行交易，供应商也不希望与公司来往。绝大部分公司都存在这样的问题。如果一个公司的负商誉值很大，那么该公司的未来价值将很低。这也可能意味着任何销售价格都是过高的。公司的负商誉很难甚至不可能变为正的，不要幻想将公司的负商誉变为正商誉，成功的先例极少。

精明的卖家可能要求你为公司的正商誉支付更高的价格。所以你需要做好市场调查来发现待售企业的商誉价值几何，商誉体现在哪些方面。在你评估企业价值时，这一工作应该已经完成。例如，卖方通过提高客户信用卡额度和延长还款时间来博取客户的好口碑，如果你继续沿用这种策略，那么你将牺牲现金流。有的待售企业的商誉可能源于企业所有者本人（受人爱戴、值得信赖）。

你必须就商誉进行谈判。假设你想要购买的企业要价 20 万美元，而企业的有形资产价值只有 125 000 美元。也就是说，卖方要求你为商誉支付 75 000 美元。你在谈判之前应该完成下列事情：

1. 比较你想购买的企业的商誉与近期出售的企业的商誉之间的差异。
2. 计算出你要多久才能付清款项。记住，商誉是无形的。如果你要花费数年时间才能赚回支付这些正商誉的费用，你不会感到开心，即使是最令人满意的商誉的成本也不能超过利润。
3. 估计如果你投资 75 000 美元购买短期国债的收益。
4. 计算如果你重新投资于一家类似企业，达到相同的盈利水平所花的时间。

这些知识可以帮助你评估卖方声称的商誉价值，你也可以使用所收集的数据资料进行谈判以达成一个切合实际的（毫无疑问是更为合意的）价格。在报价之前，你可以和会计师谈论商誉对潜在税收的影响。"行动步骤 56" 帮助你调查正商誉和负商誉。

行动步骤 56

商誉的判别

1. 有多少产品你不会购买？有多少商店你不会光顾？为什么？

2. 列出一张你不会购买或者使用的产品或服务的清单。这一清单让你感到厌恶吗？伤害你的感情了吗？服务很糟糕吗？

3. 在你完成清单之后，询问你的朋友对曾经光顾过的企业的印象。要做记录。

4. 研究你完成的两份清单。差口碑有哪些共同要素？是否存在补救措施？打上差口碑烙印的企业是否会永远被诅咒？

5. 关注你想要购买的企业。尽全力了解该企业的正商誉和负商誉。尽量多花时间与该企业现在的和过去的顾客接触，以调查他们对该企业的感觉。尽管这一过程充满乐趣，但是你应该认真对待。当卖方向你索要正商誉价格时，你应该考虑该企业的负商誉的本质，为那些确实存在的正商誉买单。

13.8 购买决策

很多人在购买企业时感情用事。他们把企业当成住宅、汽车或者套装来购买。他们购买企业的原因是他们认为所购企业可以提升他们的形象，提高他们在家人和朋友心目中的地位。表面上具有吸引力的企业通常是最糟糕的投资，因为在意外表的购买者往往会接受卖方毫无根据的要价，那些看似不起眼的企业反而有可能带给你较高的投资回报。

还有一些人将购买企业视为获取工作的方式，他们将新购买的企业视为自己的新雇主。遗憾的是，许多持有这一态度的购买者缺乏作出正确选择的经验，通常将个人所有的积蓄用于购买企业，且每周要为购买的企业工作70～80小时，而获取的回报却比每周工作40小时还要少。

如果你认为自己已经准备好作出决策，不要立刻作出决定。首先，你应该检查清单是否遗漏了某些重要的细节。即使你确信自己发现了满意的企业，在签订合约之前也要完成以下尽职调查清单。

购买前的调查清单

- 你有购买这家企业的念头多久了？
- 你计划如何退出？
- 该企业的历史有多久？你能概述其历史吗？
- 该企业处于萌芽期、增长期、成熟期还是衰退期？
- 你的会计师审查账本了吗？
- 你完成销售预测了吗？你与会计师讨论过销售预测吗？
- 该企业需要多长时间才能获得正的投资回报？
- 你彻底调查过该企业及其卖家吗？
- 你计算过最初3～5年的公共费用支出吗？（随着该项费用的不断增加，可能会让你吃惊！审查该项费用对将来的预测可能毫无作用。）
- 你从税收记录中了解到什么？
- 有哪些员工报酬和福利计划？

- 员工有怎样的预期?
- 预计的员工留任率是多少?
- 存在没有薪酬的雇员吗?
- 你拜访过将来的房东吗?
- 你对客户清单进行过抽样调查吗?
- 排名前20的客户是哪些?前50呢?
- 卖方是否锁定了不到四个可控制业务的主要客户?
- 你与卖方确认过所购企业的存货价值吗?你对存货数额做过具体的书面记录吗?
- 与其他出处的二手设备价格相比,你核查过该企业所有设备的价值吗?
- 卖方是否存在债权人?如果存在,债权人是谁?谁将负责偿还这些债务?(在一项资产销售业务中,你不应该对此债务负责。)
- 企业有应收款项吗?如果有,你应该只考虑那些90天内能收回款项的企业。
- 你的律师核查过卖方设备和财产的留置权吗?
- 你购买的设备有维修合约吗?是否有维修建议?你需要承担合约责任吗?
- 你的律师审查了所有的信息和文档,并回答你的所有问题了吗?
- 你确定实现税收目标的最佳企业购买方式了吗?
- 你能够以一个负担得起的保险费率获得足够的保险吗?
- 是否存在即将发生的或者潜在的产品责任问题?
- 是否考虑过与环境相关的问题,如可能影响企业的有害废弃物、清洁空气法案,或新的以及即将实行的法案?
- 是否存在即将发生的诉讼?
- 你是否购买了所有需要的品牌、专利、版权、商标和标识等?
- 当你接手企业之后,原有的主要供应商是否会与你保持业务往来?
- 你可以只为正商誉付费而放弃负商誉吗?
- 你可以获得对你最有利的条款吗?
- 卖方是否得到公平对待?
- 你与卖方是否就过渡期问题谈判?
- 收入现金流能偿还贷款和满足你的资金需求吗?
- 你的企业购买决策是否基于未来而非过去?
- 你是否有支撑该企业至少1年的运营资本?
- 你对该企业充满热情吗?该企业能帮助你实现个人和财务目标吗?

13.9 准备谈判

不妨假设你准备购买一家企业。你筹集了资金,财务数据显示你不会有损失,你已做好谈判的准备。如果你是一个经验丰富的创业者,那么你清楚如何谈判。如果不是,那么你应该了解谈判的知识,并聘请一位有经验的企业谈判专家。你的评估、调研、财务状况和经纪人的专业知识对谈判也有帮助。

首先，谈判的主题不是询问价格，最重要的是关注合约条款。令人满意的合约条款可以提供你接手后维持一年运营的现金流，让你在一年之后迈向成功。不令人满意的合约条款即使价格远远低于市场价值，也可能会扼杀所有可能成功的机会。

其次，当卖方提及商誉时，你应已为此做好准备。商誉是一种"不稳定的"商品，它能让卖方要价飞涨。卖方通常希望买方为正商誉支付更多，所以你要通过自己的了解，尽可能在交易之前做好充分的准备。"行动步骤 56"可以为你提供帮助。

在谈判的过程中，你需要和会计师、律师以及银行经理共同决定需要采取的最佳步骤，以合理避税、确保现金流的连续性以及企业的持续成长。

仔细阅读第 9 章关于融资的内容。结合第 8 章的知识收集数据以供最后谈判时使用。如前文所述，每个企业都具有独特性，所以账面数据和融资结构对不同的买卖双方而言也是不同的。

购买现存企业时，大多数的企业购买者需要投入 30%～50%的资金，剩下的资金缺口可以寻求外部贷款人或者卖方的帮助。卖方通常有多种选择，一种是现金出售，另一种是为买方提供定额的融资。现金交易在大多数情况下不受买方欢迎，因为卖方在这一交易中没有承担任何风险。而为买方提供定额融资的卖家，要求为承担的风险获取额外收益。章末的"另一个视角"会为你解读有关融资的知识。许多小企业的融资来源包括自身、朋友、家人、卖方融资、银行贷款或者这些来源的组合。

如果你已经完成背景调查，将所购企业的详细商业计划书呈现给潜在的贷款人和投资人，那么你可能会发现一些信任你、你的事业或者眼光的投资人。第 9 章向你讲述了如何获得企业融资。

如果面临资金短缺问题，那么你可以仔细考虑以下选择。如果有人对你的事业表现出强烈兴趣并与你的财务状况相当，那么可以考虑让他做你的合作伙伴。另外，你需要非常谨慎地处理：是让你所购买的企业上市，还是将应收账款出售给专门以折扣价购买的代理公司。

就企业购买谈判是一门艺术。谈判的内容不仅包括账面数据，而且包括买卖双方的情感和意识。你想要完成的是能够支撑开销和偿还贷款的交易。最为关键的是，这项交易应该能够赚钱！

小　结

研究待售企业的两个理由是：在市场调查的过程中可以学到很多知识；你可能发现一个绝佳的购买机会。如果你打算购买一家正在运营的企业，那么你要考虑的购买要素是：持续的收入、品牌、地理位置和产品选择等。如果你已经完成购买交易，在事实证明你的决策错误之前，请坚持你的决定。很多人购买零售店或者网上商店后立即更换店铺设计和产品，通常以失败告终。之前的忠诚客户不愿意去改头换面的新店铺，根本原因是他们对旧事物存在固有的偏好。

在完成交易的过程中，你必须雇用受过培训、有经验的律师、经纪人、会计师和银行经理。卖方对自己的企业有情感，你对自己的梦想也有情感。你需要求助于保持理性交易的第三方机构。会计师能够估计财务报表，从而决定卖方是否存在隐藏资金、坏账、雇员偷窃以及其他可能存在的问题，也能帮助你发现那些靠你自己永远都不可能发现的机会。

评估企业价值的一个最重要的公式就是资产回报率（ROE）：

ROE＝时间（小时）×每小时的时间价值

确保所购企业满足你的收入需求。如果你为企业支付过多，那么可能没有足够多的资金作为你自己的薪酬以及投资于新的设备、存货或者营销活动。如果这种情形发生，那么不久之后你就会对该企业产生厌烦情绪。你也可能不再愿意付出努力，而努力是成功的必要因素。确保你在购买企业之后的几年里拥有充足的运营资本。

相较于处于衰退期的企业，你愿意为增长潜力处于平均水平之上的企业支付更高的价格。你不应该购买处于衰退期的企业，除非你确定自己能够以低价购买，短期内扭转亏损或者从资产处理中获益。

在你进行初始审查以及调研工作时，将你的支票留在家中。一旦进入谈判阶段，要记住在你的律师完成审查之前千万不要签订任何协议。如果可能的话，你可以在最终协议签订之前到所购企业工作一段时间。你所购买的企业要符合你的个人和财务目标及需求。不要痴迷于某个企业，你痴迷的应是企业可以提供的机会和利润。最后，随激情行事！

制胜关键

- 立足于自己的知识。
- 不要购买你一无所知的企业。如果你忽视此建议，那么在购买企业之前你必须彻底研究该行业，到该行业或者特定企业工作一段时间。
- 即使卖方看起来非常有诚信，你也要仔细审查。雇用私人侦探是明智的投资，他们可以帮助你对每一笔资金进行彻底的背景调查。
- 不要过分担心价格，你的注意力应该集中于条款。
- 大多数优质企业在市场上公开出售之前就已经被抢购一空。
- 进行实地盘存时，确保自己在场。
- 做好详尽的书面记录，越具体越好。在没有理解每个词句和获得律师同意之前，不要签订任何协议。
- 购买企业可能充满了诡计和陷阱，你可以求助于有经验的企业律师。
- 在谈判过程中要坚持己见，但是不要过于挑剔，你应该关注交易整体。
- 不要受卖方或经纪人的影响而作出草率的决定。
- 比较创建新企业和购买一家企业的成本。
- 收入流至关重要，确保在支付贷款之后还留有足够的资金。

另一个视角

卖方融资的基础：买卖双方指南
企业价值评估师格伦·库珀

大多数小企业都获得了卖方融资，至少是部分融资。提供卖方融资可以让卖方提高要价，也可促使交易更快地完成。

买方几乎都需要卖方融资。他们的咨询师也强烈建议获得卖方融资。卖方融资可以确保卖方在企业销售过程中兑现他们的承诺。大多数买方将卖方融资视为卖方是否相信企业在将来具有良好发展前景的依据。

但是，买方需要判断提供融资的卖方是否在扮演相当于银行的角色。买方可能被要求签订个人担保以保护贷款。

什么是卖方融资？

小企业卖方通常允许买方以本票的方式支付部分购买款，这就是卖方融资。

当待售企业规模太大（支付的金额超过10万美元）或者对终端市场风险投资者而言又太小（支付的金额低于50万美元）而很难完成现金交易时，卖方融资一般就会发生。由于任何原因导致企业对传统的贷款人没有吸引力时，一般也会发生卖方融资。

一个经验法则是卖方一般会提供销售价格的1/3或者2/3的融资额。许多卖方融资的额度甚至超过这一比例。卖方融资额依赖于特定的情景，每笔交易都具有独特性。卖方本票的利率一般等于或者低于银行的基本利率。卖方本票上的条款也通常和银行本票上的条款内容一致。

例如，对于一个售价为50万美元的服务型企业而言，买方可能支付的现金为15万美元，所以买方获得的卖方融资为35万美元。卖方本票的期限可能为5~7年，利率为8%~10%。除非考虑到企业收益的季节性波动而作出付款日程调整，买方一般在购买企业1个月之后必须按月偿还融资贷款。如果买方获得不动产融资，那么卖方本票的期限可能会延长。

当卖方提供融资时，买方的企业购买价格随着卖方要求的首付资金数额的减少而增加。

卖方为什么会提供融资？

卖方基本上是不愿意提供融资的。和我们一样，他们也厌恶不确定性。尽管融资也存在有利因素，但对他们基本上是不利的。通常经努力劝说之后，他们才答应提供融资。

卖方可能首先和业务经纪人讨论融资事宜。许多情况下，融资由业务经纪人提出。大多数经纪人认为卖方需要提供融资，但不是所有经纪人愿意在交易初期就谈论此事。特别是面对不了解的买方，卖方对提供融资的风险的担忧很大。一些经纪人倾向于在了解买方之后才提出卖方融资数额及其相关条款的建议。

但是，预先发布提供卖方融资的信息能够吸引买方，加速交易的进程。这通常是激励卖方提供融资的主要因素。

买方将卖方融资视为卖方看好企业前景的证据。买方倾向于相信提供卖方融资的企业所有者对企业前景持乐观态度。一些买方不会考虑不提供融资的企业。研究某一企业的买方越多，该企业卖方就越有可能提高要价。提供融资的卖方同样可以得到一个较好的交易价格。在几乎所有的交易中，买方会购买那些交易现金尽可能少的企业，即使企业的长期购买成本较高。

卖方融资同样可以加速交易的进程。如果卖方与银行有合作，那么可以更快地完成交易。对一些买方来说申请到银行贷款需要很长时间，而且申请购买贷款的成功率非常低——有时80%的申请会被拒绝！即使银行批准了申请，提供资金的速度也比卖方要慢得多。相对而言，卖方更愿意发放贷款和同意交易，只要律师拿到了准备好的协议。银行经理有可能反馈负面消息给买方，导致买方退出交易。

尽管买方可能在卖方融资中发现有利税率和盈利性机会，但这些不是卖方提供融资的唯一原因。如果卖方提供融资，那么从小规模企业中获得的资金必须按时报告。这将导致资本收益税延期至未来。获取的利息同样是一种收益。但卖方在交易发生之前一般都不会考虑他们应该承担的纳税义务。

买方为什么要求获得卖方融资？

购买一个没有获得卖方融资的企业类似于购买一栋没有获得卖方保证的房屋。卖方本票是体现企业未来业绩的保证金。这也是买方要求获得卖方融资的主要原因。

除此之外，如果卖方要获得本票偿还额，那么他们就要承担保证企业将来表现良好的风险，所以卖方存在维持企业正商誉的强烈动机。如果没有此项利益考虑，那么卖方可能质疑新企业拥有者的技能和诚信。在交易完成之后，买卖双方对企业的未来发展通常存在分歧。分歧是双方诉求不同的自然产物。分歧也可能导致严重的后果。如果买方获得卖方本票，那么卖方有动机调和买方所引起的矛盾。

即使买方和卖方签订了非竞争性协议，买方欠卖方一定数量债务的事实可能改变卖方的态度。如果卖方提供了融资，那么他可能更热心、更愿意提供帮助，而不是漠不关心或喋喋不休。

如何确保卖方融资的安全？

卖方融资本身与买卖双方达成融资协议一样富有创造性。大多数卖方喜欢在协议中增加尽可能多的确保融资安全的条款，包括个人保证、担保、股权质押、人寿和伤残保险条款，甚至包括企业运营的限制条款。

最常见的要求是买方及其配偶的个人保证。卖方期望得到这样的保证。如果买方拒绝，那么卖方会质疑买方的诚意。个人保证并不是对买方任何特定资产的留置权，而是确保买方偿还贷款时不将所有资产置于风险之中。如果卖方本票没有得到支付，那么卖方必须着手止赎权的长期处理事务。为了满足止赎条款，卖方拥有处置买方所有资产的权利。为了防止买方将资产转移至配偶名下以减少净损失，买方配偶的签名是必需的。

特定的抵押品是确保卖方融资安全的另一种常用方法。如果没有任何银行参与融资，那么卖方希望得到房产的第一抵押权以及获得与交易相关的所有财产的安全协议。有时，卖方要求买方提供额外的抵押以及买方拥有的不动产和个人财产的安全协议。如果有银行融资，那么卖方必须确定银行之外的担保债权人的债务安全。

股权抵押是第三种确保卖方融资安全的方法。买方被要求成立一个法人公司，卖方在本票违约的情况下有权获得股票期权。这一方法能够比止赎权更快地解决卖方融资安全性问题。如果卖方本票得不到兑现，那么卖方可以要求获得本票上规定的偿还额，甚至有权改变企业的管理模式。这一威胁通常足够保证卖方本票不会遭遇违约。

买方管理团队关键人物的人寿和伤残保险政策是一种较少运用的确保卖方融资安全的方法。定期人寿保险可以较低的保险费率获得，比较常见。伤残保险比较昂贵，不太常见。卖方通常希望买方购买和本票期限相同的保险。在本票兑现之前，这些保险政策都是有效的。

有时会有限制企业运营方式的附加条款。这些条款规定新的企业所有者与客户保持特定的关系、特定的运营比率，限制业主报酬或者在本票兑现之前要实现其他重要的运营标准。大多数作为债权人的企业卖方都不会选择将这些附加条款作为确保融资安全的手段。他们一般会考虑买方对限制条款的反对意见。

买卖双方如何才能获益？

如果你是一家企业的买方或卖方，也许认为交易是一件很困难的事情。振作起来！

对于你的交易的另一方来说，这件事同样困难。如果交易即将达成，不要忘记这只是使双方都获益的一个普通的交易。

买方仅仅是在寻找购买企业的机会，期望得到合理的投资回报。他们对所购企业的投资收益一般都有一个合适的目标值。对于他们所承担的风险，他们期望获得公平的投资收益。

与曾经购买企业或者创建新企业的普通人类似，卖方仅仅是想出售企业。尽管他们想获得尽可能多的收益，但是他们同时也懂得要实事求是。他们通常会认识到公平与合理，至少会认识到可能发生的事实。

如果你是买方，那么卖方融资可以为你提供更好的条款以及友好的贷款人。因为你不需要为申请银行贷款而苦等，所以你可以快速地达成交易。卖方融资没有贷款流程或保证费，通常贷款人也没有侵略性的控制或者审计行为。

如果你是卖方，那么我们建议你尽早作出提供融资的承诺。这将节省你很多时间。你也会得到一个更高的售价，因为这会吸引更多的买方。如果要价合理，你的企业就会吸引很多具有购买能力的购买者。

正确理解并使用卖方融资策略确实可以让买卖双方都获益。

资料来源：*http：//www.bizbuysell.com/seller_resources/seller_financing-basics/17/*（Accessed February 12, 2012）.

第 14 章

探索特许经营：多听多看

> **学习目标**
> - 了解特许经营对经济、就业以及我们日常生活的影响。
> - 把特许经营权作为另一种企业所有权形式进行探讨。
> - 了解特许经营系统的运作方式。
> - 评估加盟商的优点与缺点。
> - 回顾特许经营商与加盟商在交易中的所得。
> - 学习评估特许经营与进行尽职调查的相关技术。
> - 了解购买流程。
> - 学习如何评估特许经营的信息披露文件。
> - 了解获得"最低价"机会或特许经营权时的风险——回报因素。
> - 了解为什么特许经营对于一些人是恰当的选择，对于另一些人却并非如此。
> - 认识多店面经营的优势，探索从小店面切入特许经营市场的机会。
> - 了解为什么真正的创业者往往是特许经营商。
> - 探讨多层次营销。

你已经大致了解小企业创业的机会，是时候做决定了。如果从一开始你就认真地考虑过特许经营，你也许对特许经营有了一定的认识并展开行动，你也可以从本章开始你的旅程。

如果你从本章开始你的研究，请保证你已阅读了第 13 章。第 13 章中关于企业购买的内容与本章的内容相呼应。读完第 13 章和第 14 章，回过头来从第 1 章重新读起。写一份特许经营商业计划书与写一份白手起家创业的商业计划书同等重要，尽管两者有一定差异。

当你读完本章正文后，可以将研究中所得到的独到见解用于特许经营的实践。你已经花费数月的时间收集小企业数据、与相关人员交流，花费了一些时间寻找销售机会并与卖家交流。如果你现在想要写一份商业计划书，可以坐下来完成它。但是在这样做之前，你需要了解特许经营企业。

14.1 特许经营的范围

你是否吃着烟肉蛋麦满分去上班？昨晚你的孩子是否把你拉到 YogurtLand 酸奶

店或者 Baskin-Robbins 冰激凌店去买甜点？从塔科马市到陶斯市的路上，你是否在一家 IHOP 烤饼店前停下来去买薄煎饼？买房子时，你是否碰巧与 ReMax 房产中介的代理人一起核查资产？

你上次去 7-Eleven 便利店是什么时候？当你需要一个新的变速器时，AAMCO 公司是否给你提供了及时的服务？FASTSIGNS 公司的广告能够打动你为了推介音乐会而购买指示牌吗？

如果你想拥有一家自己的企业，而仅凭自己的实力又做不到，那么考虑一下加盟专卖二手货的体育用品连锁店 Play It Again、教育培训机构 Sylvan，或者其他可供选择的**特许经营**（franchise）业务。

如果你从提前退休买断计划得到至少 8 万美元的流动资产以及 25 万美元的净资产，你会购买 Papa Murphy 比萨连锁店的特许经营权吗？你会选择现在仍有一些市场空间的 El Pollo Loco 餐饮公司吗？会选择加盟 Home Instead 公司或者 BrightStar 公司，为老人提供家庭护理服务吗？

无论你是否光顾特许经营商店——你不可能不光顾，因为特许经营市场无处不在（遍布房地产、建筑、批发、印刷、设备租赁、旅行社、儿童看护、教育、饮食等行业）——特许经营的市场都很大。

国际特许经营协会（International Franchising Association，IFA）预测，美国拥有 3 000 多家**特许经营商**（franchisor），超过 300 条业务线和 75 万个**加盟商**（franchisee）。仅 2011 年一年就有超过 200 家新企业加入特许经营商的行列。

国际特许经营协会教育基金会（International Franchise Association Education Foundation）委托 HIS Global Insight 进行的一项研究表明，2012 年，特许经营提供了 800 多万个工作岗位以及 8 000 亿美元的经济产出，约 5% 的 GDP 来自特许经营。各细分行业的产出及就业信息见图 14—1。值得注意的是，由特许经营所带来的 50% 的岗位集中在两个领域——餐桌/全服务餐厅和快餐厅。

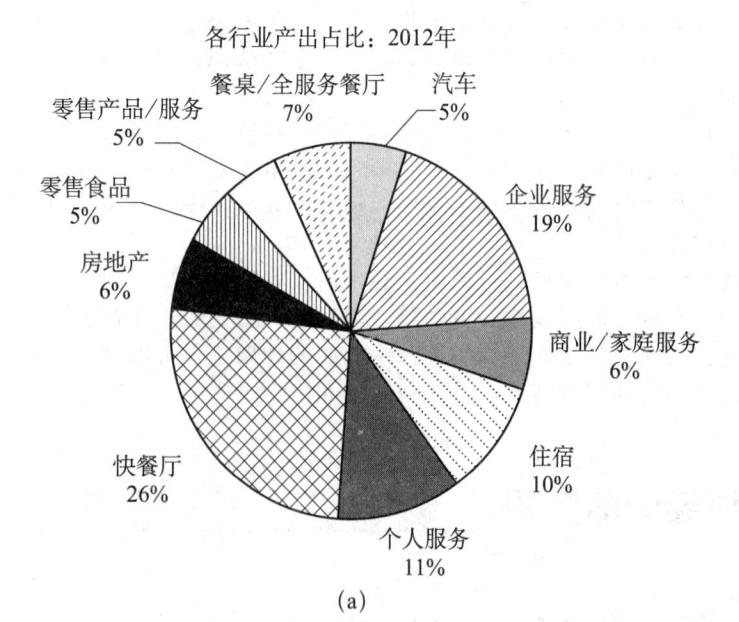

各行业产出占比：2012年

- 餐桌/全服务餐厅 7%
- 汽车 5%
- 零售产品/服务 5%
- 零售食品 5%
- 房地产 6%
- 快餐厅 26%
- 个人服务 11%
- 住宿 10%
- 商业/家庭服务 6%
- 企业服务 19%

(a)

各行业就业占比：2012年

- 餐桌/全服务餐厅 13%
- 汽车 2%
- 企业服务 11%
- 商业/家庭服务 4%
- 零售产品/服务 6%
- 住宿 9%
- 零售食品 6%
- 房地产 4%
- 个人服务 8%
- 快餐厅 37%

(b)

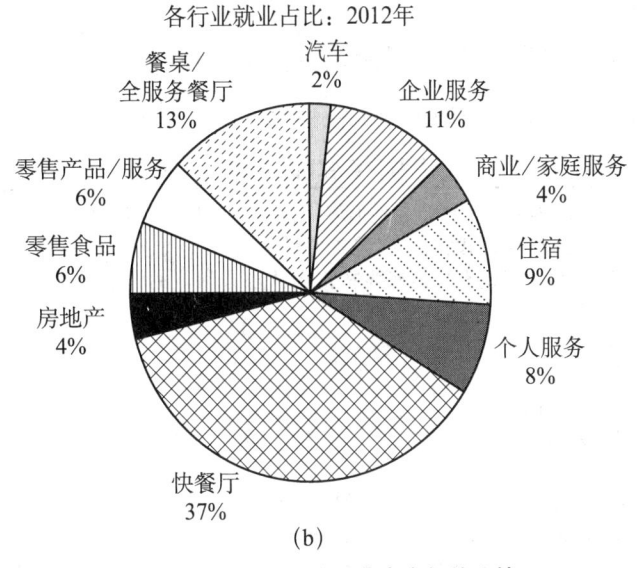

图 14—1 特许经营产出与就业情况

资料来源：IFA Educational Foundation. Reprinted with permission.

当经济衰退时，特许经营的增长速度有所放缓。位于克利夫兰市的凯斯西储大学（Case Western Reserve University）中研究经济学与创业精神的斯科特·沙恩（Scott Shane）教授指出，应当时刻关注潜在的加盟商："在加盟特许经营 20 年以后，能够存活下来的特许经营商不到 20%""实际上，每年新增的特许经营企业有 200 多家，但其中有 25% 不到一年就撑不下去了"。特许经营可提供机会，但是也需要像其他商业模式那样经过全面的评估；特许经营一般都是长期合同，进行尽职调查是必需的。在你开始寻找某项特许经营业务之前，首先要考量特许经营是否真正适合自己。

> **创业资源**
>
> **SBA 的特许经营信息和 IFA 的特许经营基础课程**
>
> 以小企业管理局（SBA）的"特许经营加盟客户指南"为基础开启你的研究。读完这份指南和联邦贸易委员会网站上的信息之后，就可以另一种视角探讨特许经营问题。
>
> 国际特许经营协会（IFA）提供了免费的在线"特许经营基础"课程，鼓励人们从特许经营商的角度来探讨特许经营的入门问题。课程内容涵盖特许经营是怎样运作的、采取特许经营方式需要考虑的问题、适用于特许经营的法律和法规、特许经营适用的企业和业务类型、特许经营的优缺点、特许经营的不同形式，以及其他的信息资源。花费 60 美元就可以参加 IFA 的特许经营大学提供的相关课程，如动态人口统计学、工作原理和市场原理，作为一名潜在的加盟商，这些课程对你撰写商业计划书很有益处。
>
> 美国加盟商和经销商协会（American Association of Franchisees and Dealers, AAFD）也提供了很多资源，其中包括在线的"特许经营甄选路线图"。作为一个代表加盟商的组织，该协会为你提供了另一个视角来认识特许经营问题。
>
> 通过《创业者》杂志和《华尔街日报》，可以从不同视角跟踪关于特许经营的最新信息。此外，还有一些专门的特许经营网站，这些网站大多接受了赞助，提供的主要是特许经营的正面信息。

> 此外，联系本地的 SBA/SCORE 和 SBDC，看它们是否举办关于特许经营的专题研讨会。这些机构很棒，因为它们既提供加盟商信息也提供特许经营商信息。

表 14—1 中的博客和资源展示了一些加盟商的观点。

表 14—1	特许经营网络社区与博客

下面列出的网站与博客能提供一些很好的信息，并且经常得到一些来自加盟商与相关专家的反馈。但是，在搜索这些网站时会有警告提示："买方需知：许多心怀不满的加盟商通过这些网站图谋不轨。"当然，那些不总是代表特许经营双方利益的经纪人也会赞助在线网站与博客，以谋求更多利益。

Blue MauMau
The Franchise King
The Franchise Chatter
Franchise Law Blog
The Franchise Pundit
Unhappy Franchisee
Franchise Business Review

如果上述在线资源没有提供你想要的信息，那么用谷歌搜索引擎搜索你有意向的特许经营，找到其他加盟商的博客。同样，你也可以在脸书、YouTube 和推特上进行搜索。

14.2 探索第三条途径

跟随本章的脚步去探索第三条途径是否适合你。作为第三条商业途径，特许经营让创业者迅速获得商业机会和现成的市场营销计划。特许经营创业者首先需要借助人力资源、广告与采购系统去执行特许经营商的计划与体系。

在开始探讨特许经营前，你需要了解自己是不是这块料。你可以从小企业管理局的在线工作手册着手，问问自己："特许经营适合我吗？"上网搜索，你会找到很多关于特许经营的知识测验。但需要说明的是，你所能找到的提供知识测验的大部分网站都是特许经营经纪人赞助的。他们迫切地希望把有关特许经营的概念灌输给你。在继续探索特许经营之前，注意把"行动步骤 2""行动步骤 4""行动步骤 5"的答案、对在线测验的回答以及"行动步骤 57"的研究结合起来。

行动步骤 57

网上搜索特许经营

花几个小时浏览本章提到的以及你自己找到的特许经营网站。

1. 在 FranchiseHELP 网站或者下面提到的一些网站上参加一次在线特许经营知识测验。测验结果如何？你是否接受这个结果？

2. 立刻搜索以下资源：AAFD，*Franchise Times*，About.com 的特许经营页面，*Franchise Update*，*Franchise World*，Franchise Business Review，FranData，IFA，《公司》及《华尔街日报》的 Small Business Franchising 板块以及《创业者》等的网站。你认为以上网站中哪个最有用？为什么？你还找到了其他什么网站？

3. 查看关于特许经营 50 强的文章，找到低成本或国际的特许经营或者其他你感兴趣的特许经营。哪些特许经营比较热门？哪些特许经营增长最快？快乐的加盟商在哪里？赚钱的加盟商在哪里？不要迷失：把阅读中获得的好想法列出来。从现在开始探索特许经营。

4. 找到感兴趣的特许经营后，参照表 14—1 中所列的资料，阅读加盟商的报告。你学到了什么？什么让你感到震惊？

记住，本书多次强调，你所购买的不仅是一个企业，而且是一种生活方式。当你设计自己的生活时会想知道，通过这个企业，你的财务与个人需求是否会得到满足。

如果你不喜欢循规蹈矩，对一切都表示怀疑，并且认为你的方法更好，那么现在就停下来！在获得某项特许经营权后，你就要严格地遵守它的制度。不然，你很可能会失去特许经营权并造成财产损失！

接下来，根据"行动步骤 3"回顾你的财务目标、资产负债表以及预算。如果你的目标是每年获得 8 万美元的净利润，那么把心思放在平均水平的特许经营上即可，不要幻想超过平均水平。在开始行动前，还需要确定你所拥有的净资产以及可用的投资资本总额。因为在透露财务信息前，特许经营商需要事先知道你是否具备相关资格。

一开始，大部分特许经营商需要你将至少 30% 的自有资金投入到生意中。如果你不知道能投资多少钱以及自己的财务状况如何，就不会知道自己符合哪种特许经营的条件。所有这些都需要在你正式开始行动前完成。此外，你和你的家庭要一起评估投资额的最高水平以及能承受的风险水平。思考一下，你愿意投入特许经营的时间有多少。同时问问自己："我愿意拿出多少钱？"建议只投入 25%～50% 的净资产。

14.2.1 特许经营基础知识

在互联网上，你可以找到大量有关特许经营的信息，但是要记住：特许经营商开发了这些网站，网上的信息和建议可能会失之偏颇。因此，使用这些网站和本章介绍的各个步骤，包括表 14—1 中的内容以及所有的行动步骤去开阔视野。所有这些信息将有助于你评估特许经营是否值得进一步探索。如果是，当你探索特许经营这条途径时，这些信息与网站将带领你进一步寻找问题的答案。

1. FAQ：从寻找一些常见问题的答案开始。问题包括：可供选择的特许经营有哪些？财务上可行吗？谁提供场所？谁去洽谈租赁？我能投资多少钱？

2. 术语和入门：如果你是新手，明智的做法是先了解一些特许经营的专业术语。你可以在一些网站上浏览相关的术语表。其中一个必须知道的关键术语是**特许经营信息披露文件**（Franchise Disclosure Document，FDD），原名是"统一特许经营发售通函"（Uniform Franchise Offering Circular），该文件由特许经营商提供给潜在的加盟商。FDD 可以让你深入了解特许经营产业的监管情况。随着研究的深入，你将能够对特许经营总体以及一些特定的特许经营提出疑问。如果想进一步了解某一特许经营，可以让特许经营商提供一份 FDD 给你，或者在网上购买一些可供出售的 FDD。在签订协议前，你需要与代理律师深入研究 FDD。

3. 点击即可，机会比比皆是：联邦贸易委员会网站上的一些入门读物能为大家提供信息及训练，包括《购买特许经营权：客户指南》（Buying a Franchise：A Con-

sumer Guide）以及《特许经营规则指南》（Franchise Rule Compliance Guide）。

4. 诉讼阴霾：特许经营的世界中不全是朝霞与轻易可得的利润。登录联邦贸易委员会的网站，你可以看到一些有关特许经营商和有创造力的业务开发人员的案例，这些人试图销售一些不存在的或者被歪曲的特许经营机会而被告上法庭。特许经营是一个经常发生诉讼的行业。正因为存在欺骗性和不负责任的特许经营问题，代理律师获得不义之财。特许经营加盟商需要严格按照特许经营协议来开展业务。他们不能偏离这一协议，否则最终会被告上法庭。特许经营协议通常比较严格，并且有利于特许经营商。

以本章提到的网站为起点，找到几个感兴趣的网站，浏览网页并且探索特许经营商机。此外，确定它们的主要竞争对手，并浏览它们的竞争对手的网站。过去，你需要向它们申请特许经营信息包，但现在从大部分特许经营商的网页上可以找到初步研究所需的信息。一些州甚至在网站上提供特许经营商的FDD。接下来完成"行动步骤58"。

行动步骤 58

特许经营信息包

在互联网、杂志以及特许经营目录上搜索潜在的特许经营机会后，下一步是去你精心挑选的特许经营商那里获得更多信息。

此时，你是个潜在的购买者。你拥有资金、动力和渴望成功的意愿。特许经营商拥有待售的产品，这个产品将由特许经营信息包来展示。

1. 虽然在网上就可以找到许多特许经营信息包，但一些特许经营商在发送信息包前要先确定潜在购买者是否具备资格。花点时间去研究你心仪的特许经营项目及其主要竞争对手：比较赛百味和Blimpie's，Home Instead和Visiting Angels，等等。

2. 当你查看在线信息包时，用一两页纸总结你学到的东西。在网上，你可以找到几种特许经营对照工作表。创业者的特许经营对照工作表很有用。把重点放在产品与服务需求、产品独特性以及特许经营形式的优越性上。优势应当包括广告与批量购买的规模经济、已经形成的品牌商誉、特许经营跟踪记录及特许经营商的声望。许多特许经营项目仅流行一时，你应将目光放远至未来5~10年。

3. 开始针对特许经营商和加盟商提出问题。

在短时间内了解特许经营的另外一种方法是参加特许经营展览会。你可以查看相关网站（如FranchiseHELP）了解所在区域展览会的举办时间与地点。如果你所在的区域有特许经营展览会可供选择，那么完成"行动步骤59"。如果你具有冒险精神，可以考虑在海外寻找特许经营机会或者将国际理念带回本国。找到海外商机的方法之一是参加本地或者海外的国际特许经营展览会，就像本章的"地球村"专栏所描绘的那样。

行动步骤 59

参加特许经营展览会

大部分城市一年至少举办一次特许经营展览会。

1. 登录 FranchiseHELP，Franchise Expo，Franchise Direct，International Franchise Expo 等的网站，查看是否有展览会即将在你所在的区域举办。如果有，你可以参加展览会并与参展商进行交流。从他们的销售展示中学习并且参加一些免费的研讨会。

2. 收集资料，选择几个值得重新审视的特许经营项目。当你回到家后，在网上搜索你选择的特许经营商的博客、参考文章或者成功的故事。对你的发现进行简单总结并展示给你的同事看，与同事一起评估该特许经营项目。

记住，在展览会中经常会有一些小规模的新的特许经营商，他们的销售人员是为了佣金而工作的。不要轻易被说服，你要做的是观察和评价，你还没有做好加盟的准备。

地球村

海外特许经营权

假设你喜欢旅行并通晓多种语言，又想在国外寻找商机；假设你想知道是否有一个海外的特许经营商在寻找美国代表。如果你紧紧抓住一个已经启动并成功运营的特许经营项目，将有更大的机会获得成功。参加众多国际展览会中的一个，或者查看 Franchise Direct 和 Franchise Seek International 网站的信息。如果你的梦想可以漂洋过海，机会比比皆是。

在进行探索时，将你的支票留在家里，因为现在还没到作出承诺的时间。预先支付的特许经营费用对于特许经营商来说是非常有利可图的，而一个野心勃勃的特许经营销售人员可以轻而易举地让你乖乖付款。他们知道许多正在寻找特许经营项目的人急切地期待梦想启航，很多人会经不起别人的花言巧语。不要轻易被人蛊惑！

了解特定特许经营商的方法还包括参加他们的会议。联系特许经营商，确定他们下一次州、区域或者年度会议的时间。如果他们不愿意让你参加，那是因为你不是他们的成员。可以考虑在举行会议的酒店大厅里死守，然后和你遇到的每一个加盟商交谈。在有限的时间内，你将会学到许多东西。

14.3 提防诈骗

许多骗子和阴谋家使用手段去蒙蔽毫不知情的追梦者，所以，在购买特许经营权的过程中，进行充分的调查并雇用一位经验丰富的代理律师十分重要。此外，要跟随你的直觉。通过阅读、与加盟商交谈、在网上搜索相关文章以及咨询专业的代理律师，做到有备无患。谁也不能消除特许经营权购买中的风险，但是你可以竭尽所能去降低风险。

思考购买特许经营权的三个主要因素：从知名度中获益、品牌忠诚和强大的商业模式。消费者倾向于信任特定品牌的产品和服务。看看你所购买的商品：你喝可口可乐吗？可口可乐公司的总部位于亚特兰大，但饮料的装瓶是由区域加盟商完成的。你购买过阿科（Arco）和埃克森美孚（ExxonMobil）石油公司的汽油吗？经营者也是加盟商。

特许经营的产品和服务是可预测和可靠的。许多消费者坚持与特许经营商进行交易，这种客户忠诚值得你为之付费。但是，你需要评估一下，尽管客户是忠诚的，但是支付了特许经营费用之后，你是否还有足够的利润。另外，还要考虑特许经营协议所要求的用于保持品牌活力的广告费用。销售仅带来收入，利润才会使你生存下去。

14.4 加盟商可以得到什么

让我们分析一下，当你从一个特许经营商那里购买了一项特许经营权——你成为一名加盟商后，你期待得到什么。在寻找特许经营机会时，你要将对这些问题的研究作为尽职调查的一部分。特许经营商的答案可能五花八门。

潜在的加盟商会收到一份包含大部分相关信息的 FDD。你可以找到当前以及曾经的加盟商的联系信息。许多加盟商觉得很难与曾经的加盟商取得联系。使用修订过的 FDD，你可以与至少 5~10 名曾经的加盟商取得联系来获取他们的加盟经验。此外，新规则要求特许经营商列出可以代表加盟商的独立组织。这些团体可能会成为你的宝贵资源。如果在 FDD 中有特许经营团体的信息，那么及早与它们取得联系。

新规则迫使特许经营商公开上一财政年度内与加盟商之间的诉讼情况。在财政年度结束前的 120 天内，特许经营商需要对这些信息进行更新。但是，你需要确保，在当前的 FDD 发布后，没有新的问题发生或即将发生。

加盟商在过去三个财政年度中所签的"保密条款"需要公开，但特许经营商不需要公布特许经营销售代理人的名字，并可自行选择是否披露收益。FDD 中列明的金融债权可供特许经营商与潜在加盟商讨论。收集到真实的数据是一个巨大的挑战，但你必须面对，因为你的生存取决于这些数字。

如果你加盟了特许经营店，你需要对特许经营商、现有的和曾经的加盟商就以下领域进行全面调查。我们再次强调，你还需要将竞争对手所提供的条件与之进行比较。我们建议你至少调查三家特许经营商以及他们的竞争对手。

从以下内容中你将会发现作为一个加盟商所能得到的诸多好处，以及你寻找特许经营商时要研究的重要领域。

1. 品牌认知：如果你问了合适的问题，选择了合适的特许经营商，你从品牌中得到的回报将是物有所值的。你前期的费用主要用于这个方面，你要坚信付出正在得到回报。

2. 当前品牌的忠诚客户：确认特许经营商是否诚信经营并提供良好的产品与服务。当今的竞争更加激烈，客户往往具有更低的品牌忠诚度。由于市场上有大量的折扣和优惠，品牌不能再像以往那样依靠品牌忠诚度来获得市场。所以，当根据过去的销售情况来进行预测时，你需要从实际出发。同时，社交媒体可能使特许经营商很快就名声扫地，影响客户的品牌忠诚度和所有加盟商的销售量。

3. 支持：企业支持服务包括选址、员工培训、库存控制、供应商关系、公司生产经营计划等。永远不要低估与其他加盟商保持联系的重要性。他们通常能给予你指导，而你也能以他们为标杆检验自己的相关数据。除了现有的、正式的特许经营商网络，许多加盟商会成立一个独立的组织。你一定想加盟这样的特许经营项目：为了助加盟商一臂之力，特许经营商对加盟商进行投资，而不是把特许经营权卖出了事。与当前的以及曾经的加盟商交谈，并且学习特许经营商以及这个体系的相关经验至关重要。

4. 培训：特许经营商将花两天到六周的时间教会你这项业务，可能提供额外的培训。培训可能需要额外的费用，所以要弄清楚它所包括的内容，比如材料、住宿、机票与膳食等费用。同时，了解是否有持续不断的培训，费用是多少。

5. 资金：在你寻求融资时，特许经营商也许会提供直接的融资或协助你寻找资金。一些特许经营商可能与大型贷款人有联系，从而随时为符合条件的加盟商提供融资便利。如果特许经营商可以提供融资服务，那么你可参考其他的融资服务择优选择。一些特许经营商已经得到了贷款人与小企业管理局的批准。特许经营商发现，经济不景气时，尽力帮助加盟商获得合理的融资是非常必要的。

6. 计划：你现在购买的是一份经证实成功的商业计划书，如果你购买的是新创型特许经营项目，情况可能有所不同。你要确保有利可图。我们建议，结合特许经营商的情况，完成符合你自身情况的商业计划书。跟随本书中的行动步骤，去完成你的计划书。

7. 讨价还价：无论是产品、服务还是促销，集体购买都可以带来规模经济。加盟商会抱怨特许经营商没有分享规模经济带来的效益。所以，特许经营商的利润不仅来自加盟费，还来自他销售给你的产品。

8. 特许经营商手把手的指导和实地考察：即使在同一个地区，不同的特许经营商提供的支持也有所不同，所以一定要详细询问。花费一些时间与当前的以及曾经的加盟商就这些问题进行讨论。特许经营商过多的考察会给你造成较大的压力，让你有一种被持续监视的感觉。而太少的考察又不能提供足够多的帮助与支持。看看是谁来考察，弄清楚他们是否拥有特许经营的相关经验。

9. 帮助选址和布局设计：大型特许经营商花费了数百万美元对该问题进行研究。他们可能在租赁和采购谈判时为你提供帮助，他们多年的技术与经验是非常宝贵的。此外，凭借市场影响力，他们可以帮助你争取商场或机场小亭的经营机会，而这仅凭你个人的力量是很难做到的。

10. 标准化及经过测试的产品：你希望你特许经营商已经预测了所有产品与服务，还希望特许经营商能够对持续变化的市场迅速作出反应，及时提供新的产品和服务。在一个动态的商业环境中，这是购买任何一项特许经营权需要考虑的关键问题。对于特许经营商来说，若不能在财务允许的范围内快速作出调整，他和他的加盟商都无法在市场中生存。与其他加盟商共同讨论，特许经营商是如何应对不断变化的经济、新产品开发和市场需求的。

11. 宣传材料：网站、邮件、广告、传单和店面陈列等是常用的宣传方式。与你的特许经营商讨论宣传的费用与要求。看看特许经营商是如何利用社交媒体的。你想要知道，他们会监管和保护自己的品牌并为加盟商制定了相关政策。

12. **区域特许经营**（area or master franchise）：这将使你有机会购买一个区域的特许经营权，并有权在该区域内发展其他的加盟者。许多有着强大的销售和管理技能的创业者已经在区域特许经营中找到了致富的机会。同一组织框架下，许多加盟商拥有20～100个特许经营点，一些成功的加盟商还拥有多个特许经营名称。你可能也想知道当前的加盟商是否提供新的机会和转售优先销售特许经营权。

13. 新店开业专家协助：一个有经验的专业团队可以用盛大的开业典礼高效地启动你的特许经营业务。了解相关费用以及是否提供财务资助。

14. 操作手册：看操作手册是否包含了所有你需要的材料，内容可以很少，也可以很多。如果你为专业知识付了费，那么操作手册应当提供一些相关的专业知识，帮助你高效地运营。你是在购买一个系统——保证它的确存在！

15. 销售与营销协助：如果你购买的是服务型特许经营权，确保特许经营商建立了完整的营销体系去寻找客户、进行销售演示等。

16. 单一信息策略下的全国性或区域性广告：信息连续性发布是非常必要的，你的成功取决于全国性广告。在广告投放上经常临时变卦的特许经营商会失去客户。困惑的客户将会迅速离去。

17. 地域保护：你只能在特定的地域或区域范围内经营。一些特许经营商不提供保护或仅仅提供有限的保护。与加盟商和特许经营商讨论这个问题。企业自营的商店有时会与加盟商进行竞争，这将引发严重的问题。

18. 软件包：无论免费与否，由整合的核算、财务、人员、市场营销和操作软件可以获得信息。向特许经营商确认，谁将更新与管理这些软件包，费用如何。

除了以上你需要探索的领域，表14—2还提供了一些具体的可用于询问当前与曾经的加盟商的问题列表，在"行动步骤"专栏中，你还会发现一些其他的问题。你要意识到，尽管每个特许经营商的FDD里详细列出了加盟商会得到什么，可以期待什么，以及特许经营商和加盟商的合法要求，但是花些时间与加盟商交流，他们会告诉你实际情况是怎样的，并且帮助你进一步了解FDD的细节。根据法律规定，在签订任何合同或者支付资金前14天，FDD的复印件应送到你手上。请记住，你所签订的合同是一种长期承诺，在进行广泛调查并与经验丰富的特许经营代理律师讨论前，不要签订合同。

表14—2　　　　　　　　　　　　　　在加盟前与加盟商谈谈

与寻找新工作一样，在一开始时就全面了解情况将会提高成功的概率。加盟商能告诉你最真实的信息：特许经营商提供的销售策略是否真正有用，你的一天将会如何度过，以及你何时能实现收支平衡，等等。

在打电话给加盟商前，你要阅读FDD，然后得到关于特许经营的全面信息。有些加盟商可能与你分享经验，有些则可能鼓吹前景黯淡。

建议向加盟商询问以下问题：
- 特许经营商如何回复关于业务运营或其他一般性问题的求助电话？
- 你觉得特许经营商在意你的成功以及愿意帮助你吗？
- 你如何描述特许经营商和加盟商之间的关系？
- 在选址、租赁协议商谈、建立流程或者其他与开业有关的事宜上，你是否得到协助？
- 通常一天里会发生什么事情？
- 会出现什么差错？
- 需要多长时间才能获得投资回报？
- 你的收入大约有多少？与你的期望一致吗？
- 特许经营商有没有充分估计运营所需的现金？
- 特许经营商提供的培训全面吗？是否足够帮你去经营这项业务？
- 是否有一些隐性的以及未预料到的费用？
- 你的业务区域是否足够大，能否达到你的目标？
- 你的企业销售以及使用的产品是否受到限制？
- 你是否被要求与特定的供应商合作？
- 特许经营商所做的广告是否像他承诺的那么多？
- 在购买特许经营权前，你拥有什么样的企业经验、教育背景和技能？
- 在同类型的企业中，你为什么选择该特许经营商，而不是其他的？
- 培训是否只涵盖运营系统？培训是否使你充分准备好与其他提供相似产品与服务的商家进行竞争？

- 与特许经营商洽谈有关选址或者开业事宜时，你是否遇到问题？特许经营商是如何回应的？
  - 你的销售模式是怎样的？是季节性的吗？如果是，你如何在淡季做到收支相抵？
  - 在这个体系中，是否存在特许经营权的扩张机会？
  - 如果你拥有现在掌握的信息，是否还会选择这项投资？
  - 你对这个行业、产品以及服务有什么看法？你觉得未来的趋势是怎样的？
  - 对于特许经营协议，你有什么问题或者顾虑吗？是否有条款难以实现而影响你与特许经营商的关系？
  - 对于你提出的改进特许经营体系的建议，特许经营商作出回应了吗？
  - 是否建议你去联系其他加盟商或者曾经合作过的加盟商？

向曾经的加盟商询问：
  - 你为什么要离开这个特许经营体系？
  - 特许经营商配合并帮助你出售特许经营权吗？
  - 特许经营权是否会被终止或者不续约，特许经营商解释原因了吗？或者提供一个合适的机会让你解决相关问题？
  - 你会考虑从不同的特许经营商处购买特许经营权吗？

记住，没人能预料到你将会有怎样的遭遇，以及是否喜欢这项业务。但在加盟之前，你需要做好心理准备并且了解现有业主的想法。

资料来源：Jim Coen, "Talk to Franchisees Before You Join the Club!", 16 May 2007, from http://franchisepundit.com/index.php/2007/05//16/talk-to-franchisees-before-you-join-the-club（Accessed February 1, 2012）.

14.5 特许经营商可以得到什么

特许经营商通过以下途径赚钱：

1. 通过销售品牌和系统的使用权，特许经营商可以获取一笔一次性、预先支付、概不退还的**特许经营费**（franchise fee）。费用从 3 000 美元到 150 万美元不等，费用的多少取决于企业规模大小以及品牌成熟度与知名度。在签订特许经营协议时就要支付特许经营费，特许经营期限一般为 5～10 年，也有一些长达 20 年。如果因续约而产生一些额外费用，一般会在特许经营权协议中说明。请你的加盟商朋友分享续约的经验。

2. 特许经营费一般占销售总额的 2%～15%。平均水平为 3%～6%。

3. 额外的广告和宣传费用为年销售总额的 2%～5%，这项费用主要用于全国性广告，虽然有小部分可能会用于当地或区域性广告。即使特许经营业务并未盈利，你依然需要支付这些费用。

4. 特许经营商可以从销售给加盟商的项目上获益，你需要对此进行深入研究。

5. 通过销售培训材料、计算机系统和培训课程，特许经营商可以获得额外收入。

阅读特许经营商提供的 FDD，了解你需要为哪些项目付费，并且与加盟商讨论，确保特许经营商履行了他们的承诺。无法确定特许经营商是否会把从供应商那里获得的折扣与加盟商分享。许多独立的加盟商组织就这个问题与特许经营商协商多年。

一些费用是可以洽谈的，特别是对于新的特许经营商来讲。例如，你可以六个月后或等到盈利后才支付**特许经营许可费**（royalty fee）。请求特许经营商让步，并且以书面形式提出让步是一个明智的选择。向你的代理律师和会计师征求意见，可以得到一些支持性数据，从而增加你的谈判砝码。购买一项特许经营权时，确定它的潜在收益是非常难的。查看表14—3，确认你所购买的特许经营权会支持你的财务目标的实现。

表 14—3　　　　　　　　　盈利潜力：深度评估

你一定想知道，投资某一特定的特许经营体系可以赚到多少钱。小心！你可能被盈利的信息误导。对任何你可能收到的关于潜在收入或销售的信息，都要有书面证明。

特许经营商不需要公开潜在收入与销售额的相关信息，但如果他们这样做，法律要求他们为这种声明提供合理的依据，并需要向你提供相应的证明文件。当你看到任何关于收入的声明时，要考虑以下问题：

- 样本量：假如特许经营商宣称某个加盟商去年赚了5万美元，如果这不是普遍情况，那么这一信息就是欺骗性的。披露文件应该告诉你样本量是多少以及达到声明中盈利水平的加盟商的数量和比例。
- 平均收入：特许经营商可能宣称加盟商一年的平均收入达到7.5万美元。平均数据并没有提供太多关于单个加盟商绩效的信息。平均数据可能会让整个特许经营体系看起来更加成功，而实际情况是少数几个非常成功的加盟商拉高了平均水平。
- 销售总额：有些特许经营商会提供加盟商的总销售收入数据。这些数据并没有反映加盟商的实际成本与利润。账面上销售收入很高的批发商店可能是亏损的，因为日常开销、租金与其他费用很高。
- 净利润：特许经营商一般不拥有加盟商的净利润数据。如果你得到有关净利润的信息，询问是否包含了公司直营店的信息。直营店成本更低，因为它们可以大批量购买设备、库存和其他物品。此外，它们可能本身就拥有地产，而不用去租赁。
- 地域关联：不同地域的收入会有所不同。如果某加盟商的收入非常高，问一下其店铺在哪里。披露文件必须指出报告中加盟商的地点以及其他差异，这可能影响你的选址。
- 加盟商背景：记住，加盟商拥有不同的技能以及教育背景。某些加盟商的成功并不代表所有加盟商都成功。
- 对收入声明的依赖：特许经营商可能会让你签订一份声明——有时会是一份书面访谈或者问卷，询问你在购买特许经营权过程中是否收到任何关于收入与财务状况的陈述资料。如果收到，在访谈、问卷或者其他声明中详细描述。如果没有收到，你可能会放弃对特许经营商所提供的收入声明提出异议的权利，而这份收入声明将会是你决定是否购买特许经营权的依据。
- 财务历史：披露文件会提供有关公司财务状况的重要信息，其中包括已审计的财务报告。你可以找到关于特许经营商财务报告的说明资料。对一个财务不稳定的特许经营商进行投资是极度冒险的，因为在你投资之后，这家公司可能关门或破产。

雇用一位律师或者会计师对特许经营商的财务报告、审计报告以及票据进行研究是一个非常好的选择。他们可以帮助你了解特许经营商的以下方面：

- 是否稳步增长；
- 是否有成长计划；
- 大部分收入来自特许经营权的销售还是特许经营许可费；
- 是否投入足够的资金去支持特许经营体系。

资料来源：FTC Consumer Guide to Buying a Franchise，http://www.ftc.gov/bcp/edu/pubs/consumer/invest/inv05.shtm（Accessed February 4, 2012）.

14.6　加盟商的其他问题与关注点

通常以下陷阱会对特许经营造成困扰，关注表14—4中提到的问题。

1. 快餐店、速印店和其他服务型企业特许经营的激烈竞争会使市场饱和，由此引发的**入侵**（encroachment）问题是导致加盟商失败的原因之一。与当前和曾经的加盟商交谈，关注这个极其重要的问题。一些成功的加盟商发现，当面对来自组织内部的竞争（包括来自新的加盟商以及公司的直营店的竞争）时，自己的销售额与利润会暴跌。越来越多的组织将销售转移到网上，你要了解这种行为如何对当地商店造成影响。

2. 多层次分销与金字塔形销售结构通常仅对发起人有利。

3. 一般地，新的位置会先提供给当前的加盟商，然后才会提供给新的加盟商，这意味着，新加盟商很少得到最好的机会。提供给新加盟商的很可能是一些被现有加盟商所忽视或者转售的位置。

4. 终止条款可能是含糊不清的。在进行下一步之前，彻底弄清 FDD 第 17 条的内容。失败是有可能的，所以在签订条款前要考虑财务后果。你需要与代理律师深入审查终止与续约条款。

5. 凯利·索尔斯（Kelly Sors）是《华尔街日报》小企业专栏的一名作家，他发现在过去 5 年，每年有 5%～10%的特许经营加盟商倒闭或者卖给特许经营商，这意味着许多加盟商的结果是不令人满意的或者是不赚钱的。

6. 要重点关注 FDD 中提及的诉讼，这很可能是一个预警信号。如果在网络上搜索，你还可以找到一些潜在的诉讼信息。

7. 经纪人在推销特许经营时受到的监管很少。买方要意识到经纪人是从特许经营商那里拿佣金的，所以他们会极力维护特许经营商的利益，而不是买方利益。阅读章末的"制胜关键"，寻找关于该问题的更多信息。

8. 因为联邦贸易委员会的法律规定以及保密合同，对特许经营商进行法律追索可能很困难。

9. 特许经营许可费是按销售总额或者净利润来计算的。如果特许经营商让你以超低的价格出售产品，你可能会发现亏损较大。在困难时期会压低价格、打价格战，导致利润下降。例如，Smart Money 对 Baskin-Robbins 冰激凌店的 "31 美分之夜"活动进行评估，发现每勺冰激凌大概亏损 1.45 美元！赛百味 5 美元 1 英尺的 "足英尺"三明治和麦当劳的 "1 美元菜单"对一些加盟商来说是巨大的财务挑战。

10. 加盟商之间的自由联合可能会受到特许经营商的阻碍。因此，寻找那些相信加盟商的能力并鼓励加盟商共同成长的特许经营商。

11. 竞业条款可能是合同的一部分。如果你工作努力，但是自己主动选择终止合同或者特许经营商提出终止合同，你将不能在同类业务中作为一个独立的企业所有者来竞争。

12. 在美国的 38 个州加盟商没有"私人诉权"，因此如果特许经营商违反联邦贸易委员会的规定，加盟商可以申请行政干预。

13. 意识到对于刚出现的特许经营机会，早期的加盟是有风险的。提供这个机会的特许经营商实际上是在用你的钱进行试验。你想要购买的是一个被大家认可的品牌、一项被证实的商业计划、良好的场地支持以及你所在地区的运营经验。很多的服务和产品都不能简单地从一个地方移到另一个地方。让 Honey Baked Ham 的加盟商感到惊讶的是，在亚利桑那州特许经营店的销售情况并没有如特许经营商所讲的南方各州的销售情况那样好。开业后，他发现西部的人们很喜欢这个产品，不过主要是在节日期间；南部的加盟商则可以全年保持同样的销量。

14. 像 True Value 和 Ace Hardware 这样的自愿连锁组织是购买特许经营权的理想选择。自愿连锁组织的成员保持独立且不需要忠诚，也不需要支付特许经营转让费。希望在不久的将来看到更多这样的组织。

15. 应该对特许经营的管理者和所有者进行彻底的调查，因为偶尔会有些特许经营商有可疑的背景。花钱请专业人士进行调查研究是值得的。不要忽视这个步骤。

表 14—4	早期的警告

以下所列是在特许经营权交易中会涉及的因素，并且经证实会带来麻烦。单一因素还不足以促使你放弃购买特许经营权，但是如果你发现不止一个因素存在，你就要当心了。这些要点不构成法律建议，你只能从称职的特许经营律师那里获得法律方面的建议。

1. 特许经营商、业务代表或者经纪人有没有告诉你可以赚多少钱，或者给你展示相关的数据？法律规定，这些数据或者声明只能在 FDD 中予以说明，FDD 对于特许经营商能说什么有严格的规定。

2. 特许经营商是否建议或者指定某加盟商与你交流，从而让你了解加盟商是如何运作的？有时，特许经营商会刻意选择那些只会说好话的加盟商。如果特许经营商挑选了最优的加盟商，你应当保持警惕。FDD 应当提供一份现有的以及曾经的加盟商的名单。你可以随心所欲地选择想要交谈的加盟商。

3. 如果特许经营商运营自有商店的时间不足三年，那么你要小心了，因为整个体系在短时间内是难以形成的。

4. 供应商渠道是单一的吗？从指定的供应商处进货很难压低价格并且质量无法保障。

5. 特许经营商是否有破产的历史，最近是否有严重的欺诈行为？在 FDD 中，你可以找到相关信息。你需要对其做进一步了解。

6. 特许经营商在当地或者其他地区有运营经验吗？如果特许经营商在一个地区没有运营经验，在其他地区很可能难以正常运营。

7. 在与你所在区域类似的地区，特许经营商是否有相关运营经验？如果你身在一个人口密集的市区，而特许经营商仅有郊区运营经验，那么他很可能不具备你所需要的经验。

8. 如果你打算使用退休金——401（K）或者 IRA——去购买特许经营权或为之融资，那么你最好停下来重新考量。虽然失败的风险很小，但是一旦失败后果非常严重。除非你坚信自己能成功，否则不要这样做。

9. 在新企业中，所有者不参与管理。如果你打算购买一项特许经营权作为投资，然后雇用专业的管理者去经营，那你就要非常小心了。所有者外部监督模式只在管理者对业务非常熟悉且有多年的相关管理经验时才奏效。如果特许经营权是新推出的或者这是你的第一次商业冒险，那么所有者外部监督模式将会是一场灾难。

资料来源："Red Flags and Early Warning Signs" retrieved from *http：//franchisedealerlaw.com/resource-red-flags.html* (Accessed February 3, 2012). Reprinted with permission.

完成"行动步骤 60"，拓宽你的特许经营知识。你很可能会找到你梦想的企业。当你继续探讨特许经营时，问问自己是否可以在某个特许经营店工作一两周，感受日常的运作、承担责任、管理雇员和遵守规则。按照特许经营商制定的规则和条例来运营可能让你觉得不舒服；很多创业者不喜欢太多的约束。尽管如此，这对发现特许经营机会是很有意义的——特别是在你所选择的行业，因为这会让你更好地了解市场全景和特许经营权的竞争情况。

行动步骤 60

调查特许经营商和特许经营加盟商

一旦你通过间接来源或网上渠道完成了基础研究，就可以与特许经营商和加盟商直接接触了。你在进行调查之前一定要阅读特许经营信息包，如果有可能，最好还要阅读公司的FDD。当你使用访谈的方式调查特许经营商和加盟商时，使用贯穿本章的问题尤其是表14—2中的问题，以及下面列出的问题：

1. 特许经营商：把支票放在家里，约访至少三个特许经营商。可以用下面这些问题开始你的提问：
   - 特许经营费包括什么？
   - 协议的有效期是多长？
   - 如何才能回购协议？
   - 怎样区分优秀的员工和糟糕的员工？
   - 特许经营的长期目标和计划是什么？
   - 如何使用社交媒体？如何与你的加盟商打交道？
   - 能给我列举几个你如何处理失败的加盟商的例子？
   - 许可费和其他评估指的是什么？
   - 我能期望得到怎样的培训和服务？
   - 在什么情况下你会终止加盟商资格或不再续约？
   - （特许经营）区域是确定好的吗？
   - 在什么情况下特许经营商可以变更（特许经营）区域？
   - 加盟商的换手率是多少？
   - 你计划更新主要技术和装备吗？如果是，会涉及哪些成本？
   - 广告和推广能给我带来多少帮助？
   - 你认为取得成功所需的技能有哪些？
   - 如果我渴望拥有多个特许经营权，你能举些例子吗？哪些人拥有多项特许经营权，他们是如何做到的？

2. 特许经营加盟商：访谈尽可能多的加盟商，以了解加盟商的日常生活是怎样的。尝试了解拥有并运营一家特许经营店的财务潜力。评估加盟商和特许经营商的真实工作关系。要采访以下各种类型的加盟商：成功的、新的、有相似背景的、有5年经验的、有10年经验的、正准备转手的、已经倒闭的。尝试使用以下问题以及本章中的其他问题来提问。另外，每采访一位加盟商都要引出一些新的问题。
   - 购买特许经营权之前你期望知道什么？
   - 你为获得的支持和培训感到高兴吗？
   - 企业中你要处理的最大的难题是什么？
   - 在选址、租约谈判、融资和开业方面，特许经营商提供的帮助如何？
   - 你和你的合作伙伴在特许经营区域保护方面有没有问题？
   - 如果可以的话，你会在特许经营结构方面作出哪些改变？
   - 你最大的竞争对手是谁？特许经营商是如何对你提供帮助以应对竞争的？
   - 你有能力雇用、培训并留住出色的员工吗？
   - 你的员工流动率是多少？

- 开业第一年你每周需要工作多长时间？现在呢？
- 你认为成为成功的特许经营加盟商需要付出什么？
- 启动成本在你的预料之中吗？
- 特许经营业务多久才会给你带来盈利？
- 收入如你所预料的那样吗？尝试谈谈实际货币和实际利润。比如询问："以前我的收入为6万美元，你认为两年内我能达到这个收入水平吗？"最重要的是这个问题："你还会再做加盟商吗？"

在第13章中我们列出清单来评估已成立的公司。这类问题也适用于新老特许经营企业。这些问题的答案都在第13章和第14章中列出，有助于你了解特许经营并作出明智的决定。在特许经营中，你不仅要调查所要购买的特许经营权，还要调查特许经营商。事实上，如果是从一个区域开发商那里购买特许经营权，你还需要对他们进行尽职调查。接下来完成"行动步骤61"，总结你的想法和研究。

行动步骤61

总结你的观察和研究

阅读来自不同特许经营商的信息包，完成网上调查，接触现在的和曾经的加盟商并完成评估之后，记录你对以下问题的回答。将想法写下来有助于你最后作出决策，也方便你与他人讨论你的计划。

1. 你为什么喜欢特许经营？
2. 你为什么不喜欢特许经营？
3. 你还需要哪些信息？
4. 什么样的特许经营项目适合你？为什么？
5. 特许经营能为你带来满意的收入吗？
6. 如果不能，拥有多项特许经营权能为你带来满意的收入吗？
7. 拥有特许经营权，你最高兴和最不满的分别是什么？
8. 你能募集到你所需的营运资本和投资资金吗？
9. 你喜欢日复一日的常规工作还是喜欢拥有自己的企业、自己做老板？
10. 五年以后你自己以及你的特许经营事业会变成什么样？
11. 五年以后特许经营商会发展成什么样？
12. 你可以轻松地把企业转手吗？
13. 如果你想把日常运营的工作交给专业的管理者，这是允许的吗？（有些合同规定所有者必须亲自参与管理。）
14. 你能伴随企业一起成长吗？
15. 特许经营商如何应对市场的变化？
16. 你是在创造财富还是仅仅换了一份工作而已？
17. 还有其他什么问题？

在你选择某个特许经营商后，他会像你调查他一样调查你。你向他出难题，他也会这样对待你。记住，你需要适应他，他也想看到你能够很好地适应。当特许经营商对你进行性格测试时，不要惊讶。当你在判断其实力时，他也会分析你的个人和财务实力。如果双方都认为对方合适，你将受邀参加一个名为"发现日"（Discovery Day）的活动，在这个活动中潜在的加盟商被邀请去总部，参观不同的部门，并且双方共同评价合作是否应该继续。

14.6.1 法律援助

在完成所有的调查研究之后，你可以雇用一位有经验的特许经营律师，可以联系国际特许经营协会（IFA）的特许经营供应商理事会或者美国加盟商和经销商协会（AAFD），也可以询问同事和其他加盟商。如果你有朋友或者亲戚拥有特许经营权，让他们帮忙审核FDD。基于自身经验，他们可能会发现一些问题。

特许经营顾问凯·玛丽·安斯利（Kay Marie Ainsley）和迈克尔·赛义德（Michel H. Seid）认为："不管你与特许经营商或者其他加盟商讨论时说过或者暗示过什么，只有通过审批程序写入合同的才是对你和特许经营商之间关系的最终界定。聘请律师审查特许经营合同的价值不在于打败特许经营商，为你争取更有利的交易，而是让你明白，签订合同时需要了解什么内容。他们可以解释不同的条款，将你要签订的合同条款与行业中被认为是最佳实践的条款进行比较，并且告诉你在其他案例中法庭是怎样解释类似条款的。特许经营合同中的所有内容都很重要。"

14.7 购买特许经营权所涉及的程序

如果你探讨和调查了特许经营项目，认为它适合你，并且完成了行动步骤，就可以进入决策程序。在特许经营资格预审之后，你需要研究特许经营商、加盟商及其盈利能力来完成尽职调查。继续完成"行动步骤60"。记住，特许经营商同样会对你进行尽职调查。你想要购买的特许经营权是授予你的，而不是卖给你的。

分析特许经营信息包时，你要意识到自己所看的宣传广告旨在将特许经营权推销给你。试着体会言外之意，很多特许经营信息包中有一份申请表，如图14—2所示。以赛百味为例是因为我们知道很少有读者对其三明治和沙拉不熟悉，这些食物在全球80个国家超过35 800家零售店供应。

如果特许经营规模很大，本地的销售经理或者区域开发商在审查你的申请表之后会联系你。你们将见面进一步讨论资金需求和位置问题。花些时间询问本章提出的问题以及你和其他加盟商讨论的问题。在特许经营信息包中，你将会发现图14—3中提到的关于资金需求量的信息，它强调了赛百味对传统餐馆的要求。

联系美国加盟商协会（AFA）、国际加盟商和经销商协会（IAFD）及美国加盟商和经销商协会（AAFD）来判断你所选择的特许经营是否有全美/地区性的加盟商协会。如果有，联系它们并且尽可能深入地挖掘信息，直到你所有的问题都得到回答。跟加盟商联系越多,越有利于你作出正确的决定。本章前面提到,在支付任何费用给特许经营商之前,尝试找到一家加盟商,花一到两周的时间实际参与到运营之中,这样你才能清楚整个运营流程。在投入你的资金和心血之前,掌握特许经营的日常运营流程。在追踪某个特许经营项目并且作出投资选择之后,完成"行动步骤61"。

(a)

REFERENCES *(Excluding Relatives)*

Name ____________________
Address ____________________
Telephone ____________________ (area code/country & city code)

Name ____________________
Address ____________________
Telephone ____________________ (area code/country & city code)

Name ____________________
Address ____________________
Telephone ____________________ (area code/country & city code)

RESTAURANT OPERATIONS

If qualified, when will you invest in a franchise?
□ Now □ Within 6 months □ 6 months - 1 yr.
□ Over 1 yr.

How involved will you be in operating the franchise?
□ 0% Not involved at all
□ 50% Somewhat involved
□ 100% Completely Involved

In what country would you like to open your SUBWAY® restaurant?:
*(If different from your country of residence**)*
____
Estimated training date should you choose to invest:
____

PARTNERS *(All partners need to fill out a separate application and if listed, must be named on any Franchise Agreement executed in connection with this Application.)*

Will you have partner(s)? □ Yes □ No
If not, you may skip this section. Otherwise, please complete all relevant sections below:

Partner's Name ____________________ First, last, middle initial
□ Active □ Silent %Ownership ____ □ Male □ Female

Partner's Name ____________________ First, last, middle initial
□ Active □ Silent %Ownership ____ □ Male □ Female

Partner's Name ____________________ First, last, middle initial
□ Active □ Silent %Ownership ____ □ Male □ Female

Partner's Name ____________________ First, last, middle initial
□ Active □ Silent %Ownership ____ □ Male □ Female

No one may contribute money toward the franchise purchase unless they are a partner listed on the Application, who will be named on the franchise agreement and pass training. One exception will be if the money is contributed by first of kin or grandparent of the candidate, so long as the money is in the account when we verify the candidates information; and so long as the contributor provides us with a letter indicating their relationship to the candidate and the amount of money contributed toward the franchise.

Submit your completed application in 1 of 3 convenient ways listed below:
Online: http://www.subway.com/apply
Fax: +1.203.783.7336
Mail: Attn: SUBWAY Franchise Sales
Franchise World Headquarters, 325 Bic Drive, Milford, CT 06461, USA

NO POSTAGE NECESSARY IF MAILED IN THE UNITED STATES

BUSINESS REPLY MAIL
FIRST-CLASS MAIL PERMIT NO. 16 MILFORD CT

POSTAGE WILL BE PAID BY ADDRESSEE

SUBWAY® FRANCHISE SALES
FRANCHISE WORLD HEADQUARTERS, LLC
325 BIC DRIVE
MILFORD CT 06461-9857

(b)

图 14—2 赛百味的附加信息申请表

如果你的特许经营工作经验告诉你可以购买某项特许经营权，那么与特许经营商共同商议最佳的选址或区域。他们应该给你提供人口学、地理学和心理学的信息，以便在所选区域成功进行特许经营。在启动选址程序之前你可能需要一笔存款。如果你开始关注办公室或者零售地址，让你的律师也参与进来。

请会计师审核材料，提出需要同特许经营商讨论的财务问题。如果会计师有特许经营的相关经验，可帮助你评估投资的财务可能性和可行性，并且和其他选择进行比较。从其他加盟商那里获取的财务信息要和你的会计师分享。

基于特许经营商业计划书的信息和深入研究的报告，你可以开始制定与潜在选址和特定的目标市场相契合的商业计划。针对选定的特许经营项目，浏览本章，再次依据相关的行动步骤来完善你的商业计划书。

有了会计师、律师、曾经的和现在的加盟商的建议，你终于做好了与特许经营商进行交易的准备。如果你的资金还没有到位，你需要与第 9 章讨论的贷款人联系。你也有可能从小企业管理局、特许经营商以及专业租赁机构那里获得融资。确保你的资

DAI USA
Effective: 5/2011
US Dollars

SUBWAY

Franchise Capital Requirements
Traditional Restaurants

GENERAL BREAKDOWN FOR:	LOWER COST	MODERATE COST	HIGHER COST	METHOD/ WHEN DUE
INITIAL FRANCHISE FEE	$ 15,000	$ 15,000	$ 15,000	LUMP SUM — Upon signing franchise agreement
REAL PROPERTY **	$ 2,000	$ 5,000	$ 12,000	LUMP SUM — Upon signing intent to sublease
LEASEHOLD IMPROVEMENTS	$ 59,500	$102,100	$134,500	AS INCURRED — Pro rata during construction
EQUIPMENT ***	$ 4,500	$ 6,500	$ 7,500	LUMP SUM — Before equipment is ordered
SECURITY SYSTEM (Not including monitoring costs)	$ 2,000	$ 3,500	$ 6,000	LUMP SUM — When you place order
FREIGHT CHARGES (Varies by location)	$ 3,000	$ 3,750	$ 4,500	LUMP SUM — When you place order or on delivery
OUTSIDE SIGNS	$ 2,000	$ 4,000	$ 8,000	LUMP SUM — When you place order
OPENING INVENTORY	$ 4,000	$ 4,750	$ 5,500	LUMP SUM — Within one week of opening
INSURANCE	$ 800	$ 1,500	$ 2,500	AS INCURRED — Before opening
SUPPLIES	$ 500	$ 900	$ 1,300	AS INCURRED — Before opening
TRAINING EXPENSES (Including travel and lodging)	$ 2,500	$ 3,500	$ 4,500	AS INCURRED — During training
LEGAL & ACCOUNTING	$ 1,000	$ 2,000	$ 3,500	LUMP SUM — Before opening
OPENING ADVERTISMENT	$ 2,500	$ 3,250	$ 4,000	LUMP SUM — Around opening
MISC. EXPENSES (Business license, utility deposit, small equip. & surplus capital)	$ 4,000	$ 6,000	$ 8,000	AS INCURRED — As required
ADDITIONAL FUNDS - 3 MONTHS	$ 12,000	$ 26,000	$ 42,000	LUMP SUM — As required
ESTIMATED TOTAL INVESTMENT ***	$115,300	$187,750	$258,800	

*NON-TRADITIONAL

** This amount is the estimated deposit of 2 months rent payable upon signing the Intent to Sublease.

*** If you do not select the equipment leasing program or it is not available, you should substitute the costs for Equipment Lease Security Deposit with $49,500 to $72,000.

THESE FIGURES ARE ESTIMATES OF THE COMPLETE INVESTMENT IN SETTING UP A SUBWAY®RESTAURANT AND OPERATING IT FOR 3 MONTHS. IT IS POSSIBLE TO EXCEED COSTS IN ANY OF THE AREAS LISTED ABOVE.

Some costs will vary in relation to the physical size of the restaurant. A lower cost restaurant is one that would require fewer leasehold improvements, less seating and fewer equipment expenditures. Moderate and higher costs restaurants may require extensive interior renovations, extensive seating and additional equipment. If you are purchasing a franchise for another location opportunity, such as a non-traditional, satellite or school lunch program location, the above listed capital requirements may vary and could be substantially lower depending upon the necessary equipment you must acquire or changes in leasehold improvements you must make. The above figures do not include extensive exterior renovations.

SUBWAY®is a registered trademark of Doctor's Associates Inc. ©2011 Doctor's Associates Inc.

图 14—3　赛百味特许经营的资金要求

金不仅满足成立公司的需要，而且满足营运资本的需求。专业中介会联系特许经营商来帮助加盟商获得资金。

特许经营商通常更喜欢和自己建立了关系，并且审查过特许经营业务的贷款人。因此，贷款人已经准备好，愿意并且能够贷款给潜在的加盟商。

越来越多的人使用401（K）/IRA退休金来资助特许经营。我们希望你认真考虑是否使用退休金来资助你的创业活动。有个临近退休的加盟商将退休金投资于一个信誉良好的特许经营项目，四年来一直都在企业工作，最后不仅没有赚到钱，反而亏损了20万美元。如今他的退休生活十分惨淡。而媒体对特许经营的成功总是过于乐观，成功的比率一直是加盟商和代理律师争论的焦点。

尽管房产净值可以为创业提供支持，但很多人发现，当房产价值减少时，净值也会随之减少，因此将不能继续为企业筹得营运资金。

一旦合同谈判结束，你就要靠自己了；或者请一个强大的特许经营组织帮你选址、设计店面、培训、做广告、市场营销，乃至筹备开业典礼。开业之后故事并没有结束——仅仅是开始而已！祝你好运！

一个特许经营项目成功的故事

苏珊·穆尔（Susan Moore）和丈夫在调查特许经营项目时非常幸运，因为他们恰巧可以从家族中获得内部消息。对于苏珊和她的丈夫来说，公司的支持比品牌的知名度更重要，不同的特许经营商提供的支持有很大差别，幸运的是他们所选择的特许经营商在这方面很出色。

"三年前，我丈夫经常要因公出差，我在一家大公司工作得也很辛苦。虽然我们都有不错的薪水，但是我们觉得自己干也能取得成功，当然我们也需要一些帮助。最后，我们决定走特许经营这条路。

"我们都对印刷业感兴趣，于是选择了一家中型的全国连锁品牌，它能为我们提供一系列的特许经营指导。我的哥哥在一家特许经营企业工作了三年，他的公司在太平洋西北岸，他生活得很好。

"虽然我们对快速印刷行业感兴趣，但我们并不是专家，所以两周的密集培训非常有价值。另外，公司还帮助我们选址、做市场分析、与出租人协商、为店铺布局和设计。当你开始成立一家公司时，有很多的细节需要考虑；让专家来指导工作是非常有用的。

"我们所选择的特许经营项目的另一个优点是公司允许你为启动资金融资，并且融资比例高达80%。这个特许经营项目的预付款高达25万美元，因此，公司政策帮助了我们。

"我们在去年1月份开了第二家店，目前两家店都经营得很不错。这个行业出了名的不准时，而我们正在行业内建立准时的信誉。"

14.8 购买一项现有的特许经营权

现有特许经营权的转让可能是由于离婚、健康问题、退休、搬迁、特许经营商问题、潜在的道路建设、法律变化等，这些改变让你有机会进入特许经营领域。对特许经营商和加盟商要进行严格的尽职调查，就像你购买一家新的特许经营店一样。根据本章的内容以及第 13 章的建议对正在运营的企业做尽职调查，根据"行动步骤"撰写一份商业计划书。

大部分情况下，新的加盟商需要签订一项新的特许经营权转让合同，而不是接管上一个加盟商的合同。此外，你还需要支付转让费和可能的培训费用。特许经营商可能还需要你升级或者更新店面。在采取行动前先确定成本。绝大部分合同还规定转让费必须经特许经营商统一确定，他们将评价你的信誉、商业技能和资金实力。

购买现有的特许经营权将缩短全面运营所需的时间；如果企业目前成功运营，就会有正的现金流。你不需要开业成本，还可能以合理的价格购买所需设备。

员工也是现成的，他们可能很优秀也可能不优秀。如果你想购买一个零售店，要经常光顾实体店来评价现有员工的表现。如果他们很优秀，那你就太幸运了。另外，如果企业已经运营多年，你和你的会计师应该索要这些年的经营数据并进行评估。参考下面迈克尔·朗（Michael Long）的经验。

两家店盈利，一家店亏损

迈克尔·朗完成了医疗保健的区域职业规划（ROP），并且获得了培训证书。他在几家保健俱乐部工作多年。24 岁时，他获得叔叔去世留下的 10 万美元遗产。他打算买套房子或者做一次环球旅行，但是他的父母鼓励他去购买一项特许经营权。进行调查之后，他意识到如果购买了 Workout Now 在小镇上的特许经营权，自己的梦想将会很快实现。两个月后，迈克尔在中心地带开了一家健身中心。

在成功运营健身中心两年后，他被许可在半径 40 英里的范围内再开两家店。迈克尔将之视为大幅增加收入的一条途径，决定购买两家特许经营店。其中一家健身中心一直亏损，但是迈克尔认为自己可以很快扭转局面。

在运营三家健身中心一年后，迈克尔意识到自己把 50% 的时间花在那家亏损的健身中心，并开始担心这样做会影响其他的健身中心。尽管他很努力，但还是不能让第三家店盈利。他打电话给特许经营商说这家店榨干了他的时间、精力以及资金，并寻求帮助。特许经营商找到了几个有潜力的购买者，并从中挑选了一位他们认为是最好的。迈克尔现在把所有精力都放在盈利的那两家店上。

14.9 购买一项新的特许经营权

在购买一项运营少于两年的特许经营权时，你需要认真考虑。记住，购买特许经营权的一个主要原因是购买一套体系和一个广为人知的品牌，而经营时间短、经验少的特许经营商可能无法提供这样的优势。通过特许经营，你希望购买的是一个蓝图而不是一个草图。你可能需要较长的时间才能获得投资回报，而培训和支持也不一定会有效。要深入了解特许经营商及其在特许经营方面的经验，同时评估该产品或服务会不会被轻易替代。因为你签订的是一份长期合同，所以不要紧跟潮流，潮流很快就会过时。即使特许经营店倒闭了，你也要为房租付款。

有特许经营经验的人能更好地评估特许经营商以及特许经营系统，因此可能不需要过多的支持和培训。新的特许经营权也有自己的优势——核心地段、区域特许经营、弹性条款以及先机，你可以从这些优势中获益。进行尽职调查后你就可能找到成长的机会。

14.10 特许经营权的另一面：不购买的理由

读完本章并进行了特许经营探索之后，如果你认为这条路不适合你，那么你就属于反对购买特许经营权的创业者。无论正确与否，下面是这类创业者给出的一些理由。

1. 我像他们一样了解这项业务。
2. 我和他们一样出名。
3. 为什么要支付加盟费？
4. 为什么要支付特许经营权使用费和广告费？
5. 我的个性会受压抑。
6. 我不需要别人告诉我怎样经营企业。
7. 我不想成为他们的试验品。
8. 感觉我的余生都要奉献给他们。
9. 将特许经营权转售出去会受到限制。
10. 如果我不按他们说的去做就会失去特许经营权。
11. 指定的营业时间没法满足我的定位与期望。
12. 特许经营商的推销和产品并不能满足顾客的需求和品位。
13. 他们没有提供地域保护。
14. 我对我的企业没有控制权。

也许你不想购买特许经营权，但你已经建立起一个成功的商业模式；也许你自己就可以成为一个特许经营商。许多创业者就是这样做的。这是你要学习特许经营知识的另一个原因。

14.11 你能成为一个特许经营商吗

保罗（Paul）和霍根（Hogan）在美国和其他国家建立起一个拥有 900 多家 Home Instead 的特许经营网络，他们的业务是向老年人提供看护服务。1994 年，他们把保罗母亲的房子作为最初的办公室，那时，他们就意识到自己拥有一个成功的方案，能够满足日益增长的家庭护理服务的需求。凭借特许经营方面的经验，他们在创办 Home Instead 时寻找有激情并对照料他人有兴趣的特许经营加盟商。他们专注于快速增长的市场，Home Instead 最终入选《创业者》杂志评选的特许经营企业 100 强，霍根被《特许经营世界》（Franchising World）杂志评为年度创业者。他们的成功是惊人的,《特许经营世界》报道称,霍根创办了第一家将特许经营模式运用于家庭护理产业并将这个概念国际化的企业。

虽然 Home Instead 取得了很大的成功,但是,位于奥林匹亚区的 Francorp 咨询公司认为,想把你的生意成功地转变为特许经营模式,Home Instead 的经验并不具有普遍借鉴意义,实际上,只有不到 1% 的特许经营的想法能够真正落地。在《公司》杂志刊登的一篇文章中,Francorp 咨询公司建议,在考虑特许经营之前,你首先要问自己以下问题:

1. 在三个月或更短的时间内,有人能学会经营你的业务吗?
2. 利润如何?为了吸引高质量的加盟商,特许经营至少需要创造 50 万美元的年收入并为所有者带来至少 15% 的盈利。

读一下赛百味的创始人弗雷德·德卢卡(Fred DeLuca)所写的书和其他知名特许经营商所写的文章。从他们的经验中学习是走向卓越的第一步,腾出时间和正在从事特许经营的人交流,无论他们成功与否。

曾经的特许经营商乔希·里特科克(Josie Rietkerk)建议:特许经营需要大量的启动资金,不能确保有回报,因此要构建一套成功的、能盈利的商业模式,且在出售特许经营权之前,此商业模式能够多次复制。另外,还要考虑发展加盟商时花费的时间和精力,对加盟商不能作出过多的让步,不能为加盟商提供超出合理范围的融资。

iFranchise 集团的 CEO 马克·希伯特(Mark Siebert)警告潜在的特许经营商:如果你真的很喜欢自己的小商铺,那么就此打住。成为特许经营商后,你不再是一个零售商,你需要做广告、跑市场、做推销,并为你的加盟商提供必要的服务,如提供操作手册、培训工具和其他支持等。成为一名特许经营商需要多种技能。

确保你能在较短的时间内完成对加盟商的培训。根据业务的类型,加盟商也许只有两到三天的时间来学习业务。另外,考虑帮助加盟商会花费多少时间,要知道并非只在刚刚开业时要帮助他们,在运营的第一年内都要提供帮助。如果加盟商要求过多或不适合,人力和资金资源会很快流失,因此,对早期特许经营加盟商的选择尤为重要。在起步阶段,你只是想把特许经营权卖出去。不要一味想着销售,因为只有成功的特许经营才能扩大你的生意,而不是仅仅增加加盟商的数量。

特许经营商需要注意的是,并非所有的特许经营设想均能在其他地区实现。而且,要确保你的想法能够复制,且不受产品周期或经济周期的影响。此外,很多业务的成功是基于企业所有者和员工的个性,但对特许经营来讲,成功不是取决于所有者的个性,而是整个特许经营体系和特许经营的产品、服务以及商业模式。

在成为一名特许经营商之前,你首先要考虑的是满足特许经营加盟商的需求,而不是顾客的需求。成为一名特许经营商意味着你将与拥有不同个性的商家合作并设立不同的商业系统、运营和培训体系。此外,你一定乐意看到别人为你"带孩子"。要警惕,有很多咨询师认为你的公司会成为下一个赛百味,他们会想尽一切办法说服你,让你觉得自己的公司就是下一家知名企业。

14.12 特许经营趋势以及最后的特许经营想法

当你寻找合适的特许经营机会时，要意识到最佳的机会往往来自较新的特许经营项目，其经营理念已经被证实，有50～60个成功的加盟商，并有意在你熟悉的区域开拓市场。此类特许经营项目大多投资于服务行业，如家庭健康、快餐、辅导机构、饮食和健身、清洁、勤杂服务、儿童乐园等。

此外，评估特许经营商最重要的一个因素是看其能否持续不断地更新产品和服务以适应不断变化的市场。优秀的特许经营商的强项之一就是其市场调研部门能够密切关注企业的生存环境，并采取必要的行动去应对经济、社会、技术和人口的变化。选择具有创新精神的特许经营商，与加盟商交流时要询问特许经营商是如何应对变化的。

如果你确实对特许经营加盟感兴趣，可以研究如何成为一个区域加盟商，特许经营区域可以小到一个镇也可以大到几个州。有很强商业背景的人已经发现区域特许经营的盈利非常可观。如果你真的相信公司的理念并具有相关经验，就可以去探索区域特许经营的可能性。

另一种不断发展的特许经营趋势是同时选择多个特许经营项目，并且在同一个组织框架下运营。要研究这种类型的特许经营方式，可以采访进行此类特许经营运作的关键人员。花时间拜访几家成功与不成功的企业，可以为你创业节省时间和金钱，并且可能解决一些令你头痛的问题。

在信贷紧缩、投资者相对谨慎的情况下，很多企业在同一品牌下提供了一系列不同的特许经营模式。例如，Doc Popcorn 旗下高达15万美元的实体店投资、10万美元的商场小亭投资以及7万美元的流动送货车投资。其目标是满足那些想从小门店做起的投资者。

特许经营权的销售是一个数字游戏。你作为潜在的特许经营加盟商，如同公司里的领导，你只会听到你想听的东西。如果你掌握了一些商业技能或者商业经验，那么你成为一名成功的加盟商的可能性将大大提高。特许经营商完善的商业计划书将帮助你走上正轨。请你阅读商业计划书。即使特许经营商有一份很完善的商业计划书，你也需要对其进行修改以适应自身情况。

这里的关键是魄力。如果你渴望将来从事这份事业，可将特许经营看作一项选择——从中学习并由此开始——然后将相关知识和经验与第2章和第3章探讨的市场缺口相结合，运用到你独特的业务中。

需要注意的是，2013年，规范特许经营商和特许经营加盟商之间关系的主要法律会修订。加利福尼亚州议会在讨论重大的法律调整，其他州也有这种考虑。

如果你不准备完全靠自己，或者想要获得保证和支持，那么特许经营是一种好的选择。另一种选择可能是表14—5中讨论的网络营销，其中提到了多层次营销的优缺点。

表 14—5　　　　　　　　　　　　网络营销的优缺点

网络营销坚持一个基本原则：乳液、药剂以及大量的其他产品适合面对面销售（直接销售，省去中间环节），不需要商店或中间人。

该行业兴起于 20 世纪初，通过像安利这样的公司变得流行起来。网络营销人员挨家挨户销售产品，获得了不同程度的成功。

互联网时代并没有做任何事情去改变网络营销，但网络的出现使得此行业的一些营销和分销行为彻底改变了。这使得合法的网络营销企业只需要花很少的成本就能快速引起潜在顾客的注意。

遗憾的是，网络的出现也使得一些非法的公司——主要是传销和诈骗公司——更容易接近顾客。许多诈骗者把自己伪装成诚实的网络营销人员。

如果你对高风险高回报的行业感兴趣，就会发现网络营销属于此类行业，稍后有八个注意事项可帮助你区分网络营销是合法的商业行为还是商业欺诈。

安利引领行业发展

首先介绍网络营销行业的相关背景，有人称之为多层次营销。

下面是其成立的原则：
- 就某些产品而言，直销能比电视广告更好地向消费者展示产品的优点。
- 顾客本人可能成为某类产品的销售者，将产品销售给身边的人，而且身边的人又有可能成为销售者，这样就形成了一个销售链条。
- 销售者有动机销售商品并雇用他人为其销售，销售链条中的销售者可以向下一级的销售者收取部分盈利，这样，在链条最顶层的销售者获得的利润最高。销售者层级越高，赚钱越多。
- 最后，成功并不来自授权，而来自最好的产品和服务以及最好的网络营销者，只有这样才能在商海中生存和发展。

成立于 1959 年的安利集团基于这种理念将业务做到了数百万美元。70 年代末，它成功地推翻了联邦政府将其定性为非法传销机构的指控。法庭上安利提供了一个能表明其合法性的关键证据——加入安利的每一个人都能够赚钱。（在传销领域，则是大量处于金字塔底层的人将钱交给少数处于顶部的人，只有处于顶部的人才能赚到钱。）

如今，合法的网络营销机构遍布全球，在美国本土就有几百个，比较知名的机构有雅芳、玫琳凯、如新集团（NuSkin）、立新世纪（Unicity Network）和康宝莱（Herbalife）等。这些网络营销机构的产品包括维生素、减肥计划、护肤乳液、软件甚至牙齿保险。直销协会（Direct Selling Association，DSA）代表网络营销人员和那些直接面向顾客进行销售的公司。

科技是一把双刃剑

欺诈在行业中有多严重？很多行业专家表示：尽管联邦贸易委员会没有具体的统计数据，但可以肯定的是欺诈现象越来越多。联邦贸易委员会营销实践的助理指导员吉姆·科姆（Jim Kohm）说："在过去十年里，随着网络的发展，传销组织越来越多。"

网络营销行业的低成本进入特征在一定程度上助长了欺诈行为。而互联网的存在使得它们有了一个合法存在的理由，因为它们可以宣称自己拥有合法的网络营销机构。科姆说，科技是一把双刃剑。

防范诈骗的八个注意事项

我们如何把那些合法的赚钱机会与欺诈行为区别开呢？在你决定涉足某一商业领域之前先考虑以下八个忠告。

1. 确保企业有明确的产品或服务。这种判断方式听起来简单，事实上却并非如此，很多传销机构会特意表明公司是有产品或服务的，但这只是为了掩盖欺诈意图。通常加入传销组织需要注册费或入会费（且绝大部分人在交了这些钱之后就打水漂了，要不回来）。确保那些产品或服务不是"遮羞布"，否则你就要自己买单了。庞氏骗局没有任何产品却敢承诺高收益。大多数网络营销人员收取 30~50 美元的注册费，但如果没有产品销售的话，我们就应当远离，不要受其诱惑。

2. 确保组织结构是由产品销售来支撑的。注意，你不是要成为它们的员工，而是成为一个独立的获取销售佣金的经营者。在非法的商业活动中，即使你销售业绩很好，也会因为其他成本或职责使得收入大幅稀释。例如，联邦贸易委员会在 2000 年关闭了一家总部位于拉斯维加斯的公司在 8 个州的业务,因为它要求参与者支付大量研讨会费用和办公场所费用,只有极少数的人能够赚到钱。

3. 拒绝支付超过 500 美元的入行费用。大部分网络营销机构在开始的时候需要你购买一定数量的公司产品或服务。如果加入公司意味着你必须花费 500 美元购买其产品或者服务,或者需要支付额外的产品库存成本,你就要小心了。如果交钱之后没有看到产品,那么趁早放弃。

4. 小心所谓的高收入声明。许多传销阴谋家被指控歪曲参与者的潜在收益。参与者可以期望合理的佣金和成长机会,但不要好大喜功。对过度炒作产品和收益要保持警惕。一个经验法则是:如果听起来好得令人难以置信,它很有可能是骗人的。

5. 如果公司不回购库存,就不要参与。很多骗局,包括部分合法的商业活动,一般拒绝从参与者手中买回剩余的库存,即使你在中途觉得网络营销不适合自己想退出,公司也不会回购当初卖给你的产品。直销协会要求直销机构至少要以 90% 的价格回购参与者一年内的剩余库存。

6. 查明网络营销机构是否为直销协会会员。有 90 年历史的直销协会是最密切管理网络营销人员的机构。美国直销协会有 150 家企业会员,并且有约 50 家企业正在积极申请成为会员。所有会员名单都在其网站上列出。虽然只有不到一半的美国网络营销机构是其会员,但如果你感兴趣的公司是其中一员,这是一个好现象。

7. 查明公司的从业时间。90% 的网络营销公司撑不了三年,80% 在一年内就倒闭了。如果你感兴趣的公司已经成立三年以上,看来就比较合法可靠了。

8. 尽职调查。你希望远离阴谋家,并且希望避免在一个失败的公司上浪费时间和金钱。罗杰(Rodger)在网络营销机会评估指南中指出:联邦贸易委员会能够快速识别公司从事的非法行为,但遗憾的是,在这些非法行为浮出水面时,已经有很多人被骗。

资料来源:$http://www.microsoft.com/smallbusiness/resoures/marketing/privacy-spam/network-marketers-pros-or-cons.aspx$(Accessed April 20, 2008).

小 结

考虑购买特许经营权有两个理由:如果品牌广受欢迎,你就已经在市场中站稳脚跟;如果特许经营商实力强大,你将得到一份有效的商业计划书。仔细分析特许经营对消费者的吸引力,因为你想利用品牌来拓展市场。依靠特许经营,你可能获得其他方面的服务,例如获得选址、室内布局、供应商关系等方面的帮助,但你要明白,你花钱购买的主要是品牌认可度。如果在特许经营信息披露文件中没有披露,收益声明就是不合法的。

与调查一家正在运营的独立企业一样,你应对机会进行彻底的研究。审查财务历史,并与你将同样的金钱投入其他类型的特许经营项目进行比较。

了解驱动此项业务的商业模式是什么,影响特许经营有效运作的重要因素有哪些。特许经营区域范围的大小、当地人口特征与产品或服务之间的关系决定了你的成功和盈利能力。回顾第 4 章和第 6 章有关人口特征和选址的信息。此外,在你调查可能的特许经营机会时,所有相关的行动步骤均应完成。

多听听你的会计师、经纪人、律师和其他同业加盟商的意见和经验,并考虑自己内心的想法和财务能力。你想要购买一项特许经营权、一种它所承载的企业文化、一种将来可供出售的资产。

你的长处和技能应当与成功运营特许经营项目的需要相匹配。买下特许经营权并不能确保成功。特许经营加盟商本身才是导致成败的主要因素。你购买的是一个品牌和一套需要你遵循的运营体系。一定要认真遵守。

制胜关键

- 避免选择刚刚形成的特许经营机会。"与我们一起成长"可能意味着一经出售概不负责（"购物要当心"）。
- 和加盟商，尤其是已经离开此行业的人交谈。退出特许经营的加盟商名单可以在特许经营信息披露文件（FDD）中找到。记住，当前的特许经营加盟商可能收了"介绍费"，所以他们可能不会对你完全讲真话。
- 记住你是在买一份工作，你必须按他们的而不是你的方式行事。
- 无论加盟商是否盈利，特许经营商都要收取许可费，并从加盟商的销售收入中提取部分作为广告费用。
- 考虑清楚你是否真的需要特许经营这个保护伞。
- 仔细阅读特许经营商提出的协议。协议通常是无懈可击的，有利于特许经营商，并且没有商量的余地。
- 扪心自问：你愿意放弃自己的独立性吗？
- 如果你喜欢打破常规、发挥创造性、把事情做到极致，那么不要购买特许经营权，否则你最终可能会走上法庭。

第 15 章

整合你的计划：投入热情

> **学习目标**
> - 汇总所有的信息和行动步骤，撰写一份连贯的商业计划书，这将有利于你展示自己的企业，更重要的是可以为后期优化提供指导。
> - 分析商业计划软件的优点和缺点，并借助外界的帮助来完成整个计划书。
> - 查看一份商业计划书样本以了解创业者如何界定、开发和规划他们的事业。
> - 文字有助于说明理解，但只有数字才能证明其可行性。
> - 为财务计划编写注释。
> - 认识到为阅读者提供备份数据的重要性。
> - 以热情和努力去实施已完成的商业计划书。

你可能会比想象中更接近完成商业计划书。如果完成了前面章节中提及的行动步骤，那么你已经拥有商业计划书的主要组成部分。如果还没有，请回到第 1 章并完成所有必要的行动步骤。

在之前的章节中，你已经锁定市场缺口，研究了目标客户，明确了业务，有了营销及推广的思路并完成了基本的财务研究和预测。当你执行商业计划书时，会发现需要进一步关注和研究的领域。

当你对市场更加了解并且意识到在某些情况下市场已经发生变化时，就要对行动步骤进行相应的修改。本章能为你提供一个框架，将事实、数字、思想、梦想、激情和直觉结合形成一个可行的计划。

商业计划书是最重要的文件之一。如果你需要立即创业，可以考虑使用如附录 A 所示的快速启动型商业计划书（FSBP）。特别是当你的商业计划不太复杂，且资本需求和风险较低时，它可能是备用选择。

如果你正在完成一家高科技公司的商业计划书，寻找风险投资和天使投资人，就需要参考其他的商业计划书，因为具体的要求可能超出本书提及的基本商业计划书的内容。

对于高科技产品，贷款人和投资人最感兴趣的是你如何计划推出一个新的概念，以及去哪里找到你的产品的早期使用者。同时，在测试市场时他们将聚焦于销售反馈。

对于新创企业，传统的流通渠道对产品可能无法起作用，因此需要开发新的分销方法。要确保你能回答以下问题：如何创造收入和利润？投资人还会关注主要参与者过去的成就。

拥有了一份完整的商业计划书，你就可以将其展示给利益相关者：银行家、贷款人、亲戚、风险投资人、销售商、供应商、关键员工、朋友、小企业管理局和其他人。商业计划书应是便携式的，可以拷贝，以便与他人分享。可通过电子邮件发送给全国各地的联系人，发布在将投资人与创业者连接起来的各种互联网网站上，或尽可能在商业计划竞赛中展示。

计划是一项艰苦的工作，你可能会废寝忘食，以节省时间。就像一个飞行员在没有飞行计划时不会考虑飞行一样，你也不应该在没有商业计划书时创办企业。

在商业计划书完成后，你可能会认为，金钱、时间、精力、压力和风险方面的成本不太合理。恭喜你！你已经学会如何研究和撰写商业计划书，下一个机会来临时，你就做好了准备。

你的商业计划书应该是一份能起作用并且有生命力的文件。你应与他人分享计划，他们可能会提出一些想法、见解或建议。以开放的心态去倾听他们的评论。第6章介绍了社交网络，在第11章我们鼓励你去寻找一位导师。利用这些资源，考虑他们的建议，在必要时修改计划。

商业计划书评审员往往要了解细节或备份数据，将这些加入计划书，会使它更具说服力且更有效。有时，我们过于关注商业计划书，以至于忽略了重要的相关细节和信息。

15.1　准备写商业计划书

如果一份商业计划书不能让阅读者看到你的热情和信心，那么不要指望有更多的人去阅读。在写作之前，把所有已完成的行动步骤和备份数据集中起来。概述计划全貌，补充行动步骤信息，完善方案，邀请懂行的人来讨论计划，进一步完善，并做好向潜在的投资人或贷款人展示计划的准备。问问自己：这个计划的前景是否从短期和长期来看都有利可图？

记住，阅读者会关注你现在在哪里，你将会去哪里，以及你如何到达那里。计划是一个持续的过程。作为一张路线图，商业计划书应该描绘一个快速增长的领域，而在此领域，新的道路、机遇和挑战会不断出现。

如果你是具有创造性的思考者，你的思维过程不会总是直线式的。作为一个创业者，创造性思维是值得期待的，它有助于企业成功。然而，本章的行动步骤却遵循线性序列。你会看到各行动步骤在完成的商业计划书中得到体现。但需要声明的是，现实中商业计划书并非按部就班地撰写，这取决于创业的类型，一些领域可能比其他领域表现得更突出。

写商业计划书的最佳方法是先写你感到最舒服的部分。例如，如果你很喜欢访谈和研究目标客户，那就从市场和目标客户部分开始撰写。

在本章中，行动步骤将作为一个清单，用于追踪你已完成商业计划书的哪些部分。例如，在实践中你可能会最后写联系函，而这却是我们提出的第一个行动步骤。要把撰写联系函当作一种宝贵的锻炼。在读完第15章和写完商业计划书之后，重新撰写联系函。联系函写得越多，就越得心应手，其效果也会越好。

你可以在线搜索多种商业计划书样本。Bplans 是最好的网站之一，提供超过 500 份商业计划书。即使这些商业计划书并不完全适合你的商业理念或模式，也会让你对商业计划书的格式有大概的了解。

我们在书中提供了一个创业培训机构的例子。如果你经营一家餐馆或从事互联网、制造等行业，提纲和要求会有所不同，需要相应地调整计划，在商业计划书里添加额外的内容。同时，商业计划书需要强调的部分也可能不同。在安妮的商业计划书里，她将重点放在零售店方面，从事零售业的丰富经验为她进入海洋世界（Sea World）奠定了基础。如果你准备开发全新的产品或服务，阅读者会需要一些背景资料以了解你所在的市场、业务和收入模式。

15.1.1 结构：文字、数字和附录

商业计划书向外界展示了你的企业是什么样的以及未来的发展方向如何。即使你不是在寻求资金，也需要清楚自己的发展方向。为方便起见，可将商业计划书分成两个部分，并在结尾处以附录形式提供所需的文件。

第一部分使用文字：介绍市场营销和企业管理策略。通过开展新的业务、评估市场竞争、设计营销计划、锁定目标客户、找准合适定位、创建新团队等去吸引阅读者。阐明企业的独特性、市场竞争力和应变能力。

第二部分使用数字：包括预计损益表、现金流、网络分析、盈亏平衡点和资产负债表。这一部分主要是针对银行家、信贷经理、风险投资人、供应商、小企业投资公司和商业信贷银行。3～5 年的预计损益表通常包含在附录中。

用附录支持第一部分和第二部分：在这里展示你的简历、地图、图表、照片、行业杂志复印件、来自客户和供应商的信件、信用报告、个人财务报表、交通调查和路段流量、承包商报价，以及证实计划可行性和盈利能力的其他相关文件。

值得注意的是，在大多数情况下，附录中的材料都来自现有资源。你并不是在阐述新的内容，仅仅是支持你前面所讲的。

附录会因企业类型不同而不同，因此，本书不包括附录样本。如果你完成了前面章节的行动步骤，就拥有了撰写一份成功的商业计划书所需的大部分内容和附录。

15.1.2 商业计划软件

撰写商业计划书需要的免费软件、共享软件和收费软件很容易获取。商业计划软件仅仅起到指南的作用，只有通过完成大量的工作，比如完成所有行动步骤，你才能够真正填补软件程序的空白。

在研究和计划完成之前，我们强烈建议不要使用这些软件——它们并不是完成商业计划书所必需的。如果你选择使用软件，注意不要让你的计划看起来有"跟风"的嫌疑。你和你的企业是独一无二的，一定要在计划书中展示这种独特性。

在展示时使用图表会使计划书更容易阅读，在这方面，程序具有很好的引导作用。许多程序也在线提供商业计划书样本以及研究工具的链接。在线回顾计划书时，注意不要复制或追随别人的计划。你已经做了大量准备工作，现在应使你的计划为你自己服务。

完成财务工作时，财务预测工具可以用于模拟测试，你在第 8 章就应这样做。有

些程序还可以从 Excel，PeachTree 和 Quick-Books 导入数据。一些软件供应商以及教程和视频也可以提供在线支持和现场支持。

没有哪个神奇的商业计划程序或模板可以保证成功。只有你的热情和努力工作加上一点运气可以保证成功。

15.1.3 撰写商业计划书需要的外部帮助

很多人问：我是否应该请专家来帮忙写商业计划书？我们的回答是：你就是专家。如果你不想投入时间和精力来写自己的计划，会令人怀疑你是否有精力和动力去设立一家企业。同时，也只有你能够为自己的商业计划投入热情。

现在可以把根据行动步骤所收集的信息用于完成商业计划书。我们建议在完成计划书之后，找几个企业主和潜在的投资人进行审查。此外，律师、会计师、营销专家和制造专家的审查有助于完善你的计划书；他们会告诉你什么地方需要澄清或数据支持。用心听取他们的意见，并且在必要时返工。

聘请企业顾问来完善计划是可行的，但不要让他的观点影响你的想法。另外，如果你不能对自己的商业计划了如指掌，就会因无法向投资人和银行经理解释计划的细节而令自己难堪。

15.1.4 提醒

完成一份商业计划书有助于降低失败的风险。计划不能保证成功，但一项完善的研究计划有助于认识问题，预见问题，寻找有效的资源去解决问题。

商业计划书应该易于阅读，每个数字和计算都应有据可查。使用要点、图表和附录支持计划书最主要的观点。要确保没有拼写错误，文笔良好。如果你对自己的写作技巧不够放心，可以聘请编辑帮助把关。

强调企业为投资人提供的潜在机会。计划书中的所有要素应由一个明确的、一致的主线联系在一起。应包括可能出现的风险，无风险的企业是不存在的。

计划书一般 15~25 页，附录另计。计划书应该简洁明了且有视觉上的吸引力，使阅读者可以快速阅读。计划书应方便阅读者在上面做笔记，也应包括写作者的联系方式，如电子邮箱、网站、地址、电话等。

在本章中，我们阐述完成一份商业计划书的所有步骤，并且通过一个假定的企业——创业培训中心——为你提供每一步骤的样本。该中心已运行 6 个月，目前由企业主自筹资金，但打算扩大规模，正需要外部融资。

仔细阅读本章两遍。"行动步骤 62"和"行动步骤 63"（即撰写联系函和执行摘要草稿）通常会在"行动步骤 64"到"行动步骤 70"完成之后才进行，但是我们建议你先完成这两个文件的草稿，然后启动商业计划并保持专注。在完成商业计划书之后，修改联系函和执行摘要。

行动步骤 62

撰写联系函草稿

把联系函寄给一个可以帮助你创业的人。联系函应简短，控制在 300~600 字，并说明寄送商业计划书的理由。如果你在寻求资金，告诉他你为什么需要资金，你需要多少资金，以及你将如何偿还贷款。你需要用心撰写。

写联系函的目的是轻轻打开一扇门，为进一步的谈判做准备。联系函是诱饵。如果你在为公司筹资，说明需要的资金数额。大多数投资人和贷款人希望看到你投入了资金和努力。

开篇之后，你的语气应是自信且略正式的。你需要让公司看起来是有发展前途的、规范的、有序的，在你的控制之中，并准备好抓住市场机会。参考创业培训中心的联系函。

15.1.5　联系函

为你的计划而奋斗，这样才能取得最好的结果。联系函应专注于每一个阅读者的利益、需求和关注点。联系函应介绍你的计划中令人兴奋的地方，告诉阅读者你为何选择发送给他。这可能是使阅读者有兴趣阅读商业计划书的唯一机会，因此要让你的联系函具有极强的说服力——有明确的定位，知道未来的发展方向，知道如何用热情和勤奋去实现目标。

阅读创业培训中心的联系函样本。

联系函样本

山茱萸路47号，108-9号公寓
橡树岭，TN 37953
Jackson@net.com
(865) 555-5555
2012年6月5日

River Bank
南希·霍普女士
副总裁
市场路1400号
诺克斯维尔，TN 37944

亲爱的霍普女士：

感谢您在阅读我的商业计划书之后与我分享见解。您在营销方面的深思促使我研究其他社交媒体。此外，我还通过对预估报表添加额外的注释、修订数字来重构财务部分。您的建议使我们的计划更有说服力。创业培训中心的每个人都感谢您仔细阅读我们的商业计划书草案。

在过去的半年里，我们的创业服务获得了积极的响应，比如学校为我们的创业者提供更多的服务。随着经济的发展，很多手中持有大量遣散费和退休金的客户都尝试去实现自己的企业之梦。

因此，年龄超过50岁的客户很有市场。此外，我们发现20~30岁的客户也有巨大的市场需求，这部分人很难找到好工作。较强的技术和良好的教育背景使得他们将创业作为自己的最佳选择。

为帮助他们尽快实现梦想，我们提供了快速启动培训，这种培训使用最流行的商业计划软件和网站开发软件，并与我们提供的咨询相结合。我们的客户大部分拥有计算机和软件基础知识，但是希望接受针对特定创业需求的高级培训。

我们对业务和创业者充满激情。许多客户学习电子商务课程后建立了网站，在我们的帮助下准备的商业计划书超过30份。我们不仅服务初创企业，而且找到了另一个市场，即成立2~4年且有意扩张的企业。

两个创始人各拿出100 000美元用来启动创业培训中心的创业项目。我们希望获得60 000美元的贷款以改造创业场所，获得额外的信贷额度以改善现金流。我们在田纳西州橡树岭市的场所正在建设，需要无线网络、电线、家具和适当的照明，以提供第二会议室或教室。我们非常感谢您在银行或其他资金来源渠道方面的指导。

随着公司逐渐满负荷运营，我们计划用未来3年产生的利润来偿还贷款。更多信息请参见财务部分。

再次感谢您的帮助。没有您，我们不可能做到。

真诚的祝福

丹妮尔·杰克逊
总裁

让我们总结一下联系函样本的精彩之处。我们可以看到：

1. 写作者充分利用了之前的接触。
2. 写作者告诉阅读者（一位银行经理）她正在寻求贷款和信贷额度。她并未直接要钱，而是询问关于资金来源的建议。
3. 写作者与阅读者分享了她对企业的热情及开发客户方面的成功。
4. 写作者选用了正确的基调。这往往需要多次修改。

你能做得更好，付出努力是值得的。当你起草联系函时，记住，阅读者可能会根据联系函的优劣对你的商业计划书和商业头脑作出判断。你想让你的小企业盈利、领先、令人兴奋、受欢迎，如果是这样，你的联系函要传达这种感觉。一份好的联系函会让阅读者想参与你的创业计划。"行动步骤62"将帮助你撰写联系函草稿。一旦完成计划书，就修改并定稿联系函。一份好的联系函会使阅读者对你的商业计划书感兴趣，而一份差的联系函可能让人不会继续阅读计划书。

15.2 商业计划书的要素

15.2.1 目录

目录样本提供了一份已完成商业计划书的概述。在实践中，目录是最后才准备的。请注意，正如前面所讨论的，计划书的提纲可能会有所不同。在线查阅最接近你的企业类型的商业计划书，以发现需要添加哪些额外的内容，以及哪些附录是合适的。根据企业的实际，将与你的成功更相关的方面在计划书中加以体现。

创业培训中心

目录

执行摘要

Ⅰ. 企业描述
    A. 企业分析和服务
    B. 市场和目标客户
    C. 竞争分析
    D. 营销策略
    E. 选址和运营
    F. 管理和人员
    G. 退出策略

Ⅱ. 财务部分
    A. 预计损益表
    B. 预计现金流量表
    C. 资产负债表

Ⅲ. 附录
    A. 市场调研
    B. 硬件和软件供应商的报价
    C. 个人简历
    D. 个人财务报告
    E. 未来3年的预计现金流量表
    F. 推荐信
    G. 承包商报价
    H. 企业发展计划
    I. 竞争对手区位图
    J. 人口普查数据
    K. 未来3～5年的预计损益表
    L. 盈亏平衡分析
    M. 设备估算

15.2.2 执行摘要

执行摘要相当于商业计划书的简介。它的功能类似于书的前言，包括：(1) 让阅读者预先熟悉紧随其后的材料的主题；(2) 引导阅读者注意写作者（创业者）想要强调的内容；(3) 说明市场以及计划如何进入此市场；(4) 让阅读者想进一步阅读。由于执行摘要概述了整个商业计划书，因此通常最后完成，我们在这里提及是为了让你专注于商业计划书中最重要的部分。

我们希望你写2～3页的执行摘要草案，在计划书完成后再加以修改。要特别关注企业描述、当前状态、未来展望、管理、独特性、资金来源（如果需要融资），以及资金将如何使用、何时偿还、如何偿还。执行摘要应紧随目录，并能独立存在。

作为计划书的预览，执行摘要应该激发、引诱、吸引阅读者阅读计划书。写得好的执行摘要会抓住阅读者的注意力，使他渴望进一步探索。许多阅读者往往止步于执行摘要，因此花费大量精力来包装执行摘要以使其成为优秀的销售工具十分重要。这可能是推销你的想法的唯一机会。

当你写执行摘要时，记住贷款人更喜欢实在的数据和事实。因此，诸如"原有投资30%的回报"有助于描绘一幅关于创业培训中心卓越管理和预期稳定增长的蓝图。

你也需要写出有效的执行概要。"行动步骤63"将帮助你确定用哪些事实和数字去描述你和你的企业是可信的，还可帮助你在撰写过程中总结这些事实。基于此起草你的执行摘要。在商业计划书完成后修改执行摘要。

行动步骤63

撰写执行摘要草稿

想象一下你有3~5分钟的时间向一个陌生人解释你的创业计划。这让你思考执行摘要需要涵盖什么信息。尝试回答：存在什么问题？为什么你的产品或服务提供了正确的解决方法？哪里是你的目标市场？产品或服务经过测试了吗？你将如何到达目标市场？你将何时推出产品或服务？你将如何盈利？你的商业模式和收入模式也需要在执行摘要中加以解释。

向朋友、同事、潜在的客户以及陌生人解释你的创业计划，要求他们提出问题，据此修改你的展示。

当你对口头总结感到满意时，形成定稿，2~3页纸即可。（创业培训中心的执行摘要在单倍行距下不到1页纸。）这将变成商业计划书的缩略版，但它可能是最重要的部分。在完成商业计划书和每一次展示后，再次提炼完善执行摘要。

你们中许多人将进行视频演示，也可以使用同样的信息去在线展示。让阅读者或听众期待"告诉我更多"。

创业培训中心的执行摘要

创业培训中心是用户友好型的企业培训中心。我们为满足创业者不断增长的需求，为其及时了解最新的技术和制定商业计划提供服务。然而，课程和讲座只是我们业务的一部分。我们相信，客户的附加值在于为新生和成长的创业者追求梦想提供一个中心。

我们发现，创业者在与他人的互动中茁壮成长。每次下课后，我们提供饮料和点心，鼓励大家在会议室见面。我们发现，通常情况下客户要求我们开门至深夜。

由于以下人群扩大，我们的市场迅速扩大：

1. 被迫提前退休或被裁员而开始新的生意的人；
2. 准备拓展现有业务的企业家；
3. 想抓住电子商务和国际市场机会的个人；
4. 将创业看作在企业工作的一种方式，或替代已失去的工作的年轻人；
5. 在全职工作之外，兼职创业并打算扩张的人群；
6. 寻求特许经营机会的个人。

我们将研讨会和服务专门定位于那些已经在创业和梦想创业的人。除了开设软件培训班之外，我们将在商业计划书写作、网站开发与设计、社交媒体营销和平面设计等方面举办专业研讨会。老师会把学生的创业想法嵌入课堂。创业培训中心完善的智能教室提供了手把手教学支持。我们也采用套装软件来满足参与者的需求。

我们目前有一间教室和一间会议室,希望在半年内增加一间教室。这将使我们在本财年末实现超过60万美元的销售额。那时,我们的税前利润将超过15万美元。

根据我们的研究和经验,创业者希望接受相关教育并得到创业同伴的支持。他们一般都有较丰富的计算机知识,参加我们的课程是为了获得高级培训、支持和建议。我们预计未来3年年均销售增长率在30%以上。

我们的竞争对手数量最近有所下降,因为许多人学会运用标准的软件,传统的软件培训学校已经不能满足他们的培训需求。我们认为目前的竞争对手是传统的教育系统和众多在线服务机构。我们希望提供一个温馨的培训环境,使个人可以在他人帮助下创办和发展他们的企业,从而与地区性学校和在线服务机构形成明显的差异。我们承认许多人只喜欢网上课程,我们正在寻找那些想在现场环境获得他人反馈的群体。

我们将与营销顾问、律师、财务顾问、会计师联系以在创业培训中心提供专业课程,其中包括:

1. 专利、版权和商标保护;
2. 面向联邦和州政府机构的销售;
3. 产品测试;
4. 定价策略。

过去的6个月,我们已经证明自己在有竞争力的价格的基础上提供了优质的培训。我们未来的计划包括开发更多的培训中心。研究和客户调查表明,我们刚开始发掘创业教育与服务不断增长的需求。

除了与罗伯特·沃齐克(Robert Wojchik)一起开发和教授课程之外,丹妮尔·杰克逊(Danielle Jackson)将继续关注销售和市场营销。超过20门课程已被开发出来,还有10门课程正在开发。随着学生需求的变化,我们会及时做出调整。罗伯特还将管理技术方面的事务,包括保持硬件和软件的实时更新和计算机的运行。

我们正在寻求6万美元的资金,以支付改造一间教室所需的费用,以及另一间教室的租金、无线网络、家具和设备的成本。附录中包含承包商、电脑和家具的估价。我们计划购买翻新的教室家具;许多企业都倒闭了,因此划算的采购可以节约的潜在成本在15 000~20 000美元之间。

银行贷款将以企业未来3年的营业利润偿还。

15.3 第Ⅰ部分:企业描述

你对你的企业了解有多深?你需要用文字和数字去证明。等到阅读者读完你的商业计划书,你应让他们成为站在自己这边的伙伴。给你一个例子作参考,假如我们要从创业培训中心的商业计划书中提炼出关键内容,那便是该中心正在寻求改造和购置设备的资金。不管你的企业是正在发展还是刚起步,第Ⅰ部分和第Ⅱ部分的目的是一样的,就是证明你非常了解自己的企业,并且你就是一位赢家。

15.4　企业分析和服务

　　这部分应包括你的企业的实力、历史以及过去取得的成就。回顾一下创业培训中心是如何处理这部分内容的。创业培训中心很可能获得资金，因为这份商业计划书的写作者证明这是一笔赚钱的生意。写作者做到了：
- 用事实说话。
- 用数据支持所有的论断。
- 避免不利的策略。
- 拒绝吹嘘产品。
- 传递一个积极的愿景。

　　写作者写得极好。现在轮到你动笔了。看了创业培训中心的例子后，请完成"行动步骤64"。

行动步骤64

描述你的企业、产品和服务

　　激发阅读者对企业的兴奋感。兴奋是可以传染的。投资人喜欢有激情的想法。

　　如果这是一个新创企业，全面细致地解释你的产品或服务。什么使得它独特？它处于哪个行业？收集之前的行动步骤中的所有相关信息。

　　无论何时，尽量以数据说话。百分比和美元数额比起文字如"许多"和"大量"更有意义。

　　如果企业已经开始运营，销售额、成本、利润和亏损的记录都更能说明你需要钱。让文字生动流畅。你需要说服阅读者继续阅读。

创业培训中心的企业描述

　　创业培训中心是一家为创业者提供创业培训的中心，坐落于田纳西州的橡树岭市，位于发展中的诺克斯维尔市西部附近。在田纳西河大学和田纳西河流域管理局有许多科学家和工程师，加上美国能源部在橡树岭市的能源设施，这些有利条件让创业者的活动得以顺利开展。此外，我们还想利用大型医药社区。

　　学生们被我们的教育方式吸引，因为我们不仅提供实战经验，还将他们的商业想法嵌入研讨会和软件教学。另外，创业者非常忙碌，我们的课程虽只有两小时却信息丰富，节奏很快。

　　快速启动创业培训项目总共用时6周，每位学生须完成一份完整的商业计划书，而这份商业计划书必须给一位企业主和班里其他同学审阅评论。我们将通过安全的服务器把商业计划书发到网上供学生审阅和评论。我们将帮助正在寻找资金的学生选择合适的渠道。当学生使用众筹去帮助他们的企业快速成长时，我们将提供由外部专家进行指导的专业培训。在每一个快速启动项目的尾声，我们将举办一次商业计划书比赛。

由于许多创业者需要法律方面的帮助，我们中心还将为客户提供专利和版权保护方面的资源。另外，精通互联网法律的律师乐意帮助我们的客户减少费用，让他们摆脱不断变化和充满挑战的法律困境。

大部分研讨会和培训在周末进行，课程为 2 小时或 4 小时。那些强调概念而不是实战经验的普通大学课程平均要花 12～18 周时间。2 小时课程一般收费 100 美元，4 小时课程收费 200 美元。

创业者非常忙碌，要求上时间短的课程。此外，我们还将快速启动创业培训项目的学生名额限制在 20 个，用时 6 周，课程需花费 1 250 美元，这样学生之间才会建立起合作关系。我们希望在 6 周的课程结束之后，这些联系能继续维持下去。我们将通过社交媒体和会议鼓励他们在教学场所多沟通交流。我们要让每位客户感受到，一旦他们在这里上过一门课程，就是创业培训中心大家庭的一分子。

创业培训中心会为所有快速启动项目的毕业生提供每月一次的免费见面会，让他们对目前遇到的问题进行交流，并给予他们反馈和鼓励。如果有特别需要，我们还将每周额外开放培训中心一次，让学生们能互相沟通。

作为一家服务型企业，我们提供教学指导、技能培训、咨询支持和信息。我们会不断地调查现有的客户，以发现他们希望增加的课程和服务。我们希望将来拥有能与客户一起工作的网页设计师和制图专家。我们将在每周一晚留出足够的空间提供这项服务。专家们将与客户预约一起工作，收取一定的费用。

我们的营业时间是每周二至周五的下午 1 点至 10 点，周六上午 8 点至下午 5 点。这样的安排允许我们提供一天的、4 小时的或 2 小时的课程，这样可以最大化利用设备。我们每月至少举办一次研讨会并邀请发言人。

创业培训中心在商业计划书领域处于领先地位，并将不断发展壮大：
- 协助客户撰写商业计划书、贷款协议、市场营销方案和员工手册。
- 协助发展非营利组织和社会创业企业。
- 提供网站分析培训。
- 协助在亚马逊、eBay 等销售商品。
- 提供自行出版和网络销售方面的建议。
- 协助开发信息图。
- 提供销售自动化、制造加工、存货控制软件方面的培训。
- 提供有效使用社交媒体如脸书、推特和领英等的建议。
- 推荐的其他研讨会包含在附录里。

我们拥有顶级的设备。我们的员工将创业者的需求与培训技巧结合起来。我们有一个不错的开始，将持续成长并取得成功。

15.5 行业、市场概况及目标客户

知识就是力量，特别是在信息时代。创业培训中心运用专业知识来界定市场。同样，如果你的市场调研全面可靠，你的利基市场将在你写的文字中体现出来。根据你的公司类型，这部分可分成两个方面。

一是利用第 2 章至第 4 章的行动步骤得到的行业研究成果，让你的阅读者对行业概况有所了解。阅读者需要知道市场的潜力、市场的走向、行业是如何细分的，以及你的产品或服务瞄准哪个特定的市场。另外，还需要简要描述任何正在改变行业的技术进步，以及你将如何利用这些变化。经济、社会、法律及全球层面的变化都会影响行业及你的目标市场。

二是向阅读者证明你了解市场并且能满足客户的需求。描述市场的细分。详细定义你的目标客户。提供研究数据去支持你在人口统计特征、消费心理、市场潜力、网站分析和购买模式方面的设想。回到第 4 章的行动步骤以帮助你描述目标客户。

阅读者必须清楚地知道，你的产品或服务将如何在市场上夺取独特的位置。你需要在商业计划书的竞争部分提供全面深入的说明。

请完成"行动步骤 65"，向阅读者展示你十分了解所处的行业及你的目标客户。回顾创业培训中心的商业计划书是如何撰写行业概况及目标客户的。学会使用二手资源如文件、表格和引文，让这部分内容变得可信。以下关于行业和市场的描述是远远不够的。对许多创业者来说，这部分内容需要聚焦行业内的变化，以及你的公司将如何适应这些变化。

行动步骤 65

描述市场和目标客户

如果你的目标客户翘首以盼你的产品或服务，那么把所有的市场调研放进这一部分，并以美好的蓝图让阅读者感到惊喜。在附录中要提供相关的研究数据。

创业培训中心的行业概况及目标客户

当今可为创业者提供研讨会和课堂教学的仅限于社区大学和综合性大学。除此之外，一些组织提供一天的或周末的创业者训练营项目，因为很多创业者需要快速学习课程并快速完成商业计划书，以在短时间内取得成效。

只有在你学会如何使计算机和软件的功能最大化时，它们才是你最好的朋友。创业培训中心为创业者提供的服务与培训都处于行业前沿。

目标客户

我们的目标区域包括诺克斯维尔市、橡树岭市和哈里曼市。实际上，大部分客户都来自我们所处位置半径 25 英里以内。我们期望 5 年内业务遍及整个田纳西州。孟菲斯市和查特怒加市是我们特别想拓展业务的两个区域。

安德森县的人口有望在未来 5 年内增长 10%。我们的学生大多接受过大学教育，年龄在 23~60 岁之间，年收入在 4 万~15 万美元之间。我们这里是美国博士最集中的区域之一。

一些来自美国橡树岭国家实验室的顶级科学家和研究者也上过关于商业计划书的课程，写出极出色的商业计划书，并且正在寻求资金支持。田纳西河流域管理局雇用了一批工程师和生物科学家，其中一些人对于利用自己的专业知识赚钱感兴趣，还有一些人正瞄准绿色科技。

我们也希望能吸引社会创业者。另外，一些学生也表现出发展非营利组织的兴趣，他们想提供可售的商品去支持非营利事业。

我们的创业者分布在制造业、服务业和零售业。这些创业者首先是梦想家，因此我们的工作就是让他们的梦想尽快实现。我们通过经验得知，创业道路可能非常孤独，因为他人不一定跟你做着同样的梦。我们希望能为他们减少孤独感。

我们在销售和营销方面的努力是有追踪的，这帮助我们不断完善目标客户档案，也让我们能把营销重点放在最盈利的市场上。

15.6 竞争分析

很明显，如果你知道谁是竞争对手，他们在哪些方面无法满足市场需求，那么你就发现了利基市场。接下来你需要说服阅读者相信你的竞争策略是完善有效的。重读第4章、第5章并查看你的行动步骤。

如果你的竞争力源于专利、版权或商标，应在这部分包含相关信息，将已收到或待定的任何专利或版权的副本以及律师联系方式放在附录中。

你的竞争对手有多难应对？当你看到创业培训中心对竞争的评估时，须注意写作者以冷静、客观的视角去看待竞争，没有贬低对手，当然也没有低估对手。该中心的计划毫无疑问表明管理层正在探索竞争对手所忽略的市场缺口：创业培训。

这不仅仅是写作技巧。在早期，该中心的创办者做了正确的市场调研，因此他们能提前决策——就像在前面的章节中要求你做的那样。

你将如何看待竞争对手？阅读者会期待你对每个主要竞争对手作出客观评价。现在请完成"行动步骤66"。

行动步骤 66

描述竞争对手

1. 概括与你直接竞争的企业。评估它们的运营时一定要客观。
2. 它们的优势和劣势是什么？你可以从它们那里学习到什么？
3. 在客户眼中，什么使得你的产品或服务独一无二？
4. 在描述了竞争对手之后，表明你将如何彻底击败它们，或者如何通过展示你的竞争定位策略来形成自己的优势。在附录中要提供一手和二手调研支持数据。

创业培训中心的竞争分析

我们希望利用竞争对手目前没有提供的需求——创业培训。通过分析竞争对手，我们发现行业中的主要参与者已经形成自己的利基市场。我们的两个主要竞争对手的简介如下：

洛恩州立社区学院（Roane State Community College）：总部位于田纳西州哈里曼市，服务于田纳西州东部的七个乡村地区。教室位于田纳西州橡树岭市，主要提供传统教学。但最近开始提供在线和混合课程，以满足繁忙学生的需要。该学院不注重创业教学项目，但偶尔也提供小企业培训课程。当然，如果该学院开始提供更多的短期或在线课程，就与我们存在直接竞争，但我们预期这种情况短期内不会发生。大部分学生告诉我们，在短时间内完成课程是他们的首要目标。洛恩州立社区学院的课程每学期共 48 课时，费用大约是 400 美元。因此，我们的快速启动创业培训项目——30 课时，1 250 美元——明显比竞争对手价格高。然而，我们的客户觉得这笔支出物有所值，因为比起洛恩州立社区学院 16 周的课程，它能更快地让客户捕捉市场，而且，我们实行小班教学，班级规模是社区学院的一半。

田纳西州大学：位于田纳西州诺克斯维尔市的优秀大学，毗邻高速公路，出入方便。以传统的课堂教学方式为主，每门课程大约 1 000 美元。与领先的研究和教学机构为邻，为我们的中心和学生提供了不同领域高素质的专家，我们将邀请这些专家来做简短演讲、参与研讨会。我们希望引进专家，并把每晚研讨会的成本控制在 300～600 美元。我们在这些专业类课程上可能不赚钱，但希望至少收支平衡。截至目前，田纳西大学并不打算提供任何创业培训。

诺克斯维尔市的小企业管理局办公室偶尔会提供一些课程；我们希望办公室将学生推荐给我们，我们正在与负责人洽谈合作事宜。

我们的业务重点是提供 100 美元和 200 美元的课程，快速启动创业培训项目的费用是 1 250 美元。我们还将每月举办一次研讨会，不仅有演讲者发言，还有专家指导，每个晚上的费用为 30 美元。快速启动创业培训项目的毕业生可以免费参加。需要说明的是，我们重视来自同行和顾问的支持。

我们的两个主要竞争对手在开发所有新课程时必须通过审批，这给了我们一个很大的优势，因为我们可以快速启动新课程以跟踪最新趋势。

15.7 营销策略

现在是时候描述你的营销策略并汇总第 4～7 章的行动步骤了。你要突出 4P 即价格、产品、促销、渠道，以及第 5 个 P——参与。阅读者想了解公司的市场定位。你需要说明如何留住客户以及如何花心思来打动阅读者。

从创业者培训中心的商业计划书中摘录的营销策略描述了可以帮助这个小企业获得竞争力的策略。如果你看不出商业计划书的写作者花了多少心思，你对写作者的业务能力有多少信心？

注意，创业培训中心采用了四管齐下的方法来触及公众。这表明他们了解找到一个很好的促销组合的重要性。

在商业计划书中应包括销售渠道、销售方法和公共关系。如果你的公司计划在国际上出售产品或提供服务，应在这一部分讨论这些细节。可列出潜在客户列表，进行销售预测。如果这些过于宽泛，可在正文部分简要介绍，将更多的信息放在附录中。"行动步骤 67"将帮助你改进营销策略。

如果企业已经开始运营，那么把过去的营销活动的结果放到文中，并且用数据说话。

行动步骤 67

通过 4P 描述营销策略

1. 现在你已经发现目标客户，评估了竞争对手，需要花时间来开发营销策略。哪种营销手段将获得最具成本效益的反馈，并鼓励回头客和正面口碑？

2. 由于定价是非常重要的考虑因素，你可以从目标客户的关注点着手，然后形成营销组合（4P＋参与）。在附录中准备好支持数据。

创业培训中心的营销策略

我们使用各种策略来让客户了解我们提供的课程，包括有针对性的邮件、特别促销、网络广告、社交媒体、个人销售和网络。我们从事创业教学培训，为此开发了一个高度互动的网站，为初露头脚的诺克斯维尔市创业者提供一个社区。

我们的网站每周将介绍一个新的创业者，发送每周提醒和电子邮件，并要求阅读者转发给他们的创业朋友。我们还会发布新的课程和演讲嘉宾资料。此外，应客户要求，我们正在考虑在线发布商业计划书供潜在天使投资人审阅。

人际网络

创业者培训中心的每个创办者加入了半径 25 英里内的四个专业组织。此外，他们都加入了当地的商会组织。他们也加入了世界商讯机构（BNI）联络群体，并发现其中丰富的人脉。他们会尽可能地作为演讲嘉宾出席民间和教育组织的会议。参与创业培训项目的创业者将能享受由小企业发展中心提供的优惠计划。随着创业培训中心不断发展壮大，我们希望每年能够为几名学生提供奖学金。

广播计划

我们计划在当地广播电台 KBIC 主办和赞助一档 10 分钟的节目。节目名称为《创业者培训中心》。我们希望在节目中强调我们的网站和教学项目，建议并鼓励创业者在了解之后联系我们以获取更多的信息。

个人推销

幸运的是，我们的创办者在个人推销领域都有经验和天分。每个人每周都会花 5～15 小时同潜在创业者谈话和回复电子邮件。此外，电话销售是我们开展业务的一种重要方式。将电话和电子邮件查询转化成销售业绩是每个人的主要目标之一。记录所有的电话和电子邮件，并确保所提的问题被及时跟进是我们成功的根本。创业培训中心正在为当地的商店如 Staples 和 Office Max 开发培训项目，对它们的企业客户可提供折扣。

创意推广

我们将在橡树岭市或诺克斯维尔市赞助每年一度的青年成就商业计划竞赛，此外，每年为客户举办商业计划竞赛。奖品包括创业培训中心的免费课程和小额奖学金。我们希望与洛恩州立社区学院或田纳西大学一起合作举办商业计划大赛。每月我们都会邀请嘉宾为现有的和潜在的客户演讲，客户可免交 30 美元的费用。我们希望能够借助《诺克斯维尔商业杂志》（*Knoxville Business Journal*）、《诺克斯维尔前哨报》（*Knoxville Sentinel*）、《橡树岭市新闻》（*Oak Ridge news*），以及社交媒体宣传这些活动。

15.8　选址和运营

商业计划书的这个部分是选址和设施设备。现在回顾在第 6 章所做的工作。

如果你打算做零售或经销业务，这部分至关重要，应包括大量的研究数据来支持选址决策。讨论位置地点的可达性和可视性，周边的人口特征和消费心理。可以通过各种直观展示道路、竞争、潜在客户的在线数据库下载图形以获取数据支持，这部分应放在附录中并且在文中引用参考资料。

如果你从事的是制造业，详尽地解释你的选择，这可能是基于能源成本、员工成本以及政府的鼓励政策作出的。此外，你需要提供设施布局和设备信息来支持运营计划，在附录中提供数据支持。

对于位于购物中心或核心地带的零售企业，应探讨零售市场的业态结构，以及如何吸引顾客入店。实际设施的图纸和商店布局可以帮助阅读者更形象地了解零售店。使用高品质的照片来增强商业计划的说服力。

你需要对企业的选址绘出有吸引力的图示，同时让阅读者对你的选择感兴趣并产生信心。选址需要做大量的分析。创业培训中心的创办者通过介绍租赁安排以及证实第二间教室的必要性让这部分变得十分出彩。

当你展示设备设施时，你的计划书将变得十分真实。运营计划应明确传达出你如何看待未来的业务增长。了解创业培训中心如何展示其选址和运营并完成"行动步骤 68"。

行动步骤 68

展示你的选址和运营

选址是非常有实用价值的。一个潜在的贷款人可以实地查看你的营业场所，并对正在进行的一切有初步的感觉。如果银行经理需要进一步考虑商业计划书，那么他们通常会光顾客户的营业场所。这对你而言是好消息，因为现在银行经理在你的地盘上。在银行经理到来之前，清理干净你的地方，使其大放异彩。

1. 在这一部分，你想说服潜在的贷款人参观营业场所。描述那里正在进行的一切。使用照片、图表和插图展示设施设备，尽可能让人觉得真实。
2. 如果你有一台生产设备，讨论你是如何选择的。你可能需要讨论使用成本、保险条款、雇佣费和员工薪酬。
3. 如果你的业务采用轮班制，你可能需要在这里讨论这些问题。

创业培训中心的设备和运营

创业培训中心已获得田纳西州橡树岭市 47 号山茱萸路 5 年的租约。中心位于地面一层，占地 2 000 平方英尺。该地区被规划为商业用途，毗邻高技术创业活动园区。中心半径 20 英里范围内有 3 个正在成长的工业园区，那里的许多新创企业是我们的目标客户。

我们的位置临近高速公路入口，靠近快速增长的诺克斯维尔市西部地区，能提供充足的照明和停车位。

在租约谈判中，我们说服了业主对内部进行大幅装修，并将成本在租赁期内平摊。蓝色的地毯、白色的墙壁、灰色的家具，打造了良好学习环境。

建筑目前分为五个部分：接待和休息区（150平方英尺）、主管办公室（150平方英尺）、教室（600平方英尺）、会议室（500平方英尺）和一个很少使用的仓储区（600平方英尺）。

中心负责人想把仓储区改为第二间教室，需要投入资金。每间教室有20台可以上网的计算机，还有打印机、舒适的椅子以及电视屏幕。

15.9 管理和人员

管理决定小企业创业的成败。你是管理团队的一员，希望通过强调团队的优秀来获取投资者的信任。现在回顾在第11章所做的工作。商业计划书的阅读者会从管理团队部分开始阅读，尤其是在技术行业。

如果你从事的是高科技业务，创业团队和过往的成功将是重中之重，因此这部分应该放在商业计划书的开头。投资者不仅需要对创业想法有信心，还得对能将概念转化成现实的创业团队有信心。现在是时候讨论你选择的企业形式了。在附录中应包括有关合伙制或公司制的适用的协议和法律文件。

看看创业培训中心如何介绍创业团队。创业培训中心的创业团队诠释了平衡性、多样性、经验、有趣的个人历史记录以及渴望成功的野心。丹妮尔·杰克逊在培训和创业方面的经验、罗伯特·贝内特（Robert Bennett）开发的大量课程成为最强有力的卖点。

用简洁的简历来突出创业团队的协调性和经验。更详细的简历应该放在附录中。阅读者看重的是财务、市场、技术、运营以及管理和创业方面的经验。此外，许多阅读者会关注团队的人际交往能力。

创业培训中心计划书中创办者的简历十分简洁，值得借鉴。在这个例子中，创办者的背景增强了团队的协调性。他们都有丰富的职业经历，在企业和创业领域合计拥有超过45年的经验。

有关法律顾问、会计师事务所、保险经纪人以及广告公司的列表也给人一种商业实践丰富的印象。没有什么比能使企业成功的人更重要。在完成"行动步骤69"之后，说明他们的背景，关注他们的记录和成就。

对于新创企业，你对未来信心满满——对可以帮助你成功的关键员工进行非正式的工作分析。对于已步入正轨的企业，需要列出目前的员工并预测未来的人才需求。如果目前雇用5人，为展示成长性，尝试预测在未来的3年将创造多少就业机会。当企业发展壮大时，描述你计划创造的工作环境。讨论你将采取哪些行动来留住人才。

当你开始思考任务以及谁来完成时，回顾第12章。准备商业计划书中的这一部分很重要，因为在你面试、雇用员工和发放薪酬之前，它给了你更多的机会去分析工作职责，所有这些成本十分高昂。

需要注意的是，创业培训中心提供了关于人员情况的简要介绍。在描述创业培训中心的精益运营时，创办者对他们的工作的说明简短精练。在表述降低经营成本的承诺时，他们表现出很强的责任感。他们的决定反映了企业的纪律和远见。如果你是这个企业潜在的投资者，你会欣赏他们。

团队的每个成员都很重要。"行动步骤69"将帮助你描述所需要的人员，以及你如何帮助他们提高效率。

行动步骤 69
介绍你的管理团队和人员

使用这部分突出管理团队的积极品质。注重品质第一、成就、教育背景、培训经历、灵活性、想象力、坚韧。要确保将你提及的团队特质与企业的业务类型结合起来。

记住，梦想家能成为了不起的建筑大师，但可能会成为糟糕的管理者。银行家都知道这一点，潜在的投资者也会感觉到。一个优秀的团队可以帮你筹集资金，而一个优秀的团队的关键在于平衡。描述你需要的各类员工，以及他们如何融入团队。他们需要什么技能？你会为他们付出多少？是否会有一个培训期？如果有，会是多久？你将提供什么福利？你将如何处理加班？

最重要的是，描述你希望创造的工作环境和企业文化。从第1章开始重新审视目标并将之具体化。

为每一个主要成员提供简洁的简历，并且强调他们过去的成就，完整的简历应该放在附录中。

如果你还没有写职位描述，现在立即做。职位描述将帮助你避免与员工产生矛盾，即使它可能不是商业计划书的必备部分。

创业培训中心的管理和人员

创始人

丹妮尔·杰克逊于1970年出生在美国俄亥俄州的谢克海茨市，在普渡大学获得工业工程学士学位。毕业以后，她在海军陆战队服役8年，担任飞行教官和检测机师。在此期间，她在加利福尼亚大学完成了 MBA 课程。

退役后，杰克逊被联合航空公司聘用，当了5年飞行员。为寻求改变，她购买了一家出口软件的企业并在4年后以300万美元售出。曾经服务于区域培训委员会，担任当地小企业发展中心的主任，让她意识到有必要设立营利性中心提供创业支持和培训。

罗伯特·沃齐克于1980年出生在美国得克萨斯州达拉斯市。他在俄克拉荷马大学获得学士学位，学的是信息技术专业。毕业以后，他先在宝洁工作了几年，之后又在微软和甲骨文工作两年，从事课程开发、培训材料以及课程展示方面的工作。过去的两年，他为微软开发了专门针对小企业的程序项目。他在创业以及软件知识方面的经验对创业培训中心而言是无价之宝。

主管

谢里尔·休斯·史密斯（Cheryl Hughes Smith）于1983年出生在美国得克萨斯

州的科珀斯克里斯蒂市，获得哈佛大学 MBA 和得克萨斯大学法学学位。史密斯是位于诺克斯维尔市的一家律师事务所的合伙人。她在小企业税务规划领域的杂志上发表了不少文章，同时也是领先的小企业税务筹划博客的博主。

菲尔·卡彭特（Phil Carpenter）于1975年出生在美国明尼苏达州的德卢斯市。他毕业于普渡大学，拥有管理学学士学位并辅修了运营管理方面的课程。在获得印第安大学 MBA 之前，卡彭特在一家大型会计师事务所工作了5年。他读硕士期间的研究项目集中在创业方面。他现在是洛恩州立社区学院商学院的教授、两家公司的普通合伙人，以及小企业顾问。在小企业领域，他的著述颇丰并举办过多次演讲。

其他可用的资源

创业培训中心聘请了 Farney and Shields 律师事务所和 Hancock and Associates 会计师事务所。我们的保险经纪人是 Fireman's Fund 保险公司的沙龙·曼德尔（Sharon Mandel）。公共关系由 Friend and Associates 公司进行处理。

人员

在前6个月的运营中，仅有1名全职员工，但我们发现增加一名员工对事业扩张和客户服务是十分必要的。更多的老师将以合约形式被聘请来参与专门的研讨会。我们需要精简运作，创始人也愿意投入更多的精力去经营。

15.10 退出策略

正如第12章所讨论的，许多阅读者会对商业计划书中的退出策略部分感兴趣。投入的钱越多，他们越想知道具体计划。创业培训中心的创始人计划从事他们的业务至少5年。

创业培训中心的退出策略

当创业培训中心在橡树岭市成立后，我们希望在接下来的5年里在田纳西州建立两个分中心。当每个中心都有较好的盈利后，我们计划把三个培训中心全部卖出，要么卖给经营中心的管理层，要么卖给渴望经营小型连锁中心的创业者。

15.11 第Ⅱ部分：财务部分

15.11.1 好的数据

财务部分是商业计划书的核心。这部分瞄准贷款人——银行经理、信贷经理、风险投资人、供应商、小企业投资公司和商业信用贷款人，这些人头脑里只有数据。贷款人是持怀疑态度的交易者，他们不会被你第Ⅰ部分的写作打动，因此你现在的工作是让数据说话。这比你想象的要简单得多，因为你已经准备好了。

在第8章你预估了现金流和收入。你已在现实世界中检测了数据。如果你还没有这样做，需要把数据变成标准形式：

1. 预计损益表和现金流量表、定价方案等；
2. 资产负债表。

来自创业培训中心的例子将为你提供参考，适当调整以适应你的企业的类型。你要知道每一分钱都花在哪里。你需要表明何时会盈利，这样可令企业显得有序、可控以及可靠。当一个持怀疑态度的贷款人看完你的商业计划书并说"这些数据看起来很好"时，你就成功了。

15.11.2 好的注释

识别专业贷款人的一种方法是递交你的商业计划书，然后观察他首先阅读哪一部分。大部分贷款人首先研究收入和现金流预测的注释部分。知道这些可以让我们做好相应准备。用这些注释向潜在的贷款人解释数据的由来（例如，广告费预计占到销售额的5%）和具体条目（例如，租赁设备——电脑设备的费用为每月6 000美元）。将标题放于左上角便于阅读者一步步从头读到尾。一些商业计划书将预测以脚注的形式放在同一页。我们建议将注释作为单独的一页，并且加上标题。注释很重要，字号要够大。

完成商业计划书需要花费大量的时间。你希望贷款人阅读它，对之感兴趣，并提出问题。计划书中的注释能帮助你达成这个目标，即使你还没开始创业，数据仅仅是对未来的预测。

如果你的企业已经经营一段时间，应在商业计划书中描述财务状况。若想要获得投资，财务报表十分重要。你要描述需要哪种形式的资金支持，以及资金如何使用和偿还的具体细节。完成财务报表需要金融和会计方面的知识。

15.12 预计损益表

你的下一个任务是把预计损益表（也称损益表）放在一起。根据目前你收集到的信息，完成任务不会太难。实际上，如果数据看起来不错，完成任务会很轻松。如果数据看起来欠佳，在递交之前请重新考虑。

审阅创业培训中心的预计损益表和每一项目的详细记录（见表15—1）。"行动步骤70"将帮助你预估每月的盈利和支出，完成对企业未来2～5年的预计损益表。即使创业培训中心的商业计划书未附预计现金流量表，很多贷款人也会提出要求。在本书附录B安妮的商业计划书中提供了一张现金流量表。参考第8章准备的数据和方案，修订并放入商业计划书中。

第15章 整合你的计划：投入热情 389

表15—1 创业培训中心的预计损益表

单位：美元

	合计	1月	2月	3月	4月	5月	6月	7月	8月	9月	10月	11月	12月
收入	607 329.22	46 570.00	47 268.55	47 977.58	48 697.24	49 427.70	50 169.12	50 921.65	51 685.48	52 460.76	53 247.67	54 046.39	54 857.08
支出													
1. 广告，7%	42 513.05	3 259.90	3 308.80	3 358.43	3 408.81	3 459.94	3 511.84	3 564.52	3 617.98	3 672.25	3 727.34	3 783.25	3 840.00
2. 许可费，6%	36 439.75	2 794.20	2 836.11	2 878.65	2 921.83	2 965.66	3 010.15	3 055.30	3 101.13	3 147.65	3 194.86	3 242.78	3 291.42
3. 工资税，10%	4 159.20	346.60	346.60	346.60	346.60	346.60	346.60	346.60	346.60	346.60	346.60	346.60	346.60
4. 薪资	38 126.00	3 466.00	3 466.00	3 466.00	3 466.00	3 466.00	3 466.00	3 466.00	3 466.00	3 466.00	3 466.00	3 466.00	3 466.00
5. 银行手续费，0.4%	18 219.88	1 397.10	1 418.06	1 439.33	1 460.92	1 482.83	1 505.07	1 527.65	1 550.56	1 573.82	1 597.43	1 621.39	1 645.71
6. 会费和订阅费	600.00	50.00	50.00	50.00	50.00	50.00	50.00	50.00	50.00	50.00	50.00	50.00	50.00
7. 保险	18 000.00	1 500.00	1 500.00	1 500.00	1 500.00	1 500.00	1 500.00	1 500.00	1 500.00	1 500.00	1 500.00	1 500.00	1 500.00
8. 保洁，0.7%	4 251.30	325.99	330.88	335.84	340.88	345.99	351.18	356.45	361.80	367.23	372.73	378.32	384.00
9. 办公用品，3.5%	21 256.52	1 629.95	1 654.40	1 679.22	1 704.40	1 729.97	1 755.92	1 782.26	1 808.99	1 836.13	1 863.67	1 891.62	1 920.00
10. 电话/电视，3%	18 219.88	1 397.10	1 418.06	1 439.33	1 460.92	1 482.83	1 505.07	1 527.65	1 550.56	1 573.82	1 597.43	1 621.39	1 645.71
11. 专业费用	12 000.00	1 000.00	1 000.00	1 000.00	1 000.00	1 000.00	1 000.00	1 000.00	1 000.00	1 000.00	1 000.00	1 000.00	1 000.00
12. 租金	46 680.00	3 890.00	3 890.00	3 890.00	3 890.00	3 890.00	3 890.00	3 890.00	3 890.00	3 890.00	3 890.00	3 890.00	3 890.00
13. 修复&维护，3%	18 219.88	1 397.10	1 418.06	1 439.33	1 460.92	1 482.83	1 505.07	1 527.65	1 550.56	1 573.82	1 597.43	1 621.39	1 645.71
14. 旅游&娱乐，1%	6 073.29	465.70	472.69	479.48	486.97	494.28	501.69	509.22	516.85	524.61	532.48	540.46	548.57
15. 利息，9%	5 400.00	450.00	450.00	450.00	450.00	450.00	450.00	450.00	450.00	450.00	450.00	450.00	450.00
16. 公用事业	18 219.88	1 397.10	1 418.06	1 439.33	1 460.92	1 482.83	1 505.07	1 527.65	1 550.56	1 573.82	1 597.43	1 621.39	1 645.71
17. 其他费用，3%	6 443.93	1 397.10	425.42	431.80	438.28	444.85	451.52	458.29	465.17	472.15	479.23	486.42	493.71
18. 租赁设备	24 000.00	2 000.00	2 000.00	2 000.00	2 000.00	2 000.00	2 000.00	2 000.00	2 000.00	2 000.00	2 000.00	2 000.00	2 000.00
19. 合同指导	96 567.05	7 200.00	7 344.00	7 490.88	7 640.70	7 793.51	7 949.38	8 108.37	8 270.54	8 435.95	8 604.67	8 776.76	8 952.30
20. 折旧	12 000.00	1 000.00	1 000.00	1 000.00	1 000.00	1 000.00	1 000.00	1 000.00	1 000.00	1 000.00	1 000.00	1 000.00	1 000.00

续前表

	合计	1月	2月	3月	4月	5月	6月	7月	8月	9月	10月	11月	12月
总费用	450 855.60	36 363.84	35 747.12	36 114.51	36 488.14	36 868.13	37 254.58	37 647.30	38 047.32	38 453.84	38 867.29	39 287.79	39 715.45
税前利润	156 473.61	10 206.16	11 521.43	11 863.07	12 209.10	12 559.57	12 914.54	13 274.05	13 638.16	14 006.92	14 380.38	14 758.60	15 141.63

预计损益表注释

销售收入：大约20个快速启动学习班（每人1 250美元）（收入按6周分摊），80个周六学习班（每人200美元），110个周日夜晚学习班（每人100美元），以及其他课程班收入

广告费：销售收入的7%
许可费：软件许可费估计占销售收入的6%
工资税：薪资的10%
薪资：2位专职秘书每小时收入9美元
银行手续费：销售额的75%将以信用卡支付，费用为销售额的4%
会费和订阅费：创始人和教师的订阅费
保险：由保险经纪人Fireman's Fund保险公司的沙伦·曼德尔提供报价
清洁：清洁卫生服务将低于正常价，因为创始人以软件培训交换清洁卫生服务
办公用品：销售收入的3.5%
专业费用：由Farney and Shields律师事务所，以及Hancock and Associates会计师事务所预估
租金：每平方英尺2.57美元
修复和维护：销售收入的1%
旅游和娱乐：销售收入的3%，包括专业和服务型组织的会费
公用事业：销售收入的3%，基于与公用事业提供商的讨论，以及过去的经验
其他费用：销售收入的3%
租赁设备：由供应商提供的月租金估计
合同指导：3位导师，每位每月工作60小时，每小时薪酬40美元
利息：60 000美元的本金，利率每年9%，每年支付12次
折旧：会计师估计的折旧费

行动步骤 70
预计损益表和现金流量表

你要追求的是每月和每年的净利润。

首先，算出销售收入和销货成本。销售收入中去掉的最大一块是销货成本。（一个服务性企业中最大的成本是人工。）销售收入减去销货成本会得到销售毛利。

现在加总所有费用——租金、水电费、保险费等，从毛利中减去，得到税前利润，再减去所得税，得到税后利润。

在某些情况下，损益表和现金流量表可以合成一张表。通常情况下无论采用哪种形式都可以，而在某些情况下，两张单独的表都会被用到。

15.13 资产负债表

专业的贷款人会查看资产负债表（也称财务状况表），以分析某个时点的企业财务状态。他们看企业的流动性（表明企业资产有多容易转化成现金）以及资本结构（企业采用了哪种方式融资，借了多少资金等）。专业的贷款人使用这些指标评估管理企业的能力。

创业培训中心没有为资产负债表提供注释（见表15—2），因为他们不需要注释。资产负债表中的所有条目都应有意义。对任何不寻常的数据都要进行清晰的解释，因此阅读者不会对你提供的数据感到有疑惑。完成"行动步骤71"可帮助你准备资产负债表。

表 15—2　　　　　　　　创业培训中心的资产负债表　　　　　　　单位：美元

流动资产	
现金	13 970
图书/材料	2 500
流动资产总额	16 470
租赁物改造	81 000
家具	15 100
设备	40 600
固定资产总额	146 700
其他资产	
许可证	25 000
总资产	178 170
负债和所有者权益	
短期负债	
应付账款	7 060
应付员工薪酬	2 500
偿还贷款	0

短期负债总额	9 560
长期负债	
银行债务	0
总债务	9 560
所有者权益	
所有者净资产	168 610
负债和所有者权益总额	178 170

说明：表中反映的是创业培训6个月之后的财务状况。

资料来源：Jay Turo, *http://www.growthink.com* (Accessed February 20, 2008).

"行动步骤71"是第15章的最后一个行动步骤。它是终点，也是起点。你还需要重新回到本章的开头，修订你的联系函（见"行动步骤62"）和执行摘要（见"行动步骤63"）。

当你开始创业时，我们衷心地祝福你。希望本书和书中的行动步骤能让你坚信自己可以取得成功（无论成功对你而言意味着什么）并能够享受到乐趣。祝你好运！智慧地工作，并以激情享受冒险。

行动步骤 71

完成资产负债表

资产负债表是一定时间点的财务状况的快照。

1. 加总企业资产。为了具有说服力，分为流动资产（现金、应收票据等）、固定资产（土地、设备、建筑物等），以及其他类（无形资产，如专利、使用权交易、著作权、商誉、专用合同等）。你需要对易损耗的固定资产计提折旧。应显示净值，即成本减去累计折旧。

2. 加总债务。为了具有说服力，分为短期负债（应付账款、应付票据、预提费用、贷款利息等），以及长期负债（信托契据、银行贷款、设备贷款等）。

3. 从资产中减去负债。

现在你对企业的净资产有了大致的了解。

建　议

关于创办新企业的7大误区

过去10年为企业家、创业者和小企业提供咨询的经验，让我们获得了大量关于创办和发展壮大创业企业的启示。我们认为向这些充满抱负的创业者揭示这些创业误区是有积极意义的。

1. 一切源于努力工作。努力工作是绝对必要的，但不是创办和发展壮大企业的充分条件。它是必要条件，但如果没有强大的商业计划以及关于客户和合作伙伴的令人信服的价值主张，一切辛勤工作都是徒劳。有许多小企业主劳累过度，压力过大，却并未成功。他们并非不努力，而是缺乏适当的规划。

2. 如果你的产品或服务有足够的吸引力，客户会主动上门找你。除非你现在的创业可通过知识产权或技术创造竞争优势，有具有吸引力的客户价值主张，否则企业早期的成功大多取决于推广、销售产品和服务的能力，这与产品或服务在某种程度上同等重要。记住：在资本市场，存在价值和感知价值之间没有区别。

3. 如果你的产品或服务有足够的吸引力，投资者会主动上门找你。那些关注创业早期项目的潜在投资者认为，小公司存在许多投资机会。正因为如此，无论你的商机多好，你的创意有多新颖，都要面对有偏见的投资者。

4. 创业只与你相关。这是一个充满魅力的误区，"自己主宰一切"的创业者只能沦为悲剧。任何企业的价值都体现在强大的团队上，团队比那些天赋异禀的个人更重要。优秀的创业者懂得将使命、价值和公司的经营理念传达到企业所有利益相关者——员工、客户、投资者、合作伙伴、供应商和更广泛的利益共同体。

5. 政府是你的朋友。监管法规和复杂的手续常令我们感到惊讶，一个初创企业在设立和维持运转过程中会不停地谈判和受到监管。这明显是一个时间、金钱和精力的消耗战，不利于新创企业集中精力创造价值。在这方面，我们的建议是：在资源可满足的前提下，找有实力的法律和会计顾问将相关事务外包，使你专注于业务。

6. 政府是你的敌人。在现行经济条件下，小企业从来都不是地方、州、联邦和国际等各级政府的收入来源大户。虽然与政府接触缓慢曲折，但政府在很多方面可以成为企业的客户和消费者，更重要的是，一旦交易发生，不用担心产生坏账。在为政府提供产品或服务时必须牢记一个有点老套但非常重要的信条——知道什么并不重要，认识谁才是关键。

7. 只有能成为下一个谷歌才值得去做。绝大多数小企业将始终是小企业。成为下一个谷歌或上市公司的可能性非常小。虽然我们绝不会阻碍创业者以明星企业为目标，但成功必须基于概率上的可能性。预期在两年内多劳少得（大量的学习除外）是一个很好的起点。以此为第一个里程碑，再期望财富显著积累。争取在远期愿景、日常工作的行动方案以及成功之间找到平衡。

15.14 结 语

你觉得自己准备好了吗？是的，你已经充分研究你的产品或服务、行业、目标客户、竞争对手、营销策略以及选址。你已经发现如何准备好别人无法提供的惊喜，怎样处理数据，怎样寻求融资，何时以及为什么你应该与他人合作，怎样打造一个成功的团队，是应该买下一个持续经营的企业成为加盟商还是自己创立企业。你已经把这一切写好并放在一个展示夹里：制胜的商业计划书。

小 结

这是一个漫长的过程。当你拜访供应商、银行经理和潜在的贷款人时，带上便携式商业计划书，为自己代言并向所有人展示你的宏伟蓝图。

从你感到最有把握的材料入手开始写作。一旦你完成了计划书的一部分，另外的部分会变得更加容易。幸运的是，前面章节的工作让你为撰写各部分做好了准备。

确保你的商业计划书能回答以下问题：

- 你的使命是什么？
- 你打算如何推广你的产品或服务？
- 谁将购买你的产品或服务？
- 如何接近目标客户？
- 什么使得你的企业独一无二？
- 你的商业模式是怎样的？
- 你的收入模式是怎样的？
- 如何为公司的成长提供资金？

在完成商业计划书之后，修改联系函和执行摘要，突出最相关的信息和数据。记住，你所写的商业计划书需要不断修改。

制胜关键

执行摘要读起来应像广告文案。不断修改，直到其变得紧凑和令人信服，但不要夸大。
- 第Ⅰ部分应该唤起阅读者对你的事业的热情。
- 第Ⅱ部分应该用数据去证实你的热情。
- 确保注释能充分解释财务报表中的数据。
- 不要为给人留下深刻印象夸大数据。
- 将你的商业计划书当作通往成功的路线图。

你的商业计划书是一份能起作用、可以不断更新的文件。根据所处行业的变化，每3个月或12个月修改一下。

另一个视角

创业者基本要素

创业者、哈佛大学MBA毕业生、犹他州企业家加里·克罗克（Gary L. Crocker）建议创业者在创业时关注以下问题。

充满激情与活力

紧迫感、激发他人的热情、认同和愿景是绝对必要的。无论商业计划书如何具有说服力，缺乏这些特质的创业者的企业很少存活。有些创业者一旦得到一点点资金和安全感，就往往失去创业紧迫感。资本的第一次注入对任何创业企业来说都仅仅是开始。

别让政治涉及其中

小企业无法承受内讧和政治。每一分钟都要有成果，每个人都要负责推动企业向前发展。从领导做起，更关心公司的未来发展而非自己在公司的地位。

不要让金钱分散注意力

接受资助后，不要放弃原来的商业计划，而试图快速地另辟蹊径。再次专注于你的业务，并确保能用一句话向别人描述你的业务，突出你与众不同。

"在带着商业计划书去见客户之前,看看镜中的自己,并用一句话清晰简洁地定义你的核心竞争力是什么,什么使你与众不同,以及对于潜在的投资者或潜在的雇员而言是什么使你值得获得投资,他们的生活将是你的道德责任。"

结构化决策

请记住创业者是精打细算的风险承担者,不是冲动者,要让事情顺利推进。因此,如果事情没有像预期的那样,他们会制定应急计划并提供资源采取行动。

与那些有助于你创业的人分享

确保员工了解他们的相对重要性和他们对企业的基本贡献。将员工可量化的绩效和行为与经济回报联系在一起。别滥用股权,因为股权是神圣的,是终极动力。

频繁持续地传达你的使命和愿景

经常清晰简短地提醒人们企业的愿景意味着什么。不要通过邮件去做,你要实地传达使命和目标。

谦虚

实事求是地评估你的组织技能,客观评价竞争对手的优势,准确判断你和他人所处的位置。创业者可以从自己所犯的错误中学习,也可以从别人的错误中学习。

附录 A
快速启动型商业计划书

快速启动型商业计划书让你现在就可以行动起来——如果你做过生意、知道企业策略,如果你正在开发一个应用程序,如果你正计划创办一个进入门槛和成本都较低的企业,尤其是互联网企业,那么快速启动型商业计划书将是一个很好的选择。有了快速启动型商业计划书,你就可以通过创办企业来进一步了解市场。

你可以快速启动,因为你具有打败竞争对手的本能。你对市场敏感,对你正创办的企业有着良好的感觉。

快速启动型商业计划书不能代替一份完善的计划书,因此适用于容易启动、财务风险低的特定企业。同时还适用于开辟新领域的企业,这种情况下通常只有很少的参考数据,需要快速进入市场。或者适用于急需资金,同时又有不错想法的情形。

此外,当你想快速检验一个商业想法时,可以准备一份快速启动型商业计划书。当商业计划看起来比较有前景,或企业成长迅速、需要额外融资时,你可以准备一份完备的计划书。在你撰写快速启动型商业计划书之前通读附录 A 末尾的"是的,我们擦洗窗户"商业计划书。

如果你独自奋斗且可以承受损失(1 000 美元;5 000 美元;10 000 美元或 100 000美元),如果你的损失不会影响到你的爱人、债主不会上门追债,就可以使用快速启动型商业计划书。还有一种适用情况,那就是你想在深入探讨商业想法之前先尝试一下。

如果涉及投资者、银行经理、顾问和公司主管等人,回顾第 15 章,然后写一份综合性计划书,这将为你提供创业第一年里每个月如何行动的蓝图。

汇总你过去的行动步骤中的所有信息。你可以亲自撰写商业计划书,或寻求外部帮助,使用在第 15 章中讨论的在线商业计划书模板。

快速核对表

以下是实施快速启动型商业计划书的快速核对表:

1. 你能承担投资损失吗?在里诺、拉斯维加斯或者大西洋城你能承受多大的损失,100 美元、500 美元、1 000 美元还是 25 000 美元,抑或更多?你的汽车保险、游艇保险、主要医疗保险中的免赔额是多少?写下你可以承受的损失金额。如果你有多余的钱用来投资,那么快速启动型商业计划书可能适合你。

2. 开展这项业务有多困难?和其他企业主交流容易吗?榜样企业多吗?潜在顾

客对产品和服务有清晰的认识吗？进入门槛低的行业有：窗户清洗、汽车装饰、园林维护、工艺美术，在 eBay、Etsy 或者 Craigslist 二手交易网站上卖东西，在 Shopify 电商管理平台上开一家店，开展假期宠物看护业务、咨询业务、平面艺术相关业务和编写应用程序等。

3. 你可以兼职创办企业吗？兼职创业会降低你的风险。你有机会来验证这个创业机会，检验一下自己是否真的喜欢创业。记录顾客的反应，同时保留你的其他工作及其带来的收入和可能的利益。

4. 收集需要的数据、形成一份快速启动型商业计划书的难度有多大？在开创新领域时，要有创造力、敢冒险，同时要时刻小心！在这样的创业过程中，市场还没有明确界定，竞争者很少，定价不明晰，所以你必须确定：企业是否有市场？是否有顾客愿意购买你的产品或服务？有时这个过程很耗时，所以你需要确定在进入未知领域时是否有充足的资金支持，保持节俭。但机会是无穷无尽的，在成立 18 个月之后，Pinterest 以 10 亿美元卖给了脸书！努力工作，保持创造力，抓住机会！

5. 你能只使用自己的资金创业吗？微软的创始人比尔·盖茨可以利用快速启动型商业计划书创办一家启动成本达数十亿的企业。如果你是两个孩子的单亲母亲/父亲，需要支付房租和汽车贷款，所能投入的资金并不多。对你自己诚实，对你的家庭诚实。

商业计划书的结构

利用以下问题和你完成的所有行动步骤，制定快速启动型商业计划书。
- 你如何描述你的企业？
- 你实际从事的业务是什么？
- 你的竞争对手是谁？他们的经营情况如何？
- 你的价格策略是什么？
- 你的目标顾客是谁？
- 你将如何营销你的产品或服务？
- 是什么使你的产品或服务比竞争对手的更加引人注目？
- 你获得报酬的方式和盈利方式是怎样的？
- 你的启动成本是多少？
- 前 3 个月的销售目标是什么？
- 你的盈亏平衡点在哪里？
- 前 3 个月的运营费用是多少？
- 如果企业彻底失败了，哪些东西可以变卖以减少损失？
- 还有哪些事情你没有考虑到？

一个伟大的梦想等同于一家伟大的企业

夜已深，家人在睡觉，宠物在打盹，房子里一片寂静。而在你的头脑中，一个梦想正在酝酿。

你的梦想推动着你进入了一个新世界——一家属于你自己的公司。现在你需要做的是勾画细节，让这一切发生。

你为身处商业领域感到自豪，关注自己的事业，也想让顾客关注你的事业。人们喜欢和关注自己事业的人做生意。当人们为自己出色完成工作感到自豪时，这一点就显现出来。

谁是我的目标顾客

企业的最大获益者是谁？谁来支付价格？你的目标对象是谁？他们住在哪里？他们时常出入哪些地方？他们的收入是怎样的？他们需要什么？他们从事什么工作？他们结婚了、单身还是离婚了？有没有退休？

女性顾客的数量超过男性顾客吗？顾客的平均年龄是多少？他们开什么车？衣着装扮如何？他们穿的鞋价格多高？他们使用现金、借记卡还是信用卡？他们所购买物品的价格如何？

要建立顾客描述，就要成为市场侦探员。你可以研究在竞争对手那里消费的顾客。如果是在网络上，查看哪些人"喜欢"你的竞争对手，浏览评论。查看潜在顾客的 Pinterest 网页。

不断的练习让你拥有发现潜在顾客的新眼光。永远记住，你要满足的是顾客的需求而不是你自己的需求！向顾客销售利益而不仅仅是产品或服务！

如何与顾客建立联系

当你花大把钱在网络上做广告，或者花 3 个月沿着高尔夫球场大道挨家挨户敲门之前，花些时间改善你的信息。

你计划树立怎样的形象？你想让市场如何接受你的产品或服务？你想在竞争者中占据什么样的地位？你想在什么时候、采取哪些步骤开始创业？

一旦你回答了这些问题，就可以开始设计你的名片。通过企业名称和商标让别人了解你的企业。如果你正在创办一家汽车美容公司，使用"准时高品质服务"这样的字眼。如果你计划从事房屋清洁，试试"只有光洁！"这样的宣传语。名片是廉价的记忆种子、随处可得的提醒物，是你最节约成本的广告。要确保名片上有公司网址。

设计好名片和网站之后，就可以着手调查顾客的联系方式了。他们会在教堂、学校、星巴克、足球比赛或少年棒球联赛等场合聚会吗？他们在网上一般都聚集在什么地方？他们看什么书、什么电视节目，收听什么广播节目？

你能通过博客、网站、广告牌等接触到顾客吗？你能承受的费用是多少？把该数额与最有效的沟通渠道匹配起来，最重要的是，你要有冒险精神，保持创造力。你的企业还很年轻，需要引起公众注意。

对几乎所有刚起步的企业而言，好的口碑能促使企业更加迅速地发展。现有的顾客是你最有力的营销工具,鼓励他们向别人宣传你的企业是营销企业成本最低、最有效的方式。记住,不良评论的口口相传更迅速,所以对于顾客问题要立即处理。当今的社交媒体能快速炒热你的企业,也能使你的企业像泰坦尼克号那样沉没于海洋之中。

让自己的企业始终处于公众视野中。如果你的目标顾客群聚会的话,尝试在该场合接触他们。参加他们的会议,争取发表演讲,做展示,分发名片,同时提供一些免费产品!

如果你每次都必须找到一名顾客,那么每天花几个小时登门拜访。给潜在顾客打电话,制作自己的邮寄清单。如果你使用邮寄方式,一定要进行电话跟踪。

加入当地商会。如果你足够幸运,你加入的商会将在时事通讯里留一小块地方介绍你这个新加入者。参加商会会议时,不要太急切地分发自己的名片,但随身携带以备不时之需。同时加入职业协会和一些当地网络群体。

当你与顾客建立联系时,不要忽视可能驱动销售的组织。举个例子,假设你发现有一所学校的家长们正试图为体育运动募集资金。你可以采取以下策略:制作传单让学生带回家,将由传单带来的每笔收入的 10%～15% 捐赠给资金募集团队。将这些捐赠纳入促销预算。

谁是我的竞争对手

如何找到你的竞争对手?如果零售商或者餐厅所有者是你的竞争对手,开着你的车到处逛逛,在餐厅里吃饭,在商店里买东西。如果你的竞争对手是一家当地企业,与你的朋友和邻居建立联系。

如果你正在创办一家网络企业或配送企业,在网络上建立你的社交关系,查看相关评论和信息。查看博客、其他网站、推特、领英、Pinterest 和其他在线的消费者评论(对这些评论持保留态度,因为某些公司对发布积极评论的消费者会给予一些奖励,因此要用怀疑的眼光看待这些评论)。

如果你在生产某种产品,买来竞争对手的所有产品并试用。让你的朋友使用这些产品,与你的产品进行对比。但你要意识到,只找你的朋友可能会产生偏差,因此你可能需要找其他潜在顾客进行测试。

从你的竞争对手那里可以学到什么?每个竞争对手可能都有一两个方面做得十分出色;仔细寻找这些方面,永远不要低估竞争对手的实力。你的目标是找到一个可以超越他人的领域。

一旦找到竞争对手,一定要仔细观察。他们容易找到吗?他们的广告有多显眼?在学习他们的广告策略时,你可以勾画出什么类型的顾客轮廓?他们在广告上投入多吗?他们的运营经费紧张吗?

从他们的定价中你可以了解到哪些信息?价格是固定的还是可议的?价格高还是低,有竞争力吗?哪些目标顾客会接受该价位?哪些顾客会被拒之门外?你的竞争对手了解市场吗?他们的定价结构合理吗?

你的竞争对手是专门瞄准某一特定目标顾客,还是采取广撒网的方式?描述竞争对手的目标顾客,之后描述自己公司的目标顾客,你可能会找到一个未被关注的利基市场。

哪些竞争对手是成功的？你能说出其成功的原因吗？哪些竞争对手只是原地徘徊？为什么？如果一家企业已经运作了一段时间，这家企业所有者的做法一定有可取之处。这种可取之处是什么？调查一下：他们提供了哪些顾客利益，是快速的服务、高品质的工作、免费运送货物还是低价？

花些时间与竞争对手的顾客交谈。他们感到满意吗？如果不满意，原因是什么？他们如何看待竞争？竞争折射出其怎样一种形象？顾客对价格、质量和及时性的感知如何？

即使是最成功的企业也会忽略一些东西。找出你的竞争对手所忽略的东西。他们有没有忽略某个细分市场？你能不能接触到这个细分市场？他们的广告做得随意吗？他们的服务是否有限？库存是否不足？他们的服务质量差吗？许多企业是抓住竞争对手的劣势而建立起来的。

花时间与自己所在领域之外的竞争对手交谈。市场上还存在未被填补的空白吗？如果有，你的企业的发展速度可能比预计的要快得多！

我该如何定价

找到对消费者而言重要的东西——可能是时间、可靠性、质量、便捷性、声誉、价格，也可能是这些要素的组合。学会从消费者的视角发现产品或服务的价值。回答以下问题：对你的顾客而言什么最重要？你如何用最好的方式满足他们的需求？

价格是一个关键要素。不要以为对于同样的商品你用更低的价格就能从竞争对手那里夺走顾客。这招对那些未摆脱破产命运的百货商店而言并不奏效，对你也不例外。

我的启动成本有哪些

列出创业所需的一切物品。即使这张清单将花费你一大笔资金，也不要担心。现在你正处于头脑风暴阶段，该阶段的关键是不要遗漏任何事情。拜访你的竞争对手可以让你对这张清单有更多的想法，采访一位企业主后你将在清单上添加新的内容。

你和商业人士聊天时可询问以下问题：什么软件最有帮助？启动阶段存货的成本有多少？创办这种类型的企业需要哪些物品？如果该清单过于庞杂，为每个条目加一个价格标签。

创业初期，借一切你可以借的东西。当你不得不购买时，买二手货。二手设备可能会有一些擦痕或压伤，但会为你节省 50%～90% 的费用。访问 Craigslist 和 eBay。和潜在供应商交谈，他们通常知道谁将退出生意场。从即将倒闭或升级的企业那里可以找到你需要的东西。

当你开始采购时，去大型折扣商店看看。如果某家当地公司能提供你所需的大部分物品，一定要尝试进行成套交易，并建立长期合作关系。

你还可以考虑租赁设备。随着企业成长，当设备租赁期满时，你可以考虑购买新的设备或者二手设备。租赁令你在创业初期有一定灵活性，你可以在更长时间内持有资本。现在要务实节俭。把你的创业清单分为两栏：第一栏包括必需的物品；第二栏包括"有了会更好"的物品。

查看第一栏中哪些物品是可以从家里、父母或朋友那里借来的。尽可能降低你的启动成本。你的目标是缩减开支，将更多的资金用于公司运营。许多创业者在开门做生意之前就失败了，因为他们追求拥有最新和最好的物品。在创业后期，你有足够的时间考虑这方面的问题，但你必须在开始时十分保守。

前3个月的销售目标是什么

前3个月，每个月的计划销售量各是多少？在现有资金可支撑的存货量下，你可以卖出多少产品？利用你的空余时间可以提供什么水平的服务？如果可能，你能付多少钱雇用员工？对你的新企业而言，现实可行的目标是什么？

销售目标为你提供预测变动成本的相关信息，变动成本是指随销售量变动而变化的费用。如果你出售产品或服务，需要估计售出货物的成本。

销售目标为你和你的团队提供动力，促使你们关注每个月的目标。当一个月结束时，比较实际销售情况与你的初始销售目标。你达到目标了吗？如果没有，原因是什么？你超出销售计划的25%了吗？为什么？哪些措施被证明有效，哪些无效？哪些产品被卖出？哪些产品是有利润的？哪些人在购买？对此进行评估后，你要确定下一个月如何改进。

为了制定合理的销售目标，注意以下三个因素：

1. 营销项目的规模：你计划开展大范围的营销活动吗？你会给朋友和邻居打电话，期望他们口口相传你的产品吗？在这方面你将投入多少精力？开始时你会辞职全身心投入创业，还是会保留现有工作？如果你还在上学，你会退学吗？

2. 在其他不构成竞争的地区从事类似行业的创业者的经验：在创业者A所在地区，他必须投入多少努力才能实现100美元的销售额？

3. 提供产品或服务的能力：企业经营需要具备什么条件？如果定制一张桌子所需的材料费为500美元，而你此时只有500美元，那么你就只能一次定制一张桌子。

我们假设你利用业余时间开展汽车美容业务，装饰一辆汽车需要3小时。此外，对于每辆车而言，前期准备工作大概需要1小时。你每周的最高销售量取决于完成全职工作后你可以用于创业活动的时间。如果你每周可以投入24小时，你的潜在毛收入将会是：

24/4＝6（辆）（每周最高销售量）

每辆车收费＝120（美元）

6×120＝720（美元）（每周潜在毛收入）

列一份朋友和亲戚的名单，看看他们中有多少人需要汽车美容服务。他们希望汽车美容服务的频率是多少——每月一次、每季度一次还是每年一次？列表完成后，你发现72个潜在顾客，但实际上可能只有18个顾客。对你的企业而言，这已足够。

作为一名明智的创业者，你得知道前几笔业务会比以后的业务花费更长时间。你是新人，正在学习如何做生意，所以你必须尽力达到一流的水平，这样你才可以期望顾客向别人推荐你的企业。你有 4 个潜在顾客每个月做一次汽车美容，有 6 个潜在顾客每季度做一次。从这 10 个潜在顾客开始，你的企业正在起步中！

任务清单

现在你有了一份完整的计划书，剩下的就是坚持到底。下一步是完成你的任务清单并开始行动。你需要这份清单，至少出于以下三个原因：
1. 它提供遵循的步骤。
2. 它使你锁定目标。
3. 它提供现实的目标。

轮到你了

对任何企业和商业计划书而言，关键是你对目标顾客需求和盈利需求的理解程度。找到一个市场空白，打败你的竞争对手。

先阅读"是的，我们擦洗窗户"商业计划书，然后整合你已经完成的所有行动步骤，接着撰写你自己的快速启动型商业计划书，你将成为你心目中的创业者。

一旦你有了自己的快速启动型商业计划书，把它带在身边，经常回顾，并持续修改。记住，尽管这是我们的路线图，但我们的社会正在迅速发展并充满变数！

在公司运营的前几个月里，利用商业计划书确保企业处在正确的发展轨道上。当公司运营 3 个月后，将快速启动型商业计划书作为未来 9 个月运营的启动平台。为新创企业的第二年撰写一份完备的商业计划书。

愿这份付出了艰辛、汗水和大量时间，充满冒险、创造力和激情的商业计划书，带领你走向成功。

祝贺你！请继续努力！

是的，我们擦洗窗户

快速启动型商业计划书

1. 企业描述
2. 竞争和我的优势
3. 目标顾客
4. 市场营销计划

5. 定价
6. 启动成本
7. 销售计划和费用（3个月）
8. 任务清单

1. 企业描述

清洁窗户，让房屋主人享受家的舒适，保护他们的投资，利用环境友好、不含香精的产品提升顾客拥有房屋的自豪感。

家是一个人最昂贵的投资。现在，我的目标市场中的许多家庭都是双职工或者单亲家庭，这些家庭的主人很少有时间或意愿自己清洁窗户。

2. 竞争和我的优势

我所在地区的电话号码黄页中共列有5家窗户清洁服务提供商——3家特许经营加盟商和2家独立运营的一人店。通过给我的竞争对手打电话、与潜在顾客交流的方式，我进行了一次市场调研，结果显示：在本地区，有另外一家专业窗户清洁公司生存的空间。

对于顾客的电话，有的服务提供商没回复，有的十分不礼貌，有的不能提供电话报价。调查显示，根据以前用户提供的资料，有3家提供商不是十分可靠。尽管如此，有1家独立运营的一人店十分可靠，这家店将会是我的主要竞争对手。因为有足够大的市场，同时为了不蚕食他人的业务，我尽量不与这家店在同一社区里竞争。

调查显示，竞争对手提供的窗户清洁服务和定价都很相似。因此，我决定不在价格上与他们竞争，而是致力于提供卓越、及时、有保证的专业服务。许多窗户清洁服务提供商经常短时间内进入、退出该行业，没有树立起专业形象。因此，我计划不论何时都表现出专业水准：一直穿着印有公司名称和图标的干净T恤；驾驶印有专业标牌的洁净卡车；擦洗窗户时，在院子里摆放专业标记；我会使用环境友好型产品，当地竞争者中没有一个使用这种产品。

调查还表明，有几个竞争对手不清洁窗台和凹槽，因此我会把这些服务加到业务中。此外，所有纱窗都会被拆卸下来进行清洗。我们会向顾客收取这些额外服务的费用。

评估竞争对手让我明白了自己的创业优势。我将亲自负责所有的工作，因此可以边工作边收集顾客数据。许多顾客提到，他们不太喜欢每次由不同的人上门服务。在接下来至少6个月中，我都将亲自提供服务，这将成为公司起步时的竞争优势，也是我创业初期的营销重点之一。

随着员工的增加，我会将这些员工介绍给顾客，并在开始阶段与他们一起工作。我们邻里住得很近，因此我可以每天检查员工的工作，以保证连续性和高品质。

家是私人领地，是一个人忙碌一天后休息的地方。人们不喜欢家里有陌生人。我计划在找到合适的员工之后才拓展业务。

我的业务有两个"必须"：（1）报价必须稳定；（2）以顾客为导向，必须在一定时间内回复电话，尽可能快地回复电子邮件。我希望向顾客展示这样一种形象：我们的目标是使您满意。我们致力于为您的家提供服务，让您家的窗户一直闪亮。

3. 目标顾客

我现在专注于10个较大的细分板块，每个细分板块有大概5~7种楼层平面图。当顾客询价时，我可以根据他们提供的房型信息快速提供估价。

我的主要顾客是双职工家庭或女性主导的、有 1～2 个小孩的家庭。顾客主要是该区域的中上阶层，收入为 100 000～150 000 美元。对于这些顾客来说，闲暇时间很宝贵，主要用来娱乐。房主大多驾驶小型 SUV 或者轿车。房主对自己的家有自豪感，并十分关心邻居的居住条件。

4. 市场营销计划

- 我将保持高曝光率和专业形象。每周清洗我那印有蓝字的白色卡车，卡车上的所有标志都会处于良好状态。同时，我的设备和梯子也会处于完好状态。
- 我的所有广告都将使用海军蓝和白色。名片为蓝底白字，名片反面是公司服务列表。我的目标是每发出一张名片的同时拿回一张他人的名片。这些名片上的信息会被立即输入我的数据库，为今后的营销活动做准备。
- 我的工作服包括印有海军蓝图标的白色 T 恤、海军蓝裤子和白色球鞋。
- 所有工作设备都会经常维护，处于良好状态，在任何时候都展示公司的专业形象。
- 我承认我必须同一些非法经营的个人竞争，他们的出价通常比有声誉、担保和营业执照的窗户清洁公司低 20%～40%。我的挑战是将这劣势转为优势。因此，我会向客户展示营业执照的复印件、保险和担保的证明。此外，我的保险公司提供了详细描述使用非法经营、无执照业务的可能财务和法律后果的申明，我把申明附在每份报价单的后面。我还为服务区域的邻里提供参考意见。
- 前 3 个月，我每周会花 3～4 小时走访邻里社区，宣传公司服务。同时，当我穿着制服在周末走访邻里时，期望碰到一些正在院子里干活或同孩子玩耍的人，并和他们交流。我会送出小型车载的环境友好型玻璃清洁器。当人们开门回应时，我会继续进行市场调查，询问人们以下问题：您过去使用哪家公司的服务？他们的服务中您喜欢哪些、厌恶哪些？您期望获得哪些增值服务？
- 我会注册网站域名，在线计算器可为潜在顾客快速提供估价。此外，网站上还会有一个日程安排表。我打算分别在 PayPal 和 Square 两个支付网站注册账户，来接受网上支付。
- 在提供服务后的 24 小时之内，我会联系每位顾客并及时解决任何问题。因为我相信口碑是最好的营销工具，我会尽最大努力使顾客满意。在完成第一次窗户清洁工作后，我会在感谢邮件中附上顾客房屋的照片。顾客也许会把这些照片发布在网上并发表一些评论。
- 我会每隔 3 个月联系顾客一次，以开发长期顾客。
- 当我清洁窗户时，带有联系方式的公司标志会展示在顾客的房屋上。
- 我会在目标社区协会的时事通讯和网站上做些小广告。广告费不是很贵，且直接针对目标顾客。希望他们上网查询报价或给我打电话。
- 我会每个月为我女儿所在的私立学校提供一次免费的窗户清洁服务，也许家庭教师协会的报纸上会提及我所作出的贡献。
- 我还会加入非常成功的世界商讯机构（BNI），这个社交团体每周聚会一次。所有的成员都必须宣传其他成员的业务。

5. 定价

定价竞争激烈，我的定价将会十分接近主要竞争对手。我不会和非法经营者进行价格竞争。

窗户清洁的基本项目	收费
里窗和外窗/轨槽/窗台	
普通	每扇窗户 4~8 美元
滑动玻璃门	每扇门 5 美元
法式门	每扇门 7 美元
纱窗	每扇纱窗 1 美元
镜子	每面 4 美元
枝形吊灯	根据要求报价
汽车窗户（里面和外面）	一般轿车 10 美元，SUV 20 美元
每个家庭的平均费用	120~150 美元

6. 启动成本

单位：美元

保险（汽车和企业）	700
卡车*	
保证金（原价）	750
梯子	350
法律咨询（1 小时）	150
簿记咨询（2 小时）	100
供应品	300
卡车标志	295
广告	1 000
联网/有调度器的手机	500
每个月邮政通信费用（第一和最后一个月）	40
商会（入会费）**	300
虚拟公司名称	85
营业执照	155
二手桌椅	375
供应品和文件系统	50
电算化会计和计费软件***	195
银行账户（记名支票）	125
估计总启动费用	5 470

* 我现在拥有一辆 2010 年生产的白色福特卡车，性能非常好（未付款）。

** 商会的入会费是每月 80 美元。

*** 现在拥有电脑和打印机。

7. 销售计划和费用（前 3 个月）

我计划前 3 个月每周工作 6 天，周一至周五完成窗户清洁工作，周六做些市场营销活动和管理工作。我预计第 1 个月可以完成 20 笔窗户清洁业务，第 2 个月和第 3 个月分别是 30 笔和 40 笔，平均每笔业务创收 135 美元。

表 A—1　　　　　预计损益表——"是的，我们擦洗窗户"　　　　单位：美元

销售目标和费用			
	第 1 个月	第 2 个月	第 3 个月
销售额（1）	2 700	4 050	5 400
费用：			
汽油（2）	400	500	600
保养（3）	160	160	160

续前表

	销售目标和费用		
	第1个月	第2个月	第3个月
保险（4）	125	125	125
电话（5）	100	100	100
广告（6）	200	400	600
供应品（7）	200	300	400
信用卡（8）	300	300	300
社交午餐	80	80	80
邮政通信费用	40	40	40
其他	200	400	600
费用总计	1 805	2 405	3 005
毛利润	895	1 645	2 395

表 A—1 的假定：

1. 每位顾客 135 美元（第 1 个月 20 笔业务，第 2 个月 30 笔业务，第 3 个月 40 笔业务）。
2. 汽油（第 1 个月耗用 400 美元，第 2 个月 500 美元，第 3 个月 600 美元）。
3. 保养——主要是备用轮胎、修理和机油费，每周 40 美元。
4. 汽车贷款和企业负债，每年 1 500 美元。
5. 苹果手机费用（目前拥有的手机）。
6. 在协会时事通讯、网站和广告牌上做广告的费用大概是 200 美元。
7. 每件大概是 10 美元。
8. 初期费用的信用卡还款（手头现金花费 4 000 美元，透支消费 3 000 美元，我打算在年底前还款）。

8. 任务清单

（1）和有经验的窗户清洁员聊天，确认我的想法并收集新的想法。

（2）保持井然有序。

（3）选择公司名称。

（4）申请虚拟公司名称。

（5）确定服务的特定地理区域，在网站上的报价部分公布房型及其窗户和门的数量。

（6）建立 PayPal 账户和 Square 账户，这样我就可以通过手机接收信用卡付款了。

（7）调查几家银行的收费和服务情况。开设企业存款支票账户。

（8）寻找、评估并选择供应商，预订初期供应品。

（9）查看城市和县有关办理企业营业执照的规定并递交申请。

（10）申请联邦雇主身份识别号码——所有雇主都需要申请。

（11）寻找一家保险代理公司，购买一份保险。

（12）开一次会，邀请会计/簿记员参与，让其协助安装 Quicken 财务管理软件。

（13）在协会时事通讯和网站上发布广告。

（14）加入一家折扣批发俱乐部。

（15）订购名片、门上悬挂牌、感谢笺和院子标志等。

（16）设立邮政信箱。

（17）记录每天所有的收入、支出和利润。

（18）和律师讨论一小时，确定是否有需要考虑的法律问题。

（19）和朋友、亲人交流；鼓励他们通过社交媒体宣传我的企业。同时我也在自己的脸书和领英账户上宣传。

（20）订购汽车上的磁性标志。

（21）购买会计软件和计费软件。

（22）安排有关保证金的事宜。

（23）获得《小企业税务指南》（Tax Guide for Small Business）（美国国内收入署出版物334号）。

（24）获得《初创企业的纳税人》（Taxpayers Starting a Business）（美国国内收入署出版物583号）。

（25）获得美国国内收入署小企业税务日历。

（26）加入国际窗户清洁员协会。

（27）开发网站和社交媒体计划。

（28）完成快速启动型商业计划书。

（29）开始清洗窗户！

提前完成的额外的行动步骤：

（1）完成市场调研。

（2）分析个人财务状况。

（3）减少所有个人/家庭开支。

（4）获得信用评分信息并处理存在的问题。

（5）分析健康、汽车、债务和商业保险需求。

（6）将信用卡的额度从5 000美元提升到10 000美元。

附录 B
安妮公司商业计划提案

安妮公司的联系函

在海洋世界经营特色巧克力和糖果特许经营店的商业计划提案

安妮公司
棕榈树路 27898 号
埃斯孔迪多，CA 92677
2012 年 10 月 1 日

海洋世界
珍妮特·威尔克斯女士
海洋世界大道 2 号
圣迭戈，CA 92888

亲爱的威尔克斯女士：

很高兴向您提供有关在海洋世界经营巧克力和糖果特许经营店的商业计划提案，该店计划于 8 月份开张。我们在圣迭戈有 17 年的零售经验。作为最大巧克力和糖果供应商之一，我们一向享有盛誉，相信安妮公司会为海洋世界锦上添花。

安妮公司积极地为国内和国际游客提供在圣迭戈最好的巧克力和糖果商店购物的机会。海洋世界作为圣迭戈地区历史悠久、运营成功的旅游景点之一，将为安妮公司提供拓展业务的绝佳机会。

我们公司自筹资金，资产负债状况良好，能在不需要外部融资的情况下在海洋世界扩大业务范围。因此，一旦我们的商业计划书被接受，我们能在 8 周内开张。

在看过我们的商业计划书之后，如有任何问题，请随时联系我们。我们期望与海洋世界建立长期互利合作的关系。

此致

凯西·约翰逊
安妮公司总裁

安妮公司的商业计划提案

商业计划书内容

执行摘要
管理和人员配置
　零售经验和历史
　管理层
　人员配备计划
　退出策略
商店概述
　建筑平面图
　建筑面积
　商品的视觉展示
　产品
　定价
市场营销
　零售趋势
　客户服务哲学/规划
　市场营销计划
商店运营
　仓储
　物流和交货频率
　设备维护计划
财务管理和金融
　内部控制系统：销售和现金收据
　内部控制系统：存货和应付账款
　预计租赁收益和年度最低保证
　预计资本投资
　预计年收入和现金流量表
附录
　　注：由于本商业计划书用于在海洋世界运营一家虚拟特许连锁商店，因此重点在于商店运营、经验和产品。地点被明确界定，市场营销主要局限于店内促销，同时也只考虑与其他特许经营店之间的竞争，但这些特许经营店都不是直接竞争者。

执行摘要

安妮公司专卖店将作为海洋世界的特许经营者专门销售高品质巧克力销售和糖

果。安妮公司旨在为顾客打造愉快有趣的购物场所——高档但不失休闲氛围，同时为员工提供舒适的工作场所。我们以提供高品质、新鲜的产品和亲切的顾客服务著称。安妮公司的所有者希望人们在这里能获得兴奋的体验并愿意再次光顾。我们以顾客为导向，也喜爱零售这个行业。

在过去17年里，作为糖果零售商，我们一直很成功，可以自信地说，在散装糖果、巧克力销售和糖果礼品包装方面我们做得很好。几乎没有其他商家能像我们提供上百家生产商的糖果，以及许多独特的品种供顾客选择。正因为选择范围广，安妮公司能提供不同价位来满足大多数顾客的需求。您的顾客也会考虑购买我们的糖果和巧克力作为一份理想的礼物。

我们对其他销售商进行详细调查后，才决定在海洋世界开展糖果特许经营。我们的理念是安妮公司与其他商家形成互补而不是抢占市场。糖果被认为是一种"上品"，一种游客和家庭在度假期间乐于消费的产品。许多游客离开海洋世界时都会经过我们的商店，购买一些甜食。

只要海洋世界接受我们的商业计划书，我们就可以在8周内开业。良好的资产负债状况和充裕的现金使我们能够迅速行动。在海洋世界分店开业之前，安妮公司其他分店会认真培训海洋世界分店的员工。在开业那天，我们的员工将向海洋世界的顾客提供最棒的顾客服务。

我们创造性的商店布局设计可以在同一时间容纳大量顾客，在每天最繁忙的时候有两台收银机。开店17年以来，我们不断完善商店布局以最好地服务于顾客以及员工。

我们相信，凭借丰富的销售经验、良好的资产负债状况、在整个南加利福尼亚地区的良好声誉，以及美味的巧克力产品，我们商店的加入会使海洋世界增色不少。

管理和人员配置

零售经验和历史

安妮公司1995年成立以来，在散装糖果和巧克力领域十分成功。公司销售美味盒装巧克力和松露，并且拥有国内外产品线，生产无糖和无麸质产品、新奇和怀旧的糖果，出售水果干礼物、美食礼物、礼物篮、符合犹太教教规的糖果、罕见的糖果品种、季节性商品，以及与食品套装产品互补的相关礼品。在南加利福尼亚，安妮公司以拥有最多、最全的糖果产品而著称。

这些年，我们为超过2 000种库存单元（SKU）找到了最好的供货来源。我们不仅知道去哪里以及如何购买商品，还了解在合理定价下每个品种的营业额、储存期限和毛利润。我们知道如何购买大批量或小批量商品，这取决于糖果品种、天气、商店位置和处于一年中哪个时间点。我们知道哪些供应商能够控制运输成本、包装时不会造成太多损坏。我们从许多分销商和制造商中选出最好的。我们也会选择出色的供应商，如Lindt，Joseph Schmidt、Asher's、Ghiradelli、Goelitz和Laymon等。

尽管在商店里员工会在巧克力中加入草莓和其他新鲜水果或蜜饯、奥利奥饼干、椒盐脆饼、爆米花和妙妙熊软糖等，但安妮公司销售的巧克力都不是自己生产的。有时，为了迎接假日或特殊活动，员工会制作一些礼品篮，顾客从观看礼品篮制作过程中获得许多乐趣，并会购买一些很不错的礼物。

我们在南加利福尼的5家商店包括Dana Point，Carlsbad，Fallbrook，Escondido以及San Diego。我们每隔一年就会用自有资金新开一家店。所有商店都处于盈利状态，在职人员超过30名。

安妮公司于1995年在加利福尼亚州的埃斯孔迪多作为一家有限责任公司成立。主要创始人兼经理是凯西·约翰逊（Casey Johnson），她的三个成年子女——特洛伊（Troy）、萨曼莎（Samantha）和马克斯（Max）——在企业的管理和日常运作中都扮演了重要角色。安妮公司拥有服务标志和商标。

管理层

1. 凯西·约翰逊（见简历）13岁时开始在她阿姨15 000平方英尺的零售商店工作。在这个历经三代的企业里工作多年后，她学到了成功经营一家零售企业的诀窍。

凯西在几家零售联营企业工作过，比如西尔斯（Sears）和盖普（Gap）。她在圣巴巴拉加州大学（University of California in Santa Barbara）获得经济学学士学位。为别人打工20年后，凯西在1995年成立了安妮公司。如今，凯西还在几所大学担任客座讲师，也时常在零售协会的会议上作为嘉宾发言。

2. 特洛伊·约翰逊现在担任现场经理。他负责监管存货水平、制定人员配备计划、处理每天的运营问题，并管理人事工作。他曾在奶酪蛋糕厂做过几年倒班主管。安妮公司成立后，特洛伊就积极参与到各方面事务中。

3. 萨曼莎·约翰逊是印第安纳大学英语专业的毕业生，她帮助设计安妮公司所有的运营手册。她在贺曼（Hallmark）、凯马特（K-Mart）和诺德斯特龙工作过，有6年的零售经验。萨曼莎带来了大量培训方法、商店布局和设计方面的信息。她同时负责所有广告和社交媒体方面的事务。

4. 马克斯·约翰逊毕业于加州大学河滨分校（UC Riverside）信息管理专业。他主要的工作是电脑操作和信息系统管理。他协助所有新店的启动工作。

如果能获得海洋世界的特许经营权，凯西会监管新店所有的日常运营活动。特洛伊将在凯西的指导下进行现场管理，并直接向凯西汇报工作。其他的公司员工也会参与现场管理，提供支持。马克斯会协助商店的启动工作。我们还会招募并培训分别在白天和晚上工作的收银员。

人员配备计划

1. 运营组织框架的建议：
（1）凯西：负责全面运营和特许经营权的管理。
（2）特洛伊·约翰逊：负责现场管理、24小时管理和特许经营权的监管。直接向凯西汇报工作。
（3）凯西、特洛伊和萨曼莎：负责咨询和支持。
（4）白天收费人员（待招募），直接向特洛伊汇报工作。
（5）晚上收费人员（待招募），直接向特洛伊汇报工作。

(6) 开业之初将招聘至少 6 名销售人员。

2. 人员配备：2 名员工负责所有时间段的顾客服务。在旺季，将安排 3~4 名员工。这个数字包括收银员。

3. 简历：见商业计划书附录。

退出策略

在未来 5~10 年内，凯西·约翰逊和她的孩子们将把安妮公司作为家族企业继续经营下去。在此期间，凯西计划逐渐退出日常运营活动，将业务交给孩子们。这家公司设立的目的就是为全家人提供舒适的生活。每个孩子都喜欢从事零售业，并将设立和经营新的商店视作商业活动中令人兴奋的事。凯西和她的家族希望在未来 5 年里将安妮公司的规模扩大到 10 家店面。

商店概述

建筑平面图

一个吉尔德利（Ghirardelli）巧克力塔架放在靠近前窗右边的位置，靠近左边窗户的地方会放置一个直立吸管架。这些装置可以移到其他地方。橱窗展示将会季节性地推出，并保证外面的顾客能看清店里的情况。当顾客一走进店里，迎面就是一个 8 英尺高的巧克力玻璃陈列柜，陈列着软糖、山核桃卷、英式太妃糖和类似的巧克力产品。在陈列柜两边摆放着各种包装糖果。

商店有两面墙将装上玻璃。右墙的低处将放置 Jelly Belly 糖果的自动售货机。在自动售货机上面将错落地放置一些玻璃货架展示礼品。沿着后面的墙将放置一些散装糖果柜。柜顶上将安装霓虹灯。穿过散装糖果柜，在服务台的后面，在高层货架上将摆放新奇糖果和装满太妃糖的容器。

左墙将放置开放式货架，最高的有 36 英寸，用来陈列盒装巧克力。在这些架子上将错落地放置一些玻璃货架以展示礼品。左墙的中心位置将设计一个 8 英尺高的板条墙，用来悬挂一些包装产品。

服务台设在商店中心位置。在服务区域的左右两边各有一个 6 英尺长、36 英寸高的扁平玻璃陈列台。左边摆放无糖巧克力，右边摆放软糖和其他散装巧克力。在中心区域可包装巧克力、制作礼品篮等。在服务台的两边各有一台收银机和一台电子秤。

商店后墙的背面按要求设有洗手池、三盆水池、拖把池，摆放了热水器、微波炉、小型冰箱和货架。该区域估计有 140 平方英尺。

建筑面积

商品设备的摆放需要将近 250 平方英尺。每个品类的占地面积如下：

1. 散装糖果：84 平方英尺；

2. 散装巧克力：38 平方英尺；
3. 可食用礼品：66 平方英尺；
4. 无糖/无脂肪产品：15 平方英尺；
5. 不可食用礼品：10 平方英尺；
6. 新奇糖果：37 平方英尺。

但是由于货架有多层，因此产品实际占用的百分比会有很大不同。比如，右墙区域将有 22 平方英尺放置 Jelly Belly 糖果的设施；但在这些设施上面还有 4 层玻璃货架，每层面积将近 15 平方英尺，用来摆放礼品。据估计，全部收入的 90% 将来源于一般食品和可食用礼品，不到 10% 来源于不可食用礼品。过道将有 5 英尺宽，能让轮椅、背包客通过，也让顾客更舒适地走动。

详细平面图见附录。

商品的视觉展示

五彩缤纷的糖果世界总是有助于产品展示和商店设计。商店的销售和装饰会反映出一整年所有的假日和季节，比如，万圣节、感恩节、光明节、圣诞节、情人节（最甜美的节日）、圣帕特里克节、复活节、母亲节、毕业日、纪念日、独立日和劳动节。商店会特意调整色彩和装饰，以配合节日的气氛。玻璃纱和其他美丽的丝带将用来装饰包装和展示品，礼品包装纸也将更换。

此外，我们想和海洋世界合作推出顾客定制产品来突出海洋世界的一些特殊大型活动，如"极点到极点的快乐奔跑"和"仲夏夜"。

除了周转率非常高的产品和常用的产品之外，我们很少大量购买某个品种。相反，许多品种都以小批量买进，因此能向顾客提供更多的产品选择，同时使公司有能力引进新的产品并时常更换展示品。最重要的是，这保证了产品的新鲜度。

推销主题中包括独特的礼品品类。有时，公司会自己设计不一样的礼物。比如，员工会在小型洒水壶上画上向日葵，放入绘有向日葵的大提琴包，在包里装满散装柠檬糖，把丝绸制成的向日葵系在玻璃纱蝴蝶结上，或者附上一个小型毛绒物件或带有向日葵按钮的洋娃娃。安妮公司在复活节出售的所有礼品篮都是按照顾客要求定制的。

散装巧克力（包括无糖产品）都在巧克力专柜出售。这些年来，公司识别出那些需求量高的产品，以及能生产出最佳产品的制造商。安妮公司知道谁能生产出最好的软糖、最棒的蜂巢和最好的乌龟糖等。

散装糖果柜布置得五颜六色，顾客很喜欢这些装饰——同时也产生了不错的收入。糖果柜按照糖果的品种（如甘草糖、酸味糖、橡皮糖和无糖糖果等）摆放。糖果柜有将近 10% 的空间分配给需求量低的糖果，比如苦味糖果和 Bit O' Honey。安妮公司相信通过提供这些通常难以找到的产品品类能帮助公司保持竞争优势。

商店里的单个货架可能按照不同的主题摆放商品；比如，全是与海洋有关的礼品，全是送给老师的礼品，或者全是包装水果干。再如，某个特定货架可能会以鲸为主题，摆放装满黑色和白色 Jelly Belly 糖果的画有鲸的马克杯。产品展示会经常更换，这样我们的顾客才不会觉得乏味。

产品

附录中列出了我们销售的部分产品,并按照品类排列。不是所有的产品在任何时候都有售;一些新的公司如 Joseph Schmidt 每年都有新的季节性包装,并频繁地更换其产品线。安妮公司对保持市场领先地位时刻保持警醒。

主要有 6 种商品品类:
1. 自助式商品柜中的散装糖果;
2. 巧克力盒中的散装巧克力;
3. 包装好的可食用礼品(盒装巧克力、装满糖果的马克杯等);
4. 无糖/无脂肪产品(商店内各处都可以找到);
5. 不可食用礼品(有收藏意义的长绒毛熊、糖果碟、糖果罐等);
6. 包装好的新奇糖果(War Heads 和 Pop Rocks 等)。

数量估计:
1. 散装糖果:175 箱,包括 18 箱太妃糖和 54 箱 Jelly Belly 糖果;
2. 散装巧克力:500 块,且各不相同;
3. 可食用礼品:500~600 种产品;
4. 无糖产品:100 种产品;
5. 不可食用礼品:200 种产品;
6. 包装好的新奇糖果:300~400 种产品。

定价

现在大多数包装产品和礼品的定价可以使我们获得 39%~42% 的利润,这可以通过监控电脑里的每张发票得知。平均票面金额有所提高,这可能是因为顾客觉得自己有能力购买更多。顾客现在更开心,产品周转率更高,店与店之间产品调转的问题也明显减少。

估计定价区间:
1. 散装糖果:1.79 美元(每 0.25 磅);
2. 散装巧克力:2.98~4.98 美元不等(每 0.25 磅),平均 3.98 美元(每 0.25 磅);
3. 可食用礼品:1~150 美元不等,平均 10~30 美元;
4. 无糖/无脂肪产品:和上面三项的定价相同;
5. 不可食用礼品:1~150 美元不等,平均 10~30 美元;
6. 包装的新奇糖果:0.99~25 美元不等,平均 1~3 美元。

市场营销

零售趋势

为了解最新零售趋势,安妮公司经常参加以下贸易展会:

1. 国际优质食品展览会（The International Fancy Food Show）——每年 2 次；
2. 费城糖果展览会（The Philadelphia Candy Show）；
3. LA 礼品展览会（The LA Gift Show）；
4. 丹佛礼品展览会（The Denver Gift Show）；
5. 绿洲礼品展会（The Oasis Gift Show）；
6. 纽约礼品展览会（The New York Gift Fair）；
7. 西雅图咖啡节（The Seattle Coffee Fest）。

安妮公司还订阅了贸易杂志，并同销售商和顾客保持联系。安妮公司的员工经常拜访所有的竞争对手，以监测其定价并寻找新产品类别。

客户服务哲学/规划

安妮公司的顾客服务目标是尽可能以最有效率、令人愉快的方式满足顾客需求。员工应该做所有可能的工作，使购物对消费者而言变得简单。这可能意味着把商品包在泡沫袋中以避免商品损坏，帮顾客拿东西，或者处理特殊订单。

退货过程也应十分高效、令人愉快，且员工不会提出任何疑问。顾客可以选择更换商品或退货。填完退款/投诉表之后，所有员工都有权力处理退货，这样一来，可以保证顾客需求能得到及时处理。

顾客总是十分匆忙、时间紧迫，所以希望其购买过程能快速完成。这就需要员工训练有素、了解商品、乐于助人、友好且有礼貌，尤其在面对压力时。安妮公司有时会雇用秘密买家，根据其对购物过程的反馈来指导员工。不论何时，安妮公司都可以从老顾客、其他企业的员工、业务熟人和朋友那里获取对员工行为的反馈。安妮公司的名片一直放在柜台上，以便顾客通过电话或邮件联系。

员工接受以下顾客服务理念的培训：
1. 当顾客进商店时，一定要及时打招呼。
2. 提供帮助，但当顾客想独自购买时，尊重其意愿。
3. 始终保持微笑。
4. 不要忽略或冷落顾客。
5. 顾客在店内时，员工之间不要相互交谈或聊天。
6. 不要说任何顾客的坏话，尤其是当着其他人的面，即使是下班之后也不允许。
7. 不要抱怨任何事情，或者与顾客谈论私人问题、宗教或政治问题，有顾客在店内时员工之间也不要谈论这些事情，下班后或者远离工作场所可以谈论。
8. 处理一笔交易时，尽量不要离开该顾客。
9. 高效且令人愉快地处理退货或投诉。永远不要争论。倾听顾客的意见。尽可能当场解决问题。
10. 总是不忘说：谢谢您。
11. 在工作期间不要打电话或发短信，在休息时或在店外才可以。
12. 顾客才是你真正的老板，因此一定要给予他们相应的待遇。

为了使员工更加熟悉业务，员工会接受有关糖果和巧克力的培训，还会接受关于如何包装礼品、系蝴蝶结、制作礼品篮、处理特殊订单和收费等方面的培训。他们也要接受正确处理现金交易的培训。此外，所有员工都要知道如何处理发货单上的货物和产品定价问题。

员工统一着装，要求戴白色围裙、穿印有安妮公司蓝色标识的红色衬衫和海军短裤，佩戴姓名铭牌。

市场营销计划

1. 娱乐零售：大多数顾客发现，只是浏览商店也很有趣。员工在顾客能看见的地方制作巧克力草莓、焦糖苹果和其他商品。顾客喜欢看员工用模具制作各种巧克力产品，比如复活节兔子等。顾客还喜欢观看礼品篮的制作过程。
2. 员工经常装扮成 Jelly Belly 先生的模样，在万圣节扮成女巫的模样，或是在复活节扮成复活节兔子等。
3. 采取限量销售的方式开展促销活动。

商店运营

仓储

商店里储存食品类产品，储藏室储存非食品类产品。储藏室面积不够大，放置没有密封在罐子或玻璃瓶中的食品不卫生。如果温度过高，则几乎不可能进行充分的害虫防治。在散装糖果柜、巧克力柜和服务台下方也有储存柜。此外，水池附近也有有限的储存区域。

在不忙的时候或非营业时间，员工会补充散装糖果和其他产品。每个糖果柜都是可移动的，且可以用另一个装满糖果的柜子替代。每天在顾客较少时，员工会做一些定价和储存工作。在旺季，比如圣诞节、情人节和复活节，我们会多雇用一名员工来调整商品价格、补充货架。即使有条形码，我们也会对所有产品品类分别定价。

安妮公司的所有者觉得有必要另租一个储存场所。如果是这样，我们还需要雇用一个兼职仓库管理员，负责货物运输和在货物运到商店之前为产品贴价格标签。需要注意的是，天气炎热时，商品只能在晚间运输。

物流和交货频率

1. 新产品的运输安排：大部分产品由 UPS 或者类似的运货公司送货。UPS 可以每天送货。货物运输量通常不大，现场经理会负责运输的协调工作。大批量货物运输大概每 10 天一次，并且不得不运往店外储存场所进行处理。大部分生产商在周一或周二用 UPS 发货，这样产品就不会在 UPS 的仓库里滞留整个周末了。
2. 现场库存的补充：我们会为一直供应的产品（比如麦芽球）设立标准水平。至少每周下一次订单，如果有必要就多下一些订单。季节性的产品只在周转迅速且很快售完的情况下才补充。在节假日后期不可能订到替代的糖果。当商店出售圣诞节糖果时，生产商已经在处理情人节的订单了。

设备维护计划

1. 维护和维修政策：对冷冻巧克力盒和冰箱都实施预防性维护计划。所有维修活动都会及时、按需要进行。
2. 清洁的频率：员工每天清洁玻璃货架几次，拖地几次。每个月会对地面进行一次专业清洁。窗户一周清洗一次，每天都会简单擦拭。商店每天除尘。目标是：商店时刻保持一尘不染。
3. 垃圾处理：每天至少倾倒 8 次垃圾，有时次数会更多。
4. 设备、展示、家具和地毯的更换：在租期内这些设施预期都不会进行更换。如果有这样的需求，则进行相应更换。

财务管理和金融

内部控制系统：销售和现金收据

1. 电脑记录——使用两台电脑零售终端，能够通过库存单位记录销售情况。所有产品适用收银机；收银机有加密程序，能够持续计算，不能重新设置。每天营业开始和结束时收银机的读数都会有一个记录。
2. 销售情况会被记入以下五项：
散装糖果（自取式）；
巧克力/糖果（所有其他食品或包含食品的品类）；
非食品类礼物；
礼品券；
运输成本。
3. 交易可以使用现金、借记卡和信用卡等支付方式。不接受个人支票。借记卡/信用卡可使用两台终端中的一台进行电子授权和记录。所有交易会记入电脑终端。
4. 在每天营业结束时，从收银机上取下日记账（Z 带）并和现金票据放在一起。每台收银机中留 200 美元，店内留 300 美元。每天早上，特洛伊·约翰逊或者他指定的人将这些钱存入银行。
5. 日记账中的信息将被整合进每周的销售总账。每周末，每周的销售总额会记入当月的销售总账。所有的 Z 带或其他与每天毛/净销售额相关的纸质交易单（无效表、退款表、现金付讫收据、员工折扣收据、信用卡批量提款单和存款单等）都会附在一起，按月放在储藏室中。
6. 周和月记录会传真给注册会计师，由其负责制作月财务报表。原始的 Z 带和其他纸质交易单将提交给注册会计师，用来准备年度审计报告。注册会计师返还这些文件之后，原始 Z 带和报表将放进储藏室。
7. 负责每年审计的注册会计师会每半年查看内部控制系统一次。
8. 只有顾客退款、无效交易额（经过证实交易过程中员工出错）、货物运送给顾客时发生的运费（只收取顾客实际运费），以及公司员工折扣才能冲抵销售总额。

9. 安妮公司的员工在所有日常购物中享受30%的折扣，在平安夜和复活节享受半价优惠。所有员工购物金额需要由管理人员输入收银机。销售收据将由经理和员工同时签字并和日常现金收据放在一起。如果经理不在，交易会被标记，员工稍后付账。不允许员工自行将其购买金额输入收银机。

10. 海洋世界的员工在进行不低于5美元的购物时可以享受10%的折扣。员工必须身穿制服或提供证据显示其员工身份。享受折扣的人员必须在收据上写明其工作地点并签字。这些收据和日常现金收据放在一起。

11. 员工不得在无交易的情况下从收银机中找零。该规定没有例外。找零行为只在为了完成交易的情况下才允许发生。

12. 每天，现金每隔一段时间就要从现金抽屉中取出，转移到一个上锁的内置式现金抽屉中。

13. 无效交易：显示空白的现金收银收据条上需印有无效标记并由出错的人在上面签字。有时顾客会在一笔交易刚刚输入收银机后就改变主意。这也被当作无效交易处理。无效交易单和日常现金收据放在一起。

14. 退款/退货：填写退款/退货单。顾客必须提供商品和购买单据。收据附在退款/退货单后面。如果产品通过信用卡购买，则退款时用信用卡处理。如果顾客支付时使用现金，则给顾客退还现金。如果没有购买证据，但能确定这是从安妮公司购买的，也应支付退款。但如果顾客吃了产品然后试图获得退款，将被拒绝。

15. 折扣：安妮公司不预先告知促销优惠折扣。

16. 钥匙：安妮公司储藏室的一套钥匙将放在商店内的一个大钥匙环上，使用钥匙要登记。此外，凯西·约翰逊和特洛伊·约翰逊那里分别有一套钥匙。商店钥匙放在负责商店开关门的员工那里。运输人员和其他人在无人监管时不可以滞留在仓库里。

17. 秘密买家：周期性雇用。我们在招聘员工时会说明这一点。我们还会安装摄像头。

内部控制系统：存货和应付账款

1. 交货时检验是否有损坏。任何损坏需要由送货公司提供书面证明。商店根据包装单/发货单检验货物。内部损坏和/或短缺需要记录下来并及时通知销售商。

2. 发货单的所有扩展形式（包括机打发货单）在付款之前都需要进行核对。损坏产品的金额将从需要支付的金额中减去。

3. 在任何情况下，安妮公司不接受货到付款运输条款。所有的购买都以支票或者信用卡支付，而不是使用手头的现金。

4. 所有付款发货单都需要凯西·约翰逊同意。凯西签发支票，若她不在，由其他授权管理人员签字。发货单在到期时支付，并按月放在安妮公司的储藏室中。

5. 仓库每月盘点一次。

6. 物理存货的实际成本将会和财务报表上的存货水平进行比较。任何显著的差异都会被调查，尤其是存在库存偷盗情况时。

7. 安妮公司各分店间的存货转移情况都会按成本价记录在两张转移表上。表的复印件分别放在发货分店和接受分店里。表的原件放在安妮公司的储藏室中。

预计租赁收益和年度最低保证

计划书提交者名称：安妮公司
商店理念：散装和包装巧克力、新奇糖果、有礼品包装的精致食品、礼品篮、相关礼品和散装糖果
销售主题：优质巧克力和糖果
确定的租户租金比率：销售总额的12.5%

	预计销售总额（美元）	租金比例	预计租赁收入（美元）	每平方英尺租金（美元）
A. 第1年	600 000	12.5%	75 000	71.43
B. 第2年	660 000	12.5%	82 500	78.57
C. 第3年	726 000	12.5%	90 750	86.43
D. 第4年	798 600	12.5%	99 825	95.07
共4年	2 784 600		348 075	

预计资本投资

Ⅰ. 零售机会		
A. 计划书提交者名称：	安妮公司	
B. 商店理念：	散装和包装巧克力、新奇糖果、有礼品包装的精致食品、礼品篮、相关礼品和散装糖果	
C. 销售主题：	优质巧克力和糖果	
Ⅱ. 提交者的预计资本投资		
A. 建筑和工程费	5 000 美元	
B. 设备、家具和固定装置	20 000 美元	
C. 租赁场所维修	40 000 美元	
D. 运营资本	15 000 美元	
E. 初始存货	25 000 美元	
F. 完工保险	2 500 美元	
G. 总投资（包括Ⅱ中的A~F）	107 500 美元	
Ⅲ. 投资来源		
A. 融资金额	75 000 美元	70%
B. 现金	32 500 美元	30%
C. 总投资	107 500 美元	100%
（A+B）		
（应该等于上面Ⅱ中的G）		
Ⅳ. 设施改进/每平方英尺	57.14 美元	
（Ⅱ-B+Ⅱ-C）/ⅠD		

(1) 租赁期满后可以移走的东西。
(2) 这两项（设备、家具和固定装置以及租赁场所维修）的和应不少于每平方英尺55美元。

预计年收入和现金流量表

预测收入和现金流量时使用的假设：
1. 该商店的统计方法与具有相似地理位置的其他商店的统计方式相似。
2. 上一家特许经营糖果店5年的历史销售记录。
3. 本月销售额应该与上一家特许经营糖果店的历史记录差不多。
4. 所有者提供增长预测。
5. 有关增长的历史记录。
6. 当前经济发展形势。
7. 产品价格随时间上涨。
8. 美国商务部发表的糖果报告显示，1984年以来，人均糖果消费量（按磅计算）持续稳定增长。
9. 糖果销售主要是一种冲动消费，因此客流量越大，销量越高。

附 录*

1. 资产负债表
2. 盈亏平衡分析（保本分析）
3. 商店布局
4. 设施设计
5. 完整的商店设计细节
6. 简历
7. 法律参考资料
8. 业务参考资料
9. 产品清单
10. 市场调研统计

*安妮公司将向海洋世界提供附录1~10，但本文不提及相关内容。

安妮公司新店的预计年收入和现金流量表

计划书提交者名称：安妮公司
商店理念：包装和散装糖果，以及相关礼品和各类食品
销售主题：优质巧克力和糖果

类别	第1年 金额（美元）	第1年 占销售总额百分比	第2年 金额（美元）	第2年 占销售总额百分比	第3年 金额（美元）	第3年 占销售总额百分比	第4年 金额（美元）	第4年 占销售总额百分比
销售总额	600 000.00		660 000.00		726 000.00		798 600.00	
商品成本	216 000.00	36%	237 600.00	36%	261 360.00	36%	287 496.00	36%
毛利润	384 000.00	64%	422 400.00	64%	464 640.00	64%	511 104.00	64%
营业费用								
薪水/工资/福利	84 000.00	14.0%	92 400.00	14.0%	101 640.00	14.0%	11 804.00	14.0%
公共设施和电话	1 200.00	0.2%	1 320.00	0.2%	1 452.00	0.2%	1 597.00	0.2%
维护/清洁/供应品	14 400.00	2.4%	15 840.00	2.4%	17 424.00	2.4%	19 166.00	2.4%
保险	6 000.00	1.0%	6 600.00	1.0%	7 260.00	1.0%	7 986.00	1.0%
市场营销/广告	6 000.00	1.0%	6 600.00	1.0%	7 260.00	1.0%	7 986.00	1.0%
许可费用	18 900.00	3.2%	20 790.00	3.2%	22 869.00	3.2%	25 156.00	3.2%
租金	75 000.00	12.5%	82 500.00	12.5%	90 750.00	12.5%	99 825.00	12.5%
总体管理费用	36 000.00	6.0%	39 600.00	6.0%	43 560.00	6.0%	47 916.00	6.0%
利息费用	9 600.00	1.6%	9 600.00	1.5%	9 600.00	1.3%	9 600.00	1.2%
其他杂项费用	1 800.00	0.3%	1 980.00	0.3%	3 630.00	0.5%	3 993.00	0.5%
总费用	252 900.00	42.2%	277 230.00	42.1%	305 445.00	42.1%	335 029.00	42.0%
折旧	7 600.00	1.3%	7 600.00	1.3%	7 600.00	1.3%	7 600.00	1.3%
净收入	123 500.00	20.6%	137 570.00	20.8%	151 595.00	20.9%	168 475.00	21.1%
加回：折旧	7 600.00		7 600.00		7 600.00		7 600.00	
经营现金流量	131 100.00	—	145 170.00	—	159 195.00	—	176 075.00	—
期初现金余额	10 000.00		131 100.00		251 170.00		385 365.00	—
加：经营现金流量（纯本金）	131 100.00		145 170.00		159 195.00		176 075.00	
减：债务清偿	—		—		—		—	
减：现有年度资本支出	10 000.00		25 000.00		25 000.00		15 000.00	
提议者的期末现金余额	131 100.00	—	251 170.00	—	385 365.00	—	546 440.00	—

资料来源：参看正文关于进行这些销售预测的假设列表。

附录B 安妮公司商业计划提案

术语表

第1章

创业者（entrepreneur） 有远见的、热衷于创办企业且愿意承担风险的人。

创业笔记（adventure notebook） 行动步骤和信息的集合，可以帮助你实现创业梦想。

行动步骤（action steps） 帮助你为撰写商业计划书做准备的活动。

商业计划书（business plan） 有关新创企业资金和战略方向的可行蓝图。

微型企业（microbusiness） 从雇员数量看，是规模很小的企业，但其产值并不一定小。

头脑风暴（brainstorm） 释放大脑的无限可能。

盈利模式（revenue model） 企业获取销售额、收入和利润的方式。

多层次营销（multilevel marketing） 销售人员从自己的销售量和下级员工的销售量中提成的营销方式。

社会创业者（social entrepreneur） 通过创业解决社会问题的人。

内部创业者（intrapreneur） 在企业内部发起创业的人。

可扩展业务（scalable business） 企业在迅速成长时使业务顺利运作的能力。

销货成本（cost of goods sold，COGS） 由生产带来的直接费用。

第2章

目标市场（target marker） 最有可能购买产品或服务的细分市场。

"婴儿潮"一代（baby boomers） 美国生于1946—1963年的人。

回声潮一代（echo boomers） 美国生于1977—1994年的人。

千禧一代（millennials） 美国生于1977—1994年的人。

我世代（iGenerations） 美国生于1994年之后的人。

人口特征（demographic） 关于人口种族、年龄、受教育程度、收入和性别的可量化的数据。

细分市场（market segments） 较大市场中可识别的一小块。

生命周期（life cycle） 产品、业务、服务、行业、目标市场等由生到死的各阶段的进程。

新视野（new eyes） 凭直觉得到的发现。

货架流动速率（shelf velocity） 商品从仓库到货架再到消费者手中的速度。

Y一代（Generation Y） 美国出生于1977—1994年的人。

市场调研（marker research） 有关产品或服务的现在或潜在的可行性数据的收集和分析。

二手调研（secondary research） 阅读和使用以前出版的（一手）调研资料。

贸易协会（trade association） 旨在满足某一行业的成员的需求。

贸易期刊（trade journals） 聚焦于特定行业或活动的出版物。

媒体资料包（media kits） 杂志开发的供潜在广告商使用的有关读者的文件、广告信息和市场调研信息。

心理特征（psychographic） 有关价值、态度和生活方式的描述性信息。

第 3 章

定位（positioning） 与其他产品相比，你的企业或产品在买家心中的印象。

突破（breakthrough） 一种穿过、越过、低于或围绕障碍的新方法。

成长行业（growth industry） 年度销售增长在平均水平之上的行业。

竞争（competition） 在同一领域中，争夺消费者金钱的每个参与者之间的互动。

市场占有率（market share） 在整个消费市场中所占的比例。

增长的细分市场（growth segment） 行业中一个可识别的部分，它的发展比行业整体更为迅速。

虚拟社区（virtual community） 处于相似行业的网络企业群体。

保密协议（confidentiality agreement） 一笔由两个或多个当事人保证不泄露信息的交易。

矩阵网格（matrix grid） 评估被筛选出来的想法从而得到解决方案的一种测量工具。

心理缓冲（psychological cushion） 目标客户心中独有的、不可及的一道阶梯。

业务定义（business definition） 对企业的清晰描述。

电梯游说（elevator pitch） 对你的业务想法清楚、简明的描述。

第 4 章

利基市场（market niche） 在细分市场中重点关注的某一狭小的产品市场。

客户关系营销（customer relationship marketing） 旨在与客户建立长期、互利共赢、低成本的关系的营销方式。

价目牌（rate card） 杂志广告栏的价格的详细说明。

一对一营销（one-to-one marketing） 满足目标客户个性化的需求。

产品差异化（product differentiation） 依据目标客户对价格、产品、渠道和促销（4P）做出改变。

访谈（interviews） 为了得到特定的信息，通过电话、邮箱、面对面或者互联网等方式，与其他人或群体进行已计划好的对话。

观察（observing） 使用新视野来了解目标客户。

隐形客户（invisible customer） 意料之外的客户，通常是一个伟大的发现。

第 5 章

直接竞争对手（direct competitors） 为你的目标客户提供同类型产品或服务的公司或个人。

间接竞争对手（indirect competitors） 为你的目标客户提供相同利益的公司或个人。

隐形竞争对手（invisible competitors） 有实力和意愿提供同类产品、服务或利益的商业组织或人群。

竞争触点分析（competitive touchpoint analysis） 审查每一次客户和公司的联系。

竞争对手矩阵（competitor matrix） 清晰描绘竞争对手优势、劣势和其他属性的表格。

独特的竞争优势（distinctive competency） 在市场上占有绝对优势的领域。

竞争情报（competitive intelligence） 分析有关竞争对手、经济、客户的信息并应用于将来的过程。

定位策略（positioning strategy） 通过价格、产品、促销和渠道等在消费者心目中确立产品位置。

SWOT 对内部优势与劣势及外部机会与威胁的分析。

进入竞技场（penetrate the arena） 伺机强力切入市场，以获得市场份额。

快速成型（rapid prototyping） 用计算机辅助设计（CAD）建立工作模型。

竞技场上的改变（change in the arena） 通过增

加一项让消费者立即感受到的好处来改变产品或服务。

劣势区域（area of vulnerability） 竞争者的软肋或致命要害所暴露出的弱点。

核心产品（core product） 最主要的产品。

第 6 章

分销渠道（channel of distribution） 将产品从制造商移动到最终消费者或工业消费者的中间商。

多渠道分销（multichannel distribution） 使用不止一种分析渠道来接触消费者。

多渠道促销（multichannel promotion） 使用各种促销手段在许多不同方面接触消费者。

家庭手工业（cottage industry） 由家庭成员使用自己的装备和技能完成的基于家庭的生意。

虚拟企业（virtual business） 不设围墙的公司。

联合办公区（coworking space） 为自由的人准备的灵活的工作空间。

企业孵化器（business incubator） 新兴企业之家。

展示厅现象（showrooming） 在传统实体店内查找某个商品后，然后在网上以更低的价格购得该商品。

租约（lease） 针对房屋占用的法律合同。

邻里组成（neighbor mix） 企业附近的工业或商业的组成。

关键承租人（anchor tenant） 在一个商业区域中吸引顾客的公司。

劳动力储备（labor pool） 靠近企业地理位置的可用于雇用的合格人才。

约束（restrictions） 管理企业选址的市或郡法律。

逃生口（escape hatch） 当铺主不能满足特定要求时可以取消或者修改租约的条款。

修改租约（rewrite the lease） 改变租约的用词来更好地保护你的利益。

续约条款（option to renew） 约定在租期结束时拥有延长特定期限的保证条款。

生活成本上限（cost-of-living cap） 约定每年租金上涨比例不会超过该期间 CPI 增长率的条款。

公共区域维护（common area maintenance, CAM） 物业租约规定的直接和间接维护费用。

3N 条款（triple net or NNN lease） 租户负担部分的保险、地产税和维护费用。

租户市场（tenant's market） 承租人因经济增长缓慢而获得主动权。

第 7 章

促销活动（promotional campaign） 为销售特定产品/服务或建立品牌形象而设计的策略性活动。

直邮（direct mail） 通过邮件向特定的目标客户发广告。

公众免费宣传（free ink/free air） 免费发表或发布产品信息。

新闻稿（press release） 撰写并向媒体提交新闻稿件，以获得无须支付成本的促销（免费宣传）。

核心群体（core groups） 拥有共同兴趣、有社会影响力的关键群体。

优先安排的广告（preferred placement） 在出版物、商店或者网站中安排较好的广告位置，或者安排电视台或者电台的黄金时段。

购买点展示（point-of-purchase displays, P-O-P） 不使用销售人员，为一类特殊产品安排的实体展示。

产品说明（product description） 产品的特征和功能列表。

人流（traffic） 很多潜在买家从展位经过，会观望或驻足；也指在营业日机动车和行人经过商业场所的情况。

个人销售（personal selling） 销售员或者企业所有者独立拓展客户，包括电话销售。

销售代表（sales reps） 独立销售员，在指定区域负责销售公司的补充性品类产品或服务，领取一定佣金。

第 8 章

资金消耗率（burn rate） 创业公司在实现盈利前消耗创业资金的比率。

自力更生（bootstrap） 用自己的资源来维持业务运营。

免费增值定价策略（freemium pricing） 提供免费的初始产品或服务，然后收取增值费用。

动态定价策略（dynamic pricing） 根据需求变化及客户类型灵活调整价格。

商业信用或约定付款（trade credit or dating） 供应商延长收款时间。

场地改造（on-site improvements） 对房地产进行改造以适应业务的特殊需求。

滞销货（dead goods） 无市场需求的商品。

流动现金（liquid cash） 可以立即使用的资金，通常存在储蓄账户或其他账户里。

创业导师（entrepreneurial guru） 可以给你创业建议和忠告的局外智者。

加价（markup） 确定销售价格时在成本的基础上加价的比例。

基于竞争者的定价或基于市场的定价（competitor-based pricing or market-based pricing） 设置价格区间时主要参考竞争对手的定价。

成本加成定价或基于利润的定价（cost-plus pricing or profit-based pricing） 价格涵盖所有成本和利润。

基础定价或通行定价（keystone pricing or industry-norm pricing） 按照公认的行业标准进行定价。

溢价（premium pricing） 根据客户的需求、价值观及竞争情况设定客户愿意支付的最高价格。

渗透定价（penetration pricing） 在产品进入市场初期时将价格定在较低水平，以吸引消费者的注意和迅速占领市场。

撇脂定价（price skimming） 制定高价吸引追求新鲜和潮流的客户。

资产负债表（balance sheet） 资产、负债及所有者权益的金融快照。

应收账款（account receivable） 企业应向购买单位收取的款项。

第 9 章

信用额度（line of credit） 银行愿意贷款给借款人的资金上限，借款人可根据需要在此限额之下进行贷款，包括抵押贷款与无抵押贷款。

房屋净值贷款（home equity loan） 以所有权做抵押，一次性可以贷款的金额，通常利率是固定的。

房屋净值信用额度（home equity line of credit） 以所有权做抵押，可根据需要多次进行贷款，通常利率是浮动的。

众筹（crowdfunding） 将分散的个体资金汇聚，沉淀在资金池中以支持成长中的企业。

年利率（annual percentage rate，APR） 根据贷款期限设定每年的利率成本，包括年费及与交易相关的附加费用。

小额贷款（microlending） 无抵押贷款，贷款金额很少，通常是短期贷款。

SBA 担保贷款（SBA-guaranteed loans） 由联邦政府担保的贷款占贷款额的 90% 以上。

信息圈（information loop） 需要随时了解你公司信息的群体。

你的地盘（your turf） 你自己的营业场所或让你自己感到最舒服的地方。

设备租赁合同（equipment lease） 与银行或租赁公司一起，为某一时期资本设备的使用所做的长期安排。

精益制造（lean manufacturing） 消除在时间和成本方面的"浪费"。

供应商声明（vendor statement） 一种由个人设计的表单，能让你在具有信息优势的情况下与供应商谈判。

种子期（seed stage） 处于早期发展阶段的企业。

首次公开发行（initial public offering，IPO） 首次向公众出售股份。

第 10 章

组建公司（incorporate） 人为组建一个永久存续的商业实体。

冲销（write-offs） 美国税法允许的合法的费用扣减。

会签（countersigning） 一份文件需要两个人的签名方可生效。

产品责任（product liability） 由于产品有缺陷，造成消费者受到人身伤害或财产损失，依法应由生产者或销售者分别或共同负责赔偿的一种法律责任。

商标（trademark） 用文字、短语、图标、设计等来区别一个经营者的品牌或服务和其他经营者的商品或服务的标记。

服务商标（service mark） 用来保护所提供服务的标志。

版权（copyright） 对于想法的表达的保护。

专利（patent） 有关制造、销售、买卖或使用发明的权利。

破产（bankruptcy） 当企业负债超过所有资产时启动的法律与财务程序。

退出策略（exit strategy） 企业在未来某一时点退出经营的计划。

买卖协议（buy-sell agreements） 规定当一个或多个合伙人收购另一个合伙人的股份时企业该如何估价的协议。

律师—当事人保密特权（attorney-client privilege） 对话保密。

聘请费（retainer fee） 预留或保留某位律师为某宗案件或某位当事人提供服务而付给律师的费用。

注册企业名称声明（Fictitious business name statement） 一份准确且容易找到的关于企业经营者的记录。

挂靠公司（Subchapter S corporation） 可以为小企业提供优惠纳税制度的法律实体。

有限责任合伙企业（limited partnership） 一种由两个或两个以上有限责任合伙人以及一个普通合伙人构成的公司。

合伙制解散（dissolution of partnership） 指合伙关系解散，对此类不可预测事件需要认真准备、多做思考。

"关键人"人身及伤残保险（key person life or disability insurance） 公司对于关键的经营者或所有者的去世或伤残所做的经济方面的防范措施。

继任计划（succession plan） 企业选拔与培养接班人的方法，以确保现任企业主离退时能持续经营。

第 11 章

合资企业（joint venture） 合作企业各方为了一个特定目标而成立一个新的法律主体。

战略联盟（strategic alliance） 企业为了提高自身竞争优势而结成伙伴关系。

独立合同工（independent contractors） 以完成任务为目的，由劳动者自己设定工作进度，按照自由职业者的标准给予工作报酬的用工形式。

第 12 章

私下折扣（sweethearting） 在未经授权的情况下给顾客折扣。

保证金（bond） 支付担保。

员工持股计划（employee stock ownership plan, ESOP） 员工成为所有者的正式计划。

第 13 章

存货（inventory） 存在仓库中的商品。

正商誉（good will） 一种无形商品，卖方可以利用它在交易中提高要价。

负商誉（ill will） 对一家企业的所有负面感觉；与正商誉对应。

业务经纪人（business broker） 专门代表企业卖方和买方工作的不动产行业专业人士。

受托人（fiduciary） 基于忠诚和信任的两个或多个当事人之间的法律关系。

获利后支付（earn-out） 卖方同意从企业未来的收益中支付部分款项。

大宗销售法（bulk sales law）《统一商法典》中关于货物从卖方交割给单一买家的法律规定。

保密协议（nondisclosure agreement） 一项具有法律效力的限制信息分享的合约。

反侵权协议（non-piracy agreement） 一项旨在禁止使用企业专利权的合约。

托管公司（escrow company） 存放订金和契约的独立第三方机构，在特定条款得到满足后履行其约定的义务。

大宗销售托管（bulk sales escrow） 一种保护买方避免承担隐性负债的检查过程。

第 14 章

特许经营（franchise） 制造商或者批发商授权其他人销售其产品或服务，并收取一定的费用。

特许经营商（franchisor） 一家公司出售以它的名义进行经营活动的权力给其他人，并收取一定的费用，但是将持续对这个业务进行控制。

加盟商（franchisee） 支付一定费用，在特许经营商的管辖与指导下，根据授权去从事某种业务的个人。

特许经营信息披露文件（Franchise Disclosure Document，FDD） FTC 要求在任何费用支付之前或合同签订之前向个体加盟商披露的 23 个方面的严格界定的纲领性文件。

区域特许经营（area or master franchise） 特许经营商将一个区域或地区的销售权卖给加盟商的商业安排。加盟商一般被要求在特定时期内在所在区域进行销售或者设立一定数量的特许经营网点。

特许经营费（franchise fee） 一次性、预先支付给特许经营商的费用。

特许经营许可费（royalty fee） 一种持续的义务，即加盟商需要按销售总额一定的比例向特许经营商付费，可能不包括广告费用。

入侵（encroachment） 进入其他加盟商的领地范围。

Small Business：An Entrepreneur's Business Plan，International Edition，9e
Gail Hiduke；J. D. Ryan
Copyright © 2014，2009 by South-Western，a part of Cengage Learning.

Original edition published by Cengage Learning. All Rights reserved. 本书原版由圣智学习出版公司出版。版权所有，盗印必究。

China Renmin University Press is authorized by Cengage Learning to publish and distribute exclusively this simplified Chinese edition. This edition is authorized for sale in the People's Republic of China only (excluding Hong Kong, Macao SAR and Taiwan). Unauthorized export of this edition is a violation of the Copyright Act. No part of this publication may be reproduced or distributed by any means, or stored in a database or retrieval system, without the prior written permission of the publisher.
本书中文简体字翻译版由圣智学习出版公司授权中国人民大学出版社独家出版发行。此版本仅限在中华人民共和国境内（不包括中国香港、澳门特别行政区及中国台湾）销售。未经授权的本书出口将被视为违反版权法的行为。未经出版者预先书面许可，不得以任何方式复制或发行本书的任何部分。

Cengage Learning Asia Pte. Ltd.
151 Lorong Chuan，#02-08 New Tech Park，Singapore 556741

本书封面贴有 Cengage Learning 防伪标签，无标签者不得销售。
北京市版权局著作权合同登记号　图字：01-2016-7431

图书在版编目（CIP）数据

创业计划．小型企业与创业管理：第9版/盖尔·希杜克等著；朱仁宏，李新春译．—北京：中国人民大学出版社，2017.4
（工商管理经典译丛．创业与创新管理系列）
ISBN 978-7-300-24215-6

Ⅰ. ①创⋯　Ⅱ. ①盖⋯②朱⋯③李⋯　Ⅲ. ①企业管理　Ⅳ. ①F272

中国版本图书馆CIP数据核字（2017）第034262号

工商管理经典译丛·创业与创新管理系列
创业计划——小型企业与创业管理（第9版）
盖尔·希杜克
J. D. 瑞安　　著
朱仁宏　李新春　译
Chuangye Jihua：Xiaoxing Qiye yu Chuangye Guanli

出版发行	中国人民大学出版社			
社　　址	北京中关村大街31号	邮政编码	100080	
电　　话	010-62511242（总编室）		010-62511770（质管部）	
	010-82501766（邮购部）		010-62514148（门市部）	
	010-62515195（发行公司）		010-62515275（盗版举报）	
网　　址	http://www.crup.com.cn			
	http://www.ttrnet.com（人大教研网）			
经　　销	新华书店			
印　　刷	涿州市星河印刷有限公司			
规　　格	185 mm×260 mm　16开本	版　次	2017年4月第1版	
印　　张	27.75　插页2	印　次	2017年4月第1次印刷	
字　　数	680 000	定　价	59.00元	

版权所有　　侵权必究　　印装差错　　负责调换

CENGAGE Learning™

Supplements Request Form（教辅材料申请表）

Lecturer's Details（教师信息）			
Name： （姓名）		Title： （职务）	
Department： （系科）		School/University： （学院/大学）	
Official E-mail： （学校邮箱）		Lecturer's Address / Post Code： （教师通讯地址/邮编）	
Tel： （电话）			
Mobile： （手机）			

Adoption Details（教材信息） 原版□ 翻译版□ 影印版□		
Title：（英文书名） Edition：（版次） Author：（作者）			
Local Publisher： （中国出版社）			
Enrolment： （学生人数）		Semester： （学期起止时间）	

Contact Person & Phone/E-Mail/Subject：
（系科/学院教学负责人电话/邮件/研究方向）
（我公司要求在此处标明系科/学院教学负责人电话/传真及电话和传真号码并在此加盖公章。）

教材购买由 我□　　我作为委员会的一部分□　　其他人□[姓名：　　　]　决定。

Please fax or post the complete form to(请将此表格传真至)：

CENGAGE LEARNING BEIJING
ATTN：Higher Education Division
TEL：(86)10—82862096/95/97
FAX：(86)10—82862089
ADD：北京市海淀区科学院南路 2 号
　　　融科资讯中心 C 座南楼 12 层 1201 室　　100080

Note：Thomson Learning has changed its name to CENGAGE Learning.

教师教学服务说明

  中国人民大学出版社工商管理分社以出版经典、高品质的工商管理、财务会计、统计、市场营销、人力资源管理、运营管理、物流管理、旅游管理等领域的各层次教材为宗旨。

  为了更好地为一线教师服务，近年来工商管理分社着力建设了一批数字化、立体化的网络教学资源。教师可以通过以下方式获得免费下载教学资源的权限：

  在"人大经管图书在线"（www.rdjg.com.cn）注册，下载"教师服务登记表"，或直接填写下面的"教师服务登记表"，加盖院系公章，然后邮寄或传真给我们。我们收到表格后将在一个工作日内为您开通相关资源的下载权限。

  如您需要帮助，请随时与我们联络：

中国人民大学出版社工商管理分社

联系电话：010-62515735，62515749，62515987

传 真：010-62515732，62514775   电子邮箱：rdcbsjg@crup.com.cn

通讯地址：北京市海淀区中关村大街甲59号文化大厦1501室（100872）

教师服务登记表

姓 名		□先生 □女士	职 称		
座机/手机			电子邮箱		
通讯地址			邮 编		
任教学校			所在院系		
所授课程	课程名称	现用教材名称	出版社	对象（本科生/研究生/MBA/其他）	学生人数
需要哪本教材的配套资源					
人大经管图书在线用户名					

院/系领导（签字）：

院/系办公室盖章